国家社科基金
后期资助项目

沉思与批判
——卢卡奇走向马克思的道路

Contemplation and Critique
——The Way of Lukács Towards Marx

燕宏远 著

社会科学文献出版社
SOCIAL SCIENCES ACADEMIC PRESS (CHINA)

国家社科基金后期资助项目
出版说明

　　后期资助项目是国家社科基金设立的一类重要项目,旨在鼓励广大社科研究者潜心治学,支持基础研究多出优秀成果。它是经过严格评审,从接近完成的科研成果中遴选立项的。为扩大后期资助项目的影响,更好地推动学术发展,促进成果转化,全国哲学社会科学工作办公室按照"统一设计、统一标识、统一版式、形成系列"的总体要求,组织出版国家社科基金后期资助项目成果。

全国哲学社会科学工作办公室

目 录

绪 论 ………………………………………………………………… 1

第一章 青少年时代的学思与批判精神的萌发 ………………… 16
 第一节 优越的家庭教育 ……………………………………… 17
 第二节 博览群书与批判精神的形成 ………………………… 18

第二章 早期创作及其新思想 …………………………………… 23
 第一节 处女作《现代戏剧发展史》——确认马克思主义的
    起点 …………………………………………………… 23
 第二节 成名作《心灵与形式》：沉思中对有意义生活的
    追求 …………………………………………………… 29
 第三节 《小说理论》：绝望中萌发出强烈的批判精神 …… 38

第三章 决定命运的转变——走向马克思和革命之路 ………… 51
 第一节 内心的激烈冲突和信仰的大转换 …………………… 51
 第二节 加入共产党与对无产阶级革命的探讨 ……………… 60

第四章 流亡维也纳时期走向马克思的创作高峰 ……………… 71
 第一节 马克思主义的深造岁月 ……………………………… 71
 第二节 《历史与阶级意识》及其主导思想 ………………… 76
 第三节 对恩格斯思想的某些误解引起的争论 ……………… 101

第五章 完成向马克思主义的转变 ……………………………… 117
 第一节 《列宁——关于列宁思想统一性的研究》 ………… 117
 第二节 对布哈林、拉萨尔、赫斯的批判性研究 …………… 123

第三节 "走向马克思的道路" …………………………… 126
　　第四节 从"工农民主专政"到反法西斯的人民阵线 ………… 137

第六章 在文学艺术理论与文学评论领域对马克思主义的创造性运用 …………………………………… 148
　　第一节 文学艺术理论的开拓与深化 …………………… 149
　　第二节 现实主义的阐明、争论与深化 ………………… 162
　　第三节 论俄罗斯现实主义名家 ………………………… 175
　　第四节 苏联社会主义现实主义作家 …………………… 183
　　第五节 对近现代德国文学的创造性评论 ……………… 190

第七章 哲学的沉思与批判考察 ………………………… 211
　　第一节 《青年黑格尔与资本主义社会问题》 ………… 211
　　第二节 《理性的毁灭》与对非理性主义的批判 ……… 236
　　第三节 完整的、社会的、具体的人与马克思主义人道主义 … 253

第八章 马克思主义美学巨著《审美特性》:"美学上的马克思" …………………………………………… 259
　　第一节 科学中反映的非拟人化 ………………………… 263
　　第二节 拟人化的审美反映 ……………………………… 267
　　第三节 模仿——"艺术的决定性源泉" ……………… 271
　　第四节 美学新构思:第1'信号系统 …………………… 277
　　第五节 特殊性——美学的中心范畴 …………………… 282
　　第六节 艺术的解放斗争 ………………………………… 287

第九章 "新民主主义"与"直接民主" ……………… 293
　　第一节 新民主主义思想的形成和发展 ………………… 293
　　第二节 形式民主与作为社会主义斗争一个阶段的
　　　　　"新民主主义" ……………………………………… 304

目录

    第三节　民主与文化的关系问题 …………………………… 308

    第四节　匈牙利事件前后的思考与遭遇 …………………… 314

第十章　批判性地评价斯大林，复兴马克思主义 324

    第一节　斯大林的功过是非 ………………………………… 324

    第二节　率先提出复兴马克思主义问题 …………………… 337

第十一章　改革与社会主义民主 ……………………………… 345

    第一节　改革的首倡者 ……………………………………… 345

    第二节　社会主义与作为一个复杂、历史过程的民主 …… 347

第十二章　《关于社会存在的存在论》 ……………………… 369

    第一节　《关于社会存在的存在论》的构思、写作和意图 … 369

    第二节　马克思社会存在论的本质和特性 ………………… 372

    第三节　社会存在的特殊范畴 ……………………………… 387

    第四节　异化新论 …………………………………………… 410

第十三章　临终遗言："真正的马克思主义是唯一出路" … 427

第十四章　卢卡奇在人类文化思想史上的地位 …………… 435

    第一节　从屡遭批判到受到高度评价 ……………………… 435

    第二节　广泛而深远的影响 ………………………………… 439

附录一　在格奥尔格·卢卡奇墓前的悼词 ………………… 445

附录二　匈牙利纪念卢卡奇一百周年诞辰提纲——匈牙利社会主义工人党中央委员会文化政策工作部决议 …… 448

附录三　G. M. 塔马什：从未结束的卢卡奇争论 ………… 461

附录四 中国已出版和发表的卢卡奇论著目录 …………… 464

附录五 中国已发表和出版的关于卢卡奇的主要论著目录 ………… 466

索　引 ………………………………………………………… 490

后　记 ………………………………………………………… 503

绪　论

当代著名的马克思主义思想家格奥尔格·卢卡奇（Georg Lukács，1885～1971年）[①]虽然出生在匈牙利，但他的影响和名声却远远超出了匈牙利。本书所要做的事情就是发掘和阐明这一点。卢卡奇生于一个富有的银行家家庭，但他为何逐步走上革命和马克思的道路，直至成为20世纪东西方公认的马克思主义思想家和理论家，被称为西方马克思主义的创始人，这需要我们找到其中的原委。从青少年时代起，他读得更多的是莎士比亚、托尔斯泰、易卜生，尤其是奥第的进步作品，吸收了其中的进步思想。在中学快毕业的时候，卢卡奇首次接触到马克思和恩格斯的《共产党宣言》，据他自己说，"印象非常深"；在大学时他又阅读了马克思的《路易·波拿巴的雾月十八日》、恩格斯的《家庭、私有制和国家的起源》；在德国攻读博士学位期间他精心钻研了马克思的《资本论》第1卷，并在1908年的《现代戏剧发展史》一书中就表现出"马克思的倾向明显地占中心地位"。[②] 在加入匈牙利共产党并参加1919年匈牙利苏维埃革命失败后流亡维也纳期间，他进一步钻研马克思、恩格斯和列宁的著作，撰写了《历史与阶级意识》一书，并在西方马克思主义者和左派知识分子中间产生了重大影响，后来这一影响逐渐扩展到苏联、东欧等国家以至于全世界，使他成为继马克思、恩格斯和列宁以后影响最大、争议最多、最著名的马克思主义思想家和理论家。准确地说，他在研究、解读和发展马克思主义哲学，并把马克思主义运用于美学、文学评论、文艺理论、政治理论等方面，做出了系统的理论探讨。他对马克思主义哲学创造性阐释的著述之多，很少有人能及。尽管还有一些人对卢卡奇的某些看法持有异议，但东西方大多数学者都承认他是

[①] 也有少数学者将其翻译为"卢卡契"，如中国社会科学院外国文学研究所外国文学研究资料丛刊编辑委员会编有《卢卡契文学论文集》（中国社会科学出版社，1980）。——编者注

[②] 参见杜章智编《卢卡奇自传》，社会科学文献出版社，1986，第21页。

一位著名的马克思主义思想家和理论家。针对苏联社会主义模式的弊端，他最早敏锐地看出最大的问题在于"回到"和"复兴"马克思主义，在于真正实行人民民主和社会主义民主。这正是许多人，也包括笔者对卢卡奇深感兴趣和下功夫研讨的重要原因。

所以，卢卡奇逐步走向马克思主义，刻苦钻研、深入思考、系统探讨、创造性运用和发展马克思主义的执着追求和主导线路，就成为本书所要探讨和研究的主题，以阐明和揭示卢卡奇在其整个思想发展和变化中如何取得一大批创造性成果的奥秘。由于卢卡奇前期吸收了各种不同的思想而甚为复杂，其中有些唯心主义观点也导致他犯下种种错误。他深受康德、费希特、黑格尔、马克思、列宁等批判精神的影响，所以他所评论、批评或批判的人物和著作非常广泛和众多，而卢卡奇本人也因"左得很"而曾遭到列宁的严厉批判，后来又引发各种争议，并多次遭到一些人对其所谓"修正主义"的诸多批判，经历了艰难曲折，甚至直至今天在他的故乡，关于他的争议仍然未停止。鉴于以上种种原因，"沉思与批判——卢卡奇走向马克思的道路"突出展现卢卡奇思想发展的复杂历程和突出特点，就成为拙著的书名。这里不仅涉及如何评价卢卡奇的思想转变及至对马克思主义及其哲学的理解、阐明和在几个领域里具体运用等诸多重要的理论问题，而且也涉及如何把握人民民主及其向社会主义转变这一重大政治理论和实践问题，特别是涉及斯大林的功过是非和国际共产主义运动的经验和教训问题。需要指出的是，在英、法、德等语言中，"批判"包含中文里的批判、批评、评论几个词的丰富含义。所以，这里的批判也是在这一意义上使用的，即使"否定"也是在辩证扬弃的严格意义上使用的。只是在极左的年代里，似乎把"批判"，尤其是"否定"一词误解或歪曲成绝对否定的意思。故我们认为，在这里应恢复这个词的真正丰富内涵是十分必要的。因此，在此批判意义上，全面准确了解、深入研究、客观把握和实事求是地评价卢卡奇的思想，就成为学术界一项非常重要而困难的任务。随着我国改革开放的逐步深入和扩大，卢卡奇原著越来越多地被出版，而且其原著的中文版本也持续增多。因此，更为具体细致地研究、准确地阐明和评论卢卡奇的真实思想及其变化，尤其是他的贡献、历史地位和早期某些不成熟之处或某些失误或错误，也包括他中期的某些偏颇或历史局限性，现在已到了最佳的时候。而这正是笔者多年对卢卡奇深感兴趣、深入钻研并下决心撰写此书的原因所在。

本书主要使用历史和逻辑相统一的研究方法,全面、系统、具体阐明了卢卡奇一生为什么和如何走近马克思、恩格斯和列宁,以及如何理解、阐明和在诸多方面创造性运用马克思主义并逐步成熟和完善,从而在哲学、美学、文学评论等方面取得独树一帜的成就。本书的重点是突出卢卡奇的沉思和批判的鲜明特点和优长之处,以及由此引发的一系列讨论、批判和至今仍未结束的激烈争论。值得注意的是,在近一百年的时间里,对卢卡奇的绝对否定和高度赞扬,在东西方有着完全不同的评价,其差异之大是罕见的。

(1) 卢卡奇的早期著作,如《现代戏剧发展史》《心灵与形式》《小说理论》等,以及他追求真正有意义的生活和不同于绝大多数知识分子的强烈反战态度究竟隐藏着何种独特的思想奥秘?这一奥秘又如何促使他走上了异于其他人的艰险历程?博览马克思的著作和其他有价值的名著、追求有意义的生活从而促使他走向马克思、献身于人类解放的道路在这里已初现端倪。但是其中也确实混杂着较多的非马克思主义思想的影响。

(2) 1917年俄国十月革命对卢卡奇产生了巨大的震撼,使他认识到:"只有俄国革命才真正打开了通向未来的窗口;沙皇的倒台使我们初见端倪,而随着资本主义的崩溃,未来便完全呈现在我们面前。"[①] 在卢卡奇看来,他终于看到了人类摆脱战争和资本主义的道路。这正是卢卡奇走向以至于坚信马克思主义和社会主义的决定性开端。

但是,卢卡奇走向马克思主义和信仰社会主义的道路并非完全笔直平坦,而是有一个较长时期的转变过程。1917~1918年,"怎么办?"一直是卢卡奇头脑中着重深入思考的主要问题。卢卡奇承认,而且有文献可以证明,卢卡奇是在经过激烈思想斗争之后才加入共产党的。也就是说,在1918年11月"经历了某种内部冲突过程",经过一种"内心的清算",卢卡奇才决定在1918年12月中旬加入共产党[②],随后便参加了

[①] 杜章智编《卢卡奇自传》,社会科学文献出版社,1986,第239页。
[②] 参见杜章智编《卢卡奇自传》,社会科学文献出版社,1986,第88~89页。

1919年的匈牙利苏维埃革命。这是卢卡奇在政治思想上大转变的关键性一步。

（3）在1919年匈牙利苏维埃革命失败后，卢卡奇曾一度在布达佩斯从事地下革命活动，随后就流亡到维也纳。1920年他发表的《论议会制》一文中"左"的激进观点遭到列宁的尖锐批评，这大大影响了他以后克服"左"的错误倾向的思想发展。在进一步学习和深入钻研马克思的思想之后，1923年卢卡奇出版了著名的《历史与阶级意识》一书。在该书中，他强调要"正确理解马克思的方法的本质，并正确地加以运用"；"坚持马克思的学说"目的就是"按照马克思主义的意思来解释马克思的学说"[①]，并提出许多很有影响的创新性的思想，成为他在"走向马克思"的思想转变历程中重要的里程碑。然而，正如卢卡奇自己所说，《历史与阶级意识》是他在对马克思、恩格斯和列宁的思想处于"学习的开始"[②]时期写作的，由于他尚未完全克服那时流行的一些思想观点，对马克思思想的把握还处于初学时期，表现出了某些幼稚幻想、不完全成熟、误解或自相矛盾之处（如对自然辩证法和反映论的思想表达的失误、过分夸大阶级意识的作用等），因而也由此引发了学术界持久而激烈的争论。由于卢卡奇这部著作涉及如何正确地理解和把握马克思主义哲学这一重大问题，因此本书将依据德语原文，用较多的篇幅再现卢卡奇这部著作的论点。本书强调的创新之处是，卢卡奇1923年发表的《历史与阶级意识》一书中的《什么是正统马克思主义》一文中不仅在"辩证法"前面加上"唯物主义"这一重要修饰词，补充加进去"辩证唯物主义"和"历史唯物主义"这两个马克思主义特别重要的术语，而且他也加进去"完全同意"[③]马克思在《资本论》第1卷第2版跋中对他的辩证方法与黑格尔的辩证方法的"不同"和"截然相反"的实质性表述，确认"回到恩格斯"的"马克思的解释传统去""具有实际的重要性"。这才是评价《历史与阶级意识》一书最重要的一点。卢卡奇也因《历史与阶级意识》一书而被视为西方马克思主义的创始人。

卢卡奇虽然因《历史与阶级意识》一书而受到共产国际主要领导人

[①] 〔匈〕卢卡奇：《历史与阶级意识》，杜章智等译，商务印书馆，2016，第42页。
[②] 〔匈〕卢卡奇：《历史与阶级意识》，杜章智等译，商务印书馆，2016，第5页。
[③] 〔匈〕卢卡奇：《历史与阶级意识》，杜章智等译，商务印书馆，2016，第49、44页。

季诺维也夫和布哈林及其追随者的严厉批判,被指责为"理论上的修正主义",但他仍然坚定地朝着更多吸收和接近马克思和列宁思想的道路走下去。1924年卢卡奇写作了《列宁》一书,并在1928年受匈共委托按照匈牙利的具体国情特点起草了《布鲁姆提纲》。这其中遵循列宁的思想提出了与斯大林时代"无产阶级专政"不同的"工农民主专政"思想,恰好与当时中国20世纪20~30年代革命时期中国共产党关于"工农民主革命"的原则提法相接近。此后,卢卡奇在苏联时期通过精心阅读和深入研究马克思《1844年经济学哲学手稿》,清除了某些错误的观念和表述,直至1933年写出标志着卢卡奇思想成熟的《我走向马克思的道路》一文。这些都标志着他逐步完成向马克思主义根本转变的过程。

(4)正如卢卡奇自己所说,在大致完成向马克思主义的根本转变之后,他就从政治领域转向学术理论研究领域,从此便把在他"熟悉的领域里正确地运用马列主义世界观并且按照新情况的要求予以相应的发展"作为他"一生的中心任务"。① 可以说,就思想和理论而言,卢卡奇一生都坚信马克思主义和社会主义,特别是在系统阐明马克思主义哲学、美学、文学评论以及政治理论上都有独特贡献。

卢卡奇在苏联这一段时期及其后来回到匈牙利的整个后半生中,主要集中在六个领域来实现他所说的"一生的中心任务"。

第一,在一系列著作中阐明了马克思主义文艺理论和现实主义理论并撰写出一大批文学评论,重点是客观评价了德国近现代文学和俄罗斯-苏联文学以及英、法等国家的著名文学家。卢卡奇的突出贡献在于,依据马克思、恩格斯和列宁关于文学艺术的观点,系统、深入地阐发了现实主义理论,历史地、充分肯定地也是实事求是地评价了歌德、海涅、托马斯·曼、托尔斯泰、高尔基等一大批文学大师以及他们在人类文化史上的历史作用和地位。

第二,批判地研究青年黑格尔思想、非理性主义,写出了《青年黑格尔》《理性的毁灭》《生存主义还是马克思主义?》三部重要著作。卢卡奇这两个方面的创作活动,通过发掘和阐发古典哲学文化、现实主义艺术、民主-理性传统,为建立反法西斯人民阵线和批判非理性主义做

---

① 杜章智编《卢卡奇自传》,社会科学文献出版社,1986,第226页。

出了独特贡献。

第三，《审美特性》这一巨著（上下卷共计有中文 135 万字）是卢卡奇美学研究方面最杰出的成就。在该书中，卢卡奇力图"在美学问题上尽可能正确地运用马克思主义"，他从马克思和恩格斯的美学思想出发，阐明了审美的拟人化特征，用 6 章约合中文 36 万字的长篇创造性地提出和阐明了"模仿问题"，此外还深入研讨了"特殊性范畴"以及"艺术的解放斗争"等理论问题。

第四，读者在本书中还会看到，卢卡奇是怎样依据马克思主义思想来揭示人、人道主义和异化问题的。通晓马克思、恩格斯和列宁思想的卢卡奇，根据匈牙利和其他东欧国家相对落后且带有浓厚封建残余的实际情况，于 1946 年在《文学与民主》一文中率先提出当时"欧洲民主的中心问题"，简单地说，就是"建立新型人民民主政权的问题"。① 1948 年他在《马克思主义哲学在新民主主义中的任务》的论著中又明确提出"新民主主义"概念，并阐明了马克思主义哲学在这种新民主主义阶段中的任务。所以，卢卡奇明确指出，社会主义是"和最发达的民主不可分割的"，劳动人民"不但要在法律上享受形式上的自由、平等；同时必须获得保证，使他们在日常重要的问题上能够真正地享受自由和平等。这正是新的、人民民主最重要的、最迫切的任务"。② 值得强调的是，卢卡奇在晚年的一次谈话中明确提出了他从马克思思想中发掘出"只有马克思才肯定了作为社会主义斗争的一个阶段的民主革命斗争的重要意义"。③

此外，与上述问题相联系，本书较详细地阐明了卢卡奇解决的另一个重要难题，就是如何从理论上批判地分析和评价斯大林的功过是非和复兴马克思主义的问题。1968 年的《民主化的今天和明天》（用德文第一次发表的书名是《社会主义与民主化》）一书又表明，他是社会主义民主（包括无产阶级专政）的第一个系统阐发者。卢卡奇强调："对于

---

① 〔匈〕卢卡契：《卢卡契文学论文集》第 1 册，中国社会科学院外国文学研究所外国文学研究资料丛刊编辑委员会编，中国社会科学出版社，1980，第 332 页。
② 〔匈〕卢卡契：《卢卡契文学论文集》第 1 册，中国社会科学院外国文学研究所外国文学研究资料丛刊编辑委员会编，中国社会科学出版社，1980，第 363 页。
③ 〔匈〕平库斯编《卢卡奇谈话录》，龙育群、陈刚译，湖南文艺出版社，1991，第 53 页。

我们来说，处于中心地位的是，社会主义民主如何能够在人们的日常生活中贯彻执行。"① 这正是卢卡奇思想的鲜明特点之一。

第五，卢卡奇晚年花费极大精力研究和深入思考，写出《关于社会存在的存在论》这一大部头著作（包括其导论在内计有154万字之多）。他遵循马克思、恩格斯和列宁的思想精髓提出和发挥了社会存在的存在论问题，重点阐明社会存在的各种复杂问题，即唯物史观的具体运用问题，以及他怎样思考和倡导社会主义改革的理论问题等。他在这部巨著中针对斯大林时代直到勃列日涅夫时代存在的问题，用最大的篇幅指明了在苏联社会主义模式里仍然存在异化现象。这是当时卢卡奇所能达到的最高水平，而且在意识能动性和异化问题上他做到了当时苏联学者都远远不可能达到的高度。但是，笔者认为，有必要指出卢卡奇在异化问题上的缺陷，即卢卡奇未提到马克思、恩格斯早期和后期关于此的以下论述：由于分工所造成的"社会活动的这种固定化，我们本身的产物聚合为一种统治我们、不受我们控制、使我们的愿望不能实现并使我们的打算落空的物质力量，这是迄今为止历史发展中的主要因素之一"。② 马克思后期明确指出："关键不在于对象化，而在于异化，外化，外在化，在于不归工人所有，而归人格化的生产条件即资本所有。"③ "如果说资本起初在流通的表面上表现为资本物神，表现为创造价值的价值，那么，现在它又在生息资本的形式上，取得了它的最异化最特别的形式。"④ 但是，马克思在《1844年经济学哲学手稿》中关于异化的重要思想和马克思在《资本论》中对商品拜物教的深刻揭示，却正是卢卡奇始终重视对异化现象的深入研究的主要原因。

第六，卢卡奇晚年对改革的一再强调，表明他是社会主义改革理论和实践上的最早倡导者和坚信者。20世纪60年代末他就认为，最重要的问题是"需要进行改革"。他明确表示，由于"到处都遇到坚决与旧制度决裂还是只对它进行改革的问题"，所以卢卡奇"很坦率地说"，他

---

① Georg Lukács, Sozialismus und Demokratisierung, Sendler Verlag Frankfurt am Main, 1987, S. 48.
② 《马克思恩格斯文集》第1卷，人民出版社，2009，第537页。
③ 《马克思恩格斯文集》第8卷，人民出版社，2009，第207页。
④ 《马克思恩格斯文集》第7卷，人民出版社，2009，第939页。

是"站在改革一边"。① 卢卡奇是最早敏锐地看到苏联社会主义模式亟须改革和社会主义民主对改革所具有的重大意义的思想家和理论家。这是当时其他社会主义国家的学者都做不到的有重大风险的艰辛之事。在20世纪60年代，受列宁对马克思主义所做的重大贡献的启发，卢卡奇针对列宁以后所发生的严重背离马克思主义的现象，就尖锐地提出"必须在所有问题上返回到马克思自身"，"回到马克思主义上来"。虽然直到他逝世时止，都未能得到官方的认可和公正评价，但他在晚年仍清醒而睿智地看到两大体系都有危机，因此他的临终遗言是："**真正的马克思主义是唯一的出路。**"② 从这里可以看出，他对马克思主义的坚定信念是异乎寻常的。

20世纪初以来，卢卡奇经历了第一次世界大战、俄国十月革命、第二次世界大战、匈牙利事件、中苏大论战等一系列重大历史事件。他既积极参加艰险的革命斗争，又踊跃地从事理论研究和学术创作；人们对他的众多推崇和赞颂，表明他确有许多独特的杰出贡献；他受到过多次批判、否定甚至严酷的打击（大多是在极左时期内），然而他仍然能坚信马克思主义。当然也不可否认，他也确有一些明显的错误或偏颇之处（尽管有些被夸大了）。因此，从20世纪20年代以来，由于各种错综复杂的原因，相继出现了关于他的种种不同甚至完全相反的评价，这主要包括"知名人士和思想家"、"理论修正主义"的主要代表人物、20世纪最伟大的哲学家、"西方马克思主义"创始人、"斯大林主义者"、"反斯大林主义斗争的急先锋"、"马列主义思想的卓越代表"等。值得注意的是，东西方各国都有对卢卡奇做出褒贬毁誉评价的著名学者。这一方面说明卢卡奇是一个复杂的特殊人物，也表明他的思想的独特价值、现实意义和对某些新问题的独特论述在很大程度上值得认真深入研究。20世纪六七十年代西方甚至出现了"卢卡奇热"。迄今为止，几乎没有其他当代马克思主义思想家在西方和东方引起如此激烈的肯定和否定。事实上，不论过去和现在他的影响都既深且广。在德国、法国、意大利甚至部分地在英国和美国，都讨论着卢卡奇的哲学和美学著作。自他的名著

---

① 杜章智编《卢卡奇自传》，社会科学文献出版社，1986，第188页。
② 杜章智编《卢卡奇自传》，社会科学文献出版社，1986，第48页。

《历史与阶级意识》问世以来,"卢卡奇一直把马克思的'辩证法'作为'认识社会和历史的唯一正确方法'。他要在'创始者的意义上'把它们加以发展、延续和深化。这一点也延伸到他的文学史和美学著作中"。[①] 整个来说,西方学者大多推崇卢卡奇的著作,20世纪70年代以来,一些社会主义国家的学者大多肯定卢卡奇30年代以后的著作,但他的《历史与阶级意识》一书则一直是国际论坛上争论的焦点。

我们今天很难想象卢卡奇在苏联十年期间屈从于政治压力而做出一些违心承认错误、不得不否定自己早期著作的痛苦心态。卢卡奇于1918年就参加了匈牙利共产党,并终生坚信马克思列宁主义和社会主义,但他直至逝世时都没有得到他所在的党的领导人的明确认可,而且如他最后所说的那样,在公众场合他是"一座修正主义纪念碑"。[②] 从他的朋友在他的墓前发表的悼词中可以看到当时追悼会的悲凉和无奈。从斯大林时代开始到勃列日涅夫时代,苏联某些领导人及东欧国家(如匈牙利和民主德国)某些作为领导人的追随者花费了很大的精力用在批判和对付卢卡奇这样一位卓越的马列主义思想家和理论家身上,这可能是共产主义运动史和人类历史上最大的失误和悲剧之一。

卢卡奇之所以从20世纪20年代起就一直受到否定和批判,其中一个主要原因就是从斯大林时代开始,某些领导人如季诺维也夫和布哈林背离了马克思主义关于"在党内绝对自由地交换意见是必要的"[③] 明确观点和列宁以理服人的正确做法,首先是听不得不同意见,接着就简单粗暴地乱扣政治帽子,以便把持有不同观点的人压制下去。此后,斯大林则更加严厉地用同一种办法,接连不断地把这种错误做法用在季诺维也夫、布哈林和其他人身上,给他们扣上更大的政治帽子,如"反党分子""反革命""阶级敌人"等,搞"大清洗",甚至予以处决,从而造成了极坏的影响和严重恶果。所以,我们永远不要忘记恩格斯所说的话:"每一个党的生存和发展通常伴随着党内较为温和的派别和较为极端的派别的发展和相互斗争,谁如果不由分说地开除较为极端的派别,那只会

[①] 〔匈〕卢卡契:《卢卡契文学论文集》第1册,中国社会科学院外国文学研究所外国文学研究资料丛刊编辑委员会编,中国社会科学出版社,1980,第5页。
[②] 参见杜章智编《卢卡奇自传》,社会科学文献出版社,1986,第194页。
[③] 《马克思恩格斯全集》第37卷,人民出版社,1971,第435页。

促进这个派别的发展。工人运动的基础是最尖锐地批评现存社会,批评是工人运动的生命要素,工人运动本身怎么能逃避批评,禁止争论呢?难道我们要求别人给自己以言论自由,仅仅是为了在我们自己队伍中又消灭言论自由吗?"①而列宁则是依据马克思主义精神对待持有不同意见和观点的同志的典范。所以,列宁虽然将卢卡奇关于不参加议会斗争的观点斥之为"左得很,坏得很",但却令卢卡奇心悦诚服地接受了列宁的正确观点。

拙著是笔者几十年不断收集相关材料,以卢卡奇的原文原著的整个思想观点为原始依据(这是整体、深入研究一个人的真实思想最基础的关键所在),全面地把握、反复思考研究的结果,是力求从马克思、恩格斯和列宁的基本思想观点出发,历史地、准确地具体而详细阐明卢卡奇思想和理论的一次尝试。为此,如果说本书对卢卡奇原文思想(其中有尚未翻译介绍过来的早期的某些思想和晚年的一些新思想)过多引用,那也请读者理解,笔者认为这正是全面、准确把握其整个思想观点所必需的。

由于卢卡奇晚年明确提出需要"回到马克思主义理论","必须在所有问题上返回到马克思自身"②,我国改革开放以来不少学者也提出"回到马克思"的问题,同时这也涉及对卢卡奇各种思想的评价以及以何种理论尺度作为评判标准的问题,所以本书有必要简要阐明马克思和恩格斯一直用"唯物史观"或同一意义上的"历史唯物主义"和"唯物辩证法"来称谓他们的"世界观"和方法论,以便人们对卢卡奇的哲学思想做出正确的判断。

熟悉马克思和恩格斯思想的人都知道,他们在写于1845～1846年的《德意志意识形态》中首次对唯物主义"历史观"做了比较系统的阐述,马克思1857年的《〈政治经济学批判〉导言》则被公认为对唯物史观进一步更准确地概括的"经典性定义"或"经典表述",晚年的恩格斯又多次对"唯物史观"(或在同一意义上的"历史唯物主义")做出了创造性的阐明和发展。根据2012年新版《马克思恩格斯选集》的初步统计,

---

① 《马克思恩格斯文集》第10卷,人民出版社,2009,第580页。
② 〔匈〕卢卡奇:《关于社会存在的本体论》(上卷),白锡堃等译,重庆出版社,1993,第659页。

马克思至少三次系统论述，恩格斯单独或与马克思一起至少在四十多处地方反复提及、强调或阐明他们自己的理论或世界观时用得最多的就是"唯物主义历史观"，其次是"唯物主义辩证法"，而"新唯物主义""现代唯物主义""实践唯物主义""唯物主义的自然观""辩证的自然观"似乎只有一次，用这些新概念来作为自己"世界观"、理论的称谓及"进行研究工作的指南"。他们一生中既没有使用过"辩证唯物主义"，更没有提到过"辩证唯物主义和历史唯物主义"两个并列的概念。特别值得重视的是，他们的后期和晚年，更重视和强调辩证方法。马克思1873年在《资本论》第1卷第2版跋中就讲得十分清楚。他1859年在《〈政治经济学批判〉序言》（1859年柏林版第4~7页）（马克思对唯物史观的全面系统性经典表述）中就已经说明了他的"方法的唯物主义基础"，接着就引用俄国评论家"作者先生"评论序言的内容就是对前面马克思那段著名的"唯物主义历史观"的经典表述，然后马克思明确指出他这种"恰当""描述"的就是"辩证方法"，即唯物辩证法。[①]恩格斯在《反杜林论》中指明，现代唯物主义（这里既是指"唯物辩证法"，又是指"唯物史观"）"已经根本不再是哲学，而只是世界观"。[②]恩格斯写于1877年的《卡尔·马克思》一文明确指出，马克思"在整个世界史观上实现了变革"，这种世界史观就是"新的"唯物主义"历史观"。[③]恩格斯1882年对此有过进一步的精辟阐明，即"唯物主义历史观及其在现代的无产阶级和资产阶级之间的阶级斗争上的特别应用，只有借助于辩证法才有可能"。[④]他在1895年强调："马克思的整个世界观不是教义，而是方法。它提供的不是现成的教条，而是进一步研究的出发点和供这种研究使用的方法。"[⑤]马克思和恩格斯上述提法的某种改变，清楚地表明，他们最终表达自己理论、方法和世界观使用的就是"辩证方法"或"辩证法"，即唯物辩证法，其中特别是"唯物史观"以及辩证的唯物主义自然观也都包括在内了。这三者的统一就是他们的理

[①] 参见《马克思恩格斯选集》第2卷，人民出版社，2012，第93~94页。
[②] 《马克思恩格斯文集》第9卷，人民出版社，2009，第146页。
[③] 《马克思恩格斯选集》第3卷，人民出版社，2012，第722~723页。
[④] 《马克思恩格斯选集》第3卷，人民出版社，2012，第746~747页。
[⑤] 《马克思恩格斯文集》第10卷，人民出版社，2009，第691页。

论精髓和世界观。因此可以说，列宁把"对具体情况作具体分析"视为"马克思主义的精髓"和"活的灵魂"，中国共产党把"实事求是"视为马克思主义的"基本方法"和"精髓"，这些都是对马克思主义世界观和方法的进一步丰富和发展。这也正是卢卡奇一直都坚持、阐明和运用唯物辩证法，特别强调马克思主义方法论重要性的根本原因。

鉴于卢卡奇在最后一部重要著作《关于社会存在的存在论》中的"Ontologie"（"存在论"）这一重要术语常被译为"本体论"而引起诸多误解或混乱的问题，本书在这里不得不强调和阐明已有很多学者采用的另一种译法，即"存在论"。刘立群于1992年在《哲学研究》杂志上发表的《"本体论"译名辨正》一文中已经就这个词的用法有过详细的探讨，提出用"存在论"而不用"本体论"的充分理由，指明"用'本体论'一词译英文'ontology'这个词是不妥的，已经造成不小的混乱"。他断言："把'ontology'译为'存在论'才真正符合该词的本来含义，即'onto'源自古希腊的'存在'一词"。① 关于"存在论"的真实含义，正如卢卡奇晚年所说，从日常生活出发，必定产生大量的存在论问题，"存在（Sein）的各种不同形式总是聚集到一起的，而存在的各种形式之间的关系才是基本的东西"。所以，卢卡奇认为存在论的对象是真实存在的东西。而任务就是研究生存（Existenz），它的反义词就是"Inexistenz"（不存在），并追溯到它的存在，发现包含其中的不同层次和联系。② 德文"Ontologie"一词最早出自拉丁语的"ontologia"，从字面上说，这个词的意思就是关于存在物的学问（或学科）。从德语来看，Ontologie最早见于16~17世纪，多把它译为"关于存在的学说"。从英、法词典来看，这个词的意思也是关于存在物的学问（或学科）。卢卡奇的《关于社会存在的存在论》一书也充分表明，他所使用的"Ontologie"一词，就是阐明存在的哲学理论表达。在中文中，"ontologia"一词曾经有几种译法，但从20世纪50年代至今使用"存在论"者开始多起来了。对此余纪元在《陈康与亚里士多德》一文（《北京大学学报》1992年第1期）中详细而具体地考察了该词的来龙去脉，也明确主张"以'存在

---

① 刘立群：《"本体论"译名辨正》，《哲学研究》1992年第12期。
② 〔匈〕平库斯编《卢卡奇谈话录》，龙育群、陈刚译，湖南文艺出版社，1991，第5页。

论'来译英文词'ontology'"。我国著名学者黄楠森也认为"这个词的本来含义是关于存在的理论（ontology）"。其实，"本体"在宋明理学中，是指本来恒常的状态。只有在康德那里的"noumenon"一词通常才译为"本体"，这是比较合适的。从许多学者就希腊文、英文、德文、法文等文种对"ontologia"以及变体的精准研究来看，笔者以为把该词译为"存在论"为妥，不宜再用"本体论"而使一般读者无所适从（如用"实践本体论"往往被人理解为"本原"上的"实践"就是如此）。同理，在卢卡奇的有关著作中都应译为"存在论"为宜。

卢卡奇毕竟生活在20世纪初至1971年的帝国主义和无产阶级革命时代，又经过东西方冷战的时期，与我们今天的和平和发展的时代大不相同。也可能是因为当时的政治形势，或者是因为卢卡奇本人未能看到或没有充分掌握马克思和恩格斯某些重要文献，所以卢卡奇对某些问题的阐释不可避免地带有时代的局限性。即使就马克思和恩格斯的基本观点而言，卢卡奇在理解和表述他们的思想时也有某些明显的缺陷，在一些重要之点上未能达到马克思的水平。这些也将在本书中明确指出并做出具体说明。不过，这样做并不会影响卢卡奇作为著名思想家的形象及其丰富思想对我们今天的现实所具有的理论意义。即使他的早期思想在理论表述上所犯的种种错误以及后来的某些观点引发的争论和批判，也能给人以启发或有值得吸取的教训。从20世纪20年代起，卢卡奇因《历史与阶级意识》一书一直被当做理论修正主义的主要代表人物被反复批判了几十年，直到1983年才被自己所在的党肯定评价为"二十世纪的伟人""马列主义思想的卓越代表"。但最近几年，由于匈牙利极右翼势力掌权，甚至宣称"要与自由民主决裂"，卢卡奇又被从完全相反的方向遭到一些人的非难和否定，连卢卡奇档案馆也于2018年被关闭了。这同时也引发了国际性的抗议，于是他又成为远未结束的颇有争议的人物了。所以，本书旨在发掘、强调和阐明的一个新结论，就是卢卡奇依据马克思、恩格斯和列宁的思想一贯坚信和阐明的"工农民主专政""新民主主义""社会主义民主"。

但是，每个国家的马克思主义者都会根据自己国家的实际情况，独立自主地、创造性地坚持、阐明和发展马克思主义。走适合自己国情特点的人民民主和社会主义道路才是正确的选择，这成为东西方马克思主义者、许多研究者和广大人民群众的普遍共识。马克思主义的多样化发展和通向社会主义道路的不同样式是必然的。卢卡奇之所以信服列宁，就是因为列宁创造性地运用马克思主义，从战时共产主义转到新经济政策以实行"迂回过渡"到社会主义的正确轨道上来。这与中国20世纪50年代前半期和改革开放以后出现的迅速发展和繁荣局面有不少相似之处。这也正是不少学者提出"回到马克思"，坚持和发展马克思列宁主义这一指导原则的原因。鉴于以往世界各国马克思主义者在阐明和运用马克思主义方面的成功经验以及由于背离马克思主义实事求是的原则而造成的重大失误甚至失败的严重教训，也由于过去在某些方面未能全面把握马克思和恩格斯的某些思想以及对其丰富的思想资料还远未出齐而将会有一些为我们所不知晓的马克思思想的新信息，至今为止对马克思和恩格斯思想的研究、理解和把握还远不够全面深入。现已出版的中文版《马克思恩格斯全集》只有50多卷，而正在出版的《马克思恩格斯全集》历史考证版第2版将达到114卷（122册）之多。因此，为了真正而切实地落实以马克思列宁主义为指导思想的任务，进一步全面、深入、细致地研究和根据每个国家的具体实际情况加以创造性地运用，特别是予以发展，仍然是各国马克思主义者义不容辞的重要使命。

在卢卡奇1971年逝世后，最大的变化就是苏联的演变和解体，中国改革开放的巨大成功，这些都是卢卡奇未能看到的、特别需要指出的鲜明事实。对马克思主义的了解、阐明和发展一定会有全新的深度和创造性运用，并在更大的发展上达到更高的新水平。所以，如何正确对待和准确评价卢卡奇、葛兰西等西方马克思主义代表人物这一重大问题，是一个关系到如何坚持和发展马克思主义的重大问题。在这个方面，马克思1869年说过："由于每个国家工人阶级的各种队伍和不同国家的工人阶级所处的发展条件极不相同，它们目前所达到的发展阶段也不一样，因此它们反映实际运动的理论观点也必然各不相同。"[①] 这些话在今天仍然具有较大的现实指导意义。

由于卢卡奇一生最为关注的中心点是如何正确理解、阐明、运用和发展马克思主义这一重大问题，所以最近40年来我国学术界对卢卡奇一

---

① 《马克思恩格斯全集》第16卷，人民出版社，1964，第393页。

直表现出浓厚的兴趣，尤其是涉及马克思主义哲学表述的基本问题，如实践问题、人道主义与异化问题、意识能动性等理论问题，还有社会主义发展阶段和改革开放中的自由、民主以及清除贪腐和提高精神文明等重大实践难题。20世纪70年代末随着我国开展关于真理标准问题的大讨论，80年代后期我国报刊上也出现了几次关于卢卡奇的热烈争论，《历史与阶级意识》一书出版了三个中译本，发表的研究卢卡奇的论文近千篇之多，专著有十多部，这些都是最有力的证明。但是，对卢卡奇思想的深度解读还远远不够，正如张一兵提出的西方马克思主义（特别是卢卡奇）研究中的问题，即"如果我们自己就没有认认真真研读过西方马克思主义学者认真研读过的马克思的文本，我们何以有根据地去判定对错？仅靠传统教科书体系作为真理的标准？"[①] 这正是以往在不甚了解马克思的真实思想和所评论的对象的情况下，仅仅根据传统教科书或某种需要就轻率做出简单否定或扣上某种政治帽子的主要弊端和经不起实践检验的原因所在。有鉴于此，本书重在依据尽可能多的原始文本，实事求是、尽可能多地介绍和阐明卢卡奇的真实思想（包括其问题或失误），并将其与马克思、恩格斯和列宁的有关思想及客观现实情况进行对比，这样一个真实、活生生的卢卡奇才会展现在我们面前。作为一个社会主义大国，中国正处在坚持和发展马克思主义及改革开放、创新和发展的良好氛围中。因此，可以相信，我国学术界将会对卢卡奇这样一位由资产阶级的理论家转变为一个马克思主义哲学家、美学家和文学评论家的艰辛历程做出更为全面、具体、准确的评价，并从中获取有益的经验。本书只是拟对此做初步尝试和探索，以求教于同行和读者。

[①] 张一兵：《深度解读：西方马克思主义与卢卡奇》，《哲学动态》1999年第8期。

第一章　青少年时代的学思与批判精神的萌发

客观性在于正确的时间性。

——卢卡奇

在1848年的欧洲革命中，匈牙利是"最后拿起武器来保卫1848年革命的民族"。① 在这次有重大历史意义的斗争中，裴多菲和科苏特成为匈牙利民族民主革命的杰出代表，并对后世争取独立、自由和解放的斗争产生了重大影响。这次卓有成效的革命由于俄国沙皇派14万军队镇压而失败。因此，匈牙利仍处于奥地利哈布斯堡王朝的统治之下，并成为多种民族和社会矛盾的焦点。

19世纪末20世纪初，当欧洲一些先进国家由自由资本主义时代进入垄断资本主义时代时，在匈牙利，由于封建专制统治者的阻碍和民族分裂造成的对立，带有明显封建特点的资本主义只能以扭曲的形式缓慢地发展着。匈牙利官方政治的腐败和日趋恶化的社会经济问题，使人们普遍期待这个政权尽快垮台。欧洲传统的社会制度和价值体系开始崩溃，危机意识在知识分子中间迅速滋长。尼采可能是最早和最清楚表达了世纪之交资本主义社会中发生精神危机的人。斯宾格勒在《西方的没落》一书中集中描述了资本主义社会深层危机所引发的悲观失望情绪。而这种危机和失望情绪必然引起许多有教养人士的深入思考。

对于当时受制于封建官僚统治的资本主义来说，匈牙利尖锐复杂的社会问题更甚，这恰好成为进步思想生成的良好土壤，因而也特别适宜于扩大马克思主义的影响。匈牙利一部分先进知识分子在思索、寻求新的出路。其中，卢卡奇不仅成长为匈牙利那个时代精神文化的杰出代表，而且跃居于对20世纪有深广影响的杰出思想家之列。

---

① 《马克思恩格斯全集》第6卷，人民出版社，1961，第563页。

第一节　优越的家庭教育

卢卡奇于1885年4月13日出生在匈牙利首都布达佩斯一个富裕的犹太人家庭里。1890年这个家庭把它的姓"Löwinger"（勒文格尔）改为"Lukács"（卢卡奇），而"Georg"（格奥尔格）则是他接受路德教派洗礼时所取的名。他的父亲尤若夫·卢卡奇是匈牙利通用信贷银行行长，于1849年获得贵族封号，并被称为"完全白手起家的人"。他经常给小卢卡奇讲述过去的家庭困境，这给卢卡奇留下了深刻印象。卢卡奇对父亲的工作和才智颇为敬仰和尊重。卢卡奇的母亲阿黛尔，出身于维也纳贵族魏尔特哈穆家族，并在那里接受教育，婚后与子女们用德语交谈。她对孩子们的要求十分严格，完全老一套地执行各种礼规，他的母亲主导着卢卡奇一家的气氛和意识。小卢卡奇不得不纯粹在形式上服从毫无意义的"礼规"。大约在小卢卡奇8岁时，曾经因不遵守礼规而被关在小黑屋，因此他与母亲的关系很差。当父亲对母亲采取较批判的态度时，小卢卡奇才同父亲有较好的关系。据卢卡奇后来写自传时所说，恭敬地和很客气地遵守礼规，对孩子来说大部分是毫无意义的，但他对此不得不在纯粹形式上服从。这种正式的和毫无意义的"义务"已成为一般儿童生活的一部分，也成为卢卡奇童年时代的特征。小卢卡奇与其他孩童不同的是，他始终不满意礼规，但却能采取表面上认错的巧妙办法与母亲进行周旋，尽可能不在父亲长时间不在家里时犯错，以免被罚几个小时。这种有个性特点而又灵活（包括被迫的某些妥协）的做法，后来也扩展用于他的意识形态斗争中。不过，当时小卢卡奇已萌发"决心反对陈规旧套去达到对现实的独立理解"，而反对宗教则加强了这种效果。[①]但可以肯定的是，卢卡奇没有任何激烈的反抗，也没有任何对一切秩序、对一切顺从的自发的、盲目的反抗。

卢卡奇家里当时设了一个"沙龙"，一些政治家、企业家、教授、精神生活的各种代表人物定期在这里探讨问题，这种广泛的社会交往使卢卡奇从小就受到自由探讨的人文精神的熏陶。优秀的杂文作家吉尔

[①] 参见杜章智编《卢卡奇自传》，社会科学文献出版社，1980，第14～17页。

捷·阿尔贝特和杰出的雕刻家菲伦济·贝尼（Ferenczy Béni）都在他家当过家庭教师。可以说，卢卡奇从小就受到了良好的教育。

卢卡奇孩童时代在家里完全不被家人看在眼里，而他的哥哥却被当成一个非常有出息的孩子，他被认为是一个"坏"的或持有不同见解的孩子。但是，卢卡奇比哥哥聪明，从上小学时起，他不特别用功就能获得好成绩，一直是班上的优等生。他真正感兴趣的东西是对他有好处的东西。

第二节 博览群书与批判精神的形成

卢卡奇9岁时开始读儿童读物，主要包括意大利作家德·亚米西斯（De Amicis）的短篇小说《心》、印第安人科帕尔的《最后一个莫希干人》、匈牙利文本的《伊利亚特》等。他追溯作家描写的各种事件，并站在弱者、被压迫者和战败者一边。当他阅读《伊利亚特》时，他喜欢的主角不是阿喀琉斯，而是赫克托尔。因为赫克托尔虽然遭到了失败，但他是一个正直的英雄。据卢卡奇晚年所说，赫克托尔的命运决定了他"以后的整个发展"。[1] 与他父亲相信成功是行为正确的标准不同，卢卡奇从《最后一个莫希干人》和《伊利亚特》（这两本书对他很重要）中确认，成功并不是什么标准，一个人没有获得成功，他的行为也可能是正确的。英国散文作家查尔斯·兰姆的《莎士比亚童话集》，更为他展示了一个新世界。他从中形成一种很深的印象：世界存在于它的历史之中，然而也存在于它的多种多样和丰富多彩的扩展之中，这同相当单调和墨守成规的家庭生活处于戏剧性的对立之中。他也读过马克·吐温的长篇小说《汤姆·索亚历险记》和《赫克贝利·芬恩历险记》。这些书使童年时代的卢卡奇知道应该有生活的理想，即应该像汤姆·索亚那样生活。卢卡奇在谈到他童年时代所走过的道路时指出：从童年时的拒绝礼规到对社会的逐渐具体的批判，是发展缓慢的，很少有意识的。卢卡奇思想的逐渐转变，就是由这种广泛的阅读造成的。小卢卡奇虽然一直是班上的优等生，但他并不认为其他同龄的学生就比他及其哥哥差。他

---

[1] 参见〔匈〕平库斯编《卢卡奇谈话录》，龙育群、陈刚译，湖南文艺出版社，1991，第22页。

虽然出身于富裕家庭，但"对穷人抱有希望"，并没有比同龄孩子的优越感，实际上他多与中等生和劣等生团结一致。喜欢自由地阅读自己感兴趣的书，是小卢卡奇的一个优长之处。

卢卡奇的转折点是在 15 岁左右才出现的。他在父亲的藏书中偶然看到诺尔道的《退化》。① 他读了这本书，了解到在易卜生、托尔斯泰、波德莱尔、史文明等人的著作中，真正的颓废是什么。幸运的是，诺尔道逐字逐句地引用了波特莱尔、史文明等人的诗歌。卢卡奇"被完全吸引住了，当然变成了遭到他家里人鄙视的易卜生和托尔斯泰的坚定拥护者"。这样，在 15 岁时卢卡奇"就达到了当时极端西方的现代立场"。作为一个青年人，他"梦想自己能写出易卜生和豪普特曼那样的剧本"。

在新教文科中学时，卢卡奇对历史和文学很感兴趣。由于他学习过德文、英文、法文，所以他开始阅读很有价值的世界文学名著，如莎士比亚的《尤里乌斯·恺撒》、约凯的小说《心灵教养者》、雅诺斯·阿拉尼的诗以及歌德、高特弗里德·凯勒、格尔哈特·豪普特曼②、易卜生的作品，第一次想到自己可以成为一个作家。阅读和熟悉这些文学作品对卢卡奇早期思想的形成起了重大作用，从而产生了他对社会的具体批判态度，这就是他自己所说的在 15 岁时发生的一个转折。博览群书，勤于思索，思想上异常敏锐，形成独特的批判精神，是卢卡奇青少年时代的突出特点。

易卜生的思想引起了卢卡奇的兴趣，以至于 1902 年夏天他到斯堪的纳维亚做了一次旅行，专门拜访了易卜生。在这一年里卢卡奇还到过剧作家 F. 赫伯尔③家里，并写过一篇作文《赫伯尔对戏剧文学的影响》。

---

① 《退化》是诺尔道最著名的作品，发表于 1892 年。该书认为当代的文明、新发明和大城市的成长造成人类的退化，尤其是上流阶层的退化，特别表现为文学艺术和音乐水准的降低，以致趋向堕落。

② 高特弗里德·凯勒（Gottfried Keller, 1819～1890 年），瑞士德语区最有民主精神的作家，以自传体小说《绿衣亨利》闻名于世。格尔哈特·豪普特曼（Gerhart Hauptmann, 1862～1946 年），德国著名剧作家，1912 年获诺贝尔文学奖。

③ 赫伯尔（Friedrich Hebbel, 1813～1863 年），19 世纪德国最著名的悲剧作家之一。根据《圣经》故事写成的《犹滴》1840 年在德国汉堡和柏林上演，并使其一举成名。他的现实主义悲剧《玛丽亚·玛格达莱娜》（1844 年）是一部构思精致的剧本，在技巧上成为"日常生活悲剧"的典范，是中产阶级下层社会的真实写照。《吉格斯和他的戒指》（1845 年）是他最成熟、最精巧的作品，显示出他对复杂心理问题的偏爱。

此后赫伯尔成了卢卡奇这一时期关于现代戏剧的创作的主角。

20世纪初,尼采关于"重估一切价值"的思想在匈牙利旧价值观危机的气氛中产生了很大影响,而卢卡奇、卡夫卡等知识分子认为,问题不仅在于破坏旧的价值,更在于寻求新的价值。这种寻求导致卢卡奇在赫伯尔那里发现了现代文学的起源,而首先是赫伯尔和易卜生之间的联系成了他注意的中心。[1]

与此同时,从1902年起,卢卡奇开始在《匈牙利沙龙》《未来》杂志上发表文章,主要是一些剧评,如1903年写的《新豪普特曼》、1906年写的《关于易卜生的思想》以及《戏剧的形式》。这可以看出卢卡奇已显露从事文学评论方面的卓越天赋。他曾经把德国剧评家和作家阿·凯尔(1867~1948年)作为自己的榜样,并试图成为一个戏剧评论家。然而,当他意识到他这些文章的幼稚可笑,他自己没有当作家的真正天赋时,1903年他就把所有这些手稿都付之一炬。不过,在此后的一段时间里,戏剧及其评论在卢卡奇的文学评论和美学理论工作中仍居于重要地位。

1902年高中毕业后,卢卡奇进入布达佩斯彼特-帕茨马尼大学法律系,但他很快就对法律失去兴趣。尽管如此,他还是于1906年10月在科罗茨瓦获得了法学博士学位。他的导师是当时最著名的进步法学家之———索穆罗·鲍多格(Somló Bódog)。在大学期间,文学和艺术史以及哲学成了卢卡奇兴趣的中心。由于当时欧洲戏剧富有社会批判意义,其中尤以柏林和巴黎自由剧场最受民众欢迎,卢卡奇就利用法律系的无拘无束,于1904年同马塞尔·伯奈德克、拉尤斯·巴林特、山多尔·海威西一道创立了"塔利亚剧社",上演了高尔基、易卜生、契诃夫、豪普特曼等进步作家的剧本,演出达100余场。这个剧社在匈牙利近代戏剧生活中起了重要的作用。卢卡奇以导演和剧评家的身份参加了演出工作。关于参加塔利亚剧团的工作,卢卡奇曾经总结说:"塔利亚剧团是我超出了我的半孩子式的开端。这不是我们的功劳,是导演赫维西和演员们的首创精神。真正的影响在于澄清戏剧问题,这是走向一种从未实现的转变的起点。这种转变只露出了轮廓。"[2] 卢卡奇在中学时代就读了匈

---

[1] 参见István Hermann, Georg Lukács: sein Leben und Wirken, Verlag Hermann Böhlaus Nachf., Wien. Köln. Graz, 1986, S. 16。
[2] 参见杜章智编《卢卡奇自传》,社会科学文献出版社,1986,第19页。

牙利和欧洲许多进步作家和剧作家的名著,其深刻揭露当时社会矛盾、弊端和问题的敏锐思想,对卢卡奇无疑产生了巨大而持久的影响,尤其是在文学评论和美学方面,并成为他研究的重要领域之一。所以,卢卡奇说:"我的真正文学活动一部分是从我论戏剧的著作,一部分是从我为《西方》杂志撰稿开始的。"

值得一提的是,卢卡奇在大学里,结识了塔利亚剧团团长巴诺奇·拉兹洛,并受到其强烈影响。当时卢卡奇正在寻找一条他自己的道路,他在巴诺奇家里认识到,必须以科学的和认真的,而且是非机械的方式学习理论和历史。正如卢卡奇自己所说,此时他开始了一个全面的学习时期,其中包括透彻领会理论著作。结果是,他的印象派评论被一种以德国哲学为基础并且倾向于美学的评论所取代。正是在这个时候,卢卡奇"最初研究了康德,然后在当代德国哲学中研究了狄尔泰和席美尔的著作"。①

在社会政治思想方面,当时对卢卡奇影响最大的要算20世纪初匈牙利最伟大的革命民主主义抒情诗人奥第·安德烈了。由于卢卡奇憎恨匈牙利封建主义的残余和在此基础上发展起来的一切形式的资本主义,1906年出版的奥第的《新诗集》对卢卡奇"产生了绝对压倒的影响",激起了他的革命热情。卢卡奇把这本《新诗集》看做匈牙利文学中第一部能够使他找到返回匈牙利道路的作品,是他的政治思想发展的重要因素之一。他认为,奥第对他的整个文学发展以及文学以外的生活都产生了重要的持久影响,是他"一生的转折点之一"。他一生都"非常爱慕奥第的作品",终生都是"奥第的崇拜者"。所以,卢卡奇在匈牙利是"第一个在三四年之后写文章谈奥第与革命的个人联系的人"。奥第对卢卡奇的影响是他"一生的转折点之一"。不过卢卡奇也说:"在当时,我必须承认,古典匈牙利文学我根本没有接触。我只是受世界文学,首先是德国哲学的影响。德国哲学的影响贯穿了我的整个一生。"②

1906年和1908年卢卡奇还分别参加了《20世纪》和《西方》这两个杂志的工作,并为其撰稿。《西方》是一份对复兴匈牙利文学起过作用的知识分子杂志。卢卡奇因倾向于唯美主义和自由主义观点而对围绕

---

① 杜章智编《卢卡奇自传》,社会科学文献出版社,1986,第60页。
② 杜章智编《卢卡奇自传》,社会科学文献出版社,1986,第68~69、87页。

这份杂志形成的小集团持保留态度。卢卡奇曾回忆说，他虽然在《西方》杂志社中"采取一种特殊的反对派立场，但在实质上毕竟还是属于资产阶级的反对派"。[①] 而他批判的对象就是匈牙利的封建残余和资本主义的同盟。

[①] 杜章智编《卢卡奇自传》，社会科学文献出版社，1986，第273页。

第二章　早期创作及其新思想

卢卡奇很早就希望成为批评家、理论家和文学史家。他18岁开始发表文章，主要是以德国戏剧家阿尔弗莱德·凯尔①的风格写些剧评。据卢卡奇自己说，他写成发表的评论格尔哈特·豪普特曼和赫尔曼·班的文章是他的文学生涯的实际开始。②用德文写作的匈牙利艺术评论家波佩尔·列奥③是他的良师益友。在波佩尔的影响下，卢卡奇写过一些论造型艺术的文章，并从波佩尔那里学到了"对话"体表现形式和"万物素材"理论，并认识到，在艺术中质量感是最重要的东西。卢卡奇甚至认为，波佩尔·列奥也许是他一生中遇见过的最有天赋的人，因为波佩尔对质量有一种准确无误的本能。

第一节　处女作《现代戏剧发展史》
——确认马克思主义的起点

在卢卡奇热衷于"塔利亚剧社"活动和从事剧评写作期间，他已感兴趣并阅读了歌德、狄尔泰、席美尔、保尔·恩斯特④、马克思的著作，这些成了他此后关注重心转向理论领域的重要契机。

---

① 阿尔弗莱德·凯尔（Alfred Kerr，1867~1890年），德国反纳粹评论家和政论家，超温和派杂志《新德意志展望》及其他刊物的撰稿人。
② 杜章智编《卢卡奇自传》，社会科学文献出版社，1986，第59页。
③ 波佩尔·列奥（Popper Leo，1886~1991年），匈牙利用德语写作的艺术评论家和美学家。
④ J. W. v. 歌德（1749~1832年），德国以及欧洲资产阶级上升时期一个划时代的大诗人、剧作家、思想家。他的代表作诗剧《浮士德》被认为是德国当时先进思想在艺术上的最高成就。W. 狄尔泰（1833~1911年），德国著名哲学家，现代生命（生活）哲学的创始人之一。他致力于创立一门精神现象的"经验科学"和通过理解来把握"历史的精神过程"。G. 席美尔（1858~1918年），德国著名哲学家和社会学家，是"形式社会学"，即"关于社会化形式、关于人的相互关系形式"科学的真正创始人。保尔·恩斯特（1866~1933年），德国作家、戏剧家和散文家。

大学期间改读哲学系（文学、艺术史、哲学），这是卢卡奇思想发展的一个重要转折。在此之前，他曾想到德国留学并成为德国文学史家，因为他有这样一个幼稚想法，以为文学史家实际上能对事变进程产生影响。当时，著名哲学家狄尔泰的代表作《精神科学导论（1883年）》已经问世，该书强调"生活，作为相互影响的、时间上相继的事件，就是历史生活"。狄尔泰认为："生活以及对生活的体验是对社会－历史世界的理解的生生不息、永远流动的源泉；从生活出发，理解渗透着不断更新的深度，只有在对生活和社会的反映里，各种精神科学才能获得其最高的意义，而且是不断增长着的意义。"席美尔是德国一位极具开拓精神的思想家，名声极大，当时处在大学（讲坛）哲学的中心。康德研究是席美尔哲学经历的出发点，而歌德以来的德国文化传统和遗产则是席美尔思想的源泉。这正是他成为大思想家的根本原因之一。他在1904年提出了给哲学下定义的名言："如果说艺术品是通过气质所看到的世界的一部分的话，那么哲学便是通过气质所看到的世界的全部。"他在哲学方面还提出了"哲学文化"、崭新的女性论、现代心理学，因而体现了生活哲学思考的一种活跃的和复杂的类型。尤其是他的"生活的形式"这一概念功能别具特色，他的生活哲学在文化哲学中得到了体现。他把自己的哲学命名为"哲学文化"。生活概念在席美尔的文化哲学中占有中心地位。席美尔在1898年的《男女关系中金钱的作用》中就指出，由于金钱的介入，在卖淫中，男人和女人的关系被贬为瞬间性的机能的事态，这是很巧妙的。时代的病理让人看到了它的真面目。他的《金钱哲学》（1900年）是一部预感到新时代与新问题到来的具有象征性的著作，是对时代的诊断。在《金钱哲学》中，他开始将"卖淫"作为时代的病理现象来解读，表明了社会局部的悲惨，作为社会整体的征兆露出了它的真实面目。在席美尔看来，女性（男性）的身体是不能买卖的。它是"最有价值的所有物"，是"最内在的价值"。性行为之所以能够成为商品，是因为它蜕变成了经济性的性行为。不能出卖的东西被出卖了，如席美尔所说，"由于被支付了钱，所以产生了价值"。席美尔虽然认为，同金钱打交道应该作为获取自我经验的首选之路，也看到通过金钱产生了诸多异化现象，但他并不认为同金钱打交道原则上会使生活堕落。1908年席美尔出版的《社会学》一书分析了人是生活被商品经济所异化的现代社会的城市人,这种人处在各种各样的人际关系和社会状况中,在与他人发生关系的同时,现代的人成为社会权力的俘虏和奴仆,失去了自我。《哲学文化》是席美尔的一部论文集,他提倡取代现代大学中的讲坛哲学,确立面向广泛的文化交流的"哲学文化"。这些对卢卡奇此后更重视文化和异化问题都有重大影响。

席美尔将现代的异化状况看做"文化的悲剧",认为这是形而上学的必然性。他指出,文化原本是作为生活方式被创造出来的,但它却面向自己的完成而背离了生活的目的,最终变得与生活对立了。所有人的活动都有被制度化、被自我目的化的可能,而且被制度化了的文化形态又发挥着压迫人的作用。所以,霍克海默尔赞扬他"才是唯一值得我们研究的哲学家"。卢卡奇确认,"那个时期,无论时间长短,没有人不对席美尔思想着魔",他是"整个现代哲学领域最重要也最令人感兴趣的过渡现象"。

卢卡奇在研读德国著名哲学家狄尔泰和席美尔的著作时受到其深刻影响,并幻想成为像他们那样的伟大哲学家。当时,柏林是哲学方面更活跃和更有吸引力的城市。于是,1906~1907年卢卡奇就去了柏林,在那里结识了狄尔泰和席美尔。旋即,卢卡奇成为席美尔的学生,听他的课,研究他的著作,尤其从《金钱哲学》一书中学到很多东西。此外,他还读过叔本华和尼采的著作,尤其受到莱辛、席勒同歌德的通信、德国《雅典娜神殿》刊物浪漫主义的强烈影响。

在中学毕业时,卢卡奇就初次接触到《共产党宣言》,并对此印象非常深刻。进入大学后,他又读了马克思和恩格斯的许多著作,如《路易·波拿巴的雾月十八日》《家庭、私有制和国家的起源》,尤其深入地研究了《资本论》第1卷,对其影响尤为明显。卢卡奇的女性挚友伊尔玛·塞德烈1908年给他的信也证明其"经历了对马克思的研读"[①],通过这一研究,使他"确信马克思主义的一些基本观点的正确性"。剩余价值学说、作为阶级斗争史的历史观以及社会分为阶级的观点,给他留下了"深刻印象"。然而,这种影响只限于经济学,特别只限于"社会

[①] 参见〔匈〕阿格妮丝·赫勒主编《卢卡奇再评价》,衣俊卿等译,黑龙江大学出版社,2011,第46页。

学"。后来,卢卡奇明确说过,他研究《资本论》是为了给他的《现代戏剧发展史》的专著"奠定一个社会学基础"。① 这些可以看做卢卡奇后来坚信马克思的开端时期。

在柏林学习期间,得益于席美尔的指导,卢卡奇撰写了《现代戏剧发展史》。在此书中,他所依据的社会学理论是"戏剧是衰落时代的产物"。这本书于 1908 年 2 月获基斯法卢狄学会颁发的克里斯蒂娜文学奖。不久,在席美尔思想的启发下,经过修改的这部著作于 1911 年在布达佩斯出版(译成中文约有 50 万字)。这是卢卡奇以戏剧为标志的第一个创作时期最重要的成就。

《现代戏剧发展史》对 18 世纪至 20 世纪头 10 年之间的戏剧发展做了最广泛的描述和评论。这部著作探讨了现代戏剧的基本原则和历史前提,阐明了赫伯尔和易卜生在现代戏剧发展中的突出作用,批判地研究了自然主义、印象主义和悲喜剧,最后论述了现代戏剧的现状,重点考察了通向伟大戏剧的道路和匈牙利的戏剧文学。卢卡奇还较多地论述了德国的古典戏剧、法国的倾向戏剧和自然主义及其发展。卢卡奇谈论最多的是黑贝尔、易卜生、歌德、席勒、莎士比亚[②]等,尤其是把黑贝尔看做"现代戏剧家,也许是一切时代的戏剧家中的'创始人'",强调他"为现代悲剧奠定了基础";而"易卜生成熟时代的首要目标是创造一种社会的、伟大的戏剧,即一种资产阶级的悲剧",这是"整个新的戏剧文学中第一次、唯一的尝试"。[③] 卢卡奇还对他们做出哲学的评价,其中就指出黑贝尔"在人与人的关系中观察人",但在他的戏剧中却"完全缺少道德上的评价",他所描绘的人"生活在完全孤立的状态中";而易卜生的哲学则"比任何一个法国人都深刻和大胆"。[④]

---

① 参见杜章智编《卢卡奇自传》,社会科学文献出版社,1986,第 210、237 页。
② J. Ch. F. v. 席勒(1759~1805 年),德国著名剧作家、诗人。他与歌德合作,促成了德国古典文学的繁荣。他的代表作《阴谋与爱情》、历史剧《华伦斯坦》有力地控诉了封建专制统治的罪行。W. 莎士比亚(1564~1616 年),英国文艺复兴时期的伟大戏剧家和诗人。他的主要剧作有《理查三世》《亨利四世》《罗密欧与朱丽叶》《哈姆雷特》《奥赛罗》等,他被称为"世界艺术高峰之一""英国戏剧之父""最伟大的戏剧天才"。
③ Georg Lukács, Entwicklungsgeschichte des modernen Dramas, Luchterhand Verlag, Darmstadt und Neuwied, 1981, S. 205, 203, 263.
④ Georg Lukács, Entwicklungsgeschichte des modernen Dramas, Luchterhand Verlag, Darmstadt und Neuwied, 1981, S. 210, 223, 230, 265.

这时卢卡奇的观点似乎已包含某些唯物辩证的因素。他在《现代戏剧发展史》的前言中指出,这部书虽然是理论性的,写作方式是抽象性的,但它"来自生活,并与生活有密切联系";现代戏剧的风格首先是一个社会学问题,而文学大多是"由社会决定的"。不过,他又认为:"经济情况对艺术作品的影响只是间接的。"所以,他坚决拒绝从经济事实中直接推导出美学价值。因此,他重构了一种十分复杂的辩证的中介联系,在这种联系中,"正像'时代精神'无疑影响艺术生产一样,伟大的文学也反作用于艺术领域"。[1] 因此,"形式"在这部著作里占有一个突出的地位,正如卢卡奇所认为的那样,物质的作用只是由于"形式"才是可能的。形式依赖于时代结构,正是青年卢卡奇研究的重点。而这里只是他在席美尔的影响下较多地探讨"形式"问题的开端。

在写作《现代戏剧发展史》期间,卢卡奇已开始形成对资本主义的否定性的批判态度。他认识到:"在资本主义社会下富有意义的生活是不可能的;追求富有意义的生活就是追求悲剧和悲喜剧,后者在分析中起着重大作用;结论是,现代戏剧不仅是危机的产物,而且在一切因素和联系中也是直接的、艺术性的""难题越来越多。"[2]

与此相反,卢卡奇探讨并期望社会主义能创造出一种新的艺术,如社会主义的戏剧。为此,他又在与自然主义的比较研究中,提出了自己对马克思主义的解释:"马克思主义的历史观和生活观最强烈的倾向也许是,尽可能贬低纯粹个人的意志、思考、感情的意义,并把它们归之于某些比较深的、比较客观的原因,而这些原因远远超出同个别人一起和直接在人方面产生的原因之外。"[3]

这是卢卡奇对马克思主义的第一次不甚确切的描述。应该肯定,他在评价马克思主义时已采取了颇为赞誉的态度:"社会主义的,即马克思主义的体系和世界观是一种综合,这大概是中世纪天主教以来最无情和最严格的综合。"不仅如此,卢卡奇还具体指出,只有类似于中世纪天主

---

[1] Georg Lukács, Entwicklungsgeschichte des modernen Dramas, Luchterhand Verlag, Darmstadt und Neuwied, 1981, S. 9-13, 562.

[2] 参见杜章智编《卢卡奇自传》,社会科学文献出版社,1986,第22页。(依据德文原文略有改动)

[3] Georg Lukács, Entwicklungsgeschichte des modernen Dramas, Luchterhand Verlag, Darmstadt und Neuwied, 1981, S. 357-358.

教的真正艺术（如乔托和但丁）的那种严密形式才适合它的表达。今天，即使大多数真正的社会主义者也仅仅在其思想上，仅仅在其政治的和社会的信念上是社会主义者；他们的生活方式还根本没有为其世界观所渗透，例如他们中的极少数人今天感觉到他们的艺术观只能是教条的，尽管这种教条同旧教条毫不相干。他们还没有觉察到，他们的艺术只能是伟大制度，即雄伟事业的艺术。高尔基的艺术就在寻求这种雄伟事业。与此同时，卢卡奇又认为，"戏剧是人的意志的辩证法"，而社会主义的社会评论只看到今天现存事物的辩证法。所以，"马克思主义的奇妙辩证法是否可以应用于戏剧，这是有疑问的，然而，今天应用马克思主义辩证法是不可能的"。① 他这种不当看法与他后来颇为相反的正确观点大相径庭。

因此，我们必须特别注意到，在随后卢卡奇的思想演变中，这种看法不仅被否定，而且把在他熟悉的领域里正确地运用马克思主义世界观作为他一生的中心任务。客观地说，这本书可以看做他钻研和肯定评价马克思主义历史观和辩证法的真正起点。所以，后来他在回忆中的印象是，在这本书中，"马克思的倾向明显地占中心地位"。② 即便如此，他对马克思主义和社会主义的确认在当时已属难得，不过对其准确性我们仍需做批判研讨。

当时卢卡奇无疑受到席美尔的强烈影响，他甚至承认席美尔的哲学是《现代戏剧发展史》一书的"哲学基础"。卢卡奇依据席美尔提出的艺术的社会性的观点，阐发了一种"文学社会学"，并把这种"社会学的"分析仅仅看做"对美学的真正科学研究的初级阶段"。事实上也是如此。席美尔关于戏剧来自生活和人越来越依赖于整体的观点在《现代戏剧发展史》中清楚地表现出来。卢卡奇关于施蒂纳和马克思的哲学都来源于费希特的哲学的观点，就是从席美尔那里接受过来的。卢卡奇本人也承认，他当时是用席美尔的眼光来看马克思的。③

匈牙利著名的卢卡奇研究家赫尔曼·伊斯特万强调，席美尔对卢卡

---

① Georg Lukács, Entwicklungsgeschichte des modernen Dramas, Luchterhand Verlag, Darmstadt und Neuwied, 1981, S. 358 – 360.
② 杜章智编《卢卡奇自传》，社会科学文献出版社，1986，第21页。
③ 杜章智编《卢卡奇自传》，社会科学文献出版社，1986，第66、211、237页。

奇写这本书产生了巨大影响,认为没有席美尔,这本书就不可能以这种形式写出来。而通过席美尔——间接地——马克思的影响也发生了作用。[①] 联邦德国卢西特汉特出版社在出版这本书时明确指出卢卡奇的杰出之处:"当卢卡奇还在认识到向着'伟大的文学'发展,当他把德国古典戏剧和法国倾向戏剧看做一种把握、指引和形成社会的戏剧艺术作品的出发点时,这就显露出一位独立自主的人物的力量和伟大。"(见《现代戏剧发展史》一书封面上的评语)

但在卢卡奇看来,虽然这本书受到的是半信半疑的赞扬,不过这对他的文学地位仍有很好的影响。尽管卢卡奇当时有改变旧的匈牙利封建专制制度的政治抱负,但他认为根本谈不上能把这种愿望变成政治行动,因为当时在布达佩斯根本没有这种运动。在卢卡奇看来,在当时的匈牙利,"革命只是一种精神状态",只是表达绝望情绪的唯一形式上的可能性,"只是渴望"。而"在现实中不仅没有什么东西同它相适应,而且就它本身而言,作为想象也没有什么真正可以把握住的东西"。因此,这个时期的卢卡奇对政治并不怎么关注,他"仅仅对艺术感兴趣"。

1908~1909年,卢卡奇又去了柏林,继续听席美尔的讲课。1909年夏天,由于受到了新的启发,他全面修改了这部著作。同年11月,卢卡奇以《这一论文戏剧的形式》(相当于《现代戏剧发展史》的第一、第二章)一文在布达佩斯大学获得哲学博士学位。乔治·马尔库什指出,卢卡奇与马克思主义和社会主义的首次相遇,即在第一本主要著作《现代戏剧发展史》中,马克思主义和社会主义就已经出现,而且他把写于1909年的《文学理论史评论》描述为一种尝试,即提供一种关于自己的历史唯物主义立场的合乎逻辑的解释。

第二节 成名作《心灵与形式》:沉思中对有意义生活的追求

19世纪末20世纪初,资本主义世界的各种社会问题、异化现象和

[①] Istvan Hermann, Georg Lukacs: sein Leben und Wirken, Verlag Hermann Böhlaus Nachf, Wien Köln Graz, 1986, S. 26.

全面危机更加明显地显露出来。这种情况逐渐对卢卡奇产生了重大影响，并在从1908年起的一段较长时期里成为他思考和创作的中心内容。

如果说卢卡奇思想发展的第一个时期是以戏剧问题为主的客观性时期，那么第二个时期则是一个接受更多的思想影响、渐趋复杂、以杂文为中心的主观性时期。

这一时期大约始于1908年，终于1911年。在这一段时间里，卢卡奇大部分在柏林停留。他主要研究了德国古典哲学家康德、费希特、谢林、黑格尔的著作，又研究了在现代德国哲学中享有盛名的新康德主义学派主要代表人物文德尔班、李凯尔特、拉斯克的哲学以及胡塞尔的现象学方法论，并接受了他们的某些观点。卢卡奇对此曾明确说过："新康德主义关于'意识内在性'的学说非常适合我当时的阶级地位和世界观。我甚至没有对它进行任何批判的检验，就毫无抵抗地把它接受下来，作为提出每一个认识论问题的出发点。"[①] 这表明，新康德主义的一些观点对卢卡奇产生了重大影响。

当时，许多思想家在寻求精神上的绝对之物，以便作为人类生活的唯一意义。在此背景之下，卢卡奇结识了奥地利散文作家和文化哲学家R.卡斯纳（1873~1959年）。卡斯纳推崇扫罗[②]的描述，促使卢卡奇阅读神秘主义者（苏索、伯梅、M. 埃克哈特、普洛提诺[③]）的著作。受到卡斯纳的激励，卢卡奇还发现了克尔凯郭尔，并对他产生了浓厚兴趣。

1908年5月，卢卡奇同其女友塞德列尔·伊尔玛和挚友波培尔·列奥到意大利佛罗伦萨去旅游。佛罗伦萨之行使卢卡奇熟悉了文艺复兴时期的思想、文化和艺术，从而在很大程度上激发了他深入研究艺术和美学的灵感。这是他最伟大的经历之一。他希望社会主义能像乔托和但丁的艺术那样是一种纪念碑式的艺术。

不过，从这一时期他所感兴趣的人物和吸取的思想观点来看，卢卡

---

① 杜章智编《卢卡奇自传》，社会科学文献出版社，1986，第211页。
② 扫罗（Saul），公元前11世纪时古以色列的第一代国王。他的主要贡献是消除非利士人的严重威胁。扫罗英勇善战，是古今最杰出的将帅之一。
③ 苏索（Suso 或 Heinrich Seuse, 1300~1366年）、M. 埃克哈特（1260~1327年），均为德国神秘主义者。雅科普·伯梅（Jacob Böhme, 1575~1624年），德国神秘主义者和辩证哲学家。普洛提诺（Plotinos, 约204~270年），古希腊时代的哲学家，新柏拉图学派的主要代表人物。

奇开始更多地受到理想主义的影响,他从卡斯纳那里接受了一种有道德色彩的柏拉图主义。他的好友波培尔1909年曾认为他是一位真正的柏拉图主义者,说他追求稳定的道德原理,也在艺术中探究道德是如何成为可能的。匈牙利卢卡奇著名研究家赫尔曼·伊斯特万也用"新柏拉图式的杂文"来说明卢卡奇这一时期的作品。

卢卡奇1908~1910年写了10篇随笔,先后发表在《西方》杂志上,1910年用随笔集《心灵与形式》这一书名在布达佩斯由富兰克林·塔苏拉出版社出版,1911年11月底又由埃贡弗莱舍尔出版公司出版了德文版。

《心灵与形式》写于西方社会开始发生严重危机和动荡之时,反映出那个社会无法克服的尖锐、复杂的矛盾,预言大的灾难即将来临。这部著作就是具体、深入地探讨和论述这一问题的。

卢卡奇主要从新柏拉图主义中,也从新康德派的观点中吸取了不少东西,从而在一定程度上相信有一个超感觉的存在,这个存在就是心灵("Seele",一般译为"灵魂",就卢卡奇使用这个词的含义而言,译为"心灵"似乎更准确一些)。另外,如果说《现代戏剧发展史》是卢卡奇研究"形式"的开端,那么《心灵与形式》则是他进一步深入探讨"形式"的集中体现。这一点从这本书中一些随笔的标题("柏拉图主义、诗与形式""形式在生活中破碎""渴望与形式""瞬间与形式""财富、混乱与形式")上就可以十分清楚地看出。这两个方面的思想构成了《心灵与形式》这一随笔集的书名。

卢卡奇所说的形式,首先是指艺术。他指出,艺术是"借助形式的暗示"。他也把"随笔看做一种艺术形式"。"在艺术中给我们留下印象的就是诸形式。""诗人的形式是诗,是歌。"[1] 同时他又认为:"形式是评论家的伟大经历。"形式"正成为一种世界观,一种立场,一种面对生活并从中产生出生活的态度;它是使生活本身并使之重新加以创作的一种可能性。""形式是评论家著作中的现实。""形式是生活之最高的女法官。"[2] 形式通过作品的叙事时间、人物形象、事件及其场景之间的相

---

[1] 〔匈〕卢卡奇:《心灵与形式》,柏林:埃贡·弗莱舍尔出版公司,1911,第5、7、47页。
[2] 〔匈〕卢卡奇:《心灵与形式》,柏林:埃贡·弗莱舍尔出版公司,1911,第17~18、70页。

互关系表现出来。而艺术的辩证反映则导致了艺术品"正确的形式"。

在卢卡奇看来,文学作品应被理解为一种给自己的生活感情或"心灵"以一种形式的尝试。卢卡奇之所以在当时社会、思想、文化发生严重危机情况下关注研究诸种形式,是因为它们使人有可能通过逃避,退到艺术中去,通过悲剧性的放弃来拒绝现实。他看到,对本质和意义的寻求,揭示出生活的一种难以克服的悲剧,即个人的命运对某些难以认识和难以理解的权力的依赖性,这些权力的力量爆发出无法解决的冲突。世界的统一正在通过某些形式而促成;然而,在精神生活本身贫乏和混乱的地方,形式的完美性不会赋予它以价值。据卢卡奇之见,同时代的艺术文化,或者致力于寻求"抽象的"形式,或者试图完全放弃任何形式。在这个时代里,形式感已经消失,形式被当做历史上某种固有的东西,因此也被当做由个人情绪而产生的某种舒适或无聊。但是,在这两种努力中表现出来的都不是形式的危机,而是在艺术中表达出来的"生活"的弱点,即它的非真实性。

卢卡奇进一步指出,艺术作品同随笔一样,面对生活,凭借形式赋予它以条理,同时也表达出对生活的态度。人的心灵通过形式(最高的形式是悲剧)同现实发生关系。卢卡奇特别关注真实生活,并被这一问题所支配。在他看来,文学形式是某些心理内容的表达,杂文作家,而且即使是评论家的最重要的任务就在于,把任何形式重新同与它相适应的心理内容联系起来,反过来又把任何心理内容同仅能充分表达它的形式联系起来。但是,卢卡奇也看到生活与艺术之间的一个核心区别在于,生活是混乱的,而艺术则具有形式。

值得注意的是,卢卡奇主要在《形式在生活中破碎:索伦·克尔凯郭尔和 R. 奥尔森》一文中较早完整地表达了生活(命)哲学的基本思想。他指出,生活哲学的本质是"被动的经历能力占据优势地位"。[①]

卢卡奇的杰出之处在于,他在前人揭示社会危难的基础上前进了一步,使日常生活同"大写的**生活**"(真正的生活、本真的生活)对立起来,并对日常生活进行了尖锐批判。针对那个动荡不安的时代,卢卡奇在这本书最重要的一篇随笔《保尔·恩斯特:悲剧的形而上学》中深刻

---

① 〔匈〕卢卡奇:《心灵与形式》,柏林:埃贡·弗莱舍尔出版公司,1911,第 106 页。

地指出，日常生活是"一种若明若暗的混乱状态；没有什么东西在其中变为现实，当然也绝没有什么东西达到终结；新的声音、混乱的声音总是混进以前就发出的那种声音的合唱。一切都在流动，并相互汇合，无阻碍地在不纯粹的混合中流动；一切都在被毁坏，一切都在被分割，绝没有某种东西繁荣起来，直至达到真正的生活"。

但是，卢卡奇也指出："有某些东西向上发光，闪烁地照射着生活经验的平常小路……偶然有伟大的瞬间，奇迹。""然而奇迹就是满足。"奇迹在有每一种诱因时都会出现。对这奇迹的期待、希望，正在给予生活以唯一真正的意义。"悲剧性奇迹之智慧就是诸极限之智慧。奇迹总是明确的东西。""每一个高潮都是一个顶点和极限，是生与死的交点。悲剧性的生活是所有生活中最独有的尘世东西。所以，它的生活极限总是同死亡融合在一起。真正的生活绝达不到极限，而且知道死亡仅仅是某种可怕的有威胁性的东西，无感觉之物，知道它的流动是突然截断的东西。神秘的东西跳过了诸极限，并因此而扬弃死亡的每一现实价值。对悲剧来说，死亡——极限自身——是一种始终固有的现实性。""极限的经历是心灵向着意识（向着自我意识）的觉醒：它存在，因为它是有限的；它之所以存在，是因为而且就此而言它是有限的。"[①]这表明，卢卡奇把悲剧形式看成了真正的生活形式。所以，法国学者G.贝德士恰当地指出："青年卢卡奇把悲剧形式看做生活之唯一的本真形式。"匈牙利卢卡奇研究家赫尔曼·伊斯特万更看重的是："在这一段时间里，他（卢卡奇）把悲剧形式看做生活和艺术之唯一的本真形式。当他从克尔凯郭尔出发把真正的、原本的生活和常人之存在方式加以区别的时候，把握住悲剧形式表现为生活事实和艺术事实这一点，先于后来海德格尔所实行的转变。"[②] 由以上论述来看，揭示生活中的混乱、悲剧和死亡，是卢卡奇这一杂文时期的主要倾向。不过，卢卡奇也看到，对奇迹的渴望正在给予生活以唯一真正的意义。渴望也是他这一时期的核心范畴之一。杂文之一《渴望与形式》就是专门研讨这一问题的。他颂扬唯一在象征

---

① 〔匈〕卢卡奇：《心灵与形式》，柏林：埃贡·弗莱舍尔出版公司，1911，第327～330、335、345～346页。

② István Hermann, Georg Lukács: sein Leben und Wirken, Verlag Hermann Böhlaus Nachf, Wien Köln Graz, 1986, S. 38.

中正成为现实的渴望。对卢卡奇来说,这一时期的难题就在于如何才能发展一种生活形式和过好生活,其中包含应该达到的、柏拉图设立的理想,人的生活在某一意义上是象征性的。他相信耶稣基督、苏格拉底和神圣的弗朗西斯·封·阿西西。在他看来,弗朗西斯意味着革新和改革。然而,也许正因为他对古代文化和现代思想有更多的了解,才促使他从更深的层次上揭示了反映社会危机的文化危机。需要补充的是,卢卡奇之所以崇拜克尔凯郭尔,是因为克尔凯郭尔的诚实在于,"完全分别地观察一切,关于生活的系统,关于另一种生活的某一种人,关于另一种生活的某一种状况"。① 在卢卡奇看来,克尔凯郭尔主要起一种提出问题的作用,他的深入寻求是想发现生活中的某种确定之物、绝对之物,即人类生活的唯一意义。然而,卢卡奇也把克尔凯郭尔所说的既不能改造也不能控制生活、在生活上正在破碎的形式,同富有真实性、意识和行为的悲剧性意义逐点对立起来。卢卡奇还指出,一种正在破碎的希望没有能力创造起规定作用的奇迹,对这种希望的最后尝试之所以隐藏着这种希望的弱点,是由于这种弱点通过表态来代替行为。所以,卢卡奇关于克尔凯郭尔的随笔始于这样一句话:"一种表态的生活价值,换言之,生活中形式的价值,就是创造生活、提升生活的诸形式价值。"他把克尔凯郭尔视为这样一种人:他不是通过行动来创造奇迹——这种奇迹正在把依据经验的生活变为真正的生活——而是通过表态试图把二者联系起来,同时又不放弃前者。卢卡奇的这部著作表明,他敏锐地觉察到资本主义社会中的矛盾、对立和危机。他的主导思想是,社会是表现在社会结构中的生活。而这些社会结构虽然是我们自己生产出来的,但它们被客体化,就同自然界一样对我们来说是异己的。我们的生活已经丧失了最初的和谐,现在在"我"和世界、"是"和"应该"等的对立中进行,而感受和克服这些对立的地方是人们的"心灵"。它的自我实现应该开辟通往新的人类共同性、通往和谐的道路。卢卡奇把艺术看做实现这种和谐的手段,于是艺术就表现为关于"形式"和"生活"这两个范畴之间的关系的论题。对他来说,艺术的形式似乎包含着真正的生活和日常生活的矛盾,而在心灵和形式的神秘的、艺术的结合中,就实现着日常生

---

① 〔匈〕卢卡奇:《心灵与形式》,柏林:埃贡·弗莱舍尔出版公司,1911,第50页。

活和真正的更高生活之间的瞬息即逝的统一。1911年卢卡奇在完成《心灵与形式》的写作时曾向他的女友伊尔玛表示："我想要完成的东西只有不被束缚的男人才能够完成。我越来越强烈地感受到，真正重要的东西发生在孤独中。"但他同时也指出："我把经历孤独当成一种伟大的'救赎的'愉悦——我并不认为自己被生活所抛弃，而是对生活的一种新的发现，我的生活，其中一切都是那么适当的那种生活。"① 这里反映了卢卡奇不同于一般人的志向和坚定信念：为了创作，他立志要过一种孤独的生活，即真正的理想的孤独生活，而不是世俗的普通生活。

正是因为《心灵与形式》在一定程度上揭示和反映了20世纪初社会生活和思想文化的状况和特点，所以才赢得了不少名人的高度评价。例如，德国批判现实主义的著名作家、诺贝尔文学奖获得者托马斯·曼称赞这本书是一部"完美而深刻的著作"。法籍日耳曼语专家菲利克斯·贝尔多肯定这一论著是"一部完整的哲学概论。其意义之深远、观察之敏锐，远远超出了一般的评论。它的作者是一位形而上学家，他重新创作了他所研究的著作，并从中吸取教益，又构成最值得重视的观点"。美国学者E. 巴尔也认为，《心灵与形式》"使卢卡奇扬名天下"。②

卢卡奇在《心灵与形式》中不仅早于海德格尔提出了与生存哲学相近似的思想，而且先于海德格尔多处使用了带有生存哲学寓意的关键概念"Dasein（亲在）"，例如"自我形成了的心灵用陌生的眼光来估量其整个以前的亲在"，信仰肯定经历"同理念及其表现的联系，并使其永不可证明的可能性变成整个亲在的超验基础"。③ 因此，西方著名卢卡奇研究家L. 戈尔德曼断言，卢卡奇的这部著作不仅"带有同时代生活（命）哲学传统的烙印"④，而且是"现代生存主义形成的一个决定性的阶段"，"尽管卢卡奇从未在海德格尔、雅斯贝尔斯或萨特本人的意义上是'生存主义者'，而且在这一著作中代表一种本质上是康德的观点"。戈尔德曼特别指出，在资产阶级处于所谓完全"安全"中（但却是动

---

① 〔匈〕阿格妮丝·赫勒主编《卢卡奇再评价》，衣俊卿等译，黑龙江大学出版社，2011，第57页。
② 张伯霖编译《关于卢卡奇哲学、美学思想论文选译》，中国社会科学出版社，1985，第65页。
③ 〔匈〕卢卡奇：《心灵与形式》，柏林：埃贡·弗莱舍尔出版公司，1911，第333、335页。
④ 参见〔法〕L. 戈尔德曼《哲学著作词典》，德国克勒纳出版社，1988，第631页。

荡）的时代里，"这部著作反映了外表还显得完好的社会大厦的内部的脆弱腐朽，并预示了很快就要临近发生的灾难。1914 年，这种'安全'就瓦解了。用卢卡奇的说法就是，战争揭示了野蛮的毁灭文明的背后世界"。《心灵与形式》首先描述了这样一些形式，这些形式使人有可能通过逃避，通过退回到艺术中去，通过表态，通过悲剧性的放弃，来拒绝现实"。① 戈尔德曼特别关注《心灵与形式》中关于悲剧辩证法的随笔，因为在那里卢卡奇阐发了"大写的**生活**"（真正的生活、本真的生活）和"生活"（日常生活）之间的区别。戈尔德曼把这种对立看做生存主义难点的早期例子，并把卢卡奇在《历史与阶级意识》中对它的社会解决同海德格尔以本真的亲在和非本真的亲在之间的二律背反的个人主义解决论战性地对立起来。

民主德国哲学研究所所长 M. 布尔指出，人们把卢卡奇《心灵与形式》中的《生活形式的破碎》这篇文章视为生存主义哲学发展的开端，因为它不仅在表达力上，而且在所表达的深度上，都使一切后来的生存主义流派的哲学大为逊色。

戈尔德曼和布尔无疑看到了卢卡奇这一段时间的思想里包含颇为相似或接近生存哲学观点的某些重要之点，但要把它视为生存主义的一个决定性的阶段或开端，似乎还值得进一步认真研究。赫尔曼·伊斯特万多年从事卢卡奇思想研究，他依据大量第一手材料，比较全面、准确地得出结论说，卢卡奇的这一杂文时期以奥第为标志，并受到卡斯纳和克尔凯郭尔的激励，形成带有柏拉图主义色彩的主观性。卢卡奇把他自己必须像苏格拉底或弗朗西斯那样过一种象征性的生活，这种信念的加强导致他把这种象征性的生活绝对地看成悲剧性的，并把悲剧看做象征性生活的正确表达，因此悲剧的形而上学就合乎逻辑地成了他曾由此出发并把它进一步发展的哲学基础。② 卢卡奇本人在回忆这个时期时指出那时他需要"抓住现象的多面性"，"总的线索（直至马克思）没有被抛弃"，他"要求客观性（更多地强调规律）"。但是，克尔凯郭尔在卢卡

---

① 〔法〕L. 戈尔德曼：《格奥尔格·卢卡奇：杂文作家》，载 J. 马茨耐尔编《卢卡奇读本》，德国苏尔卡姆普出版社，1974，第 44、51 页。

② István Hermann, Georg Lukács: sein Leben und Wirken, Verlag Hermann Böhlaus Nachf, Wien Köln Graz, 1986, S. 33, 45.

奇这一段时期里占有突出的位置，而且在绘画艺术方面"倾向于把伟大的艺术绝对化（拒绝一切崇高'历史'的保守主义）"。所以，《心灵与形式》以及1910年发表的《文学方法论》都表明卢卡奇一方面以席美尔为榜样使"文学社会学"尽量同那些非常抽象的经济学原理分离开来，另一方面则把这种"社会学的"分析仅仅看做对美学的真正科学研究的初期阶段。他"在这种方法和一种神秘主观主义之间闪烁不定"。[①]

卢卡奇曾经把这一时期看做带有新康德主义倾向的主观唯心主义时期，而《心灵与形式》的文笔极其做作，以后来的标准来看是不能接受的。卢卡奇曾把这一阶段看做他年轻时的"失误"，而卢卡奇的一些研究者如盖欧尔格·利希特海姆和M.瓦特尼克则认为必须以某种保留的眼光来看待卢卡奇所做的自责，因为卢卡奇从来也没有真正成为一个新康德主义者。新康德主义者认为宇宙是不可认识的，而卢卡奇在写《心灵与形式》时似乎已经相信，至少在美学领域，人们有可能凭借直觉的直观活动来达到与终极实在的接触。这种情况也许是卢卡奇在不久后转向黑格尔客观唯心主义的原因之一。

尽管卢卡奇当时的思想多有悲观色彩和褊狭之处，然而他的《心灵与形式》在一些方面从更深的层次上反映了那个时代真实的生动的思想状况和严重问题，因而对不少人，尤其是知识分子产生了非凡的魅力。因此，最初卢卡奇曾把这本书看做他"生命中最重要的作品"。依L.戈尔德曼之见，由于卢卡奇在这部著作中提出了"在什么条件下人类生活可能是真实的？根据什么行动方式、态度和环境，它失去其真实性？"这样的基本道德实践问题，因而他可能是20世纪中第一个"从其充分的含义和迫切性的角度提出了涉及个人真实性和死亡之间的关系这个问题"的人。从这种意义说，"紧接着第一次世界大战和后来称为生存主义的欧洲哲学的复兴，可以说是从《心灵与形式》这部著作开始的"，因而它也可以看做"欧洲思想史上一个决定性的阶段"。[②] 英国学者盖欧尔格·利希特海姆则把《心灵与形式》看做"一部非凡的力作，尽管匈牙利人可能会对诗歌，而不是对柏拉图式的艺术论文给予更高的评价，但是，

[①] 参见杜章智编《卢卡奇自传》，社会科学文献出版社，1986，第23、211~212页。

[②] 〔法〕L.戈尔德曼：《格奥尔格·卢卡奇：杂文作家》，载J.马茨耐尔编《卢卡奇读本》，德国苏尔卡姆普出版社，1974，第45页。

它仍为作者在匈牙利知识分子中赢得了声誉"。①

第三节 《小说理论》：绝望中萌发出强烈的批判精神

1910年冬天，卢卡奇在布达佩斯认识了恩斯特·布洛赫，并同他结下了新的友谊。布洛赫对卢卡奇的"影响很大"，他决定性地使卢卡奇转向哲学问题。卢卡奇甚至说过："我怀疑，要是没有布洛赫的影响，我是不是也会找到通向哲学的道路。"②

1912年初，卢卡奇赴海德堡，并在那里度过了较长一段时间。卢卡奇在海德堡结识了德国著名社会学家马克斯·维贝尔（1864~1920年），并受到其多方面的持久影响，尤其是他的科学认真态度和正派作风给卢卡奇留下了深刻印象。维贝尔的《新教伦理与资本主义精神》是卢卡奇"文学社会学的榜样"，而他的方法论著作则对他起了"澄清问题和拓展思路的作用"。③

卢卡奇在海德堡期间的主要成就可以说是创作了《海德堡美学》。卢卡奇开始写这本著作时是第一次研究世界可借以说明的那种存在论基础，这必然导致在哲学的某些基本问题上从康德过渡到黑格尔，这正是《海德堡美学》的基本思想倾向。《海德堡美学》被视为"代表着精神史倾向最完整和最适当的普遍美学反映之一的一种尝试"。④

当第一次世界大战爆发时，德国和奥匈帝国的一大部分知识分子，像大多数群众一样采取了一种错乱的立场，"保卫祖国""拯救民族"和新式英雄主义崇拜到处盛行，即使一些优秀人物也看不清这场战争的性质。著名文学家托马斯·曼、S. 弗洛伊德、霍普特曼、席美尔等也倾向于战争。相反，卢卡奇却代表了一种极端孤立的反战立场。卢卡奇认为，当时社会的腐败"比通常以为的更广泛和更严重得多"，他看到当时一切社会力量都联合在一起来实现这一次全面的战争，普遍没有思想和敌

---

① 参见〔英〕盖欧尔格·利希特海姆《卢卡奇》，王少军、晓莎译，中国社会科学出版社，1989，第22页。
② 杜章智编《卢卡奇自传》，社会科学文献出版社，1986，第25页。
③ 杜章智编《卢卡奇自传》，社会科学文献出版社，1986，第206页。
④ István Hermann, Georg Lukács: sein Leben und Wirken, Verlag Hermann Böhlaus Nachf, Wien Köln Graz, 1986, S. 59.

视思想的战争。这场战争不仅决定生命,而且"吞并全部生命"。所以,卢卡奇坚决反对战争,但他又指明:"我从来未把暴力、抽象的暴力本身看做敌视人类的祸害。……如果必要的话,应该用暴力来消灭的,不是一般的暴力,而是反动的暴力,威廉二世的暴力,阻碍人成为真正的人的暴力。"卢卡奇谴责战争,"不是出于和平主义的或西方民主的意图,而是受费希特的这一思想的驱使,即这是'造孽的时代'"。而"战争是现在出现的现存制度的主要消极特征"。[①]

值得一提的是,1914 年 8 月初,卢卡奇在同马克斯·维贝尔的夫人玛丽安娜·维贝尔的一次谈话中还就战争问题发生过争执,玛丽安娜赞扬战争中英雄行为的道义价值,而卢卡奇对她的回答却是:行为越英勇,情况就越糟糕。

更为重要的是,当卢卡奇被免除兵役从海德堡回到布达佩斯时,1915 年底他写了《德国知识分子与战争》一文,从中也可以看出卢卡奇对战争的反对态度。他明确指出,就他所能观察到的情况,没有什么可以证明战争的正确性。

社会矛盾以及帝国主义国家之间矛盾的尖锐化、世界大战中相互之间的大屠杀、极其糟糕的匈牙利国内状况,使卢卡奇陷入绝望之中,而这种绝望是与当时可以感觉到的危机气氛和危机意识直接相关的。危机意识引起了对危机的哲学思考,关于社会、时代和文化危机的著作相继问世。1912 年,W. 拉特瑙斯出版了《论时代的危机》,他把人在现代工业社会中如何被机械化的问题置于中心地位。E. 哈马赫尔的《现代文化的首要问题》表达了相似的思想。

卢卡奇于 1914~1915 年写成的《小说理论》初稿,作为这种危机时代的绝望情绪的集中表达,1916 年首次发表在马克斯·德索尔主编的《美学与一般艺术科学》杂志上,1920 年在柏林以书的形式出版。这部著作是卢卡奇思想演变的必然结果。一方面,卢卡奇在写《海德堡美学》时就被新的问题所吸引,即陀思妥耶夫斯基正在创造一种新史诗,力图描写现代大都市的内部世界。卢卡奇试图写一部关于陀思妥耶夫斯基的专著。另一方面,追求关于世界总体的真理体系使卢卡奇走向黑格

[①] 参见杜章智编《卢卡奇自传》,社会科学文献出版社,1986,第 28~29 页。

尔,尤其是《精神现象学》对他"变得越发重要了";黑格尔对史诗的分析更深刻地影响了他。如卢卡奇所说,《小说理论》是他"在第一次世界大战期间绝望的表现"。1962 年卢卡奇在为《小说理论》撰写序言时评论道:"《小说理论》是在精神解释领域中将黑格尔哲学具体应用于美学问题的第一部著作。"

《小说理论》主要包括两大部分,其中的第一部分致力于阐明由于时代不同而造成史诗和小说之间的明显差异或对立,或者可以说,是探讨古希腊时代与现代资本主义社会的对立。按照黑格尔的观点,卢卡奇也把古希腊精神的发展分为三个阶段,即"史诗、悲剧和哲学"。这部著作一开始就对古希腊荷马史诗时代做了带有怀乡色彩的描述:"那个时代是非常幸福的,在这个时代里,星空是可通行的和应该走的各种道路的地图,这些道路都为星光所照亮。在这个时代里,一切都是新颖的,然而又是熟悉的,是冒险的,然而又是拥有物。世界是广阔的,但却像自己的家一样,因为在心灵里燃烧着的火,和群星具有相同的本质特性;世界和我、光和火明显不同,但它们绝不会永远彼此感到陌生;因为火是任何一种光的心灵,而任何一种火又都显现在光中。"[①] 在古希腊的荷马史诗时代,人和世界是一个封闭的总体,人处于其中像住在家里一样亲切、熟悉。自我(心灵)和世界是同质的,没有任何疏离。生活(Leben,亦可译为生命)和本质这两个概念完全等同,而人的关系和创造如同他的人格一样是实质性的,古希腊人生活的意义就在于它的总体,这种总体包括一切,没有面向外界的更高而实在的东西。而这个时代的"伟大史诗"就"刻画了广博的总体"。在卢卡奇看来,史诗是表达以人为一方和以共同体和世界为另一方之间的完全和绝对一致的形式,是理想时代的艺术,是"史诗的世界时代"。"古希腊人只知道回答,而不知道询问,只知道谜底,而不知道谜语,只知道形式,而不知道混乱。"[②]在史诗时代里行动的意义是内在的,当下已圆满自足,所以人对其行动的意义不会感到怀疑。"人生的意义是什么?""人生怎样才会有意义?"这类问题尚未在当时人们的脑海中提出过。也就是说,史诗时代的希腊

[①] Georg Lukács, Die Theorie des Romans, Deutscher Taschenbuch Verlag GmbH &Co. KG. 1994, S. 21.
[②] Georg Lukács, Die Theorie des Romans, Deutscher Taschenbuch Verlag, 1994, S. 10 – 11.

人还缺乏主体的概念。而在希腊的悲剧时代，意义已不再内在于人生及其行动之中，人生的意义需由悲剧英雄在自我创造中重新发掘出来。当哲学出现时，内在与外在、内心与世界、心灵与行动的分裂已比较严重，需要将它们当做一个问题来反思，以寻求思想上的解答。哲学的出现是这种严重分裂的预兆。因此，史诗、悲剧和哲学代表着世界文学中伟大而永恒的典范形式的三个阶段。

与史诗时代不同，现代已不再有广博的总体了。取代史诗的是小说，而原因也许不在于"塑造思想"的改变，而在于历史哲学的必然性："因为小说的形式比其他任何形式都更能使作者的想象自由驰骋。"当然，《小说理论》的突出特点和最吸引人之处在于，它从近代西方的历史情境来看小说的意义，并把小说与伦理学、政治社会哲学及历史哲学联系起来。卢卡奇把小说看做时代和历史发展的产物，小说是"我们时代的具有代表性的艺术形式"。因此，在卢卡奇看来，小说是近代资本主义的产物。在这个方面，卢卡奇明显受到席勒和黑格尔的影响。

卢卡奇看到，席勒在《审美教育书简》第六封信中把现代文化与古希腊文化做了对比，揭示了现代社会的破碎和异化，指出在希腊的国家中，每个人都享有独立的生活，必要时又能成为总体；由于永远束缚在总体的一个独立的小碎片上，人自己也逐渐变成一个碎片；他耳朵里听到的永远只是他推动的那个齿轮所产生的杂音，他永远不能发展他本质的和谐。席勒在《素朴与伤感的诗》中指明，素朴的古代诗的特点是诗人与自然融合在一起，诗中有人类童年的那种朝气。荷马与莎士比亚就是这种诗的典型。相反，现代诗则大部分是伤感的，诗人已失去同自然的联系，因而需要"追求自然"或追求理想。黑格尔在《美学》中指出，史诗和悲剧的世界情境是英雄时代，而小说则是散文状态的现代社会。史诗强调的是"总体"，与抒情诗和戏剧皆不同。史诗是古代社会的艺术形式，在现代社会中它已转变成小说。

与席勒和黑格尔相似，卢卡奇也把现代文化与古希腊文化做了对比，称前者为有难题的，称后者为整体的。文艺复兴之后的现代世界已逐渐成为彻底疏离的时代。由笛卡尔开始的近代哲学已走向强调主体的道路。卢卡奇深刻而尖锐地描述道："在我们与我们自身之间创造了一更深与更具威胁性的深渊。"① 这句话清楚地表明，与希腊人那种封闭、有限的世界不同，现代人所存在的世界是一个无限与开放的世界。它不再使人感到像在家中那样舒适，而是使人丧失整体感，使现代成为有难题的时代。这样，史诗世界就同现代世界，即人同社会、宇宙之间分裂的世界（小说的世界）对立了起来。现代世界是"一个陷入深渊的世界"，"可以感觉到威胁性的和难以理解的权力，这种权力能够消灭生命，但绝不能把存在搞乱"。它能够给形成的世界投上黑暗的阴影，但这种阴影也将被形式所吸收。我们的世界已变得无限之大，在每一个角落里礼物和危险都比希腊时代多，而这种富有正在取消它的生活所具有的积极意义：总体。现代资本主义社会在大大扩展了人类世界的同时，也掘下了一道自我与世界之间的鸿沟。而小说则是这样一个时代的产物和反映。作为一种文学形式，小说成了一个单独留在自己天地里进行追求的人的"直觉漂泊感"的写照。小说的英雄是"探寻者"，但这种探寻必定失败，它既无目的也无途径，它"只能是犯罪或胡闹"，"因为犯罪和胡闹是超验的无家可归的客体化"，这是"社会关系的人类秩序中一种行动的无家可归和超个人的价值体系应有秩序中一种心灵的无家可归"。而小说的形式就是"这种超越的无家可归之表现"。②

卢卡奇不仅认为在我们和我们自身之间有一道难以理解的鸿沟，而且指出，在现代世界中人不只与自然与自己的本性疏离，而且与第二自然或社会也是疏离的，人在其中找不到安身立命的意义。③

像黑格尔一样，卢卡奇也认为小说是由史诗演变而来的。古代史诗和现代小说都被他归属于广义的大史诗文学范围之内，因为它们都致力于展现生活的广博总体。然而，小说的主人公与史诗的主人公明显不同。严格地说，史诗的主人公并非单独的个人，而是代表一个民族或社团的个人。因此，史诗所描写的主要不是个人的命运，而是整个社团的命运。与此不同，小说产生于有难题的时代，其主人公也是一个有难题的个人，

---

① Georg Lukács, Die Theorie des Romans, Deutscher Taschenbuch Verlag GmbH &Co. KG. 1994, S. 33 – 34.
② Georg Lukács, Die Theorie des Romans, Deutscher Taschenbuch Verlag GmbH &Co. KG. 1994, S. 15, 51 – 52, 41.
③ 参见 Georg Lukács, Die Theorie des Romans, Deutscher Taschenbuch Verlag GmbH &Co. KG. 1994, S. 62。

因为他是一个与自然、社会、其他人和自我都疏离的孤独者，生活缺乏意义，并处在追求意义和寻找自我的过程中。所以，小说的内容是描述主人公内心的冒险历程，"小说是冒险的形式，丰富心灵生活内在价值的形式；它的内容是心灵的故事，它去认识自己，寻求诸种冒险，为了接受它们的考验，借此证明有能力找到它自己的本质"。[①]

卢卡奇指出："小说是这样一种时代的史诗，在这种时代中生活的广博总体已不再直接既存，生活的内在意义已变成一道难题，但仍以总体的方式思考。"[②] 因此，小说成为孤独的人在疏离世界中寻找或追求人生意义的过程。小说是一个时代的史诗，对于这个时代来说，总体只是变成了一个难题和一种向往。由于史诗和小说赋予外延的总体以形式，而总体这一古希腊生活的含义已被新时代所摧毁，所以它只是被作为现代社会中的一个目的和向往而保留着，而小说的三个抽象要素及主人公的意向更明显地反映了现代资本主义社会的心态。小说的三个抽象要素是：人物对乌托邦式的完美状态的怀乡症，有难题的现实社会结构，人物想将前二要素结合的意向（或者想对生活赋予形式的意向）。更为重要的是，虽然小说的主人公总想赋予生活一定的形式，总想寻找人生的意义与发掘真实的自我，但这种意向或愿望在现实的社会结构中是注定不能完全成功的。[③]

卢卡奇在《小说理论》第二部分里，从个人和社会的分歧、主人公和世界之间无法逾越的裂隙方面，尤其是借助决定结构的主人公类型，提出了小说的类型学。由于小说是有难题的人物在疏离的世界中追求意义的过程，因此就定义而言，心灵与世界就永远不会完全相适应。于是，卢卡奇就根据在新时代里小说主人公的心灵"或者比外部世界狭隘，或者比外部世界广阔"，确定了两种不同的主要小说类型。在第一类型的情况下，产生的是一种细致描写行为但缺乏心理描写的小说。卢卡奇认为塞万提斯的《堂吉诃德》是第一种小说类型的代表。在第二种情况下产

---

① Georg Lukács, Die Theorie des Romans, Deutscher Taschenbuch Verlag GmbH &Co. KG. 1994, S. 86.

② Georg Lukács, Die Theorie des Romans, Deutscher Taschenbuch Verlag GmbH &Co. KG. 1994, S. 56.

③ Georg Lukács, Die Theorie des Romans, Deutscher Taschenbuch Verlag GmbH &Co. KG. 1994, S. 70, 88.

生的是一种描写行动甚少但却大量描写心理活动的小说。卢卡奇认为，古斯塔夫·福楼拜的《情感教育》是第二种小说类型的代表。而歌德的《威廉·迈斯特的学习时代》则被视为上述"两种创作类型的综合"。

在阐明三种小说类型之后，卢卡奇对托尔斯泰的小说和陀思妥耶夫斯基的思想提出了自己的一些看法。他认为，托尔斯泰的小说形式与史诗重叠最大，甚至胜过史诗。自然与文化的对立是托尔斯泰小说中不可解决的难题。在二者之间则是爱情、婚姻与家庭生活。爱情的需求在人的内心处自然升起，但一旦与文化体制结合，就使人陷入低下而无灵性的习俗之中。因此，托尔斯泰的小说常充满对现实社会的控诉。此外，还有"伟大的瞬间"。这是主人公顿悟支配他的本质，即顿悟人生意义的瞬间。与此瞬间相比，他所有的过去经验似乎都变得微不足道了。但是，在托尔斯泰笔下，这个重要瞬间也是接近死亡的瞬间。此时不仅产生了感悟，人之间的冲突也得到和解。但只要不是真的死亡，伟大的瞬间就注定不能持续。《安娜·卡列尼娜》中说："安娜复原了，安德烈回到生活之中，伟大瞬间烟消云散。"① 卢卡奇确认，在托尔斯泰那里可以看到一个新的世界时代出现的各种预兆，但这些预兆是有争论的、渴望的和抽象的。所以，卢卡奇《小说理论》的最后一段写道："只有在陀思妥耶夫斯基的著作中，这种新世界，远离反对现存事物的任何斗争，才被描画为易见的现实。因此，他和他的形式不在考察之列；他没有写过小说，而在他的著作中可以看到正在形成的思想，既不是肯定地也不是否定地同19世纪欧洲浪漫主义和对它的各种各样的、同样是浪漫主义的反应有某种关联。他属于新世界。只有对他的著作做出形式分析才能指明：他是否已经是这个世界的荷马或但丁，或者仅仅提供将后来的诗人同其他的先驱者结合成一个大统一体的各种颂歌，他是否只是一个开端，或者已经是一种实现。从历史哲学上解释预兆的任务只能是，表达出我们是否真的能够抛弃罪恶完满（Vollendete Sündhaftigkeit）的状况。或者是否只有纯粹的希望才宣布新事物的到来；一种正在到来的东西的征兆还是如此之微弱，以至于它会被仅仅存在着的无用的政权

---

① Georg Lukács, Die Theorie des Romans, Deutscher Taschenbuch Verlag GmbH &Co. KG. 1994, S. 149.

随时轻而易举地镇压下去。"① 由此可以看出，卢卡奇从托尔斯泰和陀思妥耶夫斯基对旧社会制度的深刻揭露中发现了一个新世界，但现有的旧事物及其统治者将会轻而易举地把新的伦理世界秩序的最初征兆扼杀掉。因此可以说，卢卡奇"带有伦理气息的悲观主义"的探索还没有找到真正的出路。

《小说理论》是卢卡奇转向马克思主义之前受到席勒、黑格尔、维贝尔等人较大影响时写下的重要作品，他尤其关心和忧虑西方文明的命运，深刻洞察西方"造孽时代"社会的危机以及第一次世界大战所带来的惨祸并急切想找到一个新世界的产物。因此，这本著作的意图在于对具体的文学作品（史诗和小说）做出正确的评论，其更主要的意义在于，通过对史诗时代和现代的分析、对比和对各种不同类型小说中主人公特点的集中褒贬评论，表达了一大部分知识分子对史诗时代的怀念、对现代资本主义社会的极端不满以及对未来世界的思考和憧憬。因此，这部著作的最大贡献之一就是：它从人类历史和精神发展的观点出发，善于尖锐地阐明，在充满战祸的帝国主义时代人类正处在"罪恶完满"的状态中。②

此外，卢卡奇在这部著作中，借助于小说类型，从历史观上对时代的特点进行了分析和阐明，把时代看做史诗和小说的承担者，把小说视为"一个时代的史诗"，"我们时代的具有代表性的艺术形式"。这种用历史、社会环境的转变来解释小说性质的做法，已多少包含卢卡奇不久之后转向马克思主义的某些端倪或因素。他对古希腊史诗时代确有美化的赞誉之词，甚至有浓厚怀旧的情怀和无历史根据的虚构或牵强比附，但他并没有因此完全否定现代社会而梦想回到史诗时代，而是虔诚地探求和向往一个未来的"新世界"，尽管他心目中的"新世界"还不是社会主义社会。而对现代社会无情而又有深度的批判和对未来社会的执着探求，在一定程度上可以说正是卢卡奇进一步找到马克思主义真理和信仰社会主义的必然前提之一。

---

① Georg Lukács, Die Theorie des Romans, Deutscher Taschenbuch Verlag GmbH &Co. KG. 1994, S. 137.
② 参见 István Hermann, Georg Lukács: sein Leben und Wirken, Verlag Hermann Böhlaus Nachf., Wien. Köln. Graz, 1986, S. 68。

《小说理论》无疑是卢卡奇成为马克思主义者之前显示自己不凡天资的一部杰作。因此,《小说理论》出版后,受到托马斯·曼、维贝尔、布洛赫、贝·克罗齐、瓦·本雅明、戈尔德曼、T. W. 阿多诺等人的赞赏,认为该书给他们留下了经久不灭的印象。阿多诺说它是一部深刻、优异之作,为哲学的美学立下了榜样。艺术史学家 M. 德福拉克高度评价这本书是精神科学方面最重要的出版物。[①] 京特·第姆则称这部著作"不仅是卢卡奇最好的一部书,而且是他最完美的一部书"。[②] 科拉科夫斯基把该书视为卢卡奇的"最高成就之一"。

　　西方大多数学者,甚至一部分马克思主义研究者,仅仅强调《小说理论》的独创性和有价值的方面,却未能看到它的局限性和不成熟的方面。无论在思想或方法论方面,还是在对史诗和小说的具体评论方面,《小说理论》都有值得批评之处,例如,其中有较明显的浪漫主义和悲观主义倾向,对未来世界的想象也显得天真、幼稚和简单,在世界观上相当保守的托尔斯泰和陀思妥耶夫斯似乎也断难作为新世界的先驱。此外,卢卡奇对小说类型的划分也不够严谨、准确。因此,1938 年卢卡奇本人在苏联对该书做了也许并非完全出自自己意愿的过分严厉的自我批判。他说:"我的《小说理论》(不管从哪个方面说都是一部反动的著作)充满着唯心主义的神秘性,对历史发展的所有分析都是错误的。"[③] 直到 1962 年在为《小说理论》写的序言中,卢卡奇仍强调该书在方法上犯了严重错误,结果使他对许多小说的分析都歪曲失实。这种方法的要点是以在多数情况下只是由直觉所掌握的一些特征为基础去建构关于一个学派或一个时代的一般性概念,然后再由其中演绎出对个别现象的分析,并借此达成全面的综合观察。虽然这种方法的应用产生了一套小说类型学,但由于太抽象和一般化,因而对像《堂吉诃德》这样的小说也不能做出充分的分析。此外,这种方法忽略了作品的具体的历史-社会环境,从而在许多地方形成任意和武断的判断。卢卡奇得出的结论是,

---

① 参见 Georg Lukács, Die Theorie des Romans, Deutscher Taschenbuch Verlag GmbH &Co. KG. 1994, S. 6。
② 转引自〔美〕E. 巴尔《乔治·卢卡奇的思想》,载张伯霖编译《关于卢卡奇哲学、美学思想论文选译》,中国社会科学出版社,1985,第 68 页。
③ 〔匈〕卢卡契:《卢卡契文学论文集》第 1 册,中国社会科学院外国文学研究所外国文学研究资料丛刊编辑委员会编,中国社会科学出版社,1980,第 24 页。

虽然《小说理论》的部分细节（如对小说中时间性的讨论）有预见的价值，但在整体上，此书只有历史价值（帮助我们了解20世纪20~30年代的意识形态），并无理论指导价值。以后，尤其是晚年（1971年）他对这部著作做了中肯的批判性分析，指出《小说理论》表明他由主观唯心主义向客观唯心主义的过渡。卢卡奇当时认为整个时代都应受到指责，艺术由于反对这个时代应受到赞扬，托尔斯泰和陀思妥耶夫斯基表明，文学能被用来彻底谴责整个制度。他们的著作根本不谈资本主义有这个那个缺点，在他们眼中整个制度都是不人道的。因此，他们的"革命"揭示了一种空想的前景，从而建立了一种道德标准。而该书的方法则是建立在精神史学派的基础之上的，所以卢卡奇当时的思想是"左翼伦理学同右翼认识论结合在一起"的产物。而《小说理论》就是"这种折中的历史哲学的表现"。"这本书无疑包含有一些正确的看法。然而作为整体，它是建立在托尔斯泰和陀思妥夫斯基世界文学中革命小说的顶峰这样一个前提之上的，而这当然是错误的。""即使这本书还停留在资产阶级文学的框框内，它还是探索了革命小说的理论。在当时，这种东西是从未有过的。流行的小说理论无论在艺术上还是在意识形态上都是保守的。"他的小说理论"在社会主义革命的意义上是不革命的，但是如果用当时的文学批评来衡量则是革命的。归根到底，《小说理论》是论奥第文章的继续，在那里提出的思想被扩展到整个一种文学体裁，并且被应用于世界文学的作品"。由于"我们仍然生活在一个过渡时代，像《小说理论》这样的过渡作品必须作为过渡作品受到尊重"。历史地看，"罪恶完满的时代是完全有道理的。那是消极的方面。但是这里还缺少列宁从中推断出的东西，即需要彻底改变整个社会。这是在《小说理论》中还没有的方面"。[①] 卢卡奇对《小说理论》的三次批判性评价，从全盘否定到较客观分析，这种差别显然与卢卡奇当时所处的不利环境及其变化有关。当然，从资产阶级思想家转向马克思主义以后，他对其早期著作做出这种批判性扬弃，原则上也是一种必然。

20世纪90年代之前，苏联和东欧国家的多数学者常常指出卢卡奇早期受到过狄尔泰、席美尔、李凯尔特、维贝尔、黑格尔、克尔凯郭尔、

---

① 杜章智编《卢卡奇自传》，社会科学文献出版社，1986，第29、80~81页。

陀思妥耶夫斯基等人的影响，并从主观唯心主义过渡到客观唯心主义，但他们却看不到其中有一定积极的，尤其是历史的价值，因而对《小说理论》持一种绝对否定的态度。[①] 民主德国哲学研究所所长 M. 布尔看到《小说理论》的影响（如对 H. W. 阿多诺）是"巨大的"，甚至提出疑问，法兰克福学派及其批判理论如果离开了《小说理论》，"它会是什么样子？"[②] 应该考虑到，这种影响未必全是消极影响。尽管《小说理论》有其局限性及其他种种缺陷，但它具有不可忽视的历史价值。它为资本主义社会的批判性分析提供了新的视角和见解，例如，结合第一次世界大战所带来的巨大惨祸而把那个时代视为"罪恶完满的时代"，较早地提出了现代人的"无家可归"概念和"现代性"问题，隐约论及近现代社会中日益严重的异化现象。它用社会历史环境和时代特点来解释小说的性质，无疑也包含着卢卡奇不久即转向马克思主义的端倪。因此，不仅一些西方学者肯定《小说理论》比先前的著作"更现实主义"一些，建立在"至少以积极的态度对待其可能性是以现存世界为基础的可能的现实"之上，而且一些东方学者也指出，这部著作的某些观点使人想起马克思主义，或者成为卢卡奇进一步发展的起点。

在卢卡奇早期的思想和著作中，文化问题占据着十分突出的位置。这与席美尔的思想影响有直接关系。席美尔认为，文化当令生活富足。譬如一棵野梨树，天生结酸果，但可在人工培育下结出甜美的果实。因此，文化类似培植，即将人从自然提升至完美。但他又指出，启蒙时期的欧洲市民社会，尊重个性、提倡自由，堪称主观文化。19 世纪后，人际关系受金钱支配，日益变为一种冷酷无情的客观文化：它倒行逆施榨取人的单一潜能，导致其他资质荒废。此一客观化过程，竟将欧洲人亲手打造的现代文化变为一种异己之物：它违背其意愿，封闭其心灵出路。这种文化愈是繁荣，人的精神就愈加贫乏，如此人与文化的严酷对峙便酿成"文化悲剧"。所以席美尔说，客观文化由人类活动专门化造成。其手段分得越细，劳动者所表现的人格就越少。此意与马克思异化论相近。但是，席美尔并未说明异化之根源，反而将人类精神自由寄托于文

---

① 参见中共中央马克思、恩格斯、列宁、斯大林著作编译局，《马列主义研究资料》编辑部编《马列主义研究资料 1984 年第 6 辑》，人民出版社，1984。
② 〔民主德国〕M. 布尔：《卢卡奇》，《哲学译丛》1986 年第 1 期。

艺创新。而卢卡奇的敏锐之处在于，他明确使用了马克思意义上的"异化"一词，以说明"人与其产物之间的异化"现象。① 这可以看做卢卡奇重视异化问题的肇始。

卢卡奇的弟子非常重视对这一问题的研究。赫勒认为："文化的可能性问题"是"一个囊括了卢卡奇全部生活和著作的问题"。马尔库什甚至认为："文化就是卢卡奇生命中'唯一的'（single）问题。"② 我们从卢卡奇的早期著作中可以清楚地看出，从他少年时代就拒斥礼规，到憎恨匈牙利封建主义的残余以及在这种基础上发展的一切形式的资本主义起，他在内心深处就确立起拒斥和批判资本主义的"完满罪恶"和异化现象，力图重建完整的文化的思维和真正的理想的生活模式。《小说理论》就是这种追求的集中反映：一极是完整的文化和自由的人所代表的总体性，另一极是分裂的文化和异化的人所遭遇的现实物化。这种"善"与"恶"的冲突和对立，几乎构成了卢卡奇全部思想和创作的文化动因和理念追求。马尔库什指出："从卢卡奇作为一位思想家的发展之初起，对他来说文化问题就意味着是否可能过上一种摆脱异化的生活问题。"③ 这一点从深层次把握住了卢卡奇从早期就十分关注的最重要的问题之一，即异化问题。

无论是在其早期著作，还是在其后期著作中，文化问题一直是卢卡奇一生创作生活的重要的内容和关注点之一。在他看来，文化问题等同于"真正的生活"，同义于"生活的内在意义"。他在一篇重要论文《审美文化》中明确指出："文化……是生活的统一，是提高生活和丰富生活统一的力量……所有文化都是对生活的征服，用一种力量统一了所有生活现象……所以不论你观察生活总体的哪一部分，你都会在它的最深处发现同样的东西。在真的文化中，每一种事物都是表意的……"④

---

① Georg Lukács, Die Theorie des Romans, Deutscher Taschenbuch Verlag GmbH &Co. KG. 1994, S. 57.
② 〔匈〕阿格妮丝·赫勒主编《卢卡奇再评价》，衣俊卿等译，黑龙江大学出版社，2011，第16页。
③ 〔匈〕阿格妮丝·赫勒主编《卢卡奇再评价》，衣俊卿等译，黑龙江大学出版社，2011，第16页。
④ 〔匈〕阿格妮丝·赫勒主编《卢卡奇再评价》，衣俊卿等译，黑龙江大学出版社，2011，第5页。

卢卡奇《小说理论》的可贵之处正在于，他揭示了当时人们对带有不少封建残余的早期资本主义弊端引发的普遍悲观情绪，而他虔诚地探求和向往一个"新的世界时代"和"新世界"，尽管他心目中的"新世界"还不是社会主义社会，仍可能会带给人们以某种希望。而对现代社会无情而又有深度的批判和对未来社会的执着探求，在一定程度上可以说，正是卢卡奇进一步找到马克思主义真理和信仰社会主义的必然前提之一。

1970年，卢卡奇在答英国《新左派评论》记者问时，对其《小说理论》说了一段意味深长的话。他说："《小说理论》尽管有各种各样的错误，但是它的确曾号召推翻那个曾产生出它所分析的那种文化的世界。它曾理解需要进行革命的变革。"① 这也许就是《小说理论》的真正历史价值之所在，也是卢卡奇后来走向马克思主义的内在原因之一。

---

① 杜章智编《卢卡奇自传》，社会科学文献出版社，1986，第297页。

第三章 决定命运的转变

——走向马克思和革命之路

第一节 内心的激烈冲突和信仰的大转换

当卢卡奇在海德堡准备写关于陀思妥耶夫斯基的著作时，匈牙利作家巴拉日·贝洛①以及其他的朋友已不停地催促卢卡奇回国担任他们哲学学会的领导。巴拉日在给卢卡奇的信中明确表达了这种心情，并认为卢卡奇在匈牙利负有一定的使命。他说："我感到有特殊的预言义务……现在我感到是行动的时候了……现在我正重新思考怎样才能把正直的人们组织和引导到阶级的一种社会的、伦理的斗争中去，否则，这个国家最终将腐败掉。我也正重新考虑，我们有思想的新一代必须以神圣精神的名义在国际上组织起来……像天主教、基督教和这场战争的反对派那样。必须有一个社团，一个由私人接触纵横交叉联系起来的团体或派别。这里也将会为你的积极义务提供充分的活动余地。你必须是领导人！"②这封信是巴拉日和卢卡奇创立的星期日社（或称为布达佩斯社团）的第一个文献，也是第一次提出创立一个派别性团体的可能性。后来卢卡奇曾回忆说，这个社团是他1915~1916年在布达佩斯当辅助兵时成立的。巴拉日的日记表明，1915年12月23日这个社团进行了聚会。它的成员都是卢卡奇在布达佩斯的朋友，并明显受到他的思想影响。巴拉日和卢卡奇是这一社团的组织者和核心人物。其成员还有同卢卡奇关系很好、第一个加入的匈牙利杰出艺术史家费莱普·拉约什、诗人莱兹纳伊·安

---

① 巴拉日（Balázs Béla，鲍威尔·赫伯特的笔名），匈牙利作家、电影评论家和剧本作者。他曾拥护匈牙利苏维埃共和国，于1919年被迫流亡国外，先后在维也纳、柏林和苏联居住，于1945年重返祖国，曾为巴尔托克撰写剧本。

② István Hermann, Georg Lukács: sein Leben und Wirken, Verlag Hermann Böhlaus Nachf, Wien Köln Graz, 1986, S. 62.

娜、青年理论家福加拉西·贝拉、因创立知识社会学而闻名于世的卡尔·曼海姆、从事艺术的经济社会史和艺术哲学研究的豪塞·阿尔诺德以及后来的画家格尔格里·蒂博尔、世界著名艺术史家托尔奈·卡洛里、里托奥克·埃玛、拉德万伊·拉斯洛、安塔尔·弗列德里克等。这个社团谈论政治不多，有人研究中世纪神秘主义，有人探讨美学问题。由于卢卡奇的激励，该社团讨论了陀思妥耶夫斯基的艺术，因而陀思妥耶夫斯基对它有决定性的影响。豪塞曾经回忆说，克尔凯郭尔和陀思妥耶夫斯基是这个社团的圣人。它的大多数成员都是左翼激进分子，在临近战争结束之际，他们越来越同情卡罗利·米哈伊[①]的反对党政策，反对还存在的许多封建残余。卢卡奇在星期日社里占有一个非常重要的地位。1917年春卢卡奇在社团里做过伦理学讲演，这标志着他的兴趣中心已从美学转到伦理学。

　　卢卡奇当时在政治上提出的问题是：虽然中央政权的失败是应该希望的，但是协约国胜利后，谁在西方民主面前拯救匈牙利呢？因此，同所谓匈牙利和平党相比，卢卡奇的看法更接近奥第的反战观点，这也是星期日社的基本前提，但其成员的反战态度是很不相同的。这个社团有各种不同的观点，政治倾向也不完全一致。正如卢卡奇所说，它所讨论的问题徘徊于大量极其混乱也是自相矛盾的自由主义观点之间，绝不能说它有一种统一的教义。星期日社里的一般情绪倾向于卡罗利式的西方民主，而卢卡奇则是唯一持不同观点的人。因此，卢卡奇不同意把星期日社变成一个新布尔什维克的或者是布尔什维克的组织。在卢卡奇看来，星期日社的激进主义不是现代意义上的，更不用说是布尔什维克意义上的。星期日社内部意见纷繁复杂，只有他一人开始捍卫一种黑格尔派的马克思主义立场。除他之外，只有安塔尔有某种马克思主义倾向。不过，客观地说，星期日社对卢卡奇以及随后的匈牙利革命无疑起了一定的促进作用。然而，这个社团成员也像其他社团（如社会科学协会、伽利略

[①] 卡罗利·米哈伊（Karolyi Mihaly，1876～1955年），先是自由派政治家，后来成为社会主义政治家。1919年以前是匈牙利最大的土地私有者之一。第一次世界大战期间是独立党的领导人。他反对战争，支持亲英法的政策。资产阶级革命爆发后，他在1918年10月成为总理，在11月成为总统。1919～1946年流亡巴黎和伦敦。1947～1949年为匈牙利驻法国大使。

社团、贝姆贝社团）一样，没有意识到这些知识分子社团还将会有什么重要性。只是1918~1919年的政治事件才表明，在当时已有的条件下，正是这些社团以及围绕着卡萨克·拉约什的那种激进先锋派集团，对1918~1919年革命具有了决定性的意义。

虽然这些社团没有设定直接的政治目标，但它们有必要的政治联系，而且是同匈牙利社会民主党中的反对派萨博·埃尔温有这种联系。后来卢卡奇回忆说，萨博是他"真正尊敬的人"，是对他的发展"真正有过影响的人"。卢卡奇在发表几篇嘲讽性的评论（其中有针对考茨基的）的同时，也以相当大的同情态度转向马克思。卢卡奇主要通过萨博知道了马克思主义。当时萨博把更多的马克思著作译成了匈牙利文，并受到法国无政府工团主义者若尔日·索列尔的明显影响。萨博也是布达佩斯图书馆的组织者和杰出研究者，并想同索列尔一起反对匈牙利社会民主党的机会主义，因而他在瓦尔加社团里像在星期日社或雅济学会里一样很受尊重。虽然瓦尔加·耶诺早就写过关于历史唯物主义的文章，但在哲学上，他像他的社团一样代表了不同的唯心主义倾向。这在很大程度上也符合卢卡奇社团的情况。卢卡奇无疑珍视历史唯物主义，然而从他当时的真实思想来看，他远未摆脱唯心主义的影响。

根据星期日社的倡议，社会科学协会是在"保守的和进步的唯心主义讨论会"这一标题下活动的。福加拉西做主要报告，雅济和费莱普各做一个报告。而卢卡奇的报告则以对康德－费希特伦理学的现代解释为依据，明确谴责任何变为目的的机构："任何变为目的本身的机构都是保守的。不仅教会的反动政治，而且本来明显进步的运动的停滞，都可以从这种联系中得到说明，只要由它们作为工具制造出来的机构具有自身固有规律性这样一种性质（德国社会主义的历史，在战前，尤其是在战争期间，就已经提供了一个不幸教训的例子）。"

1917年，曼海姆、豪塞、萨博、福加拉西创立了"精神科学自由学校"。这一年年底，卢卡奇又从海德堡回到布达佩斯，在这所学校里讲授伦理学。该校的指导原则是，科学必须科学地加以传播，不允许搞庸俗化。这一原则起了重大作用。"精神科学自由学校"表明一个完全新的知识分子阶层在成熟，它的教养和视野不同于官方知识阶层的狭隘思想。由于这样一些知识分子社团把奥匈帝国看成某种应加以消除的东西，因而它们就具有了政治性质。这所学校似乎也有要加以消除的东西，因而就具有了政治性质。这所学校似乎也意味着，为了接管这个国家的精神领导，这个新的知识分子阶层已经具有自己的任务、知识和能力。无论是社会科学协会，还是"精神科学自由学校"，都认识到必须利用任何一种在科学上有价值的思想和任何一位在科学上有能力的科学家。

对卢卡奇来说，"精神科学自由学校"在其他方面也是一个特殊事件：他在这里又遇到了10年前就认识的鲍尔特什蒂白·盖尔特鲁德。这期间她已是两个孩子的母亲，然而不幸离婚了。与此相似，卢卡奇与格拉本科的婚姻也已解体。他和鲍尔特什蒂白之间则形成新的依恋关系，他感到自己"生平中第一次有了爱情：生活的完美、坚实的基础"。从1918年起，鲍尔特什蒂白成了这位哲学家真正生活的伴侣，并对他具有非常重要的意义。

第一次世界大战及其后果极大地促使卢卡奇深入思考和研究，并使其思想激进化。他在概括地谈到这一时期的思想变化时指出："随着我对战争的帝国主义性质日益清楚的了解，随着我对黑格尔研究的深入以及对费尔巴哈的思考（当时自然只是从人本主义方面）开始了我对马克思的第二次深入钻研。这一次我主要注意的是马克思青年时代的哲学著作，虽然我努力研究了那篇重要的《〈政治经济学批判〉序言》。不过，这一次不再是透过席美尔的眼镜，而是透过黑格尔的眼镜来观察马克思了。马克思不再是'杰出的部门科学家'，不再是经济学家和社会学家。我已开始认识到他是一位全面的思想家，伟大的辩证法家。当然我那时也还没有看到唯物主义在使辩证法问题具体化、统一化以及连贯一致方面的意义。我只达到了一种——黑格尔的——内容优于形式，并且试图实质上是以黑格尔为基础把黑格尔和马克思在一种'历史哲学'中加以综合。由于当时在我的祖国匈牙利最有影响的'左派社会主义'意识形态是萨博·埃尔温的工团主义，我的这一尝试获得了一种特别的色彩。他的工团主义著作除了给我的'历史哲学尝试'一些有价值的东西以外（例如对马克思《哥达纲领批判》的介绍，我是通过他才知道这部著作的），还使这一尝试带有非常抽象和主观的、因而是伦理的特点。我作为脱离非法工人运动的学院知识分子，在大战期间既没有见过斯巴达克同盟的文章，也没有看到过列宁关于战争的著作。我读过罗莎·卢森堡战前的著作——这对我产生了强烈的和持久的影响。"①

因此，在大战期间的卢卡奇思想中，形成了一种高度矛盾的思想混合物。卢卡奇曾直言不讳地承认他的思想中的尖锐冲突："如果浮士德的胸中能够容纳下两个灵魂，为什么一个常人，当他发现自己正在一个世界性危机中从一个阶级转向另一个阶级时，不可以在他的内心泛起各种彼此冲突的思想潮流呢？至少我觉得，就我能够追忆的那些岁月来说，我的思想一直在这样两端徘徊：一方面是吸收马克思主义和政治行动主义，另一方面是纯粹唯心主义伦理成见不断增强。"卢卡奇又进一步指出，尽管他"从黑格尔那里获得的伦理唯心主义回响着浪漫的反资本主义的高调"，但他"对资本主义世界的熟悉，在某种程度上也成了新的综合中的积极因素"。他从来没有犯过那种"经常在工人和小资产阶级知识分子中看到的错误——这些人无论如何也不能完全摆脱对资本主义世界的敬畏"。正如卢卡奇自己所说，他"从童年时代就开始的对于在资本主义制度下生活的仇恨和蔑视"，使他"不至于走到这一步。"② 这正是第一次大战期间直至1918年以前卢卡奇思想的突出特点，也是他随后转向马克思主义和社会主义的深层原因之一。

在像匈牙利这样的落后国家中，民主精神不可避免地会激起革命。一个民主共和国将会对拥有匈牙利1/3的土地并控制着议会和政府的达官巨头们实行剥夺。就此而言，匈牙利更像俄国。将群众的意识提高到先锋队的意识水平，已成为大战末期匈牙利革命者常谈的话题。因此，当俄国1917年十月革命爆发并产生了巨大影响时，匈牙利一大批左翼知识分子转向革命就成为自然而然的事了。1917~1918年，布达佩斯发生了工人罢工和店员的反战骚动。广大知识分子（包括卢卡奇）认为当时的奥匈帝国的统治再也无法维持下去了。1918年10月布达佩斯发生了资产阶级民主革命。卢卡奇虽然拥护这次革命，但在示威游行中没有起任何积极作用。在对外军事失败和国内普遍动乱的冲击下，奥匈帝国的统治于1918年11月土崩瓦解。在革命高涨的形势下，大战中在俄国战场上被俘的库恩·贝拉，经过布尔什维克党的培训后回国，于1918年11

---

① 杜章智编《卢卡奇自传》，社会科学文献出版社，1986，第212~213页。
② 杜章智编《卢卡奇自传》，社会科学文献出版社，1986，第238~239页。

月创立匈牙利共产党。这是匈牙利社会事变中一件有深远影响的大事。正如卢卡奇所说，只是在革命胜利以后，当由于共产党人的登场而产生的问题开始使人们感兴趣的时候，他才变得积极起来。对伦理学的兴趣把卢卡奇引向了革命，而他对政治问题的兴趣同时也有伦理的内涵。"怎么办"一直是这一时期内卢卡奇头脑中反复思考的主要问题。这个问题把伦理和政治领域联结在了一起。

当1918年人们以严肃的方式提出同1917年俄国十月革命的关系问题时，卢卡奇在加入共产党之前还提出过有别于布尔什维克的意见。他在《作为道德问题的布尔什维克主义》一文（1918年11月）中指出："尽管马克思根据黑格尔'理性的机巧'构造了这种历史哲学过程——为自己阶级利益而斗争的无产阶级将争得整个世界的解放——但在抉择的时刻——这种时刻现在就有——必然重视无情的经验真理和这种人的、乌托邦的、伦理的愿望之间的区别。"① 赫尔曼认为，卢卡奇的上述看法表明他仍站在康德－费希特伦理学立场上反对布尔什维克主义。这种指责似乎有点过分。卢卡奇本人后来曾对这一时期的思想有过较为中肯的评论："虽然我非常清楚暴力在历史上的积极作用，虽然我对雅各宾党人从未有过任何指责的意思，可是，当暴力问题突然出现在面前，当需要决定我是否要用自己的行动来促进暴力的时候，理论和实践就不能结合在一起了。"② 这正是卢卡奇当时思想矛盾的真实写照。

与此同时，赫尔曼还指出，与布尔什维克主义相反，卢卡奇设定一种具有康德色彩的纯粹民主形式，并认为对民主的要求，作为革命的任务，是一项较难完成的任务。因为按照卢卡奇的理解，布尔什维克主义依据的是，这有可能通过向我们说谎直至达到真理。卢卡奇当然不同意这种思想，并认为，尽管民主需要超人的力量，但它最终并不像布尔什维克主义的伦理问题那样是无法满足的。卢卡奇当时还未能准确地理解布尔什维克主义，但这里似乎已开始显露出卢卡奇对马克思主义的理解有不同于布尔什维克某些人对马克思主义的理解之处。

对卢卡奇来说，1918～1919年是决定性的一年，是充满矛盾且带有

---

① 〔匈〕卢卡奇：《策略和伦理，政治文集1，1918～1920》，德国卢西特汉特出版社，1975，第30页。
② 杜章智编《卢卡奇自传》，社会科学文献出版社，1986，第89页。

反复迷惘的一年。他吸取了各种各样的甚至互相矛盾的思想，这些杂然并陈的观点的确显得有点混乱。这种混乱暂时可能加剧不同思想观点之间的矛盾和冲突，但从长远来看，它将导致这些矛盾的解决。卢卡奇的左翼激进伦理观要求转向实践、行动，从而转向政治。这反过来又使他转向经济学，而在理论上进行更深入研究的需要最后使他转向马克思主义哲学。卢卡奇所选定的方向在俄国十月革命爆发后的战争期间就已经开始明朗起来。卢卡奇明白无误地确认："只有俄国革命才真正打开了通向未来的窗口；沙皇的倒台使我们初见端倪，而随着资本主义的崩溃，未来便完全呈现在我们面前。"① 然而，当时卢卡奇关于这些重大事变本身以及它们的基本原理的知识不仅十分贫乏，而且非常不可靠。尽管如此，他认为终于"看到了人类摆脱战争和资本主义的道路"。他越来越明显倾向于相信马克思主义和社会主义。不过，卢卡奇仍经历了一个短暂的过渡时期。直到他做出最终的、不可更改的抉择之前，他仍在犹豫不决。但是，最后的决定是不可避免的。

　　1918年底，卢卡奇的思想发生了急剧变化。他面临的将是他一生中第一次必须采取的一种重大的意识形态决定，并将改变他的整个生活。他首先认识到，伦理学（生活指南）不再是一种禁令，不让人去做他自己的伦理观念斥为罪孽的一切，而是一种实践的动态平衡；个别的罪孽有时可能是正确行动的不可避免的组成部分。相反，一种伦理的限制（被认为普遍有效的）有时可能成为正确行动的障碍。

　　正是在这种情况下，卢卡奇于1918年12月前后写成《策略与伦理》一文（发表于1919年1月）。据他自己说，这是"一种内心的清算"和"命运的转折点"。这篇文章明确写道："任何在本质上是革命的目的设定，都否认现有的和过去的所有法律制度在道德上的存在理由和在历史上的现实性。"接着，他在对资本主义演变的批判中第一次从理论上表达了对社会主义和马克思主义的理解和信念，说在资产阶级革命中就"有最终目的的意识形态，它创造了不久就变为目的本身的法制，因此也掩盖了最终目的本身，并使之降低为纯粹的、已经变得不起作用的意识形态。社会主义唯一的社会学意义恰恰在于，它有对这一问题的解决办

---

① 杜章智编《卢卡奇自传》，社会科学文献出版社，1986，第239页。

法"。"马克思主义的阶级斗争理论——它在这方面完全遵循黑格尔的概念形态——正在把超验的目的设定变为内在的目的设定；无产阶级的阶级斗争是目的设定本身，同时也是它的实现。"社会主义是"一个有别于以往所有社会的社会制度，它不再有压迫者和被压迫者，为了结束经济上的依赖、贬低人的尊严的时代，如马克思所说，必须消除经济力量的盲目权力，由一种比较高级的、合适的并同人的尊严相适应的权力来取代"。"无产阶级的阶级斗争不仅仅是一种阶级斗争（如果它仅仅是这样，那么它实际上将只有被现实政治的优点所调整），而且是达到人类解放的手段，是人类历史真正开始的一种手段。"① 同卢卡奇过去的著作及在其中表达的思想相比，这是他在信仰上的根本性转变，也是他向着自己所理解的社会主义和马克思主义的突进。

卢卡奇在这篇文章中第一次提出了阶级意识的重要性，断言社会主义策略的决定性标准就是历史哲学，社会主义的目的和实现一步一步地、飞跃式地同历史的逻辑相适应，并进入当前的社会现实。"对每一个社会主义者来说，道德上正确的行动深深地同对已有历史哲学情况的正确了解相关联，而只有每一个别的人尽力认识到自我意识是为了自己本身，正确了解的道路才是可通行的。对此，第一个和不可避免的前提条件就是阶级意识的形成。为了使正确行动变为一种真正而正确的规则，阶级意识必须超越它纯真实的已有情况，并考虑到它的世界历史使命和它的责任意识。……正在把社会主义变为现实的阶级利益和把这种利益表达出来的阶级意识，就是一种世界历史使命。"在这里，与第二国际的"经济决定论"相反，卢卡奇正确地指出了阶级意识的重大作用。更由于他认为现实的政治是灾难性的和无可救药的，并强调无产阶级的阶级斗争是达到人类解放和人类历史真正开端的手段，所以他得出结论说，任何妥协都使斗争的这一方面黯淡起来，妥协不仅后果严重，而且明显削弱斗争的气氛；而同现有社会制度的任何一致都包含可能的危险，即使这种一致只是一种暂时的利益联合或联盟，危险也是不可避免的。卢卡奇左的激进观点已开始明显表现出来。

---

① 〔匈〕卢卡奇：《策略和伦理，政治文集1，1918~1920》，德国卢西特汉特出版社，1975，第46~48页。

于是，卢卡奇把策略规定为"实现由行动着的集团所确定的目的的手段，最终目的和现实之间的一个联结环节"，而世界历史意义则是策略的标准。卢卡奇提出的新问题是：在社会方面有正确"价值"的要求和有正确目的的要求本身是否就已经是合乎伦理的？他认为，尽管事情很明显，但"提出伦理问题只能从社会的正确目的出发"。与此同时，卢卡奇也认识到，一方面，某种策略正确与否，不决定于根据该策略意义行动的人的抉择是否由道德动机来决定；另一方面，一种出自最纯洁伦理的行为，按照策略的观点也可能是完全错误的（不合适的）。不过，"如果个别人的由纯粹伦理动机决定的行动走上政治的道路，它客观上（在历史哲学上）正确与否甚至在伦理上也不可能是无所谓的了"。卢卡奇强调，伦理学正转向个别人，它提出的要求是："他必须行动，似乎世界命运的转变取决于他的行动或无所事事。有现实意义的策略必定有利于或妨碍世界命运的未来。因为在伦理学中，没有中立和无党性；谁不想行动，谁也必定会在他的良心面前对他的无所事事负责。"①

卢卡奇还进一步指出："科学、认识，只能指明某些可能性——而这只存在于可能事物的领域中，在这种领域中，一种道德的、负责任的行动，一种真正的人的行动，是可能的。但是，对于把握这种可能性的那种人来说，如果他是一个社会主义者，就没有什么选择和动摇。但是，这绝不可能意味着，这样产生的行动必然在道德上就毫无错误和无可指责。没有一种伦理学能够担负以下任务：开具正确行动的药方，消除和否认人类命运难以解决的悲剧冲突。"相反，伦理的自我思考确实正好指明，在悲剧性的情况下，采取行动不可能不犯错误。但是，为了崇高的理想，为了集体，牺牲个人是必要的，也是合乎伦理的。因此不应该逃避历史哲学的使命。卢卡奇在文章的结尾处断言："只有毫不动摇、毫不怀疑地知道决不应赞同谋杀的人，他的谋杀行为才会——悲剧性地——具有合乎道德的性质。为了表达最大的人类悲剧这一思想，可以使用黑贝尔《朱迪丝》的绝妙句子：'如果上帝把罪过置于我和我的行为之间，

---

① 〔匈〕卢卡奇：《策略和伦理，政治文集1，1918～1920》，德国卢西特汉特出版社，1975，第48～51页。

我怎么能逃避这种罪过呢?'"① 后来卢卡奇认为这篇文章"提出了伦理冲突问题,即一个人的行为可能不符合伦理,然而是正确的"。② 正是由于卢卡奇经历了这种内心的冲突和清算,也包括他 1918~1919 年熟悉了列宁的《国家与革命》这一重要著作,从而确立了社会主义和马克思主义的信念,才为他参加共产党和无产阶级革命斗争奠定了思想基础。尽管卢卡奇的这篇论文还很不成熟,其中还有不少模糊、自相矛盾甚至错误的观点,但它却是卢卡奇一生思想的最大转折点。

第二节　加入共产党与对无产阶级革命的探讨

1918 年 11 月底或 12 月初,卢卡奇第一次见到匈牙利共产党主要领导人库恩·贝拉,12 月中旬加入匈牙利共产党。这是卢卡奇的政治方向的根本转折。正如他本人所说,成为共产党人是他一生中"最大的发展成就",是"这样一种情况合乎逻辑的归宿,即他早就坦率地表达了他作为一个作家对社会主义事业所抱有的同情心"。③

依据卢卡奇以前的著作和学术报告,人们都把他视为德国唯心主义和受 M. 维贝尔思想影响的社会科学界的一位代表人物,一位深入研究神秘主义、克尔凯郭尔、陀思妥耶夫斯基并有独到造诣的知名学者,而没有觉察到他的著作的怪异之处,更没有看到 1917~1918 年他思想上的深刻变化。因此,卢卡奇加入共产党,使他的很多熟人、朋友以及反对者都感到十分惊讶。

问题的关键在于,俄国十月革命的爆发和胜利,是具有划时代意义的重大事件。对卢卡奇来说,"只有俄国革命才真正打开了通向未来的窗口",终于"看到了人类摆脱战争和资本主义的道路"。卢卡奇所选择的方向开始明朗起来。而研究伦理问题则使他比别人更深刻地认识到资本主义世界内在价值的总体崩溃和人类文明面临毁灭的危险,从而激起他

---

① 〔匈〕卢卡奇:《策略和伦理,政治文集 1,1918~1920》,德国卢西特汉特出版社,1975,第 52 页。
② 杜章智编《卢卡奇自传》,社会科学文献出版社,1986,第 88 页。
③ 转引自张伯霖编译《关于卢卡奇哲学、美学思想论文选译》,中国社会科学出版社,1985,第 72 页。

对政治问题的兴趣。既然他对资本主义非常憎恨，社会民主党的政策又使他十分厌恶，那么加入共产党就成了他抉择的唯一现实可能性。一般人仅仅看到，卢卡奇的《心灵与形式》和《小说理论》仍属于资产阶级理论思想的范畴，而没有看到，他在其中达到的理论分析深度和激起政治积极性之间有一种内在的必然联系。在悲观绝望中热切地深入探求新的出路，在革命高潮到来而又有俄国革命的成功经验的情况下，做出新的重大抉择就成为自然而然的事了。因此，卢卡奇加入共产党绝不是一时的感情冲动，而是客观情势促使他的思想发展变化的必然结果。卢卡奇是当时加入共产党的知识分子中的杰出代表。虽然他对马克思主义有不同于别人的理解，甚至有不少值得研究的观点，但从入党那一天起，他对马克思主义和社会主义的坚定信念就从未动摇过。

不可忽视的一个重要因素是，卢卡奇的女友不久成为他第二个妻子的盖尔特鲁德，在他入党以后一系列重大问题上起了突出作用。在卢卡奇看来，在做出与命运有关的决定，即加入共产党还是停留在"左翼社会党"的立场上这一问题，盖尔特鲁德的态度归根结底起了"最重要作用"。对此，卢卡奇给予了高度评价："每一个决定都有盖尔特鲁德强有力的参与：特别是那些最富人性和有关个人的决定。她的反应往往具有决定性的意义。不是说没有她我根本不会走向共产主义。这是在我以前的发展中就包含了的东西；但是围绕着实际决定的复杂问题以及做出那种选择的高度重要的个人含义，若是没有她，肯定会是另一种样子。我一生中的许多最重要的东西因此也会是完全另外一种样子。"盖尔特鲁德对卢卡奇的魅力是显而易见的，正如他所说，当她对某一问题表示出含糊其词的消极态度或者说没有考虑过这一问题时，他就感到她的不赞同，因而觉得必须重新考虑整个问题；而当她表现出沉默而含蓄的同时，他"总是感到得到了一种强大的前进动力"。[①]

卢卡奇加入匈牙利共产党不久，就成为匈牙利共产党《国际》杂志的编辑部成员。1919年初，匈牙利共产党的主要领导人库恩·贝拉及其他领导成员被捕。这时卢卡奇已被视为有实际威信的著名学者，他所属的第二个匈牙利共产党中央委员会开始接替第一个中央委员会继续工作，

---

① 杜章智编《卢卡奇自传》，社会科学文献出版社，1986，第33~34页。

因而卢卡奇本人也被看做匈牙利共产党的领导人之一。他曾同其他领导人一起准备1919年5月的武装起义。

鉴于关于马克思主义的热烈讨论和争论以及对它的庸俗化曲解，也是出自革命形势的需要，1919年初卢卡奇写了《什么是正统马克思主义？》一文（此文较为简短，不同于后来在《历史与阶级意识》一书中大大扩充了的《什么是正统马克思主义？》）。这是他对马克思主义第一次比较系统的阐发。卢卡奇明确指出，科学的发展正在超越马克思的某些论断，因此，某一个人是不是马克思主义者的问题，绝不由他确信个别论断的真理，而是由方法来决定的。只要我们是马克思方法的信奉者，我们将始终是马克思主义者。

卢卡奇进一步强调："马克思的方法是革命的辩证法。"而只要理论扬弃理论和实践之间的区别，只要正确思想的纯粹事实在思想所针对的那一客体中引起本质的变化，只要正确思想的彻底实现造成现实的变革，那么理论就会是革命的。正是基于这一认识，卢卡奇强烈指责以伯恩斯坦为首的马克思主义肤浅化者想在科学的幌子下把辩证法从马克思主义的思路中消除掉，宣扬运动就是一切、没有目的的论调。与此相反，卢卡奇认为，辩证的即革命的方法的本质正在于，"在运动和最终目的之间没有本质的区别"。在马克思那里，革命就是"工人运动的正常而有机的发展突变为资本主义制度的倾覆：增加着的量突变为质"。正常工人运动的每一因素、每一次提高工资、每一次缩短工时等都是一种革命行动。但是，这些个别因素"只有在辩证方法的统一体中才能成为革命的行动"。"对工人运动来说，理论和实践像运动和最终目的一样是一个统一体。"①

所以，卢卡奇十分重视"整体对部分的首要地位"，认为"应该从整体来解释部分而不是从部分来解释整体"。马克思"总是从伟大社会——历史过程总体的立场来观察整体"。因此，马克思的"真正出发点是完美的整体，具体的总体"。"总体，整体的统一体高于部分抽象孤立化的这种无条件的首要地位，是马克思社会观的本质的东西，是辩证的方法。遵循它（而不是重复个别言论）就是正统马克思主义。"所以，

---

① 〔匈〕卢卡奇：《卢卡奇全集》第2卷，德国卢西特汉特出版社，1972，第61~64页。

卢卡奇明确指出，马克思像德国古典哲学，特别像黑格尔一样，"认识到世界历史是一个统一的过程，一个不断的、革命的解放过程。正是由于认识到这个过程的真正动力，即阶级斗争和生产关系变革，并有能力把这一变革有机地纳入世界历史过程的具体总体，即解放的过程之中，他才大大超过了德国古典哲学和黑格尔"。① 但是，卢卡奇并未像马克思那样明确指出马克思的辩证法同黑格尔的辩证法的根本区别。

不过，当时的匈牙利面临一个更为紧迫的严峻问题。奥匈帝国的瓦解为以法国作后盾的罗马尼亚、捷克斯洛伐克以及塞尔维亚要求索回曾被奥匈帝国霸占的领土进行军事干涉敞开了大门。1918年11月卡罗利政府被迫签订了使匈牙利丧失原有一半领土的停战协议，1919年3月19日协约国又向匈方发出最后通牒，要求匈牙利政府将自己的军队撤至新的分界线以内，否则协约国将动用武力。这一最后通牒激起了匈牙利人民的民族感情。在此情况下，卡罗利拒绝了最后通牒，同时释放了在押的共产党人。而此时社会民主党表现出新的趋向，其领导人高尔巴伊·山多尔确认"必须采取新方针，以便从东方获得西方已拒绝给予我们的东西。我们必须投身新的潮流。俄国无产阶级的军队，正迅速地向我们靠近"。1919年3月21日，匈牙利共产党和社会民主党决定合并为匈牙利社会党，接管卡罗利辞职后移交的政权，宣布建立匈牙利苏维埃共和国。列宁不仅确认两党合并"在匈牙利革命进展中的异乎寻常的独特"，而且在《向匈牙利工人致敬》一文中指出："从资产阶级民主到无产阶级民主、从资产阶级专政到无产阶级专政是一个具有世界历史意义的转变。""匈牙利过渡到无产阶级专政的形式与俄国截然不同：资产阶级政府自动辞职，工人阶级的统一、社会主义的统一立刻在共产主义纲领上恢复起来。"② 因此，匈牙利工人和社会主义者"给世界树立了比苏维埃俄国更好的榜样"。③ 同时，列宁还强调了以下两点：无产阶级专政"必须采取严酷无情和迅速坚决的暴力手段来镇压剥削者即资本家、地主及其走狗的反抗"。④ "但是无产阶级专政的实质不仅在于暴力，而且主要

---

① 〔匈〕卢卡奇：《卢卡奇全集》第2卷，德国卢西特汉特出版社，1972，第66~67页。
② 《列宁专题文集　论社会主义》，人民出版社，2009，第139页。
③ 《列宁专题文集　论社会主义》，人民出版社，2009，第141页。
④ 《列宁专题文集　论社会主义》，人民出版社，2009，第139页。

不在于暴力。它的主要实质在于劳动者的先进部队、先锋队、唯一领导者即无产阶级的组织性和纪律性。无产阶级的目的是建成社会主义,消灭社会的阶级划分,使社会全体成员成为劳动者,消灭一切人剥削人现象的基础。这个目的不是一下子可以实现的,这需要一个相当长的从资本主义到社会主义的过渡时期,因为改组生产是一件困难的事情,因为根本改变生活的一切方面是需要时间的,因为按小资产阶级和资产阶级方式经营的巨大的习惯势力只有经过长期的坚忍的斗争才能克服。"① 因此无产阶级必须"必须有这个阶级的以资本主义文化、科学、技术的一切成果为基础的集中的实力,必须以无产阶级感情体会一切劳动者的心理,并在农村或小生产中的涣散的、不够开展的、政治上不够稳定的劳动者面前具有威信"。② 列宁的这些思想无疑在很大程度上影响了卢卡奇。

匈牙利苏维埃共和国宣布成立后,组成革命执行委员会,社会民主党领导人高尔巴伊·山多尔任革命执行委员会主席,共产党领导人库恩·贝拉任外交人民委员。革命执行委员会组建红军和赤卫队,设立革命法庭,颁布工矿、交通、企业国有化法令,规定国有企业实行八小时工作制,职工实际工资平均增长25%。此外,凡超过100霍尔特(57公顷)的地产一律没收,交给生产合作社经营。所有学校收归国有,实行8年制的义务教育。1919年6月14日召开苏维埃代表大会,通过宪法,规定苏维埃共和国的目标是消灭资本主义制度,建立社会主义制度,实行无产阶级专政,保证劳动人民有言论、出版、集会和宗教信仰的自由等。卢卡奇在匈牙利苏维埃共和国政府中担任教育部副人民委员(正职是社会民主党最杰出和最有教养的领导人之一昆菲·西格蒙德),直接负责制定和执行文化教育政策。由于昆菲经常生病,卢卡奇实际上成了匈牙利苏维埃共和国文化政策的官方领导人。他负责通过了一个保障学徒训练时间和禁止用暴力虐待学徒的命令。卢卡奇的另一个主要功绩是,明确宣布科学和文化的全部问题必须由艺术家和科学家自己来决定。具体地说,也就是通过建立文学家和艺术家理事会,把对文学和艺术的控

---

① 《列宁专题文集 论社会主义》,人民出版社,2009,第139页。
② 《列宁专题文集 论社会主义》,人民出版社,2009,第140页。

制交到艺术家手中。例如，作家巴拉日·贝洛、抒情诗人科斯托兰伊·德热、小说家萨博·德索等都是文学理事会的成员，作曲家和钢琴家巴尔托克·贝洛、科达伊·佐尔坦、多南伊·恩斯特是音乐理事会的成员。匈牙利苏维埃共和国政府对科学的重视，通过卢卡奇参加杰出抒情诗人埃奥特沃斯·劳兰德的葬礼时发表的演说就可以看出。

从一开始，卢卡奇在制定和执行文化政策方面就表现出独特的看法。当先锋派要求无产阶级专政承认自己是唯一的无产阶级流派时，卢卡奇回答：在无产阶级专政中，所有艺术流派都享有充分的自由，而时间将决定，其中的哪些流派将继续生存下去。在卢卡奇看来，在共产主义制度下能够被容忍的各种流派应该自由地写作。他不允许某一流派把另一流派压垮，把他们的嘴堵住。同样，他也不容忍某些人被承认为官方诗人或官方艺术家。这往往被看做卢卡奇在具体执行文化政策时几乎没有宗派主义痕迹的突出表现。

与卢卡奇明显不同，库恩则从另一角度提出问题，认为："一种新的精神生活，一种新的艺术必须从无产阶级本身产生出来。"他把"希望寄托在无产阶级的创造力身上，寄托在破坏和建立公共机构及制度的那种生产力上，无产阶级也将在精神生活方面活跃起来"。[1] 在库恩看来，一种具有无产阶级性质的特殊艺术和文化是可能的，因此，无产阶级必须创造它自己的思想。而卢卡奇则强调，文化是目的，专政只是手段。"无产阶级有必要运用手中掌握的一切权力来传播文化，这就有可能使人们接触到文化。但是，绘画、书籍、学校不属于事实上拥有或合法拥有它们的那些人，而属于能从中获得大部分好处、大部分快乐和内心振奋的人。艺术宝藏、戏院、学校等掌握在无产阶级手中这种情况仅仅创造了新文化、实际取得财产、所有工人正从内心里获得一切文化价值的那种时代的可能性。"[2] 所以，卢卡奇在《新旧文化》一文中进一步指出，无产阶级对文化的权力只是形式上的，只有当劳动阶级获得文化，真正同它打交道时，无产阶级才会真正拥有文化。因此，这件事情关系到文

---

[1] 转引自 István Hermann, Georg Lukács: sein Leben und Wirken, Verlag Hermann Böhlaus Nachf, Wien Köln Graz, 1986, S. 86–87。
[2] 〔匈〕卢卡奇：《策略和伦理，政治文集 1，1918~1920》，德国卢西特汉特出版社，1975，第 97 页。

化的获得,而不是如库恩所说的那样,是一种新文化的创造。卢卡奇之所以把文化和艺术的接受作为中心,这与他给文化下的定义有关。他指出:"文化这个概念(同文明处于对立之中)包括直接生活所缺少的全部有价值的成果和能力。例如一所住房的内部和外部的美,就属于文化概念,同它的坚固和取暖设备等等相对立。"文化的社会能力则"通过在其中能够满足集体生活需要的社会显示出来"。他断言:"人们不必为了满足基本生活需要而从事那种完全需要生命力的繁重劳动。"① 他还提出"只有共产主义才能使文化摆脱对生产的依赖"的观点,这些都是很值得研究的理论问题。

卢卡奇对民间童话以至民间艺术的重视是颇为可取的。他不仅把它看做现代艺术的基础,而且把它作为苏维埃共和国文化和文化政策的组成部分。需要注意的是,卢卡奇依据他所熟悉的克尔凯郭尔、波德莱尔、陀思妥耶夫斯基等人的创作倾向,表达了对现代艺术的绝望情绪以及由于现代艺术而产生的文学类型危机的理解:"资本主义文化,只要它是真诚的,就只能是毫不留情地批判资本主义时代,这种批判常常提高到一种很高的水平(左拉、易卜生),然而,它越真诚,越有价值,它就必定越缺少古代文化简朴而自然的和谐和美:本真词义上的文化。"因此,卢卡奇根据马克思和恩格斯《共产党宣言》的思想,精辟地论证了资本主义发展的必然趋势:资本主义最大的历史功绩在于一定历史趋势的形成,在于产生它的自我批判以及消灭它的可能性。"因为人的思想,作为目的本身,新文化的基本思想,是 19 世纪经典唯心主义的继承。资本主义时代对未来建设的真正贡献在于,它本身创造了它自己崩溃并在它的废墟上建设未来的可能性。像资本主义产生了它本身灭亡的经济前提一样……像它本身产生了由无产阶级消灭它的批判的精神武器一样,它因此也在从康德到黑格尔哲学中创造了新社会的思想,这种思想必然给它带来灭亡。"②

后来卢卡奇在描述和评价匈牙利苏维埃共和国时期的复杂情况时指

---

① 〔匈〕卢卡奇:《策略和伦理,政治文集 1,1918~1920》,德国卢西特汉特出版社,1975,第 133 页。
② 〔匈〕卢卡奇:《策略和伦理,政治文集 1,1918~1920》,德国卢西特汉特出版社,1975,第 142、150 页。

出,当时在可能有松散的意识形态合作的地方产生了一种联盟。在匈牙利,"实际准备无产阶级专政和实现民主改革的要求为无产阶级专政内部的文化实现奠定了基础"。活动领域扩大了,首先是教育改革运动。"要扫荡一切封建主义残余"是"改革的不言而喻的条件"。通过它,不仅广大群众参加进来,而且确定了具体的过渡形式。结果保证了:①群众的广泛参加;②与革命过去的联系,从这当中产生出社会主义:不是外国的,不是"进口的"的;③它的历史性质;④反官僚主义的:不会有任何以发展为名义的"官方"艺术。卢卡奇认为,这是一条同普通共产党人和社会民主党人完全不相容的政治路线。①

在文化领域里,一方面,卢卡奇充分认识到,"真正的革命变革必须得到革命的资产阶级分子的支持"。而"通过建立文学家和艺术家理事会把对艺术和文化的控制交到艺术家自己手中",是匈牙利苏维埃政府的政策的积极方面。尤其重要的是,他还在文化政策方面制定了一个包括八年义务教育,四年文科中学,然后是大学的严肃纲领。另一方面,卢卡奇也承认,他和别的革命者一样,幻想尽快建立共产主义的天堂,因而表现出迫切要求"使决定性的生活问题革命化"的情绪。由于当时他们都"非常憎恨资本主义及其一切形式",所以他们主张"不惜一切代价要摧毁资本主义,而且越快越好"。毫无疑问这对党的文化政策会有影响。当时还进行了一些试验,从根本上说是正确的,然而是以幼稚的方式实行的。这些实验是为了消除艺术家和艺术品的商品性质,使其从商品交换中退出来。不久后卢卡奇就认识到,把这种很幼稚的做法"作为共产主义措施来捍卫实在可笑"。②

匈牙利苏维埃政权的诞生和各项新政策,引起资本主义世界反动势力的惊慌和不安,从1919年4月中旬起,协约国纠集罗马尼亚、捷克斯洛伐克等国的军队进攻匈牙利。5月初,侵略军队进至距布达佩斯80公里处,形势危急。5月中旬,匈牙利红军转入反攻,并取得重大胜利,卢卡奇也曾被派去收复已陷落的蒂萨费德,后来成为红军第五师团的政委。据卢卡奇本人说,他曾把属于惊慌逃跑的那个营的8个人枪毙,

---

① 参见杜章智编《卢卡奇自传》,社会科学文献出版社,1986年,第35页。
② 杜章智编《卢卡奇自传》,社会科学文献出版社,1986,第96页。

用这一办法多少恢复了秩序，收复了该城。他认为："在战争中，逃兵和叛变者必须被枪毙"，如果不这样，捷克入侵者就会进来，"而革命就完结"。卢卡奇又继续随红军去反击捷克军队，并攻下马桑巴特城。卢卡奇不仅认为一个军队领导人应该向部下说明情况，讲清道理，即使一个严肃的军事战略也可以用普通的语言说明白，而且经常上前线去看望部队，关心士兵的生活。在他看来，士兵脑子里最关心的是两样东西：一是厨房，二是邮政。他并不认为自己是杰出的军事组织者，但这两件事他在全师办得井井有条。士兵们吃得不错，而且每天有人给他们送信。

匈牙利红军的胜利使协约国惊慌失措。法国总理克里孟梭代表巴黎和会向匈牙利苏维埃政权发出红军立即停止进攻和撤退的最后通牒。虽然卢卡奇和其他少数人知道这是一个圈套，但社会民主党人还是接受了这一通牒，而库恩也对此的严重后果估计不足，做了让步。匈牙利红军撤退后，1919年7月初干涉军对匈牙利发动新的进攻，而红军的进攻则由于其参谋长把作战计划出卖给敌人而失利。7月底，协约国以优势兵力再次发动进攻，8月1日罗马尼亚军队逼近布达佩斯。这一天举行了匈牙利苏维埃政府会议，社会民主党右翼利用他们在人数上的优势，迫使苏维埃政府辞职，代之以纯粹由社会民主党右翼组成的所谓"工会政府"。接着，匈牙利建立起由奥匈帝国海军上将霍尔蒂为首的法西斯专政，全国陷入白色恐怖之中。据一位著名的温和派社会民主党人揭露："在革命中，总计有234个反革命分子成了革命恐怖分子的刀下鬼。作为报复，反革命仅在几个月里就残杀了5000名革命者。"此外，还有75000人因被指控为共产党同谋者而遭监禁，约有10万人被霍尔蒂专制政权驱逐。另一说法是，从革命失败到1921年，匈牙利有2万多人被杀害，8万多人被监禁，14万人被迫逃亡国外。

当卢卡奇从前线回到布达佩斯之时，几乎正好是无产阶级革命失败的时刻。受库恩的委托，卢卡奇和科尔文·奥托①留在布达佩斯，他们的任务是"组织共产党"，"留在国内维持非法运动并作为这个运动的领

---

① 科尔文·奥托（Korvin Otto, 1894～1919年），匈牙利共产党的创建人之一和中央委员，在匈牙利苏维埃共和国负责内务人民委员部的政治工作。苏维埃共和国被颠覆后，留在布达佩斯重新组织共产党，不久后被捕并被处死。

导人行动"。卢卡奇接管意识形态的领导工作，科尔文则接管组织工作。尽管卢卡奇当时怀疑他们两个人是不是担负这项任务的合适人选，他仍服从党的决定。科尔文大约一周后被捕。由于他没有把他的合作者的名字和地址告诉卢卡奇，卢卡奇就完全陷入孤立的境地。在这种情况下，他认为自己留在布达佩斯已完全没有意义，而且由于外人的告发，他的住处已遭到敌人的搜查，并随时有被捕的危险。因此，1919年8月底或9月初，在和同志们讨论之后，决定卢卡奇应该到维也纳去加强流亡组织。

匈牙利革命失败的原因无疑是多方面的。协约国的联合干涉和大规模武装进攻是主要因素，共产党人的错误也是造成失败的重要原因。一是在匈牙利，封建大地主掌握着大部分土地，当时农民几乎难以想象的饥饿现象日益严重，而无产阶级专政却采用了立即使土地集体化的方法，而不是把土地分配给贫苦的农民，建立起工农联盟，因此脱离了广大农民群众，使苏维埃政府在同国内外敌人的斗争中陷入孤立无助的境地。卢卡奇当时就曾多次看到农民由于未能获得分配的土地而不相信苏维埃政权，后来又认识到这是他们共同犯的一个错误。农民对革命和苏维埃政府缺乏热情，是由于苏维埃政府错误的农村政策造成的。这一部分是由于社会民主党的影响，一部分是因为一些人以为分配土地只是一个过渡措施，由于匈牙利的资本主义发展比俄国的更先进，可以不要这个过渡，企图把大的地产变成生产合作社，似乎这样就会跳过资产阶级民主阶段而直接进入社会主义。二是共产党同社会民主党合并导致了严重后果。两党合并后，共产党人放弃了自己的原则性和独立性，而许多社会民主党人则占据了党的领导地位，并利用拥有的多数反对苏维埃政权。这种情况使列宁总结出匈牙利革命失败的一个沉痛教训："任何一个共产主义者都不应该忘记匈牙利苏维埃共和国的教训。匈牙利共产主义者同改良主义者的联合，使匈牙利无产阶级付出了昂贵的代价。"[1] 还应该看到，当时参加革命的共产党人，即使在像卢卡奇这样读过马克思著作的人当中，对马克思主义的理解也是极其肤浅的，对无产阶级革命及如何执掌政权没有做好思想和理论上的准备，更不要说有什么经验了。正如

---

[1] 《列宁选集》第4卷，人民出版社，1972，第309页。

卢卡奇描述道:"在思想上,我们没有做好准备(我可能比其他人更缺乏准备),去完成我们面临的任务。我们的热情成了知识和经验的临时代用品。我只需提到一件但在这里是很重要的事实:我们对于列宁的革命理论以及他在马克思主义的这一领域内所取得的极其重要的进展几乎一无所知。当时只有少量论文和小册子被翻译过来并能读到,而那些参加过俄国革命的人,有的(如萨穆埃里)没有什么理论才干,有的(如库恩·贝拉)则受到俄国左翼反对派的强烈影响。我只是在维也纳流亡期间才有可能详尽研究列宁的理论。因此,在我当时的思想中也包含着矛盾的二重性。这一部分是我对当时政治中的灾难性的机会主义错误,例如关于农业问题的纯粹社会民主党式的解决方案,未能采取原则上正确的立场。一部分是在文化政治领域中,我在思想上对抽象的乌托邦主义有一种偏爱。"[①] 当然,在经历了半个世纪之后,卢卡奇仍对当时在理论领域中获得的成果不少而感到不胜惊奇。他特别提到《什么是正统马克思主义?》和《历史唯物主义的功能变化》这两篇论文的第一稿在这一时期已经写就。

不过,可以确认的是,卢卡奇绝不是那种没有主见、见风使舵、随风倒的浅薄思想家,而是一位自觉、坚定和深邃的思想家和理论家。从他1918年完全开始信仰马克思的思想并参加共产党时起,他在主观上从没有放弃过对马克思主义的坚定信念。

[①] 杜章智编《卢卡奇自传》,社会科学文献出版社,1986,第240页。

第四章　流亡维也纳时期走向马克思的创作高峰

第一节　马克思主义的深造岁月

在卢卡奇刚到维也纳的几周里，鉴于他同几位社会民主党理论家的关系，大家对他都十分友好，即使警察也不敢对他怎么样，他甚至被看做一个重要人物。后来，情况就朝着相反的方向发展。1919年10月，奥地利政府为准备引渡而逮捕了卢卡奇。这时许多德国报纸都刊登了呼吁书——《拯救格奥尔格·卢卡奇!》（在上面署名的有F.鲍姆加登、R.贝尔-霍夫、R.德默尔、A.克尔、亨利希·曼、托马斯·曼、E.普利特留斯、K.谢夫勒），要求释放卢卡奇。呼吁书说："格奥尔格·卢卡奇不是政治家，而是一位知名人士和思想家，因而他应该受到保护。过去，他放弃了对童年时代那种安逸舒适生活的追求，献身于一个负有重大责任的、乏味的思想工作职务。当他转向政治时，他牺牲了他最宝贵的东西——思想自由，而完全献身于他打算实行的改革者的事业。匈牙利政府要求把他从监禁地——奥地利——引渡回国，说他是谋杀政敌的元凶。只有失去理智的仇恨才会相信这种指控。营救卢卡奇不仅是党的事业，对于在个人交往中深知他的纯洁的一切人来说，对于惊叹他高深的哲学和美学著作思想的许多人来说，都有义务抗议这种引渡。"[①]

广泛的国际抗议活动制止了奥地利把卢卡奇引渡给匈牙利霍尔蒂专制独裁政府。1919年底，卢卡奇被释放出狱。由于这一事件，正如后来德国著名作家安娜·西格斯所报道的那样，格奥尔格·卢卡奇的名字在中欧左派知识分子那里获得了一种"传奇"地位：一位勇敢的聪明的知

---

① 转引自张伯霖编译《关于卢卡奇哲学、美学思想论文选译》，中国社会科学出版社，1985，第74~75页。

识分子,一个热情捍卫我们思想世界的人,时刻准备献出自己的生命。

此后,卢卡奇就成为流亡维也纳的匈牙利共产党的领导成员,继续从事政治活动和理论研究工作。正是在这时,由于匈牙利以及欧洲其他国家的革命相继失败,不少革命者和共产党人流亡到维也纳,在那里接触和讨论各种问题,从而形成一种占优势的幼稚的乌托邦气氛,幻想世界革命不久将爆发,希望伟大的革命浪潮将推动整个世界,至少是欧洲达到社会主义。与此相应,卢卡奇认为,当务之急是使匈牙利的革命工人运动获得新的生命,并使其继续下去,但必须提出新的口号和政策,以使这种运动在白色恐怖期间能够生存和发展。所以,他很快也就被卷进国际革命的潮流之中。在这种情况下,一份《共产主义》杂志应运而生,成为维也纳各种极左思潮的机关刊物。作为其核心成员,卢卡奇积极参与制定了一条"左"的政治和思想路线。波兰、匈牙利的侨民(或流亡者)和奥地利共产主义者成为这一刊物的核心成员和经常撰稿人,此外还有来自其他国家的同情者,如意大利的极左分子波尔迪加、特拉契尼以及荷兰共产党人潘涅库克、罗兰-霍尔斯特等。星期日社的活动也在维也纳继续进行,讨论与革命有关的各种问题。虽然卢卡奇发表了一些有价值的文章,对理论的进一步发展做出了一定贡献,但由于他认为国际革命运动绝没有因一些国家的革命失败而中断,一些新的事件(如卡普暴动、意大利工人占领工厂、波苏战争)表明世界革命即将到来,整个文明世界必将被彻底改造,因而产生了一种宗派主义的以救世主自居的、乌托邦主义的抱负。因此,卢卡奇主张,在任何一个领域都同属于资产阶级世界的任何机构和生产方式实行彻底决裂。

1920年,卢卡奇发表了反对参加资产阶级议会的《论议会制问题》。这一文章指出,议会"只能是无产阶级的一种防御武器",而"只要资本主义的解体还没有开始,无产阶级就处于防御之中。如果经济发展的这个阶段已经开始……那么无产阶级就不得不进攻了"。无论从理论上还是从实践上都可以说,"凡是工人委员会(即使在很小的范围内)有可能存在的地方,议会制就是多余的"。[①] 显然,卢卡奇无非要论证这样一

[①] 〔匈〕卢卡奇:《策略和伦理,政治文集1,1918~1920》,德国卢西特汉特出版社,1975,第97、103~104页。

种看法，即共产党人在任何情况下都不许参加处在资产阶级领导下的议会工作。同防御策略相反，卢卡奇在许多问题上代表了一种进攻策略。这篇文章是他的极"左"观点发展到顶峰的一个典型表现。在议会问题上，卢卡奇的观点是同列宁的观点对立的。列宁在《共产主义运动中的"左派"幼稚病》中就批评过"拒绝"参加议会的态度，认为这是"幼稚的"，是"想用这种'简单的'、'容易的'、似乎是革命的方法，来'完成'在工人运动内部对资产阶级民主影响作斗争这一困难任务，其实他们只是妄想逃开自己的影子，只是闭眼不看困难，只是用空话来回避困难罢了"。① 由于当时列宁强烈反对一些"左派"想在条件还不成熟的时候引发革命和提出所谓一味进攻的策略这样一种"左"的倾向，因而在看到卢卡奇的《论议会制问题》的文章时，尖锐地批评这种"左派"幼稚病的明显表现，说卢卡奇的文章"左得很，糟得很。文章中的马克思主义纯粹是口头上的；'防御'策略和'进攻'策略的区分是臆想出来的；对十分明确的历史情况缺乏具体分析；没有注意到最本质的东西（即必须夺取和学会夺取资产阶级借以影响群众的一切工作部门和机关等等）"。②

列宁的批评对卢卡奇克服"左"的宗派主义观点起了重大作用，正如他自己所说的那样，这一批评"使我能够迈出脱离宗派主义的第一步。列宁指出了决定性差别，甚至是矛盾，即从世界史的角度看，一种机构可能过时了——例如，苏维埃已经判定议会过时了——但这并不妨碍我们出于某种策略的原因而参加它。我马上看到了这一批评的力量，它迫使我对自己的历史观点做出修正，使其更加灵活，更少僵化，以适应日常策略上的迫切需要。在这一意义上，它是我的观点变化的开始。然而，这种变化是发生在一种还基本上是宗派主义的世界观之中。这在一年以后就表现出来了。当时，尽管我批评了三月行动③的一些策略上的失误，然而对整个三月行动毫无批判地、以宗派主义的精神表示了赞同"。④ 直

---

① 《列宁全集》第39卷，人民出版社，2017，第91页。
② 《列宁全集》第39卷，人民出版社，2017，第127~128页。
③ 由共产国际执委会主席季诺维也夫和从匈牙利逃到苏联任共产国际执委会委员的库恩等人在莫斯科策划的、1921年3月在德国发动的起义。他们原以为只要在德国中部曼斯菲尔德产煤区发动进攻，总罢工的条件就会成熟，并爆发起义，从而催生一个社会主义政府的出现。但是，结果远未达到他们幻想的程度，反而遭到警察的镇压，无数工人被杀害。
④ 杜章智编《卢卡奇自传》，社会科学文献出版社，1986，第24页。

到晚年，卢卡奇都承认《论议会制问题》一文是"完全错误的"，因此"毫不犹豫地放弃了它的论点"。据他说，他在列宁批评它之前，就已经读过《共产主义运动中"左派"幼稚病》一书，并被列宁"关于参加议会问题的论据完全说服了"。①

在流亡到维也纳的匈牙利共产党人中间，由于思想观点和想采取的政策不同而分别形成以库恩和兰德勒为首的两个派别。库恩派由以前党机关的一些所谓代表、在苏维埃共和国期间采取教条主义态度和倾向于苏联的人所组成，而兰德勒派主要是一些知识分子和尊重知识分子的工人。库恩想在一切方面和不惜一切代价使共产党人同社会民主党划清界限，而兰德勒——尽管他也批评社会民主党——则力图不使这种关系尖锐化。如何看待流亡者的作用问题是两派的分歧点。库恩同季诺维也夫一致，赋予流亡者以极大的作用，甚至主张把流亡者大批地派回国。而兰德勒则对此极为怀疑，认为真正的运动必须在匈牙利本国产生，流亡者所能做的只不过靠他们在意识形态方面较高的发展从国外提供一些支援。在兰德勒派看来，流亡者总是从属于国内运动的。两派在工会会费这一重要问题上也发生了冲突，并导致党的分裂。党内的这种派别斗争对卢卡奇产生了重大影响。卢卡奇知道，列宁在批评他的同一篇文章中也批评了库恩，说他"全盘否定了德国共产党中央委员会的策略，完全忽略了最主要的东西。他忽略了马克思主义的精髓，马克思主义的活的灵魂：对具体情况作具体分析"。具体地说，当大多数城市工人离开右翼一步步"实际上靠拢共产主义运动"时，库恩不去"考虑对这样的工人采取一些过渡的、妥协的办法"，却"臆想出一种特殊的'积极的'（哦，多么'左'呀！……）抵制，这就异常清楚地表明他的论断的错误极其严重"。②此外，列宁同其他人（如蔡特金）也多次谈到库恩的浪漫-幻想思想，告诫匈牙利的同志要更加重视现实，要深刻地和实事求是地分析具体情况。

卢卡奇不仅明白他同库恩的观点有分歧，也看到库恩不同于列宁。在卢卡奇看来，库恩是"一个相当精明的策略家"，但他想"借助煽动、

---

① 杜章智编《卢卡奇自传》，社会科学文献出版社，1986，第299页。
② 《列宁全集》第39卷，人民出版社，2017，第128~129页。

暴力，必要时也借助收买来建立党和他的声誉"。所以，卢卡奇对库恩有很不好的看法，而且他们之间的关系在匈牙利共和国期间就已经严重恶化了。而卢卡奇认为，兰德勒虽然没有提出任何纲领使自己能够用来作为共产党人的领袖出面，但他只关心使匈牙利革命运动恢复的实际可能性。这一点对卢卡奇产生了很深的印象，从而使他在一些问题上成了兰德勒的热心拥护者，并高度评价他是一位注重实践的政治家。当然，卢卡奇也承认，两派都是以救世主自居的宗派主义者，都相信世界革命明天即将发生。尽管列宁的批评动摇了卢卡奇对三月行动理论分析的根基，但在重大的国际革命问题上，卢卡奇仍热衷于革命的救世主义，继续支持极左思潮。卢卡奇内心的明显矛盾是，现实生活本身和具体的革命问题常常迫使他采取一种往往与他的革命救世主义和乌托邦主义尖锐对立的思想立场。正如卢卡奇所说，当时产生了一种两重性："在国际方面我们是以救世主自居的宗派主义者，而在匈牙利事务中则是现实政治的实践者。"① 由于兰德勒不仅具有渊博的、首先是实际的知识，而且对理论问题具有很强的理解力，他的坚定不移的观点又是由他与群众的密切联系决定的，所以他在反对库恩的官僚主义和冒险主义计划时提出的主张立刻就会使卢卡奇信服，并使他在宗派斗争中站在兰德勒一边反对库恩。

尽管库恩得到季诺维也夫的支持，卢卡奇1921年夏仍作为匈牙利共产党代表团成员参加了莫斯科共产国际第三次代表大会。卢那察尔斯基把他介绍给列宁。列宁在这次大会上的举止给他留下了深刻印象。他认为，列宁是"一位崭新类型的真正革命者"，"不仅是杰出的理论家，而且也是伟大的实践家"，是使他完全倾倒的人物。不过，卢卡奇更强调的是列宁的思想对他的深远影响。他不仅一再指出，他从列宁的批评中学到许多东西，认识到自己把议会制在历史前景中的衰落与它在实际政治中被废弃之间存在的差异混淆起来了，而且在对列宁著作的进一步研究中证实了列宁给他留下的深刻印象。

卢卡奇曾经一再指出，流亡维也纳是一个学习时期的开始，不仅真正对马克思（包括其经济著作）进行研究，总的方向是"马克思主义的统一哲学基础"，认识到马克思的哲学拒绝一切形式的修正主义，"革命

---

① 杜章智编《卢卡奇自传》，社会科学文献出版社，1986，第117页。

是马克思主义的基本因素",而且进一步深入研究了列宁的著作和罗莎·卢森堡的著作,研究了历史、经济史、工人运动史等,以便真正和完整地领会马克思主义的辩证法。理论研究与革命实践的结合,使卢卡奇深信马克思的唯物辩证法。

第二节 《历史与阶级意识》及其主导思想

流亡维也纳,正如卢卡奇所说,是他真正强化马克思主义的学徒期,那时一部分共产党人开始学习并且设法掌握真正按共产党人的意义理解的马克思主义。对卢卡奇来说,密切结合革命的实践经验和失败的教训,真正对马克思主义进行深入研究和思考,具有莫大的意义。而《历史与阶级意识》一书就是卢卡奇在这一时期从事革命实践活动和理论思考的概括和总结,是集中体现他早期思想发展和根本转变的最重要的著作。

《历史与阶级意识》是卢卡奇1919~1922年在忙于党的实际工作中为弄清革命运动的理论问题和组织问题而写的八篇论文:《什么是正统马克思主义?》《作为马克思主义者的罗莎·卢森堡》《阶级意识》《物化和无产阶级意识》《历史唯物主义的功能变化》《合法性和非法性》《对罗莎·卢森堡〈论俄国革命〉的批评意见》《关于组织问题的方法论》。除了《物化和无产阶级意识》和最后两篇是专门为这本集子新写的外,其余先写的各篇都做了不同程度的加工和改动,而《什么是正统马克思主义?》一文甚至从头至尾都重写了,篇幅不仅增加了两倍,思想观点也有较大变化。不过,卢卡奇认为,重新加以改写不必抹掉此前某些论文写作时的特定环境的痕迹,以避免破坏某些论文的真实内核,例如,在《历史唯物主义的功能变化》一文中"还能感觉到我们许多人当时关于革命的期限和速度所怀抱的过分乐观的希望"。①

《历史与阶级意识》一书完稿于1922年圣诞节,由柏林马里克出版社作为该社的"革命小丛书"第9种于1923年春出版。这本论文集的书名集中反映了卢卡奇对唯物辩证法、总体、物化和阶级意识的突出强调。正是在这一系列重要哲学问题上的新观点构成了卢卡奇早期思想发展的

---

① 〔匈〕卢卡奇:《历史与阶级意识》,杜章智等译,商务印书馆,2016,第40页。

一个里程碑，同时在一定程度也是那个革命时代的一种理论反映。

一 什么是正统马克思主义？

当卢卡奇于1922年圣诞节前夕修改1919年发表的《什么是正统马克思主义？》一文时，他指出："这个本来很简单的问题，无论在无产阶级圈子中还是在资产阶级圈子中都已成为反复讨论的对象。然而在学术界，对任何信仰正统马克思主义的表白报以冷嘲热讽已逐渐开始成为一种时髦。甚至在'社会主义'营垒中，对于哪些论点是马克思主义的本质，哪些论点可以'允许'批评甚至抛弃而不致丧失被看作'正统'马克思主义者的权利，看法也很不一致。"①

针对上述情况以及革命失败后的思想混乱，卢卡奇不仅明确表示要"坚持马克思的学说"，"绝不想偏离它、改进或改正它"，还特别表示他"论述的目的是按马克思所理解的意思来解释、阐明马克思的学说"，并提出了自己对正统马克思主义的理解："正统马克思主义并不意味着无批判地接受马克思研究的结果。它不是对这个或那个论点的'信仰'，也不是对某本'圣'书的注释。恰恰相反，马克思主义问题中的正统仅仅指方法。它是这样一种科学的信念，即辩证的马克思主义是正确的研究方法，这种方法只能按其创始人奠定的方向发展、扩大和深化。"②

卢卡奇强调和接下去阐明的是，正统马克思主义就是马克思的辩证方法，即唯物辩证法。这一论断的杰出贡献在于既驳斥了借口马克思的个别论点已经过时而对整个马克思主义进行的否定和攻击，也反对了依据马克思的个别论点甚至某个原理而对马克思主义所做的教条主义曲解。应该承认，卢卡奇在很大程度上抓住了马克思主义的本质，从而接近了马克思1872年在《资本论》第2版跋中所详细表述的"辩证方法"，恩格斯1882年认定的"唯物主义历史观及其在现代的无产阶级和资产阶级之间的阶级斗争上的特别应用，只有借助于辩证法才有可能"③和1895年在给康拉德·施密特的信中精辟概括的："马克思的整个世界观不是教义，而是方法。它提供的不是现成的教条，而是进一步研究的出发点和

---

① 〔匈〕卢卡奇：《历史与阶级意识》，杜章智等译，商务印书馆，2016，第48页。
② 〔匈〕卢卡奇：《历史与阶级意识》，杜章智等译，商务印书馆，2016，第49页。
③ 《马克思恩格斯文集》第3卷，人民出版社，2009，第495~496页。

供这种研究使用的方法。"① 卢卡奇在此以及后来多次强调的"马克思的方法",也与列宁所说的"马克思主义的活的灵魂:对具体情况作具体分析"② 以及我们中国共产党反复强调的"实事求是"的方法,在精神上是基本一致的。在伯恩斯坦"反对辩证方法的声音叫得最响最尖锐",庸俗的马克思主义者"力图从无产阶级科学中彻底取消辩证法"之时,卢卡奇突出强调唯物辩证法在马克思主义中的特殊地位,对恢复被第二国际领导人所遗忘和否定了的马克思主义的精神和现实意义,具有不容否认的重大意义和启发作用。正因为这样,在《历史与阶级意识》一书出版40多年之后,卢卡奇仍然认为,他为正统马克思主义下的定义"不仅客观上是正确的,而且在今天,在马克思主义复兴的前夜,可能具有相当大的意义"。最近一些年来,越来越多的研究者从一些社会主义国家和共产党的经验和教训中更加体会到卢卡奇强调马克思的辩证方法以反对对它的否定和教条主义曲解所具有的重大历史作用。当然,我们也不能不看到他的这一定义在表述上确有不妥和褊狭之处。例如,他断言"我们姑且假定新的研究完全驳倒了马克思的每一个个别的论点","放弃马克思的所有全部论点",仍不失为"马克思主义正统",这种说法似乎太绝对了。尽管他说的是"假定",这也难说是很恰当的表述。而把马克思主义归结为"仅仅指方法",似乎也是一种过于狭隘的理解。方法很难与观点截然分开。事实上,卢卡奇在论述马克思辩证方法时,也并没有离开最本质的东西,如"唯物史观""实践"的观点等。

尤其值得注意的是,1919年发表的《什么是正统马克思主义?》一文中原为"马克思的辩证法是革命的辩证法",此文收入《历史与阶级意识》(1922年)一书时一个重大的修改就是不仅在"辩证法"这三个字之前加了"唯物主义的"这一定性词,而且新添加了"辩证唯物主义"和"历史唯物主义"③ 这两个最重要的术语。其意义是不言自明的。这至少在主观上标志着卢卡奇向着唯物主义迈出了关键性的一大步。

卢卡奇肯定德国古典哲学(尤其是黑格尔的辩证法)的"博大、精深和勇气"。他认为,要正确对待具体的、历史的辩证法,不详细地考察

---

① 《马克思恩格斯选集》第4卷,人民出版社,2012,第664页。
② 《列宁全集》第39卷,人民出版社,2017,第7页。
③ 〔匈〕卢卡奇:《历史与阶级意识》,杜章智等译,商务印书馆,2016,第49、71、74页。

这一方法的创始人黑格尔及其与马克思的关系是办不到的。所以,他十分重视马克思关于不要把黑格尔当做"死狗"看待的告诫,看到马克思提到的狄慈根因没有研究过黑格尔而招致不幸的危险,以及马克思所强调的重读黑格尔的《逻辑学》对他确定写作《政治经济学批判》的方法"帮了很大的忙"。所以,卢卡奇特别确认"回到恩格斯和普列汉诺夫的马克思解释传统所具有的实际重要性",也相信所有好的马克思主义者都应该像列宁所说的那样成立"一种黑格尔辩证法唯物主义之友协会"。①

当时卢卡奇也已经清楚地意识到马克思辩证法和黑格尔辩证法的异同,所以他明确表示"完全同意"② 马克思在《资本论》1872 年第 2 版跋中阐明的他的唯物主义辩证法和黑格尔的唯心主义辩证法之"不同"和"截然相反"的那段论述:"我的辩证方法,从根本上来说,不仅和黑格尔的辩证方法不同,而且和它截然相反。在黑格尔看来,思维过程,即甚至被他在观念这一名称下转化为独立主体的思维过程,是现实事物的创造主,而现实事物只是思维过程的外部表现。我的看法则相反,观念的东西不外是移入人的头脑并在人的头脑中改造过的物质的东西而已。"③ 这最后一句话正是说明问题的关键。多次读过《资本论》的卢卡奇不会不知道马克思在这段话之前不远的地方明确提到他在《政治经济学批判》序言中特别说明了他的"方法的唯物主义基础"。显而易见,卢卡奇正是依据马克思的原本思想来确认"唯物主义辩证法"的,"马克思主义的方法"就是"唯物主义辩证法"。④ 所以,卢卡奇在这里已明确表示用马克思的思想以阐明马克思的唯物辩证法与黑格尔唯心辩证法的根本区别和密切联系。

卢卡奇赞赏和肯定,马克思责备黑格尔未能真正克服思维和存在、理论和实践、主体和客体的两重性,黑格尔"仅仅在表面上把作为绝对精神的绝对精神变成历史的创造者。既然绝对精神只是……〔事后〕才通过哲学家意识到自身这个具有创造力的世界精神,所以它的捏造历史的行动也只是发生在哲学家的意识中、见解中、观念中,只是发生在思

---

① 〔匈〕卢卡奇:《历史与阶级意识》,杜章智等译,商务印书馆,2016,第 44 页。
② 〔匈〕卢卡奇:《历史与阶级意识》,杜章智等译,商务印书馆,2016,第 44 页。
③ 《马克思恩格斯文集》第 5 卷,人民出版社,2009,第 22 页。
④ 〔匈〕卢卡奇:《历史与阶级意识》,杜章智等译,商务印书馆,2016,第 49 页。

辨的想像中"。① 卢卡奇以此认为，这样，"黑格尔主义的这种概念神话就被青年马克思的批判活动最终消灭了"。卢卡奇认为，现实是马克思和黑格尔分道扬镳之点。黑格尔的概念神话不理解人们存在的基本条件和对象本身，在思想上表现为超验的力量以神话的形式构造现实，构造对象之间的关系、人同对象之间的关系以及它们在历史进程中的变化。由于马克思和恩格斯都认识到"历史过程中的决定性因素归根到底是现实生活的生产和再生产"，他们才获得了清算一切神话的可能性和立足点。与此相联系，卢卡奇进一步确认，"不是人们的意识决定人们的存在，相反，是人们的社会存在决定人们的意识"是辩证唯物主义的出发点。不仅如此，卢卡奇还断言，在历史发展的过程中，当自然联系占据优势时，它"必定支配着人们的社会存在，因此也必定支配着这种存在在思想上、感情上等等借以表现出来的各种形式（宗教、艺术、哲学等等）"。卢卡奇不仅多次确认辩证法、科学的"物质基础"，而且更强调马克思关于把"感性""客体""现实"理解为人的感性活动，并断言马克思主义的方法就是"对现实的认识的唯物主义辩证法"。② 上述情况不仅可以证明卢卡奇承认一般唯物主义的前提，也显示出他肯定和接近唯物辩证法和唯物史观的水平。同以前的论著中的思想相比，正是在这本书里，卢卡奇第一次多处明确指出马克思的唯物辩证法及其与黑格尔唯心辩证法的区别。所以，这时卢卡奇给自己提出的任务是，"要把各种各样相互交叉而且有时是相互尖锐矛盾的倾向分离开来，以便把黑格尔思想在方法论上富有成果的东西作为对当代有生命力的精神力量拯救出来"。黑格尔的唯心主义体系是一种历史的事实，因此，"必须砸碎那座以其历史形式存在的体系的'死'建筑，以便使他的思想的还最有现实意义的倾向能够起作用和具有生命力"。③ 正如马克思指出："辩证法的真正规律在黑格尔那里已经有了，当然是具有神秘的形式。必须去除这种形式。"④ 因此，卢卡奇主张一有机会就要指出马克思和黑格尔在方法论上的联系，

---

① 《马克思恩格斯全集》第 2 卷，人民出版社，1957，第 109 页。
② 〔匈〕卢卡奇：《历史与阶级意识》，杜章智等译，商务印书馆，2016，第 68~74 页。根据德文原文略有改动。——编者注
③ 参见〔匈〕卢卡奇《历史与阶级意识》，杜章智等译，商务印书馆，2016，第 45 页。译文根据原文有所改动。——编者注
④ 《马克思恩格斯文集》第 10 卷，人民出版社，2009，第 288 页。

以便能够尽可能具体地说明黑格尔方法的范畴对历史唯物主义具有决定意义的地方以及黑格尔和马克思分道扬镳的地方。而卢卡奇的真正意图是"要促使把辩证法问题作为迫切的重要问题变成讨论的对象"。[①] 由此可以看出，卢卡奇对黑格尔及其辩证法的看法是比较接近马克思、恩格斯和列宁的观点的。

卢卡奇深入研究"什么是正统马克思主义？"这一根本问题的主旨在于，恢复被第二国际的领袖们所遗忘和歪曲了的马克思主义的真正哲学意义，阐明马克思主义的理论基础——唯物辩证法，所以他在这本书中往往不加区分地在同一意义上使用"马克思主义""辩证唯物主义""历史唯物主义（或唯物史观）"这几个概念。而为了说明马克思主义的本质，卢卡奇则突出强调和论证了"唯物主义辩证法"，具体地确认了唯物辩证法的本质特性：革命性、总体观、历史性、实践性。他虽然在一些地方提到"纯粹的自然联系""物质基础""自然的仅仅是客观的运动辩证法"，但为了改造和超越旧的机械唯物主义的自然存在论，也为了对抗第二国际的庸俗唯物主义，他第一次强调了马克思主义是一种超越而又不同于旧唯物主义（包括当时的庸俗的和机械的唯物主义）的新唯物主义，即唯物辩证法或辩证唯物主义，是一种蕴含以物质基础和自然运动辩证法为前提，以人类历史、人改造社会的实践活动及其产物为现实基础的唯物史观或历史唯物主义。因此，他把阶级意识及主体的能动性和改造现实社会的实践活动放在突出地位加以详论。在他看来，批判地继承、改造和超越一切旧哲学（包括黑格尔哲学），创造性地提出以认识和改变现实的实践为基础的唯物辩证法和唯物史观，正是马克思的划时代的贡献。卢卡奇的敏锐和独创性之处，就是在新的历史条件下，针对马克思主义理解和运用上的种种机械、庸俗和教条的错误倾向，具体地强调和阐发马克思主义哲学的真实含义，尤其是唯物辩证法，尽管其中也有一些明显的误解、表述失当和褊狭之处，因而在一定程度上带有主观主义和空想的成分。

---

① 〔匈〕卢卡奇：《历史与阶级意识》，杜章智等译，商务印书馆，2016，第45～46页。

二 "唯物主义辩证法是一种革命的辩证法"

"唯物主义辩证法是一种革命的辩证法",这是《历史与阶级意识》一书的主要论断之一。鉴于革命的需要,为了从理论上反对第二国际的庸俗唯物主义,卢卡奇依据马克思关于"辩证法在对现存事物的肯定的理解中同时包含对现存事物的否定的理解,即对现存事物的必然灭亡的理解;辩证法对每一种既成的形式都是从不断的运动中,因而也是从它的暂时性方面去理解;辩证法不崇拜任何东西,按其本质来说,它是批判的和革命的"① 这一精辟论断,明确断言"唯物主义辩证法是一种革命的辩证法",并说这一定义是"如此重要",对于理解它的本质具有"决定意义"。② 这同列宁所说的"马克思主义中有决定意义的东西,即马克思主义的革命辩证法"③ 不谋而合。

为了论证唯物主义辩证法的革命性质,卢卡奇首先在马克思所说的"理论一经掌握群众,也会变成物质力量"④ 的意义上来把握理论和实践的关系,而更重要的是需要发现理论和掌握群众的方法中那些把理论、辩证方法变为革命工具的环节和规定性,还必须从方法以及方法与它的对象的关系中抽出理论的实际本质。但是,只有当意识同现实的关系达到马克思认为的"一旦认识便能真正掌握"的程度,才可能做到理论和实践的统一。马克思关于"无产阶级宣告迄今为止的世界制度的解体,只不过是揭示自己本身的存在的秘密,因为它就是这个世界制度的实际解体"⑤ 的理论,"按其本质来说无非是革命过程本身的思想表现"。⑥ 这种理论的本质就是辩证的方法。

为了论证辩证法的革命性质,卢卡奇主要强调和具体论述了以下几点。

(1)"最根本的相互作用,即历史过程中的主体和客体之间的辩证关系"处于辩证法的"中心地位"。如果"没有这一因素,辩证方法就

---

① 《马克思恩格斯选集》第 2 卷,人民出版社,2012,第 94 页。
② 〔匈〕卢卡奇:《历史与阶级意识》,杜章智等译,商务印书馆,2016,第 49 页。
③ 《列宁专题文集 论社会主义》,人民出版社,2009,第 357 页。
④ 《马克思恩格斯选集》第 1 卷,人民出版社,2012,第 9 页。
⑤ 《马克思恩格斯选集》第 1 卷,人民出版社,2012,第 15 页。
⑥ 〔匈〕卢卡奇:《历史与阶级意识》,杜章智等译,商务印书馆,2016,第 50 页。

不再是革命的方法"。辩证法的决定性因素,即"主体和客体的相互作用、理论和实践的统一、在作为范畴基础的现实中的历史变化是思想中的变化的根本原因等等"。与此相联系,卢卡奇又进一步指出,马克思主义方法的"最重要的目的是认识当代"。"革命年代的经验已出色地证实了按正统(即按共产主义)理解的马克思主义的一切重要方面。战争、危机和革命,包括革命发展的所谓较慢速度和苏俄新经济政策在内,没有提出一个问题是不能用这样理解的辩证方法解决的,而且也只有用这个方法才能解决。""对辩证法来说,中心问题仍是改变现实。"① 应该肯定,针对那个革命的时代,卢卡奇在阐明唯物辩证法时强调主客体的相互作用以及认识和改变现实,是具有重大理论意义和实践作用的,是他对马克思辩证法的创造性理解和运用。但是,他把唯物辩证法"局限于历史-社会的现实",显然不完全符合马克思恩格斯的本意。

(2)唯物辩证法"就其最内在的本质来说是历史的"。② 卢卡奇确认,马克思关于作为自然条件的自然界随着产业的进步而逐渐退缩,由"自然联系占优势"的时代在历史发展中逐渐被由"社会、历史所创造的因素占优势"③ 的时代所取代的思想,并由此得出"自然是一个社会的范畴"的结论:"这就是说,在社会发展的一定阶段上什么被看做自然,这种自然同人的关系是怎样的,而且人对自然的阐明又是以何种形式进行的,因此自然按照形式和内容、范畴和对象性应意味着什么,这一切始终都是受社会制约的。"④ 这是卢卡奇从马克思的人化自然思想中得出人出现以后的自然观念是受人类社会历史制约的新见解。

卢卡奇虽然没有看到马克思的《1844年经济学哲学手稿》和马克思恩格斯合著的《德意志意识形态》,但他从他们的思想(主要是《资本论》和《关于费尔巴哈的提纲》)以及德国古典哲学,尤其是黑格尔关于实体即主体的观点中,得出人类的历史创造活动是新世界观基石的结论。历史就是解决主体和客体、思维和存在、自由和必然等对立的场所。只有"把它们放到历史世界的具体的总体中,放到具体的总的历史过程

---

① 〔匈〕卢卡奇:《历史与阶级意识》,杜章智等译,商务印书馆,2016,第42、51~52页。
② 〔匈〕卢卡奇:《历史与阶级意识》,杜章智等译,商务印书馆,2016,第42页。
③ 《马克思恩格斯选集》第2卷,人民出版社,2012,第707页。
④ 〔匈〕卢卡奇:《历史与阶级意识》,杜章智等译,商务印书馆,2016,第328、330页。

本身之中","认识才成为可能"。只有在人类创造性活动的历史中,才能解决主体和客体、思维和存在的统一问题。这在很大程度上接近了马克思关于人和自然相统一的思想,而这种统一是在人类实践活动的历史进程中实现的,即人类"这种连续不断的感性劳动和创造、这种生产,正是整个现存感性世界的基础"。① 卢卡奇之所以认为唯物辩证法最核心的本质是历史的,是因为所有事实及其相互联系的内部结构在本质上是历史的。正因为这样,卢卡奇完全赞同恩格斯所肯定的一个伟大思想,即"世界不是一成不变的**事物**的集合体,而是**过程**的集合体"② 的见解。所以,针对第二国际的某些理论家反对辩证法和把马克思思想庸俗化的倾向,卢卡奇强调任何事实作为历史发展的产物不仅要在不断的变化中来理解,而且就其客观结构来说,它们也是资本主义一定历史时期的产物,都受历史条件的限制。因此,在他看来,马克思特别注重研究的是资本主义社会的历史特点。而机会主义却忽视事实的历史性质。庸俗唯物主义的"粗率和无知,首先在于它模糊资本主义社会的历史的、暂时的性质",使"它的各种规定带有适合一切社会形态的无时间性的永恒的范畴的假象",从而"辩证的方法"也就"被取消了"。而马克思则"把黑格尔哲学中的历史倾向推到了它的逻辑的顶点:他把无论是社会的还是社会化了的人的一切现象都彻底地变成了历史问题,因为他具体地揭示了历史发展的真正基础,并使之全面开花结果"。③

(3)"辩证的总体观"。"总体观"是《历史与阶级意识》一书的基本论点之一。针对第二国际机械的"经济决定论"和某些资产阶级科学仅仅从个人观点来考察社会现象的痼疾,卢卡奇在《什么是正统马克思主义?》的第二、第三两个部分论证道:"只有在把社会生活的个别事实作为历史发展的因素放到一个总体里的关联中,对事实的认识,作为对现实的认识,才是可能的。"这种认识要从"简单的、纯粹的(在资本主义世界中)、直接的、自然的规定出发,从它们前进到对具体总体的认识,也就是前进到在观念中再现现实"。④

---

① 《马克思恩格斯选集》第 1 卷,人民出版社,2012,第 157 页。
② 《马克思恩格斯全集》第 21 卷,人民出版社,1965,第 337 页。
③ 〔匈〕卢卡奇:《历史与阶级意识》,杜章智等译,商务印书馆,2016,第 58～59、68 页。
④ 〔匈〕卢卡奇:《历史与阶级意识》,杜章智等译,商务印书馆,2016,第 58 页。

庸俗唯物主义者（如伯恩斯坦等人）不对这些规定做进一步分析，也不接受具体总体的综合，从而使之处于抽象的孤立状态，只用抽象的、与具体总体无关的规律来解释这些规定。所以马克思说，他们的"粗率和无知之处正在于把有机地联系着的东西看成是彼此偶然发生关系的、纯粹反思联系中的东西"。① 有鉴于此，卢卡奇引用了马克思从对资本主义生产制度的研究中得出的结论，即"一定的生产决定一定的消费、分配、交换和这些不同要素相互间的一定关系。……不同要素之间存在着相互作用。每一个有机整体都是这样"。② 卢卡奇由此认为总体的各个环节彼此之间处于一种动态的辩证的关系中，并强调："马克思的名言：'每一个社会中的生产关系都形成一个统一的整体'③，是历史地了解社会关系的方法论的出发点和钥匙。"而社会发展的各个阶段的真正区别"只有在各阶段与整个社会的关系的历史总过程中"才能明确地表现出来。"这种辩证的总体观"是"能够在思维中再现和把握现实的唯一方法。因此，具体的总体是真正的现实范畴。但是，这一看法的正确性，只有在我们集中注意力于我们的方法的真正物质基础，即资本主义社会及其生产力和生产关系的内在对抗性时，才完全清楚地表现出来"。④

卢卡奇进一步指出："无论是研究一个时代或是研究一个专门学科，都无法避免对历史过程的统一理解问题。辩证的总体观之所以极其重要，就表现在这里。"因为一个人完全可能描述出一个历史事件的基本情况而不懂该事件的真正性质以及它在历史总体中的作用。例如，西斯蒙第虽然了解生产和分配过程的固有倾向，但他把它们看做两个相互独立的过程，看不到分配关系只不过是生产关系的另一种表现。而与认识有关的一切实质变化都表现为与整体的关系的变化，从而表现为对象性形式本身的变化。正如马克思所说："黑人就是黑人。只有在一定的关系下，他才成为奴隶。纺纱机是纺棉花的机器。只有在一定的关系下，它才成为资本。"⑤ 所以，卢卡奇说："一切社会现象的对象性形式在它们不断的

---

① 《马克思恩格斯选集》第 2 卷，人民出版社，2012，第 688 页。
② 《马克思恩格斯选集》第 2 卷，人民出版社，2012，第 699 页。
③ 《马克思恩格斯选集》第 1 卷，人民出版社，2012，第 222 页。这里的"整体"是德文"das Ganze"。卢卡奇是在同一意义上使用"整体"和"总体"的。
④ 〔匈〕卢卡奇：《历史与阶级意识》，杜章智等译，商务印书馆，2016，第 59~60 页。
⑤ 《马克思恩格斯选集》第 1 卷，人民出版社，1995，第 344 页。

辩证的相互作用的过程中始终在变。客体的可知性随着我们对客体在其所属总体的作用的掌握而逐渐增加。这就是为什么只有辩证的总体观能够使我们把**现实**理解为**社会过程**的原因。因为只有这种总体观能揭示资本主义生产方式所必然产生的拜物教形式，使我们看到它们不过是一些假象，这些假象虽然看来是必然的，但终究是假的"。而"科学想了解的一定的经济总体的生产和再生产，必定变成一定的社会总体的生产和再生产过程"。① 所以，马克思常常强调辩证法的这个方面。例如，他说："资本主义生产过程，在联系中加以考察，或作为再生产过程加以考察时，不仅生产商品，不仅生产剩余价值，而且还生产和再生产资本关系本身：一方面是资本家，另一方面是雇佣工人。"② 卢卡奇在《作为马克思主义者的罗莎·卢森堡》中再次强调"总体范畴"的重要性："总体范畴，整体对各个部分的全面的决定性的统治地位，是马克思取自黑格尔并独创性地改造成为一门全新科学的基础的方法的本质。"

他接着论证道："生产者同生产总过程的资本主义分离，劳动过程被肢解为不考虑工人的人的特性的一些部分，社会被分裂为无计划和无联系盲目生产的个人等等，这一切也必定深刻地影响资本主义的思想、科学和哲学。而无产阶级科学的彻底革命性不仅在于它以革命的内容同资产阶级社会相对立，而且首先在于方法本身的革命本质。总体范畴的统治地位，是科学中的革命原则的支柱。"卢卡奇突出"总体范畴"在辩证法中的重要地位，这是有重大理论意义的，也是无可非议的，但他非科学地把总体的观点同经济动机相比较，甚至很不恰当地得出以下结论："不是经济动机在历史解释中的首要地位，而是总体的观点，使马克思主义同资产阶级科学有决定性的区别。"③ 这种不可相比的错误提法是不言自明的。

无疑，卢卡奇也正确地指出："马克思的辩证方法，旨在把社会作为总体来认识。一方面由于研究对象的实际分离，另一方面由于科学的分工和专门化，产生了专门科学和方法论上必要的和有用的某些抽象概念，资产阶级科学或者朴素现实主义地把某种'现实'或者'批判地'把某

---

① 〔匈〕卢卡奇：《历史与阶级意识》，杜章智等译，商务印书馆，2016，第64、66页。
② 《马克思恩格斯选集》第2卷，人民出版社，2012，第259~260页。
③ 〔匈〕卢卡奇：《历史与阶级意识》，杜章智等译，商务印书馆，2016，第79页。

种自律归因于那些抽象概念；相反，马克思主义却通过把它们提升为和归并为辩证的因素而扬弃了这些分离。""总体的观点不仅规定对象，而且也规定认识的主体。资产阶级科学——自觉或不自觉地、天真地或理想化地——总是从个人的观点来考察社会。而从个人的观点里不会产生出总体，最多能产生某一局部领域的一些方面，而且大多只能产生一些零碎不全的东西：一些无联系的'事实'或抽象的局部规律。"卢卡奇在这里之所以十分重视论证总体观点的重要性，主要是用马克思的"总体的、辩证的历史考察"来对抗伯恩斯坦的局部的机械的历史考察，反对资产阶级科学仅仅从个人观点来考察社会现象的片面观点。在他看来，只要抛弃总体的观点，抛弃辩证法的出发点和目的、前提和要求，"马克思的革命方面就必定表现为向工人运动的原始时期倒退，向布朗基主义倒退"。[①] 对卢卡奇关于总体的观点无疑可以提出这样或那样一些批评，但他对总体观的强调和论证却是现代社会的需要，因而在总体上仍然是对当代哲学发展的一个新贡献。

三 资本主义社会的物化（异化）及其扬弃

资本主义社会的物化（异化）及其克服是《历史与阶级意识》一书探讨的核心问题之一。卢卡奇首先指明马克思的两部伟大成熟著作从分析商品开始对描述整个资本主义社会及其基本性质所具有的重大意义。在他看来，商品拜物教问题是我们这个时代即现代资本主义时代的一个特有的问题。而物化（异化）现象已成为资本主义社会占统治地位的普遍现象。卢卡奇的杰出之处，是他在不知道马克思《1844年经济学哲学手稿》的情况下对异化问题做出了系统的深刻阐述。他从马克思在《资本论》第1卷中开始分析的商品及商品拜物教出发，推导出资本主义社会普遍存在的物化－异化现象，并借此展开了对资本主义社会本质的深入批判分析。他虽然错误地把物化和异化混同起来，并用前者说明后者，但从马克思的关于物化、异化的观点来看，卢卡奇在这里实际上所研究和阐明的主要是资本主义社会的异化现象，而且在他看来，《资本论》关于商品拜物教性质的篇章隐含着全部历史唯物主义，隐含着无产阶级

[①] 〔匈〕卢卡奇：《历史与阶级意识》，杜章智等译，商务印书馆，2016，第77~82页。

的全部自我认识，也就是对资本主义社会的认识。

卢卡奇认为，在商品成为整个社会存在的普遍范畴的资本主义社会里，由于商品关系而产生的物化对社会的客观发展和人对社会的态度有决定性的意义，对人的意识屈从于这种物化所表现的形式，对试图从这样产生的"第二自然"的这种奴役里解放出来，也具有决定性的意义。所以，卢卡奇特别重视马克思对物化－异化的基本现象的描述："商品形式的奥秘不过在于：商品形式在人们面前把人们本身劳动的社会性质反映成劳动产品本身的物的性质，反映成这些物的天然的社会属性，从而把生产者同总劳动的社会关系反映成存在于生产者之外的物与物之间的社会关系。由于这种转换，劳动产品成了商品，成了可感觉而又超感觉的物或社会的物。……这只是人们自己的一定的社会关系，但它在人们面前采取了物与物的关系的虚幻形式。"① 卢卡奇由商品及其拜物教性质的这一结构的基本事实里推论出："人自己的活动，人自己的劳动，作为某种客观的东西，不依赖于人的东西，通过异于人的自律性来控制人的东西，同人相对立。更确切地说，这种情况既发生在客观方面，也发生在主观方面。在客观方面，产生一个具有现成的物和物与物之间关系的世界（即商品和商品在市场上运动的世界），它的规律虽然逐渐为人们认识到，但是即使在这种情况下还是作为无法克服的、由自身发生作用的力量同人们相对立。因此，虽然个人能为自己的利益而利用对这种规律的认识，但他不可能通过自己的活动改变现实过程本身。在主观方面——在完善的商品经济那里，人的活动同人本身相对立地被客体化，变成一种商品，这种商品服从社会的自然规律的异于人的客观性，它正如变为商品的某一消费品一样，必然不依赖于人而进行运动。……由此可见，商品形式的普遍性在主观方面和客观方面都制约着在商品中对象化的人类劳动的抽象。"②

资本主义生产方式所必然产生的拜物教形式，使我们看到它们不过是一些假象，这些假象掩盖了客体之间的真正关系。"笼罩在资本主义社会一切现象上的拜物教假象成功地掩盖了现实，而且被掩盖的不仅是现

---

① 《马克思恩格斯选集》第 2 卷，人民出版社，2012，第 123 页。
② 〔匈〕卢卡奇：《历史与阶级意识》，杜章智等译，商务印书馆，2016，第 152～153 页。

象的历史的,即过渡的、暂时的性质。这种掩盖之所以可能,是因为在资本主义社会中人的环境,尤其是经济范畴,以对象性形式直接地和必然地呈现在他的面前,对象性形式掩盖了它们是人和人之间的关系的范畴这一事实。它们表现为物以及物之间的关系。"①

随着资本主义发展而不断增加的合理化,工人的质的特性,即人的个体的特性越来越被消除。一方面,劳动过程越来越被分解为一些抽象合理的局部操作,以至于工人同作为整体的产品的联系被切断,他的工作也被简化为一种机械性重复的专门职能。另一方面,在这种合理化中,社会必要劳动时间即合理计算的基础,越来越作为可以按客观计算的劳动定额提了出来。随着对劳动过程的现代"心理"分析(泰罗制),这种合理的机械化一直推行到工人的"灵魂"里,甚至他的心理特性也同他的整个人格相分离,同这种人格相对立地被客体化了,以便能够被结合到合理的专门系统里去,并在这里归入计算的概念。工人的劳动活动完全受合理化、机械化的支配,被孤立地分成许多部分。这样,"人无论在客观上还是在对劳动过程的态度上都不表现为是这个过程的真正的主人,而是作为机械化的一部分被结合到某一机械系统里去"。卢卡奇发现这一机械系统是现成的、完全不依赖于他而运行,他不管愿意与否都必须服从它的规律。随着劳动过程越来越合理化和机械化,工人的活动越来越多地失去自己的主动性,变成一种直观的态度,从而越来越失去意志。结果,正如马克思所说,"劳动把人置于次要地位","时间就是一切,人不算什么;人至多不过是时间的体现"。②而时间则凝固成一个精确划定界限的、由在量上可测定的一些"物"(工人的物化的、机械地客体化的、同人的整个人格完全分离开的"成果")充满的连续统一体。

随着商品范畴的普遍化,这种情况彻底地发生了质变。工人的命运成为整个社会的普遍命运。资本主义生产的"自然规律"在人类历史上第一次使整个社会隶属于一个经济过程;社会所有成员的命运由一些统一的规律来决定。而工人变为商品这一事实,"最确切地揭示了商品关系已经非人化和正在非人化的性质"。③

---

① 〔匈〕卢卡奇:《历史与阶级意识》,杜章智等译,商务印书馆,2016,第65页。
② 《马克思恩格斯全集》第4卷,人民出版社,1958,第96~97页。
③ 〔匈〕卢卡奇:《历史与阶级意识》,杜章智等译,商务印书馆,2016,第159~160页。

卢卡奇进一步认识到，在资本主义发展过程中，物化结构越来越深入地、决定性地浸入人的意识里。正如马克思所说："在生息资本上，这个自动的物神，自行增殖的价值，会生出货币的货币，纯粹地表现出来了。""社会关系最终成为一种物即货币同它自身的关系。""在这里，资本的物神形态和资本物神的观念已经完成。"① 有些资产阶级思想家或多或少明白物化意识形态现象的毁坏人性的作用，但他们始终停留在分析物化的直接性上，从不试图从最表面化的和最空洞的形式深入到物化的根本现象。他们甚至使这些空洞的表现形式脱离它们的资本主义的自然基础，使它们作为一般人类关系诸种可能性中一种不受时间限制的类型独立出来，并使之永久化。

更为严重的是，法律、国家、管理等形式上的合理化，在客观上和实际上意味着把所有的社会职能分成它的各个组成部分，意味着产生合理的和非人性的分工。官僚统治完全机械化的、"无聊的"工作方式非常接近单纯的机器操作。分工中片面的专门化越来越畸形发展，从而破坏了人的人类本性。正如马克思指出："个体本身也被分割开来，转化为某种局部劳动的自动的工具。"② 卢卡奇说："物化过程，工人变为商品的过程，虽然毁灭他，使他的'灵魂'枯萎和畸变（只要他不是有意识地表示反抗），然而恰恰又没有使他的人的灵魂的本质变为商品。因此，他可以在内心里使自己完全客观地反对他的这种存在。相反，在官僚政治中被物化了的人，就连他的那些本来能促使他起来反抗物化的机能也被物化、被机械化、被变为商品了。甚至他的思想、感情等也被物化了。"③ 特殊类型的官僚主义的"真心诚意"和务实态度，个别官僚必然完全服从于他所属的物的关系系统，以为正是他的荣誉、他的责任感需要这样一种完全的服从——所有这一切都表明，分工像在实行泰罗制时浸入"心灵领域"一样，在这里浸入了"伦理领域"。但是，对于整个社会来说，这并没有削弱作为基本范畴的物化意识结构，而是加强了它。在资本主义社会中产生出一种统一的意识结构。这种意识结构"在新闻界表现得最为怪诞，在那里，正是主体性本身，即知识、气质、表达能

---

① 《马克思恩格斯文集》第 7 卷，人民出版社，2009，第 441~442 页。
② 《马克思恩格斯文集》第 5 卷，人民出版社，2009，第 417 页。
③ 〔匈〕卢卡奇：《历史与阶级意识》，杜章智等译，商务印书馆，2016，第 168、266 页。

力，变成了一架按自身规律运转的抽象的机器，它既不依赖于'所有者'的人格，也不依赖于被处理的各种对象的客观-具体的本质。新闻工作者们'没有气节'，出卖他们的信念和经验，这些只有当作资本主义物化的极端表现才能被理解。世界的表面上彻底的合理化，渗进了人的肉体和心灵的最深处，在它自己的合理性具有形式特性时达到自己的极限"。①

物化在作为资本主义社会制度产物的无产阶级存在形式中表现得最明显、最强烈，造成最深刻的非人化。因此，无产阶级和资产阶级一样，在生活的各个方面都物化了。然而，马克思指出："有产阶级和无产阶级同样表现了人的自我异化。但是，有产阶级在这种自我异化中感到幸福，感到自己被确证，它认为异化是它自己的力量所在，并在异化中获得人的生存的外观。而无产阶级在异化中则感到自己是被消灭的，并在其中看到自己的无力和非人的生存的现实。"② 卢卡奇依此辩证地指出，工人现存的纯粹抽象的消极性不仅是物化客观上最典型的表现形式，是资本主义社会的结构模式，而且从主观上看，它也是能够意识到这一结构并在实践中打破这一结构的。

资本主义生产的整个结构把以下两个方面的相互作用作为基础：一方面，一切个别现象中存在着严格合乎规律的必然性；另一方面，总过程却具有相对的不合理性。支配整体的某种规律是相互独立的个别商品所有者独立活动的"无意识的"产物，因此是相互作用的各种"偶然性"的规律。这种规律不仅能超脱个人的意志而起作用，而且它也绝不是完全地和相应地可被认识的。"因为对整体的完全认识，将使这种认识的主体获得这样一种垄断地位，而这种垄断地位就意味着扬弃资本主义的经济。"③

在卢卡奇看来，经济形式的拜物教性质，人的一切关系的物化，不顾直接生产者的人的能力和可能性而对生产过程做抽象合理分解的分工在扩大，这一切改变了社会的现象，同时也改变了理解这些现象的方式。于是就出现了"孤立的"事实，单独的专门学科。而现代科学越发展，

---

① 〔匈〕卢卡奇：《历史与阶级意识》，杜章智等译，商务印书馆，2016，第170页。
② 《马克思恩格斯文集》第1卷，人民出版社，2009，第261页。
③ 〔匈〕卢卡奇：《历史与阶级意识》，杜章智等译，商务印书馆，2016，第171~173页。

就越多地变成一个具有局部特殊规律的形式上的封闭系统。例如，经济学变成一个封闭的局部系统。这种系统既不能看透它自己的物质基础，也不能从它出发找到认识社会总体的途径。这就使得科学无法理解特有物质的产生和消失，无法理解它的社会性质以及对它可能采取的态度的社会性质和特有形式系统的社会性质。

而且，随着资本主义的进一步发展，物化结构越来越深入地进入人的意识里，从而形成物化的意识。因此，资本主义社会的意识形态和科学最本质的物化就是总体的丧失，从而导致研究孤立事实的专门学科不能从总体上把握事实。资产阶级经济学的各种"规律"概念很少能说明整个经济生活的真实运动，这种局限性恰恰在于，从资产阶级经济学出发，在方法论上必然不能理解使用价值和真实的消费。卢卡奇依此甚至断言，在资产阶级社会中，科学越发展，概念越精确，不能洞悉科学的真实物质基础这一情况就越明显，关于经济生活总体的总观念就越来越模糊了。"各专门科学由于远离其概念形成的物质基础，都有意地放弃对整体的认识。而要获得对整体的认识，只有当哲学通过专注于可认识事物、被认识事物的具体的、物质的总体来突破这种陷入支离破碎的形式主义限制时，才是可能的。"然而这就"需要认清这种形式主义的原因、起源和必然性"，而且，为此就要"从内部把它们加以改造。显然，资产阶级社会的哲学必然没有能力做到这一点"。现在，在哲学上，在"批判的"阐明中，物化了的世界最终表现为唯一可能的、唯一从概念上可以把握住的、可以理解的世界。但是，由于现代资产阶级思想仅仅研究那些形式上有效的"可能条件"，它就自己堵塞了达到对这些形式明确提出问题、弄清它们的产生和消失、它们的真实本质和基础的道路，它虽然提出了"批判性"的问题，"但并不能解决现实问题"。[①]

卢卡奇重点阐明的近代哲学也是从意识的物化结构中产生出来的。即使德国古典哲学，也只是达到了对资产阶级社会的完全思想上的再现和先验的推演。由于这种局限性，它不可能真正认清和解决资本主义社会的异化问题。只有无产阶级才能完成这一历史使命。正如马克思明确

---

① 〔匈〕卢卡奇：《历史与阶级意识》，杜章智等译，商务印书馆，2016，第第 177~178、181、183 页。

指出的那样，无产阶级之所以被赋予世界历史意义的作用，是"由于在已经形成的无产阶级身上，一切属于人的东西实际上已完全被剥夺，甚至连属于人的东西的外观也已被剥夺，由于在无产阶级的生活条件中集中表现了现代社会的一切生活条件所达到的非人性的顶点，由于在无产阶级身上人失去了自己，而同时不仅在理论上意识到了这种损失，而且还直接被无法再回避的、无法再掩饰的、绝对不可抗拒的贫困——必然性的这种实际表现——所逼迫而产生了对这种非人性的愤慨，所以无产阶级能够而且必须自己解放自己。但是，如果无产阶级不消灭它本身的生活条件，它就不能解放自己。如果它不消灭集中表现在它本身处境中的现代社会的一切非人性的生活条件，它就不能消灭它本身的生活条件"。① 据此，卢卡奇认为，历史唯物主义方法的本质是与无产阶级的"实践的和批判的"活动分不开的：两者都是社会的同一发展过程中的环节。

卢卡奇不仅认识到物化（异化）是每一个生活在资本主义社会中的人必然面临的直接现实，而且提出了如何消除异化的问题。在他看来，要完全窥透异化的形式，就必须把远离生产过程的那些异化形式和生产过程的形式联系起来，把它们放到辩证的总体中来认识。但他更为强调的是，要克服异化，只能采用这样的形式："不断地、一再地努力通过与具体表现出来的全部发展的矛盾具体联系起来，通过意识到这些矛盾对于全部发展所具有的固有意义，从实践上打破现存在的物化结构。"对此，必须坚持以下几点：第一，这种打破只有作为对发展过程固有矛盾本身的认识才有可能。第二，重要的是要以总体为目标，把个别事件从内容上纳入有内容的总体中去。然而，整个发展的命运在实践上也可能依赖于在一个似乎无关紧要的机会中的决定。第三，判定一个步骤正确与否，主要看它在整个发展中的作用正确与否。而判断行动的作用正确与否，其最后标准是无产阶级阶级意识的发展。第四，这种意识突出的实践本质表现在，相应的正确意识意味着它的客体首先是它自身的改变。② 所以卢卡奇十分强调，连无产阶级本身也只有当它采取真正实践

---

① 《马克思恩格斯文集》第 1 卷，人民出版社，2009，第 261~262 页。
② 参见〔匈〕卢卡奇《历史与阶级意识》，杜章智等译，商务印书馆，2016，第 300~302 页。

的态度时,才能克服物化。而这一过程的本质还在于不可能一下子就消除所有形式的物化,甚至会有一系列对象看来或多或少没有被这一过程所触动。即使那些明显处于辩证过程中心的客体也要在一个长时期过程中才能摒弃它们的物化形式。然而,物化形式越来越空虚,但它们的量却同时在增加。正是这两个方面在矛盾中构成了资产阶级社会的标志。随着这种矛盾的不断尖锐,无产阶级越来越有可能用它的积极内容取代这些空洞破裂的外壳,而且——至少是暂时地——也面临着在意识形态上屈服于资产阶级文化的这种极其空洞和腐朽的形式的危险。就无产阶级的意识来说,发展是不会自行发生作用的,旧的直观的机械的唯物主义所不能理解的真理,即变革和解放只能出自自己的行动。无产阶级的社会改造本身,"只能是无产阶级自身的自由的行动"。①

四 历史唯物主义及其运用问题。

这是《历史与阶级意识》一书的一个基本方面,然而它却被不少人在评价这本书时避开了。卢卡奇在该书的《什么是正统的马克思主义?》《历史唯物主义的功能变化》两篇文章中集中而详细地论述了这一重要问题。他是在同一意义上使用"唯物主义辩证法""辩证唯物主义""历史唯物主义"来表述马克思主义的特点、基本观点及其运用的。他从肯定马克思批判黑格尔的绝对精神开始,确认马克思和恩格斯关于唯物史观的基本原理:"历史过程中的决定性因素**归根到底**是现实生活的生产和再生产"②,强调这是清算一切神话(包括黑格尔的绝对精神的神话)的"立足点",指责黑格尔看不到"经济下面的物质现实"和推动历史前进的真正动力。与此同时,卢卡奇还肯定地断言,马克思关于"不是人们的意识决定人们的存在,相反,是人们的社会存在决定人们的意识"③的精辟论述,是辩证唯物主义的出发点。④ 所以,卢卡奇认为:"历史唯物主义是无产阶级在其受压迫的时代里最强大的武器之一。"⑤

---

① 参见〔匈〕卢卡奇《历史与阶级意识》,杜章智等译,商务印书馆,2016,第 311~315 页。
② 《马克思恩格斯选集》第 4 卷,人民出版社,1995,第 695 页。
③ 《马克思恩格斯选集》第 2 卷,人民出版社,2012,第 2~3 页。
④ 〔匈〕卢卡奇:《卢卡奇全集》第 2 卷,德国卢西特汉特出版社,1972,第 190~192 页;〔匈〕卢卡奇:《历史与阶级意识》,杜章智等译,商务印书馆,2016,第 70~71 页。
⑤ 〔匈〕卢卡奇:《历史与阶级意识》,杜章智等译,商务印书馆,2016,第 316 页。

什么是历史唯物主义呢？卢卡奇认为："它是按其真正的本质理解过去事件的一种科学方法。"它"不仅看到当代的表面现象，而且也看到实际推动事件的那些比较深层的历史动力"。因此，"历史唯物主义比科学研究的某一方法，具有高得多的价值"。卢卡奇还进一步指出："历史唯物主义最重要的任务就是对资本主义制度作出准确的判断，揭露资本主义社会的本质。"由于资产阶级用各种意识形态成分来修饰和掩盖真实情况，所以"历史唯物主义的首要功能就肯定不会是纯粹的科学认识，而是行动。历史唯物主义不是目的本身，它的存在是为了使无产阶级自己看清形势，为了使它在这种明确认识到的形势中能够根据自己的阶级地位去正确地行动"。然而，卢卡奇认为："历史唯物主义像所有其他意识形态一样具有使资本主义社会发展和瓦解的功能。"①

卢卡奇的杰出之处在于，他根据马克思关于"在土地所有制处于支配地位的一切社会形式中，自然联系还占优势。在资本处于支配地位的社会形式中，社会、历史所创造的因素占优势"②的论点，认识到文明时代和在它之前的各个时代之间在结构上有所区别。因此，在不同的社会环境中就有不同的规律占支配地位。卢卡奇由此得出结论：历史唯物主义作为科学方法当然可以运用于资本主义以前的时代，但它"不能像运用于资本主义发展的各种社会形态那样完全以同一方式运用于前资本主义的各种社会"。卢卡奇认为："庸俗马克思主义完全忽视了这种区别。它对历史唯心主义的运用，陷入了马克思所指责的庸俗经济学犯的同一错误：它把一些纯粹历史的范畴，更确切地说也就是资本主义社会的一些范畴，看作是永恒的范畴。"③

卢卡奇具体地分析了资本主义的新情况，指出："从资本主义向社会主义过渡显示出一种原则上不同于从封建主义向资本主义过渡的经济结构。"所以，卢卡奇强调，当我们把历史唯物主义运用到一个领域时，"对于辩证法来说必然首先意味着某种在原则上和质上崭新的题材的更改"。更大的改变是，在未来社会里，劳动者将"接管"对"劳动的支配权"。但是，这种"飞跃是一个漫长的艰难的过程"，一个"缓慢的转

---

① 〔匈〕卢卡奇：《历史与阶级意识》，杜章智等译，商务印书馆，2016，第318、322页。
② 《马克思恩格斯选集》第2卷，人民出版社，2012，第707页。
③ 〔匈〕卢卡奇：《历史与阶级意识》，杜章智等译，商务印书馆，2016，第335~336页。

变过程","有一段很长又充满痛苦的路,历史唯物主义将仍然在长时期里不变地保持着它作为战斗无产阶级最宝贵武器的重要性"。[1] 卢卡奇最重视的是,新的社会制度——社会主义同资本主义的斗争这一事实,"就同时表明了历史唯物主义功能方面的两点很重要的变化:第一,必须用唯物主义辩证法来指明,怎么一定会走上自觉监督和控制生产、摆脱对象化社会力量强制的道路。第二,因为每一次危机都是资本主义自我批判的客体化,所以极度严重的资本主义危机就使我们有可能从它正在做完的自我批判这一立场出发,比迄今为止可能有过的都更明确和更完善的进一步发展作为'人类史前史'研究方法的历史唯物主义"。[2]

五　无产阶级的阶级意识与实践

深入研究和充分强调无产阶级的阶级意识的作用,是卢卡奇运用唯物主义辩证法所取得的最突出的成果。他之所以重点研究这一问题,是因为他认为,资本主义异化结构产生了异化意识,反过来,异化意识也强化了这一异化结构。而20世纪初无产阶级革命运动失败的原因,就在于资本主义的实证科学和第二国际的经济宿命论窒息了无产阶级原有的革命意识。

卢卡奇首先从意识及阶级意识开始。他认为,对意识的具体研究就是研究其与作为整体的社会的关系。而"将意识与社会整体联系起来,就能认识人们在特定生活状况中可能具有的那些思想、感情等"。"阶级意识就是理性的适当的反应,而这种反应则按此方式归因于生产过程中一定的典型地位。……作为总体的阶级在历史上的重要行动归根结底就是由这一意识,而不是由个别人的思想所决定的,而且只有把握这种意识才能加以辨认。"一个阶级能胜任统治就意味着它的阶级意识使这一阶级有可能根据其阶级利益来组织社会。所有有能力统治的阶级意识在内在结构上的差别,关键在于它们对于自己为了实现和组织统治而必须采取的和实际采取的行动能意识到什么程度。对于一个阶级的实际决定具

---

[1]〔匈〕卢卡奇:《历史与阶级意识》,杜章智等译,商务印书馆,2016,第346~354页。
[2]〔匈〕卢卡奇:《历史与阶级意识》,杜章智等译,商务印书馆,2016,第354页。

有生死攸关重要意义的则是它们对于历史发展赋予的问题是否清楚明了和有能力加以解决。因此，卢卡奇进一步明确地给阶级意识下了一个定义："阶级意识不是个别无产者的心理意识，或他们全体的群体心理意识，而是变得自觉的阶级历史地位感。"①

在卢卡奇看来，随着资本主义社会的出现，阶级意识才进入一个可能被意识到的时期，阶级意识被规定为一个要归因于阶级利益处于一种辩证的矛盾中。从意识形态上来说，资产阶级一方面赋予个性以一种前所未有的意义，另一方面又通过商品生产建立起来的物化取消了任何一种个性。上述矛盾都是资本主义本身极其深刻的矛盾的反映，并表现为意识形态和经济基础、理论和实践之间不可克服的对立。资产阶级意识因其局限性之所以变为一种灾难，主要是因为资产阶级的统治只能是一种少数人的统治，既由少数人来执行，也是为了少数人的利益。资本主义内在矛盾的尖锐化也使其资产阶级的阶级意识及其文化陷入最严重的危机之中。

应该特别指出的是，卢卡奇重点是研究无产阶级的阶级意识。他认为，在无产阶级获得阶级意识的斗争中，历史唯物主义起了决定性的作用。对无产阶级来说，正确地洞察社会本质，是首要的力量因素，甚至也许是决定性的武器。但是，无产阶级革命的胜利不像以前的阶级那样是阶级的社会既定存在的直接实现，而是像马克思早已认识到并加以强调的那样是它的自我扬弃："过去一切阶级在争得统治之后，总是使整个社会服从于它们发财致富的条件，企图以此来巩固它们已经获得的生活地位。无产者只有废除自己的现存的占有方式，从而废除全部现存的占有方式，才能取得社会生产力。"② 阶级地位的这种内在的辩证法一方面使无产阶级很难发展它和资产阶级对立的阶级意识，另一方面在无产阶级的基本要求和自我意识中又隐藏着一种对正确的东西的追求。但是，只有增强意识性，只有通过自觉的自我批判，对正确的东西的单纯追求才能成为真正正确的、历史上重要的和改造社会的认识。真正实践的阶级意识的力量和优势恰恰在于它能在经济过程正在分离的征兆背后，把

---

① 〔匈〕卢卡奇：《历史与阶级意识》，杜章智等译，商务印书馆，2016，第109、138页。个别地方的译文依德文有所改动。——编者注
② 《马克思恩格斯选集》第1卷，人民出版社，2012，第411页。

这种意识的统一看做社会的整个发展。所以卢卡奇断言，只有无产阶级的阶级意识才能指出摆脱资本主义危机的出路。无产阶级不仅反对资本，而且成为"自为的"阶级。这就是说，它必须把它的阶级斗争的必然性提高为自觉的愿望，提高为有积极作用的意识。人类从必然王国向自由王国飞跃的这一过程越接近自己的目标，无产阶级关于自己历史使命的意识即它的阶级意识就越具有更大的意义，这种意识就越有力地和越直接地决定无产阶级的每个行动。只有无产阶级的自觉意志才能使人类免于灾祸。当资本主义发生最后的经济危机时，"**革命的命运（以及与此相关联的人类的命运）取决于无产阶级意识形态的成熟，取决于它的阶级意识**"。[①] 这是卢卡奇从革命实践得出的新结论。

然而，卢卡奇也意识到，无产阶级要达到自己阶级意识的普遍成熟还有不少障碍和困难。首先是无产阶级的意识暂时还屈服于物化，资产阶级在思想、组织等方面都还占据着优势。而机会主义又常常"混淆无产阶级实际的心理意识状态和无产阶级的阶级意识"，阻止无产阶级的阶级意识继续从它的纯粹心理的状态向适应总的客观发展的方向发展，把无产阶级的阶级意识降低到它的心理给定水平上。机会主义理论起了资本主义理论一直在起的那种作用：它指责无产阶级的正确的阶级意识及其组织形式——共产党是不现实的，是敌视工人们的"真正的"利益的。所以卢卡奇清醒地看到，阶级意识的现实性解释了为什么无产阶级革命的进程会历尽艰辛、屡遭挫折，会不断地回到它的出发点，以及会像马克思在《路易·波拿巴的雾月十八日》中提到的要不断地进行自我批评。[②]

---

① 〔匈〕卢卡奇：《历史与阶级意识》，杜章智等译，商务印书馆，2016，第134页。
② 参见〔匈〕卢卡奇《历史与阶级意识》，杜章智等译，商务印书馆，2016，第141页。这里是指马克思的一段话："例如18世纪的革命，总是突飞猛进，接连不断地取得胜利；革命的戏剧效果一个胜似一个，人和事物好像是被五彩缤纷的火光所照耀，每天都充满极乐狂欢；然而这种革命为时短暂，很快就达到自己的顶点，而社会在还未学会清醒地领略其疾风暴雨时期的成果之前，长期沉溺于消沉状态。相反，无产阶级革命，例如19世纪的革命，则经常自我批判，往往在前进中停下脚步，返回到仿佛已经完成的事情上去，以便重新开始把这些事情再做一遍；它十分无情地嘲笑自己的初次行动的不彻底性、弱点和拙劣；它把敌人打倒在地，好像只是为了要让敌人从土地里汲取新的力量并且更加强壮地在它前面挺立起来；它在自己无限宏伟的目标面前，再三往后退却，直到形成无路可退的局势为止，那时生活本身会大声喊道：这里是罗陀斯，就在这里跳跃吧！"（《马克思恩格斯文集》第2卷，人民出版社，2009，第474页）

卢卡奇从实践和理论上看到，无产阶级要在阶级意识上达到成熟，正确地认识自己的阶级地位，必须经受很多痛苦。它要认识它暂时还屈从的非人的物化现象，并对之进行否定和批判。正是在这种意义上，卢卡奇认为，马克思把"实践-批判活动""改造世界"看做意识的任务。这样就产生了清算空想主义者的哲学基础。而且，只有当阶级意识达到马克思描述的理论和实践的真正统一，阶级意识真正和实际地介入历史进程，以及因而实际洞察到物化，这一切实际上都已实现了的时候，空想主义才能算是被克服了。但是，这一切绝不会一致地一下子发生的。无产阶级在意识形态方面还要走很远的路，在这个方面存有幻想将是十分危险的。但是，看不到活跃在无产阶级身上的趋向于在意识形态上克服资本主义的力量也是危险的。任何一次无产阶级革命都产生了正在成长为国家机构的整个无产阶级的斗争机构，即工人委员会，这一事实就是无产阶级的阶级意识正在开始胜利地克服它的领导层的资产阶级性的标志，因为工人委员是在政治上和经济上对资本主义物化的克服。但是，绝不可忽视把即使最革命的工人的意识状态同无产阶级真实阶级意识区别开来的距离。这一点可以用马克思主义关于阶级斗争和阶级意识的学说来说明。无产阶级只有扬弃自身，只有把它的阶级斗争进行到底，实现无阶级社会，才能完善自身。为了这样一个社会而进行的斗争（即使无产阶级专政也只是一个阶段）不仅是同外部敌人，同资产阶级的一种斗争，而且同时也是无产阶级同自己本身的斗争，同资本主义制度对它的阶级意识的破坏和贬低的影响的斗争。只有当无产阶级在自己身上克服了这种影响，它才赢得真正的胜利。所以，"无产阶级决不能害怕自我批评，因为只有真理才能给它带来胜利，所以，自我批评必定是它的生命要素"。[①]

卢卡奇把马克思主义看做无产阶级的阶级意识的理论表达。在他看来，马克思主义是革命的学说，正是因为它理解发展过程的本质，因为它指明了发展过程决定性的、指向未来的趋势。马克思说："意识的改革只在于使世界认清本身的意识，使它从对于自身的迷梦中惊醒过来，向

[①] 〔匈〕卢卡奇：《历史与阶级意识》，杜章智等译，商务印书馆，2016，第144、147页。

它说明它自己的行动。"① 卢卡奇由此断言，无产阶级只有逐渐经过漫长的、艰难的危机之后才可能获得这种认识。卢卡奇甚至进一步认为："每个社会的力量在本质上都是一种精神力量，只有认识才能把我们从中解放出来。"这句话无疑充分强调了意识（精神）的能动性，但这种表述似乎过分夸大了它的作用。然而，如果考虑到相对落后的俄国的无产阶级取得了革命胜利，而欧洲一些较先进的国家的革命却相继遭到失败这一实际情况，那么也可以认定，卢卡奇强调阶级意识的重大作用，可以算是一种新的探讨。因此，我们既要充分肯定卢卡奇强调和阐明意识能动性的重大意义，也要认真地、实事求是地分析批判他在理解和表述阶级意识时包含主观主义因素。这种错误认识导致他对当时革命形势的估计过分乐观。尽管当时欧洲一些国家的革命因相继失败而进入低潮，但当时他仍认为"世界形势在客观上是持续地越来越革命化"。② 卢卡奇甚至得出了过分简单、乐观的片面结论，说从中可以清楚地看到"资产阶级阶级意识向无产阶级阶级意识的投降"。③ 这无疑是一种"左派幼稚病"的表现，是一种"左"的主观激进观点。

不过，卢卡奇把马克思关于"哲学家们只是用不同的方式**解释**世界，而问题在于**改变**世界"④ 这一著名论断放在《历史与阶级意识》中第一篇文章《什么是正统马克思主义?》的标题之下作为题引，而在这篇文章中又强调辩证法的"中心问题乃是改变现实"。这无疑抓住了马克思思想的本质方面。通观卢卡奇这一著作，无疑也应该看到，他对实践、行动的重视和阐明，是该书的突出贡献之一。他确认："行动，实践——马克思把实践的要求放在他关于费尔巴哈的提纲之首——按其本质，是对现实的冲破，是对现实的改变。"而无产阶级对资产阶级的优势正在于，它"有能力积极地意识到发展的内在意义，并将其付诸实践"。卢卡奇在另一地方又论证说，马克思在《关于费尔巴哈的提纲》里所提出的答案在于"使哲学变为实践的东西"。这种实践的东西把历史的发展

---

① 《马克思恩格斯文集》第 10 卷，人民出版社，2009，第 9 页。
② 〔匈〕卢卡奇：《历史与阶级意识》，杜章智等译，商务印书馆，2016，第 359～362、385、392 页。
③ 〔匈〕卢卡奇：《历史与阶级意识》，杜章智等译，商务印书馆，2016，第 130 页。
④ 《马克思恩格斯选集》第 1 卷，人民出版社，2012，第 140 页。

趋向理解为"一个更高级的、真正的现实"。为此,卢卡奇强调:"只有变成了实践的无产阶级的阶级意识才具有变化的功能。"① 这表明,卢卡奇是马克思、恩格斯和列宁之后最早强调和阐明马克思关于实践具有重大意义的思想家。

第三节　对恩格斯思想的某些误解引起的争论

卢卡奇在《历史与阶级意识》一书的序言(1922年)中明确指出:"如果说在一些地方对恩格斯的个别说法进行了论战,那么每个明智的读者都会看到,这是从整个体系的精神出发的。在这些个别的地方,作者相信,不管正确与否,他即使反对恩格斯,也是为了维护正统马克思主义的立场。"事实表明,绝不可把卢卡奇在个别地方对恩格斯个别说法提出异议混同于某些西方资产阶级学者对恩格斯的攻击和否定。当然,这不仅要看卢卡奇提出的异议和指责是否正确,属于什么性质,而且我们同时也应该首先看到,他在这本书的很多地方肯定了恩格斯并引用恩格斯的许多观点,例如恩格斯所说的"这样,辩证法就归结为关于外部世界和人类思维的运动的一般规律的科学,这两个系列的规律**在本质上是同一的**"。② 又如恩格斯强调的"历史过程中的决定性因素**归根到底**是现实生活的生产和再生产"。③ 尤其是他在《历史唯物主义的功能变化》一文中更多地引用了恩格斯的原话来论证自己的观点。不幸的是,卢卡奇对恩格斯做出肯定评价的这一重要方面往往被一些研究者忽视,而仅仅强调卢卡奇针对恩格斯的个别指责或论战的一些地方。

第一,恩格斯在《反杜林论》中没有谈到马克思关于无产阶级的理论按其本质来说无非革命过程本身的思想表现这个极其重要的方面,指责恩格斯"对最根本的相互作用,即历史过程中的主体和客体之间的辩证关系连提都没有提到,更不要说把它置于与它相称的方法论的中心地位了。然而没有这一因素,辩证方法就不再是革命的方法"。这种指责是

---

① 〔匈〕卢卡奇:《历史与阶级意识》,杜章智等译,商务印书馆,2016,第94、299、307~310页。
② 《马克思恩格斯选集》第4卷,人民出版社,2012,第243页。
③ 《马克思恩格斯选集》第4卷,人民出版社,2012,第604页。

不符合事实的。

问题在于，卢卡奇仅仅依据恩格斯关于辩证法应归结为关于外部世界和人类思维的运动的一般规律的科学在本质上是同一的思想和马克思关于在研究经济范畴的发展、历史科学和社会科学时应当时刻把握住范畴表现、定在形式，生存条件的思想，就片面地得出结论。他在一个注中说，把辩证方法"局限于历史－社会的现实，十分重要。恩格斯对辩证法的表述之所以造成误解，主要是因为他——照着黑格尔的错误样子——把辩证的方法也扩大到对自然的认识上"。① 这里虽然包含有深刻而有现实意义的论点，如强调主客体的相互作用，但他由于没有准确理解自然辩证法和未能全面把握恩格斯的思想而对其做了不符合事实的指责，也不应该说恩格斯没有提到主客体的相互作用。这无疑是他对恩格斯的思想未能全面了解（尚未看到恩格斯的某些主要著作也是原因之一）而产生的某种误解。固然，恩格斯本人曾经承认，他和马克思在反驳他们的论敌时，"常常不得不强调被他们否认的主要原则，并且不是始终都有时间、地点和机会来给其他参与相互作用的因素以应有的重视"。② 然而，恩格斯不仅同马克思一起确认人们的感性劳动和创造是"整个现存的感性世界的基础"。③ 恩格斯还具体地指出："人的思维的最本质的和最切近的基础，正是人所引起的自然界的变化"，并指责自然主义的历史观片面地"认为只是自然界作用于人"，"它忘记了人也反作用于自然界"。④ 恩格斯晚年关于历史唯物主义的通信，尤其更多地谈到经济基础和上层建筑之间的"交互作用"。事实表明，卢卡奇对恩格斯错误指责是由于未能看到《自然辩证法》和恩格斯晚年的思想而造成片面理解和表述。

在对唯物辩证法的理解上，卢卡奇强调历史和社会领域的辩证法，这无疑准确地抓住了重点，但他不应该把辩证法仅仅"限制在历史和社会的领域"。这也是与他肯定恩格斯关于辩证法应归结为关于外部世界的

---

① 〔匈〕卢卡奇：《历史与阶级意识》，杜章智等译，商务印书馆，2016，第52页。译文按德文稍有改动。——编者注
② 《马克思恩格斯文集》第10卷，人民出版社，2009，第593页。
③ 《马克思恩格斯文集》第1卷，人民出版社，2009，第529页。
④ 《马克思恩格斯文集》第9卷，人民出版社，2009，第483~484页。

运动的一般规律的科学的做法是自相矛盾的。也许是由于他受到西方哲学史上某一种把辩证法只是看做辩论的方法的影响，因而同马克思，尤其是恩格斯对辩证法的广义理解有一定距离。据此，说卢卡奇在这里否定自然辩证法是有一定道理的。不过，也应该注意到被批评他的人有意或无意忽视的卢卡奇在《历史与阶级意识》一书中说过的一段重要的话："虽然黑格尔本人有时历史地清楚地认识到，自然的辩证法，由于主体至少在迄今达到的阶段上不可能被纳入辩证的过程中是决不能超出独立的旁观者眼中的运动的辩证法的高度的。……这样一来，就必须把自然界的纯客观的运动辩证法在方法论上与社会的辩证法分离开来，而在社会的辩证法中，主体也被纳入了辩证的相互关系之中，理论和实践之间的相互关系也变得辩证了等等（对自然的认识的发展，作为社会的形式属于第二种类型的辩证法，这是不言而喻的）。而且，为了具体地发展辩证法，具体地描述辩证法的不同类型就可能是绝对必需的。"[①] 如果把这一段话同前面的论述做一比较，就可以看出，其中包含着卢卡奇对自然辩证法的表述上否定和肯定的自相矛盾之处，过分夸大了社会辩证法与自然辩证法的差别，但也蕴含着对辩证法不同类型（包括自然辩证法）做出区分以及社会辩证法高于自然辩证法的深入具体思考。

第二，恩格斯在反驳休谟、康德等否定认识至少是否定彻底认识世界的可能性时指出："对这些以及其他一切哲学上的怪论的最令人信服的驳斥是实践，即实验和工业。既然我们自己能够制造出某一自然过程，按照它的条件把它生产出来，并使它为我们的目的服务，从而证明我们对这一过程的理解是正确的，那么康德的不可捉摸的'自在之物'就完结了。"[②] 对此，卢卡奇认为恩格斯由于不够精确地使用"自在"和"自为"这两个专门术语而完全错误地理解了康德的认识论，甚至指责"恩格斯的最深的误解在于他把工业和实验的行为看作是——辩证的和哲学的意义上的——实践"。[③] 这种指责是难以成立的。

既然卢卡奇十分肯定马克思关于实践是检验真理的标准，那就很难理解他对恩格斯的责难是正确的：难道工业和实验不是重要的实践活动

[①] 〔匈〕卢卡奇：《历史与阶级意识》，杜章智等译，商务印书馆，2016，第313页。
[②] 《马克思恩格斯文集》第4卷，人民出版社，2009，第279页。
[③] 〔匈〕卢卡奇：《历史与阶级意识》，杜章智等译，商务印书馆，2016，第212～213页。

吗？他把实验看做"最纯粹的直观"，似乎也太简单化了。此外，他对恩格斯关于思维反映事物问题的理解和表述也有一些值得研究的不当之处。不过，我们似乎更应该关注，卢卡奇在《历史与阶级意识》一书中更多的地方是从根本上确认和高扬马克思和恩格斯思想的一致之处并有创造性的发挥。当然，正如卢卡奇所说，他只是在个别地方针对恩格斯的个别说法进行了论战或反对（尽管在一些重要问题上反对错了），事实也确实如此。但是，应不应该把这一错误说成卢卡奇开创了把马克思同恩格斯对立起来的恶劣先例，似乎仍值得全面仔细地予以深入研究。

第三，所谓的卢卡奇被说成与列宁主义对立，甚至反对列宁主义的言论是错误的。大量事实真相显现的正好相反。卢卡奇在《历史与阶级意识》一书的序言里多次高度评价列宁及其思想，明确指出"发现列宁的著作和演说在方法论上具有决定性的意义"。他还看到，列宁"作为政治家的超凡影响，今天对许多人来说掩盖了他这种作为理论家的作用。因为他每次发表的意见对当时的现实的实际重要性总是如此之大……归根到底只能是因为他作为理论家的伟大、深刻和富有成果。他有这种影响是由于他把马克思主义的实践本质发展到了以前从未达有过的清晰和具体的高度，是由于他把马克思主义的这一方面从一个几乎完全被遗忘的状态中拯救了出来，并且通过这一理论行动再一次把正确理解马克思主义方法的钥匙交到了我们手中"。他在另一地方又具体地肯定，"列宁的功绩是，重新发现了马克思的这个方面，即无产阶级的行动始终只能是具体-实践地实行发展的下一个步骤，这个方面指出了意识到其实践核心的途径。列宁一再提醒要竭尽全力抓住发展锁链中那个在特定时刻决定总体命运的下一个环节"，他摒弃一切空想的要求，换句话说，他的相对主义，他的"现实政治"，这一切无非他实际实现了青年马克思的《关于费尔巴哈的提纲》。① 在《历史与阶级意识》一书中，尤其是在《对罗莎·卢森堡〈论俄国革命〉的批评意见》一文中，卢卡奇在批判地分析卢森堡的观点时，肯定列宁坚持的"布列斯特-里托夫斯克的和谈已经光辉地证明了俄国无产阶级所达到的阶级意识的高度和成熟性"，

---

① 〔匈〕卢卡奇：《历史与阶级意识》，杜章智等译，商务印书馆，2016，第41~42、300页。

高度评价列宁所领导的布尔什维克在从战时共产主义前进到新经济政策时所表现出来的"足够的适应性、灵活性和独立性"。

这些事实表明，不能把卢卡奇说成与列宁对立，甚至是反对列宁主义的。把《历史与阶级意识》说成"对马克思列宁主义哲学基础的挑战"，更是把某些不同学术和理论观点的不同过分夸大的片面做法。

所以，只要认真仔细解读《历史与阶级意识》这部著作的原始文本，全面、客观地把握这本书的全貌，就可以看出卢卡奇本人和其他许多人对这本书的褒贬评论是否实事求是。如能严格按照《历史与阶级意识》的原始文本，完全可以肯定的一点就是，该书的主导内容和基本倾向无疑是马克思主义的，其中关于唯物辩证法的阐述，从马克思商品拜物教对物化－异化现象的创造性论述，对无产阶级阶级意识的重视等，都有独到新颖之处。当然，其中也确有某些错误的表述（特别是对恩格斯个别观点的看法），不成熟的思想和主观或甚至"左"的倾向。

正是《历史与阶级意识》一书对某些马克思主义理论问题探索中提出的一些新理解、新观点和某些不同于当时苏联某些领导人的看法，其中也确有某些不成熟或错误的理论观点，才引起了进一步的热烈讨论或激烈争论，这都是完全正常的事情。

明确值得关注的是，1923年5月27日，德共领导成员赫尔曼·顿凯尔遵照苏共某些领导人的旨意对《历史与阶级意识》这本书的第一篇评论《一本关于马克思主义的新书——与卢卡奇商榷》，发表在德共的《红旗》杂志上，该文指责卢卡奇把"正统马克思主义""只是理解为研究的方法"，批判卢卡奇把辩证法概念"弄得出人意料的狭隘：辩证法不能应用于自然界，而只能应用于社会历史现实"。[①] 问题在于，顿凯尔把卢卡奇说的历史唯物主义作为科学方法当然可以运用于资本主义以前的时代，但它"不能像运用于资本主义发展的各种社会形态那样完全以同一种方式运用于前资本主义的各种社会形态"，说成"他（卢卡奇）认为唯物史观只能充分地应用于资本主义时代"。这样一来，"经济决定论的宏伟大厦就要崩溃"。据此，顿凯尔进一步推论说，卢卡奇"企图证

---

① 中共中央马克思、恩格斯、列宁、斯大林著作编译局，《马列主义研究资料》编辑部编《马列主义研究资料1983年第1辑》，人民出版社，1983，第176~177页。

明历史唯物主义已经过时，不能应用于共产主义时代"。这种带有某种歪曲和推论的评论，未必就比卢卡奇的观点正确。

随后，长期同卢卡奇有分歧的匈共领导人库恩（1921年来到莫斯科，1922年当上共产国际执委会委员）指责卢卡奇"企图修正辩证唯物主义"。由于匈共党内卢卡奇所在的兰德勒一派拒绝批判这本书，原来属于这一派的拉兹罗·鲁达斯来到莫斯科，于1924年初在《工人文学》上发表了连载三期的长文，对卢卡奇进行了全面批判，说在《历史与阶级意识》中的"方法不是被看作是社会和自然界的发展规律的客观理论，而是被看作是人的主观规律的理论"，并夸大地指责卢卡奇对恩格斯的态度是"和许多资产阶级理论家一样，把恩格斯看作第一个庸俗马克思主义者"。

与他们相反，德共理论家科尔施在1923年发表的《马克思主义和哲学》的后记中则表示，他虽然与卢卡奇有特殊的分歧，但"基本上同意"卢卡奇在《历史与阶级意识》一书中的观点，并指出他自己的"论点在许多方面与卢卡奇在更广泛的哲学基础上新确立的命题相一致"。他主张"必须恢复正确的——辩证的和革命的——原初的马克思主义观"，依据马克思和恩格斯原著的思想，肯定地指明"马克思主义的唯物主义首先是历史的和辩证的唯物主义"，而"改变世界"的实践活动则是"新唯物主义原则的最精确的表达"。而当时匈共的雷魏1923年在《社会主义和工人运动史文库》第11期上发表了高度赞扬《历史与阶级意识》一书的文章，说这本书是马克思本人以后马克思主义思想史上最重要的著作，它"使人意识到在马克思那里的黑格尔的东西，即辩证法，这是第一次这样的尝试"。正当1924年6月共产国际第五次代表大会举行之际，匈牙利马克思主义哲学家福加拉西在《国际》上发表一篇赞扬与卢卡奇观点相似的科尔施《马克思主义和哲学》一书的评论文章。卡尔·布林克曼则称赞科尔施的书应该和卢卡奇的书一起"被看作是为共产主义运动提供充分哲学基础的重大努力"。科尔施、雷魏、福加拉西和布林克曼肯定了卢卡奇对马克思主义的正确而积极的探讨，但未能看出他的某些不当、片面或失误之处。

这场争论长达一年之久。问题在于，1924年6月17日至7月8日召开的共产国际第五次代表大会开始转向对卢卡奇进行严厉批判，并把这一批判运动推向高潮。时任苏共中央政治局委员、共产国际执委会委员的布哈林首先指责卢卡奇"重新陷入了老黑格尔主义",时任共产国际主要领导的季诺维也夫则在《共产国际执委会的活动和策略的报告》中从政治上对卢卡奇等人进行了严厉批判。季诺维也夫说:"在意大利,格拉齐阿德伊同志出版了一本书,发表了他的一些原先写的文章,这些文章是他还是一个社会民主主义者和修正主义者的时候写的,是反对马克思主义的,这种理论上的修正主义在我们这里不能不受到惩罚。当匈牙利的格·卢卡奇同志在哲学和社会学的领域内也这样做的时候,我们同样不能容忍。我收到了卢卡奇所属的那一派的领导人之一鲁达斯同志的一封信,他说,他打算出面反对修正主义者卢卡奇。当派别不让他这样做的时候,他退出了这一派,因为他不允许给马克思主义掺假。鲁达斯是好样的!在德国党内,我们遇到同样的一派。格拉齐阿德伊同志是教授,科尔施也是教授。(有人插话:卢卡奇也是教授!)要是再来几个这样的教授,炮制自己的马克思主义理论,那就会坏事。我们在我们的共产国际里不能够不加惩罚地容忍这样的理论上的修正主义。"①

接着在苏联,党的主要刊物《真理报》和主要哲学家德波林、卢波尔、巴麦尔、怀因斯坦等人都参加了这场"在哲学上反对卢卡奇的斗争"。《真理报》1924年7月25日的一篇评论把卢卡奇、福加拉西、雷魏和科尔施称为"四部合唱",说这四个人还需要从头学习马克思主义哲学的基本原理。德波林1924年10月在《工人文学》上发表了《卢卡奇及其对马克思主义的批评》一文,说"卢卡奇的观点是正统黑格尔主义的思想加上拉斯克、柏格森、维贝尔、李凯尔特……马克思和列宁的调料的五彩缤纷的大杂烩",把卢卡奇的主客体辩证法概念比做俄国哲学家波格丹诺夫的"纯粹唯心主义",指责卢卡奇不了解认识的对象是独立于人的意识之外、有自己的规律的客观实在的形式。属于德波林集团的理论家詹·斯腾在《国际报刊通讯》中称卢卡奇、科尔施、福加拉西等人的哲学著作是对马克思主义进行歪曲和伪造的典型例子,说"这种哲学是对辩证唯物主义的马克思主义哲学的唯心主义歪曲"。②

---

① 中共中央马克思、恩格斯、列宁、斯大林著作编译局,《马列主义研究资料》编辑部编《马列主义研究资料1983年第1辑》,人民出版社,1983,第197页。
② 中共中央马克思、恩格斯、列宁、斯大林著作编译局,《马列主义研究资料》编辑部编《马列主义研究资料1983年第1辑》,人民出版社,1983,第196页。

毋庸置疑，对卢卡奇《历史与阶级意识》一书中的观点是可以讨论的，对其中被视为错误的东西完全可以批判，而且上述有些批判也是必要的、适当的。然而，严重的问题在于，其中不少批判缺乏实事求是的辩证分析，大多是抽象的指责、乱扣政治帽子、绝对否定的谴责。自从布哈林和季诺维也夫在共产国际第五次代表大会上表态后，苏联和东欧各国的主要报刊都竞相发表和转载批判文章。此后不久，卢卡奇被迫离开匈共中央和维也纳的《共产主义》杂志编辑部。这种批判运动并没有使卢卡奇信服地接受这种批判，也没有真正解决被批判者思想认识和理论观点上的问题，相反却开创了用扣政治帽子的批判运动这种压服的办法来解决思想问题和理论问题的恶劣先例。

随着强力推行斯大林的"布尔什维克化"，"左"的教条主义倾向进一步发展，思想认识和理论观点问题完全被视为政治问题，从而使正常的学术研究和讨论再也无法进行。在几年之后，风云突变，上述批判和彻底否定卢卡奇的那些人大部分又受到别人以同样方式方法所做的批判和否定，甚至被打成"反革命"。例如，从20世纪30年代开始，德波林集团被视为"孟什维克式的唯心主义者"和"人民的敌人"，即使像布哈林、季诺维也夫这样的大人物也被判为"人民公敌"并被处死，库恩则在30年代的"大清洗"中蒙冤被害。

卢卡奇在严厉批判的强大压力后，既没有为自己的观点辩护，也没有做出什么检讨。卢卡奇晚年在谈到《历史与阶级意识》一书受到批判的情形时评论道："季诺维也夫和库恩曾利用关于这本书的讨论来损害我在党内的地位。但是在匈牙利的运动中并没有人在乎它，所以《历史与阶级意识》对我在匈牙利方面的工作并没有产生严重后果。……那时有一个很有趣的故事，在莫斯科的一个匈牙利人的集会上，鲁达什和他的人对《历史与阶级意识》发起尖锐的攻击，指责卢卡奇同志是一个唯心主义者。一个从维也纳来的炼钢工人反驳说，'卢卡奇同志当然是一个理想主义者①，他不像鲁达什同志那样只关心自己的生活过得舒适。这就

---

① 在德语（idealismus）、英语（idealism）、法语（idéalisme）等语言中，"唯心主义"和"理想主义"是同一个词。在译成中文时，由于人们对此的不同理解，因而出现了"唯心主义""理念论""理想主义"等不同的译法。

是当时争论的水平'。"① 值得我们认真思考的是，当列宁 1920 年严厉批评卢卡奇的"左"的观点时，他很快而且信服地接受了这一批评，并在较大程度上改正了自己的错误。而因《历史与阶级意识》一书遭到一次大规模的批判竟然使卢卡奇对此沉默几乎长达 10 年之久，这不仅与所涉及的理论问题重大和复杂有关，也与这种用行政干预和轻易扣政治帽子的大批判方式和低水平有关。随着处境的变化，卢卡奇主要在苏联曾对自己的错误做过多次检讨和自我批评（其中有一些违心过头的说法），当然仍可以看出他在很大程度上也坚持了他正确的一面。这种情况多次在他以后的思想发展中明显地表现了出来。

关于卢卡奇《历史与阶级意识》的争论，也影响到党外的不少学者。当时"许多共产党人都欢呼《历史与阶级意识》表现了一种革命的、行动的马克思主义"。"在随后的几年中，这本书对许多青年知识分子来说，成了继续留在那时已经布尔什维克化了的共产党内，或者是加入共产党，至少是同情共产主义事业的一种理由。"当时作为法兰克福社会研究所所长的霍克海默尔明确表示受惠于卢卡奇的"哲学因素"，"亲近马克思主义和共产主义"，20 世纪 20 年代末 30 年代初"许多青年左翼知识分子"都"对卢卡奇的《历史与阶级意识》和列宁充满了热情"。② 卢卡奇在这本书中多处对列宁的赞扬评论也对其产生了不小的影响。1979 年英国著名学者麦克莱伦认为，20 世纪没有一部著作能与卢卡奇的《历史与阶级意识》相提并论，他的思想不仅"恢复"了马克思主义的精华，而且"创造性地发展了"马克思主义。

到了 1930 年，科尔施在重版《马克思主义与哲学》一书的一个新增补的材料（《〈马克思主义与哲学〉问题的现状———一个反批评》）中提出"一场有关现代马克思主义的一般状况的基本争论现在已经开始"。"在一切主要的和决定性的问题上的真正分界线是存在于下列双方之间，即以考茨基的旧马克思主义正统派和新的俄国'列宁主义'正统派之间的联盟为一方（尽管它们之间有次要的、暂时的或琐碎的冲突），而以

---

① 杜章智编《卢卡奇自传》，社会科学文献出版社，1986，第 116~117 页。
② 〔德〕罗尔夫·魏格豪斯：《法兰克福学派：历史、理论及政治影响》，孟登迎等译，上海人民出版社，1986，第 52、103、67 页。

当代无产阶级运动中所有批判的进步的理论倾向为另一方。"① 这种说法无疑与对马克思主义及其哲学的理解不同有关,也与下述情况有关,即科尔施被季诺维也夫和布哈林视为"理论上的修正主义"并被撤销《国际》杂志主编职务以及从 1925 年起德共按照斯大林强力推行布尔什维克化,1926 年科尔施与他的一些人组成一个宗派("坚决左派"),随后被德共开除出党。这种复杂情况和理论上的难点引起了更深入和更频繁的研讨、争论或论战。至 20 世纪 50 年代,当梅洛-庞蒂在《辩证法的历险》一书中第一次明确把卢卡奇称为与列宁主义对立的"西方马克思主义创始人"时,卢卡奇对此提出了强烈抗议。南斯拉夫实践派代表人物弗兰尼茨基在其著名的《马克思主义史》(1961 年)一书中就认为,卢卡奇在这本书中的一些分析"超过了在列宁之后当时一切马克思主义的理论著作",卢卡奇作为"一个创造性的马克思主义者""发扬了马克思的某些基本的思想成就"。② 但是,卢卡奇对反映论、实践等问题上不同观点的批评"走得太远了",所以他的"许多观点可能是马克思主义严肃批评的对象"。1976 年佩里·安德森在《西方马克思主义》一书中把"西方马克思主义"理解和表述为很宽泛的概念,把卢卡奇、葛兰西、科尔施、班杰明、霍克海默尔、阿多诺、马尔库塞、德拉-沃尔佩、科莱蒂、列斐伏尔、萨特、哥德曼、阿尔都塞等人都列入西方马克思主义者的行列之中,由此就引发了对这一概念及其所包括的这些具有不同甚至相反倾向的人是不是马克思主义者的激烈争论。1978 年北美著名马克思主义学者本·阿格尔在《西方马克思主义导论》一书中用七章的篇幅提出分为六个类别的另一种西方马克思主义概念的划分法,进而又把"北美马克思主义"发展成一种生态学的马克思主义。

关于西方马克思主义与列宁思想的关系,西方学者大致有以下看法:侧重于与列宁主义的对立,如前面提到的梅洛-庞蒂和慕凯渥;慕凯渥就认为,虽然卢卡奇、葛兰西背离了列宁的哲学,但卢卡奇、葛兰西在实际政治方面最终还是没有缺陷的列宁主义者,而像布洛赫、科尔施则

---

① 〔德〕卡尔·柯尔施:《马克思主义和哲学》,王南湜、荣新海译,重庆出版社,1989,第 57 页。
② 〔南斯拉夫〕普雷德拉格·弗兰尼茨基:《马克思主义史》(下卷),徐致敬等译校,生活·读书·新知三联书店,1963,第 352、362、364 页。

是与列宁主义决裂的人。但是,"如果认为原来的西方马克思主义者是反列宁主义者却很少有东西比此更错了";从与列宁主义有差别的意义上来看待西方马克思主义,认为前者从哲学研究方面的物质概念出发,而后者则按照《关于费尔巴哈的提纲》第 1~3 条中的"实践"和"主体方面",唯物地解释黑格尔的主体和客体的统一性。而美国学者博斯特 1984 年在《富科、马克思主义和历史》一书中也认为,西方马克思主义企求通过使马克思主义的观点面对精神分析和生存主义这样一些最近的智力发展,去重新定义主体在马克思主义理论中的地位;通过重申马克思辩证法的黑格尔的来源,来考察马克思主义辩证法在认识论上的困难等。这些则是它与列宁主义广义、深层的差别。当然,还有一些学者认为卢卡奇与列宁是一致的。例如,法国学者 1978 年在《卢卡奇与列宁主义》一文中认为,从 1922 年起,卢卡奇就"已经以一个政治上的列宁主义者的面貌出现",面对 1919~1923 年马克思主义的实际情况,卢卡奇"在列宁主义中终于找到了唯一适合而且又有希望的马克思主义",而且在 1923 年的《历史与阶级意识》一书中明确表明了对列宁的拥护超过了对卢森堡的拥护。匈牙利著名卢卡奇研究家赫尔曼·伊斯特万 1985 年在《卢卡奇》一书中指出,《历史与阶级意识》的"首要的决定性的经济意义在于,第一次为工人阶级指明了马克思主义哲学的意义"。赫尔曼认为,那时卢卡奇还不知道列宁的《唯物主义和经验批判主义》一书,所以,卢卡奇由于尚未分清机械的反映论与辩证的反映论的区别,故他对反映论的某种批评并不是针对列宁的。自然而然,当 1924 年列宁逝世时,卢卡奇写了《列宁》一书,高度褒扬"列宁是从马克思以来,通过革命的工人运动而产生的最伟大的思想家"。

更值得强调的是,中国改革开放以来,1982 年徐崇温出版了《"西方马克思主义"》一书,这对我国学术界开展西方马克思主义研究是一大促进。由于 1983 年匈牙利社会主义工人党中央委员会文化政策工作部根据政治局的决定,把卢卡奇视为"20 世纪的一位伟人,马列主义思想的卓越代表",从而在中国激起了强烈反响。于是,徐崇温在该书中认定的带引号的"西方马克思主义"(卢卡奇和葛兰西是其主要代表人物)是"一股'左'的激进主义思潮,它所反映的,并不是无产阶级的马克思主义世界观,而是小资产阶级的激进派的世界观",从而引发了长达多年关于西方马克思主义的激烈论战。与徐崇温的观点比较接近的是,还有学者认为西方马克思主义"实质上是非马克思主义甚至反马克思主义的","在本质上是和马克思主义对立的",是一股"资产阶级思潮"。①

与上述看法不同,甚至相反,20 世纪 80 年代后期,杜章智认为徐崇温的"西方马克思主义"概念只是稍加修改的安德森的概念。因此,它把马克思主义和非马克思主义混为一谈,把被定性为非马克思主义的观点迥异的很多人都归入"西方马克思主义"之中,是很不实事求是的。这是一个把完全不同的人混为一谈的、含糊的、可疑的概念。是否可采用这个概念,值得研究。除了杜章智外,宫敬才、张翼星等都不同意对卢卡奇的《历史与阶级意识》一书以及西方马克思主义做简单否定或完全否定的评价。宫敬才在《我对徐崇温同志西方马克思主义观的几点看法》一文中不同意徐崇温按照辩证唯物主义和历史唯物主义这个标准来判定西方马克思主义在性质上不是马克思主义的论断。在宫敬才看来,马克思主义不仅是一种理论,也是一种作为文化现象而存在的整体。按此标准去衡量,西方马克思主义基本上还是马克思主义的,尽管它的代表人物犯有这样或那样的错误。宫敬才强调,葛兰西、卢卡奇的观点正好与马克思不同于旧唯物主义的新思想(人的"连续不断的感性劳动和创造",才是"整个感性世界的非常深刻的基础")相一致。徐崇温的观点与马克思恩格斯的观点是想违背的,而葛兰西、卢卡奇的观点才与马克思恩格斯的观点相符合,因而,"徐崇温同志把葛兰西、卢卡奇的西方马克思主义判定为'在性质上不是马克思主义'的结论是错误的"。②张翼星在《为卢卡奇申辩》一书中认为,《历史与阶级意识》的主旋律在于"开创了马克思主义哲学探索的新路径","批判了第二国际的理论家们把马克思主义哲学实证化、自然化的倾向,要求突出历史唯物主义即历史辩证法这个马克思哲学思想的要义"。③ 一些专门的葛兰西研究家如毛韵泽、田时纲、张本都明确肯定和高度评价葛兰西,称葛兰西是一

---

① 参见刘兴《"西方马克思主义"研究三题》,《学术界》1991 年第 6 期;庄义春《评"西方马克思主义"思潮》,《求是》1992 年第 17 期。
② 宫敬才:《我对徐崇温同志西方马克思主义观的几点看法》,《马克思主义研究》1989 年第 2 期。
③ 张翼星:《为卢卡奇申辩》,云南人民出版社,2001,第 47 页。

位杰出的唯物主义战士,"20世纪最富有独创性的马克思主义理论家之一",而强调马克思主义哲学的实践性正是葛兰西思想的突出特色。

随着研究的深入,一些学者进一步看到,与科尔施、梅洛-庞蒂、安德森、阿格尔等都是在不同程度肯定意义上使用"西方马克思主义"这一概念不同,也与苏联某些学者肯定、赞扬葛兰西,甚至不赞成把卢卡奇视为"西方马克思主义创始人"而认为他是属于马克思主义、列宁主义的看法有重大差别,徐崇温在以后的一系列论著中继续把卢卡奇、葛兰西、科尔施等人统统看成不同于甚至是完全对立于列宁主义的,是非马克思主义的。针对徐崇温的上述看法,从1997年至20世纪初,学术界又一次就西方马克思主义及其代表人物的评价问题展开了争论。这次争论主要在王雨辰、段忠桥等与徐崇温之间进行,涉及的问题更深一些,面也更广一些,特别是用什么理论尺度去评价西方马克思主义的问题成了重点。王雨辰在《当代西方马克思主义研究之我见》一文中认为,徐崇温把西方马克思主义同列宁主义对立起来是"缺乏根据的"。深入西方马克思主义在回答西欧革命道路的战略、策略乃至理论的侧重点不同于列宁,但不应由此得出"西方马克思主义同列宁相对立的结论","这是因为东、西方具体条件不同,文化背景不同,对以上问题的回答势必会有所不同"。此后双方又发表了多篇文章进行激烈争论。徐崇温在《关于西方马克思主义研究中若干问题的辨析》《评"西方马克思主义"就是马克思主义论》《再评"西方马克思主义"就是马克思主义论》三篇文章中进一步把西方马克思主义(包括卢卡奇、葛兰西)说成同列宁主义"根本对立""反列宁主义"的思想路线,都"一致地反对和抨击唯物主义",葛兰西也"陷入唯心主义中去了",甚至认为,把"西方马克思主义"说成马克思主义,"在我国却意味着要搞指导思想的多元化"。[①]

对徐崇温的上述论点,王雨辰在《我们到底应当怎样认识和评价当代西方马克思主义》一文中认为,"对马克思主义哲学理论的不同解

---

① 参见徐崇温《关于西方马克思主义研究中若干问题的辨析》,《中国社会科学院研究生院学报》1999年3期;徐崇温《评"西方马克思主义"就是马克思主义论》,《马克思主义研究》2000年第5期;徐崇温《再评"西方马克思主义"就是马克思主义论》,《马克思主义研究》2002年第6期。

释","本就是马克思主义哲学发展过程中的一个正常现象。因为马克思主义理论就是在不同国家和民族的革命实践中,为自己的发展开辟道路,并呈现出各自的特色",所以,不能说提出不同于列宁主义的见解就是"反马克思主义思潮"。在王雨辰看来,徐崇温实际上"依然脱离实践、脱离辩证法、脱离人类实践的历史,站在旧唯物主义的立场上","根本不理解马克思主义哲学的研究对象到底是什么,当然更不可能真正实现马克思哲学对人的价值关怀"。而徐崇温的"西方马克思主义"概念本身蕴含着一个有待证明和需要解释的前提。[①] 段忠桥在《西方马克思主义不是马克思主义吗?——与徐崇温同志商榷》一文中不同意徐崇温所说的西方马克思主义反对列宁主义就是反马克思主义、把列宁主义完全等同于马克思主义的论断,并提出了对马克思主义原本意义的理解和引申意义的理解。前者是指马克思本人(包括恩格斯)的理论,后者指的是马克思、恩格斯逝世以后,人们从原本意义的马克思主义出发在不同历史时期和不同国家提出的新理论。所以,后者与前者有着明显的区别。为此,段忠桥强调:"是不是引申意义的马克思主义与是不是正确的理论是两个不同的问题。引申意义的马克思主义指的是与原本意义的马克思主义有继承和发展关系的理论,正确的理论指的是符合事物发展规律的理论。"包括西方马克思主义在内的各种各样引申意义上的马克思主义的相继出现是马克思的理论在当代西方各国有生命力和重要影响的体现,也是西方各国人民在马克思的理论与各国革命实践相结合方面进行的种种探索。例如,按照徐崇温以列宁主义作为划线的标准,那"只能使我们处于非常尴尬的境地"。段忠桥提出一个十分尖锐的难题:列宁主义能作为当代西方各国人民革命的指导思想吗?为此,段忠桥引用邓小平同志的一段话:"各国的情况千差万别……用固定的公式去硬套怎么行呢?就算你用的公式是马克思主义的,不同各国的实际相结合,也难免犯错误。"[②] 依此,段忠桥指明,各国人民都可以从原本意义的马克思主义出发提出适合各自实际情况的新理论。这样一来,承认西方马克思主义是一种引申意义的马克思主义不但不会导致指导思想的多元化,而且会防

[①] 王雨辰:《我们到底应当怎样认识和评价当代西方马克思主义——兼答徐崇温先生》,《马克思主义研究》2002 年第 6 期。
[②] 《邓小平文选》第 2 卷,人民出版社,1994,第 318 页。

止出现指导思想的多元化。因为只有按照马克思主义与本国的实际情况相结合的马克思主义,才是体现本国特点的具体指导思想。①

上述关于西方马克思主义的种种说法中究竟哪一种更符合实际且准确,相信遵循马克思的思想精髓,经过深入研究和仔细分析当时的具体情况,全面解读所评论人物的整个著作及其思想以后,就会得出较为一致的看法。但是,要取得完全相同的结论,几乎是不可能的,因为每个人所处的国情特点以及每个人的思想永远都会有所差别、很大的不同或甚至完全相反。马克思1869年明确指出:"由于每个国家工人阶级的各种队伍和不同国家的工人阶级所处的发展条件极不相同,它们目前所达到的发展阶段也不一样,因此它们反映实际运动的理论观点也必然各不相同。"② 而且还指明,各个国家在不违背"追求工人阶级的保护、发展以及经济和政治的彻底解放"③ 这一总方针的情况下自由制定它的理论纲领。经验和教训都证明,这段话即使在今天仍然具有巨大的现实指导意义,这也应该成为我们评价西方马克思主义的基本原则。

我国著名学者俞吾金对此提出一种很价值的客观看法:从事实判断上看,西方马克思主义这一思潮毫无疑问是存在的;从价值判断上看,问题比较复杂。它通过对当代世界存在的一系列重大问题的探讨,在理论上丰富并复杂了马克思主义。当然,对其代表人物的具体著作和观点则应予以具体分析,肯定其合理的有价值的因素,否定其不合理的乃至错误的东西。④

如果我们真正相信马克思主义,那么就要遵循马克思和恩格斯1872年为《共产党宣言》写的德文版序言中明确说过的话,即对《共产党宣言》中"原理的实际运用""随时随地都要以当时的历史条件为转移"。即使马克思晚年也强调:"一切都取决于它所处的历史环境。"⑤ 这应该是我们评价卢卡奇等人以及西方马克思主义的指导原则。与马克思恩格

---

① 参见段忠桥《西方马克思主义不是马克思主义吗?——与徐崇温同志商榷》,《马克思主义研究》2002年第6期。
② 《马克思恩格斯全集》第16卷,人民出版社,1964,第393页。
③ 《马克思恩格斯全集》第44卷,人民出版社,1982,第657页。
④ 俞吾金、陈学明:《国外马克思主义流派新编》(上册),复旦大学出版社,2002,第1页。
⑤ 《马克思恩格斯文集》第3卷,人民出版社,2009,第586页。

斯在世的时代相比，今天和平与发展的时代，各个国家的实际情况已有了巨大的变化。因此，无论是遵循马克思恩格斯的思想，还是根据不同时代和各个国家的具体实际情况，马克思主义都会有不同或有很大差别的理解、表述和表现形式，这必然在马克思主义发展过程中出现丰富多彩的多样化。所以，对各种各样的马克思主义只能根据马克思主义与各个国家不同时期的具体实际相结合的情况来判定。马克思晚年甚至说过："要找出美国和俄国之间的真正的相似之处是不可能的。"① 而它们以及在其他别的国家或个人在马克思主义理论的理解和表达上必然都会有某些差别或更大的不同。这与某些人所认为的可以是"唯物主义"又可以是"唯心主义"的多元化根本不是一回事。从极"左"或右的方面把上述不同或有差别的表现形式夸大而使之对立起来，历史和实践已经证明这是不符合事实的，因而是错误的，十分有害的。这只能导致用某一种马克思主义否定其他各种形式的马克思主义，以至于出现否定马克思主义越来越具有强大生命力的严重后果。

---

① 《马克思恩格斯选集》第 4 卷，人民出版社，2012，第 533 页。

第五章　完成向马克思主义的转变

第一节　《列宁——关于列宁思想统一性的研究》

列宁 1924 年初去世后，卢卡奇的著作出版人就要他写一部关于列宁的短篇专著。这显然与他对列宁已有一定深度的研究和发表过颇具特色的评论有关。卢卡奇答应这一要求之后在几个星期之内就完成了这本著作，书名为《列宁——关于列宁思想统一性的研究》。这是一部名副其实的即兴之作。他试图为列宁画出一幅思想肖像，以满足人们从思想理论上确定列宁性格的精神中心，因而他认为这是一件至关重要的事情。卢卡奇在这本书中高度评价列宁的理论贡献和实践功绩，强调列宁作为马克思理论和革命活动的伟大继承者，在马克思唯物辩证法的基础上，为分析现时代、发展马克思主义理论和制定无产阶级革命的政策和策略做出了有划时代意义的事业。卢卡奇把列宁看做理论和实践的天才，是在马克思主义方法的基础上具体地理解和分析帝国主义时代、摆脱了任何苦行主义特征的工人领袖的典型。

卢卡奇认为，马克思主义的真正复兴是从列宁的出现开始的，正是他恢复了马克思学说的纯洁性和真正本质。马克思的历史性天才在于，他"在英国工厂的微观世界中看出了资本主义生产方式、整个资本主义宏观世界的社会前提、条件和倾向"。像马克思一样，列宁的思想和俄国十月革命的经验也具有普遍的意义，因为列宁在无产阶级革命中看到了"全世界历史的进程"。

卢卡奇批判了社会民主党内的乌托邦幻想，即把社会主义不是看做一个"变"的过程，而是看做一种"存在"状态。与此相反，列宁则从现实主义出发，坚持不懈地把马克思主义、历史辩证法思想应用于社会主义诸问题。像马克思一样，列宁更重视论述导向建立社会主义的步骤。列宁现实主义的目的"就是最终排除一切乌托邦主义，具体完成马克思的纲领内容：一种变为实践的理论，一种关于实践的理论"。列宁在活生生的历史中检验马克思在《哥达纲领批判》和别的地方提出的天才预见，使之更加具体和更加充分。列宁的现实政治被证明是通过唯物辩证法而达到的最高阶段。他一方面深刻而具体地分析了既定形势，分析了它的经济结构和阶级关系，就其质朴和严谨而论是严格马克思主义的；另一方面，他清醒地意识到从这种形势中产生的所有新倾向，并拨开任何理论偏见和乌托邦式幻想的迷雾。因此，卢卡奇特别重视列宁关于国家资本主义的观点。

卢卡奇是较早理解和阐发列宁哲学思想的人之一。他指出，在列宁看来，马克思主义辩证法的基本原理是："自然界和社会中的一切界限都是有条件的和可变动的，**没有任何一种**现象不能在一定条件下转化为自己的对立面。"① 列宁作为一位辩证法家的伟大之处就在于他能够清楚地看到辩证法的基本原则，经常从最内在的本质看到生产力和阶级斗争的发展，具体地说，不带有抽象的偏见，也避免了表面现象造成的盲目混乱。"他总是把一切现象归之于它们的最后基础——**按照人们的实际的阶级利益，归之于具体的（换句话说由阶级条件限制的）人的具体活动**"。真正的列宁是一位"一贯发展马克思主义辩证法的理论家"。②

卢卡奇在这本书中已充分认识到列宁关于妥协的理论的内涵，并看到"列宁的妥协与机会主义的妥协是截然相反的设想"。他论证道，尽管人们创造自己的历史，但他们不能在自己所选择的环境中创造历史。列宁关于妥协的理论和策略不过是这种马克思主义——辩证的——历史认识的客观的、合乎逻辑的必然结果。而一般与特殊的辩证的正确融合，亦即在特殊中（在具体形势中）认识一般（一般历史趋向意义上），使理论具体化，则是列宁的妥协理论的基础。卢卡奇强调，列宁从来没有规定过"适用"于许多不同情况的"一般规则"。他的"真理"来自对具体情况的具体分析，是以对历史的辩证探索为基础的。对他的见识和论断进行机械的"一般化"，只能导致一种漫画式的、庸俗化的列宁主义。例如，1919 年夏，在答复"克雷孟梭照会"时，那些匈牙利共产主

---

① 《列宁选集》第 2 卷，人民出版社，1972，第 850 页。
② 张翼星译《列宁哲学思想的命运》，重庆出版社，1992，第 316~317 页。

义者试图在一种完全不同的条件下图式化地模仿《布勒斯特和约》,就是证明。因此,正如马克思尖锐地责备拉萨尔那样:"而辩证方法则用得不对。黑格尔从来没有把归纳大量'事例'为一个普遍原则的做法称为辩证法。"① 在这里,已明显表现出卢卡奇注重从现实情况出发、反对教条主义的强烈倾向。

卢卡奇充分肯定了列宁对马克思主义的发展所做出的创造性贡献。他断言,列宁一生的工作,就是始终如一地把马克思主义的辩证法运用到一个漫长的过渡时期中不断变化、永远更新的现象上。"列宁的实践使辩证法比他从马克思和恩格斯那里继承时具有了一种更广阔、更完全和理论上更发展的形式。""因此,我们完全有理由说,列宁主义是唯物辩证法发展中的一个新阶段。列宁不仅使马克思主义学说在被庸俗马克思主义降低和歪曲了几十年之后,恢复了它的纯洁性,而且使它的方法本身发展了、具体化了和成熟了。"② 历史唯物主义理论已变得比在马克思时代所能达到的更具有实践性了。"所谓列宁主义传统,就是不失真地和灵活地保持历史唯物主义的这种生动活泼、生长及创造的功能。"卢卡奇得出结论说:"列宁主义代表了具体的、非图式化的、非机械的、纯粹以实践为方向的思想",达到了一个前所未有的程度。保持这一点是列宁主义者的任务。但是,"在历史的过程中,只有以生动的方式发展的东西才是保持得住的"。③ 所以,卢卡奇特别强调要从实际出发,用发展的观点来研究列宁的思想,也就是说,必须以列宁研究马克思的精神来研究列宁。必须研究他,以便学习如何运用辩证法;学习如何通过对具体形势的具体分析来发现一般中的特殊和特殊中的一般;看到一种形势中的新事物与从前的发展有什么样的联系;观察按照历史发展的规律不断产生的永远是新的现象;发现整体中的部分和部分中的整体,在历史必然性中找到能动性的因素和在能动性中找到与历史必然性的联系。④

卢卡奇的《列宁——关于列宁思想统一性的研究》一书代表了20世

---

① 《马克思恩格斯全集》第30卷,人民出版社,1975,第209页。
② 张翼星:《为卢卡奇申辩》,云南人民出版社,2001,第179页。
③ 张翼星:《为卢卡奇申辩》,云南人民出版社,2001,第190页;张翼星编著《列宁哲学思想的命运》,重庆出版社,1992,第324~325页。
④ 张翼星编著《列宁哲学思想的命运》,重庆出版社,1992,第324页。

纪20年代对列宁的思想和性格特点的一种不同于斯大林的理解和阐明。卢卡奇对列宁关于新经济政策、国家资本主义、合作制以及全面改革思想的重视和强调，预示着他不久同斯大林在思想和理论上的冲突和对立。卢卡奇指出，这本书纯粹是20年代中期的产物。卢卡奇"从列宁那里得到的见识所导致的结论，作为清除斯大林主义的因素，就方法论而言，仍然具有一定的有效性"。他"对列宁的行为所做的某些评论，也包含着对斯大林后来阐发的某些东西的正确批评"。其目的在于"反对官僚主义和机械的一律性的侵蚀"。因此，相比于《历史与阶级意识》，《列宁——关于列宁思想统一性的研究》一书有了某种进步，因为在写作过程中，卢卡奇必须贯注于他要描写的伟大人物，这促使他在实践概念和理论之间建立起一种更清晰、更正确、更自然、更辩证的关系。由于卢卡奇前一阶段的经历和全神贯注于列宁的思想品格，《历史与阶级意识》中的最明显的宗派特征开始消退，并为他更加接近现实的内容所代替。所以，即使在过去40多年之后，卢卡奇仍认为这部著作的"主要部分本质上依旧是正确的"。与此同时，卢卡奇也承认这本书"在理论上缺乏深厚的基础"，并有一定的局限性，说本书的思想比列宁本人的理论工作更受到那个时期的概念——包括那些概念中幻想与过分的地方——所限制。这本书明显打上了20年代对世界革命充满主观幻想和过分乐观估计的痕迹。

卢卡奇于1967年为《列宁——关于列宁思想统一性的研究》一书写的后记进一步阐发了列宁的思想本质，更鲜明地体现了从历史和现实的客观情况出发抵制教条主义的创造性态度。他主张，正如有必要批判地认识20世纪20年代和我们正在生活的时期之间的差别一样，我们也必须以明确的批判态度研究列宁的著作。他认为，对于那些根本无意从这种工作中得出某种"一贯正确"的教条的人来说，这丝毫无损于列宁在现世的伟大。比如，今天人们知道列宁主义的一个命题——帝国主义的发展必然导致世界战争，现在已失去它的一般效力。同样，列宁把第一次世界大战的经验——"战争的发生是某种神秘莫测的东西"——推广至未来的帝国主义战争，而这个未来则出现了不同的状况。在卢卡奇看来，他之所以提到这些事例，正是为了提示列宁的真正非凡的特殊性，这与斯大林主义的一贯正确的纪念碑式的官僚主义思想无关。但是，卢卡奇认为这本书处处对列宁真正的精神境界做出了提示。与同时代人（希法亭特别是罗莎·卢森堡）相比较，在经济方面，列宁不是专家。但就整个时期而论，他又远远超越了他们。这种"超越——而这是一种无与伦比的成就——在于他把关于帝国主义的经济理论与现时代的各种政治问题具体地结合起来，从而使新阶段的经济学成为这种关键场合中的一切具体行动的准则"。他的许多同时代人也曾注意到这一点，不论是朋友还是敌人，他们经常谈到他的策略和艺术和对现实政治的把握。不仅如此，列宁从理论上赋予这种超越以深刻而丰实的基础。他的现实政治是一种基本的理论态度在实践中的最高极致。像列宁这样的马克思主义者，"对具体情况的具体分析不是与'纯'理论相对立的，而是正相反，它是真正理论的最精彩的部分，是理论在现实中实现的所在，因而也是理论在实践中产生转变的所在"。而马克思关于"哲学家们只是用不同的方式**解释**世界，而问题在于**改变**世界"[1] 的命题，则在列宁和他的著作中得到了最完备的体现。[2] 所以，卢卡奇的目的是"要阐明列宁的思想的真实本质"。他把列宁的思想肖像描绘如下：列宁的"理论力量在于，无论一个概念在哲学上是多么抽象，他总是考虑它在人类实践中的现实含义，同时，他的每一个行动总体是基于对有关情况的具体分析之上，他总是要使他的分析能够与马克思主义的原则有机地、辩证地结合在一起。因此，就理论家和实践家这两个词最严格的意义而言，他既不是前者，也不是后者。他是一位深刻的实践思想家，一个热情地将理论变为实践的人，一个总是将注意力集中于理论变为实践、实践变为理论的关节点上的人"。[3]

卢卡奇肯定自己这本书曾对了解列宁的真实性格做了"一点朴实的贡献"。他认为，同现代民主革命的领袖（如丹东和罗伯斯庇尔）和工人革命的伟大演说家（如拉萨尔和托洛茨基）相比，在列宁身上才第一次出现了某种完全新的东西。列宁忠实于以往伟大的革命先行者的原则，但在他的性格中却没有苦行主义的影子。他是活跃而幽默的；他享受着每一种生活所给予的东西，从打猎、钓鱼、下棋到读普希金、托尔斯泰

---

[1] 《马克思恩格斯选集》第1卷，人民出版社，2012，第140页。
[2] 张翼星编著《列宁哲学思想的命运》，重庆出版社，1992，第328页。
[3] 〔匈〕卢卡奇：《历史与阶级意识》，杜章智等译，商务印书馆，2016，第30页。

的作品；他对于真正的人满怀热诚。这种对原则的忠诚在国内战争中会成为坚如磐石的不宽容性；在列宁身上，成功不会使他自负，失败不会使他灰心。他是那些正是通过本人的生活实践获得较多成就包括最重要成就的伟大人物之一。尽管如此，几乎没有人能像他那样清醒而不带感伤地谈到可能的或实际的失败："聪明人不是不犯错误的人，没有也不可能有这样的人。聪明人是不犯基本的错误，并且知道如何立刻地、无痛苦地改正自己的错误。"这是关于行动艺术极为朴实的论述和表达。①

卢卡奇特别指出了列宁的性格特点产生了巨大魅力的原因或根据。在他看来，列宁由于其严肃的纯朴性而对群众有着强有力的影响。列宁是"一个无与伦比的民众领袖，没有一点花言巧语的痕迹（与拉萨尔或托洛茨基相比较）。在私人场合与公共生活中一样，他极为厌恶一切玩弄漂亮辞藻、装腔作势和夸夸其谈。不断的自我教育，始终易于接受新的经验教训，是列宁生活中实践绝对优先的一个基本面向。但他既不是一个经验主义者，也不是一个教条主义者，而是一个实践的理论家，一个理论的实践家。列宁最富有特性和创造性的性格之一，就是他从不停止在理论上向现实学习，同时又时刻充分准备好采取行动。而在理论与实践的相互关系上，列宁又总是优先选择实践"。"列宁不断的准备就绪是能动－实践的因素发展的最后和迄今最高、最重要的阶段。"②卢卡奇坚定地认为，列宁是第一个阐明马克思主义的主体和客体辩证统一的人。正是"从列宁开始，一种马克思主义的文艺复兴才真正开始。写于第一次世界大战第一年的他的《哲学笔记》，才回到马克思的这个中心问题上来，因此对黑格尔辩证法迄今不断加深的批判理解，在他的范围内才达到了最高的顶点"。"以唯物主义的方式，回到本来黑格尔的逻辑、认识论与辩证法统一的概念，正是这点，是列宁最伟大的贡献之一。"③

卢卡奇一直到逝世前的几个月，在回忆起1921年在莫斯科参加共产国际第三次代表大会时还特别讲到关于列宁的一个颇有教益的小故事：当时，主席团并非像现在这样不可一世，他们不讲究礼节，也没有主席

---

① 张翼星编著《列宁哲学思想的命运》，重庆出版社，1992，第331页。
② 张翼星编著《列宁哲学思想的命运》，重庆出版社，1992，第336页。
③ 参见张翼星《为卢卡奇申辩——卢卡奇哲学思想若干问题辨析》，云南人民出版社，2001，第279页。

团委员们端坐的大讲台，不过是一个简单的会议室，有一个讲台，其形状与大学或中学里授课的讲台类似。台上有一条长板凳，还有一张桌子，周围坐着四五个主持会议的人。有一次，列宁走进会场，几位主席团委员想站起来，给他在桌子边腾个地方。列宁做了一个手势，请他们原位坐下，自己则坐在讲台的台阶上，掏出笔记本，开始记录发言人的讲话内容。一直到散会以前，他始终坐在那个台阶上。我想，这是列宁性格的典型表现。卢卡奇非常关注和突出强调这件具有本质意义的"小事"是十分发人深省的。

列宁对卢卡奇影响最深的是，列宁是"一位完全新型的革命者"，"一位社会主义革命的伟人"。自马克思以后，是列宁第一次严肃地提出了革命的主观因素的意义问题。当社会出现严重危机时，"主观因素在一定程度上能起很大作用"。但是，列宁更喜欢一种关于社会形势的极为现实的定义。因为总体情况总是要通过复杂的、多方面的辩证关系表现出来，所以列宁处处要求人们对具体情况要做具体分析。[①] 列宁"不仅是杰出的理论家，而且也是伟大的实践家"。[②]

《列宁——关于列宁思想统一性的研究》一书不仅表明卢卡奇已进一步把列宁的思想看做创造性的马克思主义，也标志着他本人已开始成为一个列宁主义者。他对列宁的思想的深刻理解和高度评价，在当时确实难得。

第二节　对布哈林、拉萨尔、赫斯的批判性研究

1924～1926年，卢卡奇正在"自发地寻找一个新的方向，并试图通过同别人的观点划清界限来弄清自己的未来道路"。在他看来，对布哈林《历史唯物主义理论》的评论也许是最重要的一篇。这篇评论最积极的特征是卢卡奇在经济方面的观点具体化了。这主要表现为他同广泛流行的"庸俗唯物主义的和资产阶级－实证主义的观点"的论战。这种观点把技术看做对生产力发展在客观上起推动和决定作用的因素。因此，它

---

① 参见阿德拉斯·科瓦克斯：《卢卡奇论列宁》，《国外社会科学》1988年第2期，第59～60页。
② 杜章智编《卢卡奇自传》，社会科学文献出版社，1986，第283页。

明显地导向历史宿命论，导向对人和社会实践的取消。同时，卢卡奇还批评布哈林所理解的历史唯物主义观点，是在"自然科学成见的标志下误认为在'数字事实'的认识能力和方向或倾向的认识能力之间存在的不是我们认识发展阶段的主观区别，而是诸对象本身客观的质的差别"。① 后来，卢卡奇本人比较客观地评价了自己过去所写的这篇文章，说同《历史与阶级意识》的大部分有关内容相比，它的批判不仅"在更加具体的历史水平上取得了进展"，而且在同上述机械宿命论的抗衡中，他"很少使用唯意志论的观念砝码"。他"试图指明经济力量本身是社会上重要的因此也决定技术本身的因素"。但是，他也承认，这篇文章的分析也有一定的理论缺陷，即"将机械的庸俗唯物主义和实证主义视为一种统一的、没有区别的思潮。尽管前者的确从后者吸收了许多内容，但毕竟不能将它们混为一谈"。②

卢卡奇对拉萨尔书信新版本和莫泽斯·赫斯第一部论文集的讨论和评论，有更重要的意义。这两篇评论的共同倾向是，同《历史与阶级意识》相比，它们"更为具体地给社会批判，给社会发展提供一种经济基础"，并想使用对唯心主义的批判，对黑格尔辩证法的深刻改造，以利于认识所获得的联系。因此，卢卡奇采纳了青年马克思在《神圣家族》中对那些宣称已驳倒了黑格尔的唯心主义思想家所进行的批判。马克思的批判在于，这些思想家们在主观上相信，他们已经超过了黑格尔，但在客观上，他们不过是复活了费希特的主观唯心主义。

卢卡奇在对拉萨尔的评论中强调，拉萨尔只是在自己身上找到他行动的准则。因此，他在世界历史上就处在真空之中。正因为这一点，卢卡奇自认为在某些问题上会比在《历史与阶级意识》中更加接近真正的马克思。

在卢卡奇看来，马克思和恩格斯从费尔巴哈那里至多得到最终推动，以从他们的思想中清除掉黑格尔唯心主义的最后残余，最终完全唯物主义地改造辩证法；而赫斯及其伙伴则正好同费尔巴哈在本质上始终是唯心主义的那个方面（唯心主义历史观）相联系，对此，马克思和恩格斯

---

① 〔匈〕卢卡奇：《卢卡奇全集》第2卷，德国卢西特汉特出版社，1972，第603～607页。
② 〔匈〕卢卡奇：《历史与阶级意识》，杜章智等译，商务印书馆，2016，第31页。

是拒绝的。

所以，卢卡奇断言，马克思在方法论上直接同黑格尔相联系。他进一步指出，费尔巴哈、蒲鲁东和赫斯都远远落后于黑格尔。由于他们把费尔巴哈的"外化"理论重新运用于社会，他们就忽视了黑格尔提出整个问题的社会-历史的基本性质。马克思和恩格斯尽管同黑格尔辩证法有深刻的联系，但他们创造了完全新型的理论：政治经济学批判。马克思和恩格斯之所以能够完成这一转变，是因为他们从无产阶级立场出发来考察资产阶级社会，由此，资本主义范畴的直接现实的辩证统一就随同它的僵化即拜物教性质的解体而产生出来。①

不过，后来卢卡奇仍然认为，他当时尚未完全克服对黑格尔所持有的非批判的观点，如《历史与阶级意识》一样，他对赫斯的批判也是从对象化和异化的所谓同一性出发的。因此，同早期的观点相比，卢卡奇这时的理论进步获得一种自相矛盾的形式：一方面把视经济范畴为社会现实来表述的那种黑格尔倾向放到突出地位，以反对拉萨尔和激进的青年黑格尔分子；另一方面则对费尔巴哈的黑格尔批判中的非辩证的东西采取尖锐的反对态度。这一思路重要的一点是，它最大限度地要求一种新式的批判，正如已经说过的那样，这种批判是寻求同马克思的《政治经济学批判》直接相联系。

卢卡奇之所以深入研究黑格尔主义者拉萨尔和黑格尔的学生赫斯，是为了进一步弄清楚黑格尔辩证法和马克思辩证法之间的区别。他在关于赫斯的论文中得出的结论是："黑格尔巨大的思想成就在于，使理论和历史相互之间的关系变得比较辩证，在一种辩证的、相互的渗透中理解它们。然而，即使在他那里，这也始终是一种——归根到底——失败了的尝试。他绝不可能前进到理论和实践的真正统一，而只能是，要么用丰富的历史材料充满范畴的逻辑次序，要么使历史合理化为提高、升华和抽象为范畴的某些形态、结构变化、时代等等的次序。只有马克思才能看透这种错误的困境，他既不是从其逻辑次序，也不是从其历史次序中推导出诸范畴的次序，而是认识到'它们的次序倒是由它们在现代资

---

① 〔匈〕卢卡奇：《卢卡奇全集》第2卷，德国卢西特汉特出版社，1972，第663~665、674、681页。

产阶级社会中的相互关系决定的'。"① 马克思"不仅给辩证法提供了黑格尔徒劳寻找过的现实基础","而且同时从经济学在其最伟大的资产阶级代表人物那里必然陷入的拜物教僵化和抽象狭隘性中提出成为辩证法基础的政治经济学批判。政治经济学不再是除其他科学之外的'一种'科学,它不仅作为'基础科学'置于其他科学之上,而且包含着人类社会生存(范畴)的全部世界史"。②

卢卡奇评论赫斯的文章,可以看做一篇有趣的非凡之作,他既具体地分析了费尔巴哈和赫斯的同异之处,也敏锐地看到黑格尔高出于他们的独创性之处,尤其是深刻地指明了马克思同他们在社会历史观上的根本区别。因此,这篇评论和对布哈林、拉萨尔的评论一样,可以看做卢卡奇更加接近马克思思想的重要标志。

第三节 "走向马克思的道路"

卢卡奇因《布鲁姆提纲》中的所谓"右倾"遭到批判后,曾秘密去匈牙利从事地下革命活动,三个月后安全回到维也纳。这时,卢卡奇受到被奥地利政府驱逐出境或引渡给匈牙利霍尔蒂专制独裁政府的威胁。幸运的是,F. 鲍姆加登、R. 贝尔-霍夫曼、R. 德默乐、P. 恩斯特、B. 弗兰克、M. 哈登、A. 克尔、亨利希·曼、托马斯·曼和其他一些著名人士都为他辩护。托马斯·曼在给奥地利联邦总理伊格纳茨·蔡依帕尔的信中抗议驱逐卢卡奇。托马斯·曼虽然同"这位激进的理论家当时曾在自己的国家里起过的政治作用保持一定的距离",但他毫无保留地为这位"学者"和"知识分子"辩护。他指出:"卢卡奇有一位妻子和三个孩子,他同他们在维也纳生活,他的生活困苦,只有靠他在肉体和精神方面的苦行僧式的天性才能忍受。""他那些不知所措的朋友们确信,很难想象在这一驱逐令付诸实施之后的第一天和随后的一些天里,卢卡奇同他的家人究竟怎么办。回匈牙利?那里等待着他的将是拷问和死亡。到慕尼黑去?那里不会接待他。到柏林去呢?他在那里无法糊口,

---

① 《马克思恩格斯文集》第 8 卷,人民出版社,2009,第 32 页。
② 〔匈〕卢卡奇:《卢卡奇全集》第 2 卷,德国卢西特汉特出版社,1972,第 684 页。

也无栖身之地。"托马斯·曼甚至把这一驱逐说成判决死刑的时候到了。广泛的国际舆论制止了这一驱逐或引渡，但卢卡奇也很快离开了奥地利，因为这时他正好得到了去莫斯科的奖学金。

1930～1945年（1931～1933年除外）的大部分时间侨居苏联，这是卢卡奇完成向马克思主义转变和运用马克思主义富有成果的时期，是他为人民阵线的思想和战略而斗争的时期，也是他的文学艺术评论、美学和哲学思想成熟的时期。1930～1931年，卢卡奇在梁赞诺夫为院长的马克思恩格斯研究院里参加《马克思恩格斯全集》的编辑工作。因此，他有机会系统钻研马克思、恩格斯和列宁的一系列著作，尤其是马克思主义经典作家的哲学著作，如马克思的《1844年经济学哲学手稿》、马克思和恩格斯合著的《德意志意识形态》、恩格斯的《自然辩证法》、列宁的《唯物主义和经验批判主义》和《哲学笔记》。这些著作，特别是较早地读到马克思的刚刚被全部辨认出来的《1844年经济学哲学手稿》，激起了卢卡奇的高昂情绪和巨大希望，并为他进一步进行哲学研究提供了新的前景。这尤其对他清算过去思想上和理论上的唯心主义成分、全面树立马克思主义世界观，产生了"发聋振聩的效果"和决定性影响。正如他强调："在阅读马克思手稿的过程中，《历史与阶级意识》中的所有唯心主义偏见都被一扫而空。"① 当然，卢卡奇之所以能够信服地接受马克思手稿中的思想，这一方面同他所经历的严酷的社会现实以及通过《布鲁姆提纲》动摇了其唯心主义的社会－政治基础直接有关，另一方面也是由于这部手稿准确、深刻反映了客观现实而具有巨大的理论力量所致。读这部手稿使卢卡奇与马克思的整个关系发生了变化，使他在较大程度上改变了他的某些哲学观点。对此，他曾经指出："马克思关于客观性是一切事物的关系的基本物质属性的名言对他产生惊人印象。"他由此认识到，对象化是人类征服世界的一种——肯定的或否定的自然手段。相反，异化则是在一定的社会情况下实现的一种特殊蜕变。与此同时，卢卡奇1930年刚到苏联时所接触的苏联的哲学讨论，也有助于他进一步"弄清黑格尔和马克思、费尔巴哈和马克思、马克思和列宁的关系"。②

---

① 〔匈〕卢卡奇：《历史与阶级意识》，杜章智等译，商务印书馆，2016，第34页。
② 杜章智编《卢卡奇自传》，社会科学文献出版社，1986，第225页。

这种情况也促使卢卡奇重新思考《历史与阶级意识》，结果他就产生了这样一种看法：重要的是体现马克思著作中的历史主义，从而归根结底体现马克思主义作为哲学的普遍性。这又使他更进一步趋向于一般的存在论，把存在论看成马克思主义的真正哲学基础，并由此试图回答从经济中产生的对存在提出的一切问题，把一切事物都看做存在的发展形式，借此来消除任何唯心主义观点。正是从这时起，卢卡奇开始认为自然辩证法不应再看做和社会辩证法平行的，而应看做它的前史。

1931~1933年在柏林一段时间的研究和锻炼使卢卡奇进一步有了提高。1933年他在柏林的最后一段时间里写的《我走向马克思的道路》一文（发表于《国际文学》1933年第2期），集中反映了他的思想发展和变化。他在这篇文章中强调："同马克思的关系，对每个认真对待自己世界观的阐明，认真对待社会的发展，特别是当前的形势、自己在其中的地位以及对待它的态度的知识分子来说，都是真正的试金石。他对待这个问题的认真、彻底和深刻的程度，是衡量他是否并且在多大程度上想要回避（不管是有意还是无意）对当代具有世界历史意义的斗争采取明确态度的尺度。""在马克思出现以后的时代，认真研究马克思应当是每个抱有严肃态度的思想家的中心问题，掌握马克思的方法和成果的方式和程度决定着他在人类发展中的地位。""我们在阶级地位中的地位在极大程度上决定着我们掌握马克思主义的方法和程度……这种掌握的每一次深入又促使我们与无产阶级的生活和实践相融合，反过来又促使我们加深和马克思的学说的关系。"① 值得注意的是，卢卡奇在这里第一次明确而简洁地阐述了他自己过去的思想发展和演变的曲折历程，尖锐地批判了自己以往思想中的唯心主义观点。这篇短文集中表达了卢卡奇对马克思主义本质的深刻理解，因而标志着他的思想已达到成熟的阶段。他概括地描述了这一点："只是由于长年实践而形成的与革命工人运动的融合关系，只是研究列宁著作并从其基本意义上逐渐加以领会的可能性，才使我进入了学习马克思的第三阶段。只是到现在，在做了将近10年的实际工作之后，在和马克思主义打了10多年的理论交道之后，我才具体地明白了唯物主义辩证法的全面和统一的性质。但是正是这种明白才使

---

① 杜章智编《卢卡奇自传》，社会科学文献出版社，1986，第210、215页。

我认识到对马克思主义真正学习现在才刚刚开始,而决不能就此止步。因为列宁说得很中肯:'因此,规律、任何规律都是狭隘的、不完全的、近似的'。"① 这就是说,任何人若幻想靠对辩证唯物主义的广泛深入的认识来一劳永逸地掌握自然和社会的现象,就必然要从生动的辩证法重新陷入机械的僵化状态,从全面的唯物主义重新陷入唯心主义的片面性。马克思的学说辩证唯物主义,必须每日每时地在实践中重新领会和掌握。另外,马克思的这一学说正是以其无懈可击的统一性和整体性成为指导实践、认识现象及其规律的武器。只要这种整体性的一个环节被失去(或者仅仅被忽略),就会重新出现僵化状态和片面性;只要对各种要素之间的比例考虑不周,唯物主义辩证法的基础就会从脚下重新消失。② 他特别引用列宁的话说明这一点:"因为任何真理,如果把它说得'过火',加以夸大,把它运用到所能应用的范围以外去,便会弄到荒谬绝伦的地步。而且在这种情形下,甚至必然会变成荒谬绝伦的东西。"③ 由此可以看出,这篇文章就是卢卡后来所说的他"1931～1933 年间在柏林作为批评家的创作活动中表现得十分明显的世界观上的根本哲学转变"④的一个概括总结。《历史与阶级意识》和《布鲁姆提纲》使卢卡奇受到的两次批判都与苏联和共产国际的领导人有关。但是,他在奥地利的艰难险境又迫使他不得不去苏联。在这种情况下,他清醒地认识到他必须放弃政治工作。他决心把理论发展到更高的水平,使之变得更为有效。鉴于他年轻时对文学艺术评论有更多的兴趣和经验,从马克思主义观点研究这一领域的问题就开始成为他的主要方向之一。

十分幸运的是,卢卡奇刚到莫斯科,就结识到了后来成为美学家和哲学家的米哈伊尔·里夫希茨,并同他结下了深厚的友谊。里夫希茨编了一本《马克思恩格斯论艺术和文学》,这对卢卡奇从事美学和文学理论研究起了启发和推动作用。当时,他同里夫希茨合作,并在讨论中认识到,甚至像普列汉诺夫和梅林这样最优秀、最有才干的马克思主义者,也没有足够深入地把握马克思主义在世界观上的普遍性质,因此也就不

---

① 《列宁全集》第 38 卷,人民出版社,1959,第 159 页。
② 杜章智编《卢卡奇自传》,社会科学文献出版社,1986,第 214 页。
③ 《列宁全集》第 55 卷,人民出版社,2017,第 127 页。
④ 杜章智编《卢卡奇自传》,社会科学文献出版社,1986,第 269 页。

理解马克思向我们提出了在辩证唯物主义基础上建立一种系统美学的任务。

研究马克思、恩格斯和拉萨尔的通信，并发表了《马克思和恩格斯同拉萨尔关于〈济金根〉的论争》（1931年）一文，是卢卡奇20世纪30年代以至以后进一步深入研究美学和文学艺术理论和建立马克思主义美学的新开端，也是他在这一新的领域中具体地、创造性运用马克思列宁主义基本观点的新起点。

卢卡奇在这篇文章中首先确认马克思和恩格斯有自己独立的文学艺术观点和美学思想。他指出，马克思、恩格斯致拉萨尔的信表明，他们"深入地研究过美学问题，而且有充分的证据证明他们后来仍在研究"，马克思"永远保持着对文学和艺术问题的深刻的理解和历史兴趣"，他的《政治经济学批判》导言，包含他的"美学观点最详细的表述之一"。① 后来卢卡奇又进一步表明，马克思和恩格斯虽然从未写过一本关于文艺问题的完整的书，也没有写过一篇关于这个问题的真正的文章，但他们关于这个问题的通信、谈话以及一些书中的有关章节表明，他们接触了文学的一些主要问题，由此绝不能认为他们关于文学艺术和美学的丰富见解没有形成一个有机的、系统的思想体系。② 这篇论文就是30年后卢卡奇在《审美特性》一书的前言中所说的大约30年前他写的第一篇马克思主义美学论文，其中提出了马克思主义有自己的美学观点，但卢卡奇的这一论断遭到了各种反对。

卢卡奇深入地研究了拉萨尔在其悲剧《弗兰茨·冯·济金根》中的观点及其有关的见解，卢卡奇首先指出，拉萨尔关于任何革命的悲剧性冲突都在于"狂热"，"观念对自己本身的强力和无限性的直接信赖"与"现实政治"的必然性之间的矛盾，这种观点太"抽象"，从而"使整个问题蒙上虚伪的性质"，因为拉萨尔认为"在构成革命的力量和狂热的思辨观念与表现上十分狡智的有限的理性之间""存在着某种不可解决的矛盾"，但这种"悲剧的冲突"，即"正式的冲突"，"不是任何特定的

---

① 《马克思主义文艺理论研究》编辑部编选《马克思主义文艺理论研究》第11卷，文化艺术出版社，1989，第287~288页。
② 〔匈〕卢卡契：《卢卡契文学论文集》第1册，中国社会科学院外国文学研究所外国文学研究资料丛刊编辑委员会编，中国社会科学出版社1980，第273页。

革命所特有的冲突,而是在过去和未来所有的和差不多所有的革命中不断重复出现的冲突",是"革命情势本身的冲突"。由于目的和手段之间存在矛盾,拉萨尔所描绘的那种类型的革命必定失败。而这种所谓永恒的、客观的、"辩证的"矛盾,正是拉萨尔所认为的1848年革命的基础。① 对此,卢卡奇批判道:"拉萨尔陷入一种思辨的自我欺骗中,以为他找到了一般革命的内在冲突,从而成了1848~1849年德国资产阶级知识分子和十分狭隘的极左翼的传声筒。他力图建立反对旧势力的统一民主战线,借助它来实现激进的资产阶级革命。"但是,同时他又"具有小资产阶级革命主义的一切幻想"。由于实现民主力量的统一无望,他后来就采取了"托利-宪章派的立场","对工业资产阶级进行残酷的和片面的斗争而不同时对半封建的土地所有制及其在普鲁士的政治代言人进行斗争,甚至与此结成联盟"。这种立场也决定了拉萨尔的美学观点。因此他"在许多重要的美学问题上与他的当代德国戏剧及其理论完全站在同样的基础上——受到康德到黑格尔的唯心主义哲学的强烈影响"。②

在卢卡奇看来,拉萨尔的《弗兰茨·冯·济金根》所属的那些文学思潮最一般的美学哲学特征就在于:"戏剧艺术应该促进在我们时代正在进行的世界历史过程的完成,这种过程不是力求推翻,而是力求更深入地确立人类的现存制度(政治的、宗教的和伦理的),因此要预防它们遭到摧毁。"在拉萨尔的全部历史概念中,包含指望"自上而下革命的"因素。对此,卢卡奇指出,拉萨尔不是从客观历史条件出发,而是"纯粹从形式上、以唯心主义历史哲学的精神提出关于现实政治和妥协的问题,这样就堵塞了除了伦理解决的途径以外的任何其他解决途径"。由于拉萨尔把"妥协"问题同1848年革命的一切具体阶级问题分割开来,从他的立场就"既不能正确理解消灭封建专制残余,也不可能正确理解无产阶级在资产阶级革命中的作用"。

卢卡奇从唯物史观的立场出发,具体分析了拉萨尔的主观唯心主义英雄史观,尖锐地批评拉萨尔"不理解整个人民运动的革命意义",使

---

① 参见《马克思主义文艺理论研究》编辑部编选《马克思主义文艺理论研究》第11卷,文化艺术出版社,1989,第289页。
② 《马克思主义文艺理论研究》编辑部编选《马克思主义文艺理论研究》第11卷,文化艺术出版社,1989,第287~288页。

"个人的决定和行动脱离现实的土壤",甚至认为济金根能够把对立的阶级——贵族和农民——团结到一起。由于拉萨尔想把贵族们描写成这样一伙,即"他们只是受弗兰茨一个人的拨弄,机械地受他一个人的支配,好像傀儡一样说向前就向前,说向后就向后,受他利用而不知道他心里的目的"。所以,卢卡奇批评道:"这是一种虽然具有资产阶级革命激情,虽然在思想上以德国古典文学时期为基础,然而实质上却是波拿巴主义的英雄史观。"① 这篇论文的独特之处表现在,卢卡奇在其中具体地指出了拉萨尔思想的二重性,并详细阐明了马克思、恩格斯同拉萨尔的根本区别。

卢卡奇确认,拉萨尔在美学上与他同时代的所有资产阶级思潮有一点不同的地方,在于"他试图给作为现代悲剧基础的革命的正式概念中放进革命的意义,就是说,在'旧'与'新'的斗争中他无条件地站在新事物方面"。"为了要强调新事物('革命原则')的优越性,拉萨尔要试图对悲剧性斗争的社会原因做出比他同时代人更具体的描述。但是……由于这同一种倾向,唯心主义者拉萨尔也应该把人们看作是'世界理念'的代表,即使他们失去真正的具体性。"②

卢卡奇指出,马克思曾夸奖拉萨尔用戏剧形式写1848年革命的自我批评的意图:"……所构想的冲突不仅是悲剧性的,而且是使1848—1849年的革命政党必然灭亡的悲剧性的冲突。因此我只能完全赞成把这个冲突当做一部现代悲剧的中心点。但是我问自己:你所探讨的主题是否适合于表现这种冲突?"③ 卢卡奇由此立刻意识到,马克思关于拉萨尔所选的题材不适合于表现这种冲突的意见,不仅有审美意义,而且从根本上批评了拉萨尔的全部概念。正如拉萨尔在给马克思和恩格斯的回信中直截了当地说:"你的责备归根到底仅仅是:我写了《弗兰茨·冯·济金根》,而没有写《托马斯·闵采尔》或农民战争时期的任何其他的悲剧。"卢卡奇明确认定,这就马克思和恩格斯的主要反对意见。

---

① 《马克思主义文艺理论研究》编辑部编选《马克思主义文艺理论研究》第11卷,文化艺术出版社,1989,第297、321~322页。
② 《马克思主义文艺理论研究》编辑部编选《马克思主义文艺理论研究》第11卷,文化艺术出版社,1989,第295页。
③ 《马克思恩格斯文集》第10卷,人民出版社,2009,第169页。

当然，拉萨尔在表面上同马克思也有一致之处，即从悲剧的定义中引出革命的内容。但实质上，他的见解却是"道德说教的抽象见解"，即"道德说教的主观主义"。拉萨尔拒绝革命中的"妥协"，同马尔丁诺夫号召采取"明智现实政策"一样，这两个极端都是"对革命理论的机会主义歪曲"，都是"历史具体性的精神被唯心主义教条所取代"。拉萨尔是"用'左的'论据来反对正确的马克思主义路线"。"马克思和恩格斯在分析过去的革命时，总是从'不成熟的'形势推断出对客观进步的革命过程的真正方向认识不清的革命者们的自欺现象，这种自欺现象是作为这一过程在'极端政党'拥护者的意识中的历史必然的、错误的反映而产生出来的。"马克思、恩格斯和列宁对革命历史人物的分析是"具体历史的"。相反，"拉萨尔、马尔丁诺夫、托洛茨基那种抽象公式的非历史观点在实践上导致最粗暴地背叛人民群众的利益，而在理论上则堵塞理解过去革命的道路"。卢卡奇揭示了拉萨尔的理论实质在于说农民是"极端反动的"。拉萨尔"忽视了基本经济问题（贵族对农民的剥削）"，因而是"彻头彻尾唯心主义的"。他把"革命原则和反动原则以机械僵化的形式相互对立起来"，从而"导致放弃辩证法"。"阶级之间的生动的相互作用被完全忽略。"[①]

卢卡奇进一步确认，马克思和恩格斯所指出的拉萨尔的最大的错误在于，革命的"贵族代表——在他们的统一和自由的口号后面一直还隐藏着旧日的帝国和强权的梦想——不应当在他的剧本中占去全部注意力"，而"农民和城市革命知识分子的代表（特别是农民的代表）倒是应当构成十分重要的积极的背景"。马克思"极其慎重地、完全是在美学讨论的框框内，指出了拉萨尔的抽象说教的唯心主义与他政治上的机会主义的联系"。与梅林抹杀马克思、恩格斯和拉萨尔在哲学上对立的某些重要方面不同，卢卡奇认为，拉萨尔"在哲学领域回到了费希特，正像他在美学领域回到席勒去一样，可是马克思和恩格斯却认为费希特和席勒是已经被黑格尔克服了的理论家，当在黑格尔那里'用脚立地'以后，这些理论家已经彻底成为过去了"。"拉萨尔在美学领域只找到折中

[①]《马克思主义文艺理论研究》编辑部编选《马克思主义文艺理论研究》第11卷，文化艺术出版社，1989，第300~305、316~317页。

的解决办法,因为他的基本立场也渗透了折中的唯心主义。"而马克思和恩格斯的出发点则是"对黑格尔的悲剧观进行唯物主义的改造"。①

后来卢卡奇在谈到这篇论文时说它是实现他要建造一个马克思主义美学体系这一愿望的重要步骤,尽管这只局限在一个特殊问题上,但这种体系的轮廓已经变得清晰可见了。这种观点起初受到顽强的抵抗,特别是来自庸俗社会学家方面的抵抗,但后来则为马克思主义学术界所接受。由此可以看出,卢卡奇是较早研究马克思和恩格斯的文学和美学思想并得出马克思主义有自己的美学这一结论的人。不仅如此,他还进一步认为,美学构成了马克思主义的一个有机组成部分。当1933年希特勒在德国上台,卢卡奇又不得不再次流亡来到苏联时,他又深入钻研了马克思和恩格斯关于美学和文学艺术的观点,受益匪浅。这种研究大大加深了他对马克思主义实质的理解。他在《作为文艺理论家和文艺批评家的弗里德里希·恩格斯》一文中明确确认马克思和恩格斯关于个别的意识形态领域,包括艺术和文学,不是独立发展的,它们是物质生产力和阶级斗争的结果和表现形式的基本观点,并敏锐地看出"他们必须在两条战线作战。对他们来说,破除被唯心主义夸大了的文学艺术的独立性,绝不意味着承认庸俗、机械地把文学与政治宣传等同起来。《德意志意识形态》就已经包含了辩证地理解经济基础与上层建筑之间关系的基本观点,包含了关于两者不平衡发展的学说的最初萌芽,这一学说后来得到了发展;同时包含了在艺术中含有客观真理的学说的方法论基础,即艺术是反映客观现实的一种特殊形式的观点"。②

卢卡奇进一步指出:"资产阶级对于工人的思想意识及其理论家的影响,在方法论上主要表现为流行着一种民族狭隘性和市侩式地、褊狭地去理解辩证唯物主义,以及把历史唯物主义歪曲成为一种'经济主义',一种庸俗社会学。"因此,卢卡奇特别强调恩格斯整个后期对那些使辩证法僵死化和庸俗化的倾向所进行的斗争和列宁对马克思和恩格斯极有远见的高度概括,即在马克思和恩格斯活动的年代里,"使唯物主义哲学向

---

① 《马克思主义文艺理论研究》编辑部编选《马克思主义文艺理论研究》第11卷,文化艺术出版社,1989,第309~313页。
② 〔匈〕卢卡契:《卢卡契文学论文集》第1册,中国社会科学院外国文学研究所外国文学研究资料丛刊编辑委员会编,中国社会科学出版社,1980,第2页。

上发展"处于重要地位。"因此,马克思和恩格斯在他们的著作中特别强调的是辩证唯物主义,而不是辩证唯物主义。"① 所以,恩格斯愤怒地指责青年理论家们把历史唯物主义庸俗化到了漫画的程度,批评他们把"唯物主义的"这个词只当做套语,以为只要把这个套语当做标签贴到各种事物上去,问题就解决了。对此,恩格斯强调:"我们的历史观首先是进行研究工作的指南,并不是按照黑格尔学派的方式构造体系的杠杆。"② 所以,恩格斯孜孜不倦地教育年轻的社会主义者要懂得经济基础与上层建筑不平衡发展的意义,懂得不要公式化,而要辩证地对待经济基础与上层建筑的关系的重要性,懂得内容与形式之间的辩证关系。据此,卢卡奇严厉指责第二国际内占统治地位的思潮只知道两个极端:"不是唯心主义地修正和'纯化'马克思主义,就是简单机械地、庸俗地、非辩证地和直接地从常常是被简单化了的经济事实当中去引申出思想现象和文学作品来。"与此相反,卢卡奇强调,要按照辩证唯物主义观点,在处理人们的思想是客观现实的反映这一重要问题上,要"以理论与实践的密切结合为先决条件","专心致力于真正了解社会发展的实际倾向,准确、具体地决定无产阶级在这些发展倾向中所应采取的行动"。卢卡奇最关注的是恩格斯在文学问题上对辩证唯物主义的运用,因为他明确地指出:"要想正确和深刻地解决现在出现的新问题,就必须重新以马克思和恩格斯的观点为理论上的指南。"③

卢卡奇在苏联这一段较长的时间内,通过对马克思主义哲学、美学和文学艺术理论的深入研究,形成了自己对马克思主义的独特解释。他认为:"辩证唯物主义的基本命题是:对外在世界的任何感知仅仅是那不依赖意识而独立存在的现实在人的思想、观念、感觉中的反映。辩证唯物主义在这个概括了一般的原则上是与任何一种唯物主义相符,而与任何一种唯心主义的变种是尖锐对立的,但它自然与机械唯物主义又有着鲜明的区别。当列宁在批评这种陈旧的、过时的唯物主义的时候,他正

---

① 《列宁全集》第18卷,人民出版社,2017,第345页。
② 《马克思恩格斯文集》第10卷,人民出版社,2009,第587页。
③ 〔匈〕卢卡契:《卢卡契文学论文集》第1册,中国社会科学院外国文学研究所外国文学研究资料丛刊编辑委员会编,中国社会科学出版社,1980,第25、33~36页。

是把旧的唯物主义不能辩证地理解反映作为主要论点加以突出的。"[1] 他强调:"马克思主义体系——它和资产阶级哲学鲜明对立——从不脱离统一的历史过程。按照马克思和恩格斯的看法,只存在一门唯一的、统一的科学,这就是历史科学。这种科学把自然、社会和思维的发展看作一个统一的历史的过程,它致力于揭示这一过程一般的和特殊的——与过程的个别阶段相联系的——规律性。但这绝非意味着历史的相对主义。"马克思主义"辩证法的本质正好在于绝对和相对形成一个不可分割的统一体:绝对真理有着随地点、时间、情况而转移的相对的因素,另一方面,相对真理,只要它是实在的真理,只要它忠实地接近反映了现实,就具有绝对性"。从上述唯物主义的辩证法和历史观出发,卢卡奇得出结论:"一切事物的发展都为社会生产的全部历史行程所决定;只有在这个基础上,各个领域内出现的变化、发展才能得到真正科学的解释。"与此相联系,卢卡奇明确确认,在历史发展的整体中,"经济的原因,也就是生产力的发展,在错综复杂的相互作用中起着首要相互作用";"历史唯物主义在经济基础中看到了规定方向的原则,看到了起决定作用的历史发展的规律性。与此相联系,各种意识形态——其中包括文学和艺术——在发展过程中仅仅是起着次要决定作用的上层建筑"。但是,卢卡奇又强调:"马克思和恩格斯从来没有否认人类生活中各个个别活动领域(法律、科学、艺术等)有着相对独立的发展,也没有忽视个别的哲学思想总与旧有的哲学思想相衔接并且是它的进一步的发展,对它进行过斗争和纠正等等。"因此,绝不能对马克思和恩格斯的观点加以机械解释,得出"机械和错误的歪曲和引入歧途的结论",例如认为在经济基础和上层建筑之间存在简单的因果关系,即前者仅仅是原因,后者仅仅是结果;又如把上层建筑看做生产力发展的机械的、从原因中产生出来的结果。与此大为不同,"历史唯物主义特别鲜明地强调,像社会发展这样一个多层次的、多方面的过程中,社会和历史发展的总过程处处都是相互作用的复杂的编织物"。否则,"谁要是把各种意识形态看作形成它们的基础的经济过程的机械和消极的产物,那么他就丝毫没有懂得它们

---

[1] 〔匈〕卢卡契:《卢卡契文学论文集》第 1 册,中国社会科学院外国文学研究所外国文学研究资料丛刊编辑委员会编,中国社会科学出版社,1980,第 286 页。

的本质和发展，他就不能代表马克思主义，而只是在丑化它、歪曲它"。① 为了反对这种对马克思主义的机械和庸俗的解释，卢卡奇特别引用了恩格斯的一段名言："政治、法、哲学、宗教、文学、艺术等等的发展是以经济发展为基础的。但是，它们又都互相作用并对经济基础发生作用。这并不是说，只有经济状况才是原因，才是积极的，其余一切都不过是消极的结果，而是说，这是在归根到底不断为自己开辟道路的经济必然性的基础上的相互作用。"② 接着，卢卡奇就从这种马克思主义方法论的态度出发得出结论："主观的创造力，主观的活动在历史发展中能起非常伟大的作用。"主观的创造作用"表现在——通过劳动，其性质、可能性、发展程度当然取决于客观的自然和社会的情况——创造了自己，把自己变成了人"。③ 由此可以看出，强调主观伟大的创造力是卢卡奇理解和阐发马克思主义的突出特点。这一点对于反对对马克思主义的机械、教条和庸俗化的解释，具有重大的理论意义。

第四节 从"工农民主专政"到反法西斯的人民阵线

20世纪20年代中期，卢卡奇认识到，世界革命发展的速度明显降低。围绕着其现实的即具体的可能性进行的讨论证明，在这些年代里，几乎不再能严肃地指望临近的世界革命前景。第三国际也将资本主义世界的现状正确地规定为"相对稳定"。这种情况导致有点儿倾向"左"的社会人士联合起来反对日益增强的反动潮流。实际上，意大利和德国的法西斯势力都有所发展。这种情况促使人们将统一战线和人民阵线的问题提到日程上来，也迫使卢卡奇重新考虑他的理论立场，从而在他的思想发展中开始出现决定性的转变。然而，决定这一转变的直接和基本的东西，首先是匈牙利的现实情况和党的工作经验。

卢卡奇的《列宁——关于列宁思想统一性的研究》一书在克服救世

---

① 〔匈〕卢卡契：《卢卡契文学论文集》第1册，中国社会科学院外国文学研究所外国文学研究资料丛刊编辑委员会编，中国社会科学出版社，1980，第274~276页。
② 《马克思恩格斯文集》第10卷，人民出版社，2009，第668页。
③ 〔匈〕卢卡契：《卢卡契文学论文集》第1册，中国社会科学院外国文学研究所外国文学研究资料丛刊编辑委员会编，中国社会科学出版社，1980，第276页。

主式的马克思主义方面的进步和在反对库恩派的论战中显示出来的某种反教条主义的能动性,也起到了一定的积极作用。因此,匈牙利流亡的和从事地下工作的共产党人于1925年在维也纳召开第一次代表大会,兰德列尔派的现实政策开始结出果实,成立了匈牙利社会主义工人党,其"所选择的战略目标是在匈牙利建立民主制。它的最高纲领是要建立一个共和国"[①],但它仍旧把争取无产阶级专政作为目标。由于警察的追捕,这一活动于1927年陷入瘫痪。这时,由于第三国际越来越受到斯大林在各国共产党中推行布尔什维克化和把社会民主党说成法西斯主义的"孪生兄弟"[②]做法的影响,卢卡奇认为已不能指望它提供什么创造性的意见。所以,为了自己弄清问题,以达到政治上和理论上的自我理解,他尽力寻找一种"真正的"左翼纲领,它应该提供一种不同于共产党内左右两派观点的第三种选择。1928年,匈牙利共产党准备第二次党代表大会,卢卡奇受委托为匈牙利共产党起草了《关于匈牙利政治经济形势和匈牙利共产党的任务的提纲》(由于当时卢卡奇使用"布鲁姆"这一化名,所以这一提纲也常被称为《布鲁姆提纲》)。鉴于革命实践活动中的挫折和教训以及卢卡奇在理论上的进步,他从匈牙利的现实情况出发,清醒地看到当时世界革命因素的明显衰退和法西斯主义正在增长的形势,实事求是地分析了在霍尔蒂专制统治下的匈牙利社会经济状况,确信兰德列尔曾经提出的共和国的战略口号,已经接触到匈牙利正确革命战略的核心:即使霍尔蒂政权发生了深刻的危机并为一种彻底的变革创造了客观条件,匈牙利仍不能直接过渡到苏维埃共和国。因此,共和国的合法口号必须按照列宁的思想具体化为他在1905年所说的工农民主专政。所以,卢卡奇在《布鲁姆提纲》中提出了党的战略目标不是建立无产阶级专政,而是实现工农民主专政,共产党人斗争的中心口号是"工人和农民的民主专政"。[③] 这一提法在当时已经是最为符合实际情况的了。

卢卡奇一方面看到,在第一次世界大战后的帝国主义时代,国家的

[①] 杜章智编《卢卡奇自传》,社会科学文献出版社,1986,第258~259页。
[②] 斯大林1924年在《论国际形势》中就认为"社会民主党客观上是法西斯主义温和的一翼",它们相互补充,是"一对孪生兄弟"。参见杜章智编《卢卡奇自传》,社会科学文献出版社,1986,第230页。
[③] 〔匈〕卢卡奇:《卢卡奇全集》第1卷,德国卢西特汉特出版社,1972,第710页。

作用发生了根本性的变化，国家和资本主义生产之间形成了一种密切的联系；另一方面他也从实际出发，指出匈牙利的情况不同于其他国家（如意大利和英国），匈牙利革命的失败导致小资产阶级和中农阶层参政，但是，大资产阶级、大地主的统治未能击溃和瓦解工会运动。不过，贝特伦政府企图完全取消工人和农民的集会结社和罢工的权利，农村日益法西斯化。因此，匈牙利发展的特点明显表现为："除了比较发展的和进一步发展的资本主义外，土地分配的封建形式始终未变，甚至通过土地改革，这种土地分配的封建形式与其说变好了，不如说变坏了。统治阶级的个别人物也意识到土地分配的现状孕育着一场农民革命的萌芽。中下层农民没有政党，城市小资产阶级政党和社会民主党则是追随大资产阶级。"[①] 只有匈牙利共产党是把彻底实现资产阶级革命的要求（如无偿剥夺大地产，给农民以土地）写在自己旗帜上的唯一政党。但是，没有坚持不懈的宣传，没有坚决的斗争，工人和农民的联盟，即民主专政，始终只是一句空话。因此，匈牙利共产党必须竭力争取越来越多的农业工人和贫苦农民，必须无情地对无产阶级专政时期农业政策方面的失败进行自我批评，改变那个时期的立场。资产阶级民主革命是一个有决定意义的战略问题，是夺取政权和工人阶级解放的不可缺少的前提。而由资产阶级革命向无产阶级革命过渡的一个根本问题就是，只有通过这样一种民主革命才能消灭大地产和大资本家的政权，只有通过消灭资本主义才能排除封建残余。

卢卡奇进一步认识到，工农民主专政问题在向无产阶级革命过渡时起着"一种决定性的作用"。民主专政，资产阶级民主的完美实现，在严格字面意义上是一个战场，是资产阶级和无产阶级之间决定一切的一个斗争领域。在当时的发展阶段上，民主专政的原则同资产阶级的经济和社会权力是不相容的，尽管它的具体目标设定的阶级内容及其应直接实现的要求没有超出资产阶级社会的框框。民主专政是趋向无产阶级革命的一种辩证的过渡形式。[②]

卢卡奇强调，必须区别开：在资产阶级民主中，资产阶级是政治上

[①] 〔匈〕卢卡奇：《卢卡奇全集》第1卷，德国卢西特汉特出版社，1972，第710页。
[②] 参见〔匈〕卢卡奇《卢卡奇全集》第1卷，德国卢西特汉特出版社，1972，第719、710~711页。

的统治阶级,还是它在维护经济剥削的情况下把权力至少是部分地转让给广大工人群众;在前一种情况下,民主的作用是驱散、欺骗和瓦解工人群众;在第二种情况下,则是埋葬和瓦解对资产阶级政治和经济权力的维护,并把工人群众组织成独立的行动。因此,必须这样提出问题:通过民主来瓦解哪个阶级的权力?民主专政的所有口号必须从动员群众和瓦解资产阶级的立场来判断。

依据马克思、恩格斯和列宁的思想,卢卡奇认为必须提出"为民主专政而斗争"的任务。匈牙利共产党是唯一反对贝特伦专制政权以维护争取民主改革真正斗争的政党。在这场斗争中,党必须维护它以前的口号:共和国,为广大群众的所有自由权,即集会结社权、罢工权等而斗争,"为工人和农民的政府所领导的共和国而斗争"。[①]

如卢卡奇所说,正是党的实际工作和经常对社会问题进行具体的经济分析,使他在《布鲁姆提纲》中的观点比过去有了重大的变化。《布鲁姆提纲》是卢卡奇从匈牙利的现实情况出发、具体运用列宁关于两个革命阶段的理论提出的现实主义战略,是把反法西斯主义斗争和工农民主专政问题结合起来的重要范例。尽管如此,《布鲁姆提纲》仍在匈牙利党内引起了轩然大波。据卢卡奇所说,《布鲁姆提纲》当时曾遭到按照莫斯科指令行事的库恩斩钉截铁地拒绝,被他看做"最纯粹的机会主义",因为这个提纲确切地表达了那种曾导致拒绝库恩的工会纲领和促成建立匈牙利社会主义工人党的兰德列尔政策,因而被看做这种政策的理论概括。而共产国际执委会 1929 年在柏林开会时,其领导人曼努伊尔斯基在会议的开幕词中说要高度赞扬匈牙利共产党的成就:共产国际在其第 6 次代表大会上只是顺便提到民主专政的问题,还没有这样做,匈牙利共产党就已经准备做出严肃的决定。可是第二天,曼努伊尔斯基又在会上宣称,看到像《布鲁姆提纲》这样的取消主义和修正主义倾向传播开来,是极其糟糕的事情。据卢卡奇所说,在这期间曼努伊尔斯基显然看到了莫斯科拍来的电报。《布鲁姆提纲》明显同斯大林和共产国际关于"阶级对抗的观点和推行布尔什维克化"向"左"转的路线是根本不同的,因而被视为"右倾的"。

[①] 〔匈〕卢卡奇:《卢卡奇全集》第 2 卷,德国卢西特汉特出版社,1972,第 717 页。

1929年,《布鲁姆提纲》在匈牙利共产党内和共产国际内部遭到激烈的反对和批判,甚至被指责为背叛无产阶级专政和开始寻找第三条道路。当卢卡奇获悉库恩正打算把他作为"取消主义者"驱逐出共产党时,他十分清楚库恩在共产国际中的作用。所以,"尽管他当时坚定地相信自己的观点是正确的",但他却放弃了进一步斗争,并被迫发表了"自我批评":他不得不表示在整个范围内"对提纲草案的路线进行最尖锐的思想斗争是必要的"。此后,卢卡奇被排除在匈牙利共产党中央委员会之外,比较长期地离开了党的政治领导工作。

卢卡奇之所以被迫违心地进行自我批评,是由于他在政治上遭到的否定而面临被开除出共产党的危险,事实上已有科尔施、列维等人被开除出党的教训。尽管他受到不应有的指责和否定,但他认为:"被驱逐出党就意味着不能再积极地参加反对正在逼近的法西斯主义的斗争。所以,他也只有作自我批评一条路可走,并把这一自我批评理解为参加这一斗争活动的入场券。"当然,他同时也意识到他不是一个政治家,因为政治家不会在那个时候写这个提纲,至少不会发表它。他当时就认为:"如果说我正确,而又完全被击败,那只能意味着我没有任何真正的政治才能。"另外,他也认识到无产阶级革命不是一个孤立的事件,而是一个历史过程的完成。在这种意义上,《布鲁姆提纲》有积极的方面,即"开拓了通向民主的意识形态道路"。① 这个提纲标志着卢卡奇同过去"左"倾激进立场的彻底决裂。他通过这一提纲动摇了自己过去那种唯心主义的社会-政治基础。对他来说,无论在理论思想方面还是在实际政治方面,《布鲁姆提纲》都是一个转折点,并预示着不久即将实行的反法西斯人民阵线战略的产生。卢卡奇在逝世前概括性地总结了《布鲁姆提纲》的整个命运:"《布鲁姆提纲》是我反对第三时期的宗派主义的后卫战斗,这种宗派主义坚持认为社会民主主义和法西斯主义是孪生兄弟。""这条灾难性的路线伴随着阶级反对阶级的口号和立即建立无产阶级专政的号召。我企图通过恢复和采用列宁1905年的口号——工农民主专政——在第六次共产国际代表大会的路线中找到一个缺口,借以使匈牙利采取现实的政策,但我没有成功。《布鲁姆提纲》遭到党的谴责,库

---

① 杜章智编《卢卡奇自传》,社会科学文献出版社,1986,第124页。

恩及其宗派把我赶出了中央委员会。我当时在党内是完全孤立的。""连那些直至那时为止在党内反对库恩宗派主义的斗争中赞同我的观点的人，我也未能说服。所以，我对提纲作了自我批评。这完全是口是心非的：是当时的环境强加于我的。事实上，后来的历史进程也完全证实了《布鲁姆提纲》。因为匈牙利在1945～1948年的时期具体实现了我在1928年所主张的工农民主专政。"[①]

《布鲁姆提纲》中提出的问题不是一种孤立的现象。当时农民占大多数的国家的共产党都程度不同地提出了民主革命和重视农民问题的现实战略和政策。《布鲁姆提纲》中的政治观点是卢卡奇在20世纪20年代末期匈牙利的政治发展和共产党的战略决策的背景上形成的。以后历史的发展的实践也完全证实了《布鲁姆提纲》中提出的论断的正确性。1956年，这个提纲的政治和理论观点在匈牙利得到确认，甚至受到赞扬，卢卡奇也被视为一位善于独立思考、洞察现实而又有远见的政治思想家。赫尔曼明确指出，虽然在这个提纲中包含教条的弱点，但它被证明是共产党走上制定人民阵线政策的战略和策略道路上的重要步骤，所以他肯定《布鲁姆提纲》中的观点基本上是正确的，并产生了好的作用。

在这里了解西方马克思主义和卢卡奇研究者格奥尔格·里希特海姆的评论似乎会有助于更准确地理解《布鲁姆提纲》的历史价值。他说："具有异端倾向的《布鲁姆提纲》提出的是一部激进的民主主义政纲，其中心思想是，霍尔蒂的专制独裁统治只有由民主共和国来取代。从这一点可以引出如下结论：即使兰德列尔和卢卡奇的目的只在于和社会民主党人结盟（此时社会民主党人又一次被合法化了，并被准予在一定限度内重新开始活动），布尔什维克意义上的'无产阶级专政'也不得不被抛弃。尽管《布鲁姆提纲》是用列宁主义的词语来表述的，但它却试图制定这样一种民主主义革命的策略：只要那些旨在反对私有财产的法律条文能够获得真正的普遍支持，民主主义革命在其后期，就有可能但不需要人为地导向社会主义。在一定意义上，卢卡奇这一时期的'右倾偏离'，是那场与布哈林的名字相联系的更广泛的宗派斗争的一部分。当

[①] 杜章智编《卢卡奇自传》，社会科学文献出版社，1986，第300页。

时，布哈林对斯大林在国内大搞恐怖主义和在国外推行'左倾'冒险主义的做法提出了异议。在赫鲁晓夫对斯大林进行了著名的谴责之后的1956年，再来谈论卢卡奇当年未能求得布哈林——1936~1939年审判的最著名的受害者——的权威的保护，不是没有意义的。卢卡奇本人1928~1939年的'布哈林主义'，虽然毁了他的政治生涯，但他既保留了党籍，也未失去其为德国和匈牙利读者去解释马克思-列宁主义的权利，不过有这样一个前提：不介入政治事务。在1956年'解冻'以前，他的确如此。1956年的'解冻'，使他有勇气重提他对库恩所做的数年斗争，并同时声明，他在1929年撤回《布鲁姆提纲》纯粹出于策略上的考虑。"[1]

当20世纪30年代初期卢卡奇来到柏林从事文化工作时，他已经明显感到法西斯主义日益增长的威胁，而在反法西斯文化斗争中如何对待社会民主党的问题，已成为一个不容回避的政治问题。当时在德国共产党内流行着这样一种看法：共产党人在任何情况下都必须同社会民主党人划清界限。这种思想既来自斯大林的"孪生兄弟"理论，也与德国共产党内的宗派主义有关。与此不同的是，卢卡奇提出了共产党人像反对法西斯分子那样游行反对社会民主党人的疑问，并试图在私人谈论中建议提出以下游行口号："同社会民主党人在一起，工人团结一致，打倒脱离人民的高官。"

当1933年卢卡奇再次来到苏联时，任何不同意见都已被压制下去，斯大林的所有看法都已成为唯一的官方权威观点。政治理论问题尤其要按照斯大林的观点进行表述。所以，当卢卡奇1934年6月21日在莫斯科共产主义科学院哲学所为纪念列宁《唯物主义和经验批判主义》一书发表25周年而举行的学术会议上，借发言机会检讨自己过去的错误时，他也必须同斯大林关于社会民主党和法西斯主义是"孪生兄弟"的观点保持一致，声称社会民主党已转变成社会法西斯主义，把社会法西斯主义和法西斯主义并列起来作为批判的对象。[2] 正如卢卡奇自己所承认的那样，这是他违背自己的心意，"适应"斯大林的观点不加区别地看待社会民主党和法西斯主义的一种突出表现。但是，在学术领域，卢卡奇

---

[1] 〔英〕G.格奥尔格·里希特海姆：《卢卡奇》，王少军、晓莎译，中国社会科学出版社，1989，第75~76页。
[2] 杜章智编《卢卡奇自传》，社会科学文献出版社，1986，第218、223页。

仍坚持表达自己的观点，如对现代文学中现实主义和进步路线的肯定和赞赏，对文学遗产采取积极的批判继承态度，都是他一贯的人民阵线思想的具体运用和体现。

针对法西斯主义日益猖獗的严重形势，1935 年 7～8 月在莫斯科召开了共产国际第七次代表大会。季米特洛夫在会上提出，反对法西斯主义和战争的关键是建立在工人阶级统一战线基础上的广泛的人民阵线。这次大会认为，社会民主党发生了很大变化，在一定条件下可以与社会民主党合并，组成统一的工人阶级政党。大会的决议指出，执委会应该把工作的重心转移到制定国际工人运动的根本政治和策略方针上来，并且在解决各种问题时不言而喻应从每个国家的具体条件和特点出发，一般应避免在各党的内部组织问题上进行干预，"不要机械地把一国经验搬到他国去，不要用呆板的和一般的公式来代替马克思主义的分析"。这次会议实际上等于否定了斯大林的"孪生兄弟"理论和在各国党内推行"布尔什维克化"的教条主义做法。这次大会确定的建立广泛的人民阵线政策就是建立尽可能广泛的包括一切反法西斯阶级、阶层和力量的统一战线和联盟。

人民阵线政策的胜利特别符合卢卡奇从 1928 年起草《布鲁姆提纲》以来的思想和愿望。更为重要的是，这种政策不仅促使卢卡奇进一步发挥他的人民阵线思想，而且为其他方面的学术研究工作提供了政治保障。

由于法西斯主义对人类文明和进步的发展造成了最严重的威胁，卢卡奇较早地认识到法西斯主义和反法西斯主义是当时社会政治斗争的主要矛盾，因此，不是资本主义和社会主义的对立，而是"法西斯主义和反法西斯主义直接决定着社会和政治生活中的主要集团的划分"。[①] 随后，卢卡奇在一系列文章中为把反对法西斯主义的斗争作为各国人民的首要任务提供了令人信服的说明和理论依据，为揭露和反对法西斯主义、建立反法西斯的人民阵线做出了积极贡献。

卢卡奇首先从德国历史发展的实际情况出发，指出德国 16～20 世纪希特勒的法西斯统治走的是一条非民主的发展道路。即使它在经济发展上已超过英法等国的情况下，真正的资产阶级民主革命也没有进行过，

---

① 〔匈〕卢卡奇：《卢卡奇全集》第 4 卷，德国卢西特汉特出版社，1971，第 463 页。

资产阶级的民主原则也没有在德国实现。所以，德国在文明国家中是最缺乏革命民主传统的，德国"在真正有价值的民主革命的事件方面是很贫乏的"。① 因此，要用马克思主义恢复民主传统，继续反对和批判封建残余。正因为封建势力的根深蒂固，第一次世界大战后德国一些地区的无产阶级革命相继失败，魏玛共和国的形式民主也崩溃了，逐渐为法西斯主义的专制独裁所取代。卢卡奇尖锐地揭露了法西斯的残暴真相：希特勒政权妄图摧毁一切文化，压制任何不同意见，它对人们"写下的每一字，讲的每一句话，都要检查"。② 所以，卢卡奇断言法西斯主义是"帝国主义的野蛮性质"露骨表现出来的"最凶恶的顶峰"，它具有"敌视人民"的残暴性和欺诈性。他还进一步看到，在帝国主义时代，尤其是法西斯主义猖狂之时，普遍存在明显反对民主的倾向。不仅有垄断资产阶级及其政党的公开的反民主主义，也有自由主义的反民主倾向及对工人政党和工会机会主义一派的影响。此外，在革命的工人政党中还产生了一种来自"左"翼的批判和完全否定资产阶级民主的倾向。在这些反民主倾向的影响下，对反对帝国主义反动派和法西斯主义的反对派运动造成的危险是：从"左"而来的对资产阶级民主的批判转化为从右而来的批判，即从不满于资产阶级民主变为反对一切民主。

鉴于上述严重的反民主、非理性倾向，卢卡奇认为，反法西斯主义者从民主、理性的精神来对付反民主的、非理性的法西斯宣传，是正确的、进步的。他们必须对法西斯主义敌视人民的行径进行有效的揭露，必须保护人民的一切创造力量，必须证明："人类迄今完成的一切伟大的思想和伟大的行动都是在人民生活的土壤上成长的"。卢卡奇高度评价德国著名作家亨利希·曼是最进步的、最坚决的反法西斯作家的领袖，认为："他有远见地注视着德国人民的反法西斯野蛮性的革命斗争里显露出来的人性的、英勇的、文化上和人道主义方面非常重要的特征。"针对法西斯专制独裁和残暴统治，卢卡奇主张要以革命民主主义和人道主义精神来与之抗衡。为此就要执行人民阵线的政策，建立广泛的反法西斯统

---

① 〔匈〕卢卡契：《卢卡契文学论文集》第1册，中国社会科学院外国文学研究所外国文学研究资料丛刊编辑委员会编，中国社会科学出版社，1980，第94、110页。
② 〔匈〕卢卡契：《卢卡契文学论文选》第1卷，范大灿编选，人民文学出版社，1986，第173页。

一战线。卢卡奇指出:"人民阵线意味着为真正的人民性,为同自己人民整个的、在历史上形成的独特方式的生活取得多方面的联系而斗争,意味着找到方针和口号,这些方针和口号能从人民生活中唤起向往新的、政治上起作用的生活的进步倾向。"① 反法西斯人民阵线的形成,是一件有世界历史意义的大事。他特别强调:"随着法西斯主义的推进,民主反对派的人道主义在反法西斯斗争中的政治作用愈来愈大,社会性质愈来愈多。""革命民主主义精神又苏醒了"②,并成为十分迫切的问题。一切国家的人民阵线都在争取实现一种新型的民主主义。而且"只有反法西斯人民阵线的政策和由此产生的革新的革命民主主义精神,才有可能把人民争取解放的愿望变成正面形象"。③ 卢卡奇强调:"掌握了德国历史,德国的革命民主主义也就掌握了它的民族性的民族领导的地位。在科学和文学上证明革命民主主义是拯救德国的唯一道路,这是当前重大的任务。"④

但是,卢卡奇并不以反法西斯主义、保卫民主主义为最终目的。他明确指出,人民阵线的革命民主斗争,也不仅仅是保卫民主发展的现有成就,反对法西斯主义的或法西斯化的反动派的进攻。而且它也在保卫民主中越出这些界限,"赋予革命民主以新的、更高的、更发展的、更民主的和社会的内容"。这种新的发展预示着"一个新型的民主正在诞生"。人民阵线的英雄主义是"为了全体劳动人民的真正利益而斗争,是为了创造能够保障人类各方面发展的物质和文化生活条件"。所以,卢卡奇同时注意到革命民主主义和社会主义的密切关系,认为:"社会主义在世界历史上的现实性正表现在正视人民阵线的问题,每个正直的知识分子在实践上都要接触到的社会主义如何把人民从法西斯主义具体的或迫在眉睫的压迫中解放出来。"而一切社会主义问题的急迫的现实性,正好强调了复兴革命民主主义的巨大的政治实践意义。因为社会主义的现

---

① 参见〔匈〕卢卡奇《卢卡奇全集》第4卷,德国卢西特汉特出版社,1971,第342页。
② 〔匈〕卢卡契:《卢卡契文学论文集》第1册,中国社会科学院外国文学研究所外国文学研究资料丛刊编辑委员会编,中国社会科学出版社,1980,第98~99页。
③ 〔匈〕卢卡契:《卢卡契文学论文集》第1册,中国社会科学院外国文学研究所外国文学研究资料丛刊编辑委员会编,中国社会科学出版社,1980,第158页。
④ 〔匈〕卢卡契:《卢卡契文学论文集》第1册,中国社会科学院外国文学研究所外国文学研究资料丛刊编辑委员会编,中国社会科学出版社,1980,第118页。

实性正是意味着它的问题是从生活当中、从劳动群众的生动经验当中产生的，而且是为了实现符合劳动大众真正的现实的希望和体验的那些要求。"革命民主主义跟劳动人民各阶层的结合，同对待人民当前的客观上和主观上发展成熟程度的敏感性，是今日过渡时代最重要的因素之一。"卢卡奇认为，之所以更加应该强调这一点，是"因为在许多社会民主党的圈子里浮现出一种用空想的'计划经济'作为假激进的要求的规划花样，无政府主义的糊涂人和托派坏蛋利用立刻实现社会主义的口号，采取消灭人民阵线，从而阻碍最后真正走向社会主义高峰的反法西斯的革命斗争"。[①]

在第二次世界大战后的几年里，卢卡奇按照那时党的立场，反对资产阶级的表面民主，主张坚持人民阵线政策和进行人民民主的革命变革，通过一切民主力量的团结，清除过去统治阶级的物质特权、精神垄断以及反动派和法西斯主义的残余，挫败右的复辟企图，建立直接代表劳动人民的机构，建设具有平民内容的民主。而且，卢卡奇毫不怀疑，这一过渡形式的阶级内容（将来要导致过渡到社会主义），是工农政权。[②] 实践和历史证明了卢卡奇思想的远见卓识。

[①] 〔匈〕卢卡契：《卢卡契文学论文集》第 1 册，中国社会科学院外国文学研究所外国文学研究资料丛刊编辑委员会编，中国社会科学出版社，1980，第 102~103 页。

[②] 参见《匈牙利纪念卢卡奇一百周年诞辰提纲》，（匈牙利）《社会评论》1983 年第 8~9 期。

第六章　在文学艺术理论与文学评论领域对马克思主义的创造性运用

1931~1933 年，卢卡奇作为"无产阶级革命作家联盟"的负责人和"德国作家保护协会"柏林分会主席在柏林从事党的文化活动。他曾经同 R. 贝歇尔和 A. 科穆雅特一起共同起草《无产阶级革命作家联盟纲领草案》，用化名"凯勒"出席具有政治意义的公开集会，并在 1932 年召开的"无产阶级革命作家联盟"代表大会上做主题报告，在杜塞尔多夫、科隆和法兰克福做关于法西斯意识形态和文学理论的讲演。他还以著名文学理论家的身份参加"无产阶级革命作家联盟"机关刊物《左曲线》的工作。在这个刊物上除了发表一些论述萧伯纳、豪普特曼和歌德的文章，还发表了许多重要论文，如《维利·布莱德尔的小说》《倾向还是党性？》《报告还是塑造形象？》等，探讨了无产阶级文学的新作用。这一段时间的研究和实践使卢卡奇明显达到了"根本的哲学转变"。卢卡奇十分强调塑造人首先是"把辩证法运用于文学领域的问题"，但他的某些看法或主张也引起了一些争论。

从 1933 年 3 月来到莫斯科以后，卢卡奇主要在苏联科学院哲学研究所工作，同时参加当时苏联最高水平的理论刊物《文学评论》的编辑工作，也是《国际文学》杂志的经常撰稿人。从这时起，他集中精力专注于文学艺术评论和美学研究工作，这一工作持续到第二次世界大战后的很长一段时间。卢卡奇发表了一系列重要论文和著作，如《表现主义的"伟大和衰落"》《德国当代文学中的现实主义》《作为文学理论家和文学评论家的弗里德里希·恩格斯》《叙述还是描写？》《帝国主义时期人道主义抗议文学的一般特征》《19 世纪文学理论和马克思主义》《现实主义辩》《列夫·托尔斯泰和现实主义的发展》《安娜·西格斯和格奥尔格·卢卡奇之间的书信往来》《艺术家和评论家》《论现实主义的历史》《欧洲现实主义》《浮士德研究》《巴尔扎克和法国现实主义》《帝国主义时代的德国文学》《德国近代文学概述》《马克思和恩格斯美学论文集引言》《伟大的俄国现实主义》《歌德和他的时代》《现实主义论文集》《作为文学史家的卡尔·马克思和弗里希·恩格斯》《托马斯·曼》《艺术与客观真理》《关于文学中的远景问题》《社会主义社会中的批判现实主义》等。这些论著表明，这一时期卢卡奇的主导思想和主要成果就是尝试在文艺理论和文学评论领域里阐明、运用和发展马克思主义，反对斯大林及其追随者的教条主义。① 这种尝试所取得的大量成果奠定了卢卡奇在文艺理论和文学评论领域的突出地位。但是，也必须指出，在某些理论问题的争论上似乎卢卡奇也有某些较为偏颇的观点和看法。

第一节　文学艺术理论的开拓与深化

一　艺术——反映客观现实的特殊形式

卢卡奇确认马克思和恩格斯在《德意志意识形态》中关于个别的意识形态领域，包括艺术和文学，不是独立发展的，它们是物质生产力和阶级斗争发展的结果和表现形式的思想，并说"艺术是反映客观现实的一种特殊形式"。② 后来，他在谈到马克思主义的文学理论时又再次肯定了"文艺确实是反映客观现实的一种特殊形式"。在讨论现代艺术发展的理论、文学现象和世界观问题时，他强调关键问题是要认识到现实是"客观的、不以人的意识为转移，在实际上组成了一个整体"。③

在多年深入研究和进一步修正自己观点的基础上，卢卡奇越来越把自己关于文学和艺术的理论观点置于辩证唯物主义的反映论之上。他明确确认，任何一种对现实的正确认识，不管这是关于自然的，或是关于社会的，它的基础都是承认外在世界的客观性。也就是说，承认外在世界的存在是不以人的意识为转移的。任何一种对外在世界的看法，都不过是通过人的意识对不依赖于意识而存在的世界的一种反映而已。意识

---

① 参见杜章智编《卢卡奇自传》，社会科学文献出版社，1986，第226、303页。
② 〔匈〕卢卡契：《卢卡契文学论文集》第1册，中国社会科学院外国文学研究所外国文学研究资料丛刊编辑委员会编，中国社会科学出版社，1980，第1～2页。
③ 〔匈〕卢卡契：《卢卡契文学论文集》第2册，中国社会科学院外国文学研究所外国文学研究资料丛刊编辑委员会编，中国社会科学出版社，1980，第4～6页。

同存在的关系这一基本事实,当然也适用于现实的艺术反映。

　　反映的理论,是通过人的意识从理论和实践上掌握现实的所有形式的共同基础,因而它同样是关于现实的艺术反映理论的基础。① 然而,他同时强调,对马克思和恩格斯来说,破除被唯心主义夸大了的文学艺术的"独立性",绝不意味着承认庸俗、机械地把文学与政治宣传等同起来,因为"艺术是反映客观的一种特殊形式"。② 所以,文艺特别需要按照现实的本来面貌来把握现实。为此,卢卡奇特别强调了两点:一是"现实的客观总体问题起一种决定性的作用"。正如列宁所说:"要真正地认识事物,就必须把握住、研究清楚它的一切方面、一切联系和'中介'。我们永远也不会完全做到这一点,但是,全面性这一要求可以使我们防止犯错误和防止僵化。"③ 卢卡奇在这里特别强调的是"全面性的要求"。二是"认识现象和本质之间的真正的辩证统一"。卢卡奇指出:"对'表面'现象在艺术上进行形象的、身临其境的描写,描写要形象地、不外加评论地展现出所描写的生活范围中的本质和现象之间的联系。"④

　　后来,卢卡奇更为集中、概括性地阐明了艺术是反映客观现实的一种特殊形式:艺术创造虽然归属于辩证唯物主义的一般认识论,但它也"有自己的特点,它是特殊和特别的部分,因而往往有与别的部门迥然不同的规律在其中起作用"。他强调:"艺术的任务就是对现实整体进行忠实和真实的描写,但它远非是照相式的复写,也远非是抽象形式的空洞游戏。"真正的艺术总是向更深和更广追求,它竭力从整体的各个方面去把握生活。这就是说,它竭尽所能往深处突进,去探索那些隐藏在现象背后的本质因素;但它并不把它们从现象中抽象出来,与现象对立起来描写,相反它恰恰要去塑造那生动的辩证过程,在这个过程中本质转化为现象并在现象中显示着自己;它还塑造着这个过程的那个侧面,即现象在运动过程中揭示着自己的本质。在特殊的艺术表现形式中,一般、

---

① 〔匈〕卢卡奇:《卢卡奇著作集》第4卷,德国卢西特汉特出版社,1971,第607~608页。
② 〔匈〕卢卡契:《卢卡契文学论文集》第1册,中国社会科学院外国文学研究所外国文学研究资料丛刊编辑委员会编,中国社会科学出版社,1980,第2页。
③ 《列宁专题文集　论辩证唯物主义和历史唯物主义》,人民出版社,2009,第314页。
④ 〔匈〕卢卡契:《卢卡契文学论文集》第2册,中国社会科学院外国文学研究所外国文学研究资料丛刊编辑委员会编,中国社会科学出版社,1980,第6~7页。

特殊和个别辩证地结合成一个运动的统一体。与科学把这种运动分解为抽象要素并努力在思想上去把握这些要素之间相互作用的规律性相反，艺术则把这种运动作为生动的统一体的运动变成感性的观照。

卢卡奇在《艺术与客观真实》一文中更明确、更系统、更集中地描绘了艺术反映现实的特殊性质。他指出，与科学反映不同，"每一种伟大艺术的目标都是要提供一幅现实的画像，在那里现象与本质、个别与规律、直接性与概念等的对立都消除了，以致两者在艺术作品的直接印象中融合成一个自发统一体，对接受者来说是一个不可分割的整体"。①

由此，卢卡奇指出："每部艺术作品必须提供一种独立的、本身是完整和完善的联系，而且这种联系的运动和结构是直接地显现出来的。这种直接显现的必要性，恰好在文学中最清楚不过地表现出来。例如，一部小说或一个剧本的实际的最深刻的联系，只是在结尾才显露出来。只是结尾才完全真正说明了开头，这是文学作品的结构和效果的本质之所在。"②

伟大艺术家及其作品都有其非凡的突出之处：他们的朴素唯物主义（尽管他们的世界观常常部分或整个是唯心主义的）正好表现在"他们总是清楚地描写出了他们所刻画的人物的意识得以产生和进一步发展的实际存在的前提和条件"。"每一部伟大的艺术作品都以这样的方式创造一个'自我世界'。人物、环境、情节、发展等等，都具有一种特殊的、与任何别的艺术作品有别的、与日常现实完全不同的性质。艺术家越是伟大，他的创作力越是明显地渗透到艺术作品的一切因素之中，艺术作品的这个'自我世界'在一切细节里就表露得更加准确。"但是，这样来规定艺术作品的特性绝没有抛弃它作为现实反映的性质，而只是鲜明地突出了艺术反映现实的特性和特殊性。艺术作品表面的独立性，它同现实表面的不可比拟性，正是建立在艺术反映现实的基础之上的。艺术所产生的效果，使接受者完全沉浸在艺术作品的效果之中，他全神贯注地研究艺术作品的那个"自我世界"的特性，这一切正是"建立在艺术

---

① 《马克思主义文艺理论研究》编辑部编选《马克思主义文艺理论研究》第 2 卷，文化艺术出版社，1989，第 429 页。
② 《马克思主义文艺理论研究》编辑部编选《马克思主义文艺理论研究》第 2 卷，文化艺术出版社，1989，第 429~430 页。

作品提供了一个按其本质比接受者平常所占有的更忠实、更完全、更生动、更灵活的现实反映基础上,建立在艺术作品能引导接受者在他自己经验的基础上,在集中和抽象地迄今为止对现实的复制的基础上,超越这些经验的界限,向着更具体地认识现实的方向前进"。① 所以,艺术作品是生活过程的运动和具体灵活联系的反映。

在卢卡奇看来,现实的科学反映与艺术反映之间的重要区别就是,个别的科学认识(如规律等)并不是彼此独立存在的,而是形成一个相互联系的体系。而且,科学越发展,这种联系就越紧密。但是,每一部艺术作品都必须是独立存在的。当然,艺术也在发展,其发展也有客观联系,而且连同它的一切规律都是可以认识的。但是,艺术的发展——作为社会普遍发展的一部分——的这种联系,并未抵消这样的事实:艺术作品只是由于它具有独立性,它具有独立地发生作用的能力,才成为艺术作品。②

卢卡奇认为,艺术作品的独立性在于,它的目标是表现列宁说过的生活中的那种"奥妙"、那种丰富和那种无穷尽性,并在灵活的反映中使之栩栩如生。它力求把在客观现实中客观地构成这样一个事件或一组事件原因的所有本质规定,以塑造的方式囊括到它的表现中。而这种用塑造来囊括的意思,就是所有的规定都是作为行动着的人物的个人特性、作为所表现的环境的特殊性质等而出现的,因而也就是在个别与一般的感性直接的统一之中出现的。由于艺术家"把这些个别的人和环境塑造成为典型的人和环境(个性和典型的统一),由于他使人们直接地感受到生活最大限度丰富的客观规定是有个性的人和环境的个别特征,他的'自我世界'就产生出来。正因为这个'自我世界'在整体上和它的细节中都提高和超过了人对生活进程平常的反映,所以它是运动着的生活整体的反映,是生活作为过程和总体的反映"。③

但是,这样来塑造生活中的"奥妙",这样来塑造生活中的超过一般经验的丰富性,只是艺术反映现实这种特殊形式的一个方面。如果只是这样,艺术作品就不会感动人,而是使人迷惘,正像在生活本身之中

---

① 〔匈〕卢卡奇:《卢卡奇著作集》第 4 卷,德国卢西特汉特出版社,1971,第 617~618 页。
② 〔匈〕卢卡奇:《卢卡奇著作集》第 4 卷,德国卢西特汉特出版社,1971,第 619~620 页。
③ 〔匈〕卢卡奇:《卢卡奇著作集》第 4 卷,德国卢西特汉特出版社,1971,第 621 页。

出现这样一些情况一般来说会使人不知所措一样。因此,在这种丰富性之中,在这种"奥妙"之中,同时出现扬弃或改变原来的抽象的新规律,就是必然的了。这也是客观现实的一种反映。因为新的规律绝不是搬到生活之中的,而是通过反思、比较等,从生活的新现象中提取出来的。

然而,卢卡奇还看到,艺术作品发生效果的自相矛盾之处在于,我们把艺术作品当做摆在我们面前的现实而委身于它,承认它是现实,并且当做现实来接受它。虽然我们始终准确地知道,它并不是现实,而只是反映现实的一种特殊形式而已。因此,艺术作品所产生的幻觉,审美假象,是建立在艺术作品的独立性上面,即艺术作品在其整体上反映了生活的总过程,而不是在其细节上反映生活的个别现象。

卢卡奇虽然认为,艺术创作也是人的意识对外在现实客观世界反映的一种方式,但是,艺术所反映的现实既不应该是现实的表面现象,也不应该是脱离了物质现实的空洞抽象的东西。艺术所反映的东西应是现实中深刻的本质因素,而这些本质因素又是在与现象的辩证统一之中表现出来的。艺术只有反映了这样的现实,它才具有客观性。

卢卡奇进一步指出:"艺术反映现实的客观性建立在正确反映总联系的基础之上。""艺术作品中的细节,只有当它是正确反映客观现实总过程的一个必要因素的时候,它才是生活的正确反映,不管它是由艺术家在生活中观察到的,还是运用艺术家的幻想从直接或间接生活经验出发创造出来的,都是一样的。"为使偶然的东西同必然处于正确的联系之中,必然性就必须在偶然性本身之中,也就是在细节本身之中已经内在地发生作用。因此,卢卡奇指出:"细节一开始就必须这样来选择和塑造,即同整体的这种联系在它那里内在地起着作用。这样来选择和安排细节仅仅以艺术客观地反映现实为基础。"① 所以,艺术作品的客观性或真实就不是仅仅现象的真实,而是在现象与本质相统一基础上的真实,即艺术真实。它高出生活现象,但又未脱离生活本身;它反映生活的本质,但又不是抽象地表现出来的。

最伟大的艺术作品的朴实,不仅说明了内容与形式相互转化这个问

---

① 〔匈〕卢卡奇:《卢卡奇著作集》第4卷,德国卢西特汉特出版社,1971,第621页。

题本身，同时也说明了这种转化的意义，即证明了艺术作品的客观性。一部作品越是"朴实"，它越是仅仅作为生活、自然而起作用，那么，这部作品就越是清楚地表明，它就是它那个时代的集中反映，它的形式所起的作用仅仅是表现这种客观性，仅仅是最明确最具体地反映推动生活运动的矛盾。马克思对产生艺术形式的社会条件所做的历史分析，就是以艺术形式的客观性的观点为基础的。马克思说："但是，困难不在于理解希腊艺术和史诗同一定社会发展形式结合在一起。困难的是，它们何以仍然能够给我们以艺术享受，而且就某方面说还是一种规范和高不可及的范本。"① 卢卡奇认为，这段话极为清楚地说出了艺术形式的客观性问题。所以，卢卡奇特别强调"为艺术的客观性问题而斗争"。在他看来，客观性是一切伟大艺术的基础。像莎士比亚、塞万提斯、巴尔扎克、托尔斯泰这样伟大的作家，他们基本创作方法的"秘密正好在于客观性，就是灵活而又生动地反映时代以及它的一切最本质特征之间的灵活的联系，就是内容与形式的统一，就是形式作为客观现实最普遍联系的最集中反映的客观性"。

为了说明客观性是衡量一切艺术作品的真正美学标准，卢卡奇特别引用了列宁的一段名言："马克思主义这一革命无产阶级的思想体系赢得了世界历史性的意义，是因为它并没有抛弃资产阶级时代最宝贵的成就，相反却吸收和改造了两千多年来人类思想和文化发展中一切有价值的东西。"② 对此，卢卡奇强调，列宁在这一段话中说的"最宝贵的"和"有价值的"是同一个词"有价值的"，这种重复清楚地表明"我们只是把艺术迄今为止的发展中有价值的东西看作我们的遗产"，而且，"按照列宁的观点，存在着而且必然存在着衡量什么是有价值的和为什么是有价值的客观标准"。这个标准就是客观性。正是由于长期忽视这个问题，才造成我们理论上的落后。

正因为客观性是衡量一切艺术作品的真正美学标准，所以，卢卡奇才始终坚持文学艺术的客观性。但是，他反对用机械唯物主义和唯心主义的观点对待这种客观性问题，因为前者认为只有像照相那样机械地复

---

① 《马克思恩格斯文集》第 8 卷，人民出版社，2009，第 35 页。
② 《列宁专题文集 论社会主义》，人民出版社，2009，第 167 页。

制了直接现实的艺术作品才算有客观性,后者则认为只有艺术家幻想的产物才算真正富有诗意,因而只有它才是唯一真实和实在的东西。但是,这两种虚假对立的倾向只是从不同的方向走向了主观主义。而把内容和形式割裂开来,对立起来,无论是脱离了内容只强调形式,还是脱离了形式只强调内容,都是错误的,两者都违背了艺术的客观性原则,都"具有主观主义性质"。

不过,卢卡奇强调艺术的客观性,并不意味着低估作家在艺术创作中的主观能动作用。如果艺术创造的主观能动性在作品中将社会过程提高到自觉的高度,使人能从形象上感觉它、体验它,从而看到了艺术创作主观的创造性劳动的最大价值,那么这就不是对艺术创作的主观能动性的低估,相反,这倒是对它一种前所未有的合理的高估。

卢卡奇同时指出,马克思主义意义上的客观性也并"不意味着对社会现象采取不偏不倚的态度"。卢卡奇指出:"伟大的艺术家并不描写静物静态,而总是探索过程的方向和速度,所以作为艺术家他必须去理解这过程的性质;而正是在进行这样一种认识的过程中就已经包含着某种立场了。"那种认为艺术家似乎是超然于社会运动之上的看法,"充其量也不过是一种幻想,一种自我欺骗,在多数情况下不过是在伟大的生活和艺术问题面前采取逃避的态度而已。没有一个伟大的艺术家在描写现实的同时不流露出他自己的看法、渴望和追求"。[①]

艺术家在创作时从选材开始就已经包含了他对现实的态度。"艺术家偏偏把生活中的这个因素而不是别的因素选作典型的特殊作为他描写的对象,没有态度是不可能做到的。"任何伟大的作品所包含和表现出来的作者的立场、态度和追求,就是作品的倾向性。卢卡奇指出,从表面来理解,倾向就是艺术家想用他的艺术作品来证明、传播、解说某一种政治主张或社会主张。

卢卡奇认为,马克思反对一些艺术家直截了当地用整部作品或者作品中个别人物来表达他们自己的观点,以至于人物失去充分展开其能力的真正可能性。不过,马克思和恩格斯对所谓的"倾向文学"的指责远

---

① 〔匈〕卢卡契:《卢卡契文学论文集》第 1 册,中国社会科学院外国文学研究所外国文学研究资料丛刊编辑委员会编,中国社会科学出版社,1980,第 294 页。

非意味着真正的文学没有倾向，特别是因为，"客观现实本身……是一个发展的过程，它本身就或多或少地带着某种深度的各种倾向，首先它有它自己的基本倾向"。他们充分肯定伟大的文学是有倾向的。

所以，恩格斯强调："倾向应当从场面和情节中自然而然地流露出来，而无须特别把它指点出来；同时我认为，作者不必把他所描写的社会冲突的历史的未来的解决办法硬塞给读者。"① 卢卡奇由此得出结论：恩格斯的话清楚地表明，"倾向只有当它有机地从作品的艺术本质，从艺术表述"，也就是说，"从现实本身中（而倾向正是现实的辩证反映）显露出来时，才能和艺术相容，或者才能帮助产生出伟大的作品"。而一个想成为真正艺术家的文学创作者必须对之采取立场的那些基本倾向，"都是些有关人类进步的大问题"。所以，"倾向是存在于所表现的题材内部的伟大的社会发展的倾向，它与社会实践，与作家对这些伟大的社会历史斗争所持的历史的、斗争的态度，有着最大的联系"。倾向"只不过揭示出所描写的生活素材的最深刻的内容以及它们自身的客观真理，而绝不应该成为一种或多或少与这种生活素材无关的主观的附加物"。② 艺术作品的倾向，是"由艺术作品所描写的世界的客观联系表现出来的"，因而也是"以艺术反映现实为中介的现实本身的语言，而不是赤裸裸地、公开地表现为主观评论和主观结论的作者的主观见解"。③

二 文学艺术与经济基础之间的不平衡发展

至少从20世纪30年代起，当卢卡奇开始转向研究和评论文学艺术作品时，它们与经济基础的关系问题就成了他探讨的另一个根本性问题。从一开始他就强调严格遵循马克思的观点，正确地理解经济基础与上层建筑之间的关系，到20世纪四五十年代已形成比较系统的观点。

早在1935年的《作为文艺理论家和文艺批评家的弗里德里希·恩格斯》一文中，卢卡奇就认为，马克思恩和格斯关于要辩证地理解经济基

---

① 《马克思恩格斯文集》第10卷，人民出版社，2009，第545页。
② 〔匈〕卢卡契：《卢卡契文学论文集》第1册，中国社会科学院外国文学研究所外国文学研究资料丛刊编辑委员会编，中国社会科学出版社，1980，第29、34页。
③ 《马克思主义文艺理论研究》编辑部编选《马克思主义文艺理论研究》第2卷，文化艺术出版社，1989，第434页。

础与上层建筑之间关系的基本观点,既肯定他们关于艺术和文学是物质生产力和阶级斗争发展的结果和表现形式,但也必须在两条战线作战,以此来破除被唯心主义夸大了的文学艺术的"独立性",绝不意味着承认庸俗、机械地把文学与政治宣传等同起来;同时反对把历史唯物主义歪曲成为一种"经济主义","简单机械地、庸俗地、非辩证地和直接地从常常是被简单化了的经济事实中去引申出思想和文学作品来"。[①]

后来,卢卡奇进一步在《马克思、恩格斯美学论文集引言》中形成了把历史唯物主义运用于文学艺术评论及文学艺术与上层建筑的关系和二者不平衡发展的系统观点。卢卡奇明确指出:"一切事物的发展都为社会生产的全部历史行程所决定",因而"只有在这个基础上,各个领域内出现的变化、发展才能得到科学的解释"。正是以此为根本依据,卢卡奇进一步断言:"历史唯物主义在经济基础中看到了规定方向的原则,看到了起决定作用的历史发展的规律性。与此相联系,各种意识形态——其中包括文学和艺术——在发展中仅仅是起着次要作用的上层建筑。"然而,卢卡奇同时也强调,马克思和恩格斯"从来都没有否认过人类生活中各个个别活动领域(法律、科学、艺术等)有着相对独立的发展",他们"所反对的,只是那种认为科学或艺术的发展能够完全或者主要从它们的内在关系来进行解释的观点。这种内在关系在客观现实中无疑是存在的,但是它们仅仅作为一些历史关系的因素,作为历史发展整体中的因素而存在。在这整体中,经济的原因,也就是生产力的发展,在错综复杂的相互作用中起着第一性的作用"。文学艺术是社会生活的一部分,因而文学的存在和本质、产生和影响也只有放在整个体系的总的历史关系中才能得到理解和解释。所以,我们"在历史唯物主义中可以找到马克思主义美学和文学艺术史的最普遍的原则"。借助历史唯物主义,"可以科学地解释文学艺术的起源、它们发展的规律性、它们在整个过程中的转变、兴盛和衰亡"。由此,卢卡奇认识到正确理解历史唯物主义是马克思主义文学艺术理论中的关键问题,所以"必须特别清楚地划清"真正的马克思主义与庸俗马克思主义的界限,"因为正是在这一领域里,

---

① 〔匈〕卢卡契:《卢卡契文学论文集》第1册,中国社会科学院外国文学研究所外国文学研究资料丛刊编辑委员会编,中国社会科学出版社,1980,第1~2、25页。

这种庸俗化把马克思主义的名声糟蹋得最为严重"。①

一种较为常见的庸俗观点就是认为在经济基础和上层建筑之间存在简单的因果关系：前者仅仅是原因，后者仅仅是结果：上层建筑是生产力发展的机械的、从原因中产生出来的结果。与此相反，卢卡奇认为："这样的关系从辩证法看来是根本不存在的。辩证法否认在世界上存在任何单方面的因果关系；连在最简单的事实里也可以看到原因和结果复杂的相互作用。而历史唯物主义则特别鲜明地强调，像社会发展这样一个多层次的、多方面的过程中，社会和历史发展的总过程处处都是相互作用复杂地交织在一起的。"只有用这样的方法才有可能正确地去阐明意识形态问题。"谁要是把各种意识形态看作形成它们的基础的经济过程的机械和消极的产物，那么他就丝毫没有懂得它们的本质和发展，他就不能代表马克思主义，而只是在丑化它、歪曲它。"②

为了说明这一点，卢卡奇特别引用了恩格斯的一段话："政治、法、哲学、宗教、文学、艺术等等的发展是以经济发展为基础的。但是，它们又都互相作用并对经济基础发生作用。这并不是说，只有经济状况才是原因，才是积极的，其余一切都不过是消极的结果，而是说，这是在归根到底不断为自己开辟道路的经济必然性的基础上的相互作用。"③ 与对这一段话的简单、机械的理解大相径庭，卢卡奇由此推论说："主观的创造力，主观的活动在历史的发展中能起非常伟大的作用。"④

既然人通过其主观的创造力，通过劳动在历史的发展中起着非常伟大的作用，那么，"人类的精神活动在它的每一领域中都具有一定的相对独立性。这种情况在艺术和文学中尤其如此。每一个这种活动领域，每一个部门——通过创造着的主观——都在自己发展着，并与自己的先前的创造物直接相联系"。"这种独立性是相对的，它绝没有否定经济基础起第一位作用。可是远不能由此得出，那种认为精神生活每一部门都在

---

① 〔匈〕卢卡契：《卢卡契文学论文集》第1册，中国社会科学院外国文学研究所外国文学研究资料丛刊编辑委员会编，中国社会科学出版社，1980，第274~275页。
② 〔匈〕卢卡契：《卢卡契文学论文集》第1册，中国社会科学院外国文学研究所外国文学研究资料丛刊编辑委员会编，中国社会科学出版社，1980，第276页。
③ 《马克思恩格斯文集》第10卷，人民出版社，2009，第668页。
④ 〔匈〕卢卡契：《卢卡契文学论文集》第1册，中国社会科学院外国文学研究所外国文学研究资料丛刊编辑委员会编，中国社会科学出版社，1980，第276页。

自己向前发展的主观信念仅仅是一种幻觉。这种独立性在发展的本质中，在社会分工中，都有着客观的根据。"① 恩格斯曾经对这个问题写道："从事这些事情的人们又属于分工的特殊部门，并且认为自己是致力于一个独立的领域。只要他们形成社会分工之内的独立集团，他们的产物，包括他们的错误在内，就要反过来影响全部社会发展，甚至影响经济发展。但是，尽管如此，他们本身又处于经济发展的起支配作用的影响之下。"②

卢卡奇不同意某些人的只是对经济的首要作用做公式化的机械理解，为此他特别引用了恩格斯的下面一段话："经济发展对这些领域也具有最终的至上权力，这在我看来是确定无疑的，但是这种至上权力是发生在各个领域本身所规定的那些条件的范围内：例如在哲学中，它是发生在这样一种作用所规定的条件的范围内，这种作用就是各种经济影响（这些经济影响多半又只是在它的政治等等的外衣下起作用）对先驱所提供的现有哲学材料发生的作用。经济在这里并不重新创造出任何东西，但是它决定着现有思想材料的改变和进一步发展的方式，而且多半也是间接决定的，因为对哲学发生最大的直接影响的，是政治的、法律的和道德的反映。"③ 由此卢卡奇推论道，恩格斯在这里说的关于哲学的话"也完全适用于文学发展的基本原则。具体分析起来，每一种发展都有它特殊的性质；不能把在两个发展过程中看到的平行发展和相似的现象作为普遍公式到处机械地加以套用；各个领域的发展——在总的社会发展规律范围之内——都有它自己的特殊性质、特殊规律"。

卢卡奇接着从文学艺术的相对独立性中又进一步具体得出上层建筑（包括意识形态）与经济基础发展不平衡规律的结论："历史唯物主义——在这里也与庸俗马克思主义截然对立——认为，各种意识形态的发展并不是机械和必然与较高的社会发展相平行的。马克思、恩格斯写的关于原始共产主义和阶级社会的历史，并不表明每一次经济、社会的繁荣必然带来文学、艺术、哲学等的繁荣；一个较高级的社会比一个低级的社

---

① 〔匈〕卢卡契：《卢卡契文学论文集》第1册，中国社会科学院外国文学研究所外国文学研究资料丛刊编辑委员会编，中国社会科学出版社，1980，第277~278页。
② 《马克思恩格斯文集》第10卷，人民出版社，2009，第599页。
③ 《马克思恩格斯文集》第10卷，人民出版社，2009，第600页。

会并非必然有更发达的文学、艺术、哲学。""一个国家在经济上可以比周围的国家远远落后,然而在哲学领域内这个国家的文化可以遥遥领先。"① 恩格斯曾经指出这一事实:"经济上落后的国家在哲学上仍然能够演奏第一小提琴:18世纪的法国对英国来说是如此(法国人是以英国哲学为依据的),后来的德国对英法两国来说也是如此。"②

卢卡奇特别强调,马克思在阐述主要针对着文学的这个思想时,他的措辞就更鲜明,更肯定了。他说:"关于艺术,大家知道,它的一定的繁盛时期决不是同社会的一般发展成比例的,因而也决不是同仿佛是社会组织的骨骼的物质基础的一般发展成比例的。例如,拿希腊人或莎士比亚同现代人相比。就某些艺术形式,例如史诗来说,甚至谁都承认:当艺术生产一旦作为艺术生产出现,它们就再不能以那种在世界史上划时代的、古典的形式创造出来。因此,在艺术本身的领域内,某些有重大意义的艺术形式只有在艺术发展的不发达阶段上才是可能的。如果说在艺术本身的领域内部的不同艺术种类的关系中有这种情形,那么,在整个艺术领域同社会一般发展的关系上有这种情形,就不足为奇了。"③卢卡奇认为,马克思的这一历史发展的观点帮助真正的马克思主义者"排除了任何公式化、任何简单类比和机械并列"。而这个发展不平衡的原则在各种意识形态的历史的某一领域某一时期如何表现,则是一个具体的历史问题,马克思主义只能用对具体情况做具体分析的办法来回答。

在卢卡奇看来,马克思这句话的实质就是对文学艺术的具体发展状况,要根据具体的历史条件做具体分析,下功夫把它们的特殊性确定下来,解释明白。这也是卢卡奇研究文学艺术时使用的基本方法。与此同时,他强调:"马克思和恩格斯一生都在反对他们的所谓'学生'搞简单化和庸俗化的观点。这些人用一种基于纯粹杜撰的推论和类比所制造的历史观来代替对具体的历史过程做具体分析,用机械的关系来排斥复杂、具体的辩证关系。"卢卡奇高度评价恩格斯对"对具体历史过程做

---

① 〔匈〕卢卡契:《卢卡契文学论文集》第1册,中国社会科学院外国文学研究所外国文学研究资料丛刊编辑委员会编,中国社会科学出版社,1980,第278~279页。
② 《马克思恩格斯文集》第10卷,人民出版社,2009,第599页。
③ 《马克思恩格斯文集》第8卷,人民出版社,2009,第34页。

具体分析"这一方法的"杰出应用"。①

马克思和恩格斯"总是把他们的注意力主要集中在现、当代发展的最根本特征的探索和发现上"。正是从这一点上来考察马克思主义的文艺观，卢卡奇"更清楚地认识到发展不平衡原则对研究某一时期的特点是何等重要"。资本主义生产方式无疑是阶级社会发展最高的经济阶段。按照马克思的看法，正因为这样，所以毫无疑问这种方式从本质上就不利于文学艺术的发展。从整体的观点来看，马克思更深入地探讨了问题的本质，证明了资本主义的所有范畴"都必定表现为物化形式，并用物化形式来掩盖它们真实的本质，即人与人的关系。这种把人的存在的基本范畴颠倒必然导致资本主义社会的拜物教化。在人的意识中世界显得与它实际的样子完全不同，它的结构被歪曲了，它从它真实的关系中被拆开来"。对此，卢卡奇强调，人道"属于每一种文学、每一种艺术的本质"。每一种好的文学艺术，如果它热衷于研究人和维护人的人性完整，它也必定是人道主义的。而就人压迫人、人剥削人的倾向来说，"在任何别种社会中都没有像在资本主义社会中那样采取如此非人的形式"，所以一切真正的艺术家、一切真正的作家，"对人道主义原则之被践踏总是本能的敌人"。"马克思从分析歌德和莎士比亚的人物出发，强调了金钱的反人道、对人的本质歪曲颠倒的作用"：金钱使一切人和自然的性质颠倒混乱，它这种神力包含在它的本质中，即包含在人的异化了的、外化着的和自我出让着的类本质中。人及其一切本质力量办不到的，都可以用金钱来办到。"金钱把每一种本质力量都变成它原来所不是的东西，即转化为它的反面。"此外，资本主义生产秩序对艺术的敌视还从资本主义分工中显示出来。"敌视文化的资本主义生产方式要把人肢解、把具体的整体肢解成抽象的特殊物。""马克思和恩格斯从不否认资本主义生产方式的进步性，但同时也无情地揭露它一切违反人性之处。"②

总之，真正掌握对具体情况做具体分析这一马克思主义的精髓，唯物辩证地理解和阐明文学艺术与经济基础的关系及其二者不平衡的发展，

---

① 〔匈〕卢卡契：《卢卡契文学论文集》第 1 册，中国社会科学院外国文学研究所外国文学研究资料丛刊编辑委员会编，中国社会科学出版社，1980，第 280 页。
② 〔匈〕卢卡契：《卢卡契文学论文集》第 1 册，中国社会科学院外国文学研究所外国文学研究资料丛刊编辑委员会编，中国社会科学出版社，1980，第 282~283 页。

不仅使马克思主义文艺思想同资产阶级唯心主义文艺观划清了界限，而且有助于真正的马克思主义者排除"任何公式化、任何简单类比和机械并列"的错误。

第二节 现实主义的阐明、争论与深化

卢卡奇从文学艺术方面接触现实主义问题始于20世纪30年代初到苏联的这一段时期。一方面，他的好友里夫希茨编选的《马克思、恩格斯论艺术》一书促使他深入地研究马克思主义的文艺观，尤其是现实主义问题；另一方面，苏联文学艺术界也面临十月革命后如何在这一领域里运用马克思主义思想来创造新文化以及如何评论它的问题。

正是在种背景下，卢卡奇先是通过研究马克思、恩格斯同拉萨尔关于济金根争论的通信，初步认识到马克思和恩格斯对文学和艺术问题有深刻的理解，并在《马克思和恩格斯同拉萨尔关于〈济金根〉的论争》一文中指出："与新的民主相符合的文学就是现实主义文学。"① 这是卢卡奇第一次明确提出和强调现实主义的地方。1933~1934年，卢卡奇曾经在《布鲁姆提纲》的理论基础上构思他的《伟大的现实主义》一书，并开始发表研究和阐明现实主义问题的文章。这是他从20世纪30年代就已具有并在后来又得到充分具体阐发文学艺术观的突出特点。这种观点既不同于卢那察尔斯基、沃朗斯基等人极力主张的真实，即真实至上，即使这种真实有可能同党的期望相矛盾的文学艺术观，也不同于"无产阶级文化派"，尤其是它的有关组织"俄罗斯无产阶级作家联合会"（简称"拉普"）无视资产阶级文化的成就，且又断言"摧毁形形色色的资产阶级和小资产阶级文学任务已经势在必行"的观点。

1934年第一次全苏作家代表大会通过了以社会主义现实主义作为文学创作的指导原则。但是，当时对社会主义现实主义的理解和强调的重点仍有所不同，布哈林认为社会主义现实主义是"一切超自然的、神秘的和属于彼岸世界的唯心主义的敌人"，因而强调社会主义现实主义中的

---

① 〔匈〕卢卡契：《卢卡契文学论文集》第1册，中国社会科学院外国文学研究所外国文学研究资料丛刊编辑委员会编，中国社会科学出版社，1980，第321页。

现实主义成分，而高尔基和日丹诺夫则强调其中的浪漫主义成分。

卢卡奇是当时最为关注现实主义问题的人物之一，就此发表的研究论著也许是最多的。《现实主义辩论》《欧洲现实主义研究》《社会主义社会中的批判现实主义》可以说是这个方面的代表作。由于他在这一问题上发表了数量可观的文章，所以德国在出版卢卡奇著作集时，"现实主义问题"竟占了其中的三、四、五卷之多。卢卡奇虽然完全赞同社会主义现实主义，但他对此的发挥和强调的重点又与上面两种观点有所差别，大致介于二者之间，有其独到之处。

卢卡奇在《作为文艺理论家和文艺批评家的弗里德里希·恩格斯》一文中特别强调：马克思和恩格斯揭露了德国真正的社会主义者们言之无物、空话连篇的唯心主义，想要跳越资产阶级革命阶段，把攻击的矛头片面地单单指向自由资产阶级，迫不及待地用这种方法来充当各邦专制政府、僧侣和容克地主的帮凶，其真实目的就是"保存德国的现存制度"。① 在他们看来，"忠于现实，热烈追求着把现实全面和真实地重现——这对一切伟大作家来说是衡量其创作伟大程度的真正标准"。"同人民生活保持活跃的联系，使群众自己的生活实践朝着进步方向继续发展——这就是文学的伟大社会使命。"②

卢卡奇明确指出，伟大的现实主义作家的不朽创造力正是基于文学是客观现实的反映这一点。法国批判现实主义的伟大代表巴尔扎克把现实主义的创作方法推到了一个新的阶段。他的作品生动地刻画了19世纪前半期法国封建主义和资本主义交替的历史时期金钱逐渐取代贵族头衔的复杂过程，借助于社会和物质环境的描写来刻画人物性格的独特手法，揭示了这一社会过渡中各阶层人民受到的痛苦，以及必然伴随着社会各方面的变化而来的道德和精神上的极度堕落，而这种变化在社会上又是不可避免的。所以，马克思和恩格斯都曾给予巴尔扎克以很高的评价。马克思认为巴尔扎克是一位"对现实关系具有深刻理解"的著名作家。恩格斯称巴尔扎克的"伟大的作品是对上流社会必然崩溃的一曲无尽的

---

① 〔匈〕卢卡契：《卢卡契文学论文集》第1册，中国社会科学院外国文学研究所外国文学研究资料丛刊编辑委员会编，中国社会科学出版社，1980，第10页。
② 〔匈〕卢卡契：《卢卡契文学论文集》第2册，中国社会科学院外国文学研究所外国文学研究资料丛刊编辑委员会编，中国社会科学出版社，1980，第32页。

挽歌"。所以，卢卡奇认为，无产阶级作家应遵循恩格斯所指出的伟大的现实主义道路以及那种寻求揭示和描写现实的方法，否则，将是"一种令人惊异的误解"。①

卢卡奇敏锐地看到，切实运用现实主义手法，越来越强烈地上升为必然的日常要求。他强调要理解真正的现实主义的含义。他指出，恩格斯要求"每个人都是典型，但同时又是一定的单个人，正如老黑格尔所说的，是一个'这个'，而且应当是如此"。② 在卢卡奇看来，恩格斯还把他的要求具体归纳成一个现实主义的广泛定义："据我看来，现实主义的意思是，除细节的真实外，还要真实地再现典型环境中的典型人物。"③ 据此卢卡奇认为，这种"对现实主义所做的概括的、在历史观和辩证法上正确的理解，完美地表达了艺术是客观现实的反映，因而它本身就要求客观的真实性。从这种理解出发，自然就得出这样的结论，莎士比亚是现实主义文学的最伟大的典范。在莎士比亚的作品中，人类活动的伟大的、永恒的、典型的主题与这种活动的最大限度地个性的具体化是结合在一起的"。

因此，真正伟大的现实主义，"只有当它确实包括了社会的各个阶层，突破了历史和社会的'官方的'见解，并且生动、形象地抓住了那些实行了真正的社会变革，创造了真正的新型人物的社会阶层和社会潮流时，才能做到这一点。当伟大的现实主义者进入这样的深度，并且把这个深度形象地表现出来时他才完成了文学的真正本来的、真正创造性的任务"。④ 现实主义作家把活生生的客观现实刻画得既深刻又真实，以至于后来的实际发展都证实了他们的描写。

为了说明什么是人民性这一问题，卢卡奇首先把它同遗产问题联系起来加以考察。在他看来，在同人民生活的每一种活生生的关系中，遗产意味着进步的变化过程，意味着在人民痛苦和欢乐的经历中，对活跃的创造力量真正的继承、扬弃、保存和提高。同遗产保持着活跃的关系，

---

① 〔匈〕卢卡契：《卢卡契文学论文集》第1册，中国社会科学院外国文学研究所外国文学研究资料丛刊编辑委员会编，中国社会科学出版社，1980，第28、33页。
② 《马克思恩格斯文集》第10卷，人民出版社，2009，第544页。
③ 《马克思恩格斯文集》第10卷，人民出版社，2009，第570页。
④ 〔匈〕卢卡契：《卢卡契文学论文集》第1册，中国社会科学院外国文学研究所外国文学研究资料丛刊编辑委员会编，中国社会科学出版社，1980，第31～32页。

就意味着做人民的儿子，为人民的发展洪流所推动。因此，马克西姆·高尔基是俄国人民的儿子，罗曼·罗兰是法国人民的儿子，托马斯·曼是德国人民的儿子。他们的作品和音调尽管各有其个性，但都产生于他们人民的生活和历史，都是他们人民发展的有机产物。尽管他们作品的艺术造诣都很高，但作品的音调却能够在广大人民群众中引起反响，并且已经引起了反响。

在卢卡奇看来，如果从遗产与人民生活及其进步努力的密切联系出发，就必然导致提出现实主义的问题。伟大现实主义名著的广泛而持久的作用，正是基于从自己生活经历的各个方面出发的广大人民群众同塞万提斯、莎士比亚、巴尔扎克、托尔斯泰、高尔基、托马斯·曼、亨利希·曼息息相通。作品的丰富性，对人类生活深刻而正确的理解及其持久而典型的表现方式，使现实主义的名著产生了伟大的进步作用。

最后，卢卡奇总结指出，现实主义通过其丰富的描述给予读者自己提出来的问题以回答——给了生活本身提出的问题以回答。所以"同人民生活保持生动活泼的联系，使群众自己的生活实践朝着进步的方向继续发展——这正是文学的伟大社会使命"。[①] 而人民阵线正意味着"为真正的人民性而斗争"。卢卡奇写这篇论文参加争论的目的和任务就在于，"阐明人民阵线、文学的人民性和真正的现实主义这二者之间内在的、多方面的、广泛交流的联系"，同真正的、深刻的、重要的现实主义的积极力量联合起来，组成"反法西斯主义文学中的一股洪流"。而阐明和发挥现实主义的政治意义就在于论证创建人民阵线的必要性，以利于反法西斯主义的斗争。

卢卡奇对现实主义所做的理解和发挥，其中的杰出之处得到很多人的肯定和推崇。卢卡奇在当时之所以被视为文艺理论和文学评论的权威，主要应归因于对现实主义的深入研究和独到见解，也与他同官方的观点既基本一致又有明显区别有关。然而，他对现实主义的某些褊狭的理解和发挥，尤其是对其他文学流派及其方法（如表现主义的直觉和抽象、自然主义的"蒙太奇"、乔伊斯的内心独白）的近似于完全否定性的评

---

① 〔匈〕卢卡契：《卢卡契文学论文集》第2册，中国社会科学院外国文学研究所外国文学研究资料丛刊编辑委员会编，中国社会科学出版社，1980，第32页。

价,也引起当时一些著名作家,尤其是贝·布莱希特和安娜·西格斯的异议和批评。不过,出于维护反法西斯统一战线的团结,似乎也考虑到卢卡奇当时的名望,布莱希特的论战文章没有公开发表,但他为此写了8万字的笔记。[①] 安娜·西格斯则以同卢卡奇通信的方式明确表达了自己的不同意见。从后来公布的材料来看,这次论争具有颇大的规模、深度和影响。

不可否认,争论双方在一些最根本的问题上有不少共同点,如遵循马克思主义基本精神反对法西斯主义、肯定现实主义等,因而布莱希特认为卢卡奇的一些文章"内容至为丰富",包含很多有价值的知识,安娜·西格斯也承认卢卡奇的《现实主义辩》这篇文章"阐明了许多问题"。

然而,在布莱希特和安娜·西格斯看来,卢卡奇教条式地理解了马克思、恩格斯和列宁的观点,因而对现实主义的理解和对其他文学流派的否定评价有片面性和狭隘性。布莱希特甚至觉得卢卡奇是以势压人,因而气恼地不点名地把卢卡奇视为"艺术法官",讽刺他仅仅重复"老祖母"的讲法。针对卢卡奇高扬现实主义"在现代文学中代表着进步"等一些观点,安娜·西格斯在给卢卡奇的信中表示对他谈到的许多问题"不完全满意",认为卢卡奇对现实主义理解得"狭隘",甚至指责说,他把"现实主义方法"当"魔帚",以为掌握了这种方法就可以创造奇迹,然而,其结果可能是闯下大祸。安娜·西格斯在特殊的艺术创作过程问题上特别强调"直接接受现实"和"直接的基本经历",并把"对现实的原始反应"看做"艺术创作的前提"。没有"原始反应",没有"基本经历",即使像莎士比亚、荷马、塞万提斯这样伟大的作家复活了,"他们也不可能把自己的直接的基本经历奉送给新作家"。不过,卢卡奇也认为,没有直接的基本经验,就写不出好的作品来,他甚至赞同安娜·西格斯所确定的"基本经历的直接性是我们的共同基础"。但是,他同时也指出:"如果艺术家作为人不去奋力提高他的智力和道德的修养,那么在大多数情况下他们的体验也就停留在对社会表面的客观直接性上。"安娜·西格斯十分赞同卢卡奇关于直接性的全部论述,但对他所

---

① 参见袁可嘉等编选《现代主义文学研究》(下册),中国社会科学出版社,1989,第950~957页。

说的"智力和道德的修养",她"有些迟疑"。在她看来,不少人曾"卖力地自我修炼,在智力和道德方面是真正的'奋斗者'",但他们并"没有达到真正的直接性的深度……"对此,卢卡奇再次强调:"作家完全有意识的和无意识的生活,他的智力和道德的修炼本身,决定着这样一种经历的内容将是什么。"[①] 一位真正作家最有力的和最自觉的、先前的智力和道德修炼本身离不开自发行为,离不开真正的经历。而且这种紧张的修炼又加深和丰富了基本经历的自发行为。托马斯·曼和高尔基是这种智力和道德修炼的典型例子。但是,卢卡奇最终还是未回答安娜·西格斯提出的"智力和道德的修养"究竟是指什么。

布莱希特与安娜·西格斯的观点大致相似或不谋而合。他针对卢卡奇对现实主义的理解批评道,把现实主义同一种——仅仅是一种(而且是一种旧的)形式相联系,就会"使它绝育"。他强调:"不能把绝无仅有的一位(或数量有限的一批)现实主义者的形式拿来,称之为现实主义形式。这是非现实主义的。这样做,势必导致这样的结论:现实主义者要么是斯威夫特和亚里斯托芬,要么是巴尔扎克和托尔斯泰。而如果我们只接受死者的形式,那就意味着没有一个生者是现实主义者了。"20年后,1956年布莱希特在民主德国第四次作家代表大会上所说的话,集中表达了他的真实思想。他断言:"如果我们要在'艺术实践方面'占领这个世界,我们就必须创造新的艺术手段,改造旧的艺术手段。克莱斯特的、歌德的、席勒的艺术方法今天都必须研究,而且这还不够,倘若我们要塑造新事物的话。"卢卡奇同安娜·西格斯、布莱希特在反对法西斯主义这一点上是一致的。但是,他们之间的重大分歧在于,卢卡奇不仅认为克莱斯特代表了反动和颓废(当然也承认其艺术上的成就),而且断言当今反法西斯所要埋藏代表颓废的是多斯·帕索斯和乔伊斯,甚至进一步指明:"现在很清楚,颓废思想、各种反动思想和反动偏见所产生的影响,远比我们过去沾沾自喜和狂妄自傲时所想象的要广泛得多、深刻得多。而且不仅在所有的小资产阶级群众当中,就是在我们当中,在真正的反法西斯斗争的先锋战士中间,也是如此。"由此可以看出,卢

---

① 〔匈〕卢卡奇:《卢卡奇著作集》第4卷,德国卢西特汉特出版社,1971,第345~376页。

卡奇更多地看到颓废派的消极方面，因而主张要对它进行打击，但对它的"打击还远不够，而且不够准确"。这种看法似乎"左"了，打击面大了。

与他的看法不同，安娜·西格斯为帕索斯、乔伊斯等一些现代文学流派的人物辩护：我们应该承认帕索斯"大大丰富了当代文学的素材"。在她看来，为了创造新的艺术作品，就要进行各种各样的试验。她认为，"法西斯主义是我们的主要敌人"，因此对法西斯作家、战争诗人以及鼓吹"血统论""地域论"的人，如墨索里尼的帮凶马里内蒂、邓南遮及其德国同行，"怎么打击都不算过分"。但是，我们不能把反对艺术中的法西斯主义的表现同反对颓废派的斗争相提并论。她的这种见解是正确的。她强调：要仔细权衡、严格区别，不要因此"伤害有生命力的新东西"，尤其不要使"我们的文学失去丰富性和多样性"。有鉴于此，不能把现实主义方法看做"一把打开某一扇门的钥匙，于是所有类似的门就都能用这把钥匙打开了"。可以看出，安娜·西格斯批评卢卡奇似乎把现实主义方法看做普遍适用的唯一创作方法。

布莱希特虽然说卢卡奇从一种健康的原则出发，但他又认为卢卡奇给人一种有点儿脱离实际的印象，甚至更为激烈地指责他的文章有"乌托邦和理想主义的成分"，"他所关切的仅仅是欣赏，而不是斗争、出路，不是前进"。针对卢卡奇推崇现实主义和否定蒙太奇、内心独白等方法的观点，布莱希特尖锐地指出："请不要以'毋庸置疑'的表情来宣告描写一间房间时的那种唯一正确的方式吧，不要像逐出教会那样来对待蒙太奇，不要把内心独白列在天主教的禁书单上！"布莱希特对卢卡奇的指责虽然有过分和不当之处，但其中确有不少批评说中了他的褊狭和缺陷。

但是，我们也应该看到，卢卡奇在 1937～1939 年撰写的一系列论文，表明他对现实主义的研究仍在进一步深化。直至 1948 年在为《欧洲现实主义研究》一书英文版写序言时，他仍然强调："人类在历史上从来没有像今天这样迫切地需要现实主义文学。也许伟大的现实主义传统从来没有像今天这样深深地淹没在社会偏见和艺术偏见的瓦砾堆中。就是为了这个原因，我们才把对托尔斯泰和巴尔扎克的重新评价看得那么重要。""一个伟大的现实主义文学对民族的民主的新生能够起主导的作用,这种作用至今一直是被人否认的。"① 正因为这样,卢卡奇才在文学评论中进一步阐发了他的现实主义思想,并明确提出了一些独到的新观点。

巴尔扎克是卢卡奇特别关注的人物。卢卡奇看到,巴尔扎克想描写法国贵族地主的悲剧,但实际上他描绘的却是农民小块土地所有制的悲剧。"正是这种主观意图和客观实践之间的矛盾,这种政治思想家巴尔扎克和《人间喜剧》作者巴尔扎克之间的矛盾,构成了巴尔扎克的历史伟大性。"② 卢卡奇进一步指出,巴尔扎克严厉批判贵族阶层的政策。他虽然是从右边,从封建的、浪漫主义的观点来批判资本主义,但他把因资本主义发展而造成的种种奇形怪状的、悲剧性的、喜剧性的以及悲喜剧性的典型都摆在我们眼前,描绘了资本主义如何使人性败坏、道德沦丧以及人们从心底深处堕落变坏的情况,揭示了这一进程中产生的伤风败俗的后果如何必然牵涉到整个社会并腐蚀到它的根基,揭露了占统治地位的贵族们仅仅关心"如何充分利用他们的地位和特权,来从这个资本主义发展中为个人博取最大可能的利益"。所以,在巴尔扎克眼里,这些贵族是"一群天才的或平庸的野心家和向上爬的人物,没有头脑的傻瓜、高贵的娼妓等等"。而资本主义的发展又带来重大的灾难,并造成物质上、道德上和精神上的危机。

在评价巴尔扎克的问题上,卢卡奇反复强调的是:巴尔扎克,虽然他的政治信念属于正统主义的保留派,但却无情地揭露了保皇派封建法国的恶习和懦弱,以壮丽的诗才魄力描绘了它临终时的痛苦。关键在于"真正现实主义的实质:伟大作家对真理的渴望,他对现实的狂热的追求——或者用伦理学术语来讲,就是:作家的真诚和正直。一个伟大的现实主义作家,如巴尔扎克,假使他所创造的场景和人物内在的艺术发展,跟他本人最珍爱的偏见,甚至跟他认为最神圣不可侵犯的信念发生了冲突,那么,他会毫不犹豫地立刻抛弃他本人的这些偏见和信念,来描写他真正看到的,而不是描写他情愿看到的事物。对自己的主观世界

---

① 〔匈〕卢卡契:《卢卡契文学论文集》第1册,中国社会科学院外国文学研究所外国文学研究资料丛刊编辑委员会编,中国社会科学出版社,1980,第61~62页。
② 〔匈〕卢卡契:《卢卡契文学论文集》第2册,中国社会科学院外国文学研究所外国文学研究资料丛刊编辑委员会编,中国社会科学出版社,1980,第159~160、180页。

图景的这种无情态度,是一切伟大现实主义作家的优质标志"。① 在卢卡奇看来,没有一个人比巴尔扎克更深刻地体验到向资本主义生产方式的转变使各阶层人民受到的痛苦,以及必然伴随着社会各方面的这种变化而来的道德上和精神上极度的堕落。而无情地描写现实的真正的本质,正是所有伟大现实主义者的一致之处。

然而,卢卡奇也并未忽视巴尔扎克的局限性。虽然巴尔扎克"能够写出农民的绝望,却不能写出农民摆脱绝望的唯一可能的出路。巴尔扎克无法预见到从小农的绝望中产生出来的种种后果,那就是,作为这种绝望的一种结果,建立在这些小块土地所有制上的整个国家机构崩溃了,而这支合唱却由无产阶级革命家接唱下去,要没有这种接唱,这个合唱曲的独唱部分在每个农民国家里就会变成一支死亡之歌"。

从根本上说,正因为卢卡奇依据马克思和恩格斯的思想在文艺理论和文学评论中提出了一系列新观点,从而才于1939年11月至1940年3月在苏联文学界围绕卢卡奇的创作发生了一场激烈的争论。这场争论主要由于卢卡奇的论著《19世纪的文学理论和马克思主义》《现实主义的历史》《论艺术家的两种典型》《艺术家和批评家》而引起。这场争论主要在《文学报》《文学评论》《苏联艺术》《国际文学》上进行。参加者除了卢卡奇(他还写了《伦敦的迷雾》和《在进步人士身上体现的现实主义的胜利》),还有M.里夫希茨、W.科门诺夫、J.乌西耶维奇等,这是一方;另一方是J.F.克尼包维奇、W.吉包廷、J.阿尼西莫夫等。争论的中心主要与下列问题有关:精神生产和物质生产发展的不平衡关系,特别是艺术发展的不平衡性;方法和世界观之间的关系;关于党的文学和作家的党性问题;党性和人民的联系问题。

这场争论既与当时人们的认识水平有关,也与当时的国际斗争形势直接相连。自从1933年德国法西斯攫取政权并开始猖獗时起,建立广泛的反法西斯主义的人民阵线,共同粉碎法西斯主义已成为各国人民的首要任务。这必然也给文学创作和文学评论带来重大影响和转变。因此,卢卡奇十分重视反法西斯人民阵线的形成和发展,弘扬革命的民主主义

---

① 〔匈〕卢卡契:《卢卡契文学论文集》第2册,中国社会科学院外国文学研究所外国文学研究资料丛刊编辑委员会编,中国社会科学出版社,1980,第52~53页。

精神。他甚至认为："今天一切社会主义问题的紧迫的现实性，正好强调了复兴革命民主主义的巨大的政治实践意义。""革命民主主义跟劳动人民各阶层的联合，同对待人民当前的客观上和主观上发展成熟程度的敏感性，是今日过渡时代最重要的因素之一。"① 所以，卢卡奇在文学评论中就特别强调那些具有广泛人民性的现实主义，高度评价那些反映重大社会现实问题且具有历史必然性的现实主义作家及其作品。而人民阵线政策的提出、胜利和发展则使卢卡奇的文学评论工作有了一个比较适宜的环境。

卢卡奇得出结论说："按照恩格斯的看法，现实主义的胜利，既不是说对马克思主义来说公开宣布的世界观是无关紧要的，也不是说任何一个作家的任何一种创作只要偏离了他公开宣布的世界观就算是现实主义的胜利。""现实主义的胜利"是有条件的，这就是："只有当那些非常伟大的现实主义作家同人类发展的某一进步潮流有着深刻而又严肃的——即使是还没有自觉意识到的——关系时，才能说是现实主义的胜利。"② 所以，现实主义的胜利是"一种十分复杂而辩证的过程的必然结果，也即是著名作家与现实的丰富多彩相互关系的必然结果"。③

上面的整个阐述集中地反映了卢卡奇关于世界观与创作方法之间的辩证观点。在他看来，考察和确认一个作家的世界观主要不是看——当然不是根本不去看——他在政治上拥护什么，反对什么，而最主要的是要看他同他那个时代的进步潮流的关系以及联系的程度。同时，我们也可以从中看出卢卡奇在分析问题时所遵循的方法论原则，就是对具体问题进行具体分析。因此，任何一项正确的原则都不是可以套用到一切现象或问题上的"公式"或"教条"，它总是具体的、历史的、有条件的。因此，卢卡奇所强调的恩格斯提出的"现实主义胜利"的理论和实践意义就在于，"同那种从作家的政治观点和所谓的'阶级心理'来机械地推论文学作品价值的庸俗文艺观的完全决裂"。卢卡奇既反对把科学的结

---

① 〔匈〕卢卡契：《卢卡契文学论文集》第1册，中国社会科学院外国文学研究所外国文学研究资料丛刊编辑委员会编，中国社会科学出版社，1980，第102页。
② 〔匈〕卢卡奇：《卢卡奇全集》第5卷，德国卢西特汉特出版社，1964，第190页。
③ 〔匈〕卢卡契：《卢卡契文学论文集》第1册，中国社会科学院外国文学研究所外国文学研究资料丛刊编辑委员会编，中国社会科学出版社，1980，第222~223页。

论和正确的原则当成"公式"和"教条"到处去套用,也反对脱离客观社会现实情况而随意想象的主观唯心主义。始终坚持对具体作品、人物及所有问题做具体的、历史的分析,这正是卢卡奇所阐发的文艺理论和文学评论的方法论原则。

卢卡奇对社会主义现实主义的研究始于对高尔基与托尔斯泰的区别的探讨。1936年他就说过,高尔基之所以不仅看到了现实中的苦难,而且知道产生这种苦难的社会根源以及摆脱这种苦难的根本出路,就是因为"高尔基看到了人的无法估量的发展能力,而托尔斯泰始终未能看到这种远景"。所以,在许多方面,高尔基有远远高于托尔斯泰的许多本质的不同之处,而且"这些区别也许比相似之处意义更为重大"。[①] 随着反法西斯斗争任务的基本结束,新社会建设的历史使命提到日程上来。为此,卢卡奇开始较多地谈到远景问题,强调马克思向我们指出了"进一步前进的远景"和"历史的未来"。[②] 1956年,他更集中地研究和阐明文学中的远景及其在文学中的重要意义。他明确指出"我们文学的优越性在于远景问题上最清晰地显示了出来",而且坚定地认为"社会主义现实主义必然有远景,否则它就不成为社会主义的了"。[③] 卢卡奇同时认为,正由于远景"还不是现实,所以它才是一种远景"。[④]

所以,卢卡奇认为,社会主义现实主义扬弃了即使批判现实主义最杰出的代表们不可能从内部去塑造未来人物的局限性。"批判现实主义和社会主义现实主义之间的第一个分歧因素,即从内部去塑造那些正在建设未来且其心理和道德代表着未来的人们的那种能力。"所以,卢卡奇不仅明确指出了社会主义现实主义和批判现实主义之间的本质差别,而且充分论述前者较之后者的优越之处。高尔基的"人间喜剧"和巴尔扎克的"人间喜剧"也有所不同。在巴尔扎克的那里,那个英雄人物米歇尔·克莱继安,英勇的街垒战斗士,人民群众的真正代表,只可能是一

---

① 〔匈〕卢卡奇:《卢卡奇全集》第5卷,德国卢西特汉特出版社,1964,第261页。
② 〔匈〕卢卡契:《卢卡契文学论文集》第2册,中国社会科学院外国文学研究所外国文学研究资料丛刊编辑委员会编,中国社会科学出版社,1980,第45页。
③ 〔匈〕卢卡契:《卢卡契文学论文集》第1册,中国社会科学院外国文学研究所外国文学研究资料丛刊编辑委员会编,中国社会科学出版社,1980,第455~457页。
④ 〔匈〕卢卡契:《卢卡契文学论文集》第2册,中国社会科学院外国文学研究所外国文学研究资料丛刊编辑委员会编,中国社会科学出版社,1980,第455~456页。

个遥远的、插话式的人物；而在高尔基那里，随着可怕的黑暗的消散，他的革命故事里的一群光辉灿烂的英雄涌现出来，他们是确实富有诗意的真实形象。由此可以看出，卢卡奇不仅没有否定社会主义文学中的远景，而且通过社会主义现实主义和批判现实主义的对比，更突出更深刻地阐明了远景的重要性及二者的本质区别。

正是由于卢卡奇认识到社会主义现实主义远远优越于和高于古典的和批判的现实主义，所以他才更多地研究了苏联社会主义文学中的许多优秀作品，并给予了实事求是的评价。事实证明，卢卡奇不仅把苏联文学中的社会主义现实主义评价为"世界文学中的一个新的、更高的阶段"，而且认为高尔基、法捷耶夫、肖洛霍夫、马卡连柯无疑都达到了高峰。"像肖洛霍夫的《静静的顿河》或者电影《战船波将金号》这样的作品，已大大超出了我们党的范围而感动了千千万万人的心。"

尽管社会主义现实主义和批判现实主义之间存在质的区别，甚至对立，但这二者之间也有联合及这种联合的历史必然性。这种联合的最直接的理论基础在于，社会主义运动对认识真理抱有基本的不可遏止的兴趣。当代的一些批判现实主义作家（如罗曼·罗兰）也曾起过社会主义现实主义的盟友的作用。而且，批判现实主义与社会主义现实主义之间的联合也有着更深刻的思想基础。每个民族经历的人类社会历史发展的阶段的情况和形式都各不相同，尽管在一定的发展阶段有着共同的特点。在不违背普遍规律的范围内，每个民族奠定着自己民族存在的独特的客观基础。在伟大现实主义作品创造的精神环境里，每个人的形成也无不打上民族的烙印。"一个作家和充满了变化、显现出不少裂痕和危机的文化传统的联系愈深刻，愈密切，他的作品就愈丰富，愈有独创性。"[1]

批判现实主义和社会主义现实主义还往往联合起来共同对政治和文化上的反动进行斗争。高尔基的发展和过渡，准备了他从平民民主主义向社会主义的质的飞跃，这同一种过渡，从资产阶级作家身上也一再可以看到。托马斯·曼对这一过渡曾有过十分清楚的设想。20世纪20年代中期他在《巴黎始末》中写道："连我也是一个资产者……但是，知

---

[1]〔匈〕卢卡契：《卢卡契文学论文集》第2册，中国社会科学院外国文学研究所外国文学研究资料丛刊编辑委员会编，中国社会科学出版社，1980，第112、115页。

道资产阶级今天的历史处境，这本身就已意味着退出这种生活方式，意味着对新事物的一种注意。在人认识自己时，没有谁还能完全是他自己。"由此可以看出，批判现实主义与社会主义现实主义的联合非常坚固并具有深刻的基础。但是，即使那些进步的现实主义（不是颓废的）资产阶级作家，让他们从无产阶级专政建立起的那一瞬间立即站到社会主义的立场上也是完全和绝对不可能的。同样，在宗派主义的共产主义知识界中也产生了关于"纯粹无产阶级"文化的幻梦，以为可以完全不依赖过去的任何艺术就能培养出一种"极端新"的社会主义艺术（无产阶级文化）。

社会主义现实主义的提法在苏联也经过多年的讨论、争论和斗争才得以肯定和推广。对所谓同路人的评价就是一个最重要的问题。同路人首先是指那些资产阶级作家，批判现实主义的作家，但他们对无产阶级专政的社会主义目标表示同情或者至少是对社会主义的社会制度表示满意。1925年，苏共中央委员会的决议承认了这种联合之后，紧接着取得统治地位的"拉普"在实际上已开始压迫他们，甚至产生了这种倾向，即只承认那些公开表示拥护社会主义的作家中"最觉悟"的部分是真正"无产阶级"的（在这种情况下，甚至对高尔基和肖洛霍夫也进行了攻击）。"拉普"被解散后，1932年才又回复到这种联合的道路上来，但是直到1957，恢复"拉普"思想的尝试还存在，并遭到了批评。事实表明，"在社会主义社会里，批判现实主义将继续存在一个相对的长时期"。卢卡奇强调，真正的不是为官僚主义、主观主义所歪曲的马克思主义是基于对客观现实越来越深刻的研究之上的。所以，它必须在文学的领域中，也把这样的批判现实主义看成同盟者。但是，"宗派官僚的狭隘性首先表现在：它一方面在每一批评后要求立即纠正错误，另一方面，判断错误只从共产主义先锋队的立场出发。越出这个范围就会被看做敌人的喉舌。因此，客观存在的由社会发展本身为批判现实主义所产生的活动余地就受到了约束，甚至在许多情况下简直就取消了活动余地"。与此相反，卢卡奇肯定地说："批判现实主义的意义恰好在于：指出社会主义发展在非社会主义的觉悟中的反映，借此表达新生活的丰富性，它的改变人的力量，在它的主观和客观的影响中人们所走道路的曲折性。""所以批判现实主义能够获得一种巨大的意义，不仅在社会意义上，而且在艺术上将成为正在形成中的社会主义的一个主要的同盟者。"①

卢卡奇最后肯定地指出："民主主义越是真正获得发展,每一个民族越是切实地寻求和找到适合于自己民族特点的通向社会主义的道路",批判现实主义者和社会主义现实主义者的"联合也就越会加深。批判现实主义的富于生命力的传统在发现和显示通向社会主义道路的复杂性中,还能作出巨大的先锋的贡献"。②

第三节　论俄罗斯现实主义名家

在俄罗斯文学方面,卢卡奇首先关注的是高尔基,1931~1932年他发表在《左曲线》上的文章中就肯定高尔基的"强有力的、创造性的方法"。③几乎与此同时,卢卡奇也把列夫·托尔斯泰视为与巴尔扎克齐名的资产阶级现实主义作家,并于1936年称赞他的《安娜·卡列尼娜》这部著名近代小说中的关键情节——赛马——具有"卓越的叙事技巧"。④

卢卡奇对俄罗斯文学的系统评论始于1936年对高尔基、托尔斯泰及其创作的褒扬,为此发表了重要论文《解放者》《革命前俄国的人间喜剧》《托尔斯泰和现实主义问题》。在发表一系列关于俄罗斯和苏联文学的论文的基础上,1946年卢卡奇用德文在布达佩斯出版了《伟大的俄国现实主义者》一书,1946年又以《俄罗斯现实主义在世界文学中的地位》这一书名在柏林由建设出版社出版。正如他在第一版和第二版的前言中所说,俄罗斯文学在欧洲所显示的面貌非但不完整,而且被歪曲了。人们不仅不知道赫尔岑、别林斯基、车尔尼雪夫斯基和杜勃罗留夫,而且最著名的两位俄罗斯现实主义者,即托尔斯泰和陀思妥耶夫斯基也被反动理论家们划归他们一边了,并把这两位说成逃避现实的神秘主义者或放弃当前斗争的"精神贵族"。反动派的批评家们对待这两位作家的作

---

① 〔匈〕卢卡契:《卢卡契文学论文集》第2册,中国社会科学院外国文学研究所外国文学研究资料丛刊编辑委员会编,中国社会科学出版社,1980,第122~123页。
② 〔匈〕卢卡契:《卢卡契文学论文集》第2册,中国社会科学院外国文学研究所外国文学研究资料丛刊编辑委员会编,中国社会科学出版社1980,第158页。
③ 〔匈〕卢卡奇:《卢卡奇全集》第4卷,德国卢西特汉特出版社,1971,第21页。
④ 〔匈〕卢卡契:《卢卡契文学论文集》第1册,中国社会科学院外国文学研究所外国文学研究资料丛刊编辑委员会编,中国社会科学出版社,1980,第39页。

品，往往从他们的个别的反动观点出发来解释其作品中的所谓精神内容。与此相反，卢卡奇认为，俄罗斯文学具有鲜明的特点和巨大的影响，因此有必要研讨俄罗斯文学中的一些伟大的人物及俄罗斯现实主义的社会基础和艺术特点，以便公正地阐明像托尔斯泰和陀思妥耶夫斯基这样一些重要人物的作品在客观上所代表的东西，它们的真正的精神内容是什么。

卢卡奇不仅阐述了伟大的俄罗斯革命民主主义者的特点，而且深入探讨了俄罗斯古典现实主义的继承者和发扬光大者高尔基。他在《俄罗斯现实主义在世界文学中的地位》德文版第三版的序言中指出，这一版新增加了一些关于批判现实主义及其先驱的论文（如对果戈理、普希金的评论），这样，虽然屠格涅夫、冈察洛夫、奥斯特洛夫斯基、契诃夫等人还付之阙如，但这些新的文章至少是朝着画出俄罗斯文学全景这个方向迈出了一步。尤其重要的是，有关苏联文学的许多新文章在质的方面改变了这本书的性质。"在旧版中，高尔基是作为俄国古典现实主义的终结和高峰，作为过渡到社会主义现实主义的里程碑而出现的，而他在这个第三版里却得到了第一位社会主义现实主义经典作家的位置。"当然，这两种观点都表现出高尔基在世界文学上的意义。和那种把伟大十月革命及其文化影响看做与俄罗斯古典现实主义的艺术传统完全隔绝的说法相反，卢卡奇强调了社会主义现实主义与俄罗斯文学的进步遗产深刻而密切的联系，断言前者达到"世界文学中的一个新的、更高的阶段"，达到了"高峰"，"因为它从新的角度提出了世界文学中思想上和艺术上的问题，为这些问题寻找新的解决办法，并找到了新的答案"。[①] 而 1964 年在联邦德国新维德和柏林的卢西特汉特出版社出版新版的《世界文学中的俄国现实主义》时，形势已有大的改观。卢卡奇虽然仍坚持对占统治地位的神秘化地解释俄国伟大现实主义者采取否定态度。但是，同时他直接通过分析过去的伟大现实主义者来"反对公式化的文学"，而评论肖洛霍夫和马卡连柯著作中的思想和美学世界也是为此目的。在这一新版中真正引起巨大反响的，则是新增的那篇评说

[①] 〔匈〕卢卡契：《卢卡契文学论文集》第 2 册，中国社会科学院外国文学研究所外国文学研究资料丛刊编辑委员会编，中国社会科学出版社，1980，第 97~99 页。

索尔仁尼津小说的论文,尽管他认为这只是他至今从事文学评论工作的"一个直接继续"。

卢卡奇对俄罗斯文学和苏联文学的评论有两个突出特点,一是缜密地深入研究和揭示伟大作家及其作品产生的"现实社会基础",把"社会倾向"视为评论文章的基础;二是强调"俄国现实主义可以成为各个解放了的民族的导师",可以起"典范作用"。但是,由于"每部巨著不仅具有民族性,而且也具有时代性",所以他同时着重指出,绝不可模仿或照搬俄国文学。虽然卢卡奇认为自己在1949~1950年的争论中在策略上有过退却,而且承认自己不能科学总体地把握住苏联文学,但他对俄罗斯伟大现实主义者的细致分析和高度评价,以及他所强调的作家要和一个伟大的、进步的人民运动紧密地打成一片的思想,直到今天仍具有理论意义和实践意义。因此,按时间先后了解卢卡奇所评论的俄罗斯文学和苏联文学(尤其是现实主义)的发展主线,并从中吸取有益的东西,是探究卢卡奇思想必不可缺少的一个方面。

一 批判现实主义:别林斯基、车尔尼雪夫斯基、杜勃罗留波夫

普希金对俄国批判现实主义文学的确立起了巨大作用,但到了19世纪中叶的资产阶级民主革命时期,俄国进入"农奴制改革"阶段,这时涌现出一批平民知识分子革命家,从而使俄国批判现实主义文学进入确立、发展和空前繁荣的时期。因此,卢卡奇对俄国这一时期的批判现实主义作家给予了精心研究和高度评价,尤其是对伟大的俄国革命民主主义批评家别林斯基、车尔尼雪夫斯基和杜勃罗留波夫给予了更多的关注。

别林斯基被视为"俄国革命民主主义文学批评的奠基人",是与1848年以前那个时期欧洲最伟大的思想家们齐名的平民知识分子的先驱。他"保留了黑格尔辩证法中伟大的历史展望,所以他才能在1948年以前那段时期震动全欧洲的世界观大危机中站在最前进的欧洲先锋队的最前列"。[①] 在别林斯基看来,贵族的专制与封建的反动是主要敌人。

19世纪50年代中期民主主义思想的新高涨便在俄国开始了。当时

---

① 〔匈〕卢卡契:《卢卡契文学论文集》第2册,中国社会科学院外国文学研究所外国文学研究资料丛刊编辑委员会编,中国社会科学出版社,1980,第66页。

俄国的经济、社会和政治的发展断然提出了不可避免的废除农奴制的问题，由此而必然引起的普遍不安，迫使当时的政府不得不暂时稍微放宽言论自由的尺度。而车尔尼雪夫斯基和杜勃罗留波夫就是"这次民主主义思想新高涨的首要领导者和代表人物"，民主主义激进派的思想首脑。对他们来说，任何一种民主改革都首先意味着人民中下层的平民阶层在政治上和社会上的解放，也就是说，首先是那些在物质上和精神上受着农奴制压榨的贫苦农民的完全解放。所以，他们是真正的、无畏的、不妥协的革命家，正像法国大革命时期的马拉或圣鞠斯特一样。虽然他们对达到什么目的或远景只怀有各种模糊的幻想，但他们已经知道社会主义，尽管是空想社会主义而不是科学社会主义。卢卡奇强调，他们是真正的民主主义者，因为他们首先考虑的是劳动人民的全部解放，为了达到这种解放，不管社会发展会采取什么途径，他们都绝不畏缩。他们总在设想一场社会大变动，具有世界意义的革命，使人与人之间的一切关系和人类的一切生活表现，从最庞大的经济基础一直到意识形态的最高形式，都发生根本的变化。他们总是渴望使人们在各个方面都能发展他们的才能的普遍自由。尤其重要的是，与过去的空想社会主义者拒绝参加任何革命的政治活动不同，车尔尼雪夫斯基和杜勃罗留波夫使空想社会主义转向革命活动方面，正是这种对人民的信心，这种对被压迫与被剥削的群众的忠诚，构成了车尔尼雪夫斯基和杜勃罗留波夫的革命民主主义的伟大性。

卢卡奇断言，车尔尼雪夫斯基和杜勃罗留波夫的民主主义革命感情的深度，是其文学批评伟大性的基础。而他们的文学活动的最突出的新特征在于，他们批判的矛头不仅对着自由的传统敌人，也对着他们自己的不可靠同盟者——自由资产阶级及其思想意识的代表人物。正由于他们十分关注社会问题，所以，他们"极端强调文学与社会之间的关系。对他们来说，生活本身就是艺术美的标准；艺术产生于生活，并且创造性地再现生活；这种再现的真实性和深度，就是艺术完美性的真正尺度"。他们一方面把一切艺术作品都看成社会生活的一种反映，把艺术当成现实的一面镜子；另一方面他们也看到，艺术所反映的生活，绝不是静止的，绝不只是客观存在中最易见的表面现象。他们提出了有关俄国社会发展的各种最深刻、最隐秘的问题，并对之进行了分析。"他们要求作家在忠实地描述人们的日常命运时，应该说明那些激动着俄国社会的重大问题和决定其发展的具有决定性的重要社会力量。"① 正是有赖于这种客观的方法，别林斯基、车尔尼雪夫斯基和杜勃罗留波夫才能够阐明作家真正创造了什么，作家何以能够在创作灵感来临时的幸福时刻中，使他们看见的和所刻画的东西远远超过了自己的主观见解或偏见的限制。

卢卡奇高度评价别林斯基、车尔尼雪夫斯基和杜勃罗留波夫这三位伟大民主主义批评家在确立文学艺术在人类历史上的作用方面所做的贡献。在他看来，他们十分关心文学真正伟大的艺术价值。别林斯基认为，果戈理的现实主义的重大社会意义与政治意义，就在于它对当时社会现实的无情揭露，在于它对生活中不可调和的矛盾的真实反映。当时俄国的专制、暴政、封建制度已经使每个人的生活变得如此可怕、如此不近人情，以至于只要把日常生活忠实地再现出来，其本身就产生惊人的激励效果。也正是别林斯基的尖锐无情的批评，澄清了俄国文学的空气，并帮助屠格涅夫、冈察洛夫、陀思妥耶夫斯基这些伟大的现实主义作家获得他们在俄国文学中应有的地位。而车尔尼雪夫斯基和杜勃罗波夫则总结了俄国19世纪伟大的现实主义作家时期主要的社会、思想和艺术的倾向，对他们同时代的俄国现实主义的伟大代表做了深刻而广泛的分析。屠格涅夫、冈察洛夫、奥斯特罗夫斯基和陀思妥耶夫斯基的个性和他们在19世纪50年代产生的作品之所以能得到正确的评价，主要应归于作为批评家和理论家的车尔尼雪夫斯基和杜勃罗留波夫的工作。杜勃罗留波夫曾经指出："一个作家或一部作品的价值，取决于他们把一个时代或一个民族的真实愿望表现到何种程度。"真正的不朽的典型人物产生于作家对公众所深切感受的事物的敏感。所以，俄国这些伟大的批评家都要求一种广泛的、能创造典型的现实主义，要求"创造一种现实主义文学"，"从现代生活中创造出像堂吉诃德、哈姆雷特和浮士德那样深刻而真实的典型人物"。所以，正如卢卡奇所确认的那样，与西方的美学家和批评家不是过分强调艺术中主观神秘主义的形式因素，就是采取那种只直接涉及社会生活表面现象的生硬而夸张的客观主义态度相反，俄国革

---

① 〔匈〕卢卡契：《卢卡契文学论文集》第2册，中国社会科学院外国文学研究所外国文学研究资料丛刊编辑委员会编，中国社会科学出版社，1980，第74、79页。

命伟大的批评家"探索并发现了社会发展可以在其中得到真实的美学反映和艺术完成的生气勃勃的道路。真正的和不朽的典型的创造取决于对经久的、居首要地位的社会过程的正确认识，同时这也是艺术本身各种基本要求的实现。俄国现实主义的伟大成就，就在于它创造了许多这类真正的典型性格。发现并且揭示这些典型性格和典型命运的社会和历史意义，就是别林斯基、车尔尼雪夫斯基与杜勃罗留波夫作为批评家为自己规定的任务"。正因为俄国这三位伟大批评家"确定了艺术在人类历史上所起的真正的划时代的作用"，所以他们才能依据从普希金到托尔斯泰这些最杰出的人物，奠定"俄国文学史的历史与美学基础"。[①]

二 "最伟大的艺术家"——托尔斯泰

卢卡奇之所以把列夫·托尔斯泰作为研究现实主义的重点，是因为他是现实主义的伟大继承者和发展者，并在世界文学中占有重要地位。卢卡奇在《托尔斯泰和现实主义问题》这一论著中详细阐明了他的基本思想及其对现实主义的巨大贡献。在他看来，托尔斯泰在世界文学中把现实主义的发展向前推进了一步，然而这一步是在特殊的环境下完成的。因此，他在文学创作上不得不逆着世界文学的潮流前进，而这种潮流就是现实主义的衰退。然而，由于俄国农民革命反对半封建的沙皇专制统治的特殊性，所以深刻地描写这一现实就使托尔斯泰能够比任何前人都更能把现实主义向前推进一步。

托尔斯泰在世界文学中的地位之所以无与伦比，是因为他所遵循的现实主义中一些原则，客观上是过去现实主义的一种继续，但是主观上这些原则是从对他所处的时代的重大问题的描写中，从对俄国农村的剥削者与被剥削者之间的关系问题所抱的态度上自发产生的。他是按照自己独特的方式，根据时代的要求，继承和发展现实主义传统的，因而在内容上，在他所表现的人物和社会问题上，而且也在艺术意义上，他一直是和他的时代步调一致的。所以，本质上卢卡奇是作为一个现代作家获得世界范围的成就的，在形式上和内容上都是现代的，因而在全世界

[①] 〔匈〕卢卡契：《卢卡契文学论文集》第 2 册，中国社会科学院外国文学研究所外国文学研究资料丛刊编辑委员会编，中国社会科学出版社，1980，第 84~85、78 页。

拥有广大的读者群。

卢卡奇认为，托尔斯泰虽然不了解俄国资产阶级革命所具有的特殊性质，但作为一位天才的作家，他忠实地记录了现实的某些基本特点，并在他不知不觉的情况下，变成了"反映俄国革命发展某些方面的一面诗意的镜子"。托尔斯泰的现实主义的雄浑精神和广阔视野，在于这样一个事实，即它是被一种具有世界意义的运动所推动的，这一种运动在其基本的社会倾向上是革命的。托尔斯泰作品中所反映的错综复杂的社会发展过程及其矛盾，正是从1861年农奴解放到1905年革命这一时期农民运动的伟大和弱点在思想上和艺术上的反映。托尔斯泰的思想发展表明了他对沙皇俄国专制统治阶级日益增长的厌恶，以及对一切压迫和剥削人民的人们越来越深的憎恨。与此相反，托尔斯泰则成为"歌颂从1861年延续到1905年的农民起义的诗人"。在他毕生的作品中，"被剥削的农民便是这种或隐或现的永远存在的主角"。[1] 他生活在资产阶级革命还在日程上的一个国家，因而在描写农民为反对地主和资本家的剥削而进行的反抗方面，成为当代一位伟大的资产阶级现实主义作家。他以最生动的塑造方式表现了俄国资本主义萌芽中的"亚细亚式"的性质，以及它不去破坏或根除早被历史发展所更替的专制制度的最坏的一面，而只是使它适应于资本主义利益的要求的趋势。作为一个具有普遍的全世界意义的大作家和世界大师，他表达了俄国农民的声音和想法，从一个天真的宗法式农民的观点出发，愤懑地抨击当时的俄国社会。同时，他又以尖刻的讽刺笔调描写人在资本主义劳动分工的世界里如何变为一架毫无人性的机器的零件。所以，作为全人类的伟大天才，他揭示出这一过程影响所有阶级的内在的辩证法，即这种资本主义官僚制度的劳动分工怎样使被它羁绊住的人（甚至统治阶级中的那些人）丧失人性，变成被机器操纵的人。托尔斯泰晚年更清楚地看出俄国专制制度的国家机关的消灭人性和普通老百姓受压迫、受剥削二者之间的关系。在他看来，统治阶级已经被描写成一群低能的坏蛋，他们或者以确实无疑的愚蠢或者带着恶毒的野心办事，因而不过是一架可怕的压迫人的机器中的一些

---

[1] 〔匈〕卢卡契：《卢卡契文学论文集》第2册，中国社会科学院外国文学研究所外国文学研究资料丛刊编辑委员会编，中国社会科学出版社，1980，第331页。

齿轮罢了。而这架消灭人性的机器的主要目的就是"用尽一切办法,甚至最野蛮的办法,来保护统治阶级所占有的私有财产"。托尔斯泰的伟大之处在于他以无情的忠实表现现实生活的真实环境,不管它是同他自己心爱的观念符合还是矛盾。他的作品之所以具有深刻的现实主义,在于他能够把极端错综复杂的千差万别的世界表现出来,还能够运用诗意的手法很清楚地阐明,在这一切错综复杂的多种多样的表现下面,有一种贯穿一切人命运的统一的基础。托尔斯泰作品中的一切人物的特性和命运,跟巨大的社会历史背景之间的这种联系,把人的现实主义提高到远远超出普通水平的高度上。

托尔斯泰把资本主义社会视为畸形的世界视为对合乎人道的现实本身的一种糟蹋。同时,正因为他把统治阶级的生活作为剥削者和寄生虫的生活加以表现,所以他能够以一种健康的、有力的、强烈的愤慨,更深刻、更正确地揭露这样一种毫无人性和毫无意义的生活。所以,托尔斯泰对非人社会对人性的深重侮辱的强烈抗议,跟农民们为反对他们自己不得不过的非人生活而发出的真正抗议有更加密切的联系。他的美学,与他的艺术一样,是1905年和1917年革命时期伟大的农民起义的先驱。

然而,卢卡奇也明确看到托尔斯泰思想中的局限性、幻想和偏见,并对此做了真切的分析。他指出,托尔斯泰的一切幻想和反动的乌托邦,从亨利·乔治的解放世界的理论到"对恶不抵抗"的理论,没有例外地都生根在俄国农民的特殊地位中,因而具有历史的必然性。托尔斯泰一个重大的局限性和弱点是,他认为失望的人只有自己应对失望负责,而不是现实应对失望负责;他还进一步断言,对生活唯一正确的基本态度是宗教的态度,艺术的衰微也归咎于统治阶级已变成不信教的人。

全面地、恰如其分地认识到托尔斯泰观点中的矛盾是俄国农民阶层所显示的各种矛盾的反映,是卢卡奇评价托尔斯泰的突出特点。尽管托尔斯泰的世界观深深地渗透着反动的偏见,但这些偏见又是跟健康的、有希望的、进步的人民运动有着分不开的联系。这些偏见就是人民运动中的弱点和缺点。托尔斯泰既表现了即将到来的农民起义的坚强而充满希望的特点,同时对于它的不彻底性、落后性、迟疑不决和缺少勇气,也给予了诗意的表现,他使他的作品中的人物,除了投降就是逃跑的那条古老的绝路以外,再没有其他可能性。而这样一种投降必然采取一种更加不光彩的违反人性的形式。这正是托尔斯泰以自己深刻但又有很大局限性的哲学思想对当时俄国正在发展的具有"亚细亚式"性质的资本主义日益接近充分发展的资本主义正常形式的反映。

此外，卢卡还指出，托尔斯泰不大了解资本主义的性质，对工人阶级的革命运动更是毫无所知，但是他却给予我们一幅关于俄国社会的、令人赞叹的栩栩如生的真实图画。他之所以能够这么办，是因为他从起义农民的观点来注视那个社会，连同那个社会运动的一切缺点和局限性；但是这些缺点和局限性是历史决定的，所以其中一部分能够在艺术上产生效果，一部分至少也不曾妨碍一个伟大的艺术世界的创造。托尔斯泰世界观中的局限性和幻想，是由世界观的社会基础的前资本主义性质产生的。

卢卡奇还进一步看到，正因为"在现实主义已蜕化为自然主义或形式主义的年代，托尔斯泰保全了伟大现实主义作家的传统，并且以一种具体的富有现实意义的形式进一步予以发扬光大"，而且它的现实主义直到今天"对我们当代问题的重要性，对社会主义现实主义的重要性，仍然是具有决定性的，且在今后一个长时期内必将继续是这样"，所以，他是"资产阶级现实主义最后的一位伟大的经典作家"，是"他那个时代的无可比拟的艺术家"。[①]

第四节　苏联社会主义现实主义作家

一　"社会主义现实主义的文学创始人"——高尔基

高尔基是卢卡奇最推崇的伟大作家之一。在他看来，高尔基是"一位伟大作家"，他不仅是"俄国古典文学的继承者"和"发扬光大者"，而且是"社会主义现实主义的文学创始人"和"第一位经典作家"。在卢卡奇看来，高尔基目睹而且描写了这一产生革命的社会危机的每个方面。他不仅刻画了革命运动在无产阶级和农民当中的发展，而且很注意描绘资产阶级、小资产阶级和知识分子，详尽地指明为什么早在革命以

[①] 〔匈〕卢卡契:《卢卡契文学论文集》第 2 册，中国社会科学院外国文学研究所外国文学研究资料丛刊编辑委员会编，中国社会科学出版社，1980，第 391~402 页。

前他们就不能再按照旧的方式生活,指明那些无法解决的冲突怎样在"上面"的生活中出现——要是没有这样一场冲突,革命是不会发生的。

高尔基的创作方法既广博又深湛。他之所以被看做"革命前俄国伟大的社会历史家",是因为他"把握住了俄国社会各阶层明确的进化倾向"。这种倾向在社会主义时代的俄国依然重要。可以说,"高尔基富有诗意地再现了俄国社会重大的全国性危机所必须具备的条件和史实"。也可以说,很牢固的历史和社会的链子把他描写的众多典型和人物联结起来,而在这种意义上,他的作品是"一个互相联系的整体,是革命前俄国的'人间喜剧'"。高尔基承担的伟大特殊的历史任务,是描写现代社会阶级在初期资本主义的俄国的诞生,在这个世界里,农奴制度的残余还没有从经济生活和人民的意识中消除。所以,他忠实地按照历史的真实,描写了一个沸腾扰攘的时代,在这个时代里,"历史正在从那古老、腐朽、封建的半封建的状态中培育资本主义社会的新阶级"。然而,正是俄国资本主义发展来迟的历史条件,使现代资本主义在俄国的诞生也是瓦解和腐败的过程。高尔基的伟大天才使他能够让他的每一个人物显示出这一过程的两个方面不可分割的联系,尤其展示了这一过程中"资本原始积累的混乱、野蛮和残忍",并"挖掘到人类的苦难、感情、思想和行为的最深的根源。与此同时,他还看到生活中的光明、健康和创造性的事物,相信优美的、人性的种子依然会成长起来……过一种更光明、真正人类的生活。高尔基义愤填膺地揭示了旧俄国更为摧残人的历史必然,也在塑造肢解过程中使我们注意到'完整无缺的、未受摧残的人'"。所以,他是他那个时代"以完全没有拜物教气息的方式来表现资本主义拜物教世界的唯一作家"。[1]

卢卡奇还评价了俄国十月革命后其他许多优秀作品,如"内战时期最重要、最优秀、最有代表性的著作之一"——法捷耶夫的处女作《十九人》、被视为"一部伟大艺术品"的马卡连柯的《进入生活之路》,以及反映苏联伟大卫国战争的伯克的《沃洛克拉木斯克大道》。这些作品在很大程度上都真实地描绘了苏联一些重要发展阶段的时代特点和本质

---

[1] 〔匈〕卢卡奇:《卢卡奇全集》第 5 卷,德国卢西特汉特出版社,1964,第 266、299、328 页。

内容，而卢卡奇的评论也不能不打上那个时代革命激情和革命幻想的明显烙印。也许是因为这一点，一位西方学者认为卢卡奇在斯大林主义时期完成的一些文学评论作品是"与党保持一致的、糟透了的官样文章"。相反，列瓦依则指责卢卡奇对苏联文学"缄默不语""缺乏热情"，具有"客观主义倾向"。这是两种极端的典型看法。

卢卡奇不仅高度评价高尔基及其作品，而且认为："苏联文学的社会主义现实主义就是世界文学中的一个新的、更高的阶段，苏联文学之所以能够达到这一步，完全是因为它——由于是从社会的新的、更高的社会主义的基础上产生出来的——从新的角度提出了世界文学中思想上和艺术上的问题，为这些问题寻求新的解决，而且找到了新的解决。"在卢卡奇看来，除了高尔基外，"法捷耶夫、肖洛霍夫、马卡连柯无疑都达到高峰"。他们及其作品的思想与艺术问题，对于他们"本国的文化发展以及西方文学的发展是特别有启发性和有促进作用的"。[①]

二 "新的里程碑"——索尔仁尼琴

直到 20 世纪 60 年代，卢卡奇仍深深感觉到斯大林时代的文化官僚主义及"图解文学"的严重后果和深刻影响。他清楚地看到，斯大林体系及其官僚主义观点的普通影响已渗透到全部日常生活当中。"如果这种官僚主义观点真的成为文学的标准，那么我们的面前就会出现斯大林时代的'图解文学'的直接继续。这种'图解文学'是对现状的粗暴操纵：它不是以过去和现实目标设定的辩证关系、从真实的人的行动中产生的，而就内容和形式来说，它总是由（国家）机器当时的决议来确定的。"由于"图解文学"不是从生活中产生的，而是"从对这些决议的评论中产生的，这样设计出来的木偶们必不会也不可能像真人一样而有其过去"。它们只是按以下情况塞满的主角：不是他们被看成"'正面英雄'就是被看成'害人虫'"。这是"斯大林和日丹诺夫文艺政策前后一致的继续，一种新发明对社会主义现实主义复苏的阻碍：不让社会主义现实恢复描述某一时代的真正典型人物的能力"。[②] "图解文学"盛行的

[①] 〔匈〕卢卡契：《卢卡契文学论文集》第 2 册，中国社会科学院外国文学研究所外国文学研究资料丛刊编辑委员会编，中国社会科学出版社，1980，第 99 页。

[②] 〔匈〕卢卡奇：《卢卡奇全集》第 5 卷，德国卢西特汉特出版社，1964，第 548~549 页。

后果是，一切不符合官方路线的创作都受到批判。于是"作家逃避谴责的唯一办法就是专门选择用以直接或间接为官方的决议作辩护的事实加以描写，这样产生的作品就成了为那些决议进行图解的文学，创作文学典型也就变成一种纯粹的政治了"。① 于是，作品的所有细节就不是相互地、有机必然地联系在一起的。它们始终是苍白的、抽象的，或者过分具体，但绝不会同素材组合成一个有机体。这里，人和命运可以而且应该随意加以摆布。这就是斯大林时代的"图解文学"，即一种特殊的自然主义与某种也是特殊的所谓革命浪漫主义相结合，代替了现实主义。更值得注意的是，当时以"警惕"为名所实行的压制，不仅是这个过去的时代极重要的迫切问题，而且它的影响，作为造就许多人的道德的品格的力量，今天也在起着作用。而且可以肯定，"对社会主义现实主义的复兴来说，现在存在着强大的阻力和障碍"。鉴于上述种种严重情况，卢卡奇得出结论："今天，社会主义现实主义的主要问题就是批判地清理斯大林时代。"②

卢卡奇在《评〈伊凡·杰尼索维奇生活中的一天〉》一文中指出，索尔仁尼琴的小说的功绩在于，他从任一集中营中选出了没有什么事件的一天，在文学上将其变为过去的象征，而这个过去尚未被克服，在创作上尚未得到塑造。虽然集中营本身表现了斯大林时代的极端尖锐化，但是索尔仁尼琴却善于不出铁窗就"描绘出斯大林统治下一幅寓意颇深的日常生活象征。他之所以获得成功，正是由于他提出了诗一般的问题：这个时代向人们提出了什么样的要求？说明自己是个人？谁拯救了他的人的尊严和完整？谁顶住了？是怎么顶住的？人的本质在谁的身上一直被保存下来了？人的实质在何处被隐藏、被践踏、被消灭了？索尔仁尼琴严格地在集中营最表面的生活范围内，用既笼统又具体的话提出了这些问题"。索尔仁尼琴隐喻地揭示了"民事和军事方面，司法或者行政判决的专横"。③

---

① 〔匈〕卢卡奇：《卢卡奇全集》第5卷，德国卢西特汉特出版社，1964，第553页。
② 〔匈〕卢卡奇：《卢卡奇全集》第5卷，德国卢西特汉特出版社，1964，第561、547页。
③ 〔匈〕卢卡契：《卢卡契文学论文集》第2册，中国社会科学院外国文学研究所外国文学研究资料丛刊编辑委员会编，中国社会科学出版社，1980，第559～561页。（个别译文根据德文有所改动）

第六章 在文学艺术理论与文学评论领域对马克思主义的创造性运用

卢卡奇高度评价了索尔仁尼琴的创作成就,指出他是"在斯大林传统的观念体系保护墙上打开真正缺口的人之一","他是唯一取得成功的人"。对于他以及有相同追求的人来说,这是"首次探索新的现实的开端"。不揭露过去,就发现不了当代。索尔仁尼琴的《伊凡·杰尼索维奇生活中的一天》是"在当代社会主义中进行这种文学再探索的重要开端"。

卢卡奇清楚地认识到,尽管社会综合体的作用显得完全是"自然的"、无情的、残酷的、荒谬的、无人性的,但这种作用却是人的行为的后果,是人类关系的产物。因此,唯一健全的态度是想法改变它、改善它、使它人性化。然而,与此同时,小说中"任何考验和拒绝都指示出人类关系的未来正常方式"——它们是"人类未来真正生活的序幕。所以,这一段生活不是结束,而是朝向未来的社会序幕"。"正是由于索尔仁尼琴的含蓄、简练和集中,才使这一段严格限于直接的生活成为通往未来伟大文学的大门。"[①] 在索尔仁尼琴的集中而简练的保留中,这种极为有限的片段是来自通向未来伟大文学的生活序曲。遵循俄国现实主义的伟大传统,《伊凡·杰尼索维生活中的一天》中的主要典型人物是按其道德的对立来布局的。与聪明、狡黠但绝不牺牲人的尊严的农民主人公形成鲜明的对比,一方面是满腔热忱的海军中校,他宁肯舍命也不愿毫无抗议地失去尊严;另一方面是狡猾的队长,他牺牲同伴们的利益而圆滑世故地维护当局,同时利用他的同伴们以扩大自己的相对享有特权的地位。

卢卡奇还评价了索尔仁尼琴的短篇小说《在克雷其托符卡车站上》。这一小说对斯大林时期弊病的揭示"更为有力"。"危机时代的精神和社会面貌,'警惕'在书中居于首要地位。"这篇小说指出:"变成陈词滥调的斯大林的口号歪曲了生活中一切真正的问题。""在那个倒退的时代中以'警惕'的名义所实行的强制统治,在斯大林时代结束以后,始终是一个热门问题。由于强制统治的力量使那么一大批人丧失了精神人格,因此,它的残余影响今天仍然存在。"[②]

《为了事业的利益》是索尔仁尼琴的又一"成功"之作。这部小说

[①] 〔匈〕卢卡奇:《卢卡奇全集》第5卷,德国卢西特汉特出版社,1964,第557页。
[②] 〔匈〕卢卡契:《卢卡契文学论文集》第2册,中国社会科学院外国文学研究所外国文学研究资料丛刊编辑委员会编,中国社会科学出版社,1980,第569页。

的主题是苏联某个省城新建一所中等技术学校的工作。该校的旧房子根本不够用,学生无法安置,而当局却官僚主义地让必要的新建工作拖延下去。但是,这里有一个真正的、通过相互信任甚至通过爱联系起来的师生集体。他们在假期里自愿承担了新建房子工作的最大部分,并在新学年开始时就完成了。小说的开始部分热情而生动地描写了工作的结束,师生之间的真正信任关系和坦率的讨论,在自己创造的环境中对更美好生活的愉快期待。然而,这时突然出现了某个国家委员会,它在很草率地检查了旧房子后,认为一切"完全正常",并把新建的房子转交给另一个机关使用。校长做了种种努力,党机关中的一名好心人甚至想帮助他,结果都无济于事。卢卡奇对此严厉而尖锐地评论道,这一结局表明,"同斯大林时代机关的官僚主义专横做斗争,即使是为了最正义的事业,也是徒劳的"。① 所以,卢卡奇确认,索尔仁尼琴的这部小说是"对斯大林时代里宗派-官僚主义关于真正而积极的热情之传说的一个令人信服的正确驳斥"。②

不过,卢卡奇同时也看到这部小说的缺陷,认为它只是把事实摆出来就突然结束了,急待解决的问题,如这些类似的经验和经历对教师和学生有什么影响?他们如何继续生活?他们会变成今天生活中什么样的人?这些问题都未做回答。

卢卡奇也未具体回答这些问题,但他对一些重大原则问题,社会主义文学的任务和未来的发展方向,提出了自己的明确观点和解决办法。在他看来,今天,社会主义世界正处在马克思主义复兴的前夜,这种复兴的使命不仅是重建被斯大林所歪曲的方法,而且首先旨在用真正马克思主义的方法去恰当地把握住新的现实。对于文学上的社会主义现实主义也是如此。要把在斯大林时代被称颂的社会主义现实的东西继续进行下去,是毫无希望的。但是他认为,那些把从表现主义和未来主义以来在西欧产生的一切东西统统称为现实主义而且放弃"社会主义"这个形容词的人也错了,因为他们想过早地埋葬社会主义现实主义。如果社会

---

① 列宁曾经强调:"我们所有经济机构的一切工作中最大的毛病就是官僚主义。共产党员成了官僚主义者。如果说有什么东西会把我们毁掉的话,那就是这个。"《列宁专题文集 论无产阶级政党》,人民出版社,2009,第 348 页。
② 〔匈〕卢卡奇:《卢卡奇全集》第 5 卷,德国卢西特汉特出版社,1964,第 559~560 页。

主义文学重新醒悟，如果它重新对当前的重大问题产生艺术责任感，那么涌向有现实意义的社会主义文学方向的强大力量就会激发起来，与斯大林时代的社会主义现实主义相比，这一改变和革新过程是一种激烈的方向转变。在这一过程中，索尔仁尼琴的短篇小说在通向未来的道路上起着里程碑的作用。① 作为通向未来的大门，这篇小说与过去的作品相比向前迈进了一大步。

卢卡奇1964年在写这篇评论时对未来将会如何的问题是这样回答的："目前谁也不能预言什么时候将最终完成这一步，是由索尔仁尼琴本人、别人还是由另一个人来完成？索尔仁尼琴肯定不是第一个曾试图在昨天和今天之间架桥的。他也不比别人更了解如何才能弄清时代的环境，以及一个现实的道德和人类史前时期的环境，从而去消除现今的疑难，而今天几乎每个人还都接受这个现实的影响。"② 对此，起决定性作用的将是"在社会主义国家里……社会主义意识的自我更新和重新加强的进程"。不过，卢卡奇清楚地指出："斯大林时期动摇了许多人对社会主义的信仰。从主观上讲，这样产生的失望和怀疑可以是正当的、真诚的，但是当人们试图表达的时候，很容易与西方的倾向混在一起。"而正直的人们只有把生活本身、自己的生活同社会－历史的现实加以对照，才能克服自己对一些生活现象的失望。文学在这个方面没有必要进行议论；至于行政措施，它们只会更加推动那些随从世俗的人投入贵族神秘主义的怀抱，而使那些襟怀坦荡地追求社会主义道路的人感到前所未有的厌恶。所以，问题的真正解决"取决于人们认识斯大林时期的危险的速度和深度，取决于他们对这种危险如何作出反应，也取决于他们获得的经验"。"事情很清楚，最真正的考验在于，通过拒绝斯大林的歪曲，巩固和加深真正马克思主义的、真正社会主义的坚定信念，同时以此坦率地去对待新的问题。"③

---

① 〔匈〕卢卡奇：《卢卡奇著作集》第5卷，德国卢西特汉出版社，1971，第551～552页。
② 〔匈〕卢卡契：《卢卡契文学论文集》第2册，中国社会科学院外国文学研究所外国文学研究资料丛刊编辑委员会编，中国社会科学出版社，1980，第571页。
③ 〔匈〕卢卡奇：《卢卡奇著作集》第5卷，德国卢西特汉出版社，1971，第563～564页；〔匈〕卢卡契：《卢卡契文学论文集》第2册，中国社会科学院外国文学研究所外国文学研究资料丛刊编辑委员会编，中国社会科学出版社，1980，第575页。

第五节　对近现代德国文学的创造性评论

　　从青年时代起，卢卡奇就对德国文学颇有兴趣。德国著名戏剧家 F. 黑贝尔和 G. 豪普特曼，尤其是德国有世界名望的大剧作家、大诗人、大文学家席勒和歌德，都是他研究和经常评论的主要对象。然而，只是从 20 世纪 30 年代起，他才开始专门就德国文学中的重要人物和问题进行深入探讨，发表了《维利·布莱德尔的小说》《"第三次文艺复兴"：法西斯美学的先驱者尼采》《作为民族诗人的亨利希·海涅》《美学家席勒》《托马斯·曼论文学遗产》《弗朗茨·梅林》《歌德和席勒的通信》《我们的歌德》等一系列专题评论。而较为系统、全面地论述德国文学的论著则有《德国文学（系统）纲要》《帝国主义时代的德国文学主潮的概述》（同年又以《帝国主义时期的德国文学》为题由柏林建设出版社出版）《德国文学中的进步与反动》《十九世纪德国现实主义》《德国近代文学史概略》。

　　卢卡奇对德国文学一直有特殊的爱好，而发掘并保存德国文学中富有人民性的现实主义遗产，一直是他关注和研究德国文学及其特点的主要意向。1938 年他就明确地指出："由于德国历史的悲剧性过程，我们文学中富有人民性的现实主义倾向，长期以来不像在英国、法国或者俄国那样强大。但正是这种情况，鼓励我们极其重视德国历史上所存在的人民性的现实主义文学，保存其对生活有积极意义的有益遗产。"[①]

　　卢卡奇在看到德国的种种"鄙俗气"的同时，还特别重视和高度评价具有人民性的现实主义文学杰作，并通过强调具有人道主义的和民主精神的进步传统，以促进反法西斯人民阵线的巩固和发展。所以，他集中精力系统地研究了自启蒙运动以来的德国文学史，充分意识到这一工作"有巨大的现实意义"，它"涉及如何正确评价德国过去所走过的道路，而这一评价又关系到今后能否走上一条正确的道路"。在他看来，这

[①] 〔匈〕卢卡契：《卢卡契文学论文集》第 2 册，中国社会科学院外国文学研究所外国文学研究资料丛刊编辑委员会编，中国社会科学出版社，1980，第 30 页。

种历史问题甚至也是"现代德国人民的命运问题"。①

因此，卢卡奇依据对德国近现代文学发展的全面而深入的研究，首先确认文学同社会、历史和时代密切相联系。他从德国的特殊国情出发来阐明它的文学的具体特点。在他看来，历史上的德国在政治上和经济上落后的不幸状况，使德国文学陷入长期的困难处境。正是德国文学同统治政权地对立，"决定了它的伟大和局限。德国文学是伟大的（当然常常是悲剧意义上的伟大），因为它认清了德国人民的命运问题，而且正好是在它的鼎盛时期加深和扩大了这种对立；但同时这也正是它所有弱点的根源。尤其是同德国的社会和国家结构的矛盾，就更促成了德国文化和文学的理想主义②性质。德国文学伟大时期的世界观，主要是理想主义的、预见式的，甚至是空想主义的。它的思想与其说是针对实际的存在，倒不如说是针对理想的现实。它的主要意向不是从实际的存在中找出隐蔽着的倾向，而是思辨地预见一个堪称典范的梦寐以求的世界。就因为这样，在大多数德国人的心目中，理想与现实的界限是不清楚的。理想主义的这个缺点，就使得德国不可能形成一种进步的、革命的现实主义"。③

除此之外，"庸俗习气是德国文学发展的最重要的障碍"。"任何一个国家的专制君主也不像德国的那样目光短浅，毫无思想；任何一个国家对专制君主卑鄙行径的反抗也不像在德国那样的微弱。"在德国从未有过真正意义上的公众生活，有大批作家却没有舆论。"庸人市侩毒化了德国文学中的最高尚的人物和伟大的天才。德国文学拥有大批有才华的作家，但很难找出一个完全不沾染庸俗习气的德国作家。"④ 正是在德国文学形成和繁荣昌盛的时期，社会状况十分狭隘窘迫这一点决定了德国文学的特点，而且这种劣根性也浸透了德国人的灵魂。人们不仅屈从于他们的环境，而且开始培植庸俗习气，把一些庸俗习气的表现看做"更高

---

① 参见张伯霖等编译《关乎卢卡奇哲学、美学思想论文选译》，中国社会科学出版社，1985，第90页。
② 这里的"理想主义"是德文"idealismus"，亦可译为"唯心主义"。
③ 〔匈〕卢卡契：《卢卡契文学论文选》第1卷，范大灿编选，人民文学出版社，1986，第3页。
④ 〔匈〕卢卡契：《卢卡契文学论文选》第1卷，范大灿编选，人民文学出版社，1986，第4页。

尚的""更纯洁的"人的本性。

所以,卢卡奇明确表示他研究德国文学历史所具有的意义和要解决的任务,就是要证明,"德国文学是德国人民命运的一部分、一个因素、一种表现和一种反映"。一方面,卢卡奇看到由于德国统一是在没有人民积极参加下实现的,因而从俾斯麦直到希特勒统治下的德国,庸俗习气不仅一点儿也没有减少,反而由于德国在经济和政治上的强大,庸俗习气变得"神气活现""巍然矗立",比以往任何时候都更加自信。不同的是,它变得更富于侵略性、更加危险了。"新帝国内部的那座'精神监狱',是原封不动地从已经瓦解了的旧帝国那里接受过来的,只不过现在比原来更扩大,更为现代化罢了。"另一方面他也明确指出:"德国人的古典文学曾是一场解放运动的灵魂,是德国民主革命的伟大思想序幕。它曾想点起一把火,照亮整个政治和社会的现实;那时的文学曾做好预备姿势准备从奴役状态向自由的天地跳跃。但是,火没有点着,跳跃也没有跳成。"正是从这两个方面的对立情况出发,卢卡奇提出了自己在表述德国文学时所遵循的指导思想:"凡是向德国的苦难做斗争的就是进步的,凡是旨在以任何一种方式使鄙陋状态永久化的努力,我们一律称之为反动。"[①]

正是遵循这一指导思想,卢卡奇紧紧抓住18世纪以来近现代德国发展的"关节点"——法国大革命、反对拿破仑的解放战争、1830年巴黎七月革命、1848年革命、俾斯麦统一德国、第一次世界大战和希特勒法西斯专政——具体分析和阐明了德国近代文学的发展及其特点。

一 "古典人道主义的插曲"——歌德与席勒

在卢卡奇看来,德国古典文学时期是短暂的,因而只是一个"插曲"。严格地说,德国古典文学只存在于歌德和席勒这两位天才作家合作的十年时间。这段时限还可延长一点,歌德的《伊菲格涅》《塔索》以及席勒的古典诗歌可看做序幕,歌德的《论温克曼》《潘多拉》可看做尾声。真正的古典时期结束于1806年的耶拿战役。在这一时期,歌德的

[①]〔匈〕卢卡契:《卢卡契文学论文选》第1卷,范大灿编选,人民文学出版社,1986,第6页。

第六章　在文学艺术理论与文学评论领域对马克思主义的创造性运用

伟大著作《浮士德》第一部和黑格尔的《精神现象学》都完成了。

卢卡奇认为，古典文学的本质就在于"无情的真实性和美的结合"。他很赞赏歌德关于一个古典的民族作家产生的条件："他在他的民族历史中碰上伟大事件及其后果的幸运的有意义的统一；他在他的同胞的思想中抓住了伟大处，在他们的情感中抓住了深刻处，在他们的行动中抓住了坚强和融贯一致处；他自己被民族精神完全浸透了，由于内在的天才对过去和现在都能同情共鸣；他适逢他的民族具有高度的文化，他自己的修养没有什么困难；他搜集了丰富的材料，前人完成了的和未完成的尝试摆在自己的面前，这许多外在的和内在的机缘都汇合在一起，使他无须付很高的学费，就可以趁他生平最好的时光来思考和安排一部作品，而且一心一意地把它完成。"依此条件，歌德和席勒正好能成为这样的古典作家，因为在卢卡奇看来，他们"从一开始就完全清楚地认识到，他们那古典式的努力包含着难解的社会历史问题。他们那些从理论上概括了这个时期本质的著作——除了席勒的美学著作，首先应该提到的就是歌德的《收藏家及其同伴》以及他们两人的通信——所具有的极其重要的意义就在于，他们认识到他们自己的努力所碰到的问题是历史的客观必然，而且他们正是从这种充满矛盾的基础中找到了现代艺术的——亦即当时的古典文学的——独特的形式规律"。而且，只是德国古典文学才从历史和美学上建立了现代艺术的理论。所以，"德国古典文学在世界文学中的意义就在于，它是从启蒙时期的现实主义通向19世纪上半叶的伟大现实主义的桥梁"。[①]

但是，正如卢卡奇所强调的那样，正是德国不同于其他国家的社会历史状况造成了德国古典文学的新特点。尽管"德国古典文学的社会心理基础是法国大革命以及由它创造的世界状态"，"德国的历史现实同法国大革命处于同一时代"，但是德国经济、社会的发展程度和群众的觉悟水平又不允许革命的火种成为解放的大火，因而德国当时也就不可能变成一个民族统一的国家。"只有知识分子中的先锋队，德国文学和哲学界的首领人物，在更高一层的意义上是法国大革命这一伟大变革的同时代

[①] 〔匈〕卢卡契：《卢卡契文学论文选》第1卷，范大灿编选，人民文学出版社，1986，第27~28页。

人。"从世界观和艺术方面来说,这种先锋队已经看到一个伟大时代的重大社会和政治问题,但它却只是把狭隘贫乏的德国生活作为自己的直接素材。所以,这种情况不仅造成"德国古典文学的基本态度是艺术静观的态度",使这种先锋队"在社会上和精神上的孤独就比以前更甚一层",还迫使像歌德和席勒这样的天才人物"只能当作家",由德国苦难和鄙陋状态而产生的艺术也只能是一种典型德国式的伟大悲剧。而"要是真正忠于大革命的思想,那就会引起另外一种形式的悲剧,其中最伟大和最感人的事件就是荷尔德林的苦难经历和他的毁灭"。与此同时,在古典文学稀薄的气氛中,德国发展的缺点和优点比在启蒙运动时期表现得更为明显。德国的思想家和作家总要把社会和政治问题翻译成纯粹的观念。在伟大的政治事件开始的时候,德国最先进的知识分子"确也热情地参加了进去,但这种参加过于抽象,过于脱离现实,而且在社会和政治上也没有根基,因而也就不可能跟上革命的步伐,特别是在革命急转直下成为平民革命时,他们就更无法跟上"。

然而,在卢卡奇看来,对那个时代的重大社会和政治问题的关注和探讨,确实也使像歌德和席勒这样的杰出人物在文学和艺术方面达到很高的水平。"歌德和席勒在艺术方面的真正成就,恰巧在于他们接受了新意蕴的全部丰富性,而在创作的时候对新意蕴的把握又是那样灵活,因此在运用形式的时候完好无损地保持了古典的纯洁性,甚至还给形式的进一步发展留下余地。"歌德和席勒所创立的现代文学的理论,是建立在双重认识基础上的,既认识到新生活的丰富性,同时认识到它对艺术的危险性。因此,古典文学的中心问题是要求弄清各种文学种类的关联和差异。卢卡奇尤其肯定的是他们创作的内容中所体现的"人民性""做人的道德""人道主义精神"。

卢卡奇不仅肯定德国古典人道主义是"19世纪上半叶伟大现实主义的序幕",而且特别推崇歌德以他那"异乎寻常的作品"《浮士德》——"现代生活的伊利亚特"(普希金语)——创造了"一部世界文学中的巅峰之作"。所以,歌德及其著作成了卢卡奇研究德国文学的重点。卢卡奇发表的一系列论文集中在《歌德和他的时代》一书(1947年在伯尔尼出版,1950年又由柏林建设出版社再版)中。其中的《浮士德》一文发表于1941年《国际文学》第5~6期。1949年在柏林"德国民主复兴文化同盟"举行的歌德诞辰纪念会上的讲演以《我们的歌德》为题公布于世。

卢卡奇首先注意到以往人物对歌德的种种不同评价。民族诗人海因里希·海涅虽然对歌德提出过种种批评,但他公正地认为,德国自莱辛以来整个思想和创作的发展过程,是一个统一的历史时期,而居于这个历史时期顶峰的是歌德,他是"世界的明镜""诗界的斯宾诺莎"。而在1848 年革命失败后,德国资产阶级作家为了粉饰歌德的一切弱点,抹杀他最伟大的品格,把他视为"奥林匹斯山上的神",超脱一切弱点的人间的半人半神。到了帝国主义时期,在尼采的笔下,歌德已经成了帝国主义生存哲学的鼻祖。即使在这个时期体现进步倾向的最伟大的代表人物是托马斯·曼那里,虽然显露出拯救和恢复歌德进步的以及寓于这种进步性之中的伟大的生活倾向,但歌德也只是一个处在狭隘而破落的市侩世界中茕茕孑立、形影相吊的巨人。

梅林找到了歌德一生中关键性的转折点——意大利之行,并证明歌德身为魏玛大臣是要按照启蒙运动提出的社会原则改革这个小公国,也就是说,要铲除这个公国的封建残余。只是由于他的这番努力归于失败,他才放弃政治活动而完全投身于科学和艺术。卢卡奇进一步发挥了梅林的观点,确认"歌德身为魏玛大臣不仅想要推行反封建的对内政策,而且还想要推行反普鲁士的对外政策,以德意志统一为目标,做一番尽管是犹豫不决、瞻前顾后的尝试"。无论是魏玛成熟时期的歌德,还是年迈的歌德,都是"争取复兴德国但已遭到失败的斗士"。

针对掩盖歌德一生中的失败和妥协而把他描写成神的做法,卢卡奇认为,今天我们研究和评论歌德的任务是:"不留情面地揭发所有这些失败和妥协,包括歌德为投合他那个时代的坏倾向在内心深处的进一步妥协,只要这样做对于保护他作为人和诗人的个性是必要的话。"而我们深入地研究歌德的目的则在于"真正看清楚歌德真正的伟大,连同他的历史的、阶级的、社会的局限性,以及他的失败与妥协"。[1]

全面、深入研究,使卢卡奇得出更符合歌德实际情况的独特看法。歌德及其创作是"亲自把 18 世纪的思想引向 19 世纪的一座活的桥梁"。

---

[1] 〔匈〕卢卡契:《卢卡契文学论文集》第 2 册,中国社会科学院外国文学研究所外国文学研究资料丛刊编辑委员会编,中国社会科学出版社,1980,第 549 页。

他的逝世正如海涅所说,是"艺术时期的结束"。歌德"完成并超过了启蒙运动,同时又从思想和艺术方面为司各特、拜伦、巴尔扎克和司汤达做了准备",达到了黑格尔的思想高度,有时甚至触及了空想主义的思想范围。

卢卡奇心目中的真实歌德形象是,"身处逆境,几番努力,几番受挫,固执地沉默,嘲笑着引退"。这是"活的普罗米修斯,给人间带来光明者,他自然处在德国鄙陋的环境中,经常被锁在山岩上;经常被反动派的苍鹰啄食"。[①]

所以,尽管歌德年迈时待人接物非常圆通老练,但他的基本倾向仍然是"既反对至高无上的天神,也反对德国封建专制主义的人间半神。尽管在老年歌德身上,有如在成熟的黑格尔身上一样,可以找到'同现实的调和',但这种调和在这两个人身上都有其两重性,正如恩格斯论歌德时所说的,他'有时非常伟大,有时极为渺小'"。一方面,"同现实调和"是对新的社会形态,即资本主义本质的认识不断提高和不断加深,又是思想家和诗人关于在这个新社会的诸条件下人类如何才有可能进一步发展的研讨,因此,这是一种既拒绝乌托邦主义又拒绝悲观主义,从而把历史的实际进程同人类的进步发展调和起来的企图;另一方面,则是同这种现实的坏的、鄙俗的表现方式,同在保留德国鄙陋的基本特征的条件下德国缓慢的资本主义化之间一系列的妥协。卢卡奇对歌德的褒扬评价是:一方面,他是"文艺复兴以来最后一个划时代的人物,他多才多艺,既从事实际活动,又从事科学和艺术活动";另一方面,歌德又是"世界文学中出现的第一个伟大的人物,他经常同自己那个时代斗争"。[②]

歌德同时代的斗争,是一场双重的斗争。一方面,这是"反对德国的鄙陋,反对渗透了封建残余的德意志小公国的专制体制,深刻揭露了封建主义的腐朽和衰落。另一方面,这场斗争的内容是日益深入地抨击其使命为替代和破坏封建专制主义鄙陋状况的资本主义"。歌德的特点在于,"他公正无私地肯定资本主义一切积极的和进步的因素"。但是,与

[①] 〔匈〕卢卡契:《卢卡契文学论文集》第2册,中国社会科学院外国文学研究所外国文学研究资料丛刊编辑委员会编,中国社会科学出版社,1980,第531页。

[②] 〔匈〕卢卡契:《卢卡契文学论文集》第2册,中国社会科学院外国文学研究所外国文学研究资料丛刊编辑委员会编,中国社会科学出版社,1980,第531~532页。

第六章　在文学艺术理论与文学评论领域对马克思主义的创造性运用

此同时,"歌德同样清楚地看到,上升的、胜利的资本主义具有使文化与艺术失去人的个性的倾向"。歌德既天才地找到了取代封建主义的出路,即通过资本主义来发展生产力的道路,因而对资本主义的成就和发展有浓厚的兴趣,甚至深表羡慕,又较早地觉察到正在发展的资本主义所显露出来的各种复杂的矛盾和弊端。但是,歌德幻想政治革命由于生产力顺利的伟大发展会成为多余的事情,这一点被卢卡奇视为歌德世界观中"最重要的片面性和局限性"。①

卢卡奇高度评价歌德的主要代表作《浮士德》是不朽之作,并指明这部作品的内容写的是整个人类的命运,它具体地、扣人心弦地刻画了越来越难以处理的人与人之间最深刻的关系,而且这种刻画同那些最重要的哲学问题不可分割地联系在一起。所以,德国古典哲学的所有伟大代表,费希特、谢林和黑格尔,都热烈欢迎这部著作,并且认识到它作为反映整个人类的诗作所具有的意义。卢卡奇明确肯定歌德的《浮士德》和黑格尔的《精神现象学》是"德国古典时期艺术上和思想上的最伟大的成就,它们同属一个整体"。

《浮士德》不仅是"一部悲剧",而且是"悲剧的使用和扬弃"。歌德和黑格尔一样,看出了类和个人的问题。类的道路并不是悲剧性的,但它要通过无数客观上必然的个人悲剧来表现。对他们来说,人类不可阻挡的进步是产生于一系列个人的悲剧。个人在"小宇宙"中的悲剧,是类在"大宇宙"中不可阻挡地进步的显示。这就是《浮士德》《精神现象学》共同的哲学要素。

卢卡奇十分重视《浮士德》中所体现的善与恶的辩证法。在歌德看来,向前发展的方向是来自善与恶的斗争;恶也可以用于作为客观进步的手段。这种辩证法就是歌德坚定不移地相信人类未来的基础。魔鬼靡非斯特屈勒司在谈到自己时所说的那句名言"总是想为恶,但又总是为善的那种力量的一部分",最精确地表达了歌德的这种世界观。不过,控制激情,使它净化,把它引导到人类的真正伟大目标,正是歌德的伦理学。

---

① 〔匈〕卢卡契:《卢卡契文学论文集》第1册,中国社会科学院外国文学研究所外国文学研究资料丛刊编辑委员会编,中国社会科学出版社,1980,第256~257页。

卢卡奇认为，歌德看到了资本主义社会的复杂矛盾客观上是无法解决的。但是，他作为大作家的伟大之处正在于，"他在刻画这些不可解决的矛盾时丝毫不加掩饰"。他"既没有堕入主观主义的康德式的道德说教，但又完全正确地把主观因素看作是解救浮士德的关键"。在卢卡奇看来，《浮士德》的巨大价值在于，它在异乎寻常的深度上"把握了一个伟大历史过渡时期的最重大的问题"，既提供了"一幅画有封建主义亡灵舞的宏伟的历史壁画"，又从人、道德和文学方面客观地阐述了"资本主义的扩张及其对前资本主义田园生活的毁灭性进攻所具有的一切本质因素和规定性"。[①]

歌德通过《浮士德》这部伟大著作展示了自己内心世界的矛盾。他既看到在解体的封建社会中建立起进步的资本主义及其生产力的发展，毫不懊悔地注视着这种资本主义的胜利进军毁灭了原始的生活方式，但是，他也觉察出同资本主义的生产力不可分割地联系在一起的各种矛盾，而自由也正是从资本主义的反人性的生活和行动条件下解放出来。这是一种不可解决的矛盾。卢卡奇认为，歌德的"真知灼见，他的创作天才恰恰表现在：这个不可解决的矛盾在他的笔下依然是不可解决的；他揭示了浮士德个人的这种深刻的悲剧，但同时——尽管是先验地——又指出了作为整体的人类的远景"。

歌德关于人的完善的见解受到卢卡奇的特别关注。歌德认为，在人走向完善的过程中，始终有两种倾向在为争夺统治的地位而斗争。第一种倾向是最大限度地培养人的各种专门的能力，使其完善到炉火纯青的地步；第二种倾向是在这些能力培养形成的过程中应保持人的内在和谐。但是，歌德知道，在他生活的那个现实社会中，这两种倾向是彼此矛盾、无法统一的，虽然只有这两种倾向的综合才能构成真正全面的和谐的人。歌德越是肯定实际地发挥人的各种专门的能力，他就越是在现实中到处寻找人的和谐和完善已经实现的倾向和事实。正是在这里，表现出了歌德世界观中的民主方面，甚至是平民的方面。因为他说："即使是很卑贱的人，如果是在他的能力和技能的范围之内活动，他也可以是完整的。"

[①] 〔匈〕卢卡契：《卢卡契文学论文选》第1卷，范大灿编选，人民文学出版社，1986，第288、334页。

各种专门能力片面畸形的发展，破坏了人的和谐。为了对付这种破坏，歌德在寻找平衡的因素，在具有平民特征的特定的人们身上，去寻找由生活而产生又由生活加以保证的实现他们理想的可能性，他们勤劳的禀赋使他们的能力能发展成自发的和谐。

卢卡奇敏锐地看出，歌德常常在平民阶层当中，而不是在社会上层当中，常常在妇女身上，而不是在男人身上，发现了人的完善形式。歌德笔下的妇女形象，也就是他几部著作中的一些女主人公，具有"永不凋落的魅力"，"内在却是和谐的人的完善"。所以，歌德"把这种较为原始的完善看作是人走向完善的一个本质方面。在这些妇女身上，许多特性，尤其是道德特性，比那些技术高超、才华出众、学识渊博的征服客观现实的人有更高的发展，更富有榜样的作用"。所以，伟大作家歌德在《浮士德》中说的最后一句话就是："永恒的女性，引导我们前进。"卢卡奇所理解和确认的歌德的最后的信念是：人作为肉体和精神的个性是可以在此岸得以完善的，而且这种完善是在掌握外在世界，把自己的自然属性提高到精神、文明和和谐的高度但又不失去其自然性的基础之上的完善。[①] 伟大而美好的杰出思想在这里充分显露出来了。

二 文学衰落时期的民主主义作家：凯勒

1848年以前，民主派还多少清楚地懂得，实现德意志民族统一的正确道路要经过德国的政治解放和民主化。然而，由于民主力量过于软弱、不成熟和不坚定而导致1848年革命失败，结束了为自由德国和摆脱鄙陋状态而做的努力，从而产生了普遍的绝望情绪。革命失败埋葬了通过自由振兴德国的一切希望，因而在文学和意识形态领域所做的一切准备都付之东流。

卢卡奇痛切地看到，像在过去四分五裂的德国一样，由于这一时期真正的人道和民主精神受到窒息，柏林文人所写的和德国市民所喜欢的，均是一些最低劣的消遣小说。自黑贝尔和瓦格纳死后，德国就没有什么有价值的戏剧了。除了个别人之外，德国的诗歌纯属模仿抄袭之作。所

[①] 〔匈〕卢卡契：《卢卡契文学论文选》第1卷，范大灿编选，人民文学出版社，1986，第308~312页。

以卢卡奇明确断言，一幅文学衰败的图景完整地呈现在我们面前。

不过，卢卡奇认为，在这一时期，只有一个讲德语的作家，他的作品一点儿也没有受到1848年以后德国发展形形色色逆境的影响，他是一位具有民主世界观的人民性的古典作家，在他那里，歌德现实主义的优秀传统又根据时代的要求获得了新生，他的作品的内容和形式运用都达到了当时最优秀的世界文学的高度，此人就是高特弗利特·凯勒。

为了驳斥那些贬低凯勒的评价，卢卡奇写了一长篇论文《高特弗里特·凯勒》，专门阐述了他的杰出思想。

（1）"民主精神贯穿凯勒的全部思想和创作"。[①] 与1848年民主革命失败后出现的明显妥协、投降和反民主的倾向相反，凯勒仍自觉地站在这一切潮流的对立面。这是因为，他青年时代发展的顶峰是他亲自经历了德国民主革命的准备和在海德堡成为费尔巴哈的学生。他被民主的发展所裹挟，最终接受了德国革命民主主义的最高理论形式，即费尔巴哈哲学，因而站到了1848年革命以前德国民主的哲学和文学发展的顶峰。与众不同的是，凯勒没有参与革命失败后的倒退运动，这是瑞士民主制保护了他。他疏远反动的德国而完全站到瑞士民主制一边，决定了他全部作品的内容和形式。

他曾经殷切期望民主革命的胜利能带来巨大的繁荣。因此，民主最终必将胜利这种信念他从未放弃过。凯勒的那部意义重大的长篇小说《绿衣亨利》，其思想顶峰正是讨论民主革命准备时期德国的伟大文化问题。他相信，没有民主在政治和社会方面的繁荣，文学的繁荣也是不可能的。当欧洲的和德国的民主遭到镇压时，他看到民主精神正在金钱势力面前做很不光彩的退却，但他不屑于后退。不仅如此，教育人们去参加社会政治活动，"教育人在社会中起作用，这是凯勒全部文学创作活动的主导思想"。

（2）"富有独创性的伟大现实主义"。[②] 作为现实主义作家，凯勒已经超出了费尔巴哈唯物主义的界限。他所要塑造的是人的社会关系，及

[①] 〔匈〕卢卡契：《卢卡契文学论文选》第1卷，范大灿编选，人民文学出版社，1986，第463页。

[②] 〔匈〕卢卡契：《卢卡契文学论文选》第1卷，范大灿编选，人民文学出版社，1986，第458、453页。

广泛全面地表现这种关系内在的相互作用。凯勒现实主义的基本原则是"清楚而且充分地表现生活的本质要素"。而创造一种宏伟的叙事式的气氛,从内部使现实富有诗意,则是凯勒的独特风格。凯勒现实主义的这一特点,确实表明了他的历史地位就在于他完成了一个时期的发展,即完成或结束了德国古典文学的传统。他的现实主义是一种完全自然的新型现实主义。凯勒超脱"艺术时期"的传统,同发达的民主国家中的伟大现实主义传统相结合;这种结合是深刻的,触及事物本质的。他写得十分真实,完全符合生活实际。《绿衣亨利》的现实观比歌德小说的现实观更接近实际,也就是说,凯勒的素材比歌德的素材更严密、更广阔、更固定、更有物质性和实在性。所以,凯勒是"一位伟大的十分诚实的现实主义作家,他不可能把实际上不存在的东西强加给他所描述的现实"。由于凯勒的民主乌托邦获得一种真正现实的气氛,他的现实主义也随之上升到"莎士比亚化"的更高境界。

(3)"旨在促进人的全面发展的民主主义人道主义"。[①] 凯勒在《绿衣亨利》的准备材料中就已经确信:"一个人……只有他自己的行为正当得体,才能有益于他人,也只有有益于他人,他自己才会幸福。"凯勒继承了德国的人道主义,他从带有原始色彩的瑞士民主制的思想出发,使德国人道主义的问题得到复兴。德国人道主义的民主主义思想基础在任何一个德国作家那里都没有像在凯勒那里表现得如此清楚。他把德国人道主义的理想带到用现实主义手法有力地加以概括和塑造的人民生活中去。更确切地说,他以伟大的艺术表明,这种理想实际上就是民主的人民生活所结出的成熟果实。而凯勒的人民性则是最优秀的德国人道主义传统的继续,它一再显示出具有活生生的、催人新生的教育力量和通过教育来培养人的力量。像歌德一样,凯勒也特别赞颂妇女的善良品德是伟大而自由的人道主义精神。

凯勒的主要根基在瑞士,在德国为民主革命做准备的时期成长为作家,并经历了1848年的革命及其失败。其后,他回到瑞士苏黎世,但并不是逃往地方田园式的狭小天地,而是接触到瑞士的民主而力量剧增。

[①] 〔匈〕卢卡契:《卢卡契文学论文选》第1卷,范大灿编选,人民文学出版社,1986,第437页。

瑞士民主不仅向他提供了素材,而且使他的心灵能具有公民激情,能以平民民主主义的观点继续实现德国古典人道主义的创作问题。因此,如果说在德语当中也产生了可以同福楼拜或狄更斯、屠格涅夫或托尔斯泰相比拟的作家,那么这位作家就是凯勒。"凯勒的伟大就在于,他对德意志民族发展道路的谴责,是被贬抑的文学对此所能提出的最有力的谴责。"他的伟大还在于,"尽管他那时的社会政治和艺术环境十分不利,但他仍然顽强地创造了这样高水平的艺术,这种艺术既没有地方的局限性,也没有脱离人民的自以为是的性质。这一艺术在内容和形式方面的问题以及它的断念的基调,是德国命运的一部分,是德国民主到目前为止所经历的悲剧中的一幕"。①

三 法西斯时代的德国文学及民主进步力量的反法西斯主义文学

1890年9月"反社会主义者法令"的废止和"自由舞台"的成立,成为普遍的政治运动和专门文学运动的交叉点。社会民主党虽然取得了合法地位,但该党的领导人并不知道自己的基本任务是什么,根本不理解恩格斯提出的使德国从根本上民主化的纲领。而这正是德国悲剧的一部分,并对德国后来的发展起了灾难性的影响。德国的民主精神本来就很弱,且没有民族传统,从1848年革命失败后经历过俾斯麦时代,本来就不强大的资产阶级民主的一点残余也几乎被消灭殆尽,所以"德国向帝国主义目标的进军也就毫无阻挡地开始了"。

就是在这个时候,反民主倾向的主要代表人物尼采在帝国主义时代"第一次发生了广泛而深刻的影响,这一精神力量不但使年轻一代离开了社会主义,而且同时也使他们不再维护进步和自由,不再维护民主"。尼采不仅使知识分子们的思想混乱,在所有重大的危机中他关于个人和社会的观点都使人们背离了民主问题,而且甚至对那些思想正派、倾向进步的德国知识分子也起到了诱惑作用。即使在相对稳定的时期,尼采的心理学、伦理学和美学对不同阵营、不同派别的作家(从S.格奥尔格到亨利希·曼和托马斯·曼)都有影响。而当时社会民主党的领导人根本

---

① 〔匈〕卢卡契:《卢卡契文学论文选》第1卷,范大灿编选,人民文学出版社,1986,第437页。

不理解恩格斯提出的使德国从根本上民主化的纲领,即使资产阶级民主的一点残余也几乎被消灭殆尽。

S. 格奥尔格（1868～1933年）的诗不但强烈控诉现状,而且越来越鲜明地宣布,现在这个世界必将灭亡,另一个世界即将出现。这是一个从丑恶中解脱出来的"新帝国",是一个脱离了"骗人的手足之情烂泥潭"的世界。卢卡奇正是从格奥尔格"创立新的帝国"的诗看出:"法西斯就是根据这样的诗拿格奥尔格来为自己宣传的。"

格奥尔格的思想完全丧失了它应有的水平,堕落到凶恶的小资产阶级的立场,而正是这个小资产阶级后来成为希特勒招兵买马的对象。

进入魏玛时期,有才华的反动派的代表人物恩斯特·容格尔,在描写"物质战争"的可怕性方面常常超过了某些"左"派的战争反对者。正因为如此,容格尔以及同他类似的作家就创立了一种文学,在这种文学中,未来的战争是英雄们所倾心的战争,是提高人的价值的战争,是考验道德的战争,是证明热爱祖国的战争。于是,这样描写的"战地生活"就为未来"德国复兴"提供了精神基础。卢卡奇对此强调,反动派的进攻是在一条更为广阔的战线上向前推进的。反动的战争文学所写的"战地生活",首先为向和平主义的魏玛民主发动反动的进攻,为把德国再转向反动的老路,提供了普遍的道德基础。广大群众在战后和平中的苦难,魏玛共和国使他们经济上的失望,这些不仅被赤裸裸的法西斯宣传用来在社会上蛊惑人心,而且产生了一种美化帝国主义扩张的文学,说什么这种扩张曾满足德意志民族所谓的最深刻的需要和愿望。这种文学有意蛊惑人心,把德国企图重新征服世界描写成德意志民族复兴之路,描写成德国人民走向内外繁荣的道路。汉斯·格林的小说《没有空间的民族》很能表明这一点。尽管这部小说在艺术上并不比"乡土艺术"更高明,但它却被德国法西斯的重要代表人物 A. 罗森贝格宣布为希特勒主义的经典作品。

与此相反,进步文学者并没有组织人们来保卫和平和自由、反对沙文主义。首先是魏玛民主在经济上和思想上给人们带来的失望,阻碍了一大部分进步作家去保卫民主和反对正在迫近的专制政治。这样,在文学上,也出现了一个没有共和主义者的共和国。魏玛共和国的拥护者们不是通过使德国彻底民主化以加强自己的力量,关心共和国的命运,而是摆出一副"政治家的风度",向反动派一步一步地退让,结果人民越来越疏远魏玛政府。

不过,卢卡奇仍然看到,整个魏玛时期只有一部重要作品是把民主问题作为世界观问题提出来的。这就是托马斯·曼的《魔山》。第一次世界大战造成的震动使其政治世界观发生了根本变化,从而使这部小说展示出新的内容:民主思想和法西斯思想为争夺道德正派的普通德国人的灵魂而展开斗争。民主思想在德国文学中长期沉默之后,第一次在这部作品中又扮演了战斗的角色。

卢卡奇总结道,德国面临的危机是:陷入法西斯的转变之中,还是能作为健康自由的民族存在下去。德国人民面临着决定命运的抉择。卢卡奇尖锐而深刻地揭露了希特勒法西斯主义对德国文学以至于整个文化事业的野蛮摧残,描绘了这种法西斯主义"像一场毁灭性的暴风雨从德国文化上空呼啸而过"。由于它毁灭了一切,从而使德国的思想发展出现了大大的倒退。

首先,希特勒法西斯主义以世界上史无先例的力量和系统性,把德国的进步力量"流放了"。从托马斯·曼和阿尔伯特·爱因斯坦开始,德国绝大多数文化领袖都不得不离开祖国。其次,留在国内为美好德国而斗争的人们,完全被迫沉默。刚一开始,他们就被打入了集中营和盖世太保的地牢,其中许多人被残杀。很大一部分在地下从事反对希特勒蒙昧主义斗争的最勇敢的先锋战士在断头台或绞架上结束了生命。更有甚者,那些仍能自由活动的作家也失去了文学创作的自由。所以,卢卡奇尖锐地揭露道:"把希特勒德国的压制言论和以往任何一个别的反动专制政权的压制言论等同看待,是错误的。以往总还有些漏洞和空隙为热爱自由的反对派所利用,而且事实上也被利用了。""希特勒政权对在文学中写下的每一个字,讲的每一句话,都要进行检查。谁不顺从戈培尔宣传的命令,就对谁挥舞饥饿的大棒,以全面毁灭他的物质存在。希特勒政权不允许任何批评公开发表,并力图把哪怕只是以影射、寓意等方式隐蔽地对希特勒政权表示的一点反对之意也要消灭在萌芽之中。"①

---

① 〔匈〕卢卡契:《卢卡契文学论文选》第 1 卷,范大灿编选,人民文学出版社,1986,第 173 页。

此外，法西斯主义还通过甜面包的腐蚀拉拢来加以补充。德国法西斯的追随者，它的御用文人，如布隆克、约斯特等人，都是些平庸之辈，大多都在中等水平以下。可是，这些人被抬到文学之巅，法西斯政权不惜工本大肆吹捧他们，将他们捧为所谓的"德国文学新繁荣的领袖"。当希特勒法西斯主义从"种族主义"的观点出发篡改历史，并处处肆意解释，制造谎言，说什么德国历史上就有"国家社会主义革命"，有新帝国主义侵略扩张的先例时，他就利用像布隆克这样的御用文人，在历史题材的领域里贯彻官方的路线。

对文学来说，更危险的是，某些并非没有才华但性格软弱的作家，经不起希特勒政权有系统的腐蚀拉拢，结果走上歧路，汉斯·卡罗萨和其他一些作家就是这样的人。

然而，希特勒和戈培尔的软硬兼施的政策并没有达到其希望的结果，他们可以用恐怖和腐蚀使文学默不作声，甚至可以使它的内在本质腐化堕落，但绝不能用专制命令建立一种有效的宣传文学。官方的法西斯评论也常常抱怨说，作家们回避日常生活的根本问题，他们逃遁到和这些问题无关的题材中去；换言之，文学并不那么听命于戈培尔的宣传命令。这样一种回避或逃遁，对正直的作家来说，是维护自己人的尊严，维护自己在文学上的纯洁和才能的最便捷的道路。因此，他们特别喜欢躲进历史的题材中去。例如，汉斯·莱普的小说《贝角》就以较高的水平，显示了这样一种躲进历史题材的做法，既有积极的方面也有消极的方面。这部小说在极力忠于时代色彩的同时，又有点典型的新德国意义上的"无时代性"。这里表现出的精神自然主义是这部作品的主要弱点。这是德国文学进入自然主义阶段以来到处可以看到的，而在法西斯统治下更具有的一种有趣、鲜明的特点。这一弱点赋予那些既不想屈从于希特勒的思想意识，但又不敢进行真正反抗的正直的作家以这样的可能性，通过一层救命的保护色继续从事写作，既用不着投靠法西斯又不会受到迫害。这种情况虽然反映了这样的作家有反抗的愿望，但也表明这种反抗的软弱。用这样一种方法使自己过关，以迎接美好未来的德国作家，其数量是十分可观的。恩斯特·维歇特的例子表明，这一类精神自然主义的弱点在德国文学中是多么的根深蒂固。维歇特由于在信仰基督教的问题上表现了大无畏的精神，甚至曾被抓到集中营里关过一些时间。在创作上，他不像他的大多数相同命运的人那样隐瞒自己的观点：他不同意法西斯的思想意识。他在小说《女少校》中以精湛的写作技巧驳斥法西斯制造的神话——说第一次世界大战的"战地生活"是道德新提高的基础。相反，他的绝妙而又令人信服的描写表明，这一"战地生活"是如何摧毁道德的。按照现代德国的习惯，他的这部小说也是"无时间性"的，其中个别道德心理的描写十分成功，但他甚至在道德领域也不能进行哪怕是隐蔽的有效的论争。因此，他那虔诚主义所产生的社会和文学效果就十分微弱，他的声音无力地消失在野蛮的飓风之中。

而汉斯·法拉达的《狼群中的狼》写的是魏玛通货膨胀时期的故事。他的批判十分尖锐，但这是一种借写稀奇古怪的事件而进行的逃遁，内心虽然拒绝强大的不利的时代潮流但又不从思想上予以反抗的标志。面对希特勒法西斯主义的毒害，就是那些在知识和道德方面都属于最优秀的德国人也毫无抵抗能力，这也是造成德国这样下场的原因之一。

因此，卢卡奇认为，要寻找德国通向复兴的道路，那就必须到那些为了抗议希特勒独裁而离开祖国，并在异乡进行了反对法西斯暴政斗争的作家的创作中去寻找。他们的作品，从德意志民族历史形成的性质中揭示了德国民族之所以堕落到如此地步的本质、历史及其根源，从而提出了德意志民族从危机中走出来，改过自新的可能性。反法西斯文学对希特勒攫取政权的第一个反应，理所当然的是向整个文明世界揭露法西斯主义所犯下的那些暴行。这就产生了所谓的"集中营文学"。它真实地反映了法西斯地狱的情况，揭露了数不胜数的暴行，希特勒事实上就是靠这些来实现"和平"夺权的。

集中营文学对进步世界的舆论起了极大的作用，但这种文学从本质上来讲是政论性的，是归纳整理得很出色的事实报告。所以，卢卡奇明确指出，不管是刽子手的野蛮残忍，还是牺牲者消极的英雄主义，都没有从文学的意义上加以说明；在创作中，也没有使人明白产生这些情况的社会和人的根源就在于这里所表露出来的德意志民族特性中的恶与善。而大部分正面攻击法西斯主义的作品，虽然是想指出法西斯统治是德国的普遍现象，但由于作者本人对德国国内情况了解得甚少，因而其作品所写的同真相相差甚远，因而往往根据自己的愿望来想象自己的祖国发生了什么事情。

卢卡奇深刻地论证道：任何一种斗争文学，如果要想使它所塑造的一切具有深远的影响，那它就必须毫不动摇地相信自己的事业最后将会胜利。从这一意义来说，每一种真正的斗争文学必然是乐观主义的。然而，如果由于坚信最后胜利是不可避免的，因而就必须在每一个阶段上都表现出善一定会战胜恶，进步一定会战胜反动，那就必然会完全歪曲内在的和外部的力量对比，就会歪曲现实，其激励斗志的作用也就会毁于一旦。过去时代的革命作家都懂得，在作品中应精确地保持最后胜利的不可避免性和局部斗争中（个人的）必然失败之间的平衡。《阴谋与爱情》是德国最强有力的反封建和反专制的战斗戏剧，它的结局是两位主人公的失败和死亡。伟大的俄国民主批评家杜勃罗留波夫称奥斯特洛夫斯基的剧本《大雷雨》的女主角绝望的自杀是"黑暗王国里的一线光明"。[1]

因此，法西斯暴政的牺牲者的形象，写得比积极进行战争的战士的形象更加吸引人，特别是，如果这些牺牲者是还没有能力同法西斯斗争的儿童和未成年人，那就更有效果了（如弗希特万格笔下的伯恩哈德·奥培海姆）。贝托尔特·布莱希特的《第三帝国的恐惧和苦难》中有几场戏和几个故事写得十分精彩。作者把德国日常生活中由于法西斯主义而招致的道德败坏写得十分扣人心弦。但是，作者不能正确看到德国力量的对比和人民受法西斯毒害的深度，不懂得德国人民当中这种他们所不能理解的普遍现实究竟是怎么产生的，这对他们在作品中表现法西斯统治下的德国社会，表现纳粹上台及其统治，都起了有害的作用。弗希特万格早在希特勒上台以前，就在他的小说《成功》中鲜明地揭露了希特勒及其宣传的空洞可笑以及他们的所作所为犯下的罪恶。在历史讽刺小说《假尼禄》里，可以更强烈地感觉到这一点。它正确地讽刺了希特勒及其帮凶，正确地描写了他对牵线搭桥的豪门显贵的依附，但希特勒这个人物——假尼禄——能煽动起群众运动的原因，作者并不了解。

就连描写法西斯德国最杰出的小说，安娜·西格斯的《第七个十字架》也有这类弱点。个别情景写得形象生动，两个阵营的人物写得都具

---

[1] 〔匈〕卢卡契：《卢卡契文学论文选》第 1 卷，范大灿编选，人民文学出版社，1986，第 178 页。

有内在的真实性,在这些方面,安娜·西格期做出了突出的成就。但就是她也常常只限于描写感情或心理活动的实际状况,当然这些描写也生动地说明了她具有非凡的想象力。但是,斗争的深刻的原因,以及由各个活生生的人物个人经历和他们之间的联系与冲突而产生的这一斗争的意义,在这部小说中也是用一层——当然是有很高文学价值的——面纱给掩盖起来的。

托马斯·曼从德国历史取材,在关于歌德小说《绿蒂在魏玛》中创造了一个有指导作用的正面形象。歌德这个形象极其生动,不需要人工雕琢,但任何时候又都是伟大的。他对于解释今天的现实问题所具有的意义,远远超出了纯文学的,甚至是纯作家的范围。因此,托马斯·曼从事创作的基础,也就是进步与倒退在思想领域里进行殊死斗争的那个基础。由于托马斯·曼把歌德写成一个人类向前发展的光辉形象,因而他就为德国特有的自由和人道的力量自由地发挥作用打下了基础。只有亨利希·曼的《臣仆》和托马斯·曼的《死于威尼斯》发出警告,在现代德国文明内部有出现一个野蛮地狱的危险。因此,卢卡奇把这两部作品看做反对法西斯的伟大先驱。

阿诺尔德·茨威格在《凡尔登的教训》《国王的登基》描绘了一系列思想上不抵抗的德国人,其明确的程度和批判的深刻性是以往的小说不可比拟的。他以深刻的社会心理见解,塑造了真诚热情的德国知识分子的典型,他们聪明、真诚、有教养,但不问政治的倾向竟达到了这样的地步,以至于从他们自己的精神道德条件出发,他们既可成为法西斯分子,又可以成为反法西斯分子。他还指出,在普鲁士军国主义的条件下,某些普通的小市民被培养成可恶残忍的凶手。

约翰内斯·R.贝歇尔的"德国诗",和托马斯·曼的"歌德小说"一样,在德国现代文学中第一次表现了最优秀的德意志精神和进步思想之间的内在联系。它从德国历史上和最优秀的德国精神中汲取的力量,是那些能从内心里战胜法西斯毒害的力量,也就是对德国的爱,对祖国以及希望祖国所有的人都能幸福的感情。这样,对法西斯的仇恨和蔑视,就具体地同德国联系在一起而表现出来。贝歇尔指出,威廉时代德国人身上的法西斯的非人性的心理萌芽是如何由于社会的原因而被培植发展起来的,因此在内心深处开展一场反对这种黑暗势力的斗争又是多么必要。当然,这一斗争要想取得胜利,就必须包括从政治到道德和美学的全部思想意识,就必须有积极的、民主的,同时又是德国式的目标。

卢卡奇最后指明,德国人民的心灵要获得新生的任务,对于所有正直的德国爱国主义者来说,越来越紧迫地成为一个时代的要求。在这一唤醒心灵的事业中德国文学必须完成一项艰巨的任务,那就是要将德国人民从它迄今陷得最深的政治、道德和思想深渊——这是"必须由自己负责的自我堕落"——中再带回到文明人的生活中去。但是,这"只有用最无情的自我认识和最不调和的自我批判才能挽救"。而革命民主主义就是"拯救德国的唯一道路"。[①]

卢卡奇在文学理论和文学评论方面创作之丰富、涉及人之多,尤其是在社会主义国家里影响之广,几乎很少有人能及。尽管他表示力求按照马克思主义的精神去从事这个方面的创作,但要是从中找出一些问题,并不是什么困难之事。仅就他与恩斯特·布洛赫、安娜·西格斯和贝尔托特·布莱希特就文学评论问题进行的争论来看,就绝不能说卢卡奇都是完全正确的,公正地说,他们似乎比卢卡奇的理论观点并不逊色。不过,即使卢卡奇最受批判的 20 世纪 50 年代末至 60 年代初,德国著名文学评论家科赫仍然认为,对德国文学的评论要绕过卢卡奇是不可能的。卢卡奇在社会主义国家文学评论领域的重要地位是不容忽视的。甚至西方比较客观的文学批评家也认为卢卡奇是正统马克思主义批评家(或评论家)。1977 年,荷兰著名文学理论家、曾任国际比较文学协会主席 D. W. 佛克马和荷兰阿姆斯特丹大学 E. 库内-易布思教授在其合著的《二十世纪文学理论》一书中明确指出:卢卡奇不是新马克思主义者。就其理论立场来说,卢卡奇处于"正统"马克思主义一边,因为作为一个马克思主义者,他在探讨宗教的著作里从来没有明确地批评过马克思、恩格斯、列宁,或者是苏联共产党,只有一次例外,他批判了苏联共产党,但也不过是在苏联共产党首先做了自我批评之后。然而,卢卡奇的《审美特征》一书,却多少远离了他早期著作的立场,因为这本书陈述的马克思主义美学,不仅依据马克思主义,而且还依据了其他思想观念。

[①] 〔匈〕卢卡契:《卢卡契文学论文选》第 1 卷,范大灿编选,人民文学出版社,1986,第 184 页。

在这两位荷兰文学理论家看来,卢卡奇从1933年迁居苏联后,"就此开始了他的正统马克思主义时期,这个时期从20世纪30年代初持续到大约1956年左右"。所以,"人们认为卢卡奇过于轻易屈从现行的苏联文化政策,这种想法值得推敲,事实上他曾明显地把他的影响力施加于那种能代表文学传统的连续性的文化政策的天平上。人们可能会惋惜他从来没有为现代派辩护过这一事实,但是他成功地支持了那些批评'无产阶级文化派'的错误观点的作家们"。卢卡奇对于制定在东欧防止同丰富的19世纪文学传统割裂开来的文学政策是起了积极作用的。在苏联,人们能够读到歌德、巴尔扎克、狄更斯、果戈理、托尔斯泰和陀思妥耶夫斯基的作品,这部分也是卢卡奇努力的结果。"卢卡奇主张艺术与科学反映同一的客观现实。""我们相信卢卡奇是坚定地站在马克思一边的。批评家帕金森曾经正确地注意到,卢卡奇像马克思那样,始终如一地为哲学的现实主义辩护。在别的方面,卢卡奇也为马克思主义对世界的解释方式进行辩护。卢卡奇认为马克思主义包含着颠扑不破的真理,他正是不遗余力地阐发这种真理。"① 这是西方文学理论评论界非常关注卢卡奇文学理论和文学评论的一种较为客观的观点。

---

① 〔荷〕D. W. 佛克马、E. 库内－易布思:《二十世纪文学理论》,林书武等译,三联书店,1988,第127~129、142页。

第七章　哲学的沉思与批判考察

第一节　《青年黑格尔与资本主义社会问题》

《青年黑格尔与资本主义社会问题》是卢卡奇在成熟时期把马克思主义世界观运用于哲学史研究的第一部重要哲学著作。这本书完成于1938年秋末，由于第二次世界大战和政治形势的原因，1948年才由苏黎世欧洲出版社第一次出版，1954年又由民主德国建设出版社再版。在写这本书时，卢卡奇就清楚地知道，他对黑格尔的态度是与苏联官方路线背道而驰的。

卢卡奇在该书"导论"中首先指出，德国古典哲学的发生和发展是马克思主义哲学史里一个重要而尚未彻底澄清的问题。虽然马克思主义经典作家已一再指出这个问题的极端重要性，虽然恩格斯已把康德、费希特和黑格尔列为革命的工人运动的哲学前驱，但对这段历史还远远没有研究透彻。我们从来没有对这些问题做过具体的历史说明，从来没有对现有的事实和文献做过具体的分析，从来没有对有关这一段发展的最重要的错误和欺骗性的资产阶级理论进行过坚决彻底的批判。因此，根据马克思、恩格斯以及列宁关于黑格尔的观点，批判和纠正对黑格尔尤其是对青年黑格尔的种种歪曲，以便对黑格尔尤其是青年黑格尔做出正确的评价，就成为该书的艰巨任务了。

一　关于青年黑格尔的评价问题

长期以来，思想界特别是西方哲学界对黑格尔哲学思想的种种不同程度的歪曲，是促使卢卡奇研究黑格尔的直接动因。

卢卡奇指出："在资产阶级科学里，德国古典哲学的发生发展史长期以来是根据黑格尔自己的天才的但唯心主义地歪曲了并且在许多方面图式化了的历史观念来解释的。黑格尔的天才的历史观念在于肯定哲学系统相互之间有内在的辩证的关联。"他是"把哲学史提高到一种真正的历史科学的高度"的"第一个人"。黑格尔认为，康德的"先验哲学"是德国古典哲学"这一段兴盛的辩证唯心主义哲学的起点，他认为辩证的唯心主义哲学从康德的'批判'哲学出发，而以他自己的体系为其顶峰和终结。他以高度锐利的眼光深入地研究了辩证法中最重要的问题（如物自体及其可知性、二律背反和矛盾学说等），从而指出如何从康德哲学的矛盾和不彻底性里产生出费希特的中心问题，如何从费希特的矛盾和未决问题中发展出谢林的和后来他自己的哲学"。卢卡奇认为，这一切"包含着很多真实的东西和对于马克思主义哲学史也有重要意义的东西。但由于黑格尔作为客观唯心主义者把哲学视为概念的自身运动，他就不得不把关联头脚倒置。"哲学史里直接显现的现象，被黑格尔"唯心主义地绝对化了，变成为各种个别的哲学体系依照问题顺序的'内在'连续发生过程"，那么，"就连他那合理内核——对这种关联现象的肯定——也就必然要被夸大和歪曲"。"辩证地把握自然科学研究成果的那些科学尝试，就被归结为少数——虽说是很重要的几个——'内在'关联着的范畴。""这样一来，就产生了一种把握哲学的历史关联的图式。由于硬套这种图式，后来在资产阶级哲学没落的末期里，对历史的解释就完全是牵强附会了。"①

卢卡奇确认，首先是叔本华一方面取消了德国古典哲学整个的辩证发展并恢复了形而上学的现实观念，另一方面他"清除了"康德哲学里一切倾向于唯物主义的东西并把康德与贝克莱归为一类。这种见解基本上等于完全无视德国古典哲学的历史。在后来出现的新康德学派那里这种见解表现得更加顽固狭隘，而其表现最突出的代表著作则是李普曼1865 年的《康德及其后继者》等书。因此，新康德主义在哲学上就占了上风。"黑格尔被当成了'死狗'。""黑格尔主义已经变成肤浅的民族自由派的思想。"

到第二国际时期，被歪曲了的黑格尔的哲学史观也影响到马克思主义者的观点，如普列汉诺夫和梅林。孟什维克化的唯心主义的哲学史观在很大程度上是受了黑格尔哲学史观中的错误和弱点的影响。"当然在德

---

① 〔匈〕卢卡奇：《青年黑格尔》，王玖兴译，商务印书馆，1963，第 7~8 页。

国古典哲学的这一段历史里,当我们对它的发展过程进行批判研究时,最近十年以来新发现和新出版的马克思、恩格斯的著作同样也具有决定性的重要意义。"①

直到帝国主义时期,德国古典哲学的研究才重新开始,首先是黑格尔的复兴运动。但是,这种复兴并不是黑格尔辩证法的更新和发展,而是"想利用黑格尔哲学改造新康德主义使之更加有利于帝国主义更加反动的一种企图"。"帝国主义时期的新黑格尔主义,完全无视黑格尔对康德的主观主义和不可知论所作的那些深刻而具有毁灭性的批评。"②

卢卡奇认为:"黑格尔本人对他的一切哲学前辈就他们的不合于客观唯心主义和辩证法的错误进行了严厉的批评,但同时却也大力地揭示其中含有提出和解决辩证问题的萌芽的那些特征,并按照其历史的意义给予应有的评价。而帝国主义时期的新黑格尔学派所走的则是一条相反的道路。他们把黑格尔引回到康德那里去,即是说,他们只承认黑格尔的那些与康德的不可知论不谋而合的东西。"海姆(Rudolf Haym)甚至"认为黑格尔哲学在一切方面都是反动的"。"帝国主义时期的著名历史学家迈涅克(F. Meineck)则把黑格尔哲学视为俾斯麦的政治与宪法的先行者。"在狄尔泰式的黑格尔主义那里,黑格尔的辩证法"已被沿着反理性主义的哲学方向篡改了",而且,"重要的是,狄尔泰向帝国主义的反动的浪漫主义复兴倾向靠拢了"。③ 而战后时期的新黑格尔主义,本质上走的是狄尔泰所规划的那条道路。克罗纳在他那本对新黑格尔主义后期发展具有决定意义的《从康德到黑格尔》里说:"辩证法就是已变成了方法、变得合乎理性了的反理性主义。"有些人利用黑格尔那些大部分不是为了发表而写的提纲和笔记,把他描绘成"神秘主义和反理性主义的、为法西斯主义所欢迎的哲学家形象。赫林(Th. Haering)1929年的那本论黑格尔的专著,代表了这个发展的顶峰"。

德国哲学史家对黑格尔的篡改歪曲固然达到了高峰,而这个运动也带来了好处。散失各地无人问津的那些黑格尔青年时期的手稿,倒因此终于整编出版了。因此,卢卡奇认为:"由于法西斯化的新黑格尔主义已

---

① 〔匈〕卢卡奇:《青年黑格尔》,王玖兴译,商务印书馆,1963,第8~10页。
② 〔匈〕卢卡奇:《青年黑格尔》,王玖兴译,商务印书馆,1963,第10页。
③ 〔匈〕卢卡奇:《青年黑格尔》,王玖兴译,商务印书馆,1963,第10~12页。

经利用黑格尔青年发展时期的某些材料硬把黑格尔说成一个适合法西斯口味的反理性主义者,那么根据历史事实来驳斥这些对历史的篡改,就不是一件不重要的任务"。特别是因为,这种"最新的科学"钻了马克思主义者至今对黑格尔的青年发展时期还等于根本没进行研究的空子,已经把它的论调打进了马克思主义的著作里来。例如,在1931年黑格尔逝世一百周年纪念的时候,假马克思主义者就曾一字不改地把狄尔泰对黑格尔青年时期的论点搬过来加以传播。

卢卡奇认为,我们对黑格尔发展的兴趣并不仅限于通过论战把法西斯主义的历史谎言加以摧毁罢了。"我们只要以马克思主义的眼光来考察这段发展,就必然看到这是德国辩证法产生史的一个极其重要的阶段。而且认清黑格尔达到他观点的道路,这对于正确地马克思主义地理解黑格尔成熟时期的著作也不是毫无关系。况且这样一来,他对他的先驱者康德、费希特和谢林的关系就能得到比过去所做的更加具体的说明。"卢卡奇指出:"黑格尔哲学的发展史同时提出一些巨大的历史问题来,通过对这些问题的澄清,就能为了解德国古典哲学的发展以及古典哲学里的辩证方法向黑格尔的辩证法发展奠立一般的基础。"①

卢卡奇看到当时自然科学所经历的发展危机对德国古典哲学的辩证法的发生过程曾起过决定作用,如那些极端重要的动摇过去科学基础的新发现、新兴的化学科学的产生,以及各种自然科学里发生学问题的提出等,都"对辩证法的发生都曾发生过决定性的影响"。恩格斯在他的《论费尔巴哈》一书中,非常详细地论述了自然科学的这种变革,如何影响形而上学思维的危机,如何迫使哲学不得不走向辩证把握现实的方向。卢卡奇在这本书里讨论的另一个极端重要的问题就是这一时期的巨大政治社会事件,首先是法国大革命及其后果,对德国辩证思维方法的产生所起的作用。卢卡奇认为,有很多德国人直接附和了法国革命,但我们今天知道的却非常之少,福斯特(Georg Forster)是其中唯一还没被我们完全忘记的人,这是因为他作为自然科学家和评论家在他附和革命以前就出名了,而对于他的活动和他的著作至今还缺少马克思主义的研究。况且福斯特只是很多德国人中的一个,而只有对这一事实进行既全

---

① 〔匈〕卢卡奇:《青年黑格尔》,王玖兴译,商务印书馆,1963,第14~17页。

面又深刻的探讨，我们才有可能真正理解法国大革命的影响。当然，我们还必须研究广大人民群众的情调。比如，从歌德的回忆录性质的作品里就可以清楚地看出——虽然他的措辞极端谨慎——"德国公共舆论是如何深为法国事件所震荡"。但是，卢卡奇提醒我们"永远不可忘记当时的德国无论在社会经济或是在政治方面都是十分落后的"，所以"不可把在法国作为实际阶级斗争的必然结果"，"直接地机械地应用到对落后的德国发生的这些事件的思想反映上去"。

此外，还有一个非常重要的问题，即德国资产阶级革命的中心问题。正如列宁所指出的那样，建立德意志的民族统一是德国这一次革命的中心问题。卢卡奇认为："德国人对法国革命的那种兴奋鼓舞之情，必然地使德国的民族意识空前高涨，企求消除封建专制的小邦小郡的分崩离析和整个国家的虚弱无力状态，而切望出现一个自由的、统一的、强大的德国。"① 可是，在这些倾向的世界史的基础里却包含了一种不可消除的矛盾。一方面，法兰西的革命战争必然转化为侵略战争。即使拿破仑的入侵，特别是在莱茵河地区，消除了封建残余从而客观上完成了资产阶级革命的任务，但这些侵略战争却必然同时加深德国的民族破碎和国力式微。另一方面，由于德国的社会发展落后，这些民族运动充满了一种反动的神秘意味。它们并不能以革命来摆脱各地侯爵的羁绊，进而组织一个民主地对抗拿破仑侵略的全国抵抗运动。它们甚至软弱到连这个问题都没有能力提出，而竟然企图联合普鲁士和奥地利等地的反动君主以便在他们的领导之下进行民族抵抗。所以，按照历史的必然性，它们在客观上就助长了拿破仑失败以后统治整个德国的那种反动势力。这种客观矛盾表现在这个时期的一些杰出的德国人的生活、思想和行动里。各种各样的德国人，甚至像歌德和席勒这样的诗人、费希特和黑格尔这样的哲学家，他们的事业都笼罩着这种不可消除的矛盾。所以，卢卡奇提醒人们："永远要同时记住世界史上的伟大事件和它在落后的德国的歪曲反映。"马克思在《德意志意识形态》里谈论康德时就认为，在他的思想里含有以现实的阶级利益为基础的法国自由主义在德国的一种回音或余响，但马克思立即补充说，在这里由于德国的落后，问题就本质上被

---

① 〔匈〕卢卡奇：《青年黑格尔》，王玖兴译，商务印书馆，1963，第19~20页。

歪曲了。于是马克思说:"因此,康德把这种理论的表达与它所表达的利益割裂开来,并把法国资产阶级意志的有物质动机的规定变为'自由意志'、自在和自为的意志、人类意志的纯粹自我规定,从而就把这种意志变成纯粹思想上的概念规定和道德假设。"① 马克思在这里以无比的尖锐眼光,发现了为什么这种哲学在德国一定发展为一种唯心主义哲学的本质原因。

马克思在批评德国古典哲学的唯心主义弱点时,在《关于费尔巴哈的提纲》里曾经指出古典唯心主义的积极方面。马克思在批评旧唯物主义的单纯直观性以后说:"结果竟是这样,和唯物主义相反,唯心主义却把能动的方面发展了,但只是抽象地发展了,因为唯心主义当然是不知道现实的、感性的活动本身的。"② 卢卡奇认为:"这是马克思所表示的对黑格尔哲学进行正确和有效亦即符合历史的批评时的基本原则。"因此,"研究德国古典哲学的历史家的任务,在于具体地找出这个'能动的方面'对辩证法的产生所起的作用。同时还必须指出,如何由于世界史上的伟大事件在落后的德国里的反映而从人的实际活动里产生了这种唯心主义的抽象,并且同时又要指出,如何在这种抽象的和部分被歪曲了的现实反映里天才地把握了某些活动、运动等等的普遍原理"。

马克思和恩格斯正是这样批判了德国古典哲学。不过在第二国际期间就连他们在这一方面的传统也丧失掉了。即使在这一方面也是到列宁出来才重新接受和发展了马克思的路线。列宁在谈论他同时代人对康德的批判时写道:"普列汉诺夫对康德主义(以及一般不可知论)进行批判,从庸俗唯物主义的观点出发,多于从辩证唯物主义的观点出发,因为他只是肤浅地驳斥它们的议论,而不是纠正(像黑格尔纠正康德那样)这些议论,不是加深、概括、扩大它们,指出一切概念和任何概念的联系和过渡……马克思主义者们(在20世纪初)对康德主义者和休谟主义者进行批判,按照费尔巴哈的方式(和按照毕希纳的方式)多于按照黑格尔的方式。"③ 显然,列宁的这个提示也完全适用于对黑格尔哲学做历史和批判研究的方法论。

---

① 《马克思恩格斯全集》第3卷,人民出版社,1960,第213页。
② 《马克思恩格斯文集》第1卷,人民出版社,2009,第503页。
③ 《列宁全集》第55卷,人民出版社,1990,第150页。

恩格斯在一封通信里曾经很精彩很有说服力地证明，哲学上的领导地位如何从英国转到法国又从法国转到德国，而且在哲学领域里也并不是经济和社会最发达的国家总占领导地位；在个别国家里，并不是经济发展的高峰恰恰也就是哲学发展的高峰，因而就是在这一领域里也呈现着不平衡的发展规律。

"德国古典哲学里积极的和天才的特征是与它在思想上反映了这个时期的伟大世界事件密切结合着的。同样，它的不仅表现于一般唯心主义方法而且也表现于个别论点的具体阐述上的那些阴暗面，也是当时落后德国的映像。我们必须从这个非常复杂的相互作用中，把德国古典哲学发展中的活的辩证关联指明出来。"[①]

卢卡奇强调，他在《青年黑格尔与资本主义社会问题》里所研究的是历史事件在思想上的反映，而它所反映的中心史实则是法兰西革命和在法国继之而起的伟大阶级斗争及其对德国内部问题的影响。人们一般地可以说，这一时期里伟大的思想家，愈是关心世界史里重大国际事件的，其重要性也就愈大。歌德的诗，黑格尔的《精神现象学》和《逻辑学》，则从它们问世之日起，都对整个思想发展起着决定性的作用。

卢卡奇肯定："黑格尔不仅在德国人中对法国革命和拿破仑时代持有最高和最正确的见解，而且他同时是唯一的德国思想家，曾认真研究了英国工业革命问题；他是唯一的德国思想家，曾把英国古典经济学的问题与哲学问题、辩证法问题联系起来。"黑格尔在辩证地把握这些问题的时候，其企图"以思想来把握他的时代，亦即资本主义的实际内部结构及其赖以实现的力量，并说明其运动的辩证法"。黑格尔对资本主义社会问题的分析研究，"决定着他的哲学体系的整个构造并且构成他的辩证法的特性和伟大"。[②]

卢卡奇在这本书中指明了黑格尔在其"发展的一个紧要关头，即在他对伟大的法国革命的革命理想发生迷惑的时候，他对政治经济学的分析研究，他对英国的经济情况的分析研究，给他提供了指南针，使他走出了这个迷宫，找到了他通往辩证法的道路"。

[①] 〔匈〕卢卡奇：《青年黑格尔》，王玖兴译，商务印书馆，1963，第22~23页。
[②] 〔匈〕卢卡奇：《青年黑格尔》，王玖兴译，商务印书馆，1963，第23~24页。

卢卡奇同时认为，他这样看待黑格尔哲学，只不过是把马克思的天才观点试图应用来说明黑格尔的青年时期发展罢了。因此，他引用了马克思《1844年经济学哲学手稿》里的话语："因此，黑格尔的《现象学》及其最后成果——辩证法，作为推动原则和创造原则的否定性——的伟大之处首先在于，黑格尔把人的自我产生看做一个过程，把对象化看做非对象化，看做外化和这种外化的扬弃；可见，他抓住了劳动的本质，把对象性的人、现实的因而是真正的人理解为人自己的劳动的结果。"① 卢卡奇认为，马克思在这里指出黑格尔哲学是与英国古典经济学多么相类似的一种思想运动。而黑格尔正是"唯一理解这个运动的辩证性质并从而发展出普遍的辩证法的人"。卢卡奇是为了让人们明白，对人类社会的这种伟大的辩证观点，就是一种唯心主义的辩证法，它带有唯心主义必然要添加到辩证观点里去的那一切错误、缺陷和歪曲。《青年黑格尔与资本主义社会问题》的任务就是"要就黑格尔辩证法发生的各个阶段来具体地指明它的重要方面与薄弱方面的活的交互作用"。②

卢卡奇希望不久就能见到一些著作出版，它们探讨自然科学对黑格尔辩证法产生的影响，足以补充和更正《青年黑格尔与资本主义社会问题》的历史见解上的片面性。只有这样的著作出版以后，黑格尔发展的全貌才能清楚地呈现在我们面前。

20世纪30年代及其之后卢卡奇在苏联也感觉到，尽管发表了列宁对黑格尔的全面而公正的评价，但已经有明显的绝对否定黑格尔的迹象。在随后的一些年里，人们把德国古典哲学，尤其是黑格尔看成对法国革命的贵族反动的倾向急剧地在增长。大家知道，马克思、恩格斯和列宁从未说过德国古典唯心主义哲学家是反动的，而只是说他们具有保守的方面，如说黑格尔出于体系的内部需要使本来"彻底革命的思维方法竟产生了极其温和的政治结论"。③ 然而在20世纪30~40年代，在苏联，尽管广受看重的亚历山大洛夫《西欧哲学史》并被学术界认为是一本好书，但书中指出黑格尔的哲学也包含保守和反动的方面，甚至说黑格尔

---

① 《马克思恩格斯文集》第1卷，人民出版社，2009，第205页。
② 〔匈〕卢卡奇：《青年黑格尔》，王玖兴译，商务印书馆，1963，第24~25页。
③ 《马克思恩格斯文集》第4卷，人民出版社，2009，第272页。

学说的"保守方面占据着优势"。① 然而,作为苏联共产党中央政治局委员、书记处书记的日丹诺夫仍对该书所谓"替黑格尔粉饰"不满意,因而根据斯大林关于德国古典哲学是对法国革命和法国唯物主义的"贵族的反动"②的论断,就不可避免地得出全盘否定德国唯心主义的结论。正如毛泽东曾经指出:"在他(指斯大林——引者注)那个时期,把德国古典唯心主义哲学说成是德国贵族对于法国革命的一种反动。作这样一个结论,就把德国古典唯心主义哲学全盘否定了。"③ 斯大林和日丹诺夫都很清楚,这样做是违背马克思、恩格斯和列宁的观点的。这种错误的做法,将把马克思、恩格斯和列宁对黑格尔的肯定态度置于何地?这是因为马克思"公开承认"自己是黑格尔"这位大思想家的学生"。而且马克思还指明,黑格尔"第一个全面地有意识地叙述了辩证法的一般运动形式"。当然,马克思也指出:"我的辩证方法,从根本上来说,不仅和黑格尔的辩证方法不同,而且和它截然相反。"黑格尔的"辩证法是倒立着的。必须把它倒过来,以便发现神秘外壳中的合理内核"。④ 列宁虽然对黑格尔的唯心主义保守体系有尖锐的批判,但是与此同时也深刻而明确地指出:"不钻研和不理解黑格尔的全部逻辑学,就不能完全理解马克思的《资本论》,特别是它的第1章。因此,半个世纪以来,没有一个马克思主义者是理解马克思的!"⑤

马克思、恩格斯和列宁的上述对黑格尔的全面评价,既包括马克思主义的基本精神,也包含相当具体的指导意见。这是非常值得深入研究和切实遵循的。

有鉴于此,卢卡奇认为,他之所以要深入研究黑格尔,也同他1930年有机会阅读马克思的《1844年经济学哲学手稿》和列宁的《哲学笔记》有直接关系。遵循马克思、恩格斯、列宁的指导原则对黑格尔做出实事求是的批判性评价,并驳斥种种对黑格尔思想的错误理解和歪曲,就具有重要的理论意义和现实意义。

---

① 〔苏〕亚历山大洛夫:《西欧哲学史》,王永江等译,商务印书馆,1989,第387页。
② 〔苏〕亚历山大洛夫:《西欧哲学史》,王永江等译,商务印书馆,1989,第13页。
③ 《毛泽东文集》第7卷,人民出版社,1999,第194页。
④ 《马克思恩格斯文集》第5卷,人民出版社,2009,第22页。
⑤ 《列宁全集》第55卷,人民出版社,1999,第151页。

卢卡奇充分肯定和具体表达了马克思、恩格斯和列宁对黑格尔哲学的全面、系统的批判研究。一方面，他肯定了马克思对黑格尔《精神现象学》的高度评价，即"黑格尔把人的自我产生看做一个过程，把对象化看做非对象化，看做外化和这种外化的扬弃；可见，他抓住了劳动的本质，把对象性的人、现实的因而是真正的人理解为人自己的劳动的结果"①，并据此认为，黑格尔哲学只不过是资产阶级社会具体问题的一般原理的抽象（唯心主义）反映，但黑格尔是唯一理解这个运动的辩证性质从而发展出普遍辩证法的人。另一方面，卢卡奇又根据马克思的见解明确揭示了黑格尔哲学的唯心主义性质。正如马克思在《神圣家族》中所指出的那样，精神只是在表面上创造历史。"黑格尔的过错在于双重的不彻底性：首先，他宣布哲学是绝对精神的定在，同时却决不宣布现实的哲学家个人就是绝对精神；其次，他只是在表面上让绝对精神作为绝对精神去创造历史。因为绝对精神只是事后［post festum］才通过哲学家意识到自身是具有创造力的世界精神，所以，它制造历史的行动也只是发生在哲学家的意识中、见解中、观念中，只是发生在思辨的想象中。"②

二　关于哲学史方法论问题

卢卡奇相信，如果《青年黑格尔》能达到以上所阐述的依据马克思对黑格尔做出实事求是评价的目的，既肯定黑格尔的伟大之处，又指明其历史局限性，那么它就提出了一个哲学史的方法论上的新观点。这个观点的意义，将不仅限于展示出黑格尔青年时期思想发展的正确情况，"我们称这个观点为经济学哲学、经济学与辩证法的关联"。③ 这也许可以算是卢卡奇在评价黑格尔哲学问题上的一个独特贡献。

卢卡奇明确表示，他完全是以马克思关于哲学与经济学关联的论点作为指导原则，并分析了黑格尔经济学观点的发展与他的纯哲学的辩证法之间的相互关系。卢卡奇认为，必须预先指出"黑格尔是德国这个时期的唯一哲学家，曾经由于分析资产阶级社会问题进而认真分析过经济

---

① 《马克思恩格斯文集》第 1 卷，人民出版社，2009，第 205 页。
② 《马克思恩格斯文集》第 1 卷，人民出版社，2009，第 292 页。
③ 〔匈〕卢卡奇：《青年黑格尔》，王玖兴译，商务印书馆，1963，第 25 页。

问题"。这还意味着"黑格尔是这个时期唯一曾经研究过英国古典经济学著作的德国重要思想家,而且是由于他的研究范围一直伸展到英国的具体经济状况本身"。所以,恰恰是在法兰克福时期,黑格尔的国际视野有了特别的扩大。当他在伯尔尼的时候,他的历史哲学的全部结构仅仅是建筑在法国大革命这一世界历史事件的继承上的,那么现在到了法兰克福,英国的经济发展同样成了他的历史观、社会观的一个基本成分了。黑格尔即使在这种情况下仍然不失为一个德国哲学家,"德国的落后状态在他的基本观点上到处都产生着决定性的影响"。因此,德国的封建专制政体必须如何通过法国革命而加以改正的问题,现在已经不再是黑格尔的一个普通的历史哲学上的问题,而是一个具体的政治问题了。①

卢卡奇肯定地说,黑格尔这一唯心主义辩证法的完成者,是"唯一曾试图认真地去研究资本主义社会经济结构的哲学家","黑格尔所发展出来的那种特殊形式的辩证法,乃是从他研究资本主义社会问题,研究经济学问题里产生出来的"。②

卢卡奇的特殊贡献就在于,他指明了正是黑格尔所生活的那个特殊而伟大的时代,尤其是法国、英国和德国的社会经济情况才造就了黑格尔这样一个既伟大而又有局限性的哲学家。"黑格尔是康德以后时期里的唯一曾真正说得上独到地研究过时代问题的哲学家。"因此"全部的辩证法问题,即使还没发展到后来的成熟形式,都是从他研究两个具有世界史意义的时代事件,法国大革命与英国工业革命里发展出来的"。③

三 青年黑格尔的共和国时期

卢卡奇用第一章的醒目标题标明"青年黑格尔的共和国时期",这就明显表明卢卡奇认为黑格尔青年时期有一个"共和国"时期。这是卢卡奇不同于其他人的新观点。

卢卡奇在细致分析青年黑格尔思想发展的各个阶段时,首先考察了黑格尔伯尔尼的时期。卢卡奇指出,启蒙运动,对于黑格尔也像对于这一时期的几乎一切重要的德国人一样,"构成他的思想的出发点"。黑格

---

① 〔匈〕卢卡奇:《青年黑格尔》,王玖兴译,商务印书馆,1963,第28、85页。
② 〔匈〕卢卡奇:《青年黑格尔》,王玖兴译,商务印书馆,1963,第140页。
③ 〔匈〕卢卡奇:《青年黑格尔》,王玖兴译,商务印书馆,1963,第139~142页。

尔早年在图宾根学院求学时期,有一批笔记摘要,"非常清楚地表明青年黑格尔很熟悉德国、法国、英国的全部启蒙著作。直到后来在伯尔尼求学时期,他还深入地阅读有启蒙思想的著作并且不限于历史和哲学,也包括这一时期的文学作品。此外,从他的文章和笔记里可以清楚地看出",他非常熟悉法国启蒙大师孟德斯鸠、伏尔泰、狄德罗、霍尔巴哈、卢梭等。黑格尔"对古代历史学家和哲学家的解释,完全是沿用法国和英国启蒙思想家的方向"。"黑格尔不是把古希腊的城邦共和国视为在一定具体条件下曾经产生而已经消逝了的一种历史上的社会现象,而是把它视为当前的社会和国家具体改造的一种永久的标本和榜样。"①

卢卡奇肯定,在贯穿整个德国启蒙运动的内部方向斗争中,黑格尔愈来愈站到民主的左翼方面,而左翼是对于德国启蒙运动因迎合德国的小国专制政治而产生的那些倾向展开批评和斗争的。从图宾根到伯尔尼的发展,恰恰是青年黑格尔的兴趣愈来愈强烈地从德国的转向法国和英国的启蒙运动的发展。而如果说黑格尔在伯尔尼引用德国启蒙运动家,则这些人都是日益明显地属于德国启蒙运动的极端左翼的。例如,黑格尔常常引用莱辛那本戏剧里"一些对当时德国来说非常极端的宗教批判";黑格尔"坚决赞成吉朋和福斯特等人的书中那种尖锐批评基督教的立场"。②

当然,所有这一切并不等于说,青年黑格尔的整个世界观可以简单地被列入启蒙思想。甚至连德国启蒙思想也不是。因为从一开始就是唯心主义观点,这使他根本与法国人和英国人不同。"黑格尔终其一生是个唯心主义哲学家。"

卢卡奇认为:"在一个有决定作用的论点上黑格尔从年轻时代起就已经超过了康德。康德是从个人观点分析道德问题;在他看来,基本道德事实是个良心问题。""与此相反,青年黑格尔的那种指向实践的主观主义,则从来就是集体的社会的。黑格尔的出发点和研究中心对象始终是活动,是社会实践。"黑格尔是从赫尔德所未加说明的集体的主体概念出发的。他是直接去研究这个集体的主体。黑格尔"所想望的乃是曾经鼓

---

① 〔匈〕卢卡奇:《青年黑格尔》,王玖兴译,商务印书馆,1963,第30~32页。
② 〔匈〕卢卡奇:《青年黑格尔》,王玖兴译,商务印书馆,1963,第33页。

舞着法国革命中雅各宾派领袖罗伯斯庇尔或圣茹斯特等人行为的那种具有世界历史重要意义的空想"。以后黑格尔开始注意现代社会的"私人的"个体问题，同时既开始了政治经济学问题的研究，也出现了辩证地理解社会现实的思想。卢卡奇指出："宗教问题在青年黑格尔的历史问题领域里确实占据一个很重要的地位。"① 卢卡奇肯定地说，黑格尔青年时期的论文都属于"在较大程度上被视为革命的"作品，"它们的基本倾向都是反对基督教"。黑格尔当时在历史哲学方面的基本思想是。他认为古希腊城邦共和国的瓦解意味着城邦共和国英雄市民向现代社会的纯然自私自利的"私人"，向资产者的转化。这个时期分析基督教本质的结论简单说出来就是："青年黑格尔正是将基督教视为'私人'的宗教，资产者的宗教，丧失人类自由的宗教，维护千百年来专制与奴役的宗教。由于这些思想，黑格尔就沿着启蒙运动的一般路线发展。"

不过，卢卡奇也指出，在反对基督教的斗争中，黑格尔从来没有进行到伟大的英国人和法国人那么深远。他反对基督教的斗争，"从来没发展到唯物主义的无神论。恰恰相反，他的全部努力具有一个宗教的核心：他想找出一种社会条件来，在这种条件下，专制和奴役的宗教可以重新为古代范型的自由宗教所代替"。所以，"青年黑格尔以极为激进的态度把基督教兴起的社会根源列为他自己的研究中心问题"。由于他唯心主义地高估了宗教的历史地位，他将"基督教视为他所反对的现代生活里的一切社会和政治现象的最后的决定的原因。他的中心目的在于恢复古代的城市民主，市民的自由和市民的伟大"。②

卢卡奇指出："所有青年黑格尔的这些观点都是受了法国革命的影响而产生出来的。"黑格尔早期对法国革命的向往是大家都熟知的事实。大家都知道，黑格尔与青年朋友荷尔德林和谢林在图宾根时曾种过一棵自由树，围绕着这棵树唱着革命歌曲。根据流传的说法，他们又是图宾根神学院里的秘密读书会的中心成员，专门阅读有关法国革命的禁书。这种热情是当时绝大多数德国知识分子对法国革命普遍拥护的心情的一种表现。卢卡奇说："黑格尔的特点在于：他虽然从开始起就拒绝法国革命

---

① 〔匈〕卢卡奇：《青年黑格尔》，王玖兴译，商务印书馆，1963，第34~37页。
② 〔匈〕卢卡奇：《青年黑格尔》，王玖兴译，商务印书馆，1963，第39~40页。

的极端左翼,但他终其一生毫无动摇地坚持认为法国革命具有历史必然性,并且他直至生命的最后一息,都坚信法国革命是现代资产阶级社会的基础。"①

卢卡奇从黑格尔一封有趣的信里看出他的思想发展的心态。黑格尔说:"我认为,标志时代特征的话莫过于说:人类已以极可尊敬的姿态出现在它自己面前。围绕在人世间的那些压迫者和神灵人物头上的灵光正在消失,即是一个证明。哲学家们正在论证人的这种尊贵品质,人民将学会去体认自己,并且不是要求他们受了践踏的权利,而是直接去重新接受它们、掌握它们。宗教与政治狼狈为奸,教会所教的,都是专制政治所想的。它们的说教是:人类是可鄙的无能力于任何善行,依靠其自身是什么也不成的。"② 卢卡奇认为:"一方面,它表明青年黑格尔的出发点是《实践理性批判》。就黑格尔晚年的思想而言,社会科学方法论的中心是从现实出发而拒绝康德的抽象的应该。与他后来的思想完全相反,黑格尔在此时则采取康德的方式把能动的产生变化的应该与静止的反动的存在对立起来。同时,我们却还能看得出来,他不太考虑认识论上的根据,竟大大曲解了康德。他这里的应该,具有一种纯粹政治社会意义,至于康德的应该原有的道德性质,只还构成它的唯心主义一般基础了。""这里的存在与应该的对立不是个人的个别心理里的对立,不是像康德的经验的我与理解的我之间的对立,而是社会政治生活中进步倾向与反动倾向的对立。"

卢卡奇认为,就黑格尔的社会政治内容本身而言,黑格尔反对占统治地位的哲学和宗教的斗争,是他当时反对专制政治的整个斗争的一个理论部分。"既然黑格尔把对基督教的批判理解为对封建君主专制政治的一般斗争的一个组成部分,那么他就和启蒙运动特别是和法国的伟大阶级斗争是站在一条战线上的。法国革命里所进行的阶级斗争,也是反宗教的。"③ 但是,"由于德国在经济和政治上的落后,法国革命事件在德国的反映"就是"歪曲了的反映"。黑格尔认为:"一个政权能否巩固,全看它是否在国民的道德观念里生了根。于是他就在历史里寻找对国民

---

① 〔匈〕卢卡奇:《青年黑格尔》,王玖兴译,商务印书馆,1963,第41页。
② 〔匈〕卢卡奇:《青年黑格尔》,王玖兴译,商务印书馆,1963,第42页。
③ 〔匈〕卢卡奇:《青年黑格尔》,王玖兴译,商务印书馆,1963,第42~43页。

道德观念起决定的因素，而终于发现宗教是左右道德观念最有效的手段。"黑格尔在《宗教的实定性》里说："宗教是一个杰出的手段。至于宗教能不能达到这个目的，全看国家如何使用它。一切民族的宗教，都明显具有这种目的。它们的共同点是，它们永远从事于培养那些不能由国家法律来处理的思想意识。"卢卡奇看到，青年黑格尔以为重大的历史转变，如从古代的自由到中古和近代的专制的过渡，以及希望中的从现在的专制再到新的自由的过渡，都是与宗教的转变密切结合的。"他以为不论是民主或专制，都必须有与它的特殊目的相适应的宗教，才能长期生存下去。黑格尔提出来的宗教问题以及未来宗教与复古的关系问题在方法论上其问题的提法都与法国革命人士的幻想以及法国革命中的宗教道德思潮具有非常深切的关系。"因此，卢卡奇认为："过分地高估宗教的历史作用……在黑格尔的整个思想发展里是贯彻始终的。""这乃是一份无法摆脱的哲学唯心主义的遗产。但是，尽管如此，说青年黑格尔曾有过一个'神学'时期，则纯然是帝国主义辩护人的一种历史捏造。"①

为了反驳这种观点，卢卡奇又对青年黑格尔的"实定性"的真实含义进一步提出新的理由。卢卡奇指出，青年黑格尔在伯尔尼时期的中心问题是宗教的，特别是基督教的实定性。卢卡奇明确断定："对于青年黑格尔，实定的基督教是专制与压迫的一种支柱，而非实定的古代宗教则是自由与人类尊严的宗教。对于黑格尔说来，恢复古代宗教是他那个时代的人要求其实现的一个革命要求。"卢卡奇甚至说："黑格尔比任何同时代的哲学家都更加极端地要清除神学因素，从而纯化康德的实践理性，人的道德自主性。"因此，如黑格尔所说，实定的宗教，即基督教信仰，"必定以丧失理性的自由与理性的独立性为先决条件，而完全不能与一种外来的力量有所对抗"。因此，卢卡奇断言："所谓黑格尔的神学著作，根本可以说是对基督教的一篇伟大的控诉书。"卢卡奇还说："黑格尔从来没有像狄德罗、霍尔巴哈或爱尔维修那样一般地反对过宗教，他只是提出一种非实定的宗教精神以与实定宗教相抗衡而已。"而伟大的法国启蒙运动家们在反宗教斗争的坚决程度上，与青年黑格尔是有天壤之别的。但是，致使青年黑格尔采取这种态度的那种主观主义从社会和思想根源

---

① 〔匈〕卢卡奇：《青年黑格尔》，王玖兴译，商务印书馆，1963，第43~48页。

上说，固然产生于德国的落后状态、德国启蒙运动和康德哲学等，也是黑格尔的观点里所以发展出"能动方面"和历史主义的基础。卢卡奇明确指出："青年黑格尔不同于他的哲学同志，从来就在于他抱有较多的历史观点。""他的目标和发展远景，不是根本取消国家，而是重建那种——非实定的——古代城邦国家，恢复自由自主的古代民主政治。"①

卢卡奇断言："青年黑格尔在对图宾根的态度上是带有启蒙思想的一种非常尖锐的反客观宗教的态度。在他心目中，只有主观宗教有价值。""黑格尔这一切议论的出发点显然是主观和公共宗教的合理性。"黑格尔主要强调："提高一个民族的民族精神，使它昏睡中的民族尊严觉醒起来，使一个民族不自暴自弃也不听人遗弃。"卢卡奇因此认为："所以对于图宾根大学生时代的黑格尔，主观的公共的宗教已经就是一种民族自我解放的宗教了。""青年黑格尔于是竭力要把主观的公共的宗教当成德国自由运动的基础和支柱。"卢卡奇这一观点是为了反驳帝国主义的辩护人们硬说青年黑格尔的共和国主义是一种"幼稚病"的狡辩，为了批驳帝国主义的辩护人把黑格尔的全部共和国思想，把他与法兰西大革命的全部关系，都说成某种肤浅的幼稚的东西。卢卡奇断言："黑格尔对法国革命的历史必然性的认识，对法国革命之为当时的文化基础的认识，一直到老年黑格尔的著作里还都毫不含糊地流露出来。"卢卡奇还举出黑格尔1795年写给谢林的一封信来说明他在伯尔尼关于君主立宪政治的真实情况的经验"使他终生鄙视贵族寡头政治制度"。"黑格尔就把这样一种政治的和文化的情况视为一种以基督教实定宗教的统治为其中心力量的社会发展的产品。而如果说黑格尔直到他临死以前仍然称赞法国革命为'灿烂的朝霞'，那么人们应该不难想象出，他在大革命期间该是如何急切盼望由此革命而使整个世界有所革新。"而革新的具体内容就是"使古希腊的一切得到复兴。因此，从这一方面来说，黑格尔对古代的民主所做的分析和赞扬，是具有着体制巨大的现实政治意义的"。

总之，青年黑格尔在伯尔尼的时候"认为古代是一个活生生的现实的范例；古代固然已经过去，但是它的伟大之处应该恢复，而复兴伟大

---

① 〔匈〕卢卡奇：《青年黑格尔》，王玖兴译，商务印书馆，1963，第48~60页。

的古代,正是当代的政治、文化和宗教的中心任务"。①

四 法兰克福时期黑格尔社会观的危机及其辩证法的萌芽

从黑格尔在法兰克福时期的思想中我们可以清楚地看到,无论在政治上还是在哲学上他对法国的革命和征服与德国落后的状况所引起的矛盾,都没能提出克服的办法。但是,我们还可以看到,恰恰由于这样黑格尔接触到了资产阶级社会的具体问题。由于接触到了德国的现实政治和社会命运,于是其中的矛盾就越来越升高到他的思想的中心,他越来越强烈地体会到矛盾是生活的基础和动力。有趣的是,越是当被讨论的具体问题的哲学核心恰恰就是矛盾本身的时候,社会和政治问题向哲学问题的转化也就越是直接,越是有力。②

卢卡奇看到,黑格尔在法兰克福时期的思想活动,与以前和以后的情况迥然相反,差不多总是从带有个人色彩的生活体验出发的,总是盖着个人体验所特有的那种既富有热情又混乱不清的烙印的。而且他初期对这些体验到的矛盾所做的哲学阐述,不仅总与个别的体验直接纠缠在一起,而且无论在内容上或形式上都很少达到真正明确的程度。他初期的那些论述时常变成一种神秘的抽象。"所以黑格尔的辩证方法在最初出现的时候是非常混乱的。他把从个别的生活现象中体验到的那些矛盾组成为一个非常神秘的联合体,而且在这个时期曾经一再地以'生命'这个名词来表示这种联合体。所以,最初他所见到的辩证法和形而上学思想之间的对立,乃是思维、表象、概念等作为一方面与生活作为另一方面之间的对立。在这种对立中,已经流露了黑格尔后来的深刻辩证法,表现了他热情地从具体的生活现象里把握其矛盾性的倾向,而正是由于他这样地把握矛盾性,他才有时候像列宁很有说服力地指明的那样,非常接近于正确的、唯物主义的辩证法。"但是,他在这个时期的"生命"概念不仅是模糊的,而且在内容上也充满了神秘气息。③

但是,黑格尔"这个时候的问题,毋宁说只是要弄清楚,个别的人如何一定要与资产阶级社会发生抵触,人格发展的道德前提与人性前提

---

① 〔匈〕卢卡奇:《青年黑格尔》,王玖兴译,商务印书馆,1963,第64~80页。
② 〔匈〕卢卡奇:《青年黑格尔》,王玖兴译,商务印书馆,1963,第86~87页。
③ 〔匈〕卢卡奇:《青年黑格尔》,王玖兴译,商务印书馆,1963,第88页。

如何与资产阶级社会现状和规律陷入矛盾，以及两方面如何又可能取得一致而达成和解"。而"和解"这个词，则是他在伯尔尼时最激烈反对的一个范畴，到法兰克福时期，却变成了"他的思想的一个中心问题"。"在具体分析个人与资产阶级社会的关系的过程中，曾一再发现出新的矛盾来，然而黑格尔的思维的目标，却在于扬弃这些矛盾而取得和解。"在黑格尔那里，"扬弃"这个名词在法兰克福初次出现，后来变得非常重要了，逐渐变成了一个居统治地位的范畴。①

卢卡奇注意到，在这个时期，黑格尔"愈来愈强烈地体验到生活的基础是矛盾性，而这种矛盾性几乎表现为矛盾的一种悲剧性的不可消除性。""青年黑格尔在法兰克福与之搏斗的那种矛盾，乃是德国这个时期一切重要诗人和思想家所共有的客观矛盾；这个时期的古典文学和古典哲学都是从解决这些矛盾而产生出来的。而且由于这个时期的德国古典文学和德国古典哲学具有深刻的和广阔的国际意义，所以显而易见，作为它们的基础的那种社会矛盾，也就不会只是局部的德国问题，即使它的特殊表现形式是受当时德国的社会条件所规定的。"②

这是德国人道主义者对待资产阶级社会的态度问题。资产阶级社会在法兰西大革命中并在英国工业革命中取得了胜利，但同时却开始暴露了它那可怕的、仇视文化的方面，暴露得比法兰西大革命以前及其进行期间所表现的那种虚幻的英雄时代更加清楚。"于是，在德国的重要资产阶级人道主义者们面前，就出现了一种非常复杂和矛盾的必然问题：他们必须承认这个资产阶级社会，必须把这个资产阶级社会当作一个必然的、唯一可能的、进步的现实存在而加以肯定，而且必须公开地揭发和暴露它的矛盾，而不去为它的本质所带来的非人性的东西作辩护，而不向它的这些反人性的东西表示屈服。德国的古典哲学和文学，曾在歌德的《威廉·麦斯特》和《浮士德》里、席勒的《瓦伦斯坦》和其他美学著作里、黑格尔的《精神现象学》及其以后的著作里都指出了这些矛盾，并且试图解决这些矛盾。德国的古典文学和哲学提出和试图解决这些矛盾所采取的方式，本身就足以表明这些矛盾是具有重大的世界史意

---

① 〔匈〕卢卡奇：《青年黑格尔》，王玖兴译，商务印书馆，1963，第 8 页。
② 〔匈〕卢卡奇：《青年黑格尔》，王玖兴译，商务印书馆，1963，第 93~98 页。

义的——而且同时，也表明这些矛盾一般地由于是出自资产阶级社会和特殊地由于是反映'德国的苦难'而具有它们一定的局限性。"①

由此可见，黑格尔的生活和思想里的法兰克福危机，已促使他把这种矛盾提高到哲学客观性的阶段了。"黑格尔的哲学天才，他比他同时代人在思想上高人一筹的地方，在于他不仅仅叙述他的私人生活里亲身体验的矛盾，不仅仅由此进而认识到资产阶级社会的矛盾性（当然他所认识到的矛盾性只限于资产阶级社会的，而且具有唯心主义哲学观点的局限性），并且还从这种矛盾性里更进一步认识到一切生活、整个存在、整个思维都具有普遍的辩证性质。法兰克福危机的结果，使黑格尔初次概括了他的辩证方法，当然还只是一种非常神秘的辩证方法。法兰克福危机同时——而且不是偶然地——还使黑格尔跟他当时的资产阶级社会之间达成一种辩证的、承认在基础上含有矛盾的'和解'。"②

五 关于黑格尔的"外化（异化）"观念

卢卡奇指出，黑格尔在法兰克福时期产生了越来越坚定的重要思想，即在人的社会实践里，原始的直接的东西、天然的东西被克服掉并且必然被克服掉，而在这个过程中由人的实践通过他自己的劳动创造出来的一系列产品所代替；而这种劳动不仅创造这些社会客体，而且创造人的主体，因为它也扬弃主体里原始的直接的东西，从而主体就异化了自己。于是，"黑格尔开始使用了这些新哲学术语，来确切地表示这些经他重新规定了的关联，来把他通过研究经济学和历史所找出来的那种社会的客观性提高成普遍性。这样像中介、反映等范畴就取得了黑格尔式的专门含义；于是早在法兰克福即已抽象地陈述过的那种黑格尔式的矛盾统一学说就变成了一种成熟的矛盾运动和矛盾扬弃学说"。在这个发展过程中，"外化"或"异化"这两个名词就逐渐取得了黑格尔思想体系的中心地位。

卢卡奇进一步认为，真正说来，"外化"和"异化"都不是什么新名词。它们只不过是英文"alionation"的德文翻译。"alionation"这个词

---

① 〔匈〕卢卡奇：《青年黑格尔》，王玖兴译，商务印书馆，1963，第98页。
② 〔匈〕卢卡奇：《青年黑格尔》，王玖兴译，商务印书馆，1963，第99页。

在英国经济学里向来被用以表示货物的出售，同时在几乎一切自然法的社会契约学说里被用于表示原始自由的丧失，表示原始自由向根据契约而成立的社会的转让或出让。

卢卡奇在简略介绍了费希特和谢林对"外化"一词不同的具体使用后就"直接把《精神现象学》里的概念体系视为黑格尔本人的一种全新的独创"。[1]

卢卡奇明确认定，在黑格尔的《精神现象学》里，"外化""已经表现为一种高度的哲学概括"，"已经远远超越了它原来产生和应用的范围，超越了经济学和历史哲学"。黑格尔的"外化"概念可以分为三个层面：第一层面的含义是指与人的一切劳动、一切经济和社会活动结合着的那种复杂的主客关系。第二层面的"外化"是指马克思后来称之为拜物教的那种特殊的资本主义形式的"外化"。第三层面是这个概念的一种广阔的哲学概括。此时"外化"与"物性"或"对象性"具有相同的意义。它就是用于哲学地表述对象性或客观性发生史的那种形式，在这种形式下表明客观性是通过主客统一体的"外化"而返回其自身的那种辩证环节。正是由于这种过程性，黑格尔"才赢得了一个宽广的活动领域，来建立客观现实和思维的重要辩证规定，'以至黑格尔的体系，终于只代表在内容和方法上都唯心主义地头脚倒置的唯物主义'"。[2]

卢卡奇接着指出："由于错误地统一了'外化'与'物性'或客观性，黑格尔在规定自然与社会的本质并试图指出它们的差别时，就作了完全错误的区别，照黑格尔看来自然和历史两者都是精神的'外化'。但自然是精神的一种永久外化，因而自然的运动只是一种虚假的运动，只是主体的一种运动。所以在黑格尔那里，自然没有真正的历史。"这样，黑格尔对自然界里的客观性的观点，就大大促使辩证法问题神秘化。不仅如此，"黑格尔的历史方法论，不承认自然与社会有实际的相互作用，不承认在社会发展期间自然还有它的发展历史"。"更重要的是，在伟大的历史辩证法思想家黑格尔那里，关于自然界本身的发展史，从来没有提出探讨过。"康德特别是歌德都有过关于自然的观点，而"黑格

---

[1] 〔匈〕卢卡奇：《青年黑格尔》，王玖兴译，商务印书馆，1963，第 102～103 页。
[2] 参见〔匈〕卢卡奇《青年黑格尔》，王玖兴译，商务印书馆，1963，第 103～106 页。

尔却对自然的发展历史只字不提"。虽然黑格尔在《耶拿逻辑》里曾试图把地球理解为人类历史的舞台,但他认为当人的历史开始的时候,地球的历史已经完全停止了。于是,黑格尔在自然与历史之间就做了极其严格的方法论的区别,并且有时甚至把承认精神优先于自然视为一种人类道德问题。① 不过,卢卡奇肯定了黑格尔接触到了人类自己创造他的历史这一点。按照黑格尔的观念,精神是历史的创造者,精神的本质恰恰在于它是历史的真正推动力、历史的发动机,而事实上却像马克思在《神圣家族》中所指出的那样,精神只在表面上创造历史。②

所有这一切都是黑格尔的"外化"概念的必然结果。于是青年马克思对黑格尔的哲学中心问题就进行了一次伟大的分析批评。这一分析批评是改造唯心主义辩证法为唯物主义辩证法,是用新的辩证唯物主义科学来批判黑格尔的唯心主义,同时继承其辩证法遗产的最重要的环节之一。"③

在卢卡奇看来,马克思在《1844年经济学哲学手稿》里对黑格尔所做的一个全面的系统的批判,在方法论上有两个非常重要的特点:第一是集中批判了"外化"及其扬弃的思想。第二是第一次在讨论一切社会和哲学问题的时候统一使用了经济学和哲学的观点。当然,马克思的统一使用比黑格尔的统一使用无论在经济方面还是在哲学方面,都是处于一个高得不可同日而语的水平上的,马克思所依据的经济学知识也比黑格尔当时所能有的经济学知识多很多。因此,马克思对黑格尔精神现象学的这个中心概念"外化"的批判是"以它对经济事实本身更深刻更正确的见解作为出发点的"。"必须首先对资本主义的劳动异化提出一种社会主义的批判。""在马克思的这部手稿里经济学和哲学的结合乃是方法论上的一个深刻的必然,是实际排除唯心主义辩证法的先决条件。"④

所以,卢卡奇十分重视马克思根据他对资本主义经济学的事实的分析,对于从劳动过程本身产生出来的外化所做的以下描述:"劳动所生产的对象,即劳动的产品,作为一种异己的存在物,作为不依赖于生产者

---

① 〔匈〕卢卡奇:《青年黑格尔》,王玖兴译,商务印书馆,1963,第103~110页。
② 〔匈〕卢卡奇:《青年黑格尔》,王玖兴译,商务印书馆,1963,第114页。
③ 〔匈〕卢卡奇:《青年黑格尔》,王玖兴译,商务印书馆,1963,第114页。
④ 〔匈〕卢卡奇:《青年黑格尔》,王玖兴译,商务印书馆,1963,第116~117页。

的力量，同劳动相对立。劳动的产品是固定在某个对象中的、物化的劳动，这就是劳动的对象化。劳动的现实化就是劳动的对象化。在国民经济的实际状况中，劳动的这种现实化表现为工人的非现实化，对象化表现为对象的丧失和被对象奴役，占有表现为异化、外化……这一切后果包含在这样一个规定中：工人对自己的劳动的产品的关系就是对一个异己的对象的关系。"① 卢卡奇认为，这里已经包含对黑格尔哲学观点的根本批判，因为马克思在这里已经把外化（异化）与客观性，与劳动里的客观化（对象化）做了最严格的区分。后者是一般劳动的一种特征，前者则"是在资本主义里由于社会分工而出现的所谓自由工人的附随现象，这种自由工人必须使用外来的生产工具，因而无论这种生产工具，或是他自己的生产成品，都成了与他对立的、与他无关的、外来的势力"。②

卢卡奇看到，资本主义社会的这种基本结构集中而突出地表现在劳动主体身上。劳动成了外在于劳动者的东西，也就是说，劳动不构成劳动者的本质，因此，他在劳动中并不是得到了肯定，而是受到了否定，并不感觉舒畅，而是觉得苦恼，并不是在发挥他肉体和精神的自由力量，而是在使其肉体萎缩，精神败坏。所以，劳动者只有当他不劳动的时候才觉得是他自己，而当他劳动的时候反而觉得不是他自己。由于资本主义社会里的这种情况，于是人类的一切价值就被颠倒了。动物性的东西变成了人性的，而人性的东西变成了动物性的。因此，"外化就既在客观上又在主观上影响着整个人生。在客观上，劳动的生产品表现为一种外来的、对人具有统治势力的对象，在主观上，劳动的过程成了一种与上述的事物外化相应的自我外化"。③

黑格尔在哲学上把生活里外化（异化）的现实关联和规定性头脚倒置起来。在主体方面，他唯心主义地把人的本质与自我意识等同起来，也就是说，他错误地把人与自我意识等同起来。在客体方面，他把异化与对象性等同起来。卢卡奇强调，正因为马克思严格区分了在劳动本身里的对象化与在资本主义形式的劳动里主体和客体的异化，所以他才能以此为基础进一步揭穿黑格尔的错误的统一。所以，他对黑格尔《精神

---

① 《马克思恩格斯文集》第 1 卷，人民出版社，2009，第 157 页。
② 〔匈〕卢卡奇：《青年黑格尔》，王玖兴译，商务印书馆，1961，第 117~118 页。
③ 〔匈〕卢卡奇：《青年黑格尔》，王玖兴译，商务印书馆，1963，第 118 页。

现象学》的方法论基础批评道:"被当作建立起来了并且要去加以扬弃的那种异化的本质,不是指人的本质把自己**对象化为非人的**、与人对立的东西而言,而是指人的本质把自己**对象化为不同于**和**对立于抽象思维**的东西而言。"这样,"黑格尔哲学就在扬弃客观性或对象性方面达到了错误的顶峰"。卢卡奇认为:"只有当人们已展望到真实地扬弃资本主义的异化从而有可能对资本主义经济学作社会主义批判的时候,才能够予以扬弃。"①

卢卡奇的特殊之处在于,他看到马克思在批判扬弃的时候专门批判黑格尔的最高形式的辩证扬弃,在这种扬弃里被扬弃了的规定不仅被取消掉,也被保存起来提升到一个较高阶段上去,这种扬弃,不是让它消灭于绝对中,而是尊重他在的具体存在,尊重它的相对权利。黑格尔的"外化"与谢林的不同,具有一种积极的、创造客观性的意义,而马克思的批判就是从这一点出发的,因为在黑格尔跟他的先驱者们的意见分歧中,马克思总是坚决支持黑格尔的。而且,卢卡奇还指出:"黑格尔的进步倾向与反动倾向之间的矛盾性,就集中表现在马克思所批评的那种辩证的扬弃过程的矛盾性上。"卢卡奇甚至说,黑格尔式的"外化"观念"包含着一个重要的反动因素,它包含着对过去,即使历史上已经克服了的过去的一个辩护"。② 这是一个值得讨论的问题。

马克思把客观化(对象化)与人类实践的异化做出严格区别,这不仅为批判黑格尔的唯心主义,而且为批判费尔巴哈的机械唯物主义准备了条件。费尔巴哈的弱点在于他把黑格尔的辩证法当做纯粹哲学的、纯粹认识论的问题,在于他根本不知道社会生活、人的经济和社会实践跟哲学问题之间存在辩证的关联。由于黑格尔认识到这些关联,由于他曾把这些关联(即使他的努力毋宁说是徒劳)充当他的辩证法的基础,这就使他的哲学尽管是唯心主义的,而(在一定的领域里,从一定的角度上说)仍然超过费尔巴哈的哲学。正因为这样,他的辩证法是世界哲学史上的一个具有决定意义的阶段:它是唯心主义辩证法的,因而是整个资产阶级哲学的最高形式。马克思对黑格尔批判的巨大意义,恰恰在于

---

① 〔匈〕卢卡奇:《青年黑格尔》,王玖兴译,商务印书馆,1963,第119~121页。
② 〔匈〕卢卡奇:《青年黑格尔》,王玖兴译,商务印书馆,1963,第125、128页。

他根据黑格尔对资本主义社会、资本主义经济学的矛盾和发展规律的理解的正确性和局限性,来说明黑格尔辩证法的伟大所在和缺点所在。①

与从不同的方面、不同的立场全盘否定和曲解黑格尔哲学的各种倾向相反,卢卡奇依据马克思主义经典作家的论点,具体阐明了黑格尔的伟大和其局限性。他深刻地揭示出青年黑格尔思想发展过程中的矛盾,确认黑格尔是他那个时代的进步的资产阶级哲学家,是十分关心世界史里重大国际事件的伟大思想家。黑格尔不仅在德国人中对法国革命和拿破仑时代持有最高和最正确的见解,而且他同时是唯一的德国思想家,即他曾认真研究了英国工业革命问题,曾把英国古典经济学问题与哲学问题、辩证法问题联系起来,企图用思想来把握他的时代,亦即资本主义的实际内部结构及其赖以实现的力量,并说明其运动的辩证法。

1971年,卢卡奇在临终之前写的《经历过的思想(自传提纲)》中指出,从《青年黑格尔》开始,他所研究的问题仍然"科学地"限制在"表明哲学对世界的最敏锐精神反应归根到底是从适当概括对经济领域的主要生活反映中产生出来的。正因为如此,早在黑格尔那里就已经要求在思想史中把起源概念放在突出地位"。"因此那时就已经全面反对斯大林主义的意识形态,而不局限于美学。"只是这些著作的大部分——如论黑格尔的书——当时不能发表。1957年在《我走向马克思的道路》一文的后记中他谈到《青年黑格尔》这本书时说:"大家都知道,战争期间通过一项决定,把黑格尔宣布为反对法国革命的封建反动的思想家。因此,我自然不能在这个时候出版我那本论青年黑格尔的书。我当时想:要是不搞这种不科学的蠢事,也肯定能够打赢战争的。但是,既然反希特勒宣传突然想到要搞这种蠢事,那么赢得战争暂时比争论对黑格尔的正确看法更为重要。大家知道,这一错误理论在战后还维持了很长一段时间。但是大家也同样知道,现在我那本论黑格尔的书,我没有改一行字就出版了。"②

《青年黑格尔》一书是卢卡奇深入、具体、全面研究黑格尔青年时代思想发展的最重要、最有分量的一部哲学专著,也是用马克思主义观

---

① 〔匈〕卢卡奇:《青年黑格尔》,王玖兴译,商务印书馆,1963,第141页。
② 参见卢卡奇1957年为《我走向马克思的道路》一文所写的德文版后记,最初载意大利《新论据》杂志1958年第33期。

点研究黑格尔思想的一部名作,卢卡奇也因此获得世界著名哲学史家的声誉。即使在今天,就对青年黑格尔思想的研究来说,能超过该书的著作似乎仍然不多,且与过多否定黑格尔和完全肯定以及从某些方面歪曲黑格尔的论著相比,该书可以说是最有影响力的一家之言。

《青年黑格尔》一书也引起过一些非议和批评,有些人认为卢卡奇高估乃至美化了黑格尔,有些人不同意卢卡奇关于黑格尔起初有一个"共和国时期"的看法。这在今天仍是需要进一步深入探讨的问题。

张慎在《联邦德国对早期黑格尔的研究》一文中指出,卢卡奇的《青年黑格尔》一书是在1938年写完的,但由于受第二次世界大战影响,直至战后才出版。卢卡奇完全推翻了黑格尔早期思想研究中由狄尔泰和诺尔所开创的只重宗教思想研究的传统。他重点研究其中的政治、经济学思想,并指出黑格尔辩证法就起源于此。卢卡奇的这一见解毫无疑问地开创了一个新的研究方向。但是,如同大多数学者所指出的那样,他的许多看法太片面,有时牵强附会,因为他当时受法西斯主义的迫害,不可能也不愿意对被视为"普鲁士官方哲学家"的黑格尔进行全面的公正分析,所以很容易忽视其中的一些进步因素。譬如,他对法兰克福时期的黑格尔研究得既不够又片面,因而把这一时代黑格尔的思想发展贬低为神秘主义、含混、不清楚。[①] 张慎中肯地指出了卢卡奇《青年黑格尔》一书的严重缺陷。

尽管卢卡奇的《青年黑格尔》一书有某种严重缺陷,但在西方和苏联都大肆贬低黑格尔(正像马克思时代黑格尔被当做"死狗")时,马克思却公开说自己是他的学生,充分肯定黑格尔的积极贡献,卢卡奇也高度评价黑格尔是进步的资产阶级哲学家。

对于西方哲学,特别是德国古典哲学,正像卢卡奇在评论西方文学家及其作品时一样,他在绝大多数情况下都是依据马克思、恩格斯和列宁的思想,创造性地发挥他们的观点。马克思强调要"把资本主义制度所创造的一切积极的成果用到公社中来"。[②] 而在另一个地方用的是"占有"。列宁则指出:"如果不是先有德国哲学,特别是黑格尔哲学,那么

[①]《德国哲学》编委会编《德国哲学3》,北京大学出版社,1987,第221~222页。
[②]《马克思恩格斯文集》第3卷,人民出版社,2009,第575页。

德国科学社会主义,即过去从来没有过的唯一的科学社会主义,就决不可能创立。如果工人没有理论感,那么这个科学社会主义就决不可能像现在这样深入他们的血肉。"[①]列宁还认为:"社会主义能否实现,就取决于我们把苏维埃政权和苏维埃管理组织同资本主义最新的进步的东西结合得好坏。"[②]列宁充分表达了"吸取""利用""借鉴""改造""资本主义制度所创造的一切积极成果"这样重要的思想。

卢卡奇始终十分重视发挥马克思、恩格斯和列宁的这种重要的方法论。所以,卢卡奇在哲学、美学和文学评论领域无疑是马克思、恩格斯和列宁之后批判地继承和吸收人类优秀成果特别是吸取黑格尔优秀思想的一位杰出的哲学家和思想家。

卢卡奇最得意的弟子阿格妮丝·赫勒强调,在卢卡奇后期,他"唯一真正的伟大著作是《青年黑格尔》,这是一部哲学家的传记,同时也是他的一本自传,因为他是从自己的观点出发来解读黑格尔的思想发展。正如《历史与阶级意识》是卢卡奇青年时代理论努力至高无上的表现一样,黑格尔的杰作《精神现象学》也是他青年时代理论努力的至高无上的表现。伟大的思想在与现实妥协之前走向成熟"。[③]

第二节 《理性的毁灭》与对非理性主义的批判

在卢卡奇看来,作为资产阶级哲学重要流派之一的非理性主义,已经兴起和扩散为资产阶级哲学的主导方面。它是在同唯物主义和辩证法的不断斗争中产生并发挥影响的。因此,这种哲学斗争也是阶级斗争的一种反映。所以,根据辩证唯物主义观点深入批判非理性主义就成了卢卡奇20世纪30~50年代哲学研究工作的一项重要任务和突出特点之一。而他的《存在主义还是马克思主义?》(完成于1947年,1951年由柏林建设出版社出版)和《理性的毁灭》(1951~1953年写成,1954年和1955年先后在布达佩斯和柏林出版)就是当代马克思主义哲学著作中批

[①] 《列宁专题文集 论无产阶级政党》,人民出版社,2009,第72页。
[②] 《列宁专题文集 论社会主义》,人民出版社,2009,第98页。
[③] 〔匈〕阿格妮丝·赫勒主编《卢卡奇再评价》,衣俊卿等译,黑龙江大学出版社,2011,第231页。

判资产阶级哲学最有分量的著作，也是卢卡奇在第二次世界大战期间及战后哲学思想发展的主要标志。

一 批判以萨特为代表的生存主义

在第二次世界大战后的一段冷战年代，生存主义哲学的著名代表人物萨特曾受到两个方面的夹击。西方某些学者（如美国的威·德桑）攻击萨特的《辩证理性批判》是"向共产主义献媚"，法共则因萨特否认唯物主义是共产主义的理论基础而指责他是"帝国主义的走狗"。某个社会主义国家的个别学者说他"为资本主义制度辩护"，"肆意诋毁马克思主义，气焰十分嚣张"。而他企图把马克思主义与生存主义调和起来，则被看做包藏"极大的祸心"。

冷战时代，在苏联严厉批判萨特思想的强大影响下，出现了批判萨特的浓烈气氛。在此情况下，卢卡奇也参与了对他的批判，1951年写出了《存在主义还是马克思主义？》这一短篇论著。

卢卡奇之所以同存在主义哲学展开论战，是因为他清楚地看到生存主义在战后产生了日益扩大的深刻影响，并成了当代资产阶级哲学反对辩证唯物主义的主要流派。在卢卡奇看来，自从海德格尔的《存在和时间》一书于1927年问世以来，生存主义就被西方思想界的先驱们看做哲学再生的希望和现代世界观的确切表现。在第二次世界大战结束之前，生存主义思潮就已经席卷了西方。在第二次世界大战期间，德国的一些著名生存主义者及其方法上的先驱胡塞尔，在很大程度上征服了法国、美国及拉丁美洲。西方生存主义的奠基性著作，即萨特的《存在和虚无》于1943年出版。从那时起，生存主义在有关哲学的议论中，在专门刊物上以及小说和戏剧中，不可抗拒地扩大传播开来，并日益成为反对辩证唯物主义和社会主义发展的最新和最时髦的形式，因为它在唯物主义和唯心主义之间标榜自己是"第三条道路"。所以，不可避免，"哲学大论战"，"本质上"就"在生存主义和辩证唯物主义之间展开了"。"在这种历史情况下产生了三种主要的问题。在认识论领域内，对客观性的探讨占据首位。在道德领域内，进行着拯救自由和人格的努力。最后，根据历史哲学的观点，在同虚无主义的斗争中感到有必要对未来取得新的估计。""生存主义来源于现象学的存在论，代表着帝国主义阶段所固有的哲学上'第三条道路'在现代的顶点及其最精巧的形式。"卢卡奇还进一步指出,生存主义"代表资产阶级思想发展的顶点","也代表着'第三条道路'的最发达的形式。因为生存主义是根据极端的、抽象的和主观的自由概念行动。这种行动和对社会主义的拥护——也是抽象的——相结合着。这样,生存主义在意识形态方面就反映着现代知性的精神和道德的混沌状态"。此外,卢卡奇还认为:"萨特的无神论是一种宗教的无神论。"在社会问题上,萨特的生存主义并不是对资本主义的整个抗议而是"单单对法西斯主义提出了抽象的抗议。然而所有这类抗议也只是有些抽象的东西"。[①] 在当时东西方冷战的情况下,尽管这种评价并非中肯,但与苏联把生存主义视为"帝国主义时代的一种颓废的主观唯心主义中心思潮",还有学者把萨特视为"要对马克思主义展开更加猖狂的进攻","肆意诋毁马克思主义,气焰十分嚣张"的过分言词相比,卢卡奇这样的批判已算是不易了。

所以,卢卡奇重点批判了萨特的生存主义哲学,指出生存主义不但是死的哲学,而且是绝对自由的哲学。萨特的生存主义受欢迎的重要原因之一就在这里,同时,它对当代的影响的反动方面也在这里。卢卡奇比较恰当地估计到生存主义产生的必然性和作用:"由于法西斯压迫为时太久,欧洲特别是具有旧民主主义传统的各国知识界,都在最强烈而迫切地渴望自由"。对于"具有不同思想意识的人来说,最重要的问题只有一个,就是反对法西斯主义。这些人的抗议越是缺乏内容,这种抽象自由就越发符合他们无意识的渴望。这种抽象的抗议及其理论上的反映——自由的抽象概念,对许多人说来,是起了抵抗运动神话的作用"。"在萨特那里,自由这个概念完全是抽象的。这就是为什么这个时期思想状况的忠实反映——生存主义能够风靡一时的原因。"法西斯主义崩溃以后,"建设和巩固民主主义,就成了各国舆论的中心"。生存主义看来还似乎有充分可能进一步征服世界。"生存主义把自由摆在首要地位,确实和这件事有很多关系。然而,这时自由已经不再是神话了。对自由的要求重又具备了具体的形式,并且有力地表现出来了。对自由这个概念的

[①] 〔匈〕卢卡奇:《存在主义还是马克思主义?》,商务印书馆,1962,第4、7~9、40页。

各种不同解释引起了热烈的论战和残酷的斗争。"①

于是,卢卡奇着重考察了萨特的自由概念。卢卡奇首先指出,萨特认为自由是人的存在的根本的事实。他说:"事实上,我们就是进行选择的自由,而并非选择自由状态。我们被判处了自由这样一种徒刑……"②"在萨特的学说那里,自由的这种宿命性贯穿着人的整个存在。人不能超出选择的自由以外,不选择也是一种选择,放弃行动也是一种被自由地选择了的行动。"萨特在一切问题上都强调这种自由的本质的作用。卢卡奇认为,萨特的自由概念的内涵非常广泛。"使一切关于自由的正确定义成为不可能的这一概念之所以有些不稳定,原因就在这里。这种不可能给予定义的情况,由于萨特原则上排斥可以为给自由下定义提供条件的一切客观标准而进一步加强了。卢卡奇批判道,萨特认为,作为选择的自由的本质就在于:人把自己放在作为还不存在和基本上不可能认识的东西来加以选择这样一个事实上面。如果采取这种态度的话,人就要不断地遭受到变成和现状不同的东西的危险。这样,按照萨特的这种说法,也就不存在任何道德标准了。"因此,在卢卡奇看来,萨特的自由的概念是完全非理性的、随意的和无法控制的东西。尽管萨特指出"我不能不在要求自己自由的同时,要求别人的自由",但是,卢卡奇认为萨特的"尊重别人的自由是一句空话",萨特的哲学是"存在论的唯我论"和"非理性主义"的。③

卢卡奇最后阐明了批判现代资产阶级哲学(包括生存主义)的方法论原则。他认为,列宁对马赫主义进行的认识论的批判带有根本性,对批判帝国主义时代所有其他哲学流派都有意义,指出"列宁的批判是专门针对着马赫的学说,而与那以后的哲学发展无关的想法是错误的"。卢卡奇根据列宁在《唯物主义和经验批判主义》一书中的思想,主要强调和阐发了两条具体的重要原则:其一,马克思和恩格斯的"思想体系是辩证的、历史的唯物主义",但是由于历史发展而产生的差异,"列宁展开活动的时代,问题的重点已经有了转移,从此以后,思想的发展便以辩证的、历史的唯物主义为其主流了";其二,列宁所揭露的妄图在哲学

---

① 〔匈〕卢卡奇:《存在主义还是马克思主义?》,商务印书馆,1962,第61~63页。
② 〔匈〕卢卡奇:《存在主义还是马克思主义?》,商务印书馆,1962,第63页。
③ 〔匈〕卢卡奇:《存在主义还是马克思主义?》,商务印书馆,1962,第64~66页。

中发现新的、排除唯物主义和唯心主义对立的"第三条道路"的做法，在帝国主义时代全部资产阶级哲学发展中占有重要地位，但实际上"第三条道路"只不过是"革新唯心主义、制造反对唯物主义世界观的新的斗争形式"。①

为了正确判断卢卡奇对萨特批判的合理之处，看一看其他学者对萨特的评价和变化是有好处的。首先是法国研究者 C. 德拉康帕涅认为："像萨特的著作那样享有盛名，至少得到人们广泛承认的哲学著作是世上少有的。"② 法国著名作家安·莫洛亚把萨特的生存主义看做"一种严谨而高深的关于自由的哲学"，但"这种自由并不意味着每个人可以为所欲为"。③ 萨特的"哲学吸引了他的同时代的人。把哲学和文学联系起来的念头，造就他成为一个名人"。原法共著名哲学家 R. 加罗迪承认萨特道出了我们时代的混乱状况，也表明了要摆脱这种状况的意志。这种根本的智力活动，给萨特的作品以强大的生命力，但萨特的根本局限"在于，他经过独特的推论，把资本主义世界没落时期的特征和资本主义本身所包含的荒诞及丑恶当成永恒的'人类命运'的特征"。④

但是，由于国际形势从东西方冷战逐渐转变为和平共处，到 1956 年卢卡奇在谈到萨特的贡献和地位时，其评价就有了重大的变化。卢卡奇指出，在哲学方面的变化是"非常突出的，在众所周知的现象中，就像在萨特近几年来采取的立场中所表现出的那样。萨特在一个月之前，当埃尔维从法国党内被开除出去的时候，写了一篇非常有趣的文章。其中，最重要和有趣的是他对马克思主义的可能性和现实性所讲的一些话"。"他（这人不是我们中间的一个，而是一个杰出的资产阶级的思想家）说：整个资产阶级科学处于一种危机中，资产阶级的哲学不能创造出新思想来，他们不能有效地促进科学的发展。在这点上讲，唯一能有效地起作用的世界观——我再次引用萨特的话说——就是马克思主义。他应用了在法国流行的一个词'马克思化'，他以'马克思化'这个词来描写少数科学家，在这些科学家那儿可以找到某些成果，可以找到指示未

---

① 〔匈〕卢卡奇：《存在主义还是马克思主义?》，商务印书馆，1962，第 161、128 页。
② C. 德拉康帕涅：《一位为了未来的哲学家》，（法国）《世界报》1980 年 4 月 17 日。
③ 转引自柳鸣九编选《萨特研究》，中国社会科学出版社，1983，第 311、315~316 页。
④ 转引自柳鸣九编选《萨特研究》，中国社会科学出版社，1983，第 330、332 页。

来的论点及论文。"他说:"每个人都在等待马克思主义来改革科学和文化;他在同一篇文章中又肯定说:但是现代的马克思主义还没有创造出能以某种方式来满足这种期望的科学著作来。"

卢卡奇进一步说:"我相信,萨特所刻画的这种情况一般讲来是正确的。他再度指出了随着冷战的崩溃而产生的我们的无限量的可能性。斯大林式的教条主义,虽然不是很明显的,但是却以某种相当明显的暗示来表示,我们还在想着战争的不可避免性;还在想着资产阶级的世界观会自然而然地破灭或者可以用暴力来消除掉。因而斯大林式的教条主义者就没有考虑到,在这样一种理论战线的新境况下,唯有马克思主义者才会取得能够在非马克思主义的群众中(相对地说)散播影响的成就,只有他们才能够把非马克思主义者的知识分子引导到新的道路上去,而且也许只有这样做才能够表现出我们的思想意识的真正优势。"

卢卡奇接着肯定地断言:"萨特的态度的意义之所以这样巨大,是因为他的生存主义是战后唯一比较新颖的资产阶级的世界观,这种世界观的影响极其广泛,早已越出了经院哲学的范围,在生存主义之后,资产阶级的思想意识就不能再创造出影响这样大的世界观了。因此,如果萨特坦率地说出了资产阶级哲学的危机,如果他指出马克思主义是使人脱离这种危机的出路,那么他的国际意义是非常巨大的。如果说萨特自己也还没有寻找出解决危机的方法,那么这就更加说明我们的可能性和我们的责任是多么巨大了。"[①]

1980年萨特逝世时,他所收到的崇高评价和所享有的盛誉达到了高峰。法国总统德斯坦把萨特视为"人类智慧的一盏明灯",法国总理巴尔则称萨特是"当今时代最伟大的哲学家"。《华盛顿邮报》在一则消息中认为萨特是"他那一代知识分子的伟大榜样"。法共总书记罗歇肯定萨特在反对殖民战争,争取自由与和平的斗争中,"勇敢地站在了共产党的一边",萨特"将对我们时代的精神生活产生深远的影响"。意大利作家莫拉维亚确认,萨特"比任何思想家都更出色地、更全面地代表了欧

[①] 〔匈〕卢卡契:《卢卡契文学论文集》第1册,中国社会科学院外国文学研究所外国文学研究资料丛刊编辑委员会编,中国社会科学出版社,1980,第478~479页。

洲的知识分子"。① 不可否认，对他的评论也有不同声音。英国《泰晤士报》的一篇文章确认萨特对自由的正义的追求"使他同卢梭、伏尔泰和左拉一样成为既有人恨又有人爱的人物"。英国的《晨报》则轻蔑地称萨特为"左派的纸老虎"。②

值得一提的是，当萨特逝世时，法国有数万人自愿送葬至巴黎蒙帕拉斯公墓，如此宏大的送葬场面是自雨果逝世以来绝无仅有的。这种情况反映出一位思想家由于他的榜样和思想而受到人们的敬仰。值得深思的是，这种情况发生在萨特不仅表示"谢绝一切来自官方的荣誉"，而且要对统治阶级加以揭露和抨击以致险些被捕的资本主义法国。

改革开放以来，我国国内一些学者对萨特的评价有很多变化。一位著名研究者认为，萨特对马克思主义的理解和阐述虽然有错误，但"总的说来，他对马克思主义的态度还是赞赏和向往的"，他对马克思主义"始终抱一种善意的亲近的态度"。"对于萨特这样一个精神上背叛了资产阶级因而被其视为异己者的哲人"，"应该得到无产阶级的接待"，他遗留下来的精神遗产"应该为无产阶级所继承，由无产阶级来科学地加以分析，取其精华，去其糟粕"。③ 苏联解体、东欧剧变后，那里的学者对萨特的评价也发生了显著变化。苏联著名哲学家 Т. И. 奥伊则尔曼承认生存主义"在很长一段时间里明显地被马克思主义批评家们曲解了"。他肯定生存主义"实际上揭示了个人与社会之间的现实矛盾，人与人关系的矛盾"。生存主义哲学"提出现代文明、特别是科技革命的全球问题"，"不但看到科学技术革命中人类智慧的伟大成果，而且看到了它对人类生存的致命威胁和日益增长的威胁"。它"在人世界观发展中的积极贡献，大概比它的唯心主义谬误更为重要"。④ 这个评价是中肯的。如果认真注意一下恩格斯的以下论断，就可以看出过去过分简单地乱扣"唯心主义"帽子的做法是大有问题的。哲学家以回答精神和自然界这二者何为本原这一问题，分别属于唯心主义和唯物主义两大阵营（或派

---

① 转引自柳鸣九编选《萨特研究》，中国社会科学出版社，1983，第 512 页。
② 转引自柳鸣九编选《萨特研究》，中国社会科学出版社，1983，第 510~511 页。
③ 转引自柳鸣九编选《萨特研究》，中国社会科学出版社，1983，第 4~5、8 页。
④ 参见 Т. И. 奥伊则尔曼《马克思主义与 20 世纪的非马克思主义哲学》，《哲学译丛》1992 年第 6 期。

别)。恩格斯明确指出:"除此之外,唯心主义和唯物主义这两个用语本来没有任何别的意思,它们在这里也不是在别的意义上使用的。"① 只有根据马克思和恩格斯的思想,才能对何谓唯物主义或者唯心主义做出比较正确的评价。

二 揭露法西斯主义的理论及其思想先驱——非理性主义

早在20世纪30年代,卢卡奇就写过反法西斯主义的文章。在第二次世界大战期间,亲身经历和目睹法西斯主义给人类造成的巨大灾难,更促使他反复思考其思想根源,因而写了《理性的毁灭》这部近60万字的著作。这是卢卡奇思想发展的一个重要里程碑,是他研究现实阶级斗争和思想史的理论总结。卢卡奇的独特贡献在于,运用马克思主义观点,系统地研究了主要是德国现代资产阶级哲学一些最有影响的流派,深刻地分析和揭露了法西斯主义的理论及其思想先驱——非理性主义。

卢卡奇清醒地看到,资产阶级哲学的重要流派之一非理性主义已经兴起并扩散成为资产阶级哲学的主要方向。因此,为了研究这一现象,就必须探讨它的深刻社会根源,正如卢卡奇所说:"对哲学来说,问题及其解决方向,都是由生产力的发展,社会的发展,阶级斗争的开展提出来的。如不根据对这些首要推动力的认识,一个时期的哲学的根本线索就不可能揭示出来。"② 任何哲学的内容和方法都是由它的时代的阶级斗争决定的。社会发展和社会功能是第一性的。根据这一指导思想,"德国在哲学领域里走到希特勒那里的道路",就成了卢卡奇的研究材料和考察对象。他要指明,这条实在的道路是怎样在哲学里反映出来的,作为德国走向希特勒去这一实际发展的思想映像的那些哲学论述,又是怎样帮忙加速这个进程的。所以,他给自己提出的任务就是,"揭露一切导致'国家社会主义世界观'的思想准备工作"。没有"清白无辜的"世界。正是就这一问题而言,而且"就哲学的意义而言,赞成理性或反对理性的立场,就直接决定着一种哲学所以为哲学的本质,决定着它在社会发展中的地位"。③ 卢卡奇的用意在于从哲学斗争不同的角度突出强调德国

---

① 《马克思恩格斯文集》第4卷,人民出版社,2009,第278页。
② 〔匈〕卢卡奇:《理性的毁灭》,王玖兴等译,山东人民出版社,1988,第1~2页。
③ 〔匈〕卢卡奇:《理性的毁灭》,王玖兴等译,山东人民出版社,1988,第3页。

现代哲学斗争的主要特点，即非理性主义和理性主义的斗争。但是，他并没有忽视这种斗争的更广阔的背景以及同唯心主义和唯物主义之间斗争的交叉联系。卢卡奇明确指出，非理性主义是"在同唯物主义和辩证方法的不断斗争中产生出来并发生影响的。即使在这里，这种哲学争论也是阶级斗争的一种反映"。非理性主义的两个重要阶段，都以它们当时哲学上最高的进步概念当做斗争对手，即哲学上有质的区别的资产阶级唯心主义辩证法和唯物主义辩证法（无产阶级世界观）。他还更明确地强调："各种资产阶级意识形态同辩证唯物主义、历史唯物主义的成就之间的对立，是我们讨论和批判的当然基础。"①

卢卡奇从德国的历史和现实出发，详细地研究了现代非理性主义产生和发展过程中的本质特点和社会阶级根源。他认为，非理性主义的特殊性产生于资本主义生产及其特殊的阶级斗争之中。社会情况及其变化决定着思想家的信念和思维方式，主要是阶级地位支配着思想家在理性和非理性、进步和反动之间的抉择。哲学在本质上总是同社会中的特定阶级及其革命性或保守性联系在一起。非理性主义的产生和发展就是1848年以后资产阶级和无产阶级矛盾和斗争加剧、资本主义危机严重并最后进入帝国主义阶段过程中反动资产阶级在思想和哲学上的集中反映。正是在这种条件下，形成了非理性主义者的动力和特点："贬抑知性和理性，无批判地推崇直觉，贵族式的认识论，拒绝社会历史的进步，制造神话等。"②

卢卡奇还根据列宁的观点，进一步揭示了非理性主义的认识论根源。非理性主义在要用辩证法解决问题的地方裹足不前，而且把问题绝对化，把合乎理智认识的界限完全凝固为认识的界限，实际上把问题神秘化为一种"超理性"的答案，从而以这种方式人为地使问题成为不可解决的问题。"一般来说，哪里把知性物限制的知性和认识同认识限制的知性和认识等同起来，哪里就可能而且必然要向一种非理性认识继续前进，这就是非理性主义的最一般的特征。"③ 非理性主义不理解辩证法的本质，不了解认识只是近似地反映客体，看不到在反映和被反映之间的矛盾是

---

① 〔匈〕卢卡奇：《理性的毁灭》，王玖兴等译，山东人民出版社，1988，第4页。
② 〔匈〕卢卡奇：《理性的毁灭》，王玖兴等译，山东人民出版社，1988，第7页。
③ 〔匈〕卢卡奇：《理性的毁灭》，王玖兴等译，山东人民出版社，1988，第80页。

不断克服、不断产生的，因而把认识的矛盾性解释成不可能获得关于现有事物的真正的、有客观内容的知识。

准确地再现德国非理性主义真实而典型的发展过程，是卢卡奇的杰出贡献。在他看来，由于德国资本主义发展缓慢，走的是军事专制的"普鲁士道路"，在经济上迅速发展起来，但没有民主，因而成为最富于侵略而又特别反动的帝国主义国家。而这些特殊条件使德国成为非常适合于非理性主义发展的土壤。在反对理性和进步、反对唯物主义和辩证法方面，德国从谢林开始就形成一种别的国家没有的新的特殊的哲学方法。谢林晚年的天启哲学和理智直观、叔本华的唯意志论，都有持久的国际影响，从根本上奠定了新的非理性主义的基础。

尼采的权力意志和超人哲学，在内容和方法上都是从美国到沙俄的非理性历史哲学反对派的典范。而后来的史宾格勒，直到汤因比以前，从国际范围来看，他始终是非理性主义历史哲学观的榜样。海德格尔则是法国生存主义的楷模，在法国和美国都有重大而深远的影响。因此，帝国主义时代非理性主义的兴起，特别明显地表明了德国在这一领域中的领导作用，德国非理性主义的一些特殊倾向在德国取得了"经典的"彻底的形式，它的国际影响在法西斯主义准备时期和希特勒时期获得了非凡的广度和深度。这是"德国历史上最耻辱的一页"。因此，必须深入研究它，以便从根本上克服它，毫不留情地清算它。卢卡奇乐观地指出，德国这个"有过丢勒、托马斯·闵采尔，有过歌德和马克思的民族，在历史上有过许多伟大东西，将来也有远大的前途"。[①]

所以，卢卡奇主要深入、具体地研究了德国非理性主义的社会、历史根源，重点考察和批判了谢林、叔本华、尼采以及狄尔泰、史宾格勒、海德格尔等人的非理性主义，揭露了种族理论与法西斯主义。资产阶级哲学是培植法西斯主义的温床，而有史以来一切非理性主义都在法西斯官方意识形态中达到了顶峰。

谢林从哲学角度在体系和方法上坚持理智直观以及晚年的非理性主义，于是他就"开辟了一个方向，这个方向在直接的前法西斯主义者和

---

① 〔匈〕卢卡奇：《理性的毁灭》，王玖兴等译，山东人民出版社，1988，第27~28页。

法西斯主义者的发达的非理性主义时期应当在解释哲学史中占统治地位"。① 叔本华的哲学则是非理性主义的更高发展阶段。叔本华的悲观主义，承认"在完全扬弃了意志以后，剩下的只不过虚无"。这样他就完成了他的中心目标，即对资本主义的社会秩序给予一个间接的辩护。②

卢卡奇明确指出，决定尼采在现代非理性主义运动中的特殊地位的原因：一部分是由于他生活的时代的历史情况，一部分是由于他个人的天才。"他能够围绕着非常广泛的文化领域，以巧妙的格言阐明当前急待解决的问题，以一种迷人而过分革命的姿态满足这种寄生的知识分子阶级的绝望的、有时反叛的本能，同时，他回答了所有这些问题，或者至少指出了答案，以至于帝国主义资产阶级的粗野而反动的阶级内容都来自他的优美而色彩斑斓的论证。"③ 对于当时的悲观主义、虚无主义、真诚的绝望甚至反叛的情绪（救世主义等），"尼采或许是对这种颓废的自我认识的最聪明和最多才多艺的解释者。但是，他的意义还更深刻：在承认颓废是他的时代的资产阶级发展的基本现象的时候，他还指出了这种颓废的自我克制的道路"。尼采之所以能有经久不衰的影响，是因为他的哲学天才，他"能够仅仅抓住和详尽阐述帝国主义时代、世界大战和革命时代的反动行为的某些最重要、最持久的特征"。所以，"尼采哲学的意义在于：尽管他只能以一种乌托邦的、神秘的形式描述这个时代，他还是抓住了这个时代的确定不变的特征"。④

卢卡奇看到，尼采是"用权力意志的神话代替佛教的意志神话"，他为帝国主义间接辩护的见解是"以一种极端革命的姿态的形式表现出来的"，一种"对一切价值的重新评价"，一种"神的黄昏"的这种为帝国主义的间接辩护，是"一种诱人的、很有影响的假革命"。"尼采对于未来的预见肯定地指出了一个即将来临的、极端反动的运动，即帝国主义的反动运动。""尼采的新政治态度就是集中精力，借助于民主，遏制即将来临的社会主义，仍然是他的不可更改的主要敌人。在此我们必须注意，尼采认为俾斯麦的德国就是民主"，即反社会主义法的民主和所谓

---

① 〔匈〕卢卡奇：《理性的毁灭》，王玖兴等译，山东人民出版社，1988，第152页。
② 〔匈〕卢卡奇：《理性的毁灭》，王玖兴等译，山东人民出版社，1988，第215页。
③ 〔匈〕卢卡奇：《理性的毁灭》，王玖兴等译，山东人民出版社，1988，第273页。
④ 〔匈〕卢卡奇：《理性的毁灭》，王玖兴等译，山东人民出版社，1988，第277页。

的"甜面包和鞭子"的"民主"。① 尼采甚至谴责剥削是愚蠢的和无益的,说"对工人的剥削是一种愚蠢的摧残将来的危害社会的行为"②,但他又反对社会主义,认为它是"过时的专制主义的幻想的小兄弟"。尼采还认为,正是"革命乐观主义精神在长期内驱散了启蒙和进步发展的精神"③,甚至认为,所有政党的民主都最可能从对社会主义的普遍恐惧中获益。他的结论是,人民对于那种妄图改革私有制的社会主义学说根本不感兴趣,他们会慢慢地创造出一个中间阶级来。

卢卡奇指出,按照尼采的观点,他的"民主进化"的积极意义在于:它能够培育出新的"精英",他的理想就是混乱的结果:"地球的统治者"的绝对统治产生了温顺的芸芸众生和胆怯的奴隶。为此需要一种新的恐怖政策。于是,他命令"粉碎英国式的人民代表原则,我们需要伟大利益的代表"。他预言了法西斯主义的"阶级国家",宣称未来是"伟大的强权政治的时代",而"维持军事国家的最后手段就是接受和坚持德国人是高等强人的伟大传统"。"高等人乃是巨人和超人。"他甚至说:"所有的伟人都是罪犯(仅就广义而言,而不是就狭义而言),犯罪是伟大的。"

卢卡奇在"尼采"这一章的最后指出:"对尼采来说,他所有的思想都来自对他自己的阶级灭亡的恐怖。""尼采著作中每一个个别例子的侵略者的腔调、进攻性的态度都无法掩盖这种基本结构。这种乞灵于极端非理性主义、完全否定对客观世界任何认识可能性、完全否定一切理性的认识论,这种乞灵于一切兽性和野蛮本能的道德理论是对上述情况的一种不自觉的自供。尼采的异乎寻常的天才表明他完全有能力在帝国主义时代即将来临之际创造一个符合这个时代的、十余年来一直在起作用的神话。如果从这种解释来看的话,尼采的格言式的表达方式的确是表现这种社会历史形势的恰当形式。"④

卢卡奇肯定梅林正确地指出的,即尼采反对社会主义的论据绝没有

---

① 〔匈〕卢卡奇:《理性的毁灭》,王玖兴等译,山东人民出版社,1988,第278、281、288页。
② 〔匈〕卢卡奇:《理性的毁灭》,王玖兴等译,山东人民出版社,1988,第290页。
③ 〔匈〕卢卡奇:《理性的毁灭》,王玖兴等译,山东人民出版社,1988,第289页。
④ 〔匈〕卢卡奇:《理性的毁灭》,王玖兴等译,山东人民出版社,1988,第351页。

超出列奥、特莱彻凯等人的水平。① 卢卡奇还认为，尼采甚至可能给某些马克思主义的知识分子造成了强烈的印象。梅林曾经这样评价尼采："就其他方面来讲，尼采主义对于社会主义还是很有用的，尼采的著作毫无疑问对那些有文学才能的年轻人是有吸引力的，这些青年人仍然是在资产阶级内部成长起来的，一开始就受到资产阶级偏见的熏陶。但是，对于他们来说，尼采只不过是通向社会主义的过渡阶段。"②

卢卡奇在评论海德格尔时指出，对现实不满的情绪，到了海德格尔那里就公开地爆发出来。"由于海德格尔，现象学一时成为德国知识分子的世界观兴趣的中心。但是现在，它成了帝国主义时代个人主义的颓废情绪的意识形态。"德国悲剧性的、自命不凡的庸人阶层正是海德格尔产生影响的社会的心理的基础。海德格尔的"生存哲学"用对"生存"的强调代替了曾经着重使用的"生命"这个口号，以此作为哲学的主题。③

海德格尔认为："现象学，描述的方法上的意义就是解释。""现象学的'本质观照,其根据就在生存的理解中。"卢卡奇断言，这样，公开的主观主义自然就得到了加强。海德格尔或许比他的先驱更强烈地认为存在这样的"第三条道路"：要求超越于唯心主义和唯物主义（他说的是实在主义）的对立。海德格尔说："存在者并不依存于经验、知识和领会，尽管它是通过它们而被推导、被发现、被规定的。但存在只是在对存在者的理解之中，诸如对存在的理解这样的东西，则属于存在者的存在。"④

卢卡奇认为，海德格尔使用的中心概念就是"Dasein"⑤，他所理解的"Dasein"，正是人的生存，甚至归根到底只是人的生存在意识中的现象。这种存在者的存在就是存在论的对象。因此，海德格尔对问题的提

---

① 〔匈〕卢卡奇：《理性的毁灭》，王玖兴等译，山东人民出版社，1988，第 276 页。
② 〔匈〕卢卡奇：《理性的毁灭》，王玖兴等译，山东人民出版社，1988，第 276 页。
③ 〔匈〕卢卡奇：《理性的毁灭》，王玖兴等译，山东人民出版社，1988，第 440 页。
④ 〔匈〕卢卡奇：《理性的毁灭》，王玖兴等译，山东人民出版社，1988，第 442 页。
⑤ "Dasein"一词在德文中一共有 7 种含义，即"这里的存在""那里的存在""这时的存在""那时的存在""这种情况下的存在"等。所以，结合海德格尔的意思，国内学术界有几种译法，即"亲在""缘在""此在""现存在"等。译为"此在"似乎把海德格尔的丰富内涵过于简单化了，正如外国人在翻译老子的思想时不可以把"道"翻译成"道路"一样。海德格尔的意思是指只有人才有在各种场合的可能存在。——编者注

出，与马赫主义相比，其进步之处在于，他坚决地把本质与现象之间的恶推到了中心位置。海德格尔提问上的进步曾在渴望客观性的时代气氛中，极大地扩大了海德格尔的影响，但他答问的方式，却立即取消了他的进步。因为，要从直接现成地、主观直接地认识到的现实中去把握那"隐藏的""本质"，这种方法的关键只能是"本质直观"。因此，即使在海德格尔那里，存在论对象的客观性也始终是一种口头上的，而把它宣布为存在论的客观性，那只能导致假客观主义的上升，并且由于使用的是直觉主义的选择原则和标准，这就只能导致这个对象领域的非理性性质的上升。[①]

卢卡奇举出海德格尔的主观唯心主义的一个鲜明例子就是不少人常用的一段话，即"只当 Dasein 存在着的时候，才有真理。……牛顿定律，矛盾法则，任何真理，只当 Dasein 存在着时，才是真理。在 Dasein 存在之前，不曾有真理，在 Dasein 不复存在以后，将没有真理，因为在那时，真理作为被推导出来的、发现和被发现的东西，就不能存在"。卢卡奇明确断言，这种观点的主观唯心主义性质，与康德或者马赫－阿芬那留斯的任何一位信徒相比，毫不逊色。这种在极端主观主义基础上玩弄假客观范畴的把戏，贯穿于海德格尔的全部哲学。海德格尔在其他地方还说过："此在（Dasein），就存在论而言，原则上不同于一切现成已有的和实在的东西。""Daseinde……就是我们每一个人自己。这种存在者的存在可以说就是我的存在。""可能性高于真实性。现象学的理解纯粹在于将它把握为可能性。"卢卡奇由此认为："要严肃地从科学上（也从哲学上）克服主观主义非理性主义的任意性，只有客观现实才能提供一个标准来衡量究竟是真正的可能性还是纯属臆造的可能性。"[②]

海德格尔的"纲领就在于指明存在者是'像它在它的平均的日常老套子中首先和大抵所是的那样。'于是海德格尔哲学思维里真正有趣的东西，乃是对'人'，对 Dasein 的承受主体所作的极为详细的描写，描写它如何'首先和大抵'在这种日常老套子中毁掉自己，失掉自己本身"。[③] 社会存在意味着"匿名的'一般人'的统治"。"用以回答日常

---

① 〔匈〕卢卡奇：《理性的毁灭》，王玖兴等译，山东人民出版社，1988，第442、444页。
② 参见〔匈〕卢卡奇：《理性的毁灭》，王玖兴等译，山东人民出版社，1988，第445页。
③ 〔匈〕卢卡奇：《理性的毁灭》，王玖兴等译，山东人民出版社，1988，第447～448页。

的 Dasein 是谁这一问题的这个（一般）人，是个没有的人，而所有的彼此共在中的 Dasein，都从来就是听任这个没有的人摆布。"海德格尔的这样一些描写"算得是《存在与时间》这部书的最强大和最有启发作用的一部分，而且很可能就是这本书产生广泛和深远影响的根据"。海德格尔在这里，以现象学为手段，从内心生活中、从战后年代的资产阶级知识分子的破碎的世界观中，描绘出一系列有趣的图画。这些图画之所以有启迪作用，就是因为它们——在描述的水平上——展示了一幅关于这样一种意识反思的真正的和生活真实的图像，而这种意识反思使那些不能也不愿意超越其个人 Dasein 的体验而面向客观性，亦即探讨其自身的社会历史原因的人，认识到战后帝国主义的资本主义现实。在当时，尤其是大部分文学家认为，此问题"对哲学至关重要"。"由于海德格尔的描述涉及的是战后时期帝国主义的资本主义危机所引起的心灵状况，因此《存在与时间》的影响不仅远远超出了对哲学感兴趣的阶层，而且它还反复地毁誉参半地被哲学批评家们提到。海德格尔所描述的是资本主义经济范畴的反面，是主观的资产阶级知识方面的东西，当然是以一种极端的唯心主义主观化和歪曲化的形式描写的。从这点而言，海德格尔继续了席美尔的意向，'要给历史唯物主义建造一底层基础'。"①但他的方法是"一种比较极端的主观主义方法"。卢卡奇尖锐地指出，海德格尔"要想回避危机时期带来的后果，就只能把现实的历史贬低为'非本质的'历史，并承认这样一种心灵的发展史是'本真的'历史，而这种心灵的发展史，通过忧虑、绝望等将导致人们抛弃社会行为，放弃社会决断，同时还从内心里把人们固定在一种迷失道路而无所适从的绝望之中，以至于极大地促使了人们转向希特勒体制的反动积极性"。②

海德格尔和雅斯贝尔斯把极端个人主义的、小市民兼贵族的相对主义和非理性主义，一直引导出它们最后的结论。凡是他们到达的地方都是"一个变空了的世界，一团毫无意义的混沌，一片作为人的环境的虚无；而对自己本身的绝望情绪，对无可解救的孤独性的绝望情绪，就是他们的哲学的内在含义。他们因此画了一幅与 20 年代末和 30 年代初广

---

① 〔匈〕卢卡奇：《理性的毁灭》，王玖兴等译，山东人民出版社，1988，第 449~450 页。
② 〔匈〕卢卡奇：《理性的毁灭》，王玖兴等译，山东人民出版社，1988，第 465 页。

大德国知识界的内心状况相符合的图像。但是，他们并没有停留在描述上。他们的描述同时也是解释：说明这个世界里的任何一个行动都是毫无意义的。他们的倾向表现在，他们把他们称之为'世界的那个东西的消极特征'传统同民主社会联系起来。这是在危机的前夜和危机期间的一个决定性的偏袒态度。这是因为，广大德国市民首先是知识分子的普遍绝望情绪通过他们而得到深化，可能出现的反抗倾向通过他们而被引开，而进攻型的反动派因此得到了一种并非不重要的消极帮助。如果说法西斯主义确曾能把广大德国知识分子教育得不仅仅善意地保持中立，那么它之所以能做到这一点就要大大归功于海德格尔和雅斯贝尔斯的哲学"。"两个人，由于有了他们那样的哲学的实质内容，始终都是法西斯的非理性主义的开路人。"[1] 与其他人（如苏联罗森塔尔·尤金主编的《简明哲学词典》把海德格尔视为"德国帝国主义思想家"[2]）相比，卢卡奇对海德格尔思想的评价虽然并未采取全盘否定的态度，甚至对海德格尔的某些思想也有某些赞誉之处，但其中的某些言词无疑也是尖锐和深刻的。

应该看到，从海德格尔出名以来，对他的赞颂和批判一直就没有间断过。1927年，当他的《存在与时间》一发表，据说海德格尔就因探索"存在的意义"问题而被崇信者视为德国最伟大的哲学家之一，该书也被推崇为20世纪欧洲之星中真正划时代的著作。

1933年，海德格尔率领960名教授向民族社会主义政权效忠，并吹捧希特勒是经过最深刻的考验的力量，说只有他才是"今天以及未来的德国现实及其法则"，美化他的"民族社会主义（简称纳粹）革命在德国的生存中引起了一场完全的革命"。而纳粹分子则宣称海德格尔是"当代人的思想的精神领袖"，希特勒政权甚至宣布他为"德国首要的哲学家"。

1976年海德格尔死后，他的申辩发表，国外不少学者认为他1933～1934年任弗莱堡大学校长期间同纳粹的关系仅仅是一种见机行事的关系。这种说法似乎有点太轻描淡写了。于是，关于海德格尔的争论一直

---

[1] 〔匈〕卢卡奇：《理性的毁灭》，王玖兴等译，山东人民出版社，1988，第470~471页。
[2] 〔苏〕罗森塔尔·尤金主编《简明哲学词典》，中共中央马克思恩格斯列宁斯大林著作编译局译，三联书店，1973，第119页。

就没有间断过,尤其是在西方学者与社会主义国家学者之间。西方学者大多高度评价海德格尔哲学的重大意义。联邦德国学者认为海德格尔是20世纪的"经典作家"[1];海德格尔阐发了一种基础存在论的生存主义,给哲学和整个现代文化提供了概念工具,揭开了欧洲思想史上的一个新阶段,所以,海德格尔属于20世纪最有影响的哲学家之列。

西柏林自由大学政治理论史教授亚历山大·施万曾著有《海德格尔思想中的政治哲学》一书。1989年,他在一次谈话中指出,海德格尔同纳粹的关系前后有密疏之分。海德格尔在1933~1934年曾是纳粹运动的狂热的、几乎无法羁绊的追随者,但随着纳粹运动逐渐表现出意识形态和极权主义的特征,海德格尔便对它采取了疏远态度。海德格尔哲学毕竟博大精深,在智识质量方面远远高于纳粹意识形态,所以它对后者的表面认同是不能长久的。施万也承认海德格尔哲学是明确的反民主的,也不能排除它具有某些反动的特征。但是,施万从整体上肯定海德格尔思想乃是曾在德国居主导地位的文化的产物,海德格尔是一位伟大的哲学家,对他及其哲学思想不能采取全盘肯定或全盘否定的态度,既不能排除或忽视他的政治哲学和具体政治表现,也不应抓住他在纳粹时期的表现便断定他的思想就是纳粹思想。必须对海德格尔整体做出慎重的、细致的研究和分析,然后才能对他做出恰当的评价。[2]

我国学术界对于海德格尔评价的变化始于20世纪80年代。国内海德格尔研究的著名学者熊伟1982年发表在《现代外国哲学论集》第2卷上的《海德格尔是一个哲学家》一文认为,海德格尔在政治上曾是"一个纳粹党的走卒",曾经"站在纳粹党的立场上"吹捧过希特勒,但他同时指出,不能把海德格尔政治上的这些表现单纯判为趋炎附势。海德格尔没有批准学生张挂反犹太人文告,还因为不同意教育部长要改动他提议任命的院长而辞去校长职务,这些做法都表明海德格尔有其"反抗的一面"。因此,不能说海德格尔是死心塌地追随纳粹。正因为海德格尔的"哲学世界观是始终如一的",所以他并没有随纳粹党的覆灭而覆灭。

---

[1] 转引自〔美〕威廉·夏伊勒《第三帝国的兴亡》第1册,董乐山、李天爵等译,三联书店,1971,第357页。

[2] 〔联邦德国〕施太格缪勒:《当代哲学主流》(上卷),王炳文等译,商务印书馆,1986,第225、209页。

熊伟承认"海德格尔与纳粹的关系上的某些矛盾表现是不易理解的"。①有的学者在揭露海德格尔哲学的主观唯心主义性质的同时，也看到他"深深触及了现实生活和当代西方社会中人们所热切关心和激发着人进行思考的重大问题，在某些方面也不乏真知灼见"。② 有的学者指出，海德格尔哲学思想虽有其偏谬之处，但其哲学研究的方法却不无可借鉴之处，即对传统哲学的批判力；把哲学研究和语言学研究紧密结合起来；紧贴和思考现实生活，敏锐地把生活中的重大问题概括为一定的理论形式导入哲学当中。③

特别值得重视的是，宋祖良根据第一手材料，提出了一些独到的新见解。③宋祖良认为，《存在与时间》围绕 Dasein（人）谈论存在，谈论人的生存。而在 1930 年写的《论真理的本质》中已经开始对《存在与时间》进行决定性的改变，围绕存在谈论 Dasein，强调人的基本生存条件。此后，他的重点转移了。在《论人类中心论的信》中又进一步得出新的最终结论："人不是存在者的主宰，人是存在的看护者。"由此可以看出，与传统哲学相反，海德格尔反对迄今为止的一切人类中心论，反对对大自然的过度利用和破坏。海德格尔后期思想的主题是拯救地球，维护人类的基本生存条件，维护人类在地球上的长久存在。所以，若就海德格尔的思想在当今西方哲学界的影响和重要性而言，转折后的思想绝对地压倒了他的转折前的思想。海德格尔是较早地看出科技发展所带来的危险，并向人们发出严重警告的一位思想家，是"西方环保主义的先行者"。就海德格尔晚期思想中的深刻见解来看，它不能归入一般的生存主义。

第三节　完整的、社会的、具体的人与马克思主义人道主义

完整的、社会的、具体的人以及马克思主义人道主义，是卢卡奇早年一直到 20 世纪 60 年代探讨的重要问题之一，也是他的独特贡献之一。

---

① 参见白锡堃《海德格尔之案》，《国外社会科学》1991 年第 3 期。
② 参见徐崇温主编《存在主义哲学》，中国社会科学出版社，1986，第 235 页。
③ 参见俞吾金《追问"在"的意义》，《书林》1986 年第 11 期。

早在 1912~1916 年写作《海德堡美学》时，卢卡奇就从美学方面探讨过人的问题。他指出，主体及其追求的对象（作品）之间的鸿沟和克服它的飞跃，它们的唯一性仅仅在于，鸿沟和飞跃在方法上的地点是另外一个地点："现象学和创作学说之间的地点。"这一思路产生两个范畴，在这方面，整体的人正变为人类整体。卢卡奇指出："一方面，创作者的形成事实上是一个——自在的——无限的过程，它从飞跃急速地和超验中断地导向作品的形成，另一方面，经历现实的'整体的人'变为转向完美作品的人类整体。"① 这一表述意味着整体的人在作为某一客体的作品中变成主体。这大概是卢卡奇关于"整体的人"的最早表述。

与重视阶级意识和实践问题相一致，十分关注和探讨人的问题是 1923 年《历史与阶级意识》一书的一个重要特点。有人认为，卢卡奇在这本书里是从抽象的人出发，宣扬抽象的人的观点。事实果真如此吗？非也，而且事实恰恰相反。卢卡奇在《什么是正统的马克思主义？》一文中首先谈到，马克思要求把"感性""对象""现实"理解为人的感性活动，这一要求意味着"人意识到自己是社会的存在物"，意识到人同时是社会和历史过程的主体和客体。而随着资本主义社会的社会化过程，"人成为真正词义上的社会存在物，社会成为人的现实"。②

卢卡奇在《物化和无产阶级意识》一文中，根据马克思和恩格斯的观点，较多地揭示了商品（物）的背后掩盖的人与人之间的关系以及资本主义社会的异化现象所造成的非人化（尤其是对工人来说）现实。他在这篇文章的第三章"无产阶级的立场"中，尤其是在标明"5"的那一部分中，集中分析了人的问题。卢卡奇强调，资本主义的特点就在于，它扬弃一切"自然界限"，并"把人与人之间的全部关系变为纯粹的社会关系"。所以，资本主义社会的社会化提供了全面和深入把握人的本质的客观可能性。但是，资产阶级及其科学，甚至德国古典哲学，也由于其阶级局限性而往往把个人同社会对立起来，把现实的和具体的人理解为抽象的和固定的人，因而不能科学地说明人的本质。因此，卢卡奇完全赞同马克思十分尖锐地反对黑格尔"把人变成自我意识的人，而不是

---

① 〔匈〕卢卡奇：《卢卡奇全集》第 17 卷，德国卢西特汉特出版社，1964，第 64 页。
② 〔匈〕卢卡奇：《历史与阶级意识》，杜章智等译，商务印书馆，2016，第 71~72 页。个别译文有所改动。——编者注

把自我意识变成人的自我意识,变成现实的人,即生活在现实的实物世界中并受这一世界制约的人的自我意识",同时他指责了费尔巴哈把人变成了固定的对象。当然,卢卡奇在说明人在人类社会发展中的作用时,也谈到一般的人,如说"人是人类社会所有具体关系的核心和基础",是"现实社会变化过程的动力",因此"人成了万物的尺度",但他同时强调,尽管持有不同观点的人都认为人是万物的尺度,但他们对此却做出了完全不同的、甚至根本相反的解释。卢卡奇断言:"个人决不能成为万物的尺度","只有阶级才能在实践的变革中同现实的总体联系起来"。他得出的结论是:"马克思从未谈过人,即抽象地绝对化的人,而是始终把人看作具体的总体,即社会的一部分来思考。""关于不存在抽象的人这种观点,也始终是成熟马克思的基本观点。"① 坚信马克思思想的卢卡奇在人的问题上与马克思是一致的。

卢卡奇同时也指明:"马克思的'人道主义',正是在这一点上和一切乍看起来是相似的学说有着最严格的区别。这是因为其他人常常也认识到和谈到了资本主义的反人性的东西,它压制和摧残一切人性的东西。"②

1945年,卢卡奇在《马克思、恩格斯美学论文集引言》中引用了恩格斯在谈到文艺复兴时的话,又进一步更多地谈到人的问题:"这是一次人类从来没有经历过的最伟大的、进步的变革,是一个需要巨人而且产生了巨人——在思维能力、热情和性格方面,在多才多艺和学识渊博方面的巨人的时代。这些人物,给现代资产阶级打下基础,但没有受资产阶级的局限。……那时候的英雄们还没有成为分工的奴隶,分工所具有的限制人的、使人片面化的影响,在他们后继者那里我们是常常看到的。但他们的特征是他们几乎全都处在时代的运动中,在实际斗争中生活着和活动着,站在这一方面或那一方面进行斗争,一些人物用舌和笔,一些人物用剑,一些人则两者并用。因此,就有了使他们成为完人的那种性格上的完整和坚强。"卢卡奇正是根据这一论断认为:"马克思和恩格斯要求他们的同时代作家用使人物性格化的办法对资本主义分工所引起

---

① 〔匈〕卢卡奇:《历史与阶级意识》,杜章智等译,商务印书馆,1999,第289~290页。
② 〔匈〕卢卡奇:《历史与阶级意识》,杜章智等译,商务印书馆,1999,第290页。

的破坏作用和对人受到屈辱采取激烈的反对态度，他们要求作家们能从本质上、从整体上理解人。"① 这就是卢卡奇十分关注完整的人和马克思主义人道主义的根本依据。

卢卡奇认为，现实主义之所以成为一切伟大文学的共同基础，是因为现实主义的核心就是人的完整性。现实主义的实质，就是"准确地从艺术上表现整个的人"。现实主义的共同特征就是维护人的完整性。因此，真正的现实主义和人道主义是不可分地结合在一起的。古希腊作家但丁、莎士比亚、歌德、巴尔扎克、托尔斯泰都对人类发展的伟大时期做了充分的描绘，"他们同时也成为为恢复人的完整性的个性而进行的思想斗争中的路标"。所以，卢卡奇高度评价了现实主义的人道主义传统及它在历史上的进步作用。巴尔扎克看到资本主义发展过程中人的肢解和畸形化，描写了资本主义的统治使人性败坏、道德沦丧以及人们从心底深处堕落变坏的情况。因此，他在维护人的完整性不受肢解的名义上痛恨这种现象。托尔斯泰的人道主义则要求人的个性的完整，要求从剥削和压迫中、从资本主义分工的奴役中使人的个性获得解放。但是，卢卡奇也明确指出，他们的人道主义都有由当时社会和历史决定的局限性和弱点。巴尔扎克是从右边，从封建的、浪漫主义的观点来批评资本主义的，托尔斯泰则具有偏执宗教的反动倾向。卢卡奇对人道主义也做了阶级分析。虽然现实主义者都是为了人，但他们都立足于不同的阶级。"托尔斯泰的根源在农民阶级，陀思妥耶夫斯基的根源在受苦的城市平民阶层，高尔基的根源则在于无产阶级和贫民阶层。"②

卢卡奇真正肯定和确信的是无产阶级的人道主义，因为它的目的就是恢复人的完整的个性。马克思和恩格斯继承了现实主义，并在质上把现实主义推进到一个更高的阶段，成为它的漫长的发展过程的顶峰。"马克思主义的历史理论分析的是整个的人以及他的发展史，分析他在不同时期部分实现了完善或者遭到肢解，并试图指出这些关系隐蔽着的规律性；无产阶级人道主义的目标就是整体的人，就是在生活本身中恢复人

---

① 〔匈〕卢卡契：《卢卡契文学论文集》第 1 册，中国社会科学院外国文学研究所外国文学研究资料丛刊编辑委员会编，中国社会科学出版社，1980，第 284 页。
② 〔匈〕卢卡契：《卢卡契文学论文集》第 2 册，中国社会科学院外国文学研究所外国文学研究资料丛刊编辑委员会编，中国社会科学出版社，1980，第 40 页。

类存在的整体性，就是实际上真正地消除由于阶级社会而引起的人类存在的畸形化和肢解。"① 与资产阶级人道主义相对立，马克思和恩格斯的人道主义是建立在唯物主义世界观的基础之上的。只有唯物主义的历史观才能够认识到，人性的原则遭到真正的、最深刻的破坏，人的完整被肢解和畸形化，正是社会的物质经济结构的必然后果。阶级社会的劳动分工、城市和乡村以及体力和脑力劳动的分离、人压迫人和剥削人、肢解人的资本主义生产制度，这一切都是物质的、经济的过程。由于找到了根子，马克思和恩格斯才有可能对阶级社会中存在和发展着的反人道主义现象，不只是讽刺批评，不是向往回到所谓的牧歌式生活，而是"去科学地说明，这总过程来自何方，去向何方，如何才有可能真正地在现实本身中，在实在的人身上去捍卫人的完整性。这样，那个产生着使人畸形歪曲的必然后果的物质基础就必须改变；这样，已经觉醒了的有觉悟的人类——革命的无产阶级就能够创造这样一种物质基础，这种物质基础不仅捍卫着社会和政治的、道德、精神和艺术的完美，而且还使之提高到迄今为止从未有过的高度。这个问题在马克思的思想中占有中心地位"。马克思将资本主义社会和社会主义社会中人的不同状况做了对比，指出："一切肉体的和精神的感觉都被这一切感觉的单纯异化即拥有的感觉所代替。人的本质只能被归结为这种绝对的贫困，这样它才能够从自身产生出它的内在丰富性。……对私有财产的扬弃，是人的一切感觉和特性的彻底解放；但这种扬弃之所以是这种解放，正是因为这些感觉和特性无论在主体上还是在客体上都成为人的。眼睛成为人的眼睛，正像眼睛的对象成为社会的、人的、由人并为了人创造出来的对象一样。"② 卢卡奇根据马克思的这一思想，断言"社会主义人道主义成了马克思主义美学的中心，成了唯物主义历史观的中心"。③

卢卡奇还进一步研究了列宁的思想，指出："列宁活动的世界观的基础是唯物主义哲学的人道主义。"在阶级社会里，人们不仅在政治上受压制，在经济上受剥削，而且由于这种压制和剥削组织的存在，造成了某

---

① 〔匈〕卢卡奇:《卢卡奇全集》第6卷，德国卢西特汉特出版社，1965，第435页。
② 《马克思恩格斯文集》第1卷，人民出版社，2009，第190页。
③ 〔匈〕卢卡契:《卢卡契文学论文集》第1册，中国社会科学院外国文学研究所外国文学研究资料丛刊编辑委员会编，中国社会科学出版社，1980，第301页。

些人的个人道德的衰落,限制个人、群众社会活动的严重后果。

  如果把这一问题提高到哲学的高度来观察,那么要解决这一问题,"列宁的回答"是:"必须改变生活物质基础,人们才可能获得真正的、彻底的改变。"列宁不同于过去那些伟大道德家的地方,就在于他指出了"新的道路":"即消灭以自己劳动为基础的私有制。这种消灭之所以成为可能,是因为上述的小生产只能同生产和社会的狭隘的、自然产生的界限相容,因而它发展到一定程度就造成消灭它自己的物质基础。"① 作为一个马克思主义者,列宁要求通过消灭剥削的经济基础而产生出工人、农民的自由时间。只有这样,才意味着在人类文化发展方面达到一个崭新的时期。因为只有在这里才有可能为每一个人打开大门,才有可能使每一个人作为创造者真正地、积极地参加到文化的发展、建设和活动里去。② 只有社会主义才能使人得到全面的发展。重视和阐明完整的人和马克思主义人道主义的实质,是卢卡奇思想的一个鲜明特点和独创之处。

---

  ① 《列宁专题文集 论辩证唯物主义和历史唯物主义》,人民出版社,2009,第191~192页。
  ② 〔匈〕卢卡契:《卢卡契文学论文集》第1册,中国社会科学院外国文学研究所外国文学研究资料丛刊编辑委员会编,中国社会科学出版社,1980,第362、365页。

第八章　马克思主义美学巨著《审美特性》："美学上的马克思"

　　1911年卢卡奇发表的杂文集《心灵与形式》，可以看做他试图写一部真正系统美学著作的最初设想。1912年他在海德堡开始写一部系统的艺术哲学，可以说是对他最初设想的充实和完善，而20世纪30年代以后重新转向研究艺术问题，并写了一系列论述美学的论文，则仍只是对写一部系统美学著作的"未来展望"。此时，卢卡奇说：已萌发要建造一个马克思主义美学体系的想法。这一想法是由以下情况促成的，即梅林曾把康德的美学引入马克思的理论，普列汉诺夫则把一种实质上是实证主义的美学引入马克思的理论。卢卡奇说："把斯大林对普列汉诺夫的正统的斗争解释为这样一种观点，按照这种观点不能认为马克思主义只是一种社会经济理论。相反，斯大林把马克思主义看做一种普遍的世界观。这就意味着它也必定包含着一种马克思主义的美学，不需要从康德或任何别人那里去借用。这些是里夫希茨和我进一步发展了的思想。""事实是我们最先谈论专门的马克思主义美学，最先不是用这种或那种美学来补充马克思主义的体系。美学构成了马克思主义的一个有机组成部分的思想，可以在我写的关于马克思和拉萨尔之间的济金根论争的论文中看到。"[①]

　　卢卡奇的得意弟子阿格妮丝·赫勒说："1953年以及此后几年的事件使卢卡奇不必再为自己的焦虑、挫折感和批判精神挖掘疏通渠道，绝对本身已经在赫鲁晓夫身上和在苏共二十大的姿态中表达了这些焦虑、这种挫折感和批判。通向伟大哲学的道路再次被打通。对卢卡奇而言，没有必要再去探究绝对问题；的确，他的思想现在可以在比较少的束缚情况下展开。他拓宽了他的固定的和狭窄的理论框架，开启了实证的哲

[①] 杜章智编《卢卡奇自传》，社会科学文献出版社，1986，第130~131页。

学的可能性。他开始撰写巨著《审美特性》。"① 然而，他这一夙愿直到20世纪60年代才基本得以实现。1963年他完成《审美特性》（上、下卷），作为他的《美学》一书的第一部分。其余两个部分是《艺术作品与审美行为》和《艺术是社会历史现象》。《审美特性》这一部分，是对审美构成方式的哲学论证，可以独立成篇。仅《审美特性》这一部分也足以称为巨著，该部分分为上、下两卷，中文总字数为135万字。后来他曾说，《审美特性》这一书名也许不很确切，比较好的说法应是，审美原则在人类精神活动框架中的地位。1963年《审美特性》由联邦德国卢西特汉特出版社出版。这时他中止了《美学》的写作，转入对马克思主义哲学更为重要的《关于社会存在的本体论》的系统阐明、庞大创造性开拓的写作任务。

《审美特性》是卢卡奇50年来从事美学研究和开拓的重大尝试和最后总结，并达到这一方面研究的高峰。在卢卡奇看来，马克思主义是关于人类解放的伟大学说和最精辟的理论阐明，而马克思主义美学则是马克思主义哲学的有机组成部分。作为他的美学研究成果之集大成，这部巨著运用马克思主义的基本理论观点，重点内容是"从哲学上论证审美的构成方式；对美学特殊范畴进行推导并界定美学与其他领域的界限"。②

这一著作是他将马克思主义应用于美学领域的无与伦比的尝试，因而在马克思主义美学史上占有突出的地位。在卢卡奇看来，马克思主义美学既存在又不存在。通过独立的研究必然可以掌握它甚至创造它，同时结果按其精神实质只是对现有理论的说明和规定。如果整个问题利用唯物辩证法来考察，那么这种矛盾自然就获得了解决。这"只有通过独立的研究并按照这种方法沿着这一途径才能达到所追求的目标，即正确地建立起马克思主义的美学，或可至少接近于它的真正本质"。"只有利用马克思所揭示的方法对现实加以客观地观察并经过整理加工，才能达到既忠于现实又忠于马克思主义。从这一意义上说，本书无论就其各个

---

① 〔匈〕阿格妮丝·赫勒主编《卢卡奇再评价》，衣俊卿等译，黑龙江大学出版社，2011，第235页。
② 〔匈〕卢卡奇：《审美特性》（上卷），徐恒醇译，社会科学文献出版社，2015，第1页。

组成部分还是就其整体，都是独立研究的成果。本书并没有在独创性上提出什么要求，因为所有接近真理的途径以及整个方法都有赖于对马克思主义经典作家为我们留下的全部著作的研究。"① 因此，《审美特性》一书的基本指导思想就是"要在美学问题上尽可能正确地运用马克思主义"。具体地说，主要是探讨如何才能建立马克思主义美学。从实质上说，这就是我们平常所说的马克思主义的普遍真理同社会的具体现实情况相结合的原则。

卢卡奇运用马克思社会存在决定社会意识的基本观点，对各种反映形式以及对审美态度与对客观现实的其他反映方式之间的关系做了深入细致的考察。他一开始就明确指出："人在日常生活中的态度是第一性的，日常生活领域对于了解更高且更复杂的反映方式极为重要。""人们的日常态度既是每个人的活动的起点，也是每个人活动的终点。这就是说，如果把日常生活看做一条长河，那么由这条长河中分流出了科学和艺术这两种对现实更高的感受形式。它们相互区别并相应地构成了各自特定的目标，取得了具有纯粹形式的——源于生活需要的——特性，通过它们对人们生活的作用和影响，而重新注入日常生活的长河。"因此，"只有由人类生活的发生、发展、内在规律性及其根源的动态关系中才能推导出人对现实进行科学反映和艺术反映的特殊范畴和结构"。而卢卡奇这部专著的任务就是"集中探讨对审美特性的认识"。在这个方面，"认识审美与科学的关系是最重要的，而揭示同伦理学以及宗教的关系也是必要的"。② 正如卢卡奇所说，这就是《审美特性》一书的基本意指。

卢卡奇进一步指出："忠于马克思主义同时也就是忠于迄今的现实思想成就的伟大传统。""在斯大林时期，特别是日丹诺夫时期，只是强调那些使马克思主义与人类思想的伟大传统相脱离的东西。如果这里只是强调马克思主义在质的方面新的完成的飞跃，那么这是比较合理的。""科学社会主义本身在历史上是全新的事物，它同时又实现了千百年来的夙愿，社会主义的实现是人类一切智慧所致力于达到的目标。因此它与马克思主义经典作家对世界概念的把握是一致的。深刻的颠扑不破的马

---

① 〔匈〕卢卡奇：《审美特性》（上卷），徐恒醇译，社会科学文献出版社，2015，第5页。
② 〔匈〕卢卡奇：《审美特性》（上卷），徐恒醇译，社会科学文献出版社，2015，第1~2、8页。

克思主义真理首先在于，借助它可以使一般隐藏着的现实和人们生活的基本事实显现出来，成为人们意识的内容。由此使新事物具有两重意义：不仅由于前所未有的社会主义现实而使人们的生活获得新的内容、新的意义，而且利用马克思主义方法、研究及其成果所实现的反拜物倾向，在考察已知的现在和过去时代整个人类存在时带来了新的眼光。"相反，"片面地强调脱离和崭新所招致的危险是，把真正崭新的所有具体事物和规定的丰富性限制在抽象的不同上，从而变得贫乏不堪。把列宁和斯大林的辩证法特征加以比较，可以看出这两种方法论的差别所产生的后果是极其明显的。对待黑格尔哲学遗产所采取的极不明智的态度，导致在斯大林时期逻辑研究的内容贫乏得令人惊异"。所以卢卡奇确认，确立马克思主义经典作家"唯一正确的方法，对于美学比对于其他领域或许更为重要"。而"本书的整体建构和所有详细论述正是——按照马克思的方法而来的——扎根于亚里士多德、歌德、黑格尔等不仅限于美学著作成就的基础上"。①

卢卡奇论战的锋芒是指向哲学唯心主义的，同时他认为也应该与普遍存在的机械照相式的反映观点划清界限。所以，他一方面肯定唯物主义所说的存在第一性，即有无意识的存在，但没有无存在的意识，由此绝不能得出意识隶属于存在这样的等级制的隶属关系。相反，这种第一性以及通过意识而达到具体的对理论和实践的肯定才提供了一种可能性，通过意识现实地支配存在。劳动的简单事实可以令人信服地说明这一点。如果说历史唯物主义确定了社会存在先于社会意识，同样也只涉及承认这样一个事实。社会实践的目的在于支配社会存在。这种实践在迄今为止的历史中只能极其相对地实现它的目标。卢卡奇把反映论区分为辩证的反映论和机械的反映论，他肯定前者而否定后者。卢卡奇虽然也使用辩证唯物主义，但他使用最多的仍然是历史唯物主义。在基本含义上，卢卡奇所使用的辩证唯物主义，其重点仍然是以人类历史和社会问题为核心的唯物史观。这与马克思、恩格斯和列宁的基本思想是完全一致的，而与带有机械性质和唯意志论成分的斯大林主义是有重大差别的。

---

① 〔匈〕卢卡奇：《审美特性》（上卷），徐恒醇译，社会科学文献出版社，2015，第6~8页。

第八章　马克思主义美学巨著《审美特性》:"美学上的马克思"

卢卡奇在《审美特性》一书中明确指出,这本书"在质上和量上占有决定意义的部分是对现实审美反映的特殊本质的探讨"。在卢卡奇看来,这部著作中"哲学分析的基本意图必然为我们规定了,首先要由所有艺术中归纳出这种反映的共同审美特征"。[①]

第一节　科学中反映的非拟人化

卢卡奇首先在分析各种反映形式时断言,在日常思维这一共同基础上产生了"艺术和科学对现实反映分化的历史"。"正是在要求审美反映尽可能不断精确而完善地发挥它的社会职能这样一个方向上,形成了审美反映的特性。这种社会职能在较晚时期才形成的单一性中构成了对客观现实一般反映的两极——科学反映和审美反映。"但是,卢卡奇又明确指出:"如果要研究日常生活的、科学的和艺术的这三种反映的区别,我们必须始终牢记,这三种反映所描述的是同一个现实。"[②] 无疑,卢卡奇也指出,辩证唯物主义"把世界的物质统一性看成是颠扑不破的事实。因此,每一种反映都是对这个统一的现实的反映"。但是,机械唯物主义则只能是对统一的现实的简单的复制。当然,卢卡奇也要在辩证的反映论的基础上"考察日常生活与科学和艺术的相互作用"。在他看来,科学与日常生活之间的相互作用非常密切。"科学所要解决的问题直接或间接地来自日常生活,日常生活由于不断应用科学所创造的成果和方法而丰富起来。"虽然卢卡奇肯定这种相互作用,但他也明确指出:"在对现实的反映与思维加工、科学与日常生活之间存在着质的区别。"[③]

卢卡奇进一步指出:"科学反映是对日常思维形式的一种超越和提高,对现实科学反映的限制,必然会倒退到日常思维。"因此,"一方面纯粹科学反映的形成对于日常生活的文化的高度发展是必不可少的,另

[①] 〔匈〕卢卡奇:《审美特性》(上卷),徐恒醇译,社会科学文献出版社,2015,第8页。卢卡奇还说:"正如劳动、科学和一切人的社会活动一样,艺术也是社会发展的一种产物,是通过他的劳动而形成人的人们的产物。"

[②] 〔匈〕卢卡奇:《审美特性》(上卷),徐恒醇译,社会科学文献出版社,2015,第1~2页。

[③] 〔匈〕卢卡奇:《审美特性》(上卷),徐恒醇译,社会科学文献出版社,2015,第3、9页。

一方面在日常实践中科学事件又包括在日常思维的组成之中"。"在初始和原本的日常思维中，对客观现实直接反映进行连接和转化的基本的主导形式中，最重要的一种方式是类比。"类比无论在日常生活中，还是在科学思维的形成中都有肯定的和重要的意义。卢卡奇重视的是，"科学和艺术对现实的反映成果首先作为很少被意识到的问题和需要出现在日常生活中，经艺术与科学作出适当的回答后又返回到日常生活中"。日常生活及其思维的基本辩证法在于，"科学和艺术是由日常生活和思维中产生的并与其处于相互作用之中。通过科学和艺术的批判和修正，尽管它们不能最终地清除……僵化和模糊性，但对日常生活的进步是必不可少的"。① 正因为"主观辩证法是对客观辩证法的反映，因此，客观辩证法必然比主观辩证法更丰富和全面。客观辩证法所固有的、尚未被主体所把握的环节，往往以一种引向更高的超越主观直接目标的方式起作用，这当然是一种富有转机的形式"。所以，"马克思主义经典作家始终明确了解，资本主义经济基础的作用包含着光辉的东西，这只是整体中的一面。作为最后的以剥削为基础的社会，它不仅创造了社会主义的物质—经济前提，而且产生了自己的掘墓人。这一社会在产生了使人受到损害和歪曲的力量中也产生了指向未来——并总是自觉地反对这一社会本身——的力量"。马克思早在《神圣家族》中就"已经看出了人们对自身资本主义异化所产生的满意的反应和激怒的反应之间的对立"。马克思肯定"李嘉图把资本主义生产方式看作最有利于生产、最有利于创造财富的生产方式，对于他那个时代来说，李嘉图是完全正确的"。但是他不理解，发展生产力的"人类的才能的这种发展，虽然在开始时要靠牺牲多数的个人，甚至靠牺牲整个阶级，但最终会克服这种对抗，而同每个个人的发展相一致；因此，个性的比较高级的发展只有以牺牲个人的历史过程为代价"。因此，"随着社会主义的建立，对这种矛盾的对抗性质的扬弃以及转化为非对抗的矛盾，同样是一个旷日持久的不均衡的过程"。②

---

① 〔匈〕卢卡奇：《审美特性》（上卷），徐恒醇译，社会科学文献出版社，2015，第14、18、21页。
② 〔匈〕卢卡奇：《审美特性》（上卷），徐恒醇译，社会科学文献出版社，2015，第24~25页。

卢卡奇的创造性发挥在于，他在人的各种反映中看到"人的基本需求怎样唤起了艺术对现实的拟人化反映"。"艺术所创造的形象——与宗教不同——不具有客观的现实特性，其最深刻的意图是以此岸的、拟人化的、以人为中心的映像性为目标，而决不像宗教自己所断言的那样。"①

在卢卡奇看来，与艺术是拟人化的反映相反，科学是"非拟人化的"。科学强调同一存在的客体方面，而艺术则强调同一存在的主体方面。

卢卡奇考察了历史上科学的非拟人化长久发展，指出："如果我们分析从泰勒斯到德谟克利特所采用的方法论的基础，那么就可以得出两条基本结论：第一，要真正科学地把握客观现实，只有与人格化、拟人化的直观方法彻底决裂才有可能。对现实的科学反映方式，不论对于认识对象还是对于认识主体，都是非拟人化的。关于对象的非拟人化，要尽可能清除掉其自在存在的一切拟人化属性，关于主体的非拟人化，要使他对于现实的态度不断地控制他自己的直观、表象和概念的形成，避免在感受现实时对客观性产生拟人化的歪曲。""关于非拟人化还要指出的第二点是，它的实现是与哲学唯物主义意识的形成同时进行的。""唯物主义普遍化的高度制约着非拟人化反映和概念形成的科学研究的广度和深度。"卢卡奇断言，在近代出现了"非拟人化充满矛盾的复兴"。在这方面"表现出两种主要趋势：第一，非拟人化倾向前进的幅度、深度和强度取决于该时代劳动和科学征服客观现实的能力……第二，这种由社会与自然界物质交换所产生的倾向与另一种同样重要的倾向交织在一起：这不仅关系到大量认识材料和由此决定的社会向科学和哲学提出的深刻问题，而且关系到在观念上得到的那些普遍化和真理，这种普遍化和真理是在各种认识材料的领域科学地得出的"。根据历史唯物主义可以看到，"资本主义一方面提供了创造没有剥削的社会的物质条件，另一方面为自己产生了它的'掘墓人'无产阶级。无产阶级'解放的条件……就是要消灭一切阶级'"。② 卢卡奇指出："在非拟人化原理不断自觉而有力

---

① 〔匈〕卢卡奇：《审美特性》（上卷），徐恒醇译，社会科学文献出版社，2015，第73页。
② 〔匈〕卢卡奇：《审美特性》（上卷），徐恒醇译，社会科学文献出版社，2015，第78～91页。

地占主导地位的科学中,其方法和成果就能为统治阶级在意识形态上所容忍。与此相反,统治阶级对这些成果的斗争更加激化了,他们不得不采取新的方法。但这不能阻止科学正常地在实践中起作用的发展途径(其中当然也包括非拟人化),只能削弱这些成果在世界观的普遍化上的锋芒,由此而得出与维持当时社会状况的保守倾向相适应的结论。同时,这就意味着这一战场的缩小。"卢卡奇同时指出:"统治阶级越不能容忍现实本身的真实映像,那么在统治阶级的意识形态中科学就愈益获得非人的敌视人的本质特征。当这种针对科学性的世界观的论战重点集中到攻击科学的方法、把对于客观自在存在现实的接近及其非拟人化的反映污蔑为非人的,那么很明显,此时在哲学上只能有一种——公开的和隐蔽的——拟人化方法处于前台。"①

卢卡奇承认:"非拟人化在对现实的科学反映中取得了决定性胜利,它的作用——尽管存在这种意识形态的倒退——不可阻挡地扩大到了科学实践和日常生活中。""因为人的实践不断增大的领域愈来愈需要按非拟人化范畴工作,因为甚至在世界观问题上,拟人化的意识形态不仅不能阻止实践的非拟人化的进入,而且也不会这样做,因为正是非拟人化构成了这一阶级力量的基础,这一阶级的意识形态却代表着拟人化的拥护者。所以它们的意识形态斗争只限于对科学的非拟人化进步所取得的世界观成果作出不同的解释,对这一过程的本质只能稍加变化。"科学—非拟人化观点的适用性,特别是由此使人支配其社会生活的哲学基础所具有的适用性,在霍布斯尤其是在斯宾诺莎那里表现得最明确。数学则是"被反映现实在内容和形式上同质化最纯粹的形式。它也最明显地表现出在这种主观态度变化中的非拟人化倾向"。卢卡奇强调的是,在这一非拟人化思维的伟大创建时代中,培根比其他任何人都更全面和系统地对日常思维与自在存在现实的科学—客观反映之间做了区分。他在"幻象说"中提出了在日常生活和日常思维中那些阻碍和歪曲了正确反映世界的各种态度的一种系统化类型。这是一种独特的认识论。②

---

① 〔匈〕卢卡奇:《审美特性》(上卷),徐恒醇译,社会科学文献出版社,2015,第93~94页。
② 〔匈〕卢卡奇:《审美特性》(上卷),徐恒醇译,社会科学文献出版社,2015,第95、103、108页。

卢卡奇明确地肯定"对现实的非拟人化反映在这个词的本来意义上不承认任何超验"。而且他也断然确认,在资本主义时代,"科学和技术不再是任何特权阶层的'秘密',其崇高在实践中和在传播中成为广大群众的共同财富"。① 卢卡奇也进一步强调:"在社会主义社会中会产生与资本主义相比,原则上崭新的事物。"故他再次指出了"在资本主义社会中非拟人化方法用于社会科学时的局限性"。而科学和艺术这两种专门化的完善反映"可以比以往更加深入到并影响着人的日常实践的世界,但总还留有尚未加工的、对现实直接反映的世界。由于客观现实在内涵和外延上的无限性,其内容不会为即使最完善的科学和艺术所穷尽。这一未阐明的领域的存在,就是科学和艺术进一步发展的基础"。卢卡奇也不得不承认:"对于我们关键的是,科学在其反映方式的非拟人化中和在其概念的加工中成果越大,科学与审美反映之间的鸿沟就愈发不可逾越。"卢卡奇坚持认为,科学和艺术"两者反映的是同一个现实,当然这一真理在今天仍然是真理。只是科学已经进入了艺术的拟人化所不再能把握的领域"。但是,卢卡奇仍然认为,在科学和艺术之间的相互联系中,"许多加强这种联系的倾向都在起作用","通过科学可使艺术的一般世界图像丰富或在相反方向起作用"。②

第二节 拟人化的审美反映

卢卡奇特别重视艺术的形成起源——日常生活这一基本事实,所以,对现实的审美反映是卢卡奇研究的重点。但是他认为,审美反映及其分化是"一个长期的发展过程,直到每一种反映构成人类活动的一个特殊领域,成为独立的(当然在各种社会分工的范围),直到对客观现实反映的这种特殊方式形成了它的特性,直到它的规律性首先在实践中以后又在理论中被认识"。卢卡奇反复强调:"反映的非拟人化与拟人化原理的对立对于我们起着决定性的作用。""拟人化问题就其重要性而言",

---

① 〔匈〕卢卡奇:《审美特性》(上卷),徐恒醇译,社会科学文献出版社,2015,第113、117页。
② 〔匈〕卢卡奇:《审美特性》(上卷),徐恒醇译,社会科学文献出版社,2015,第118、120页。

在他的讨论中"将起着中心的作用"。①卢卡奇认为:"在日常生活和艺术之间具有不断往复的相互作用,在这种相互作用中,审美把握现实的成果不断涌入日常生活,使之在客观上和主观上丰富起来。"而审美反映与其存在基础的直接不可分割的联系,产生了所反映和表现对象的独特内容性和结构。"审美反映的统一原理是在社会与自然界物质交换这一基础上形成的,发展了的审美反映已经远远地脱离了日常生活(首先是劳动)中这一基础的现象。"②

卢卡奇进一步指明了审美的拟人化反映的特殊特性,因为它既关系到在艺术作品中审美反映的现实,又关系到通过这种反映方式在人们身上形成新的能力(它属于自我意识)。所以,卢卡奇要阐明审美的最一般轮廓。他首先要补充的是拟人化的审美反映——如果它仍然是审美的话,就不能失去对世界的感性的直接接触。它的普遍性是在人的感性范围内实现的。卢卡奇看到,由于对现实的审美反映是在不同质的意义上历史地、地区地、与时代相联系地产生的,所以它比科学反映具有更加复杂的产生情况。审美反映的基本对象是处于与自然界进行物质交换中的社会。它是一种其中总存在着人的现实。人既作为对象,又作为主体。审美反映总是在完成一种普遍化。其最高阶段是人类,是他更高发展的典型。"审美反映的深刻的生活真理在于,这种反映总是以人类的命运为目标,人类绝不能与构成它的个体相脱离,由审美反映绝不能构成与人类无关存在着的实体。审美反映是以个体和个体命运的形式来实现人类。审美反映的特性正是表现在,这些个体是如何一方面具有感性直接性,这种感性直接性通过两种因素的提高而与日常生活的直接性相区别,另一方面这些个体又是如何——不排除这种直接性——包含人类的典型。"卢卡奇同时认为:"只有在审美中,基本对象(与自然界处于物质交换中的社会)在与产生着自我意识的主体的关系中,包含着再现与主观态度、客观性与倾向性的不可分割的同时性。"在各种艺术门类的形成中主观因素起着一种决定作用。所以,艺术在它的所有时期都是一种社会现

---

① 〔匈〕卢卡奇:《审美特性》(上卷),徐恒醇译,社会科学文献出版社,2015,第121、126~127页。
② 〔匈〕卢卡奇:《审美特性》(上卷),徐恒醇译,社会科学文献出版社,2015,第129、142~143页。

象。艺术的对象是人的社会存在的基础,即处于与自然界进行物质交换的社会,当然它以人的相互关系为中介,受生产关系制约。而正是在具体的感性个体的性格和命运中"感性具体地、个别而内在地包含着类特性和所达到的发展高度。由此产生了作为审美中心问题之一的典型问题"。审美分化为各种艺术门类,或更恰当地说,这些艺术门类在审美上的综合只能从主体—对象关系的辩证法中形成,只有当人类对与自然界处于物质交换中的社会的某种态度,具有或达到持续的本质上典型的特性时,艺术(某一门类)才能形成并作为艺术而存在下去。审美形式始终是作为某种内容的特定形式出现的,不同艺术门类的特性也可以以形式为题来讨论。这个问题既是一个基本的美学问题,又是一个不可回避的历史问题。这个问题在美学中往往是作为艺术体系的问题出现的,其正确答案只有在辩证唯物主义地阐明审美的同时,阐明它特殊历史变迁的历史唯物主义规律,才能令人满意地解决。①

在"对审美反映的抽象形式"一章中,卢卡奇对审美的探讨涉及在艺术中起着不同作用的艺术生产的原理和构成因素(节奏、比例等),它们在更高的发展阶段上具有极其不同的构成功能。

第一,节奏。卢卡奇考察了毕歇尔由劳动推导出节奏的尝试。他认为:"节奏是客观现实的反映,并且它的产生与劳动有密切联系。"在舞蹈、音乐、歌咏的节奏中,我们的意识性达到了自我意识。脉搏、呼吸等生理周期以及睡眠就是有节律的。"由于劳动节奏减轻了身体的劳累而唤起的喜悦和自我意识,以及最简单的生活事实如在行走中特别是集体行军时步调的节奏可以鼓舞士气,就是明显的例证。""将节奏由作为劳动过程要素的实际反应转化为一种反映,这是它在各种日常生活领域中应用所必不可少的前提。"而韵律学(或音乐理论)的节奏概念在其概念本质中多少包含其他概念的本质特征,就此属于一种科学的联系,所以同样包含非拟人化的倾向。而具体—特殊的节奏本身——作为审美范畴——却是拟人化的。它是由劳动中的人与自然界的相互关系以及相互间的社会关系为中介的。所以,卢卡奇认为,应该强调节奏的一般审美

---

① 参见〔匈〕卢卡奇《审美特性》(上卷),徐恒醇译,社会科学文献出版社,2015,第148~152页。

方面,即必须充分强调其非主观性的审美方面。①

第二,对称与比例。卢卡奇认为,对称与比例问题的难度比节奏问题的难度要小得多。这是因为对称与比例虽然是客观现实中某些本质的、反复出现的抽象—形式反映,但在人的实践中,特别是在艺术实践中,从来不像在节奏中那样具有某种独立性。对称和比例始终只是集合体中一个单纯的要素,其决定性构成原理不具有抽象的本质特征。卢卡奇肯定"比例是客观现实的一种反映"。而问题在于,"人是通过什么道路意识到这种反映的"。"真正美学上出现的比例问题是产生在比较发达的阶段,找到它的规律是为有机世界的审美本质寻求一个牢固的基础。"许多大艺术家都探讨过比例对于整个艺术的意义。他们都提出过艺术上描述不同类型的人时的重要比例。这一问题的哲学意义在于,是否通过对人的形体比例的把握,能够正确地表现出一个人的本质的东西。②

卢卡奇看到,历史上有个时期,当时最普及、最有影响的就是所谓黄金分割的问题。特别是一些大艺术理论家,如达·芬奇或阿尔布雷特·丢勒,已经超出这一范围,曾经探讨过比例对于整个艺术的意义。通过对人的形体比例的把握,能够正确地表现出一个人的本质的东西。所以,卢卡奇明确指出:"比例具有普遍意义的问题是,它具有必不可少的重要性,同时又具有近似的比较隐蔽的暗中起作用的本质特征;它不仅是客观现实本质联系的正确反映,而且是人的基本生活需要。比例适当的世界艺术再现(或者偏离适当比例成为歪曲描绘的世界艺术再现),除再现的真实性之外,还与此不可分割地强调了所描绘的是人的世界,人把这个世界作为适应于人的世界来感受,并按照这种适应性来改造世界。"③

第三,装饰纹样。在纹样中所形成的审美规律性,对现实的具体真实的反映会产生反作用。对纹样本身可以做这样的界定:它是审美的、用于情感激发的、自身完整的形象,它的构成要素是节奏、对称等抽象

---

① 参见〔匈〕卢卡奇《审美特性》(上卷),徐恒醇译,社会科学文献出版社,2015,第162、167、170~173页。
② 〔匈〕卢卡奇:《审美特性》(上卷),徐恒醇译,社会科学文献出版社,2015,第179、181、185页。
③ 〔匈〕卢卡奇:《审美特性》(上卷),徐恒醇译,社会科学文献出版社,2015,第185、188页。

形式，而排除了由纹样复合形态构成的、包含具体内容的反映形式。卢卡奇指出："各种不同的艺术倾向——从少壮风格派算起——都在试图创造一种新的与时代相适应的纹样。""一个时代必然在它固有的社会生活中，在由生活所限定的反映现实的特定方式中，具有其纹样的世界观前提，以便以不只是暂时时兴的方式实现这种形式系统。如果这个时代本身意识到社会生活的有益倾向，才会使理论、决心和计划变得丰富起来。"① 卢卡奇也肯定，只要装饰（即使尚为原始的）是由人本身制造的，不再模仿各种动物，特殊的人的东西即劳动就取得了它的权力。装饰在建筑中的作用并没有排除它的非具世性。在这里装饰原则获得了它的最适当的形态："它不再是日常生活实用品的附属物，而在这些地方，对装饰的纯粹乐趣、美化人们生活以及激起快感的功能不可避免地起主要作用。"②

第三节 模仿——"艺术的决定性源泉"

一 审美反映的形成

卢卡奇用六章的大篇幅从辩证的反映论观点提出了模仿问题。他首先强调，模仿是"艺术的决定性源泉"，又明确指出，模仿就是把现实中对一种现象的反映移植到自身的实践中。因此，很容易理解，"模仿"一词最广义说来是每一种高等动物的基本的普遍存在的事实。"因此，将人类的生存所不可或缺的经验维持和传递下去，只能靠模仿来进行。""作为支配环境的重要手段之一，模仿是最有成效的方法。"模仿不仅是人生活中的基本事实，也是艺术活动的基本事实。所以，在古代伟大的思想家（如柏拉图和亚里士多德）那里，模仿被看做"生活、思想和艺术活动的基础"。在卢卡奇看来，原始的、在知觉和情感基础上产生的类比，无疑具有一种强烈的直接模仿的性质。艺术与巫术（宗教）之间最

---

① 〔匈〕卢卡奇：《审美特性》（上卷），徐恒醇译，社会科学文献出版社，2015，第220页。
② 〔匈〕卢卡奇：《审美特性》（上卷），徐恒醇译，社会科学文献出版社，2015，第202页。

基本的共同原理是，它们都具有拟人化的特性。[1] 卢卡奇认为："激发和模仿在人的日常交往中的密切结合，成为各种感官形成的基础"，其中两个决定性的因素是"运动想象"和"感官的分工"。[2]

审美特性（或更确切些说是审美的本质）的特征在于，它"接近于并不断出现在审美意识形成的过程中：因为模仿形象首先是要唤起情感、激情"，"然后这种激情的真实性和深度才能相应地传递到感受者那里"。[3]

二 主观达到审美反映的道路：反拜物化

卢卡奇认为，只有令人满意地确定出审美在人与外部世界的关系系统中的地位，才能令人满意地规定出审美的本质。为此，卢卡奇较多地论述了主观性及其作用的问题。他肯定地指出："为了具体地掌握艺术的恰当的客观性，为了将这种客观性与空想的、抽象的'纯粹'主观性明确地区分开来，并——与对现实的科学反映相反——认识在这种客观性中与价值相关并创造价值的主观环节的不可排除性，对这些规定的性质进行研究是完全必要的。"但是，纯粹主观性的"抽象必须加以扬弃，它必须重新消融在一种具体的主客观关系中，也就是说必须将原始的、自发的主客观关系改造为一种自觉的主客观关系，只有这样才能在其自身的主观性的规定中表现出真正本质的东西，成为审美构成的决定性的、不可或缺的环节"。[4]

卢卡奇在外化及其回归过程中探讨了主客观关系，指出其特点在于必须正确地提出问题并寻求答案："由单独的个体到人类的自我意识。"他更具体地说明了"艺术是人类自我意识最适当的和最高的表现方式"。他认为："只有对人类自我意识——自身隐含着许多矛盾——的确认才能

---

[1] 参见〔匈〕卢卡奇《审美特性》（上卷），徐恒醇译，社会科学文献出版社，2015，第221~222、234页。

[2] 〔匈〕卢卡奇：《审美特性》（上卷），徐恒醇译，社会科学文献出版社，2015，第259页。

[3] 〔匈〕卢卡奇：《审美特性》（上卷），徐恒醇译，社会科学文献出版社，2015，第275页。

[4] 〔匈〕卢卡奇：《审美特性》（上卷），徐恒醇译，社会科学文献出版社，2015，第363页。

从哲学上说明审美反映的特性。"①

卢卡奇在"模仿问题之四：艺术作品的自身世界"这一章中阐述了三个方面的问题：第一，审美领域的连续性与间断性（作品、门类、艺术一般）；第二，同质媒介、完整的人与"人的整体"；第三，在同质媒介及审美领域的多样性。之后，在"模仿问题之五：艺术的反拜物化使命"中，卢卡奇依据马克思在《资本论》中关于商品拜物教的重要思想，重点阐明了这一点"对于我们的目标是有决定意义的，这一反拜物化的认识，从直接的表面上看来，是将某物的性质转化回到它本身原来的样子：转化为人们之间的关系"。卢卡奇强调，在审美反映中应用马克思这一重要思想"对拜物化的认识具有普遍的意义"。同时他进一步指明："拜物化意味着——由于社会—历史的不同原因——在一般观念中独立形成的对象性，这种对象性既非自在的又不依据于人的实际状况。"所以，他"在这里提出一个更为重要的课题"，试图指出"真正的艺术按其本质来说内在地含有反拜物化的倾向"。②

卢卡奇的特殊之处，是他认为，艺术与同时代的科学或哲学相比，在消除生活僵化的拜物化的现状方面，理所当然地走得更远、更彻底。安徒生童话中的孩子天真惊讶地说出"皇帝根本没有穿衣服"，正是这方面艺术活动方式的一种象征。在这种情况下，这种自发揭露和摧毁偶像崇拜的艺术眼光，在被拜物化蒙蔽了的、日常的观察方式通常看做毫无价值或甚至是反价值的地方，有可能把积极的东西作为价值而提出来。这种拜物化最显著的表现方式，首先是在近代思想发展中日益严重地将空间与时间分割开来。而这种时空分离的拜物化，自20世纪开端柏格森通过价值将人工分离转化为相互敌对的宇宙力量以来，达到一种神秘化的固定性。值得注意的是，不论在生活中还是在哲学思维中，这种倾向都没有达到完全独占的支配地位。需要强调的是："正是因为艺术在其世界创造的倾向上必须被调整到感性的激发上，正是这些基本的范畴，如空间、时间和运动作为每一种可能效果的不可或缺的前提条件值得加以

---

① 〔匈〕卢卡奇：《审美特性》（上卷），徐恒醇译，社会科学文献出版社，2015，第379、411~412页。
② 〔匈〕卢卡奇：《审美特性》（上卷），徐恒醇译，社会科学文献出版社，2015，第471~474页。

考察。每一种艺术都是人类生活、人类发展的一幅映像。因为现实存在的空间—时间规定性,两者在每一生活表现中的存在是每一种人的存在的客观基础,另一方面因为各种艺术的同质媒介强制地规定了一种空间性与时间性的分化,这种媒介本身必须顾及使此分化不再变为拜物化的分离。"①

卢卡奇明确指出:"我们目前考察的出发点是揭示真正艺术对于直接—感性的内在世界以及人的环境的反拜物化作用。"无人否认,人们的日常思维以至于他们的实践、他们的感觉方式等,用培根的说法,通过这种"幻象"始终会与现实相偏离。"这里就提出了审美的反拜物化使命。"② 所以,卢卡奇重视的是"打破日常和思维的拜物化,为人揭示出在他面前其自身所呈现的现实,成为他的感官、感觉和思维的财富"。"有机地消除了具体的拜物化"。这样,"艺术作品所描绘的世界正是周围处于其内在发展的一定阶段上的人的世界。这两方面的相互配合才能产生真正的反拜物化作用"。③

在发达资本主义的艺术中进一步增加了这种不利作用——生活形式和生活内容的拜物化,与此同时相当一部分艺术家却降低了对艺术的颓废后果的警觉,在最近艺术中显现出对这一前艺术阶段许多艺术的无批判态度。最终,加工中形式的艺术问题成为注意的焦点。这些关系的复杂性不断产生出在思维上拜物化的危险。这主要表现在唯心主义哲学和实证主义的不同流派中。

卢卡奇还看到,艺术的发展也明显表现出审美反映的这种自发辩证的和反拜物化的倾向。因为在文学中,因果性问题起着最大的和最显而易见的作用。这个世界常常在结尾处展示出"某些预想不到的新事物"和某些"类似的双重展望"。在审美反映中,这种双重性表现为某些"可能内含在每一种生活现象之中的东西"。"在审美反映中,是情调的开端和完成终点的统一。"④

---

① 参见〔匈〕卢卡奇《审美特性》(上卷),徐恒醇译,社会科学文献出版社,2015,第477~488页。
② 〔匈〕卢卡奇:《审美特性》(上卷),徐恒醇译,社会科学文献出版社,2015,第506页。
③ 〔匈〕卢卡奇:《审美特性》(上卷),徐恒醇译,社会科学文献出版社,2015,第506~507页。
④ 〔匈〕卢卡奇:《审美特性》(上卷),徐恒醇译,社会科学文献出版社,2015,第519、531~532页。

三　美学中主客关系的特征：陶冶

卢卡奇认为，美学致力于静观地对于人的本质世界的反映。审美反映的辩证法在于确定艺术作品的真实和深度、真理性和丰富性、具世性和情感激发力量，是从这里所分析的客观性和主观性的相互关系出发的。只有当创造主体能够把客体与人（人类）的相关性作为它自身内在的规定来把握，又使人们对他们的环境的反应由包含这两者的、统一作用的实体中有机地产生出来时，这种主观性和客观性充满张力的均衡，作为新的、统一而直接的、实体性的和激发性的审美综合才产生出来。审美所反映的非机械的、辩证的性质取决于它的主观的特性。高尔基曾经说过，只有从丰富的生活中才能产生出真正的和丰富的艺术。所以，与任何极端的主观主义现代理论相比，辩证唯物主义才能够更为具体地把握主观性。这是因为，辩证唯物主义是从主观性在审美反映（以及在伦理学、在历史实践中等）中的实际作用出发的，所以它与主观主义理论相比，可以在更为丰富和深刻的区别中阐明主观性。[1]

所以，卢卡奇得出重要的结论："统一性和整体性优先于对个别性的分析而占第一位，这一点绝不排斥审美的合理性，甚至这种优先地位正是审美反映特殊性质的基础。"[2] 但是，艺术作品是审美反映的成果，具有作品的个性。为此，卢卡奇引用了歌德的名言："难道这自然之核不就是在人的心中？"这表明，歌德决定性地转向了审美。据此卢卡奇强调："客观性与人最本质的和最内在的核心性存在相结合，是现实的审美反映的决定性特征。人的主观性对这种模仿合理而丰富地参与，构成了这种相关性。"[3]

卢卡奇从音乐的美妙谈到艺术所希求的社会效果，指明它主要从亚里士多德的"陶冶说"中推论而来，而莱辛则"把基本的社会目标表述为'将激情转化为道德上的完善'"。同时，卢卡奇还确信："陶冶概念

---

[1] 参见〔匈〕卢卡奇《审美特性》（上卷），徐恒醇译，社会科学文献出版社，2015，第538~539页。

[2] 参见〔匈〕卢卡奇《审美特性》（上卷），徐恒醇译，社会科学文献出版社，2015，第541页。

[3] 〔匈〕卢卡奇：《审美特性》（上卷），徐恒醇译，社会科学文献出版社，2015，第542~543页。

应用的范围要广泛得多。像所有重要的美学范畴那样,这一范畴主要不是由艺术进入生活的,而是由生活进入艺术的。因为陶冶是社会生活的一种持续而重要的要素,对它的反映不仅应该成为艺术创作不断重新感受的契机,而且甚至表现为对现实审美摹写的形成力量。"卢卡奇在关于马卡连柯的文章中还试图指出:"陶冶现象在生活中虽然表现出与悲剧的某种近似性,从而在审美上最明显地客观化了,但是它在内容上包含了比在悲剧那里更广的范围。"①

卢卡奇指出:"日常的完整的人向具体艺术作品的任一接受者的'人的整体'的转化,就是在这一极其个体化同时又最普遍的陶冶的方向上完成的。""将陶冶概念在一定程度上加以普遍化,其合理性不单纯是由艺术作品特性本身来考虑的。"在艺术作品的形式—内容同一性中集中了两类重要的关系组合:一是作品本身与客观现实的关系,二是作品对接受者精神效果可能性的关系。"艺术形式趋向同一性造成的内容越深刻、越全面,那么这些关系的范围就越大、越深刻。""各种生活的具体表现形式——艺术所描绘的正是这种具体性和特殊性——都明显地具有在一定社会历史状况下的实际基础。"卢卡奇还指出,作为基本的构成作用,艺术已经在自身包含了生活的态度抉择,从而包含了对生活内容的批评。②

卢卡奇进一步认为:"与在科学反映中排除直接性相比,这里必须强调审美反映的直接性。然而,与日常生活的直接性相比,审美反映的直接性同样是一种被扬弃了的东西。这种扬弃存在于产生出一种新的、一般无法见到的直接性中,成为审美构成的特殊性。"③

总之,卢卡奇在模仿问题中看到,在艺术中,启示是"最后的目的"。审美启示以人的内心为目标,也就是说,它主要是在人的内心中唤起新的体验——它可能传播和加深人关于自己和世界的想象。

与启示有关,卢卡奇又谈到了净化。他普及了亚里士多德关于净化

---

① 〔匈〕卢卡奇:《审美特性》(上卷),徐恒醇译,社会科学文献出版社,2015,第558页。
② 〔匈〕卢卡奇:《审美特性》(上卷),徐恒醇译,社会科学文献出版社,2015,第559页。
③ 〔匈〕卢卡奇:《审美特性》(上卷),徐恒醇译,社会科学文献出版社,2015,第569页。

的概念,并善于把这一概念运用于整个艺术、音乐和绘画。他认为,悲剧只是"最确切的净化形式"。

卢卡奇还进一步指出,净化的含义在于"人肯定自己生活的本质,因为人恰恰在感人的和由于本质的伟大而使人感到惭愧的反映里看到了这种本质"。在净化过程中,人体验着"人类生活的真实现实"。和日常生活相比,劳动活动可以净化激情,并随后使它转化为道德。因此,艺术作品的任务是"在今世完善人的心灵"。

卢卡奇的新见解在于,他把模仿看做"艺术的决定性源泉"。一方面他深刻地看到,艺术反映总以与自然界处于物质交换中的社会为基础,并且只能在这个基础上以其特有的手段来把握和表现自然界,另一方面他也洞察出艺术(审美)反映的特殊之处。审美反映是从人的世界出发的,并以此为目标。也就是说,审美以人为中心。艺术的自身世界就是人的自身世界。艺术是人类自我意识最适当和最高的表现形式,艺术形式把人提高到人的高度,并使人认识到他最深层的本质。

第四节　美学新构思:第1'信号系统

卢卡奇在《审美特性》一书中的重要创新之一,就是用较多的篇幅创造性地提出"第1'信号系统"。卢卡奇在研究和肯定巴甫洛夫的反射学说之后,就这一重要问题指出:"在条件反射(第1信号系统)和语言(第2信号系统)之间插入一种特殊的新的信号系统,并将其称为第1'信号系统"。卢卡奇接着在对此所做的一个注释中指明:"第1'信号系统就是指由表象构成的符号系统。"然后他指出:"由此只是为反射学说等科学提出了一个问题,其答案和解决只能留给内行的专业人员。生活与艺术的事实迫使作者提出这一问题。"① 卢卡奇进一步强调:"由于劳动的本质,在劳动过程中必定形成反射。"虽然这种反射并不是"简单的条件反射,而是在这方面像语言那样,成为信号的信号。为了表示它在条件反射和语言之间的地位,我建议将这种反射称为第1'信号系

---

① 〔匈〕卢卡奇:《审美特性》(下卷),徐恒醇译,社会科学文献出版社,2015,第590页。

统。"在卢卡奇看来，众所周知，正是在德语中，"艺术"一词除了它特定、狭义、精确的意思之外，还有一种更普遍的特性，人们常说骑术、烹调术等，但绝没有要把骑马和烹调也列入各种艺术系统中的意思。人们往往赋予这种语言用法一种能力的意思。但卢卡奇认为这是不恰当的，因为"艺术"这个词精确的语义正是暗示了在恰当地完成这些行为时，超出了单纯的能力以及对技术的平均的掌握。卢卡奇认为："只有当有关人员在他的领域中表现了发明才能，即有新的意义时，才把他的行为称作艺术。当人们把外科医师、足球运动员、厨师的实践看作——广义的——艺术时，人们正是指的那种对新的、非预期的情况作出的反应。"① 对此卢卡奇已经尝试做出了描述。

一 生活中的第1'信号系统

卢卡奇说："如果我们由劳动本身转向那种由劳动的形成、扩大和高度发展所引起的生活状况和人的关系，那么我们的这种第1'信号系统的本质特性就更加清楚了。因为巴甫洛夫没有看到，劳动在语言中对信号的信号所起的作用，当然就不会注意到正是从心理学的观点看来更加复杂的关系。"根据恩格斯的思想，卢卡奇指出，语言成为人们相互交往的决定性媒介和主要调节器。当然，在任何复杂阶段都不只是靠语言来交往，也要利用各种手势、音节不清的声响等。一定的音响、声调等诱发着固定的条件反射。因此，举止得体，事后对每一个有礼貌的行为都可以在思想上和言词上完全精确地加以描述和分析。这一行为在内容上完全是理性的，只是引起这一行为的生理学—心理学机制并不是第2信号系统，而是第1'信号系统。但是，卢卡奇也看到，由第1'信号系统的性质来看，对人际交往的思想上的把握往往不如文艺上的把握来得充分和准确。不过，卢卡奇也强调："作为人际交往的要素的激发（包括激发作用的唤起和它的感受）与人的认识实践问题有不可分割的联系。我们将会看到，如没有第1'信号系统的持续作用，两者都不可能实现。"他甚至认为："没有第1'信号系统的根本性的应用，就不可能解

---

① 〔匈〕卢卡奇：《审美特性》（下卷），徐恒醇译，社会科学文献出版社，2015，第608~609页。

第八章 马克思主义美学巨著《审美特性》:"美学上的马克思" 279

决与人的认识相关的、在实践中最重要的任务。"这涉及由劳动的发展和生产力的提高,而使社会生活分化才产生种种问题。①

因此,卢卡奇甚至认为,对于社会关系系统的功能,"要求第 1'信号系统比以前有更多的参与。在不断从字里行间读出来的对话中,其中语调,几乎无法觉察到的抑扬、停顿、沉默等,往往对理解真正的意思比词汇本身的意思更有作用"。卢卡奇还强调:"在事实上和实践上——而不是理论上和意识上——同时应该承认,第 1'信号系统的主导性的参与,对于这里所要达到的充分接近的认识是不可或缺的,并将变得更加必不可少。"对于第 1'信号系统"不加以——即使是无意识地——典型化,就不可能达到对人的认识,不可能理解作为个体的单个的人。每一种对人的认识,都植根于社会中个体生活的连续性中。不利用各种情况下丰富的已有经验——不论是有意的或无意的——作为比较材料,就不可能取得对人的认识"。而每个人的个性又都"处于连续的整体关系中"。"如果这种联系不是已经以他的体验材料为依据,那么语言的表达就是不可能的。同时也正是以这种方式,第 1'信号系统感受到了世界,也感受到了周围的人。"当然,卢卡奇也承认,第 2 信号系统和第 1'信号系统这两种高级信号系统的合作,创造了比其中一种更接近于客观现实的可能性。②

在卢卡奇看来,对于我们重要的是,性爱"为第 1'信号系统的适用性和必不可少开拓了一个广阔的领域。因为使人们变得明晰的、相互规定、相互补充、相对复杂所不可或缺的表征,不可能只是简单的条件反射。要在两人之间形成这种特殊的性爱,就需要把情感和观念与身体方面的个性(形体、声调、目光等)构成一个人格的整体。使性爱被感觉到、被加工和综合为统一的恋爱情感的这种媒介正是第 1'信号系统"。卢卡奇在多处都举例说明,在比较发达的社会阶段人们到处可以看到第 1'信号系统与其他信号系统,特别是与第 2 信号之间复杂的、充满矛盾的合作。但是他强调,审美领域可以作为实现第 1'信号系统的

---

① 参见〔匈〕卢卡奇《审美特性》(下卷),徐恒醇译,社会科学文献出版社,2015,第 609~613、618 页。
② 〔匈〕卢卡奇:《审美特性》(下卷),徐恒醇译,社会科学文献出版社,2015,第 622~625 页。

最适当的地方。①

不过，卢卡奇也看到，第1'信号系统仍存在需要进一步具体而深入探索的问题，即第1'信号系统的现象一直是分散的、非客观化的，只分别与体验的主体相关联，正如我们看到的那样，只有通过艺术才能形成第1'信号系统的明确的客观化。所以，第1'信号系统的统一性，远不如第2信号系统的统一性那样清楚鲜明，因为日常的语言以及科学的语言，呈现出更为明确的客观化特性。所以，卢卡奇强调，第1'信号系统的机能必然使其不断地向另外两种信号系统转化，因此可以理解为什么到目前它还不能在心理学中被作为统一的现象来认识并得到确认。而且，在生活中第1'信号系统的反射作用偶尔具有极大的不稳定性，它往往转化或过滤到第1和第2信号系统。所以，第1'信号系统的轮廓还极不明确，尚需要对大量的资料进行专业的研究。②

二 审美态度中的第1'信号系统

正如卢卡奇所说："在生活和艺术之间决定性的和最终的区别是：在生活中，人们始终是面对现实的，而在艺术中人们只是面对现实的模仿映象。从主体观点看来，这种区分的核心在于：在生活中具有对实践的绝对支配权，而相对审美的构成物却直接排除了实践。这不论对于创作还是感受来说，都使第1'信号系统的作用在量和质上得到了提高：由于真正实践的单纯服务性参与，第1'信号系统成为模仿的各种环节存在并结合的主导性的、引导性的和规定性的力量。"卢卡奇强调的是，在与外界的关系中，第1'信号系统具有更加重要的意义，这种以全部身心感受现实的态度，一般只是形成实践活动的准备，第1'信号系统以其派生的方式作为信号的信号，表现出它的本质。它在结构上与第2信号系统类似，而与简单的条件反射和无条件反射完全不同。第1'信号系统通过生活现象中对典型的感性直接暗示所完成的普遍化，扩大了我们的经验，而条件反射只能以仅触及个别熟悉事物所达到的抽象，来传

---

① 参见〔匈〕卢卡奇《审美特性》（下卷），徐恒醇译，社会科学文献出版社，2015，第626~627、636页。
② 参见〔匈〕卢卡奇《审美特性》（下卷），徐恒醇译，社会科学文献出版社，2015，第635~636页。

达各种生活事实。在生活中，除了第1'信号系统不断增大的作用以外，思维和科学也有助于提高我们的感官能力。所有这些都证明，第1'信号系统是一种独特的信号的信号系统。第1'信号系统的机能形成的深化和丰富性不仅在于，它使目前尚未意识到的客观现实的新特征和联系明朗化，而且使主体扩大到——在情感上——成为共同体的自觉参与者。① 卢卡奇注意到，正是在几何中，"只要在艺术中想要创造一种自律的恰当的官能，第1'信号系统就表现出它的不可抗拒的普遍性。毫不奇怪，第1'信号系统将简单反射——变成信号的信号——转化为它的领域的组成部分，事实上成功地摄取了人的精神在当时所抽象的最高成就"。②

卢卡奇认为，借助于第1'信号系统"可以揭示出人与现实关系的各种特征。在第1'信号系统不断地普遍化、扩大化、精细化和深化的基础上"，人们平时不加注意地忽略了的事物才能被感知、被表现。在生活中揭示新事物的指向正是第1'信号系统最重要的本质特征之一。③

作为信号的信号，这一本质使第1'信号系统与第2信号系统处于完全并列的位置，并与无条件反射和条件反射区别开来。由于第1'信号系统是意识性的一种独特形式，在"由于特殊的条件和状态所规定的行为方式使通常和习惯的意识性形式失效时，它却能发挥作用"。卢卡奇也看到，当把生活中的第1'信号系统的功能往往只是萌芽状态地、趋向性地所包含着的一切"嵌入到艺术作品的同质媒介中，就可以达到对精神生活的瞬间的全部占有，在这方面形成一种质的飞跃，使这种成为人的现实和为人的现实的支持者的趋向得以发展：所有这一切以前在其他地方所提到的关于艺术的属人性质、关于艺术的使命、关于艺术是人类的自我意识和记忆，在这里才取得它的心理学基础"。④

此外，卢卡奇还阐明了第1'信号系统在诗的语言中的支配作用，

---

① 参见〔匈〕卢卡奇《审美特性》（下卷），徐恒醇译，社会科学文献出版社，2015，第658~663页。
② 〔匈〕卢卡奇：《审美特性》（下卷），徐恒醇译，社会科学文献出版社，2015，第668页。
③ 〔匈〕卢卡奇：《审美特性》（下卷），徐恒醇译，社会科学文献出版社，2015，第670~671页。
④ 〔匈〕卢卡奇：《审美特性》（下卷），徐恒醇译，社会科学文献出版社，2015，第690、698~699页。

构成了造就欢乐或痛苦或同情"这种铸成物的各种具体的熔炉"。在卢卡奇看来，只有通过个别性以及普遍化的同时确立，"诗的语言才获得它的特殊性质：对人的世界、人的内心世界及由上述所确定的外在世界如此来反映，在保持通过语言以及第2信号系统所达到的概念规定的明确性的同时，却感性直观地表现了个别的东西以及它与类的命运的相关性。这就是将第1'信号系统转化为语言的意义。由于这种转化，用诗的语言所描述的人和环境唤起了其存在的内涵无限性，由于这种转化，如此表达的内容——尽管它用语言还能这样明确和固定地描绘——变为歌德所说的不可言传的东西。诗的语言在人类需要的体系中，取得恰当地位的原因不是它的'美'，而是由于它能够以特殊的明确性表达出一般不可言说的东西"。[1]

第五节　特殊性——美学的中心范畴

在卢卡奇看来，"特殊性范畴最恰当地表达出审美的结构本质"，或者说特殊性范畴是卢卡奇美学的中心范畴。然而，要阐明这一问题，就需要首先准确地理解普遍性、特殊性和个别性这三个范畴的实质。[2]

卢卡奇解决这一问题的目的"只是要确定，特殊性一方面是处于与普遍性相互转化的辩证关系中，另一方面这种辩证的相互关系却并不排除它作为范畴所具有的独立性"。特殊性不仅是一种相对的普遍化，是由个别性通向普遍性的道路，而且是个别性与普遍性的必要中介。这种功能是特殊性最重要的本质标志之一，而且在这一功能中通过它的实现也获得了一种独立的意义。在特定的具体情况下，普遍的东西被特殊化，在特定关系中成为特殊的东西；但是也可能出现另一种情况，即普遍的东西吞没和消除了特殊性，或在与新的特殊性的相互作用中表现出来，或者将以前的特殊的东西发展为普遍性，反之亦然。正是那些最深入地探讨了特殊性问题的思想家们，才能正确地强调普遍性与特殊性之间的

---

[1] 〔匈〕卢卡奇：《审美特性》（下卷），徐恒醇译，社会科学文献出版社，2015，第707、724页。
[2] 参见〔匈〕卢卡奇《审美特性》（下卷），徐恒醇译，社会科学文献出版社，2015，第726页。

这种不断的相互转化。黑格尔说："特殊性，也仍然不过是被规定的普遍性。"同样，歌德的探讨也表明："普遍的东西与特殊的东西是联系在一起的；特殊的东西是在各种不同条件下表现出来的普遍的东西。"或者换一种说法，"特殊永远存在于普遍之中，普遍永远顺应于特殊"。当我们也来考察一下个别与特殊性的关系时，这种辩证关系的另一面才能完全搞清楚。①

所以，在卢卡奇看来，我们在与现实的直接关系中，总是涉及个别性问题。因为所有外部世界作为感性确定性呈现给我们的——直接地——总是个别的，或者与个别性独一无二地联结着的东西。它总是个别的这一个，即此时此地的个别存在。如我们把个别性、特殊性和普遍性看做各种对象性的客观特性的反映形式，那么个别性在其直接性中的不可言传性就不再是它的不真实和无理性的本质的标志，而是促成对由此导向特殊性和普遍性的那一中介的揭示。② 所以，卢卡奇特别重视和阐明个别性、特殊性和普遍性三者辩证的相互转化关系，把它们作为一个统一的过程来看待。

但是，卢卡奇也指明，在我们的考察中，"特殊性范畴在美学中占有中心的重要性，这需要在更深入的哲学探讨中由拟人化态度推导出来"。他肯定地认为："审美领域的特性在于，特殊性并非单纯作为普遍性和个别性之间的中介，而且成为有机组成的中心。"这里的任务是，"在所取得的各种成果中阐明审美的特殊性质，具体地提出特殊性为何的问题"。卢卡奇指出："特殊性必须提供那些规定和中介，它们一方面将阻止普遍化过程过分抽象地脱离现象的个别性，另一方面在普遍化所达到的本质中能真实而具体地包含个别性。"③

卢卡奇提供了一个极端的例子：在伟大的文学、音乐或建筑中，更鲜明地表达了每一种艺术作品的历史本质。由此，我们又发现了特殊性的一个独特侧面。在每一部艺术作品中此时此地的不可排除的性质说明，

---

① 参见〔匈〕卢卡奇《审美特性》（下卷），徐恒醇译，社会科学文献出版社，2015，第728～729页。
② 参见〔匈〕卢卡奇《审美特性》（下卷），徐恒醇译，社会科学文献出版社，2015，第729～730页。
③ 参见〔匈〕卢卡奇《审美特性》（下卷），徐恒醇译，社会科学文献出版社，2015，第735～736、750、752页。

艺术作品不可能由普遍性范畴所主导。而此时此地的个别性正经历了一种普遍化，它的特殊性——并只有特殊性——才能完成的对个别现象的普遍化。①

卢卡奇进一步看到，在伦理活动以及实践活动中，"从最早的艺术开端，当人们在舞蹈中希图看到他们生活的（战争的、狩猎的等）最重要成果的集中化了的完整性，到莎士比亚戏剧中人的生活整体在这种完整性中被直观地表现出来，直至那些伟大的作曲家们，人们可以由他们的作品中体验到人的内心世界，每一种情感、每一种心态展开的丰富性，享受到充实的生活，对此生活本身不可能提供类似的东西。这些作品的完成在原理上是受特殊性支配的，最明显的正是表现在内心世界的音乐形象的塑造上：不仅所表达的情感综合体的特殊规定性是一种特殊的，而且这种特殊性完全排他地与其他外延宇宙相隔绝。……在每一种艺术中，通过人的外在或内在世界的一部分来完善人的'世界'的丰富性，由此以内在必然性而形成了这种内涵整体性，每一世界的这种特殊性正是由各种艺术作品形象地反映出来的。随着这样形成的特殊性……也就同时确立了审美领域（直至各个作品）的多样性。一种审美的普遍性只有通过其原创的规律性才能转移到概念性的领域，其原创的审美构成——艺术作品、它在创作过程中的根源、它在接受活动中不断更新的生命——必然反映在特殊性的领域中。经过这一曲折道路，我们才能接近作为审美中心规定范畴的特殊性的特性"。②

与此密切相关，卢卡奇又阐明了典型问题。在审美范畴的特殊性与非拟人化的特殊性之间同时存在的同一性和非同一性，就是典型问题。"典型是现实本身的一种本质的现象形式，它在非拟人化的反映中也起一定作用。现在出发点只能是：不但艺术创造典型——还有任何科学都创造典型——而且两者只反映独立于其自身存在的现实的事实，它使两者都适应于社会需要，并为这种需要服务，这在客观上意味着，在个别性本身中如同它现实地存在着，已经包含了它的普遍化的因素。"歌德是第

---

① 参见〔匈〕卢卡奇《审美特性》（下卷），徐恒醇译，社会科学文献出版社，2015，第753页。
② 参见〔匈〕卢卡奇《审美特性》（下卷），徐恒醇译，社会科学文献出版社，2015，第759页。

一个特别重视特殊性的人,他有时以过分夸张的方式谈到个别性与其客观必然的普遍性的这种结合。①

卢卡奇肯定地说,我们有充分理由不仅谈论人的典型,而且谈论典型环境、典型过程和典型关系。无疑,生活中的典型构成了对人的认识的必不可少的组成部分,首先在伦理学上同样具有上述典型的多样性,这种典型趋向于与个别的密切联结,当然并不具有审美的性质。

卢卡奇认为:"在审美当中,已经提升到具有情感激发作用的典型被插入到现实的映像中,以便将形象塑造出来的人与环境、对象、关系和运动的整体反映和艺术表现为一个特殊而统一的人的'世界'。""在艺术作品中,这种'创造一个世界的'的情感激发作用的特殊需要处于中心,它规定了强调或抑制的特别的独一无二的层次性。这一系列问题是它的基础,它构成了特殊艺术作品的特殊中心。"所有这些都表明,特殊性是在艺术作品中形象表现的典型的特殊规定。对于艺术作品,由此产生了特定的那种特殊性的氛围,在这一范围中典型的系统性和层次性才能成为具体的形象,即成为它的审美存在的基础。由此就产生了整个在作品中形象塑造"世界"的特殊性问题。"典型的状态、它的系统性和层次性只是变成了作品个性的如此形成的具体而特殊的整体的要素——当然这是极其重要的要素。"②

卢卡奇明确认定,恩格斯曾经明确表述了审美构成的本质特征,说:"每个人都是典型,但同时又是一定的单个人,正如老黑格尔所说的,是一个'这个',而且应当是如此。"③卢卡奇接着说道,艺术塑造的形象与个别事物的这一关系在马克斯·李卜曼著名的格言中表现得更加清楚,他对一个肖像模特说:"我画得比您更像您自己。"这表明,个别性内在固有它自身的特殊性。④ 为了说明个别性,卢卡奇又特别引用了莫泊桑大师的话加以强调:"这位大师说:若要想揭示出人们还没有看到和表达

---

① 参见〔匈〕卢卡奇《审美特性》(下卷),徐恒醇译,社会科学文献出版社,2015,第760页。
② 〔匈〕卢卡奇:《审美特性》(下卷),徐恒醇译,社会科学文献出版社,2015,第761~763页。
③ 《马克思恩格斯选集》第4卷,人民出版社,2012,第578页。
④ 参见〔匈〕卢卡奇《审美特性》(下卷),徐恒醇译,社会科学文献出版社,2015,第765~766页。

过的方面,关键就在于要长久地、充分注意地观察你所要表现的东西……为了在一个平面上描绘出一团火焰、一棵树,我们就要长时间地观察,直到对于我们再没有别的火焰和树是与它们相同时为止……总之,我们必须指出,拉着马车的这匹马与它前后的其他马匹在哪里是不同的。"① 这可以说是对个别性的精辟阐明和对这一问题难点的解决。总之,"个别性、特殊性和普遍性之间辩证区分和相互转化的必然性,基本上适用于并贯穿在每一种确定的对象性之中"。②

在卢卡奇看来,在审美反映中,特殊性不仅是两端项之间的中介,而且从价值的意义上说是一个中项。而中项作为向心运动和离心运动的中心,产生了根本的变化。在特殊性只是作为中介而构成中项的地方,运动不再由普遍性到个别性或反过来由个别性到普遍性,运动的出发点和终结点却是在特殊性上,是由特殊性达到普遍性并返回,或者由特殊性达到个别性同样再返回中点。由此看来,在审美反映的理论中就出现了一个不可克服的难点,即精确地确定中点的位置。③

使人们感兴趣的是马克思对艺术发展的不均衡问题的方法论论述:"困难只在于对这些矛盾作一般的表述。一旦它们的特殊性被确定了,它们也就被解释明白了。"④ 卢卡奇指出:"乍看起来这些问题好像很复杂,但是如果我们要想正确理解特殊性作为美学中心范畴的意义,这些问题也是以一种简化的抽象为基础的,这种抽象同样要被转移到具体事物之中。要想理解它与科学反映之间的根本区别,有必要强调在科学反映中构成中介'场'的特殊事物,在审美反映中则成为中项、有机的中点。"⑤

卢卡奇在这一章的接近结尾处肯定地指出:"整个审美领域是由特殊性范畴支配的,这一点在上述简略提到的方法论取向上影响着研究的方法。"他最后强调,特殊性范畴的结构是"由审美反映的本质自发形成

---

① 参见〔匈〕卢卡奇《审美特性》(下卷),徐恒醇译,社会科学文献出版社,2015,第765~766页。
② 参见〔匈〕卢卡奇《审美特性》(下卷),徐恒醇译,社会科学文献出版社,2015,第767页。
③ 参见〔匈〕卢卡奇《审美特性》(下卷),徐恒醇译,社会科学文献出版社,2015,第771页。
④ 《马克思恩格斯文集》第8卷,人民出版社,2009,第34~35页。
⑤ 〔匈〕卢卡奇:《审美特性》(下卷),徐恒醇译,社会科学文献出版社,2015,第775页。

的"。值得注意的是，甚至那些把特殊性作为范畴提出而做出巨大贡献的思想家也没有注意到把这一发现具体化应用到审美（和伦理）领域中来。因为不仅整个艺术实践始终处于特殊性范畴的标志之下，而且这一范畴的不断涌入生活也是人类文化的一个重要契机。①

第六节 艺术的解放斗争

卢卡奇重视的是，一部艺术作品的内在审美成就越是有机的，它所担负的社会职能就越是能更好地实现。卢卡奇从亚里士多德关于陶冶的观点出发，指出在陶冶中所塑造的人的命运是由每个人自身的力量所唤起的，他借助陶冶的助力——完全依靠它——使自己的生活、自己的自我向良好的方向运动。在亚里士多德那里，艺术的社会教育力量只是由它的审美自我完成所取得。卢卡奇以较多的篇幅阐述了历史上艺术的社会作用，特别谈到"歌德对寓意与象征的严格区分在很多情况下是作为针对具体的时代倾向而形成的斗争手段"。而艺术作品的具世性也要求去实现它的意义的内在性。②

卢卡奇进一步指出，在古代直至文艺复兴所开辟的道路上，对人的研究一般都处于"中心地位"。"人作为人的兴趣的中心在审美上是与艺术的基本态度、与符合逻辑的拟人化相一致的；在世界观上它与对现实的此岸性指向的态度相等同。直至此岸性——在艺术表现上——具有一种与内在的、在内容上与作品的个性真正统一并与其具世性的深刻类似性。"这里涉及一种"纲领性"，其目标设定是：通过人并为了人而去把握现实，使世界成为人所自我创造的家园。而如果失去的家园显得像黄金时代，那就意味着这是一种控诉、一种斗争。所以，作为著名诗人的深刻认知，奏响了《安提戈涅》到高尔基的大合唱，人的一切真实存在的本质都是高贵的。从田园牧歌到悲剧，对这种此岸性的认同伸展开来，正在攀登它的最高峰，登上它的最内在的自我实现。在真正浏览了艺术

---

① 〔匈〕卢卡奇：《审美特性》（下卷），徐恒醇译，社会科学文献出版社，2015，第778～779页。
② 参见〔匈〕卢卡奇《审美特性》（下卷），徐恒醇译，社会科学文献出版社，2015，第1087、1120、1122页。

在上千年过程中创造的那些成果之后就会感到,正是悲剧是对尘世间人的自我保存和自我完善的最突出和最强烈的表现形式。①

卢卡奇看到,由艺术的一贯拟人化进一步得出,自我特殊性、作为典型所形成的东西,获得了一种处于艺术与生活之间的中介环节的形态。这样一种形态,既作为艺术推动了艺术的繁荣,同时扎根于人的基本生活关系中,有助于艺术在人类的发展中实现它的重要使命。这是人的定在的中心问题之一。如此来改造人的个体性,使它在实现他的任务时不仅没有阻碍,而且起到一种促进作用。塑造客观现实审美反映,如此创作的作品对在生活中直接现实的改造正是从个体性转化为典型的典范(转化为特殊性),其中个体性不是被消灭,而是加以扬弃。在艺术中"塑造赤裸的悲剧的人","将人作为艺术的客体来研究,是它从宗教支配下解放斗争的一个成果"。②

卢卡奇虽然谈到类比、寓意等问题,但其注重的是陶冶问题。他肯定地说:"陶冶所引起的震撼、净化使人超越他的直接给定的个体性,为他指出了一个广阔而深远的前景,使他狭窄的、个人的、有限的际遇与他所处的环境的本质联系起来,由此而与整个类的命运相关联。"陶冶的本质在于,在作品个性中形成了对日常的世界图像、对习惯的关于人、关于他的命运、关于使他行动的动机的思想感情的震撼,这种震撼把他引向一个更好理解的世界、引向能更真实而深刻把握的此岸性现实。因此,陶冶与人的改造和向更高发展的伦理范畴密切相关。所以,陶冶是指向人的本质的。正因为如此,它只能在一种社会-历史的具体性中起作用。历史是由人本身创造出来的。人的自我意识会最殷切地适应于历史。所以,陶冶的此岸性是一种普遍的现象:在具体而典型的单个人的命运中使社会和历史的本质通透化,是历史冲突呈现出来了——在善与恶的辩证法中——促进或阻碍历史进程的那些人的典型。从荷马到高尔基,他们提供了这方面的典型例证。而斯大林的"灵魂工程师"的理论和实践则与这一传统相割裂。对于这种理论和实践来说,文学知识只是

---

① 参见〔匈〕卢卡奇《审美特性》(下卷),徐恒醇译,社会科学文献出版社,2015,第1126~1127页。
② 参见〔匈〕卢卡奇《审美特性》(下卷),徐恒醇译,社会科学文献出版社,2015,第1128~1131页。

实现任一具体任务的有用的工具。它的出发点不再是带有其矛盾的具体的人，而是一个实际的社会问题，它提供了一种确定的赞成与反对，它所塑造的人物在这个框架内作为正面的或负面的力量被组装起来，其特性适应于这里所提出的实际任务。这种黑白分明的简单化描写，可能产生经院哲学式的问题。这种以正面性与负面性机械对比的见解和做法自然就会造成分裂。因此，特殊的任务自然就被提出来了。① 只有通过辩证法才能使诗性塑造的人真实地代表他的时代。

由于与世界和现实的审美映像保持着生动的关系，从而就超越了人的个体性。"对于审美具有中心意义的重要范畴如特殊性、典型，清楚地表明，在审美构成的简单事实中，在其自身包含了对单纯个体性的超越"，当然同时在这里也涉及对个体性的一种保持、一种由其中初始的扬弃。②

卢卡奇指出："艺术作品的自为存在对于人类发展所具有的重要意义正在于，在其中一切凡是在人的生活中出现的、变得重要的、在这种生活中完善起来的、所有展开的他的规定直至每一种具体可能的实现，但始终对于人的生活而言，由他与其自身世界的关系中升腾并毫无余地融入这一世界。艺术要适当地能完成这一使命，就必须在自为存在的审美范畴中发挥强大的形式要素的作用。"因为这里所要实现的仅仅是人向其呈现的每一点的努力，以实现人的当时的具体本质。艺术的魅力正在于，它"将它的任务及其命运提高到典型，由此它在接受者那里达到陶冶的效果，这样艺术就将它所塑造的形象以及在自身接受这些塑造形象之人提高到了特殊性的水准，使得他至少在这一艺术享受的过程中克服他自身的个体性"。③ 所以，卢卡奇肯定最著名的苏维埃作家的创造性基础，肖洛霍夫和马卡连柯是当代社会主义的最好代表。但是，卢卡奇也敏锐地看出："社会主义文学，它作为固有的历史注定的反作用力，在其生产的多数作品中干脆忽视了艺术解放斗争这一中心问题。"④

---

① 〔匈〕卢卡奇：《审美特性》（下卷），徐恒醇译，社会科学文献出版社，2015，第 1222～1223 页。
② 〔匈〕卢卡奇：《审美特性》（下卷），徐恒醇译，社会科学文献出版社，2015，第 1155 页。
③ 〔匈〕卢卡奇：《审美特性》（下卷），徐恒醇译，社会科学文献出版社，2015，第 1195、1200 页。
④ 〔匈〕卢卡奇：《审美特性》（下卷），徐恒醇译，社会科学文献出版社，2015，第 1224 页。

卢卡奇也充分注意到在这里隐含着我们所提到的困难：在社会主义文化中显示出的那种力量，它能胜利地将这一解放的斗争进行到底。这些困难只是暂时的，但也需要时间对如斯大林的某些错误进行批判性考察。不过，卢卡奇确认："如果我们考虑到，在哲学上我们确信有足够的理由，毫不动摇地坚信我们的前景，不管要多长时间，不管道路有多少曲折，这一目标终会实现。在所有这些问题上，历史唯物主义的基本原理到处都是适用的：随着经济基础的改变，上层建筑会或多或少地以不均衡的方式随之改变。在这方面，斯大林时期不仅客观上已成为过去，而且在意识上培养人们与新的世界历史状况相适应的活动、思想和情感的过程也已经开始。"① 但实际上，具体的历史进程并不完全像人们想象的那么简单，马克思、恩格斯和列宁对革命和建设所估计到的困难、曲折要更多一些。社会主义需要经历几个不同性质的过渡阶段，从根本上改造旧社会的种种弊端，经过比以往任何社会都要长得多的艰苦卓绝的奋斗，才能逐步得以实现。卢卡奇以乐观的态度相信："社会主义的社会秩序可以致力于用几千年来高度发展起来的精神去鼓舞人，用科学和哲学、艺术和伦理学将人民提高到范例所给出的高度。"他还肯定，歌德时代在一定意义上可以说是宗教消亡过程的倒数第二个阶段的一个序曲，这一过程将其客观所指向的普遍性转化为主体对宗教需要的抵制。卢卡奇相信，歌德本人总是致力于将每一种超验取向从思想、创造和行动中剔除掉。由此形成一种前后一贯的包罗万象的、人的此岸性的有效官能。他深知，宗教需要只有这样才能消亡：人能够把至此只是以宗教形式所享有的全部精神的和心灵的能量，用来构成实现感性的此岸生活的感性组成部分。当他谈到宗教时，他认为宗教需要只能用这样一行文字来理解，借这行文字能以最值得的方式来结束我们的考察：

谁享有科学和艺术，
他也就享有宗教；
谁没能享有前两者，

---

① 〔匈〕卢卡奇：《审美特性》（下卷），徐恒醇译，社会科学文献出版社，2015，第 1224～1225 页。

他就只能信宗教。①

能否这样来理解卢卡奇所表达的歌德思想的真实含义：现有的宗教未来将消亡，而享有宗教则是享有幸福美好的未来。那么，我们是否可以认为，这就是马克思所进一步创造性发展和提出的"自由人联合体"，即"每个人的自由发展是一切人的自由发展的条件"②呢？

所以，卢卡奇的《审美特性》赢得了广泛而高度的评价。有一种权威的看法是：这一巨著的"最大功绩在于，它把艺术描述为人类的一种感性意识，是人类争取自我解放和消灭阶级统治斗争的党性组成部分；按每个时代的标准不同而不同，但艺术同社会之间关系的中心是现实主义"③。虽然卢卡奇的美学思想中也有值得研究或争论的论点，但他在把辩证唯物主义反映论运用于美学探讨和提出深刻的卓越的见解方面，无疑成就卓著。因此，卢卡奇在美学上的成就，就20世纪来说是无人能与之匹敌的。而美国的一位学者则认为他的美学理论"可与马克思主义政治经济学相媲美"，卢卡奇是"美学方面的马克思"。④

卢卡奇的杰出弟子赫勒对《理性的毁灭》以及晚年的《社会存在本体论》持有一种严厉批评的态度，但对《审美特性》这部著作却颇为肯定，认为他回到了青年时代《海德堡美学》的思维方式所表达的"伟大哲学"。这种哲学具有现代"依然质朴的"特征，在其中艺术的本质被理解为个性与类的统一，强调艺术的功能是消除拜物教化，因而仍然是坚持马克思的宣言——由于这个宣言，自由的世界向我们开放，也就是追求马克思"自由人联合体"的伟大理想。同时，《审美特性》的结论又是对斯大林主义的批判，因为斯大林主义阻碍了马克思预言的实现。另外，这部著作中所有的辩证唯物主义概念都增加了新内容和新含义。

---

① 〔匈〕卢卡奇：《审美特性》（下卷），徐恒醇译，社会科学文献出版社，2015，第1225～1226页。
② 《马克思恩格斯选集》第1卷，人民出版社，2012，第422页。
③ 《匈牙利纪念卢卡奇一百周年诞辰提纲》，（匈牙利）《社会评论》1983年第8～9期。
④ 张伯霖编译《关于卢卡奇哲学、美学思想论文选译》，中国社会科学出版社，1985，第119页。

例如，反映被理解为"时代精神"含义上的模仿。① 卢卡奇的另一位弟子费赫尔十分推崇卢卡奇的美学思想，他肯定卢卡奇提出的关于"类本质"的思想的重要性，并指出："'审美'不仅是一种民主的，还是一种多元的领域。正如卢卡奇在20世纪三四十年代的文学评论中所描述的那种，《审美特性》为伦理民主的多元主义提供了普遍的哲学基础。"乔治·马尔库什认为，《审美特性》中包含着某些最基本的观念和范畴，如对象化概念、"完整的人"与"人作为一个整体"之间的差别、同质中介的范畴、作为自我封闭的总体的艺术作品概念等。我们还可以发现，卢卡奇把艺术作品世界的特征描述为适合人之需要的乌托邦现实——这也是他晚期著作的基本特点，即马克思主义美学关于艺术等去拜物教使命的观点。民主德国学者 J. 萨列尔在《格奥尔格·卢卡奇与审美问题》一文中称赞说："几乎没有另外一位思想家像卢卡奇那样在有一切限制的情况下如此强烈地为艺术的特殊重要性而斗争，并做出了论证。"卢卡奇从实践方面对艺术家提出的社会要求是："艺术家的责任首先在于，在任何社会条件下，同样也在社会主义继续发展的情况下，要对社会进步作出创造性贡献。"所以，萨列尔认为，卢卡奇是20世纪伟大的、勇敢的思想家之一。②

---

① 〔匈〕阿格妮丝·赫勒主编《卢卡奇再评价》，衣俊卿等译，黑龙江大学出版社，2011，第236~238、242~243页。
② 载中国社会科学院《国外社会科学》1985年第9期。

第九章 "新民主主义"与"直接民主"

政治、经济和生活各方面的民主及其社会实现的过程这一问题贯穿在卢卡奇的全部著作中。20世纪初的《策略与伦理学》《布鲁姆提纲》，1946年的《文学与民主》《民主与文化》这两篇论文以及专著《近代文化中进步与反动的斗争》，1948年的《文化革命与人民民主》《马克思主义哲学在新民主主义中的任务》等都涉及民主问题。卢卡奇依据马克思和列宁的思想，也结合东欧国家相对落后的具体情况，特别重视马克思主义关于人民民主的思想，并对此做出了系统、具体而有创造性的阐发。

第一节 新民主主义思想的形成和发展

卢卡奇清楚地知道马克思关于维护大多数贫苦群众的利益以及人民民主的卓越思想。马克思早在1842年就公开地为在政治上、社会上备受压迫的贫苦群众进行辩护。1843年夏，马克思在《黑格尔法哲学批判》中批判了黑格尔的君主主权的思想。马克思主张"人民主权"，如果主权存在于君主方面，那么人民方面就是无权，所以"不是君主的主权，就是人民的主权"，二者必居其一。其次，君主主权与人民主权是"完全对立的"，"其中一个是能在君主身上存在的主权，另一个是只能在人民身上存在的主权"。[①] 马克思坚持人民主权，"人民的主权不是从国王的主权中派生出来的，相反地，国王的主权倒是以人民的主权为基础的"。"民主制是国家制度一切形式的猜破了的哑谜"，是"人民创造国家制度"。[②] 这是马克思第一次对人民民主的系统论述。恩格斯于1845年底甚至指出，民主已经成为无产阶级的原则、群众的原则。群众"全都认为民主这个概念中包含着社会平等的要求"。"我们在估计共产主义

[①] 《马克思恩格斯全集》第3卷，人民出版社，2002，第38页。
[②] 《马克思恩格斯全集》第1卷，人民出版社，1956，第279、281页。

的战斗力量的时候，可以放心地把这些具有民主思想的群众估计在内。而且，当各民族的无产阶级政党彼此联合起来的时候，它们完全有权把'民主'一词写在自己的旗帜上。"所以，恩格斯断言，"现代的民主主义就是共产主义"。①马克思恩格斯在《共产党宣言》中进一步具体指出："工人革命的第一步就是使无产阶级上升为统治阶级，争得民主。"②这是马克思恩格斯民主思想的具体化。马克思在《法兰西内战》中强调巴黎公社选出的代表应是"交给社会的负责的公仆"，是"应当为组织在公社里的人民服务"，从而"公社给共和国奠定了真正民主制度的基础"。③《法兰西内战》可以看做马克思真正民主制思想的最高表现。恩格斯在为马克思《法兰西内战》1891年单行本写的导言中强调要建立"新的真正民主的国家政权"。④晚年的恩格斯在《1891年社会民主党纲领草案批判》中指出，对于相对落后的德国封建专制制度来说，"首先它必须为运动争得自由的场所，必须扫清大量的封建主义和专制制度残余，一句话，就是必须完成德国资产阶级政党过去是而且现在仍然是由于过于怯懦而不能完成的工作。因此，它至少在今天应该把其他文明国家里已经由资产阶级亲手实现了的各种要求也写进自己的纲领中"。⑤这里显然就包含着对落后国家有必要经历的人民民主革命阶段的主要政治任务，是人民民主革命思想的真实表达。这已为中国新民主主义革命的伟大成功所证实，也是卢卡奇、季米特洛夫等人在第二次世界大战后反复强调的重大问题。

列宁继承了马克思恩格斯关于民主的思想，他早在1914年发表在《劳动真理报》上的《一位自由派的坦率见解》中就指出："马克思主义者主张民主制，同时知道资产阶级民主制的全部局限性。""民主制就是没有中世纪的或者说农奴主的特权，就是群众统治。"所以，"立宪民主党人和所有的自由派害怕民主甚于害怕反动"。"自由派害怕广大群众登上政治舞台的前台，这就是关键所在。"⑥其实，历来所有统治阶级、一

---

① 《马克思恩格斯全集》第2卷，人民出版社，1957，第664、676页。
② 《马克思恩格斯文集》第2卷，人民出版社，2009，第52页。
③ 《马克思恩格斯文集》第3卷，人民出版社，2009，第157页。
④ 《马克思恩格斯文集》第3卷，人民出版社，2009，第111页。
⑤ 《马克思恩格斯文集》第4卷，人民出版社，2009，第421页。
⑥ 《列宁全集》第25卷，人民出版社，2017，第305页。

切农奴主、地主、资本家等少数极为富有的特权者都害怕人民群众当家做主、真正掌权。与此相反，马克思主义者则主张真正的人民当家做主。列宁还具体地指出："没有公开性而来谈民主是可笑的。"①"只有承认和实行选举人对代表的罢免权，才能被认为是真正民主的和确实代表人民意志的机关。"②"民主就是全体居民群众真正平等地、真正普遍地参与一切国家事务。"③他指出："如果认为争取民主的斗争会使无产阶级脱离社会主义革命，或者会掩盖、遮挡住社会主义革命等等，那是根本错误的。相反，正像不实现充分的民主，社会主义就不能胜利一样，无产阶级不为民主而进行全面的彻底的革命的斗争，就不能作好战胜资产阶级的准备。"④列宁在其他地方也指出："人民需要共和国，为的是教育群众实行民主。"⑤但是，人民的自由"只有在人民真正能够毫无阻碍地结社、集会、办报、亲自颁布法律、亲自选举和撤换一切负责执行法律并根据法律进行管理的国家公职人员的时候，才能得到保障"⑥。而且，"任何由选举产生的机关或代表会议，只有承认和实行选举人对代表的罢免权，才能被认为是真正民主的和确实代表人民意志的机关"⑦。列宁真正懂得苏维埃政权的实质就是工人和半无产者的群众组织，"是整个国家政权和整个国家机构的固定的和唯一的基础"。正是这些群众"现在经常被吸引来而且一定要吸引来参加对国家的民主管理并在其中起决定作用"⑧。超越并优越于资产阶级形式民主的人民民主和社会主义民主是马克思主义的本质所在，是社会主义社会繁荣昌盛的关键所在。

列宁1922年12月23~29日《给代表大会的信》及此后的相关文件，通常被视为他最后的"政治遗嘱"。这可以看做列宁关于实行人民民主的重要建议：

（1）"首先我建议把中央委员人数增加到几十人甚至100人。如果

---

① 《列宁全集》第5卷，人民出版社，1959，第448页。
② 《列宁全集》第33卷，人民出版社，2017，第106页。
③ 《列宁全集》第28卷，人民出版社，2017，第111页。
④ 《列宁全集》第27卷，人民出版社，2017，第255页。
⑤ 《列宁全集》第29卷，人民出版社，2017，第287页。
⑥ 《列宁全集》第13卷，人民出版社，2017，第67页。
⑦ 《列宁全集》第33卷，人民出版社，2017，第106页。
⑧ 《列宁全集》第35卷，人民出版社，2017，第493页。

我们不实行这种改革，我想，一旦事态的发展不是对我们十分有利（而我们不能寄希望于十分有利这一点上），我们的中央委员会就会遭到很大的危险。"这就是说，"为了提高中央委员会的威信，为了认真改善我们的机关，为了防止中央委员会一小部分人的冲突对党的整个前途产生过分大的影响，这样做是必要的"。"采取了这样的措施，我们党的稳定性将增强千倍。"①

（2）"我们党依靠的是两个阶级，因此，如果这两个阶级不能协调一致，那么党就可能不稳定，它的垮台就不可避免。一旦出现这种情况，采取任何措施，怎么谈论我们中央委员会的稳定性，都是没有用的。在这种情况下，任何措施都不能防止分裂。""斯大林同志当了总书记，掌握了无限的权力，他能不能永远十分谨慎地使用这一权力，我没有把握。另一方面，托洛茨基同志，正像他在交通人民委员部问题上反对中央的斗争所证明的那样，不仅具有杰出的才能。他个人大概是现在的中央委员会中最有才能的人，但是他又过分自信，过分热衷于事情的纯粹行政方面。"②

（3）"在年轻的中央委员中，我想就布哈林和皮达可夫谈几句。依我看，他们是最杰出的力量（在最年轻的力量中），对他们应当注意下列情况：布哈林不仅是党的最宝贵的和最大的理论家，他也理所当然被认为是全党喜欢的人物，但是他的理论观点能不能说是完全马克思主义的，很值得怀疑，因为其中有某种烦琐哲学的东西（他从来没有学过辩证法，因而——我想——他从来没有完全理解辩证法）。"③

（4）后来列宁又补充道："我们中央委员会和中央监察委员会以及我们全党的主要任务在于密切注视可能产生分裂的情况并防止这种情况发生，因为我们共和国的命运归根到底将取决于农民群众是和工人阶级一道走，忠实于和工人阶级的联盟，还是让'耐普曼'即新资产阶级把他们和工人拆开，使他们和工人分裂。"④

（5）列宁在"续记"中又特别嘱咐："吸收很多工人参加中央委员会，会有助于工人改善我们糟透了的机关。"所以，现在"全部工作都

---

① 《列宁全集》第43卷，人民出版社，2017，第341~342页。
② 《列宁全集》第43卷，人民出版社，2017，第342~343页。
③ 《列宁全集》第43卷，人民出版社，2017，第343页。
④ 《列宁全集》第43卷，人民出版社，2017，第381页。

应该集中到改善机关上"。"工人中央委员主要应当是这样的工人,他们的岗位低于五年来被我们提拔为苏维埃职员的那一层人,他们更接近于普通的工人和没有成为直接或间接剥削者的农民。"这种工人参加中央高层会议,"能够成为忠诚拥护苏维埃制度的骨干,他们,第一,能使中央委员会本身具有稳定性,第二,能真正致力于革新和改善机关"。① 同时列宁也指出,为了改善机关的工作,"我们应该利用高度熟练的专家"。至于"如何使这些知识丰富的做检查工作的专家同这些新的中央委员配合起来,这个任务应该在实践中解决"。② 在改善国家机关问题上,"我们应该遵守一条准则:宁可数量少些,但要质量高些"。③

这些就是列宁经过深思熟虑留下的极其重要的民主政治遗嘱。令人痛惜的是,这一至关重要的遗嘱并没有在此后的党代表大会上得到切实贯彻和落实。列宁逝世以后的发展,准确地证明了列宁有极为敏锐的洞察力和远见卓识,这也是马克思民主精神的突出体现,特别是表现在建议"吸收很多工人参加中央委员会","革新""改善"机关等重要嘱咐上。斯大林对苏共内部及苏联后来的解体都产生了严重影响,这是尽人皆知的。列宁深刻的人民民主思想和民主作风是一个需要认真对待和深入研讨的重大问题。

罗莎·卢森堡被列宁视为"马克思主义的杰出代表"。她强调,无产阶级专政在于"运用民主","无产阶级专政就是社会主义意义上的民主",是"不受限制的民主的阶级专政",认为民主制对于工人阶级是必要的、不可缺少的。首先,民主制是必要的,因为它创立了各种政治形式(自治、选举权等),在无产阶级改造资本主义社会时可以给它充当跳板和支撑点。其次,民主制是不可缺少的,因为无产阶级只有在民主制中,在为民主制而斗争的过程中,在运用民主权利的过程中,才能意识到自己的阶级利益和自己的历史使命。因此,她非常重视社会主义的目的就是"使国家制度民主化,提高工人阶级的思想水平和物质水平"。④

---

① 《列宁全集》第43卷,人民出版社,2017,第345~346页。
② 《列宁全集》第43卷,人民出版社,2017,第347页。
③ 《列宁全集》第43卷,人民出版社,2017,第384页。
④ 中共中央马克思恩格斯列宁斯大林著作编译局国际共运史研究所编《卢森堡文选》(下卷),人民出版社,1990,第134、425页。

卢森堡深信马克思说的工人阶级的解放应该是工人阶级自己的事情，认为"马克思的观点就是尊重群众，把群众的觉悟看成是社会民主党一切政治行动的决定性因素"。①

与此同时，卢森堡也非常重视党的"政治领导"，肯定它是"现代社会公众生活中头等重要的力量"。但是，她也强调："每一次真正伟大的阶级斗争都必须以最广大的群众的支持与参加作基础。"她确认："我们党的力量不在议会之中……而在议会外的四百二十万人民群众之中。"人民群众是"决定性的"，是革命取得胜利的根本保证。所以，卢森堡要无产阶级专政，更要人民民主。卢森堡断言，发扬党内民主和发挥广大党员的首创精神是保证党的旺盛生命力的必不可少的条件。而"取消一切民主制"，就"堵塞了唯一能够纠正社会机构的一切天生缺陷的那一生气勃勃的源泉本身"。②这里也可以看做卢森堡突出强调人民民主和社会主义民主制度思想的精辟表达。

季米特洛夫（1882～1949年），保加利亚共产党总书记，共产国际执委会书记（1935～1943年），为反对法西斯主义、纳粹主义做出过重要贡献。季米特洛夫曾是著名的反法西斯英雄。1949年，他想要在东欧建立一个与苏联模式有别的社会主义国家联盟——社会主义的"巴尔干联邦"，此想法还没有实现，他在苏联疗养时就突然死亡。

据西班牙《我们的旗帜》杂志1982年7月号报道，"马克思主义研究会"于同年5月召开了一次有关季米特洛夫的政治思想的国际讨论会，以纪念这位伟大的共产主义运动领导人一百周年诞辰。1934年4月7日，季米特洛夫在与当时苏共领导人的会谈中强调争取民主的斗争和实现社会主义的斗争的统一性和连续性；阐明在法西斯主义不仅侵犯共产主义运动而且侵犯一般的民主的条件下，就有可能出现无产阶级革命发展过程中的民主阶段。

季米特洛夫在1948年12月19日的一次报告中谈到了人民民主国家的阶级性质问题。他说："人民民主制度体现工人阶级领导下劳动者的统

---

① 中共中央马克思恩格斯列宁斯大林著作编译局国际共运史研究所编《卢森堡文选》（下卷），人民出版社，1990，第219~220页。
② 中共中央马克思恩格斯列宁斯大林著作编译局国际共运史研究所编《卢森堡文选》（下卷），人民出版社，1990，第579、497页。

治。"6 天以后，在保加利亚共产党的一次代表大会上季米特洛夫再次阐述了同一思想，确定人民民主是一种社会主义国家形式，其阶级内容显然是无产阶级专政。所以，季米特洛夫在 1945 年 11 月就提醒说，反对法西斯主义独裁专制的"祖国阵线的政府不是要发展成代表'共产党人专政'的一党政府。我们面临的任务十分艰巨复杂，单独一个党或一个阶层是无法胜任的"，需要一切进步民主力量共同努力。1946 年他又进一步指出："保加利亚不是苏维埃共和国，而是人民共和国，在这里是由绝大多数人民担任领导的。"总之，那时季米特洛夫认为祖国阵线的政治制度会"维持一段历史时期"，"这是一个不能跨越的时期"。对此不少人认为，在那时，社会主义国家和人民民主国家的一些马克思主义思想家以及季米特洛夫本人，都有这样一种思想：人民民主是一种不同于无产阶级专政的、从资本主义制度向社会主义制度过渡的新的民主形式。

季米特洛夫从 1934 年开始就公开提出各国共产党不能由莫斯科领导，承认各共产党活动的真正自主权。他比较早地认识到："各国实现社会主义所走的道路并不是一成不变的，并不一定完全走苏联的道路，而是根据各自的历史、民族、社会、文化等条件走自己的道路。"[1]

卢卡奇曾经给季米特洛夫当过翻译，他们之间关系密切，相互非常了解和熟悉。季米特洛夫曾经干预过苏联把卢卡奇当成奸细抓起来这件事，卢卡奇因此很快得以释放，这成了卢卡奇后来对人们常说的一件事。显然，卢卡奇也受到当时季米特洛夫关于人民民主和反法西斯人民阵线思想的明显影响。为此，还在第二次世界大战处于激战时期，卢卡奇就专门写了一篇高扬民主和揭露希特勒法西斯主义和日本军国主义独裁专制的论文，题名为《民主制为什么优越于独裁制？》，该文从理论和实践上论证和阐明了民主制的优越性。他明确认为，第二次世界大战是进步的民主制和落后的独裁制之间的世界战争。他指出："民主制的力量就在于它在艰难的时期，在祖国受到真正威胁时能够要求人民作出特殊的牺牲。但是只有在最广大的人民群众清楚地看到他们的国家真正出现危险时才许可作出自己的牺牲。""民主制的社会优越性在战争的进程中——

---

[1] 以上均转引自余幼宁摘译《季米特洛夫政治思想国际讨论》，《国外社会科学》1982 年第 12 期。

诚然有时是以缓慢的速度——也正在转化为军事上的优势。"而在独裁制中，"中央政权的威信不是以与多数居民意志的志愿一致为依据的，而是以一种盲目听从、一种无思想的屈服、一种人为培植出来的盲目相信当时独裁者负有'上帝差遣'使命为基础的"。所以，"独裁制度的致命弱点显而易见首先是不能从自己的力量中在困难的情况下获得再生"。

卢卡奇清楚地看到，民主制和独裁制的优劣的"普遍强烈对比可以从民主制和独裁制的社会本质中易于得到简便解释——因此二者的社会内容在历史的进程中也会变得不同。决定性的因素无疑是最广泛的群众连同民主政府制度一起密切发展，他们感觉到这种政治制度是他们自己生活的一个组成部分。然而在任何独裁制中，作为一种异己政权的国家则与群众相对立，而且以在历史上非常易变的方式笼罩着宗教和虚构的庄严气氛"。"在民主制中，与政府制度的联系在诸事物的正常状态方面表现为某种不言而喻的东西，而且要是出现大的危局时，就会有意识地表现出献身、热爱、牺牲精神等等。"卢卡奇认为："诸民主制的力量恰恰最明显地表现在危机时期，这种力量不仅仅在于有更大的能力从数量上动员人民力量……同时也取决于质的动员……这里就有民主制优越性的一个重要原因。"

中欧和东南欧在第二次世界大战结束后的一段时间里开始实行人民民主制度，从1947年秋季起，它们由人民民主试验转向为社会主义过渡创造条件。中东欧社会主义政治制度模式呈现出多样化，从人民民主制度走向符合各自国情的独特新道路，从而一度显示出强大的生命力。这种多样化的模式由于符合马克思主义精神和东欧国家的实际情况而深受广大群众欢迎。所以，卢卡奇1948年在《马克思主义哲学在新民主主义中的任务》这一论著中首次明确提出了"新民主主义"概念，并阐明了马克思主义哲学在新民主主义阶段的任务。

东欧国家的历史和社会发展状况，与中国有诸多相似之处。毛泽东在新民主主义革命阶段，也多次谈到人民民主问题。1939年秋天，毛泽东几乎先于卢卡奇近十年首次正式提出了"新民主主义"，同年12月在《中国革命与中国共产党》中又再次使用"新民主主义"这个词语并提出"几党专政"的概念，而"新民主主义"特别集中使用在《新民主主义论》中。毛泽东于1940年1月9日在陕甘宁边区文化协会第一次代表大会上做了题为《新民主主义的政治与新民主主义的文化》的讲演。该文首载于 1940 年 2 月 15 日在延安出版的《中国文化》创刊号,同年 2 月 20 日出版时改名为《新民主主义论》。该文首先指明研究新民主主义的原则态度:"只有千百万人民的革命实践,才是检验真理的尺度。"① 毛泽东在该文中强调,现时"所谓中华民族的新政治,就是新民主主义的政治;所谓中华民族的新经济,就是新民主主义的经济;所谓中华民族的新文化,就是新民主主义的文化。……改变这个殖民地、半殖民地、半封建的社会形态,使之变成一个独立的民主主义的社会。……建立一个社会主义的社会。"② "中国无产阶级、农民、知识分子和其他小资产阶级,乃是决定国家命运的基本势力。"中国是"几个反对帝国主义的阶级联合起来共同专政的新民主主义的国家"。因此,针对蒋介石的独裁专制,毛泽东明确指出:"一党专政呀,一个主义呀,等等花腔,岂非更加不好意思唱了吗?如果不入汪精卫一伙,要入抗日一伙,又想于抗日胜利之后,一脚踢开抗日人民,自己独占抗日成果,来一个'一党专政万岁',又岂非近于做梦吗?"③

毛泽东又进一步指明:"一切殖民地半殖民地国家的革命,在一定历史时期中所采取的国家形式,只能是第三种形式,这就是所谓新民主主义共和国。这是一定历史时期的形式,因而是过渡的形式,但是不可移易的必要的形式。"④ 新民主主义革命这个"第一步的时间是相当地长,决不是一朝一夕所能成就的。我们不是空想家,我们不能离开当前的实际条件"。⑤

毛泽东的《新民主主义论》的中心思想是:在政治上,要建设一个无产阶级领导的、以工农联盟为主体的新民主主义共和国,提出中国的经济一定要走"节制资本""平均地权"的路,绝不能是"少数人所得而私",绝不能建立欧美式的资本主义社会,在文化上则是新民主主义文化,而将来则要建立社会主义社会。

---

① 《毛泽东选集》第 2 卷,人民出版社,1991,第 663 页。
② 中共中央文献研究室编《建党以来重要文献选编(1921~1949)》第 17 册,中央文献出版社,2011,第 14~15 页。
③ 《毛泽东选集》第 2 卷,人民出版社,1991,第 674、676、682 页。
④ 《毛泽东选集》第 2 卷,人民出版社,1991,第 675 页。
⑤ 《毛泽东选集》第 2 卷,人民出版社,1991,第 684 页。

1945年毛泽东在《论联合政府》的政治报告中进一步提出了"人民的言论、出版、集会、结社、思想、信仰和身体这几项自由，是最重要的自由"。① 要在"给予人民以充分的自由"的前提下，先成立一个"临时的联合政府"；在驱逐了日本侵略者以后，"在全部国土上进行自由的无拘束的选举，产生民主的国民大会，成立统一的正式的联合政府"。②

《论联合政府》中特别引人注目的是："有些人怀疑中国共产党人不赞成发展个性，不赞成发展私人资本主义，不赞成保护私有财产，其实是不对的。民族压迫和封建压迫残酷地束缚着中国人民的个性发展，束缚着私人资本主义的发展和破坏着广大人民的财产。我们主张的新民主主义制度的任务，则正是解除这些束缚和停止这种破坏，保障广大人民能够自由发展其在共同生活中的个性，能够自由发展那些不是'操纵国民生计'而是有益于国民生计的私人资本主义经济，保障一切正当的私有财产。"③ 该报告还强调："只有经过民主主义，才能到达社会主义，这是马克思主义的天经地义。而在中国，为民主主义奋斗的时间还是长期的……没有几万万人民的个性的解放和个性的发展，一句话，没有一个由共产党领导的新式的资产阶级性质的彻底的民主革命，要想在殖民地半殖民地半封建的废墟上建立起社会主义社会来，那只是完全的空想。"④《论联合政府》作为党的全国代表大会正式通过和发布的政治报告，作为党的纲领，这是一个非常符合中国国情和中国广大人民利益的报告，因而是中国人民和民主党派迫切需要而且互相同意的共同纲领。

1945年9月毛泽东在答路透社记者问时还宣告："'自由民主的中国'将是这样一个国家，它的各级政府直至中央政府都由普遍、平等、无记名的选举所产生，并向选举它的人民负责。它将实现孙中山先生的三民主义，林肯的民有、民治、民享的原则与罗斯福的四大自由。它将

---

① 《毛泽东选集》第3卷，人民出版社，1991，第1070页。
② 《毛泽东选集》第3卷，人民出版社，1991，第1069～1071页。
③ 《毛泽东选集》第3卷，人民出版社，1991，第1058页。
④ 《毛泽东选集》第3卷，人民出版社，1991，第1060页。

保证国家的独立、团结、统一及与各民主强国的合作。"①

由此可以看出，毛泽东关于新民主主义的理论和思想是马克思主义与中国实际国情相结合的最杰出产物，也是对马克思主义在中国运用和发展的光辉典范，因而指导中国新民主主义革命取得了伟大胜利。

以社会主义为方向的人民民主阶段是个极其重大的理论问题和实践难题，是一个需要长时间贯彻实行的历史阶段。但许多马克思主义者，特别是一些"左"的或教条主义的马克思主义者都没有真正理解马克思所说的工人阶级历史使命的伟大之处及其艰巨性和长期性，更不知道像俄国这样比较落后的国家必须经过一个较长的新民主主义阶段才能依据实际情况逐步过渡到社会主义阶段，以至于后来使社会主义事业遭到无数次的挫折和惨重损害。

有鉴于此，卢卡奇改正了早期简单化的"左"的错误，在相当长的时间内一直坚持人民民主的思想，但却多次被看做犯了右倾错误，甚至被视为"修正主义"在理论上的最大代表。这似乎可以看做国际共产主义运动发展中最严重的教训。

所以，1937年卢卡奇就看到和肯定欧洲一些国家的进步作家都在争取"一种全新类型的民主主义"，肯定这是"一种新民主"。即使在"革命民主传统那样薄弱"的德国，"仍然可以看到革命民主主义者对社会主义问题的有趣的和重要的争论，它总是以对这个时代的巨大问题作出肯定的回答为结束"。因此，卢卡奇肯定地指出："革命民主主义跟劳动人民各阶层的联合、同对待人民当前的客观上和主观上发展成熟程度的敏感性，是今日过渡时代最重要的因素之一。"卢卡奇还注意到，从德国流亡出来的绝大多数带有部分民主倾向的自由主义知识分子，"大大地朝着革命民主主义方向进步了"。他肯定地说："在科学和文学上证明革命民主主义是拯救德国的唯一道路。"② 卢卡奇在第二次世界大战临近结束时，又有远见地指出，德国人民在未来不仅必须同反动的普鲁士专制传统决裂，而且必须同魏玛共和国的资产阶级民主传统决裂，德意志精神需要一个真正民主的转变。

---

① 《毛泽东文集》第4卷，人民出版社，1996，第27页。
② 〔匈〕卢卡契：《卢卡契文学论文集》第1册，中国社会科学院外国文学研究所外国文学研究资料丛刊编辑委员会编，中国社会科学出版社，1980，第100~103、118、123页。

第二节　形式民主与作为社会主义斗争一个阶段的"新民主主义"

第二次世界大战后，由于东欧一系列国家走上人民民主的道路，民主问题又成了人们讨论的中心问题之一。1946年，卢卡奇明确提出了"民主文学的必然性就是现实主义"，希望"恢复匈牙利人民的民主"，尤其是在《文学与民主（二）》中用较多的篇幅集中阐明了民主问题，提出了"新的民主"这一概念，指明："无论在社会主义民主主义中，还是在新民主主义中，那些新的本质的东西正是同19世纪和20世纪民主的一般发展有所区别。"① 特别值得注意的是，卢卡奇较为系统地阐明了直接民主与间接民主的问题，指出这个问题是作为二者的"矛盾而提出来的。直接民主例如雅典的民主，意大利城邦国家的民主和瑞士的州的民主；间接民主社会的国会形式正像在英国所形成的那样"。②

卢卡奇特有的新观点是："间接民主的这种貌似完全的、最后的胜利却是一种败比胜多的胜利，因为间接民主的这种完全的胜利、完全的巩固同时也就意味着形式民主世界危机的到来。""现时生活的文化命运从长远来讲要决定于：民主是否将会取得胜利，什么样的民主将在政治上、社会上、精神上和道德上最后成功地消灭法西斯的残余。"卢卡奇断然问道："什么样的民主？这本身就已经是一个问题。这个问题深深地触怒了现实民主的保守的卫道者，他们没有察觉，而且许多人也不愿意察觉他们正因为这样而避开了消灭法西斯的重要问题这一事实。他们没有察觉法西斯主义——在社会上和思想上——取得胜利的重要先决条件之一正是上面所谈到的民主的危机。一方面，这使劳动人民、工农群众和知识分子的大部分变成法西斯宣传煽动的牺牲品；另一方面，这又使得与法西斯相对抗的一大部分人（特别是知识分子）在思想上差不多完全失去

---

① 〔匈〕卢卡契：《卢卡契文学论文集》第1册，中国社会科学院外国文学研究所外国文学研究资料丛刊编辑委员会编，中国社会科学出版社，1980，第325页。
② 〔匈〕卢卡契：《卢卡契文学论文集》第1册，中国社会科学院外国文学研究所外国文学研究资料丛刊编辑委员会编，中国社会科学出版社，1980，第325~326页。

了对法西斯的抵抗力。"①

卢卡奇概括地说:"危机的原因在于在发达的资本主义国家里民主常常披着利用所有历史成果并遵守所有的'游戏规则'的外衣,但是,从事情的效果上看来却是违背劳动人民利益的。"形式民主是"一小撮垄断资本统治集团""行使无限统治权","表面上还有条不紊地在行使着形式民主,实际上却是一小撮无名的集团"的统治。"这种统治不管从阶级内容上,从表现形式上,以及从它的权威人物上看来都不能吸引劳动人民。劳动群众并不把这种民主看成自己的政权,所以当法西斯发起第一次进攻时,差不多完全没有抵抗地就垮台了。"②

卢卡奇根据列宁对"资产阶级民主的资产阶级专政性质"和"无产阶级专政的无产阶级民主基础"所做的比较,断定"形式民主""使人民意志的直接表达与国家生活的所有方面发生脱节现象",而"列宁设想中的无产阶级国家,社会主义却包含了不知多少民主的因素"。③

卢卡奇进一步指出,形式民主的原则及其实际运用愈是为一小撮富有阶层(或者说保留了封建残余的大资本)服务,统治阶层就愈是强烈地阻挠每个群众运动,通过行政手段来制止它,并从思想上给它制造困难。这里,广大群众的作用是在一定的时期内以投票的方式给予这种反人民政权以形式民主的群众基础。但这种投票是由庞大的资本主义机构来组织的,思想上的指导(报纸、广播等)掌握在巨大的资本主义办事处手中。不同意这个制度的群众很难有组织地出来讲话,但完全直接地、无组织地发表意见又为形式民主的法定制度当成偏向而加以惩罚,在垄断资本发达的美国,这种制度表现得特别明显。在形式上,群众有权利建立维护自己利益的政党,实际上这不过是给他们一种精神上的安慰而已;实际上只有选举两个资产阶级政党中的一个党的选举权。

卢卡奇清楚地看到,资本主义国家的社会情况和从中建立起来的理论使群众和形式民主脱节。这种脱节主要表现在危机时期。在这个问题

---

① 〔匈〕卢卡契:《卢卡契文学论文集》第1册,中国社会科学院外国文学研究所外国文学研究资料丛刊编辑委员会编,中国社会科学出版社,1980,第326~327页。
② 〔匈〕卢卡契:《卢卡契文学论文集》第1册,中国社会科学院外国文学研究所外国文学研究资料丛刊编辑委员会编,中国社会科学出版社,1980,第327页。
③ 〔匈〕卢卡契:《卢卡契文学论文集》第1册,中国社会科学院外国文学研究所外国文学研究资料丛刊编辑委员会编,中国社会科学出版社,1980,第327~328页。

上，魏玛共和国的民主便是帝国主义时代脱离人民生活的形式民主的学派典范：没有民主拥护者的民主。当然毫不奇怪，魏玛共和国的民主在纳粹的第一次进攻下便毫无抵抗地垮台了。

由此可见，卢卡奇是对资产阶级形式民主局限性进行深入研究和透彻揭露的杰出思想家之一。在他看来，与资本主义国家的形式民主不同，"无产阶级民主的一个基本思想便是：政治是每个人一生中直接自身的事情；每个社会问题，每个经济和文化问题在这种意义上也是政治问题。这种意义上，对于每个人来说，每个问题的出发点是：这是你的事情。根据卢梭的观点，在像苏联这样一个国家内不管怎样都不能在直接民主的基础上行使政权，在这点上他是对的。但他的关于19到20世纪的那种——大概的——经验却是完全错误的，这种论断似乎意味着在行政上完全取消直接民主的原则一样。相反地：发展是向着——在从行政上、社会上有意识地提高群众政治觉悟的同时——是国家、社会和文化的生活愈来愈大的部分服从于群众的直接倡议、直接领导和直接监督这一方向进行的。"①

卢卡奇在1946年的时候就看到，当时的情况已经不同于法国大革命时期伟大群众运动的直接民主表现（如雅各宾俱乐部，巴黎各区直接干预立宪国民会议等）的情况，那时"群众运动的社会目标在经济内容上还没有实现的可能，因而具有乌托邦的色彩"。"而现在，作为争取恢复战前形式民主制度的过渡，劳动人民击退法西斯的英勇斗争已经具备取得巨大成果的经济、社会和政权的先决条件。""这是今天欧洲民主的中心问题，简单地说，即建立新型人民民主政权的问题。"② 卢卡奇认为："可以在全世界看到，只有在群众基础上的'直接的'人民民主制度的真正拥护者"才是法西斯主义"残余的真正不可调和的敌人"。"对形式民主原则的生硬理解和把它神化，把它的形式看得神圣无比，这在今天便会筑起一道反对真正人民政权的保护堤"，而且这是对法西斯残余的一种宽恕和"基督教之爱"。所以，"这里便是按照真正人民政权的利益来

---

① 〔匈〕卢卡契：《卢卡契文学论文集》第1册，中国社会科学院外国文学研究所外国文学研究资料丛刊编辑委员会编，中国社会科学出版社，1980，第328、330~331页。
② 〔匈〕卢卡契：《卢卡契文学论文集》第1册，中国社会科学院外国文学研究所外国文学研究资料丛刊编辑委员会编，中国社会科学出版社，1980，第332页。

彻底改造直接民主和每个社会生活现象的政治和文化方面的意义。这是今天政治和文化的中心问题"。

卢卡奇指出:"社会主义民主是民主的最高形式,恰恰是在仔细考虑到差别的同时才可以在社会生活的所有表现形式中给人民民主制度以无数的经验和教益。""应该是有个性地学习,那就是说,在我们的情况下要符合匈牙利社会的特点,要向人学东西而且要有个性地学。那就是说,在民族的意义上讲,应该继续发展那些能回答我们特殊的匈牙利人民民主问题的东西。"由此可以明确地看出,这是卢卡奇针对某些国家被迫照搬、抄袭苏联斯大林模式的后果而提出的马克思主义观点。卢卡奇因此也认为,古希腊人繁荣时期的和谐性和完整性以及法国大革命都"与自由人的直接民主有着密切的联系"。①

卢卡奇认为:"现在才变得明白:这个被我们习惯称为新民主和人民民主的社会的变化在什么情况下以及在什么程度上意味着文化和文学的生命问题。"卢卡奇多次说过:"文化已不再是一小撮寄生的、脱离社会实际生活的阶层所拥有的优先权了,这种变化对整个文化生活和文学是有多么重大的意义啊!""人民民主制度到处都有意识地、经常有机地组织人民群众参加涉及人民群众利益的社会生活的各个领域,那就是,在某个大国或小国行政连续性所硬性规定的范围内,把直接民主作为实际生活的原则而重新发展到最高限度。""这种变革意味着不同于现在和过去占统治地位类型的新人类型的出现。其之所以是新人的类型,是由于新的、人民民主的生活方式,以及参加这种生活方式的人的观点、感受和思想范围在质的方面都起了变化。"②

卢卡奇还进一步提出:"新的集体感之所以能够把个人变成完全的人,是因为最后——当然只能在最后,这并不排斥个人的冲突,甚至悲剧——使个人与社会,个人与民族得到满足的道路是指向一个方向的,这在今天还只是奋斗目标,还只是倾向,还不是生活中可以用手把握得住的现实,而是我们奋斗的目标。但即使这样,这也已经是新生活的事

---

① 〔匈〕卢卡契:《卢卡契文学论文集》第1册,中国社会科学院外国文学研究所外国文学研究资料丛刊编辑委员会编,中国社会科学出版社,1980,第333、337页。
② 〔匈〕卢卡契:《卢卡契文学论文集》第1册,中国社会科学院外国文学研究所外国文学研究资料丛刊编辑委员会编,中国社会科学出版社,1980,第338页。

实，不是纯粹的道德要求和社会的乌托邦了，因为这种通向新人的道路不可分割的同时也是人民民主的道路。""人民民主制度的新形式只有由群众，由人们的行动来创造。如果这些形式促使了新的、已经不是残缺的人的诞生，那这个人就创造了他自己。"①

卢卡奇在其去世前的谈话中强调："从根本上说，只有马克思才肯定了作为社会主义斗争的一个阶段的民主革命斗争的重要意义。"② 就此而言，卢卡奇根据落后国家的实际情况提出把新民主主义作为向社会主义过渡的一个阶段的构想，是符合马克思主义精神的，是对马克思主义理论的创造性运用。

第三节 民主与文化的关系问题

在《民主与文化》（1946年）一文中，卢卡奇进一步重点深入论述了民主与文化的关系。他首先指出，当时很少有别的问题能够像讨论这一问题时这样热烈了。但是，参加讨论的大多数人却远远地离开了问题的正确提法。"因为不考虑社会的物质基础、资本主义生产方式的暂时改变，就不可能找到在全欧洲形成的新民主主义文化的关键所在。所有一切接近问题的实质的论述，必须从这一基本事实出发。"在社会主义主观与客观的先决条件还没有存在之前，社会主义文化只能纯粹在理论上（至多能在宣传上）与资本主义文化相抗衡。③

卢卡奇分析道，假如我们愿意认真地讨论民主与文化这样一个问题，那我们就必须在是什么东西能够推动新民主文化这个范围内把问题弄清楚。卢卡奇很明确地认为："所有一切文化的性质都是由社会劳动分工所形成的社会基础决定的。"资本主义的劳动分工的基础固定了，并且具有新的形式，在此社会里城市与乡村、体力劳动与脑力劳动的分离更明显了。这些矛盾比起过去任何时候都更为尖锐化了。其原因不仅仅是由于

---

① 参见〔匈〕卢卡契《卢卡契文学论文集》第1册，中国社会科学院外国文学研究所外国文学研究资料丛刊编辑委员会编，中国社会科学出版社，1980，第341页。
② 〔匈〕平库斯编《卢卡契谈话录》，龙育群、陈刚译，湖南文艺出版社，1991，第53页。
③ 〔匈〕卢卡契：《卢卡契文学论文集》第1册，中国社会科学院外国文学研究所外国文学研究资料丛刊编辑委员会编，中国社会科学出版社，1980，第342页。

技术的发展和跟随而来的劳动分工的细致和专业化,而且也说明了,这是资本主义生产方式最进步的一个方面。资本主义作为社会制度,尽管是抽象地,但却提出了平等、自由的问题。在过去的社会里人们把不平等、缺乏自由看做神圣不可侵犯的传统。与此相反,资本主义的发展,实质上就成为这个传统的破坏者。

但是,劳动分工本身,也最明显地表现了资本主义社会的矛盾性。生产不断地向更高阶段发展,由此带来的结果是:一方面,这会使人们产生出新的能力;另一方面,在人们能力不断提高的同时,资本主义的机器、工厂等又使人成为机器的一部分,专业化使人们成为残缺不全的奴隶。在资本主义生产方式里,人们感觉到自己就是一个"原子"。这些矛盾不但决定了资本主义文化发展的基本路线,而且决定了人们对这个文化的观点、态度,而这些观点、态度又是反映资本主义的基本矛盾的。因此就产生了这样错误的观点,即它不但毫无保留地承认资本主义文化发展的必然趋势,而且连它的缺点也一起加以歌颂,认为资本主义文化比过去的文化都要高得多。这种观点唯心地看待资本主义文化的缺点和局限性。这是一种顺从的宿命论者的看法。[1]

看到上述资本主义的矛盾及由此引起的错误观点和看法,对理解民主的问题是非常重要的。商品生产和商品流通所带来的平等、自由,它本身就孕育着一定的民主的萌芽。然而,在资本主义社会里,向前发展的经济和文化的垄断,就形成了各种矛盾,这种矛盾的斗争,自从伟大的法国革命以来,就环绕着民主这个中心在整个欧洲范围内进行着。这种斗争不仅表现在反动势力压迫民主方面,而且表现在民主发展本身所带来的纯粹形式主义的民主的局限性方面。阿纳托里·法朗士有一个著名的笑话:法律以同样的悲痛心情禁止富人和穷人睡在桥下。这就很尖锐地指出了形式上的民主的界限。卢卡奇突出指明:"在资本主义里,绝大多数人没有可能获得文化享受的物质基础,特别是不可能建立这种丰富的文化的物质基础。这就是资本主义文化的物质基础。"[2]

---

[1] 〔匈〕卢卡契:《卢卡契文学论文集》第1册,中国社会科学院外国文学研究所外国文学研究资料丛刊编辑委员会编,中国社会科学出版社,1980,第343~344页

[2] 〔匈〕卢卡契:《卢卡契文学论文集》第1册,中国社会科学院外国文学研究所外国文学研究资料丛刊编辑委员会编,中国社会科学出版社,1980,第345页。

卢卡奇进一步指出:"仅仅形式上的民主的不足——如果不仅就文化领域里最确切的意义来说——这一点,在伟大的法国革命的时期就已经清楚了。""只有以社会人民生活为内容的民主才可能指出一条出路。这一民主内容表明了,在许多情况下,在工农联盟中表现出来的生活经验总是凌驾在官僚主义习惯之上的。"

所以,针对脱离人民生活的官僚主义和许多封建的残余,卢卡奇甚至在1946年就明确指出:"为了使具有真正内容的民主和它的形式起作用,那就需要消灭形式上的民主。"卢卡奇具体地指出,在新的民主阶段,为文化而斗争"首先意味着普及义务教育,其次是要采取各种措施保证出身于劳动家庭的青年中有才能的人(不仅是极个别有才华的人才)有可能享受高等教育。再次,要采取措施,使有才能的成年人在实际生活和自我补习中、在提高的过程中逐步获得完整的经验和专业知识。最后,要使优秀文化的财富普遍化、大众化"。① 在1946年,对于刚从法西斯主义专制独裁统治下解放出来的国家来说,卢卡奇最先提出这样具体、切实可行的文化措施,是难能可贵的。

卢卡奇还进一步提出:"整个文化活动必须要有它的新的内容,也就是说,要的是劳动人民、工人们、农民们的文化。越是尖锐地强调这一新的内容,就越是要反对工农文化那种狭窄的、宗派主义的、行会的见解。""在匈牙利人民的政治、经济获得新生的基础上产生了丰富的、人民的文化。这就需要有现实的、不带任何幻想的民主政策,它不但在文化领域里,而且还表现在政治、经济方面。为了使文化政策更丰富多彩,就必须克服和消除一切空想主义。"卢卡奇强调:"民主也只有在民主中才能学习到——用黑格尔的话来说——我们要学习游泳,就必须到水里去。群众为了争取到政治、经济、文化的民主机构和反动势力作斗争。这些机构是建设工作中国家和社会的前提,是与国家、社会组织相互影响、相互作用的。这也是加深民主世界观、新的民主文化纲领的创立和实现的最好学校。"②

---

① 〔匈〕卢卡契:《卢卡契文学论文集》第1册,中国社会科学院外国文学研究所外国文学研究资料丛刊编辑委员会编,中国社会科学出版社,1980,第350、352~354页。
② 〔匈〕卢卡契:《卢卡契文学论文集》第1册,中国社会科学院外国文学研究所外国文学研究资料丛刊编辑委员会编,中国社会科学出版社,1980,第356~357页。

1946年卢卡奇在《列宁与文化问题》中进一步强调和发展了列宁关于民主与文化的重要观点，明确指出，列宁继承了人类以往文化的遗产和成就，而列宁不同于以往思想的伟大之处，是他指出了"在整个社会里汲取这些成就的新的道路。这条新的道路就是要改变社会物质结构，消灭压迫、消灭剥削和消灭具有阶级性的机构"。[①]

正是这些观点决定了对于现代文化的列宁式的批评。"这里面也包括了这一文化里的形式上的民主。再没有谁像列宁那样坚决地为人类的解放、平等而斗争的了。"但是，列宁从来也不满足于仅仅是宣传上的或者是固定了的法律上的自由或者平等。列宁"经常提出这样的问题：在现实生活里，是否存在着大多数劳动人民——工人、农民在实际上享受一定法律的自由和平等的真正可能性。如果这种可能性不存在的话，那自由、平等也只不过是法律上的空话：这是虚伪的。如果……只有大资本家才能真正地享受出版自由，而工人农民连集会结社都不可能，那所谓出版自由只不过是虚伪的东西；如果……工人、农民没有掌握相当的地方、相当的时间，以便充分地利用自由集会、结社，那所谓集会结社的自由也是虚伪的"。这些就是卢卡奇所阐发的"列宁对资本主义社会形式上的民主的尖锐批评"。

与此同时，卢卡奇也肯定地指出，在列宁看来，社会主义不仅在社会经济结构上根本不同于资本主义生产方式，达到了新的发展高度，而且必然是和最发达的民主不可分割的。这后一观点有可能使对形式上的民主的列宁式的批评有成效地运用到发展新的人民民主上去。在解决具体的民主问题时，那就必须明确地提出：在这个新社会里，劳动知识分子、工人、农民不但要在法律上享受形式上的自由、平等；同时必须获得保证，使他们在日常重要的问题上真正地享受自由和平等。这正是新的、人民民主最重要的最迫切的任务。卢卡奇进一步认为，如果我们也是具体地提出问题，如果我们从列宁批判纯粹民主的论点和最发达的社会主义民主经验里，吸取那些与产生新的人民民主经济基础相符合的并

---

① 〔匈〕卢卡契：《卢卡契文学论文集》第1册，中国社会科学院外国文学研究所外国文学研究资料丛刊编辑委员会编，中国社会科学出版社，1980，第362页。

在这一范围内能够实现的论点,那我们就有成效地学习了列宁。[①]

卢卡奇关注的重点,即社会主义所以能够成为民主发展的最高阶段和成为民主最完善的形式,主要是因为它使人们在各个重要的方面——经济生活和劳动方面获得彻底的自由。作为民主最发达形式的社会主义把对这个问题的回答带到了最高的阶段。在一定程度上,社会主义也可能在真正发达的新的民主里得到实现。在这样的新的民主里,旧的民主形式被打破了,保证了劳动人民真正的统治,而不是在政治上的空谈。工人阶级的领导作用,表现在使那些在阶级社会里没有可能表现出积极性的阶层更活跃起来,更政治化和社会化。[②]

马克思主义经典作家一向申明自己是前人优秀文化遗产的继承者。马克思、恩格斯认为,每一代人都是"在完全改变了的环境下继续从事所继承的活动"。[③] 列宁也强调:"无产阶级文化并不是从天上掉下来的,也不是那些自命为无产阶级文化专家的人杜撰出来的。如果硬说是这样,那完全是一派胡言。无产阶级文化应当是人类在资本主义社会、地主社会和官僚社会压迫下创造出来的全部知识合乎规律的发展。"[④]

卢卡奇正是依据马克思列宁主义关于哲学和文化的基本思想,具体地分析和尖锐地批判了那些所谓"无产阶级文化"信徒们的"形左实右"的做法。他指出:"他们的纲领就是认为工人阶级的政权会创造'激进的、新的'文化、科学和艺术。而实际上,这在——不是偶然的,而是内部的必然结果——帝国主义时代,就等于在思想上和艺术上对颓废的流派没有经过批判地加以吸取。俄国的'无产阶级文化派'信徒的世界观是机械的,他们的艺术是西方流行的未来主义和象征主义的模仿,在最陈旧的情况下是虚无主义的进一步发展。"[⑤]

卢卡奇充分肯定列宁对待优秀文化传统的明确态度,认为:"列宁不

[①] 〔匈〕卢卡契:《卢卡契文学论文集》第1册,中国社会科学院外国文学研究所外国文学研究资料丛刊编辑委员会编,中国社会科学出版社,1980,第362~363页。

[②] 〔匈〕卢卡契:《卢卡契文学论文集》第1册,中国社会科学院外国文学研究所外国文学研究资料丛刊编辑委员会编,中国社会科学出版社,1980,第373页。

[③] 《马克思恩格斯文集》第1卷,人民出版社,2009,第540页。

[④] 《列宁专题文集 论无产阶级政党》,人民出版社,2009,第281页。

[⑤] 〔匈〕卢卡契:《卢卡契文学论文集》第1册,中国社会科学院外国文学研究所外国文学研究资料丛刊编辑委员会编,中国社会科学出版社,1980,第373页。

仅在全世界范围内是马克思和恩格斯最伟大的继承者和天才的发展者，而且同时又与俄国革命民主主义的真正代表人物的思想世界有深刻的联系。因此，列宁取得胜利的世界观和行动的远景使这一点变得非常清楚，也就是说俄国革命民主主义的伟大人物像赫尔岑、别林斯基、车尔尼雪夫斯基和杜勃罗留波夫——就其客观的世界历史观来考察——都是辩证唯物主义的先驱。"[1]

由于卢卡奇所强调的不是抽象的或一般的民主，而是真正的人民民主、无产阶级民主或社会主义民主，所以他绝不把民主同专政对立起来，而是辩证地从实质上考虑这一问题，并坚定地认为："全面地发展民主只会加强无产阶级专政，决不会破坏无产阶级专政。"[2] 因此，他主张恢复列宁的同无产阶级专政概念并列的无产阶级民主理论。这应看做卢卡奇根据当时的匈牙利及整个时代的实际情况运用和发挥马克思思想而得出的正确结论。

意大利著名学者萨尔沃·马斯泰罗内在《欧洲民主史》一书中对有些人（如卢卡奇）的民主观有以下评论："他们虽然站在共产主义民主的立场上，但却与苏联政治制度的演进方向逆向而行；他们反对斯大林，赞扬列宁年代，或者是留恋苏维埃人民运动。""列宁去世后，卢卡奇在一篇简短人物评论中称赞列宁'恢复了马克思主义学说的纯洁性'。在斯大林主义的漫漫长夜里，卢卡奇依然认为，相反，应该考虑展开'新的民主形式对于为资本主义服务的旧形式的斗争'。"马斯泰罗内还进一步指出："对发展进程的逆向回顾并不能深化无产阶级民主的概念，而只能表明资本主义的法西斯主义与人民的苏维埃主义之间的对立。尽管有人民阵线的试验，但是'真正的马克思主义的民主'问题在欧洲政治思想中还是枯萎了，而且对苏联虚伪的结构性民主的批评之声日益增多。苏联的一党制实际上是民主制的对立物，因为民主制的前提是结构的多元化，是对个人公民权的捍卫。"[3] 马斯泰罗内的评论虽有某些可取之

---

[1] 〔匈〕卢卡契：《卢卡契文学论文集》第1册，中国社会科学院外国文学研究所外国文学研究资料丛刊编辑委员会编，中国社会科学出版社，1980，第374~375页。
[2] 〔匈〕卢卡契：《卢卡契文学论文集》第1册，中国社会科学院外国文学研究所外国文学研究资料丛刊编辑委员会编，中国社会科学出版社，1980，第485页。
[3] 〔意〕萨尔沃·马斯泰罗内主编《欧洲民主史》，黄华光译，社会科学文献出版社，1994，第383页。

处,但其中也有不少失之偏颇的地方,值得进一步研究,有分析地予以批判性评价。

关于卢卡奇人民民主或无产阶级专政的思想是否符合马克思和列宁的精神的问题,看一下列宁的观点,也许是十分有益的。马克思强调的是人民主权、真正的民主和无产阶级专政。列宁明确指出:"一切民族都将走向社会主义,这是不可避免的,但是一切民族的走法却不会完全一样,在民主的这种或那种形式上,在无产阶级专政的这种或那种形态上,在社会生活各方面的社会主义改造的速度上,每个民族都会有自己的特点。"[①] "再没有比'为了历史唯物主义'而一律用浅灰色给自己描绘这方面的未来,在理论上更贫乏,在实践上更可笑的了。"[②]

列宁早就根据马克思和恩格斯关于民主精神和社会公仆的思想,仔细洞察到并尖锐地指出,党中央全会已经"有发展成为党的一种最高代表会议的趋势了"[③],党的日常工作则由政治局、组织局、书记处等"以中央全会的名义处理"。于是,在理论上政治局、组织局、书记处向中央全会负责而中央全会向代表大会负责的顺序事实上已变成了由政治局、组织局、书记处领导中央全会并由中央全会领导代表大会的逆向结构。"这样一来,就成为最地道的'寡头政治'了。"[④] 俄罗斯共产党主席久加诺夫在总结苏联解体的教训时提出的"三垄断说"就证实了列宁的睿智预见。

从苏联的演变来看,我们能觉察出列宁具有敏锐的眼光和深远的预见能力。这是任何一个深信马克思主义和社会主义的人都必须认真思考和深入研究的最重大问题。而卢卡奇依据马克思和列宁的思想,对人民民主问题的深入思考和系统阐明,也是正确的、深刻的。

第四节 匈牙利事件前后的思考与遭遇

1921 年,列宁根据俄国相对落后的社会现实,创造性地运用马克思

[①] 《列宁专题文集 论社会主义》,人民出版社,2009,第 398 页。
[②] 《列宁全集》第 28 卷,人民出版社,2017,第 163 页。
[③] 《列宁全集》第 43 卷,人民出版社,2017,第 377 页。
[④] 《列宁全集》第 39 卷,人民出版社,2017,第 27 页。

的思想，提出并实行"新经济政策"，采取"迂回过渡"到社会主义的新尝试，如允许多种经济成分存在，利用资本主义的某些方法来建设社会主义。

然而1924年列宁逝世后，斯大林就背离和终止了列宁所实行的"新经济政策"，实行高度集中的全盘国有化，片面发展重工业，强制实行"一刀切"的全部集体化。在此情况下的1936年，斯大林竟然宣布"我们苏联社会已经做到在基本上实现了社会主义，建立了社会主义制度"。① 这与列宁的实事求是的下述论断是背道而驰的，即列宁1921年10月阐明的"不是直接进行社会主义建设，而是要在许多经济领域退向国家资本主义"② 和"在新的道路上发展国家资本主义"③ 以及1923年所说的"我们的文明程度也还够不上直接向社会主义过渡，虽然我们已经具有这样做的政治前提"。④ 就苏联的实际情况以及还在东欧国家推行苏联的社会主义模式来看，搞这种社会主义是行不通的，只能带来严重的后果。在强迫命令下实行的农业集体化给农业发展带来了巨大困难，直至1953年，苏联的粮食产量仍低于沙皇时代的1913年。斯大林的社会主义模式在苏联就不是成功的，又怎能把它强力推行到刚刚从法西斯主义统治下解放出来、情况大为不同的东欧国家呢？

针对当时东欧国家和苏联的严重问题，1956年1月11日卢卡奇在第四届德国作家代表大会上就着重指出，在创造远景上存在许多问题。如"我们文学中的公式主义的根源之一就在于不正确地塑造远景，在于对远景的机械塑造或机械表现上"。在远景问题上，卢卡奇的言外之意也是针对斯大林把远景当成现实。

卢卡奇对此明确认为，这样就造成了"双重错误"。"一方面它过低估计了阻碍和旧的残余，特别是存在于人们身上的、在他们的灵魂里的旧的残余；另一方面，它又过高地估计了迅速实现的结果，由此而作出一幅歪曲现实情况的图画。"针对苏联1936年就宣布已建成社会主义的做法，1956年1月卢卡奇坚定地认为社会主义革命需要我们长期的斗

---

① 《斯大林选集》（下卷），人民出版社，1979，第399页。
② 《列宁全集》第42卷，人民出版社，2017，第237页。
③ 《列宁全集》第42卷，人民出版社，2017，第243页。
④ 《列宁全集》第43卷，人民出版社，2017，第395页。

争,"不仅为了战胜敌人,也为了克服我们自己身上的旧残余"。①

与人民民主思想密切相关,卢卡奇在1956年下半年发表的《近代文化中进步与反动的斗争》一文中又发表了自己的独特观点。卢卡奇在该文中首先指出:"问题在于,要是我们把它应用在实际问题上的话,是否可以不必经过任何转折就直接把它应用在具体问题上去。"为此,卢卡奇明确指出,在"新经济政策"时期,列宁曾非常重视无产阶级通过租让制度向他们的最大的敌人——资产阶级做了让步。租让制的资本主义也许确实能够在改造俄国小资产阶级的落后的经济结构的时候帮助生产力发展,因此可能使它"暂时起一些进步作用"。②

卢卡奇根据列宁的思想指出,进步阵营——民主主义革命阵营和反动阵营——也就是帝国主义阵营也不是像假设的两支队伍那样是绝对界限分明可以划分清楚的,把民主主义革命看得过于简单就容易出现如列宁所说的那种"愚蠢和可笑"的想法:"谁宣传这样一种规律,谁就放弃了民主主义革命。"③

卢卡奇认为:"我们必须认识到,把理论上的最基本的问题跟日常的问题直接联系在一起,乃是宗派主义和教条主义的特征。按照这样的看法,人们对于每一个日常问题,不管它属于哪一种性质,都可以不需要经过任何转折直接从马列主义是最高原则出发去推论。"④ 在过去几十年中就有许多这样的事例。

卢卡奇进一步指出,过去几十年的历史,如果我们认为资本主义和社会主义之间的矛盾是我们时代和世界历史的基本矛盾,那么现在,我们必须认识到,自从列宁逝世以来,已经产生了以下两个阶段。第一阶段,在全世界形成了法西斯和反法西斯的战线,基本的策略问题已不是争取社会主义的斗争,而是法西斯主义与反法西斯主义之间的力量对比和斗争了。

---

① 〔匈〕卢卡契:《卢卡契文学论文集》第1册,中国社会科学院外国文学研究所外国文学研究资料丛刊编辑委员会编,中国社会科学出版社,1980,第458页。
② 参见〔匈〕卢卡契《卢卡契文学论文集》第1册,中国社会科学院外国文学研究所外国文学研究资料丛刊编辑委员会编,中国社会科学出版社,1980,第460~462页。
③ 〔匈〕卢卡契:《卢卡契文学论文集》第1册,中国社会科学院外国文学研究所外国文学研究资料丛刊编辑委员会编,中国社会科学出版社,1980,第462页。
④ 〔匈〕卢卡契:《卢卡契文学论文集》第1册,中国社会科学院外国文学研究所外国文学研究资料丛刊编辑委员会编,中国社会科学出版社,1980,第463~464页。

斗争的具体情况已经变了。"斯大林的错误之一就是在二十年代时把社会民主主义者说成是法西斯的孪生兄弟,这种说法甚至到共产国际第七次会议时,对于人民阵线政策讲来还是一重障碍;斯大林的大错误毫无疑问是由于他没有认识到重大的策略问题的矛盾性。"第二阶段,在第二次世界大战结束、法西斯主义失败之后,同样性质的新问题又重复出现了。

卢卡奇指出,大约在共产国际第七次代表大会之后,在共产主义者的策略中,法西斯主义和反法西斯主义间的斗争成了重要的问题。这一斗争成了共产主义者政策的决定性因素。第二次世界大战使社会主义大大地发展起来。这次大战在欧洲产生了人民民主国家,同时也产生了光辉的中国革命。因此,我们的战略和策略并不是由时代的基本矛盾,而是由法西斯主义和反法西斯主义间的矛盾来决定的,这是一个真正辩证的矛盾,它表达了真实的历史运动。因此,这一斗争的具体结果会使社会主义获得巨大的胜利。卢卡奇当时就相信,我们已经进入了一个有可能和平共处的时代。在我们的时代,战争是可以避免的。我们的政策必须以这种观点为依据。我们必须在文字上这样来了解共存和两种社会制度彼此和平共处的意义。这就是说,两个世界可以按照其内部的发展规律来生存。近60年社会实践的变化已证实了卢卡奇在20世纪50年代就已经说明了必须要这样做的这种趋势。

但是,卢卡奇同时也提醒我们:"千万不能忘记,马克思对于这些规律本身要比资产阶级社会的理论家们清楚得多。马克思看得出:规律本身的辩证法将不可阻挡地把资本主义推向社会主义。然而这并不是说,我们将去干涉任何一个资本主义国家的生活——每一个国家的人民掌握着他自己的命运……必然地会走向社会主义。""每一个资本主义国家只能由它自己的发展的辩证法来导向社会主义,那么就会由此而产生出这样的结论,我们,其他国家的共产主义者只能在思想意识上影响这种发展。我们一方面在讨论、会谈报道中间影响他们——当然,我们在马列主义的原则方面决不允许有任何妥协,另一方面,我们可以借助于我们自己国内的实际政策,使得社会主义对其他国家的广大群众成为富有吸引力的东西。"① 从现

---

① 〔匈〕卢卡契:《卢卡契文学论文集》第1册,中国社会科学院外国文学研究所外国文学研究资料丛刊编辑委员会编,中国社会科学出版社,1980,第467~468页。

今和平和发展的时代来看，卢卡奇 20 世纪 50 年代的看法是颇有预见性的。

在卢卡奇看来，当埃尔维从法国党内被开除出去的时候，萨特写了一篇非常有趣的文章。其中最重要和有趣的是他对马克思主义的可能性和现实性所讲的一些话。"他（这人不是我们中间的一个，而是一个杰出的资产阶级的思想家）表示说：整个资产阶级科学处于一种危机中，资产阶级的哲学不能创造出新思想来，他们不能有效地促进科学的发展。在这点上，唯一能有效地起作用的世界观——我再次引用萨特的话说——就是马克思主义。"他应用了在法国流行的一个词"马克思化"，他以"马克思化"这个词来描写少数科学家，在这些科学家那里可以找到某些成果，可以找到指示未来的论点及论文。卢卡奇说："唯有马克思主义者才会取得能够在非马克思主义的群众中（相对地说）散播影响的成就，只有他们才能够把非马克思主义者的知识分子引导到新的道路上去，而且也许只有这样做才能够表现出我们的思想意识的真正优势。"①

在斯大林时代长期生活过并多次受到指责的卢卡奇认为，苏共二十大的成就在世界社会主义与资本主义的激烈斗争中"具有特别重大的意义"。但是，资产阶级的宣传企图把整个问题贬低为一桩耸人听闻的新闻。而在我们队伍中也没有在此之后做出显著的改变，否则的话，是能够顺利地击退这种到处出现的反动进攻的。这种反动的企图是不会有什么效果的。如果真正理解这次党代会的成果，那就"意味着一次对宗派主义和教条主义的彻底的清算；这不仅是我们去了解在世界上发生的事情的前提，而且也是我们能够影响这个充满矛盾的、逐渐在分化的新世界的前提"。②

在苏联受过教育或工作过、和卢卡奇有这样相同或相似想法的人，尤其是知道马克思、恩格斯和列宁真实思想的一些共产党人，在回到匈牙利后大都能坚持列宁关于落后国家建设新社会学习实行"新经济政策"的思想。所以，在第二次世界大战结束后的短时间内，东欧国家实

---

① 〔匈〕卢卡契:《卢卡契文学论文集》第 1 册，中国社会科学院外国文学研究所外国文学研究资料丛刊编辑委员会编，中国社会科学出版社，1980，第 478 页。
② 〔匈〕卢卡契:《卢卡契文学论文集》第 1 册，中国社会科学院外国文学研究所外国文学研究资料丛刊编辑委员会编，中国社会科学出版社，1980，第 483～485 页。

行的是"人民民主制度",也就是政治上的多党议会制和经济上的"混合所有制"。

针对1947年6月美国国务卿马歇尔提出的复兴欧洲经济的"马歇尔计划",1947年9月,在斯大林的授意下,苏联突然提出成立共产党情报局,要求苏联控制下的东欧各国立即按照苏联模式实行社会主义建设,不再允许各国实行通向社会主义的"多种道路",拒绝各国探索具有自身特色的社会主义道路。

1945年匈牙利从法西斯主义统治下解放出来后成立了"匈牙利民族独立阵线",由在国内民主派当中颇有威望的工人领袖拉伊克·拉斯洛担任该阵线的总书记。1947年以后"莫斯科派"的拉科西小集团独揽大权,拉科西一人集国防委员会主席、政府总理、匈共总书记等党政军大权于一身。他按照斯大林"社会主义越发展,阶级斗争越尖锐"的理论,在党内排除异己,清洗"本土派"。担任"匈南友好协会"主席、外交部部长、"匈牙利民族独立阵线"总书记的拉伊科·拉斯洛首当其冲,被扣上"帝国主义代理人"的帽子以暴动罪突然被捕。与此有关,19万人被清除出党,导致当时匈牙利冤案遍地,完全破坏了法制和民主程序,大大降低了共产党的威信,给社会经济发展带来了严重的消极影响。这后来也成为1956年匈牙利事件的主要政治原因。

1956年6月15日,卢卡奇在《裴多菲俱乐部哲学辩论会上的讲话》中阐明了他对当时匈牙利政治形势的立场。他说,匈牙利政治生活中存在的问题非常严重。6月28日,他在匈牙利劳动党政治科学院做了题为"当前政治中进步与反动的斗争"的著名报告。在这份报告中,他公开对斯大林的教条主义进行了批判,并指出:"这不仅是每个人对自己的祖国、自己的党应尽的义务,而且是世界发展、进步力量战胜当代反动势力的重要因素。"

早在1948年,在苏联学习和工作过十多年的典型"莫斯科派"纳吉就告诫说:"强行实行集体化必然以灾难告终。"强力可以解决政治问题,却无法解决经济问题。1956年10月23日,匈牙利首都布达佩斯爆发了由大学生发起的声势浩大的群众游行示威,随后演变为流血冲突。10月24日和11月4日苏联两次派兵镇压,史称"匈牙利事件"。

1956年10月24日,最先提出"新方针"改革被迫中断后重新出任部长会议主席的纳吉（他是典型的"莫斯科派"，曾经在苏联学习和工作长达十几年）发表"告匈牙利人民书"，其中向人民承诺：政府将"在党的生活、国家生活、政治生活、经济生活等各方面彻底民主化"，"走符合我们民族特点的建设社会主义的匈牙利道路"。1956年10月27日，在以伊雷姆·纳吉为部长会议主席的新政府中卢卡奇被任命为新政府的文化部长。10月28日，卢卡奇向匈牙利青年做了广播讲话："每个人都应该从最近几天来的可怕事件中吸取教训。最紧迫的教训是，用真正民主的精神重建我们国家的、社会的、经济的和文化的生活。只有这样一种真正的民主主义，才能肃清斯大林主义的一切残余。扩大民主自由，即人民在各方面的自决权，是找到匈牙利社会主义道路和各个领域有成效地走上匈牙利社会主义道路的真正基础。"①

承认匈牙利事件是一场"席卷全国的具有人民和民主根源的运动"的纳吉，则于1958年被指控犯有"发动并领导阴谋推翻人民民主制度的罪行和叛国罪"而被判处死刑。对匈牙利事件性质的评价，西方国家一直认为这是一场革命，是匈牙利人民对苏联控制的反抗，是为了实现从"集权制度"向"民主制度"的回归；而社会主义国家则认为，此次事件是匈牙利国内敌视社会主义制度的反革命势力与国际帝国主义相互勾结、里应外合的结果，目的是颠覆社会主义制度、复辟资本主义。在匈牙利，这一事件在20世纪70年代之前被定性为"反革命案件"，但在剧变后又被称为"人民起义"，被认为"与1848年–1849年的革命和自由斗争具有同等的意义"。事实上，匈牙利事件的性质虽然复杂，但也十分清晰。

当纳吉公开宣布退出华沙条约组织时，卢卡奇表示反对，并投了反对票。他虽然没有参加新政府的组成，但他却在被捕后被流放到罗马尼亚，直至1957年春天才重新回到布达佩斯。

卢卡奇所在的党要求他做自我批评，但他拒不接受，以致在1957~1958年重新掀起了关于他的所谓修正主义的批判高潮。有人指责他"破坏无产阶级国际主义的团结，'削弱'无产阶级专政、鼓吹资产阶级民

---

① 转引自张伯霖编译《关于卢卡奇哲学、美学思想论文选译》，中国社会科学出版社，1985，第109页。

主的'自由化',在一定情况下甚至可以说是网罗反革命力量"。

对卢卡奇的批判,以安德拉斯·格罗的《当前意识形态上阶级斗争的几个理论上的问题》一文最为典型。该文认为:"对卢卡奇理论错误的方向,反革命准备的历史已对此做出了证据确凿的判决,这个方向成为一面资产阶级民主运动的旗帜,这个运动从思想上和政治上削弱党削弱无产阶级专政,而且不仅在匈牙利。这条路的'终点'就是采取行动,而行动的方针也使这一理论错误的主要内容得以滋生。""从一般理论衡量与1956年所发生的思想-政治活动之间必然要有的联系上来看,也改变不了这样的事实:裴多菲俱乐部和个别作家组织的煽动……早在10月23日之前在许多点上就超出了宪法和卢卡奇的意图了。卢卡奇的思想-政治活动和纳吉·伊雷姆-洛松济集团是不一样的,但毫无疑问的是,他从1956年春以来的登场就为这个集团和它的方向铺平了道路。卢卡奇的名字和他的设想——这是不容反驳的事实——在这个集团的'自由化'运动中最重要的标语口号上扮演了一个角色。"① 德意志民主共和国著名的文学评论家汉斯·科赫在《批判卢卡奇的政治、文学和立场》一文中挖掘了所谓"卢卡奇所犯错误在政治和社会方面的根本原因",此后在《卢卡奇的政治和理论》一文中又批判了"卢卡奇方法论的唯心主义倾向""历史唯物主义基础的薄弱"等,甚至认为卢卡奇的基本态度"终于以匈牙利的反'斯大林主义'斗争的急先锋的姿态出现于政治舞台"。但是,科赫也不得不承认:"卢卡奇对马克思主义德国文学具有极其深远的影响,在它的发展上,撇开或绕过卢卡奇的著作,就没有一条前进的道路。"这一点是很值得人们深思的。1958年,德意志民主共和国又对卢卡奇的著作进行公开批判。同年10~11月,在布达佩斯的匈牙利科学院哲学所讨论卢卡奇哲学著作和他的修正主义倾向。1960年,批判卢卡奇的主要文章以《格奥尔格·卢卡奇和修正主义》为书名在柏林建设出版社出版,从而使批判卢卡奇的运动达到了高潮。

据卢卡奇本人所言,他在1956年匈牙利事件前后的"立场很清楚:反对完全按苏共意指行事的匈牙利劳动党第一书记拉科西,既反对对他

---

① 〔匈〕卢卡契:《卢卡契文学论文集》第2册,中国社会科学院外国文学研究所外国文学研究资料丛刊编辑委员会编,中国社会科学出版社,1980,第596~597页。

的制度局部的内部'改革'的任何幻想,也反对资产阶级自由派的倾向(这些甚至在纳吉·伊雷姆周围的人中也很普遍。正统的拉科西分子中也有这种倾向)"。因此,卢卡奇当时的立场是"纯意识形态的",在整个纳吉时期都保持未变,与纳吉没有任何接近。卢卡奇只是希望把自发的(成分最不纯的)运动保持在社会主义范围内。

如果因1956年卢卡奇有某些错误观点或行动的某些不当之处,就对他开展大规模的批判运动,甚至把他与修正主义等同起来,把他排除在马克思主义思想家之外,这是欠妥当的。其实,卢卡奇主要就是反对完全按苏共意指行事的匈牙利劳动党第一书记拉科西。实践证明,"完全按苏共意指行事"是不符合马克思主义精神的,是完全错误的。对其他一些错误的认定都是一些尚需要讨论的问题。如果苏共领导人能够平等地对待兄弟党,并通过协商解决东欧国家社会发展中的种种问题,尊重东欧国家本国人民自主选择自己的领导人,让它们独立自主地建设人民民主制度,并逐步过渡到社会主义制度,也许就不会出现苏联和南斯拉夫的紧张关系,民主德国工人罢工和游行、波兰波兹南工人罢工尤其是匈牙利那种大游行与流血的悲剧事件很可能就不会发生。

1957年卢卡奇从罗马尼亚回国后,继续坚持进行各个方面的改革,批判斯大林某些错误做法。1989年苏联《哲学科学》第6期发表了Б.Н.别索诺夫的文章《卢卡奇的书信遗著》,评述了卢卡奇的两篇遗著,即《致艾伯特·卡罗奇的信》(1962年)和《关于中苏间的论战》(1963年)。别索诺夫的评论文章指出,卢卡奇的这两篇遗著的内容,实际上都是对斯大林主义的剖析之作。卢卡奇是首先深入批判斯大林错误的匈牙利的著名的马克思主义哲学家。20世纪30~50年代,卢卡奇曾在苏联生活,对斯大林主义的形成过程有着多方面的亲身体验。卢卡奇认为,这一历史时期的统治思想是"宗派主义"。宗派主义成为"一个大国的大党的统治思想",形成一个由上到下的"由许多小斯大林组成的"金字塔形的中央集权机构。以教条主义为基础的世界观,割裂理论与实践的辩证统一,从而严重歪曲了马克思主义的理论,否认理论与实践之间的中介环节,将实践视为单纯的事实的总合,用于论断抽象的理论原则。卢卡奇指出,这种割裂辩证联系的做法导致理论和实践的错误的两极化:教条主义和实践主义。

卢卡奇写道:"在孤立的教条主义宗派主义者周围产生一种不良的不信任气氛;大清洗时期,至少可以从这种气氛出发从心理方面得到理解。"但是,这种极端的主观主义又可能从敌对的不信任转向无根据的轻信。"斯大林所揭示的两种前景,都是虚假的,而且完全是相互矛盾的。其一是阶级斗争不断尖锐化,这已遭到苏共二十大的坚决批判。其二是社会主义的第二阶段——共产主义的直接接近。斯大林企图以修改马克思关于国家消亡的理论的方法来消除上述两种前景之间的矛盾:他断言共产主义可以在消灭资本主义对一个社会主义国家的包围之前实现;那时我们就会'各尽所能,各取所需',但是这当然是指还有国家存在,还有警察存在及其一切后果存在的时候。"这种主观主义逻辑把建设社会主义的前景等同于现实阶段,把深刻的理论变为适应政治局势的教条。与此相反,卢卡奇认为:"只有系统地、民主地革新全部生活,才能为社会主义的文化复兴打下坚实的基础。"

1989年7月,也就是在匈牙利共产党(社会主义工人党)还在执政期间,匈牙利最高法院就已宣布撤销当年对纳吉等人的判决,数十万民众自发地在布达佩斯的英雄广场和墓地为屈死的纳吉及其同伴举行国葬,政府总理内梅特等人为纳吉等死难者守灵。于是,1956年事件在匈牙利已被公认为"人民起义"。在另一个当事国苏联,1991年12月,时任总统的戈尔巴乔夫就谴责了苏联1956年对匈牙利进行武装入侵的行为。苏联解体后,俄罗斯总统叶利钦和普京也就此事先后向匈牙利道歉。也就是说,在匈牙利和苏联,历史早已还纳吉以公道。

列宁曾经对苏联共产党人明确发出指示和忠告:"必须预计到其他国家发展的一切阶段,决不要从莫斯科发号施令。"[①] 罗莎·卢森堡也曾经明确指出,把苏联的做法"从理论上确定下来并且打算把它当作社会主义策略的样板推荐给国际无产阶级,要他们加以模仿,从这时起危险就开始了"[②]。历史和实践已经证明,苏联的社会主义模式是不成功的,把它强力推行到东欧国家必然造成灾难性的后果。这是共产主义运动中的最大教训。

---

① 《列宁全集》第36卷,人民出版社,2017,第147页。
② 中共中央马克思恩格斯列宁斯大林著作编译局国际共运史研究所编《卢森堡文选》(下卷),人民出版社,1990,第506页。

第十章 批判性地评价斯大林，复兴马克思主义

在流亡苏联十多年的时间里，即使在回到匈牙利以后，对斯大林采取何种态度，一直是卢卡奇无法回避的重大问题之一。然而，问题在于，他既对斯大林有过肯定和赞扬，也有过尖锐的批判。更重要的是，在卢卡奇看来，这一问题还与复兴和发展马克思主义密切相关。正因为如此，历史地、全面地研究和具体地分析卢卡奇关于斯大林的评价观点就是十分必要的了。

卢卡奇不仅目睹了十月革命和两次世界大战，而且经历了列宁主义向斯大林思想的转变。尤其是在20世纪30~40年代，甚至到50年代，卢卡奇在政治上的劫难，理论活动和日常生活的诸多不幸遭遇，都在很大程度上与斯大林的思想、路线和政策相关。因此，他对斯大林的功过是非有深切的体验和感受，他对斯大林问题的理解和表述也有其深刻和过人之处。

第一节 斯大林的功过是非

一 既肯定斯大林之功，也明确指出其过

卢卡奇客观、系统而公开地评论斯大林的功过是非始于1957年为重新发表《我走向马克思的道路》一文写的后记，该文最初发表在意大利《新论据》杂志1958年第33期上。他指出，斯大林"为保卫列宁的真正遗产而反对托洛茨基、季诺维也夫等人的斗争，并且看到了列宁馈赠给我们的那些成就得到了拯救，被用于进一步的建设"。"斯大林反对托洛茨基、胜利地捍卫了列宁关于'一国建成社会主义'的理论，从而在社会主义发生内部危机时拯救了社会主义，这一功劳是很大的。"[①]

[①] 卢卡奇1957年为重新发表《我走向马克思的道路》一文写的后记，参见杜章智编《卢卡奇自传》，社会科学文献出版社，1986，第225、231页。

当1933年希特勒攫取政权卢卡奇不得不离开德国再次来到苏联时，这里正在按照斯大林的倡议开展反对"拉普"（"俄罗斯无产阶级作家协会"的简称）的运动。卢卡奇认为，这一运动无疑有它的积极方面，即破坏了"拉普"的托洛茨基派首领阿维尔巴赫的地位，就是很值得称许的运动的目的。虽然"斯大林只是对这一点感兴趣"，然而参加这个运动的还有尤金，尤其是乌西耶维奇。他们抨击"拉普"的官僚贵族狭隘地坚持只许可共产党人入会。他们要求建立一个总的俄国作家联合会，苏联的每个作家都有权加入，这样它就能全面组织俄国作家的事务。斯大林对此给予支持，解散了"拉普"。

当希特勒在欧洲肆虐而苏联面临严重威胁时，卢卡奇认为："斯大林的政策是唯一能够为抵抗希特勒提供希望的政策"，而且这一政策"会导致欧洲反希特勒的联盟"。①

在学术研究上，卢卡奇认为，1929~1930年斯大林反对德波林的哲学讨论，使他"弄清黑格尔和马克思、费尔巴哈和马克思、马克思和列宁的关系"。② 在反对德波林及其学派的所谓哲学讨论中，斯大林"捍卫了一个极其重要的观点"，这个观点在卢卡奇思想的发展中"起了非常积极的作用"。"斯大林正是对当时在俄国被认为非常重要的所谓普列汉诺夫正统发起了进攻。他反对必须把普列汉诺夫看做一位提供了与马克思之间的主要中介环节的伟大理论家。斯大林认为，正确的应是马克思和列宁的传统——不言而喻也是斯大林的这条线。"卢卡奇进一步认为，如果只是考虑斯大林这样说的主要目的，这显然是一种斯大林主义的思维方式。但是，卢卡奇觉得这对他自己有一个极其重要的结果：斯大林对普列汉诺夫的批评使他产生了对梅林进行同样批评的想法。卢卡奇由此引申出，这意味着马克思主义也必定包含着一种马克思主义的美学，不需要从康德或任何别人那里去借用。③

卢卡奇肯定地认为，为了解决我们时代的重大问题，"斯大林把列宁的学说具体化了。首先要强调的是斯大林关于新旧斗争这个一切辩证发展的主要规律性的论述"。按照这个观点，新的、正在发展的东西即使在

---

① 参见杜章智编《卢卡奇自传》，社会科学文献出版社，1986，第156页。
② 参见杜章智编《卢卡奇自传》，社会科学文献出版社，1986，第225页。
③ 参见杜章智编《卢卡奇自传》，社会科学文献出版社，1986，第130页。

此刻比旧的、正在死亡的东西更软弱，更不发达，那它也比后者更重要。卢卡奇进一步指出，借助于这个原则，艺术的发展、美学理论的斗争就可以有机地纳入社会发展的整体之中，"我们不仅能够在巨大的质的差别已经显而易见的地方看到变化，而且在文学艺术发展的每一阶段都可以看到变化"。"斯大林关于新旧斗争的论述在这里把马克思列宁主义的美学理论具体化了。"[1]

卢卡奇也认为，斯大林关于语言学问题的著作，也具有同样巨大的重要性。在这些著作中，他根据马克思主义的思想确定文学和艺术是上层建筑，并且科学地确定了它们在人类总的活动中的地位。而且，斯大林在这里并不满足于指出正确的关系，而是把这一论断具体化。

斯大林认为，上层建筑的本质是巩固新基础或摧毁旧基础。他用这样的观点把反映客观现实同上层建筑的能动性质不可分割地联系在一起，这从科学地进一步发展美学的角度来看"具有伟大意义"。[2] 卢卡奇甚至还进一步断言，斯大林的著作在"根本的意义上分析了一系列决定性的美学问题，从而使人们能够认识到：美学史中的巨大发展是以列宁和斯大林时代为标志的"。[3]

以上情况表明，虽然卢卡奇后来发现这些肯定和赞扬包含某些为情势所迫不得已而为之的违心成分，而且上述某些肯定和赞扬也未必完全正确，甚至还很有讨论的必要，但仍可以看出，在某些重大原则问题上，从当时的实际情况来看，卢卡奇对斯大林的历史作用做出肯定和赞扬是有一定道理的，也是基本正确的。所以，完全看不到这一重要方面，说卢卡奇扮演了"反'斯大林主义'斗争的急先锋"的角色，是片面的，也是不完全符合事实的。然而，我们也不能仅仅根据以上卢卡奇对斯大林的肯定和赞扬这一方面的事实，而不看卢卡奇对斯大林错误的批判分析，就片面地得出卢卡奇是"斯大林主义者"，甚至说他的某些论文是

---

[1] 〔匈〕卢卡契：《卢卡契文学论文集》第1册，中国社会科学院外国文学研究所外国文学研究资料丛刊编辑委员会编，中国社会科学出版社，1980，第441~442页。

[2] 〔匈〕卢卡契：《卢卡契文学论文集》第1册，中国社会科学院外国文学研究所外国文学研究资料丛刊编辑委员会编，中国社会科学出版社，1980，第442页。

[3] 〔匈〕卢卡奇：《卢卡奇全集》第10卷，德国卢西特汉特出版社，1964，第15页。

"彻头彻尾的斯大林主义的"。① 实事求是地说,在斯大林时代,在绝大多数社会主义国家范围内,似乎人们也只能如此说。

要全面地、历史地评价卢卡奇对待斯大林的态度,绝不应忘记或忽视卢卡奇1963为出版《当代现实主义的意义》一书所写的序言,对斯大林所得出的结论性总体评价:尽管一定不要忘记斯大林的积极成就,但也有必要对斯大林本人的教条主义,以及斯大林时期的教条主义做毫不留情的批判。鉴于卢卡奇有不同于一般的经历和处境,所以他对斯大林错误的批判也具有突出的特点和少见的深度,而且远远早于绝大多数人。

二 分析和尖锐批判斯大林的严重错误

从20世纪20年代中期起,卢卡奇亲身经历和目睹了列宁时期向斯大林时代的转变,尤其对斯大林时期的"大审判""大清洗"更有深切的体验和感受。所以,卢卡奇在晚年先是隐晦,后是明显地、客观地、尖锐地批判了斯大林的种种错误和过失,明确表达了他在政治、理论和革命策略等一系列重要方面,同斯大林有重大原则区别和分歧。

卢卡奇常常拿斯大林同列宁做对比,并在这种对比中发现斯大林的问题。卢卡奇对列宁怀有浓厚的感情,高度评价他对马克思主义进行了"天才的、双重的改革工作":一方面清除了在几十年中形成的对马克思主义经典作家的一切偏见,从而指明"马克思和恩格斯的著作中包含有许多直到那时还没有被发现的认识";另一方面,以其所特有的无情的现实感指出,对生活所提出的新问题不可能指靠经典作家的"无可置疑"的引文来解决。② 例如,列宁在实行新经济政策时指出:"现在我们必须自己来找出路。"③ 但是,事情的发展,尤其是斯大林的思想和做法使卢卡奇逐渐产生了"日益严重的失望"。④

20世纪20年代,法西斯主义和其他反动势力日益猖獗,这就必然导致各种各样的左翼运动、进步力量和民主力量联合起来抵抗反动潮流。

---

① 转引自〔英〕盖欧尔格·利希特海姆《卢卡奇》,王少军、晓莎译,中国社会科学出版社,1989,第164页。
② 参见杜章智编《卢卡奇自传》,社会科学文献出版社,1986,第231~232页。
③ 《列宁全集》第43卷,人民出版社,2017,第87页。
④ 参见杜章智编《卢卡奇自传》,社会科学文献出版社,1986,第232页。

卢卡奇对此言道:"将统一战线和人民阵线的问题提上了议事日程。这些问题不仅必须在战略和策略上,而且还必须在理论上加以讨论。"然而,从 20 年代中期起,共产国际推行布尔什维克化,并按照斯大林的主张照搬俄国革命的经验,要求立即实行无产阶级专政。1928 年前后,斯大林把社会民主党看做法西斯主义温和的左翼。这就"完全关死了建立左派联合阵线的大门"。在这一点上,卢卡奇"深深厌恶"[①] 斯大林的这些观点和做法。

20 世纪 30 年代后期,卢卡奇已经逐渐意识到阻碍理论进步的是根深蒂固的官僚主义,而它的保护体系则是教条主义。后来,他又进一步认识到,"奋发"向前的、丰富的马克思主义潮流和对任何思考进行教条主义的、官僚主义的暴君式的压制之间的矛盾,其根源应该到斯大林体制本身中,因而也是到斯大林本人身上去寻找。[②] 卢卡奇的论断与列宁的下述警告是完全一致的:"我们所有经济机构的一切工作中最大的毛病就是官僚主义。共产党员成了官僚主义者。如果说有什么东西会把我们毁掉的话,那就是这个。"[③] 这种实事求是而又尖锐的箴言是十分深刻而又很有针对性的。卢卡奇认为,他与斯大林的差别、矛盾和冲突几乎是在不知不觉中扩大的,但当时"绝不是直接有意识地起来反对斯大林主义制度,虽然这种制度的官僚主义的狭隘和僵化在争论中越来越明显"。在这一问题上"列宁的区分与斯大林的机械一致相对立",这是卢卡奇认识到这一点的最初动力。

卢卡奇既不同于斯大林,也和社会民主党人从未有过任何关系。他是"一个特殊的激进匈牙利共产党人",这就是说,他"在共产主义内部鼓吹民主",但他"从来不同意社会民主党人所希望的对专政思想的削弱"。卢卡奇表示,他"站在两个阵营之间",既"不同情社会民主党人","也不同情那些想用专政方法实现共产主义的人"。关键是准确划清敌友我的界限。正因为卢卡奇有上述这种独特的思想,所以当 20 世纪 20 年代末和 30 年代法西斯主义开始猖獗时,卢卡奇特别强调联合包括社会民主党人在内的各种进步和民主力量,主张建立"人民阵线"共同

[①] 杜章智编《卢卡奇自传》,社会科学文献出版社,1986,第 259 页。
[②] 参见杜章智编《卢卡奇自传》,社会科学文献出版社,1986,第 226 页。
[③] 《列宁全集》第 52 卷,人民出版社,2017,第 288 页。

反对法西斯主义的专制独裁和侵略。因此，他非常注意研究和发扬资产阶级古典哲学和古典文学中的进步、民主和人道主义因素。从《布鲁姆提纲》的基本思想出发，卢卡奇又进一步得出这样一种观点："人民民主是社会主义的一种形式，社会主义是从民主中产生出来的。"而按照斯大林的观点，人民民主从一开始就是一种专政。这种观点不仅导致了史无前例的"大审判""大清洗"事件，而且把苏联的做法强加于兄弟党，从而在铁托事件以后发展成为斯大林主义的形式。但是，卢卡奇认为，人民民主可以完全靠自己内部的力量发展成为社会主义。不过，这只有在苏联没有斯大林主义的条件下才能办到。用斯大林主义的方法，任何这种发展都是不可想象的，因为甚至稍微偏离官方的路线都不可能，即使像拉伊克那样是拉科西的正统支持者，即使不是反对派而是被怀疑对斯大林路线不够热情的任何人，都被搞掉了。卢卡奇从斯大林式的专政中得出明确结论：如果像拉伊克这种绝对正统的人都能被处决，那么不可能想象有任何其他的出路。意见与正统路线相左的任何人似乎都可能遭到这种命运。卢卡奇指出，对拉伊克和他的人的指控是"非常可笑和完全虚构的"，他们"受到非人的折磨"。①

20世纪50年代中期开始反对个人崇拜及其后果以后，卢卡奇更加深入地思考了斯大林问题，公开而尖锐地批判斯大林时代僵化、教条的精神禁锢："随着斯大林的精神统治得到巩固并凝固成为个人迷信，马克思主义研究在很大程度上变成了对'终极真理'的注解、运用和传播。对生活中和科学中一切问题的答案，都是按经典作家的著作，首先是斯大林的著作中的学说写出来的。"后来，马克思、恩格斯和列宁都被斯大林越来越有力地挤到次要的地方。"所以那时论述问题，重要的只是找出合适的斯大林语录。"所以，马克思列宁主义继续发展的门虽然没有完全被关死，但是"只有斯大林有特权为这个永恒真理的宝库增加新的内容，或者把一条到那时为止被认为无可辩驳的真理停止使用"。"在这种体制下的学术生活很难过。""对马克思主义在理论上的继续发展最重要的学科政治经济学和哲学几乎完全瘫痪了。"②

---

① 杜章智编《卢卡奇自传》，社会科学文献出版社，1986，第167~180页。
② 参见杜章智编《卢卡奇自传》，社会科学文献出版社，1986，第232~233页。

卢卡奇清楚地看出斯大林思想中悲剧性的矛盾。他说："列宁在帝国主义时期开始时超出经典作家的学说阐发了主观因素的意义。斯大林由此编造了一个主观主义教条的体系。悲剧性的矛盾在于，他的巨大的天赋，他的丰富的经验和他的敏锐的洞察力常常使他突破这种主观主义的魔圈，甚至清楚地看出主观主义的缺陷。"例如，他的最后一部著作（指《苏联社会主义经济问题》）"对经济上的主观主义提出了正确的批评，可是他连想也没有想到，他自己就是这种主观主义的精神之父和坚定支持者"。另外"在这种思想体系中完全相互矛盾的观点能够和平共处"。例如，"关于阶级对立必然不断尖锐化的理论同关于共产主义和社会主义高级阶段即将到来的理论并存。从这些相互排斥的认识的结合中产生出了他的关于共产主义社会的梦魇般的幻景"，即"各尽所能、按需分配"的自由原则能在一个专制的警察国家实现，等等。①

关于斯大林僵化教条体系所造成的矛盾及其后果，卢卡奇进一步指出，1948年②也许是1917年以来最大的转折点：无产阶级革命在中国获胜。正是由于这一点，斯大林的理论和实践的决定性矛盾清楚地显露出来。因为在客观上，这一胜利意味着，"一国建成社会主义"的时期已彻底属于过去：人民民主国家在中欧的产生是一个过渡。然而，斯大林完全没有想到，这种根本的东西只能意味着与"一国建成社会主义"时期的方法决裂——这种方法在客观上是由于工业上落后的俄国经常受到危害而产生出来的。然而，斯大林远未做出这种决裂。于是，"本来迫切要求有一种新的战略策略的新世界形势就以一个标志着旧的战略策略发展到严重顶点的行动，即苏联与南斯拉夫破裂开始了。接下去必然是重新回到大审讯时期的方法"。③

卢卡奇在晚年的重要著作《关于社会存在的存在论》中指出了斯大林主义的严重后果：在斯大林时代的马克思主义理论研究方面，"对列宁的研究把对马克思的研究逐渐排挤到幕后，特别是自从《联共（布）党史》出版以后（连同它的关于哲学的章节），这种发展转变为斯大林对列宁的排挤。在此以后，官方的哲学被归结为对斯大林著作的注释。马

---

① 杜章智编《卢卡奇自传》，社会科学文献出版社，1986，第230~231页。
② 原文如此，应为"1949年"。
③ 杜章智编《卢卡奇自传》，社会科学文献出版社，1986，第229页。

克思和列宁只是以提供证据引文的形式出现"。由此造成对马克思主义理论的破坏。因此,"指出斯大林的曲解是一个极其重要的具有现实意义的任务,并且常常在实践上也具有重大意义。……在马克思主义的术语中,产生了一种十足的和完全任意的主观主义,它当然适宜于以诡辩的方式把任何一种决定当作马克思列宁主义的必然结论来辩护"。①

在卢卡奇看来,20世纪50年代广为流传着斯大林把辩证唯物主义概念视为总括马克思主义哲学的绝对性理论,而所谓历史唯物主义仅仅是由于这种理论对社会问题的应用才出现的,这种解释引起了对马克思主义的误解。卢卡奇断言,斯大林的这种见解"在两个基本点上与马克思主义是矛盾的。第一,由于它主张一种普遍而绝对的哲学范畴学说,而其理论确定对任何存在方式都必然同样有效;第二,由于历史性的因素被它当作存在本身的纯粹的个别问题,因此,只有通过辩证唯物主义那超历史的普遍原则对社会这个'特殊领域'的应用,历史性因素才能得到本身的对象性内容,才能在思想上表现出来,这个辩证唯物主义本质的经典汇编单调地表述了辩证唯物主义原理,并且试图把范畴的单义规定为固定的永久有效的东西,这与马克思主义经常表述的关于历史过程的观念是相违背的,与列宁的探索性试验也是对立的——在他看来,存在过程的基本特点只有从许多方面才能切近地把握住"。而事实上,斯大林的做法则"把马克思主义重新导向资产阶级的、抽象而僵死的、并因此对实践无用的理论规定的古老对立之上,这种对立在理论上根本不能获得解决"。②

卢卡奇进一步批评道,在斯大林的实践中,"最高主管部门的主观策略性决定总是被加以教条主义的绝对化。因此,对那些本质上是历史性范畴的抽象规定就成了斯大林方法的理论工具:在思想上已被普遍教条化了的马克思主义理论(这种理论还保持着教条主义的抽象的僵化),除此之外还具有一种肆意专横的、抽象唯意志论的特点"。③ 所以,卢卡

---

① 〔匈〕卢卡奇:《关于社会存在的本体论》(上卷),白锡堃等译,重庆出版社,1993,第659页。
② 〔匈〕卢卡奇:《社会存在本体论导论》,沈耕等译,华夏出版社,1989,第319页。
③ 〔匈〕卢卡奇:《社会存在本体论导论》,沈耕等译,华夏出版社,1989,第320页。

奇坚信，同斯大林主义"决裂是必要的"，"重要的是结束斯大林时代"。①

斯大林逝世以后，特别是从苏共二十大揭露斯大林个人崇拜问题以后，卢卡奇认为同斯大林"僵化精神"的斗争"进入了一个质量上崭新的阶段"：这一切问题终于被公开讨论了，学术界的公开意见开始比较清楚地表达出来。卢卡奇比较早地明确表达了自己对这一问题的态度。他强调："必须对斯大林时期在解释马克思主义方面所取得的'革新和成果'进行原则的批判。"若是不清楚地看到，斯大林提出在社会实践中以优先考虑策略为基本原则，是对马克思主义基本原则的瓦解，是用眼前的一时考虑取代马克思主义基本原则，那就不可能进行这样的批判。②

1963 年卢卡奇在出版的重要著作《审美特性》中批评了"几十年来斯大林方式的统治对社会主义的实现形式所造成的扭曲"。他明确指出："在今天的马克思主义中，斯大林的传统几乎到处都表现出实质上被歪曲的解释……在马克思主义阵营中，今天的教条主义者直接把斯大林与马克思主义经典作家相等同，在这里当然在个别错误上保持距离。"但是，卢卡奇同时客观地认定："斯大林是一位重要的和有才能的马克思主义理论家和社会主义政治家，但是在不同的重要问题上犯有错误，或至少采取了过度的立场，他把这些理论的和实践的态度僵化为一种独立的方法。对他的著作和他的人格作出准确的和带有肯定和否定评价的批评，只有从马克思主义 - 列宁主义的观点出发才有可能。"接着，卢卡奇又进一步指出，在列宁逝世以后，斯大林是唯一正确把握和评估当时苏联现实情况的领导人，但历史的任务是"确定他在何时和什么程度上以不民主的方法超出了客观状况所应采取的措施"。

卢卡奇肯定斯大林是"一个非同寻常的聪明人，他往往事后会看到他的某些计划的不现实的地方，并且有时能将其正确地改正。但即使这样也体现了他的独裁，在这种转变中或者将这一转变本身由世界中从理论上消除掉，或者把这一失误的责任推给别人"。③

---

① 杜章智编《卢卡奇自传》，社会科学文献出版社，1986，第 293 页。
② 参见〔匈〕卢卡奇《关于社会存在的本体论》（上卷），白锡堃等译，重庆出版社，1993，第 134～135 页。
③ 参见〔匈〕卢卡奇《审美特性》（下卷），徐恒醇译，社会科学文献出版社，2015，第 1218～1221 页。

第十章　批判性地评价斯大林，复兴马克思主义

1964年卢卡奇在答捷克《文学报》记者问时，更广而深地看到了斯大林错误所产生的后果，也看到了对此加以克服的希望和面临的巨大困难："由于斯大林时代，我们五十年来看不到资本主义的发展。今天我们才能够用马克思列宁主义方法系统地分析资本主义的矛盾。因此，当今天面向西方的窗户已经打开时，青年们贪婪地吞食来自西方的东西，这是完全合乎逻辑的。……那种盲目地、无止境地对西方的惊异心情只是一种幼稚病；只有当青年们能够充分自由地去认识一切，以至于这些东西只成为一种时髦现象时，这种幼稚病才会消失。不出两年，有知识的青年人自己就能看出，对他来说什么是好的，什么是坏的。"①

卢卡奇在《关于社会存在的存在论》一书中再次指出："社会主义国家自从实行斯大林式的粗暴控制以来，使得社会主义生活方式以及囊括、领导和组织这种生活方式的社会主义制度大大失去了对资本主义国家人民的吸引力，失去了它们作为克服资本主义控制的前景的能力。"社会主义国家虽然曾经努力克服斯大林式的控制方法，然而它们迄今进行这种尝试的方式，"却几乎没有能够使这种控制发生什么根本的变化"。此外，还有一个更加严重的事实，那就是"斯大林式的控制模式葬送或者至少是大大损害了自由和生活意义，这两者在社会主义存在之中的必然的统一，葬送或者大大损害了人的个性的存在与人的社会性的存在在社会主义社会的不可分割的联系"。因此，在资本主义国家，当揭露了希望当前的资本主义控制能够变成维护自由与个性的制度是一种幻想之后，通常只能产生一种生活真空，这种生活真空充其量只充满一些对没有帝国主义以前的某种民主以及对某种纯粹的空想社会主义进行革新的梦想，却"几乎根本没有人想把现在这种尚未真正克服斯大林式的控制的社会主义当成切实有益地构成资本主义社会前景的因素"。这样就造成了两种后果：一方面，资本主义国家的人民大众迷失方向的状况变得更加普遍和深刻；另一方面，许多具有纯粹的唯心主义和纯粹的空想主义性质的意识形态却变得大有影响并且得到广泛传播。从另一个角度来看，这种意识形态主要还是由于下述原因而产生的："只要社会主义国家还没有在自己的理论中，特别是在自己的实践中真正地克服斯大林时期的种种残

---

① 〔匈〕卢卡奇：《论文学和创造性的马克思主义》，(捷克)《文学报》1964年第3期。

余,那么马克思的方法的优越性就永远不能在资本主义国家人民的思想中,而现实的社会主义生活方式的优越性也永远不能在资本主义国家的社会存在中,获得真正的、对全世界来说是明显可见的、对全世界的前景具有决定性影响的形态。"①

因此,卢卡奇清醒地看到,我们将经历一个漫长的和平共处时期,在此时期需要看到和找到更多的同盟者。但是,有些宗派主义者否认和平共处的可能性,另外也有许多人希望在和平共处时期阶级斗争将停止。与此不同,卢卡奇1956年在民主德国《建设》杂志上发表的一篇文章中就主张第三种可能性:"一种阶级斗争的新形式。"然而,为了理解这一点,"我们必须回到列宁那里去,把他同斯大林作对比"。列宁在第一次世界大战时期(1916年)就谈论过宗派主义者。他说,有些人相信有两个互相对抗的巨大阵营;一方说:"我们赞成社会主义!"另一方说:"我们赞成帝国主义!"列宁对此批评道,把事物看得那么简单的人永远不会懂得革命。实际上,事物要复杂得多,各个倾向是互相掺和的,阵线不断变化。显然,卢卡奇认为这些批评都适合于斯大林的教条主义和宗派主义。卢卡奇把他一生所经历过的那个有趣的时代比喻为穿过一个隧道。他说,我们清楚地知道"这个隧道通向哪里,但是看不到光亮。现在我们到达了这样一个地点,在这里我们终于能够见到光亮了"。② 卢卡奇这里指的正是斯大林时代的结束和复兴马克思主义的开始。

卢卡奇明确断言,斯大林时期把马克思主义与苏联以外的发展成果完全隔绝起来的做法,是"错误的和非马克思主义的",因为马克思、恩格斯和列宁总是极为留心他们时代的哲学和科学的发展,经常把新的科学技术发现吸收到马克思主义里去。当然,这种留心和吸收是"高度批判性的"。然而,在列宁逝世以后,这件事情停止了。"斯大林时代的马克思主义的最大疏忽之一,就是在列宁1914年写的那本关于帝国主义的书之后,没有对资本主义作出任何真正的经济分析,也没有对社会主义的发展作出真正的历史分析。"③ 这种情况必然造成严重的后果。

---

① 〔匈〕卢卡奇:《关于社会存在的本体论》(下卷),白锡堃等译,重庆出版社,1993,第896~897页。
② 〔匈〕卢卡奇:《论文学和创造性的马克思主义》,(捷克)《文学报》1964年第3期。
③ 参见杜章智编《卢卡奇自传》,社会科学文献出版社,1986,第275~276页。

第十章 批判性地评价斯大林,复兴马克思主义

卢卡奇对斯大林的批判,绝不仅止于一般地指明他的错误和过失所在,更重要的是,他因从更深的层次上探讨和分析斯大林错误的认识根源和理论本质而别具特色。

列宁指出:"俄国在 1917 年那种历史上非常独特的具体形势下,开始社会主义革命是容易的,而要把革命继续下去,把革命进行到底,却要比欧洲各国困难。"① 而斯大林则宣布社会主义在苏联的发展是"一种典型的发展"。对此,卢卡奇明确断言:"只要这种观点占统治地位,在理论上正确地富有成效地利用苏联发展的重要经验就是不可能的。因为任何步骤的正确或错误只有在一种非典型的发展范围内才能被适当地评价。'典型范式'的声明堵塞了对这一在国际上如此重要的、通向社会主义道路的研究,并把所有关于内部改革等的讨论引到错误的轨道上。"②

同样重要的是,卢卡奇深入分析了斯大林同马克思、列宁在方法论上的根本区别:马克思的"整个辩证方法展现出一种伟大的历史前景",并"力图以各种方式为这种前景奠定经济的和政治的基础。这种前景又为马克思的活动提供了最后的动力"。所以,卢卡奇在去世前又一次谈到斯大林问题时指出:"斯大林主义的本质在于,工人运动在理论上坚持马克思主义的实际性质,但是在实际上,行动却不是由对现实的较深刻的理解支配的。相反,那种较深刻的理解被歪曲成了一些策略。"③

卢卡奇还重点剖析了斯大林的哲学观点。他说,斯大林主义在哲学上由一种超理性主义统治着。当理性被超越时,理性变为非理性的可能性是存在的,因为理性总是同具体事物有关。当过分强调某一具体事物的抽象特征时,就会使以前是理性的东西的合理性不再存在。"在斯大林那里,理性主义获得了一种近乎荒唐的形式。""在斯大林主义中,必然性的概念被过分夸大到无意义的程度,这种无意义的确在一定程度上近于非理性主义。"因此,"斯大林主义是一种理性的毁灭",但它仍然是

---

① 《列宁全集》第 39 卷,人民出版社,2017,第 43 页。
② 参见〔匈〕卢卡奇《关于社会存在的本体论》(上卷),白锡堃等译,重庆出版社,1993,第 740~741 页。
③ 参见杜章智编《卢卡奇自传》,社会科学文献出版社,1986,第 274、276~277、154 页。

一种不同于非理性主义的东西。① 关于斯大林在哲学上的错误，卢卡奇后来曾经总结道，在斯大林那里，"马克思主义又被歪曲为机械必然论同唯意志论（即粗暴控制）的无机混合"。② 在哲学上，斯大林"最重要的歪曲——没有这种歪曲，斯大林主义就不可能——是从逻辑必然性的立场解释社会决定论的思想"，这"与马克思所说的实际社会联系完全相反。马克思实际上一再说的是，特定社会的 X 人民总是会找到 X 方式对既有劳动制度做出反应，在社会中发生的过程是由这些 X 反应综合而成的。这在实质上不可能是'二乘二等于四'那种意义的必然的东西"。③ 马克思有一句箴言："一切都取决于它所处的历史环境。"④ 只有遵循马克思的精神，根据自己的情况像马克思那样去思考问题和解决问题，才是唯一的正途。

虽然卢卡奇长期同斯大林的错误进行斗争，并主张对之做出深入的揭露、批判和清算，表现出他特有的先见之明和过人之处，但是，他也表现出马克思主义的原则性立场和辩证的观点，因为他没有忘记：其一，在研究和清算斯大林的错误时，如果"以为斯大林所做的一切都是错误的或反马克思主义的，则纯粹是一种偏见"。其二，"许多人用一般民主，更确切地说用资产阶级民主来反对斯大林主义，是不正确的"。⑤

与斯大林所理解的马克思主义不同，卢卡奇所"理解的马克思主义是一种活跃的理论和方法，需要创造性地加以运用。只有这样，它才能够提供回答现实问题的钥匙"。⑥ 卢卡奇所理解的当代马克思主义思想体系，从哲学上说，就是"辩证的、历史的唯物主义"。⑦

在评价斯大林的是非功过问题上，卢卡奇在不完全否定斯大林的情况下，首先起来揭露和系统批判了斯大林的种种错误，其中的新观点和看法无疑包含着许多正确的东西，在这一点上至今仍无出其右者。

---

① 参见杜章智编《卢卡奇自传》，社会科学文献出版社，1986，第 153~155 页。
② 〔匈〕卢卡奇：《关于社会存在的本体论》（下卷），白锡堃等译，重庆出版社，1993，第 671 页。
③ 参见杜章智编《卢卡奇自传》，社会科学文献出版社，1986，第 156 页。
④ 《马克思恩格斯文集》第 3 卷，人民出版社，2009，第 586 页。
⑤ 杜章智编《卢卡奇自传》，社会科学文献出版社，1986，第 279 页。
⑥ 《纪念卢卡奇·捷尔吉诞辰一百周年提纲》，（匈牙利）《社会评论》1983 年第 8~9 期。
⑦ 〔匈〕卢卡奇：《存在主义还是马克思主义？》，商务印书馆，1962，第 161 页。

第二节　率先提出复兴马克思主义问题

如果说以往卢卡奇主要是批判斯大林的教条主义和"左"的错误倾向，那么在1956年苏联大规模公开揭露和批判斯大林以后，卢卡奇则清醒地更多地看到另一种越来越严重的倾向。他辩证地指出，争取新道路的斗争还远远没有结束，我们有几次重犯教条主义，从而使修正主义抬头，我们现在也正面临着这种形势。所以，卢卡奇当时明确认为："为了捍卫和发展马克思列宁主义，必须找到一种'第三种选择'作为摆脱这种绝境的出路。"这里清楚地表明，卢卡奇既反对教条主义，也反对修正主义；同时，他提出第三种选择的出路，就是倡导复兴马克思主义。卢卡奇相信："马克思主义为我们留下了一种可靠的方法，大量正确无误的真理，许多对它的继续发展富有成效的提示；我们如果不深入地掌握它和运用它，在科学上就不能前进一步；但是在马克思主义基础上发展各种科学并不是已经得到解决的任务——只有对这一切有清楚的理解，马克思主义的研究才可能出现新的飞跃。恩格斯在逝世前指出了马克思主义者的这个未来的任务；列宁重复了他的劝告。我认为现在已到了实现这些要求的时候了。如果我们说，我们还根本没有马克思主义的逻辑学、美学、伦理学、心理学等，那么我们决不是说丧气话。相反，我们是在怀着充满希望的激情谈论那种够几代人富有成效地工作的伟大的振奋人心的科学任务。"1967年卢卡奇还具体谈到他的一种愿望："想利用我关于文学、艺术以及文艺理论的知识，去建造一个马克思主义的美学体系。"[①] 卢卡奇不仅这样说了，而且在很大程度上也做到了，他写出的美学著作《审美特性》和《关于社会存在的存在论》等就是令人信服的证明。

卢卡奇认为："我们应该正确地理解马克思主义，我们应该回到它的真正方法上来，我们应该设法借助这种方法弄懂在马克思逝世后的时代的历史。因为这有待于从马克思主义的理论立场出发去做出努力。"[②] 马

[①] 杜章智编《卢卡奇自传》，社会科学文献出版社，1986，第233~234、269页。
[②] 杜章智编《卢卡奇自传》，社会科学文献出版社，1986，第275页。

克思主义者的最大疏忽，是"在列宁那本1914年写的关于帝国主义的书之后，没有作出对资本主义的任何真正的经济分析。也没有作出对社会主义发展的真正历史分析"。因此，卢卡奇"给马克思主义者提出的任务是：应该对我们能够从西方哲学中学到的东西进行批判的考察。毫无疑问，在自然科学的许多领域中他们取得了巨大的成就，我们肯定能够从那里学到东西。但是，对社会科学领域和真正哲学方面的书刊我们必须进行批判的研究"。卢卡奇明确地说，他"对这个向西方学习的问题的看法是高度批判性的"。"希望马克思主义者对这个问题采取更加批判的态度，并且通过回复马克思的真正方法对西方思潮进行真正的批判。"①

卢卡奇回顾了自己所做的工作：对马克思主义经典作家的研究使他生平第一次有可能做到他一直力求做到的事情，即对精神生活的现象，按它们真正的、本来的面目，按它们的历史的和系统的状况进行观察，忠实地描写和符合实际地表述。反对教条主义的斗争在这个方面也是一种自卫。② 卢卡奇1967年仍然承认《历史与阶级意识》中有某些明显的错误，但他并"不打算谎称，书中的所有观点无一例外都是错误的。例如第一篇论文的引言中，我为正统马克思主义下了一个定义（指唯物辩证法），现在我认为，这个定义不仅客观上是正确的，而且在处于马克思主义复兴前夜的今天能够产生相当重要的影响"。③

1964年初，卢卡奇已经重点谈到如今我们面临的两个问题：第一，我们必须向全世界指出"马克思主义和斯大林主义是相反的"。一方面，东西方都有一些共产主义理论家，他们不愿清算斯大林主义。另一方面，西方的极右分子则不厌其烦地证明斯大林实际上只是列宁的方法的坚决继承者。"我们的任务是说明马克思、恩格斯和列宁的直接联系，证明三者都使用了同样的方法，而斯大林则在关于方法及其使用的一些重要方面背离了马克思主义（例如，他在工会问题上走上托洛茨基所采取的立场），他走的是另一条道路。"卢卡奇把苏共二十大和二十二大的成就看做"隧道里能见到的亮光"。

第二，被斯大林主义歪曲了的马克思主义不能回答就像大多数青年

---

① 杜章智编《卢卡奇自传》，社会科学文献出版社，1986，第276页。
② 杜章智编《卢卡奇自传》，社会科学文献出版社，1986，第234页。
③ 杜章智编《卢卡奇自传》，社会科学文献出版社，1986，第255～256页。

提出的那些现代问题,而没有经过伪造的马克思主义则能很好地加以回答。当我们探究现代问题时,我们必须发展马克思主义的方法。只有当我们像马克思主义者那样提出问题,并且比别人更好地回答这些问题时,我们才能得到响应。因此,对青年人来说,恢复马克思主义是一种必要,因为新的问题迫使他们回到真正马克思主义理论方面,从而去利用新发现的技术和现代研究的成就。马克思和恩格斯经常把新的科学技术发现吸收到马克思主义里去。在列宁逝世以后,这件事情停止了。我们必须重新树立这种马克思主义方法,使马克思主义成为真正活生生的东西。我们必须把列宁死后在西方出现的一切新的和科学的进步的东西接受过来。只有当我们按照真正马克思主义的方法把所有这些进行加工以后,我们才能影响青年和西方的知识分子。[①] 卢卡奇认为,这是"不能通过革命去达到的。我们必须为了送走整个斯大林时代进行巨大的工作"。所以,卢卡奇十分尖锐地指出:"今天进行的斗争将决定是保持斯大林主义的方法和习惯,还是不仅从理论上,而且也在实践上完全恢复马克思主义。这两者有紧密的联系。"卢卡奇认为,在恢复马克思主义的道路上,还有许多障碍和困难。因此,"从今天来看,最重要的是:克服今天社会主义中的斯大林主义方法,给表达非伪造的马克思主义的绝对自由"。这里卢卡奇之所以强调恢复马克思主义,是因为他意识到,恢复马克思主义是复兴马克思主义的具体开端或真正前提。

20世纪60年代中期,即1964年开始写作《关于社会存在的存在论》一书和1965年初答意共《再生》周刊记者问时,卢卡奇都明确提出复兴马克思主义的问题,并特别强调列宁在这一方面的突出作用。

针对马克思、恩格斯逝世后,马克思的基本哲学倾向被伯恩斯坦、阿德勒否定,也不为一些真正马克思主义理论家(如卢森堡、梅林)所理解这种情况,卢卡奇在《关于社会存在的存在论》一书中强调:"只是在列宁那里才开始了真正的马克思主义复兴。"[②] 尤其是列宁在第一次世界大战前几年所写的《哲学笔记》,再次研究了马克思思想的真正中心问题。他在对以前的马克思主义的尖锐拒斥中,对黑格尔辩证法的深

[①] 〔匈〕卢卡奇:《论文学和创造性的马克思主义》,(捷克)《文学报》1964年第3期。
[②] 〔匈〕卢卡奇:《关于社会存在的本体论》(上卷),白锡堃等译,重庆出版社,1993,第656页。

入的和连续不断深化的批判理解达到了顶点:"不钻研和不理解黑格尔的全部逻辑学,就不能完全理解马克思的《资本论》,特别是它的第1章。因此,半个世纪以来,没有一个马克思主义者是理解马克思的!"① 列宁并没有把他在其他方面在理论上敬重的普列汉诺夫作为例外,在那个时代的马克思主义者中普列汉诺夫最精通黑格尔。他成功地继承了晚年恩格斯的路线,并在许多问题上深化和发展了恩格斯的思想。

卢卡奇1964年已经认识到:"今天,社会主义世界正处在马克思主义复兴的前夜,这种复兴的使命不仅是重建被斯大林所歪曲的方法,而且首先旨在用真正马克思主义的新旧方法适当把握新的现实。"②

关于复兴马克思主义,卢卡奇在最后一部著作《关于社会存在的存在论》中肯定地说:"这是——不仅仅在这里——列宁的一个伟大功绩,即他作为那个时代唯一的马克思主义者,明确抛弃了以自身为基准的(必然是唯心主义的)逻辑和认识论在现代哲学中的至上性,并和这种至上性相对立——和在这里——一样——返回到了最初由黑格尔提出的逻辑学:认识论和辩证法的统一观念上,自然,这是在唯物主义意义上使用的。……在所有的问题上,自恩格斯逝世以后,列宁的事业代表着唯一大规模地在马克思主义的总体中重建马克思主义,代表着把马克思主义运用于今天的问题,并由此进一步发展马克思主义的尝试,这些仍是要坚持的。只是不利的历史环境妨碍了列宁的理论影响和方法论影响在广度和深度上的辐射。"③

卢卡奇进一步指出,斯大林时期的实践不仅用主观的社会主义信念歪曲了社会主义,而且使进行这种歪曲的实践的人们本身发生异化,他们有时甚至用一种主观上是坚定的但在客观上却是错误的社会主义思想去反对进行必要的改革。正因为如此,回到马克思主义上来,回到列宁的无产阶级民主上来,往往就变得特别复杂而困难了。④

---

① 《列宁全集》第55卷,人民出版社,1990,第151页。
② 〔匈〕卢卡契:《卢卡契文学论文集》第2册,中国社会科学院外国文学研究所外国文学研究资料丛刊编辑委员会编,中国社会科学出版社,1980,第561页。
③ 〔匈〕卢卡奇:《关于社会存在的本体论》(上卷),白锡堃等译,重庆出版社,1993,第657~658页。
④ 〔匈〕卢卡奇:《关于社会存在的本体论》(下卷),白锡堃等译,重庆出版社,1993,第854页。

第十章 批判性地评价斯大林，复兴马克思主义

尽管如此，卢卡奇坚定地认为："如果今天马克思主义要再次成为一种哲学发展的活力，那么就必须在所有问题上返回到马克思自身。"当然，恩格斯和列宁生平事业中的许多东西也可以有效地支持这些努力。而对第二国际时期和斯大林时期的最尖锐的批评，则是"一个重要的任务"。① 在这里，卢卡奇把复兴马克思主义同批判斯大林的错误联系起来，把它们看做一个问题的两个方面。1965年初，卢卡奇在答意共《再生》周刊记者问时再次强调"为马克思主义要求发言权""是中心问题"，并把复兴马克思主义同阐明马克思和列宁的基本观点结合起来。他明确指出："今天，在我们的党和国家里，我们卷入了文化自由主义的潮流。在我们这里，青年人崇拜来自西方的一切东西，因为这些东西依然具有违禁品的魅力，因此他们把一切——从贝克特到通俗艺术都当作是好的。"对此，卢卡奇认为："为了提高人们的价值判断，必须发展马克思主义美学。在如此强大的自由化过程中，我依然为马克思主义要求发言权……的确，这是中心问题。我们已经失去了马克思主义，需要重新找到它。……除列宁之外，没有一个人对资本主义发展问题作出过理论贡献。总而言之，必须回到列宁和马克思那里去，如像通常所说的，后退几步以便更好地飞跃。"

卢卡奇这里所说的"回到列宁和马克思"那里去，主要有六点。

（1）"必须要有关于社会主义制度下再生产的有效理论"。没有这种理论，任何改革都只不过是实用主义的，是纯粹经验主义，或者是企图使我们的经济适应于资本主义经济。我们的计划经济之所以失败，是因为在斯大林时期，交换价值和使用价值的辩证法从理论上被抹杀了。从而实际上也就失去了发展再生产理论的可能性。一个资本家至少会这样做：为了产品不至于卖不掉，他在他的整个活动中必须同使用价值打交道。在社会主义经济中，不能自发地验证这一点，因而必须提供关于这个问题的理论基础。总之，在经济领域内，既要防止各自为政，又要防止滑进自由化。换句话说，就是要建立在列宁时期仅仅开始存在的那种社会主义经济。这种理论上的恢复同时要求恢复列宁始终把它同无产阶

---

① 〔匈〕卢卡奇：《关于社会存在的本体论》（上卷），白锡堃等译，重庆出版社，1993，第659页。

级专政概念并列的无产阶级民主概念。这种理论上的恢复对于分析起了深刻变化的资本主义，对于分析所谓第三世界国家的情况同样是必要的。

（2）马克思完善了黑格尔辩证法，他懂得世界不是由分裂的因素组成的，其首要的因素是一个具体的能动的综合体，凭借这个综合体就有可能检验同总体直接发生关系的因素。因此，唯物辩证法是使人有可能理解这种综合体的唯一方法，理解仅仅作为相互作用的东西存在的范畴的唯一方法。

（3）卢卡奇十分重视现实及对它的意义的理解。何谓现实呢？这是中心问题。在社会生活中，主体和客体是联系着的；在自然界，客观世界没有主体是可以存在的，但是社会没有主体就不能存在。必须从新实证主义的虚假的客体以及存在主义的虚假的主体中走出来；这两者都不能理解现实。这也是在近代艺术或斯大林主义中所失去的东西。所以，马克思主义的复兴就是指现实的意义的复兴。针对苏联理论界不重视人的问题，卢卡奇明确指出："把人的改造看成马克思主义的中心任务将意味着马克思主义的一个崭新阶段。"马克思认为："对人来说，问题的根本就是人本身。马克思主义的这一方面今天必须提到首位。"① 正因为复兴马克思主义具有根本的理论意义和实践意义，所以卢卡奇在谈到社会主义和民主化时再次强调："对于党的有成效的积极性来说，马克思主义的复兴自然是唯一可能的基础。"②

（4）卢卡奇作为理论家的可贵之处还在于，他看到了革新马克思主义的强大实际动力，因为正像列宁在《怎么办？》中正确指出的那样，没有革命的理论就不可能有任何革命。无论在西方还是在我们这一方面都必须恢复马克思主义的方法，对资本主义制度下已获得的东西进行经济的和社会的分析：这种分析我们马克思主义者还没有做，可是没有这种分析，我们就不能找出需要解决的具体问题。只有到那时，我们才能谈到能采取巨大决策的真正强大的革命运动。卢卡奇指出："正因为如此，我认为革新马克思主义是极其重要的问题。"在社会主义国家中也有这个问题，因为"没有必要的理论复兴，就不可能有任何实践的复兴"。③

---

① 〔匈〕平库斯编《卢卡奇谈话录》，龙育群、陈刚译，湖南文艺出版社，1991，第49页。
② 〔匈〕卢卡奇：《社会主义和民主化》，德国森德勒出版社，1987，第116页。
③ 杜章智编《卢卡奇自传》，社会科学文献出版社，1986，第285页。

（5）此外，卢卡奇又从改革的理论基础这一高度提出了马克思主义的革新问题。他指出，新的经济发展问题和从非民主的斯大林主义制度向社会主义民主过渡的问题，改革的这两大问题是直接相互依存的基础——对这一点无论如何强调都不算过分——只可能是马克思主义理论的革新。"不仅马克思主义的经济学需要革新，马克思主义本身也需要革新。"①

（6）1966年，在一次谈话中卢卡奇强调指明："目前最重要的事情是，在理论上彻底地弄清楚马克思主义在今天意味着什么以及马克思主义能做到什么。"为此，卢卡奇对比了列宁和斯大林两个不同的时代，指出，在列宁的领导下，"在最困难的内战时期和饥饿时期，仅仅苏维埃社会主义共和国的存在就在西方激起了广泛的热情，这正是因为许多人感到：在那里他们正在为某些涉及他们自身存在的最基本问题的东西而奋斗"。相反，之后的"斯大林时期的野蛮操纵破坏了这些希望。这种操纵的减轻或技术上的改进都不足以重新树立起失去的激情，只有与操纵——无论是改进了的还是野蛮的操纵——彻底决裂才有可能"。②

卢卡奇还看到，与马克思主义的革新、复兴和发展相关联，如何对待马克思主义越来越具有明显的复调性质，这也是一个无法回避的问题。卢卡奇谨慎表示："马克思主义哲学中的多态性可能是一种积极现象。"在人们对这一问题要分析一下或采取一种立场的意义上，卢卡奇认为这毫无疑问是一种积极的现象。这种现象造成的结果是，"今天出现的马克思主义带有一种复调的和多态的——有人甚至说——多元的性质"。但是，他对此有保留看法。为此卢卡奇提出一点疑问："因为马克思主义完全和任何别的东西一样，服从于只有一个真理的规律……在客观上每个问题只可能有一个真理。"譬如，在卢卡奇看来，历史是阶级斗争的历史这种说法是唯一的客观真理，这是一个问题；而在阶级斗争的历史内部，对某一阶级斗争是以这种方式还是以那种方式发生的问题，可以进行争论，这是另一个问题。卢卡奇认为，这是两个完全不同的问题。然而，卢卡奇并"不谴责现存的多态现象"，因为他确认："我们在对目前危机

---

① 杜章智编《卢卡奇自传》，社会科学文献出版社，1986，第287页。
② 〔匈〕平库斯编《卢卡奇谈话录》，龙育群、陈刚译，湖南文艺出版社，1991，第56、145页。

的理论解决中只处于最初阶段。直到我们达到真正的真理以前,各种趋向将相互反对。""这种多态现象的确表明,我们正走在通向真理的道路上。然而如果我们接受错误的资产阶级概念,把多元化看做某种理想,认为马克思主义的优越性就在于,它既可以是唯心主义的又可以是唯物主义的,既可以是因果论的又可以是目的论的,既可以是这样的又可以是那样的,那就非常不好了。我们可以把这种理论留给操纵的资本主义——它可以随心所欲地去为马克思主义捏造理论。"所以,卢卡奇强调:"必须清楚地认识到,每个问题只有一个真理,我们马克思主义者必须为这一真理的出现而奋斗。直到真理出现以前,这些趋向将继续相互冲突。"卢卡奇还进一步补充说:"反对设法用行政方法加速这个过程,这些是意识形态问题,必须用意识形态方式解决。"[1]

卢卡奇清醒地看到,在革新或复兴马克思主义的道路上,今天还有各种各样的障碍,革命工人运动一直在做,并在将来仍要做克服形形色色的意识形态错误的工作。但是,他对马克思主义一直抱有一种坚定的信念,他把左拉的一句话稍加改动来作为他对马克思主义复兴的发展前途的展望:"真理的步子迈得很慢,但是到了末了,什么也不能阻挡它。"[2]

---

[1] 杜章智编《卢卡奇自传》,社会科学文献出版社,1986,第289页。
[2] 杜章智编《卢卡奇自传》,社会科学文献出版社,1986,第48页。

第十一章　改革与社会主义民主

第一节　改革的首倡者

　　社会主义社会是一个经常变化和改革的社会。事实已经证明并将继续证明，社会主义社会比以往任何社会的变化和改革的力度都要大得多，因为它是与以往任何社会的性质都大为不同或有根本区别且发展水平更高的社会。列宁晚年高度关注和思考国家机关的改革，他强调，在和平年代，"全部工作都应该集中到改善机关上"[①]，以铲除官僚主义及其种种弊端。

　　正是依据马克思列宁主义的精神，1945年卢卡奇就认为，资本主义制度对人的完整性的肢解和歪曲正是社会物质经济结构的必然后果，于是提出，在现实中，在实在的人的身上去捍卫人的完整性，对产生着使人畸形歪曲的必然后果的物质基础就必须改变。[②]

　　1956年在《文学与民主》一文中，卢卡奇根据列宁的思想进一步指出："革命所取得的胜利已经使改革的意义显露锋芒，形势的变化虽然慢一些，但一切都是有秩序的；'宁愿少些，但要好些'是列宁曾经不断地强调过的这一'作为社会主义建设的基本原则'。"卢卡奇还指明："改革工作的计划性就意味着工人阶级以及组织到党内来的最有觉悟的工人的领导作用。"为此他又提出最根本的改革，就是"要改变社会物质结构，消灭压迫、消灭剥削和消灭具有阶级性质的机构"。[③] 正如前面已经指出的那样，1956年10月28日，卢卡奇向匈牙利青年做了广播讲话，

[①] 《列宁全集》第43卷，人民出版社，2017，第345页。
[②] 〔匈〕卢卡契：《卢卡契文学论文集》第1册，中国社会科学院外国文学研究所外国文学研究资料丛刊编辑委员会编，中国社会科学出版社，1980，第300~301页。
[③] 〔匈〕卢卡契：《卢卡契文学论文集》第1册，中国社会科学院外国文学研究所外国文学研究资料丛刊编辑委员会编，中国社会科学出版社，1980，第372、362页。

提出要"用真正民主的精神重建我们国家的、社会的、经济的和文化的生活"。"扩大民主自由,即人民在各方面的自决权,是找到匈牙利社会主义道路和各个领域有成效地走上匈牙利社会主义道路的真正基础。"这里提出的"用真正民主的精神重建我们国家的、社会的、经济的和文化的生活","走上匈牙利社会主义道路",就意味着彻底实行民主改革,走具有匈牙利特色的社会主义道路。这也是卢卡奇在苏共二十大后对"需要改革"的一种积极回应。这个时期,卢卡奇明确表示,他是"站在改革一边"的。①

1956年匈牙利事件后,卢卡奇更加清楚地认识到,只有民主地革新全部生活,才能为社会主义发展打下坚实的基础。在卢卡奇看来,在社会主义国家中,马克思主义意识形态必须提供对现存事物的批判,帮助正在变得越来越紧迫的改革。卢卡奇可以说是社会主义改革的首倡者。

卢卡奇1957年在《我走向马克思的道路》中说:"列宁对马克思主义进行了天才的、双重的改革工作。一方面列宁消除了在几十年中形成的对马克思主义经典作家的一切偏见。这种清除工作表明,马克思和恩格斯的著作中包含有许多直到那时还没有被发现的认识。另一方面,他也以无情的现实感指出,对生活所提出的新问题不可能指靠经典作家的'无可置疑的'引文。"②

针对苏联社会主义模式的弊端,卢卡奇最先认识到苏联社会主义模式需要改革的紧迫性,并在20世纪60年代强调社会主义民主对匈牙利经济体制改革具有重大意义。60年代末,他进一步明确指出:"改革的两大问题是直接相互依存的。""若不开始恢复社会主义民主,新的经济体制就不可能实行起来。"③ 他甚至断言,社会主义国家的经济改革的支持者,只有在他们同时也发展社会主义民主的条件下,并且当"苏联革命后最初几年的无产阶级民主重新确立的时候,他们才能赢得胜利"。卢卡奇还进一步指出,在改革方面应坚持马克思主义的原则,即以民主方式改组生产,因为优质生产和民主化之间有密切的内在联系。所以,经济改革有解决基本民主问题的任务,即过渡到真正的社会主义民主(日

---

① 杜章智编《卢卡奇自传》,社会科学文献出版社,1986,第185、188页。
② 杜章智编《卢卡奇自传》,社会科学文献出版社,1986,第231~233页。
③ 杜章智编《卢卡奇自传》,社会科学文献出版社,1986,第287页。

常生活的民主)。

卢卡奇更多地看到了苏联社会主义模式改革所面临的种种困难。他首先谈道:"斯大林时期的实践不仅用主观的社会主义信念歪曲了社会主义,而且还使进行这种歪曲的实践的人们本身发生异化,他们有时甚至用一种主观上是坚定的、在客观上却是错误的社会主义思想去反对进行必要的改革。正因为如此,所以回到马克思主义上来,回到列宁的无产阶级民主上来,往往就变得特别复杂而困难了。当然,归根结底,这涉及权力之争;但是,光是围绕这类问题而进行意识形态斗争,就已经由于一些保守派的重要人物的上述特征而大大地复杂化了。而且,这种困难局面还由于另一方面的原因而进一步得到升级:在许多情况下,有些改革家们虽然在主观上也怀着真正的社会主义信念,但他们在真诚地努力更新马克思主义并赋予它以新的生命的时候,确实代表了某种修正主义倾向,因为他们在深入研究社会主义社会迄今在发展经济和意识形态方面所取得的经验的过程中,他们对于斯大林式的方法的批判,常使得他们变得对资产阶级的倾向、偏见乃至时髦货色采取不加任何批判的态度。对这样的人来说,主观上真诚地为某种'事业'而献身的精神同样可能在意识形态方面获得极为错误的内涵,因而他们在徒劳地努力彻底克服旧的异化的同时,却接受了许多纯粹的资产阶级的异化。"由此可以看出,卢卡奇既坚定地主张改革,反对对拉科西的制度"进行局部的内部'改革'的任何幻想,也反对资产阶级自由派的改良倾向"。①

第二节 社会主义与作为一个复杂、历史过程的民主

针对苏联斯大林时代社会主义模式的种种弊端,特别也是为了暗指勃列日涅夫时代公然背离社会主义兄弟国家平等协商的最高原则,悍然派苏军入侵捷克斯洛伐克的霸权欺压和更严密操控的严重事件,1968年卢卡奇写了《民主化的今天和明天》这一重要论著,特别强调马克思主义是实现社会主义民主的前提和基础。

卢卡奇最初是用德语"Demokrtisierung Heute und Morgen"(《民主化

---

① 杜章智编《卢卡奇自传》,社会科学文献出版社,1986,第47页。

的今天和明天》）这一主题于 1968 年 8～12 月写出了这一政治理论著作。1985 年在联邦德国以《社会主义与民主化》的书名正式出版。1991 年出版了第一个英译本。

卢卡奇的论著《社会主义与民主化》一开始是"方法论上预先评论",然后分为两个部分,即"资产阶级民主是社会主义改革的错误抉择"和"真正的抉择:斯大林主义还是社会主义民主",共有七章。

卢卡奇首先从方法论上指出:"把历史发展归结为阶级斗争的进程,是马克思主义既吸引广大非社会主义知识分子圈子,又一再使他们反感的最重要因素之一。"在马克思主义经典作家的理论中,社会历史现象恰巧如此存在和其普遍可被表达的规律性绝不会形成方法论上的某些对立,相反,它们正好构成一个不可分割的辩证统一体。所以,卢卡奇尝试研究,"上层建筑的形式,如我们情况中的民主按其社会存在必定具有相似的性质一样,是恰好如此地存在"。卢卡奇说:"民主(更确切地说是:民主化,因为在这里按照存在来说也首先涉及一个过程,而不是一种状态)是历史的,作为各个经济形态的具体—政治的制度力量,它在其基础上产生,起作用,成为难题。"因此,与人们常常谈论作为状态的民主不同,卢卡奇考虑到这种当时"状态"的特性中"诸真实的发展方向"。"比起'民主'的表达方式的来说",卢卡奇"更喜欢'民主化'这种表达方式"。① 所以,卢卡奇把"民主化"作为一个复杂、长期的"历史"过程来看待,正是其突出特点。

《社会主义与民主化》的第一部分的标题就表明了卢卡奇的鲜明观点:"资产阶级民主是社会主义改革的错误抉择。"接着就是卢卡奇从历史上和理论上用事实做出的具体阐明。

在第一部分"民主的经济基础的多样性"中,卢卡奇首先确认,马克思"从社会生活的这些基本事实出发"。"当他(马克思)谈论许多世纪之前第一个甚至被视为典范形式、最有意识形态影响的城邦民主时,经济仍然是他的基础规定。""所有公民的真实存在,他们在民主生存和起作用中的合作都与诸给定的经济基础相联系。随着这些经济基础的瓦

---

① Georg Lukács, Sozialismus und Demokratisierung, Sendler Verlag. Frankfurt am Main, 1987, S. 7 - 9.

解——而这种瓦解必然产生于诸生产力在这里仅仅是可能和必然的发展的特性——城邦民主的生存—发生作用的能力必定自行瓦解。……马克思清楚地表达出了这种瓦解的经济基础。它就是作为这些民主社会文化的基础而存在着。诸民主的斗争总是仅仅在享有特权的少数人中进行，真正生产的广大群众，像被排除积极参加社会生活之外一样，也被排除在民主斗争之外。"[①] 即使是古希腊的民主也是大有局限性的。卢卡奇肯定地谈道："现代资产阶级民主在政治上的经典形式，法国大革命在政治上的经典形式——按照意识来说——的产生，在很大程度上是由这种榜样规定的。但是，从经济—社会方面来讲，它是其严格地对立的两极。马克思通过强调这种对立性，同时也强调，自由和平等，对现代民主化本质的核心的意识形态表达方式来说，也正好在意识形态上能够得到非常不同的形式，按照经济—社会的本质，它们'不仅仅在基于交换价值的交换中受到尊敬，而且交换价值的交换也是所有平等和自由的生产的真实基础'。"[②]

卢卡奇继续指出："自由和平等的统治地位的这种实际实现，连同其所有矛盾性在内，意味着人类社会历史上一个巨大的进步。真正的社会性，人的人类存在的客观真实基础随此才建立起来了。""法国大革命以激进的方式打碎了整个封建的社会结构，并以此第一次在世界历史上实现了社会在纯粹社会的方式中国家与公民之间的联系。马克思有理由指出，政治生活从其在封建主义合乎存在的分崩离析中首先与此联系起来，而且被资产阶级社会的诸规定直接解放出来，能够理想地不依赖于资产阶级生活诸特殊因素而提高为普遍的人民事务。"[③] 马克思"借助对这种变革的第一批伟大文献的分析，依据法国革命的诸文本，指明了在社会生活中、作为其环节的每一个单个人生活中国家和资产阶级社会、理想性和物质性的矛盾统一"。

卢卡奇在"资产阶级民主化的必然发展趋势"中清楚地看到："民

---

① Georg Lukács, Sozialismus und Demokratisierung, Sendler Verlag. Frankfurt am Main, 1987, S. 13 – 15.

② Georg Lukács, Sozialismus und Demokratisierung, Sendler Verlag. Frankfurt am Main, 1987, S. 15.

③ Georg Lukács, Sozialismus und Demokratisierung, Sendler Verlag. Frankfurt am Main, 1987, S. 15 – 17.

主的上层建筑虽然在普遍社会存在论上必须保持其'理想的'性质，其内容就是这些通行的作用方式，但是要以提高的方式来适应人类的这些需要。在此首先是那些内容（和与它们相适应的作用方式）获得一种由在经济上很重要的一些集团所代表的社会普遍效果，此效果在这种实际情况的基本原则上并没有什么改变。"我们的真正难题是："国家的政府诸形式最纯粹、最发展了的抽象理想性，是在理想普遍利益的外衣下顺利贯彻利己主义—资本主义诸个别利益的最合适工具。简言之，议会制度，这种国家理想性核心的和典型的实现愈纯粹，从社会的现实生活中在表面上、形式上独立出来，使之完好地扮演为'理想的'人民意志的纯粹机关，它就愈成为实现资本家集团利己主义利益的更合适的工具，也就是说，正好是在一种无限制自由和平等的假象下。"这种形式上的自由和平等正"符合权威性资本主义集团的诸利益"。①

在"今天的资产阶级民主"这一章中，卢卡奇依据马克思的思想精辟地揭示了这种民主的本质。他说："今天人们习惯称为自由的东西，是资本主义诸种内部力量公认的胜利的结果。不言而喻的是，资本主义从其开始至今的发展，即使是它的上层建筑，还是资产阶级民主中的自由，都经历了不得不忍受的诸种质的变化，某些转变。不过，按照本质来说，它并没有摆脱掉这里在马克思意义上所指明了的资本主义基础结构。"②所以，卢卡奇断言："今天的民主……是一种被操控的、借助于操控占据统治地位的帝国主义的民主。因此，大资本主义消费工业和服务业的发展，像资本家们从中在经济上产生出来的、在作为商品购买者的无产者那里引起的兴趣一样，应被宣传为剩余价值学说的一个变种。"他在此后又说："只有资本主义的发展过程，是完全纯粹因果必然的，不存在由某一任何目的论所决定的整个过程。"③

卢卡奇看到，所谓"社会"意味着人的共同作用，"今天的资本主义达到了以前在实践-技术上从未存在过的现实高峰。然而同时，这同

---

① Georg Lukács, Sozialismus und Demokratisierung, Sendler Verlag. Frankfurt am Main, 1987, S. 20 – 21.
② Georg Lukács, Sozialismus und Demokratisierung, Sendler Verlag. Frankfurt am Main, 1987, S. 23.
③ Georg Lukács, Sozialismus und Demokratisierung, Sendler Verlag. Frankfurt am Main, 1987, S. 24、27.

一些经济—社会力量在客观上生产和再生产出这种尚未现实有过的相互被指出来的存在,并没有带来人与人的联系,相反却产生出人与人的分离。个人的自由,作为这种社会的前提和结果让每一个人在另外的人身上不是找到其自由的实现,而是对其自由的限制"。"并非偶然的是,异化同时在经济—社会和个体—人之间的关系(这种异化关系的理论,马克思第一个在几乎半个世纪前就表达出来了)似乎已在19世纪很好且完备地消失在物质剥削问题的背后,在我们今天却已成为普遍的社会—人的难题了。同样,马克思当时就已经指出,资本主义的剥削者和被剥削者都同样无法摆脱异化的普遍性。但是,只有在今天,资本主义的这种社会后果才作为人类最普遍的问题被体验到。这表明,马克思在他那个时代所发现的人类定在的诸规定在资本主义中虽然以别的表现形式,但按其本质更强烈地广泛而深深地控制着整个人类的生活。因此,今天的资本主义并没有克服而是提高、扩展和加深着其至今本质的难题性。"卢卡奇清楚地指出:"表面上变得普遍化的市场的纯粹操控占据着统治地位。借助于被吹胀了的大众传媒,消费手段的宣传也变成政治宣传教育的模特儿。"①

卢卡奇敏锐地指出:"被操控的资本主义在市场中必然产生的面子消费的诸社会关系,使这样一种关系本身对市场来说成为最大的难题"。精巧的操控甚至正好在于,对于商品卖方来说,某一种确定的商品的价值如此被促使产生出来,以至于他们把自己的占有物自夸为一种自由决定的结果,甚至自夸为他们自己个性的表达。公民"理想的"世界在社会实践中越来越成为资产阶级利己主义的纯粹工具。"重要的只是,在这里,自由和平等的'理想'形式从未被怀疑,而是正好这些形式成为——阶级性的——利己主义资产阶级利益的工具。"② 这清楚地表明卢卡奇从表面现象透彻看清事物本质的智慧。

卢卡奇提到过去几年里美国开始出现的"系统危机的迹象"。"即使匆匆一瞥,我们必定就会看到这整个的危机,因为我们对民主化现今诸

---

① Georg Lukács, Sozialismus und Demokratisierung, Sendler Verlag. Frankfurt am Main, 1987, S. 27 – 29.

② Georg Lukács, Sozialismus und Demokratisierung, Sendler Verlag. Frankfurt am Main, 1987, S. 29 – 30.

形式的整个考察致力于一个认识目的：像某些人认为的那样，即使在社会主义世界内部也有社会主义危机增长的情况出现时，这样一种（资产阶级的）民主化是一种社会现实的抉择吗？我们大声地回答是一个大声的、坚决的否定！绝不是！比较深刻原因的一部分仅仅在后面具体明确谈到斯大林时代的难题及其后果时会得到表述。"卢卡奇肯定地说，资产阶级民主作为一个社会主义国家危机时的抉择，就意味着不会有什么好结果。①

在该书的第二部分，卢卡奇以大标题的形式尖锐提出一个问题："真正的抉择：斯大林主义或是社会主义民主？"②

在这一部分的"一个具体问题提出的理论和历史前提"里，卢卡奇首先明确指出："现今社会主义的真实社会存在就是从斯大林时代危机中产生出来的社会机构、趋势、理论、策略等等的那种综合体。整个危机在（1956年）苏共二十大上达到其第一次理论—实践的表达，而且其理论—实践的后果显露也是如此。"但是，如果我们不由此出发，那么就不可能按照其理论—实践的特性、方向等来理解，改革工作究竟应该改革什么、改了什么、为什么改革、以何种方式，等等。

卢卡奇赞成意共领导人帕尔米罗·陶里亚蒂要求对整个斯大林时代进行一种严肃、深入的经济的也就是社会—历史的分析，因为，没有这样一种研究，就不可能在马克思列宁主义意义上把握和阐明社会主义这一阶段斯大林的积极作用和消极作用。遗憾的是，我们不得不承认，能满足这些要求的分析至今还没有实行。陶里亚蒂在很大程度上弄清了社会主义发展这个如此重要的阶段的主导原则，这样实际上就有可能用正确的改革决定来重新纠正变歪了的东西，使病人回到健康的生活中去。

在马克思的意义上，卢卡奇认为，俄国的无产阶级革命不是这样一种世界历史过渡的"经典"体现。按照马克思的理论前提，这样一种革命必定首先在发达的资本主义国家爆发。列宁从未怀疑过俄国有某种不正常的情况，与马克思主义预见不完全符合的情况。当他在其著作《共

---

① Georg Lukács, Sozialismus und Demokratisierung, Sendler Verlag. Frankfurt am Main, 1987, S. 32 – 33.
② Georg Lukács, Sozialismus und Demokratisierung, Sendler Verlag. Frankfurt am Main, 1987, S. 35.

第十一章 改革与社会主义民主

产主义运动中的"左派"幼稚病》中谈到俄国革命的国际意义时,他有理由断然强调其影响。但他立即补充道:"要是夸大这个真理,说它不限于我国革命的某些基本特点,那是极大的错误。如果忽略另外一点,同样也是错误的,那就是:只要有一个先进国家的无产阶级革命取得了胜利,就很可能发生一个大变化,那时,俄国很快就不再是模范的国家,而又会成为落后的(在'苏维埃'和社会主义的意义上来说)国家了。"[①] 卢卡奇从中看出列宁的意思,即资本主义社会向社会主义社会的转变首先是一个经济问题。由此,卢卡奇指出:"资本主义在一个胜利的革命中愈发达,在其经济中社会主义的特殊任务就愈能够直接地、坚决地、快速地、适当地得以实行。相反,在一个在这方面曾经落后的国家里,一系列问题必然不得不提到日程上来。""在这方面涉及,两个问题在经济现实中构成一个联系在一起的综合体——一方面涉及大工业在当时有决定意义的大量生产方面在量和质上的高度发展,另一方面涉及居民按照诸决定性生产部门的分布——它能够保证必要的动力平衡,相互作用和高度发展,农业和工业在经济生活诸不同领域的正常作用。1917年就无人怀疑过俄罗斯帝国的资本主义生产离这一阶段还很遥远。"但是,卢卡奇并没有像社会民主党理论家那样由此结论中得出在伟大十月革命中暴力推翻资本主义制度是一个错误的说法。卢卡奇指出:"伟大的历史决断,革命的决定,绝不是在学者的书房里'纯粹从理论上'挖空心思想出来的。相反,它们是对某些抉择的回答,这些抉择在现实中是由处于运动中被建议的人民、从日常生活到诸伟大的政治决定、一些政党及其领导人所强力促成的。"[②] 情况正好是如此——在此情况中,不得不做出的诸决定首先是由第一次帝国主义战争提出来的。

当时,继续战争是多数俄国党派的主要目标。布尔什维克反对战争以及夺取国家政权的斗争与数百万民众要求马上结束战争的火热愿望是一致的。尽快结束消耗人口的这场战争的问题,由于当时情势紧迫而成为十月革命要面临的决定性问题。为了立即结束战争,有必要推翻赞同继续战争的资产阶级民主政权。卢卡奇认为,具体的问题是,"不推翻资

[①] 《列宁全集》第39卷,人民出版社,2017,第2页。
[②] Georg Lukács, Sozialismus und Demokratisierung, Sendler Verlag. Frankfurt am Main, 1987, S. 39 – 40.

产阶级—民主政权,实际上就不可能真正解决变得急迫的农民问题"。1917 年 10 月的"一种革命情势"是:"统治阶级不再能用旧的方式进行统治,而被压迫的、被剥削的群众不再想以旧的方式继续生活下去。"毫无疑问,"向社会主义过渡的非经典解决办法在政治上是完全合理的"。

在新的时代,遵照马克思在《关于费尔巴哈的提纲》中的"教育者本人一定是受教育的"这一思想,卢卡奇指出:"从世界历史上来看:马克思意义上向着真正人存在的自我教育就是社会主义民主。因此,人类的经济—社会的发展提出了在经典作家后继者中至今只有列宁试图理解为过渡的中心问题并作为其诸具体目的设定的问题。"教育者、社会主义革命的社会领导层自身必须受教育的论断,一方面反对任何乌托邦主义——它认为,人类的发展通过某一种被挖空心思想出来的所谓优越的见解就会让自己置身于一种完善的、消除任何难题的状态中;另一方面反对被机械理解的历史唯物主义——它想把任何问题的解决简单地看做生产发展的自发—必然的产物。① 在马克思看来,在一种绝不可扬弃的方式中的经济世界("必然王国")是他称之为"自由王国"的人类那种自我创造的基础。这样的"自由王国""只有在作为其基础的那种必然王国之上才能开花结果"。"因此必须插入一个中间时期——在这个时期里,这种经济的落后性就被补上——经济快速而全面的高度发展——在其中变得自觉地对社会生活的控制就必定占据中心地位。"②

所以,卢卡奇看重的是,列宁把无产阶级和农民的关系的动摇,甚至只是松弛,都看做这种过渡危机的主要危险。③ 由此卢卡奇指出,在一定程度上列宁预见到这种危险。"在他整个患病时期,苏维埃生活在国家中和党内日益增长的官僚化,成为他的首要担忧。"而在内战胜利结束以后,列宁的首要忧虑,就是消除官僚主义形式,向正常生活回归。种种倾向最明显地表现在关于工会问题的讨论中。针对托洛茨基关于工会国有化的计划,列宁强调,事实上,国家是"带有官僚主义弊病的工人

---

① Georg Lukács, Sozialismus und Demokratisierung, Sendler Verlag. Frankfurt am Main, 1987, S. 42 – 43.
② Georg Lukács, Sozialismus und Demokratisierung, Sendler Verlag. Frankfurt am Main, 1987, S. 43 – 44.
③ Georg Lukács, Sozialismus und Demokratisierung, Sendler Verlag. Frankfurt am Main, 1987, S. 45.

国家"。① 所以，列宁也就把他在这个问题上的立场概括如下："我们现在的国家是这样的：组织起来的全体无产阶级应当保护自己，而我们则应当利用这些工人组织来保护工人免受自己国家的侵犯，同时也利用这些工人组织来组织工人保护我们的国家。"② 而且，谁知道列宁最后几年生活中的著作和书信，谁就知道，他在国家和社会生活的所有方面都顽强和激烈地进行这种斗争。③

在工人以及整个劳动人民参与的问题上，列宁的态度是"针对全部总体。首先重要的是，他在这里也看到人的整个日常生活"。"他远不想把某种像一种新的公民特性的东西强加于社会主义中的民主。"列宁对资产阶级民主采取否定的态度，而且认为它与社会主义民主相反，首先因为后者不应是资产阶级社会自发唯物主义的一种唯心主义上层建筑，而是社会世界本身的一种物质运动因素。对此卢卡奇认为，对我们来说，处于中心地位的是，社会主义民主如何能够在人们的日常生活中贯彻执行。卢卡奇十分关切地注意到，列宁"在社会主义建设中把不可或缺的社会主义民主化看做实际中心"。④ 但是，"列宁最深刻的民主的——社会主义民主的——对待过渡的看法，今天多被忘记了"。所以，卢卡奇明确地说："我们弄清他当时实践最重要的原则上和方法论上的基础的尝试，并非完全没有收益。"在这一部分的结尾处，卢卡奇肯定地断言，然而，今天紧迫重要的东西，是清楚地认识到列宁的后继者们与列宁的方法之间的区别，以打破"已经在继续执行列宁最深刻意图的幻想"。⑤

卢卡奇把列宁对于布尔什维克六位主要活动家评价的最后遗嘱，称为"最悲观的文件之一"，认为列宁首先在斯大林身上看到了他们"爱好用从行政上（甚至用暴力）解决原则问题"是社会主义"未来发展的重要危险"。列宁认为，有理论家能力的唯一的人是布哈林，但他对布哈

---

① 《列宁全集》第40卷，人民出版社，2017，第405页。
② 《列宁全集》第40卷，人民出版社，2017，第207页。
③ Georg Lukács, Sozialismus und Demokratisierung, Sendler Verlag. Frankfurt am Main, 1987, S. 45 – 47.
④ Georg Lukács, Sozialismus und Demokratisierung, Sendler Verlag. Frankfurt am Main, 1987, S. 50.
⑤ Georg Lukács, Sozialismus und Demokratisierung, Sendler Verlag. Frankfurt am Main, 1987, S. 51，53.

林理论的真正马克思主义性质又表示出极大的保留。列宁的"这种悲观主义不久就表明是很有根据的"。当时苏共领导集团还没有一个地方可以说能通过扩展和加强趋向社会主义民主的萌芽来使列宁的努力真正活跃起来。列宁"对社会主义民主的努力就被关于纯经济问题的某些具体分歧所取代"。而"对列宁来说,策略决定绝不是某种首要的东西"。"策略决定,在他眼里——真正马克思主义的策略决定——始终只是人类伟大历史发展的部分因素,而且对他来说,首先由于对人类伟大历史发展的科学探究,把人类当代的历史趋势概括为一种决定实践的战略的基础才有可能。"① 值得深入研究的是,卢卡奇在说到列宁的最后遗嘱时,从未提到列宁关于"建议同志们仔细想个办法把斯大林从这个职位上调开,任命另一个人担任这个职位"② 这一建议。

卢卡奇明确指出:"在列宁的后继者们那里,历史前景的优先权在很大程度上被取消了。就策略决定与一种短暂的前景相联系而言,他们本质上以策略为指针的决定,始终大多没有一种真正马克思主义的、理论和历史的基础。发展与此相应在当时现实的、诸策略决定绝对优先的方向上迷路了。然后才把整个发展的某一个战略和历史理论补充到这些策略决定中。而按照这种第二位的临时和补充的性质,这种战略和理论在一种形成别的、新的策略决定时就相应会被修改,甚至会变成相反的东西。这是一种意识形态结构的变化,这种变化当然在社会民主党中早就实行过。"伯恩斯坦就是如此做的,不过,列宁的后继者是沿着相反的方向进行的。策略的实际优先权出现在它提升为真正马克思理论的形式中。虽然与马克思和列宁相反,理论不再是首要策略决定的精神基础,而是其事后的、单纯在思想上想出来的、经常是纯粹诡辩式的"理由",诸种意见的这种总和应该如此显现出来,好像它是马克思主义理论直接的继续、应用和延续等。③ 马克思主义在马克思、恩格斯逝世后经历了策略优先于战略的曲折发展时期。正是由于十月革命,在列宁时期马克思

---

① Georg Lukács, Sozialismus und Demokratisierung, Sendler Verlag. Frankfurt am Main, 1987, S. 56 – 57.
② 《列宁全集》第 43 卷,人民出版社,2017,第 344 页。
③ Georg Lukács, Sozialismus und Demokratisierung, Sendler Verlag. Frankfurt am Main, 1987, S. 57.

主义才达到了马克思恩格斯意义上战略（理论）优先于策略（实践）的发展高度。

卢卡奇明确认为，在列宁逝世后，托洛茨基，由于其常常完全盲目面对策略上正确的行动，实际上并不适合俄国共产主义领导这个角色。不考虑具体的因素，"斯大林对托洛茨基的胜利是一个聪明会打小算盘的和头脑冷静的胜利。然而，他似乎能够把这一胜利表述为列宁正确学说的胜利，即对它进行歪曲的胜利，也属于其策略。而他在胜利后，不再想仅仅公开扮演列宁的忠实解释者和学说的角色，而且逐渐地——常常在策略上相当灵活地——造成某些情势。在这些情势中，他已经把自己作为其伟大前任的所有方面都优越的领导人的真正后继者进入公众视线，他会为革命工人运动宣传一条马克思—恩格斯—列宁—斯大林路线。"因此，卢卡奇承认："斯大林本人倒不如说是一位十分聪明的、巧妙的策略家。"在列宁逝世后的最初时期，斯大林已经善于巧妙地避开困难，常常不占据由自己来决定的地位，却善于把他的策略等待表述为原则的态度，并因此让当时受到重视的诸不同倾向无休止地相互争斗下去，为的是始终从方向上获得似乎适合于当时加强他自己领导地位的东西。这种策略最重要的实际基础把每一种现有的统治机关（政党、国家和舆论的宣传工具）都逐步集中到他自己手中。在此就产生了——这也是他后来统治方式的独特因素——他以此能够在形式上不消灭民主的某一机关的作用，相应把他的每一个决定都强调为某一种列宁的民主。[1]

卢卡奇清醒地看到，对列宁来说，保持和继续进行人民革命（工农联盟）是核心战略问题。在列宁看来，工业生产的重建，作为新经济政策的直接决定性问题，首先是达到现实重建这个联盟的不可缺少的工具，这个联盟在1905年和1917年的革命中成为他的政策的中心。列宁总是从这种前景出发，来考察他所期待的工业建设过程。众所周知，在这方面他甚至暂时准备允许外国资本临时参与俄国工业经济的重建过程。而左翼（托洛茨基和普列奥勃拉任斯基）和右翼（布哈林）都"把整个难题在本质上归结为一个纯经济问题，这个问题当然必定有最重要的政治

---

[1] Georg Lukács, Sozialismus und Demokratisierung, Sendler Verlag. Frankfurt am Main, 1987, S. 58–59.

后果。然而在他们那里,正是列宁视为中心问题的观点在实践上和在理论上一样完完全全被排除在外。诸方向的斗争已经统统不得不在本质上集中于策略的选择,这——又与列宁相对立——也与其有决定作用的领导人物的态度是一致的。斯大林与他们的区别不在提出问题的理论水平上,而是在策略上远胜于他们所有人。对斯大林来说,在策略上首先重要的是阻碍托洛茨基成为领导人。在政治上消灭两翼之后,他就用很大的精力,用最残忍的手段实现"原始社会主义的积累"。①

卢卡奇进一步指出,这些倾向的斗争由于列宁逝世后如何在一个国家里建设社会主义的难题而复杂化了。列宁,从不平衡发展的难题出发,始终坚信,社会主义革命不可能到处同时在所有国家里爆发并取得胜利。只有在他生命的最后几年和主要在他死后才表明,尽管在个别国家里和零星短时间里有客观的革命情况,但客观因素不起作用,使社会主义的普遍胜利破灭了。由于俄国经济上比较落后,从策略上考虑问题就把民主问题推到了次要地位,片面发展重工业成为最重要的问题。于是,卢卡奇明确指出:"作为精明的策略家,斯大林正好把这些被歪曲了的要求放入讨论的中心,用抽象宣传所起的作用的转变,把对社会主义在一个国家里完整建设可能性的充分肯定看成对问题的唯一可能的马克思主义的回答。"这种策略宣传几年以后甚至变成"一种明显的胡说:不仅社会主义,而且社会主义向共产主义的过渡在一个国家里也是可能的。当然,在这方面,因为资本主义的包围,国家及其所有外部的和内部的压制手段必定始终存在"。在客观上,斯大林的胜利也缘于他的对手同样像他自己一样远离马克思—列宁的理论基础。当然,区别在于,斯大林不仅作为统治机构的组织者而且也作为纯粹的策略家胜过他们。在斯大林战胜对手时,"没有一个人拥有一个真正原则上的、适合实际情况的、以马克思主义理论为基础的纲领"。此外,"斯大林在宣传上把他的统治始终坚定地归之于他是列宁生平事业唯一合法的继承者"。② 几十年来,这种观点在斯大林死后仍有较大的实际影响。

---

① Georg Lukács, Sozialismus und Demokratisierung, Sendler Verlag. Frankfurt am Main, 1987, S. 59 – 60.
② Georg Lukács, Sozialismus und Demokratisierung, Sendler Verlag. Frankfurt am Main, 1987, S. 62 – 64.

第十一章　改革与社会主义民主

在第二部分的"斯大林的方法"一章中,卢卡奇明确强调:"策略优先于战略,而且更优先于作为社会存在存在论内容的人类整个发展趋势的理论,是斯大林方法的中心。"这个问题总体绝非仅仅限于斯大林对这个问题总体的个人态度。这种态度以诸种不同的形式已经成为时代的主流。这种方法在社会民主党中也以完全相反的阶级内容以及相反的目的设定和贯彻方式达到统治地位。比较晚时(1952年),当斯大林在完全巩固了世界共产主义在理论上和实践上的独占领袖统治地位时,作为所谓马克思、恩格斯和列宁之后的合法继承人,他发表了一篇小论文《苏联社会主义的经济问题》。卢卡奇肯定,这篇论文的"主要实际宣传目的是消除社会主义经济理论误入'主观主义'歧途,使它回到原来马克思主义—唯物主义基础上来,使马克思的价值规律——在社会主义条件下——重新成为经济理论和实践的基础"。卢卡奇同时敏锐地指出:"在斯大林时期,主观主义只能被理解为对生产的官僚主义操控。这种操控,一会儿说是为了节约费用,一会儿又公开把最有问题的发展(或甚至是停滞)说成进步,把某些被规定的方法称赞为由飞快地高速发展必然被确定的方法,并排斥任何批判性的意见。"在20世纪30年代,禁止按人均计算生产数据,因为这被看做"误入资产阶级迷途"。采取这些措施的目的是不让人了解生产的增长落后于资本主义世界。所以,卢卡奇认为:"恢复马克思的价值理论——其本身是正确的——具有限制这种极端官僚主义操控(也就是主观主义)的意图。"

卢卡奇同时指出:"斯大林回到马克思价值规律上来,也许较少出于策略考虑的失误,主要是把价值规律本身与其在商品交换中的表现形式混为一谈了。"卢卡奇更注意到斯大林的意图,"像我们已经看到的那样,为了承认价值规律在苏联计划经济中的陪衬作用时从理论上规定其真正现实的作用,他就完全公开地使自己与马克思对立起来,自然准确地考虑到,在当时诸多情况下,对每一个人来说,指出这种对立是有生命危险的"。[①]

卢卡奇指出:"按照马克思的观点,价值规律并不与商品联系在一

[①] Georg Lukács, Sozialismus und Demokratisierung, Sendler Verlag. Frankfurt am Main, 1987, S. 6 – 68.

起。"按照斯大林的理解和说法,马克思在资本主义生产中有充分理由运用"必要劳动"和"剩余劳动"、"必要生产"和"剩余生产"、"必要劳动时间"和"剩余劳动时间"等范畴,但它们在生产社会化之后就失去了其意义。与此相反,根据马克思的观点,卢卡奇认为,必要劳动和剩余劳动之间的差别绝不是某种仅仅对资本主义来说特有的东西,"而是整个经济再生产从古代史到共产主义发展的一个重要的甚至是决定性的经济特征"。斯大林和拉萨尔都"伪造社会自我再生产的基本经济事实。他们直接以相反的方式做这件事,但在二者那里这种对立性都基于一种系统忽视对现实经济—社会的中介,基于试图指明资本主义和社会主义之间不存在的诸种区别"。① 这个问题是否至关重要,很值得深入研究。

在第二部分的"斯大林的方法"的后半部分,与斯大林不同,卢卡奇更多地依据马克思的思想论述社会主义与民主的关系问题。在卢卡奇看来,人的社会性从一开始就不可分离地给予了人变成人的过程,它只是在阶级社会里这样一种异己的客观性与其日益增长的内在性相对立。所以,他强调:"社会主义民主——基于主动的现实的人,犹如他是真实的一样,犹如他在其自己日常实践中被迫起作用一样——在其外部的同时也在内部的发展中把人没有意识到(或者用错误的意识)的产物变成有目的意识到为人本身所创造出来的对象性,这种对象性的生产一起赋予主观活动以一种意义、一种满足。这种满足以此摆脱自身存在、自身实践的某种局限,在其必不可少的和作为这样被肯定的同事和助手中改变着参与此的同仁们。"

卢卡奇分析了十月革命胜利后和激烈的内战结束后的实际情况,了解列宁清醒地看到国内所面临的困难、问题,甚至危险,从理论和实践上驳斥了"战时共产主义",引入了"新经济政策"。他既看到官僚化的主要危险,也看到工农联盟处于分裂的边缘。因此,列宁总是把经济建设问题与解决民主问题结合起来,尤其是在晚年,特别是在晚年的遗嘱中非常注重民主的问题。但是,新的经济问题也是社会主义的客观经济基础。列宁的后继者们仅仅把目光集中在经济问题上,从而忽略了民主

---

① Georg Lukács, Sozialismus und Demokratisierung, Sendler Verlag. Frankfurt am Main, 1987, S. 68–72.

化的问题。而且把经济学误解为一门实证科学,也导致在实践层面上把俄国发展经济视为绝对的首要政治任务。斯大林也是犯这种错误的领导人之一。但是,"斯大林在策略上远优越于他的竞争者们,这一点在后来发展方向的这个基本问题上,在抛弃列宁的抉择上,在由纯策略所引导的政治进一步发展上并未能有什么改变"。①

鉴于这种情况,卢卡奇着重指出:"为了我们也在这里接近我们的社会主义民主化问题,我从斯大林关于列宁主义基础的讲话中引用他的定义。他说,一般来说,理论就是所有国家工人运动的经验。"与此同时,为了立即做出鲜明的对比,卢卡奇想起列宁的思想。他指出:"马克思主义的意义正在于,在列宁那里,熟悉至今文化发展的全部有价值的成就。""在列宁那里,问题在于揭示整个世界历史的普遍趋势,对于其结果来说,真正的马克思主义能够在当时阶段上,与其可能性和要求相适应,有益于人类的真正解放。"并非偶然,如果这些伟大的任务从实践中消失,那么正是由于这种消失才产生出一种使这些世界历史性联系失效的理论。"斯大林的策略优先和与此相适应的、与日常需要合适的、使方法得以普遍的庸俗化,也就是使马克思主义的成果庸俗化,就服务于这种目的。这十分清楚地表现在日丹诺夫关于黑格尔哲学本质的著名论断中。为了彻底贯彻斯大林对辩证法的庸俗化,黑格尔哲学本质的辩证法对马克思主义奠基性的和重大的影响就必定被排除掉。"为了"从理论上解释这一点,在日丹诺夫那里黑格尔哲学表现为对法国革命的反动反应"。在这里,在纯理论层面,显示出庸俗化的高峰:马克思主义应该最可能显示为某种"彻底的"新东西,没有先驱者,没有先前的世界历史的发展。②

因此,卢卡奇明确指出:"斯大林对马克思主义的这种'结构改变'曾是如此明显,以至于在苏共二十大上对他的活动的最早批判就已经揭露了其中的一个很重要的因素在原则上就是错误的。"卢卡奇指出的是这样一个论点:"在无产阶级专政时期,阶级斗争必定不断尖锐化。但是,

---

① Georg Lukács, Sozialismus und Demokratisierung, Sendler Verlag. Frankfurt am Main, 1987, S. 78.

② Georg Lukács, Sozialismus und Demokratisierung, Sendler Verlag. Frankfurt am Main, 1987, S. 79 – 80.

为了使本是正确的东西在这种批判上成为一种真正富有成果的方法的出发点,那就必须借助于两种方法论上的论断,完全抛弃这种论点。第一,论点本身并不是斯大林实践的真正理论基础,而只是其当时事后'理论上'的自我辩护。"①

卢卡奇清楚地看出,斯大林的方法是纯策略性的,理论的作用就是"把当时的策略决定事后表述为马克思—列宁方法的必要结果。这样一来,意识形态就必定成为操控的一个首要领域"。鉴于"包含在这样一种操控中的倾向在斯大林撤销社会主义国家的苏维埃结构的生活最重要的问题上最明显地显示出来",卢卡奇指出:"苏维埃制度一个带来本质上新东西的特征,曾经正好是克服资产阶级社会市民理想主义。"在俄国十月革命后的列宁时代,列宁赢得了各国共产党人以及广大人民群众的高度评价。但是斯大林时期苏维埃制度实际上停止存在了。最高的——形式上的——在民主上留下的国家机关保留了这样一种形态,这种形态特别接近于资产阶级民主中的诸议会,直至两党制。②

卢卡奇在《社会主义与民主化》第二部分的"苏共二十大及其后果"中承认,在经济恢复时期(20 世纪 30 年代和第二次世界大战之后),"中央控制的计划经济显示了对资本主义竞争的重要优越性"。"但是,即使在这里,斯大林作风中的经济操控也不能真正达到对经济发展的真实前提和推动力的马克思主义认识,即使谈到其自身实践的结果现象,也不能看到这一点。因此就产生了关于社会主义计划经济中的经济发展速度必然比资本主义经济快的一些理论。所以,如果在速度上由于客观经济原因慢下来时,就一再导致一筹莫展,内部困难;有时这些困难甚至就导致压制措施的出笼。"③

卢卡奇知道,在当今资本主义社会,"经济考量必然始终是首要的"。但是,与此有根本区别的是,马克思强调:"个性得到自由发展,因此,并不是为了获得剩余劳动而缩减必要劳动时间,而是直接把社会必要劳

---

① Georg Lukács, Sozialismus und Demokratisierung, Sendler Verlag. Frankfurt am Main, 1987, S. 80.
② Georg Lukács, Sozialismus und Demokratisierung, Sendler Verlag. Frankfurt am Main, 1987, S. 83.
③ Georg Lukács, Sozialismus und Demokratisierung, Sendler Verlag. Frankfurt am Main, 1987, S. 89 - 90.

动缩减到最低限度,那时,与此相适应,由于给所有的人腾出了时间和创造了手段,个人会在艺术、科学等等方面得到发展。"① 卢卡奇进一步指出了马克思所强调的两点:经济进程的过程适合于最符合人的本性和最有尊严的条件,而且与此最紧密相连的是,扬弃劳动分工的奴役性质。②

卢卡奇重视的是"人的日常生活"。"而正是由于这种观点,我们从这种立场出发就最易于接近社会主义民主化的诸难题。""社会主义民主的主体是日常的物质的人。"卢卡奇认为,劳动人民的日常生活问题,如企业、住房等问题,都是社会的最大难题,但"在内战胜利结束后却被官僚主义机构排挤掉了,像后来斯大林把官僚主义调控为最终确定的东西一样,实际上撤销了整个苏维埃制度"。由于这种做法,"对于劳动群众来说,他们在社会发展中的主体性质就失去了"。斯大林时代的难题已越来越显而易见。从我们的难题即社会主义民主化的观点出发,在这里,"最重要的事情是,群众的主动性不仅在所谓的重大政治问题中,而且也——甚至首先——在他们自己日常生活的调整中实际上已经完全消失了"。③

卢卡奇强调,社会主义民主的本质就是上下的直接联系和在实践中互相适应。社会主义民主化包括生活的全部,从日常生活到经济生活以至于政治决策机制。卢卡奇把消灭剥削和异化看做社会主义民主同过去任何民主的特有区别,把消灭最后的也是最发达的非人性的形式(资本主义)和彻底解放人类作为社会主义民主化的历史使命。而人民群众对系统的—公众的实践公开提出"沉默的、隐秘的、公开的意见"是"社会主义民主的第一个步骤"。④

所以,卢卡奇坚定地认为:"社会主义特性的扩大,始终是所有人把社会主义真诚肯定为从资本主义矛盾中摆脱出来的唯一真正出路的当前

---

① 《马克思恩格斯文集》第 8 卷,人民出版社,2009,第 196~197 页。
② Georg Lukács, Sozialismus und Demokratisierung, Sendler Verlag. Frankfurt am Main, 1987, S. 93 – 96.
③ Georg Lukács, Sozialismus und Demokratisierung, Sendler Verlag. Frankfurt am Main, 1987, S. 97 – 99.
④ Georg Lukács, Sozialismus und Demokratisierung, Sendler Verlag. Frankfurt am Main, 1987, S. 103 – 104.

和未来的伟大任务。"卢卡奇断言,与以往的阶级社会从一种向另一种剥削制度的过渡不同,资本主义社会向社会主义社会的过渡,是"对任何一种剥削的扬弃"①。

卢卡奇主张回到马克思和列宁的方法那里去。卢卡奇指出,与此相反,斯大林的"策略在理论上的统治地位必定导致对马克思方法及其成果的歪曲"。但是,苏共领导"保持斯大林的方法也容易导致被二十大所谴责的阶级斗争不断尖锐化论点持续不断地重新在实践上成为现实,毫不在意是否事实上出现了阶级斗争的这种尖锐化"。②卢卡奇在这里似乎不仅明显是指赫鲁晓夫时代,而且更隐含着是指勃列日涅夫时代。写于1968年的"保持斯大林的方法"这种说法就是一种明显的暗示。

卢卡奇坚信:"社会主义民主的实际实现要以马克思主义方法的重建为前提。"这种重建对于共产主义运动来说是"一个理论上生命攸关的问题"。"马克思主义在每个问题上仅仅知道一种符合于客观现实的正确回答。""但是,如果共产主义运动想在其脚下有个牢固的基地,那么,它就只能选择自我修正即马克思主义复兴这条道路。"③

卢卡奇指出:"马克思主义的这样一种复兴,对于所有应被解决的问题来说,不管怎么样都需要群众运动。在激发社会主义民主化时,这种需要随同提高了的冲击一起出现。""但是,属于我们关于社会主义民主化的很少有保证的东西是,它在当前阶段没有可能会自发地产生出来,相反达到其激发、进入其进程的一种很自觉的工作绝对是必要的。"不过,卢卡奇也指出:"趋向社会主义意义上的民主化的一种运动只有从'外部'引入,它不会自发地进入劳动者的意识中。"卢卡奇强调的是:"劳动群众中非常普遍的漠不关心只有通过目的明确的工作才能发展成一种社会主义民主的积极性。"④ 这是最重要的新认识之一。

---

① Georg Lukács, Sozialismus und Demokratisierung, Sendler Verlag. Frankfurt am Main, 1987, S. 108 – 109.
② Georg Lukács, Sozialismus und Demokratisierung, Sendler Verlag. Frankfurt am Main, 1987, S. 113 – 114.
③ Georg Lukács, Sozialismus und Demokratisierung, Sendler Verlag. Frankfurt am Main, 1987, S. 114 – 115.
④ Georg Lukács, Sozialismus und Demokratisierung, Sendler Verlag. Frankfurt am Main, 1987, S. 115 – 116.

第十一章　改革与社会主义民主

卢卡奇也认为:"对于马克思主义者来说,从这些少数的尽管是基本的事实中已经清楚的是,在这里所谈的某种积极性,其自然的、激动人心的和主导的力量必定是共产党。但是这关系到在实际日常生活中发觉、解放那些提升至自觉意识到目的的力量,这些力量当前至多是由私人、从个别人到个别人,因此从社会性来看只是隐蔽地表现出来。"斯大林时代的实践自然也在这方面非常多地转移至被官僚化的纯粹策略的方向上去了。不过,卢卡奇谈道:"对于党的一种富有成效的积极性来说,马克思主义的复兴只是可能的基础。对此,同样有决定性重要的是:党内民主。这自然是指它实际上起作用,因为形式上它一直存在着,而且似乎今天也存在着。"卢卡奇不得不局限于原则上有决定性意义的难题:"社会主义民主化,即把日常生活从还存在着的和起作用的阶级社会残余中实际净化出来的伟大的新任务,这种任务今天还在进一步去完成,而且在……经济发展方面甚至必定会反复增多。"① 卢卡奇已经看到,从危机中走出来后,马克思主义进入了一个新纪元。在复兴马克思主义方法论的基础上,马克思主义者面临的新的根本任务就是发现与帝国主义进行斗争以及着手进行社会主义内部革新的新方法。他强调,社会主义生产的重建并不单纯是一种经济上的努力,还应该把它看做为人的变革奠定基础,因为它适应有着高贵尊严的人类日常生活以及人类尊严所渗透的生活的各个方面。

卢卡奇清醒地指出:"列宁的传统是:在清晰地划清界限和从原则上批判所有偏离马克思主义的要点时,有可能进行反对共同对手的共同斗争。斯大林是与此相反的:力求把与正好被施行的、在策略上被规定的决定不精确一致的每一种态度都评定为敌人的,甚至直接评定为帝国主义的特务行为,并把它们用机构的组织手段予以消灭。这曾经是大清洗的方法;但是即使在今天——没有具体在组织上走得很远——仍然是社会主义的内外界限中官方意识形态斗争的基础。"

马克思青年时代就主张"人民主权",恩格斯青年时代就肯定"现代的民主主义"②,他们在《共产党宣言》共同所明确指出的工人革命的

---

① Georg Lukács, Sozialismus und Demokratisierung, Sendler Verlag. Frankfurt am Main, 1987, S. 116 – 117.
② 《马克思恩格斯全集》第 2 卷,人民出版社,1957,第 676 页。

第一步就是"争得民主"①,他们在巴黎公社时期则强调"真正的民主",列宁的名言是"没有民主,就不可能有社会主义"② 以及"正像不实现充分的民主,社会主义就不能胜利一样,无产阶级不为民主而进行全面的彻底的革命的斗争,就不能作好战胜资产阶级的准备"。③ 对马克思、恩格斯和列宁关于民主思想进行深入研究和仔细解读就可以清楚地看出,他们所说的正是以社会主义为方向的人民民主。正是依据马克思和列宁关于民主的思想,卢卡奇才明确提出把争取民主的斗争作为社会主义的一个阶段的论断。不幸的是,从斯大林时代到勃列日涅夫时代都是领袖一个人说了算。正是鉴于马克思和列宁的核心思想和中国新民主主义革命的伟大胜利、苏联解体的严重教训以及中国改革开放以来真正体现人民当家作主的成功实践,胡锦涛在党的十七大报告中明确提出:"人民民主是社会主义的生命。发展社会主义民主政治是我们党始终不渝的奋斗目标。"④ 习近平则进一步强调人民民主即"保证和支持人民当家作主""必须落实到国家政治生活和社会生活之中"。⑤ 这就把对人民民主这一社会主义的根本理论的认识和实行推进到一个更加重要和紧迫的新阶段。这不仅是社会主义取得胜利的根本保证,也是社会主义优越于资本主义的最主要标志。列宁所说的"在东方那些人口无比众多、社会情况无比复杂的国家里,今后的革命无疑会比俄国革命带有更多的特殊性"⑥,可望在中国的未来能得到更加丰富多彩的展现。

共产主义事业是人类历史上最伟大的光辉事业,也是最为艰巨和困难且需要经历许多不同发展阶段才能逐步实现的长远目标。所以,卢卡奇在《民主化的今天和明天》的结尾处更明确地指出:"今天,罗陀斯还存在于遥远的未来。然而,一切都表明,只有由马克思所指明的道路能够通向那里。这取决于共产主义者的洞察力和勇气,取决于他们将是

---

① 《马克思恩格斯选集》第1卷,人民出版社,2012,第421页。
② 《列宁全集》第28卷,人民出版社,2017,第168页。
③ 《列宁全集》第27卷,人民出版社,2017,第255页。
④ 《胡锦涛文选》第2卷,人民出版社,2016,第634页。
⑤ 《习近平谈治国理政》第2卷,外文出版社,2017,第293、291页。
⑥ 《列宁全集》第43卷,人民出版社,2017,第376页。

否有能力走上这条道路并用多少成就走上这条道路。"[1] 这一点与列宁所说的"俄国在1917年那种历史上非常独特的具体形势下,开始社会主义革命是容易的,而要把革命继续下去,把革命进行到底,却要比欧洲各国困难"[2] 的看法是基本一致的。

这同时证明了卢卡奇关于人民民主和社会主义民主相统一的思想曾经对社会主义事业在理论上做出独特贡献。这一重大理论和实践问题是直接关系到共产党领导的革命和建设能否成功的关键所在。因此,卢卡奇依据马克思和列宁的思想在《民主化的今天和明天》这一论著中所阐发的社会主义民主思想就赢得了广泛的肯定和赞扬。可以说,卢卡奇是当时社会主义国家里勇于系统从理论上谈论社会主义民主化这一重大问题的第一人。

匈牙利学者米克洛斯·阿尔马奇在《卢卡奇论民主》一文中指出,政治民主及其社会实现的过程这一问题贯穿在卢卡奇的全部著作之中。国际社会主义和资本主义的斗争以及社会主义国家的经验和教训,使卢卡奇从理论上提出了"民主化"的问题。卢卡奇重点强调的是全部生活即日常生活的民主化。因而,在卢卡奇看来,民主化是与社会主义的最深远的历史使命息息相关的。尽管卢卡奇清楚地知道,提出"民主化"的问题处于争论的焦点并会遇到来自各方面的重重阻碍,但他感到有必要在理论上论述社会主义与民主化的历史进程。

我国知名学者佟德志在评论《民主化的进程》即《民主化的今天和明天》一书时指出:这部书是卢卡奇阐释民主理论的一本小册子,是其"民主理论的代表作"。"在最关键的马克思主义复兴的问题上",卢卡奇"毫不吝啬地把解决方案交给了民主"。卢卡奇依据马克思和列宁的民主思想,指出了斯大林主义的问题的本质在于没有发展民主。佟德志在强调卢卡奇关于社会主义民主化的前景时明确断言:"社会主义民主的实际发展预示着马克思主义方法的重建。这并不仅仅是抽象的哲学陈述。相反,马克思主义重建是关系到共产主义运动生存的重大问题。"

总之,卢卡奇的《民主化的今天与明天》是社会主义国家特有的

---

[1] Georg Lukács, Sozialismus und Demokratisierung, Sendler Verlag. Frankfurt am Main, 1987, S. 125.
[2] 《列宁全集》第39卷,人民出版社,2017,第43页。

一部重要政治理论著作，是马克思主义发展史上的一部代表作。它在东西方都产生了非常深远的影响。这部著作对于思考社会主义所遇到的各种复杂问题和社会主义国家的改革都具有重大的理论意义和实践参考价值。

第十二章 《关于社会存在的存在论》*

《关于社会存在的存在论》（以下简称《存在论》），是卢卡奇晚年立志撰写的一部新著。虽然他没有最终完成这一工作，但从遗稿来看，这是他多年潜心研究的最重要成果之一，在很大程度上或如他自己所说的那样，这是他一生"最主要的著作"。尽管人们对这部著作提出了不少异议，但它无疑是卢卡奇晚年殚思竭虑探讨马克思主义存在论的重大尝试，开辟了阐明社会存在论的新道路，其中不乏杰出和创新之处，具有别人少有的鲜明特色。

第一节 《关于社会存在的存在论》的构思、写作和意图

据卢卡奇自己说，他青年时期的兴趣中心曾发生过从美学到伦理学的转移，即从1917年"开始埋头钻研伦理学问题"，并就此在匈牙利的精神科学自由学校做过报告。当时他曾试图为当代世界创立一种激进的伦理学，并发表过有关伦理学的文章。几十年之后，1962年当他正在写《审美特性》一书时，首次谈起要撰写伦理学著作的计划。而在这部美学著作完成之时，他为美学理论寻求一种广阔的理论基础的想法更为强烈了。因此，按照卢卡奇晚年的创作计划，在完成《美学》第1卷《审美特性》之后撰写伦理学著作，则是回到他青年时代曾经设想过的论题上去，但主导思想及使用的方法已完全不同于过去了。

按此计划，在《美学》第1卷完成之后写伦理学著作，接着是思想传记，其后是《美学》第3卷，最后才是第2卷。这个乐观的计划直至1962年始终未变。

---

* 在此笔者把卢卡奇这一书名中的"本体论"改为"存在论"。其理由和根据已在绪论中说明。

1961年底或1962年初，也就是《美学》第1卷《审美特性》的德文手稿刚写完之时，卢卡奇就着手准备撰写伦理学著作。在做详细笔记和摘要的这段时间里，即1962年上半年，他已经产生了这样一种想法，即首先给《伦理学在人类行为系统中的地位》写一个前言，其中就应该写出"社会存在的存在论"的特点。按照他的设想，这一前言的规模为100~120页。这一准备工作，因1963年春天他夫人去世，从而使这项工作中断几乎半年之久。

当卢卡奇重新开始工作时，他又清楚地意识到，有必要撰写一种存在论；没有这种存在论，就不可能为伦理学奠定一种有成效的基础。

因此他下决心"企图写出马克思主义存在论的原则"，以便尝试创立一种社会存在论。1964年他做出最后决断，并立即开始写作。

卢卡奇之所以要研讨和阐明存在论问题，显然与当时的社会政治和思想状况有关。从现实政治情况来说，1956年苏共二十大以后，人们表现出对重新解释和发展马克思主义的兴趣，在社会主义国家内部也显示出能够进行革新和可以同任何教条式歪曲马克思主义实行决裂的明显倾向。

从哲学理论的发展和现状来说，卢卡奇认为，近现代以来认识论一直占据着统治地位，而存在论问题受到忽视或曲解。尤其是实证主义和新实证主义对存在问题的否定更加引起卢卡奇的关注和深入思考。而20世纪五六十年代关于辩证法和存在论问题的争论，生存主义在存在问题上所显示的唯心主义倾向以及斯大林时代对马克思主义哲学基本问题的某些僵化教条解释，尤其是人们对斯大林分为"辩证唯物主义和历史唯物主义"独立两块的马克思主义哲学体系表述的不满和异议越来越多，更促成卢卡奇下决心撰写《存在论》。鉴于上述种种情势，卢卡奇经过反复认真思考，决定重新走上一条探索存在论的艰难道路，对社会存在的存在论做出马克思主义的改造，并借此发展马克思主义的社会存在的存在论。然而，正像卢卡奇所强调的那样："我并不是在设法构造一个包罗万象的体系。我这部著作的名称是《关于社会存在的存在论》，而不是《社会存在的存在论》(Ontologie des Gesellschaftlichen Seins)。你们会意识到这个差别的。我从事的这项工作要得到适当的发展，需要许多思想家的集体努力。但是我希望它会表明我所说的那种日常生活的社会主义的存在论基础。"①

从1964年起，卢卡奇集中精力，以顽强的毅力勤奋工作，1968年春天或夏天完成了初稿，共八章，其中"历史篇"四章、"系统篇"四章。

在写作过程中，他每写完一篇（口授打字）通常就把原文交给他的学生们校阅。在整个手稿完成之后，他希望就此同他们进行详细的批判性交谈。这种讨论共有5次，时间是1968年至1969年冬天。在交谈时，他和学生们之间在某些问题上出现过许多观点上的分歧。就双方的理论坚定性而言，争论常常很尖锐，他的学生们发表了各种评论。最后卢卡奇表示赞同他的学生们的许多异议，并决定为这部著作写一个简短的、能概括出其基本思想的绪论。但是，他一开始动笔就超出了原来的意图，结果逐渐写成了一部独立的著作手稿，内容长达近30万字，被命名为《关于社会存在论绪论》。这时他才想到回过头来修改和出版他的著作。

然而，修改工作进展异常缓慢。其间卢卡奇已意识到患上不治之症，他逐渐失去工作能力。所以，一种说法是1970年春天完成了最后一部分的修改工作，但事实上他已因身体严重虚弱而无法认真地完成全部书稿的修改工作。另一种说法是他完成初稿后已基本丧失工作能力，仅仅对手稿做了部分或大体上粗糙的修改。因此可以肯定，这部著作是卢卡奇生前未完成修订工作的作品。1970年11月他被确定为身患癌症，从而修改《存在论》的工作被迫停止。这样，这部著作就成了他的遗著。

值得一提的是，《存在论》一书的基本内容或思想要点的首次面世不是以书的形式出现的，而是以论文的形式发表出来的。这就是卢卡奇1968年10月为在维也纳召开的第14届国际哲学大会提供的一篇论文，题名为《维也纳论文——关于人类思维和活动的存在论基础》。这篇论文可能由于苏联入侵捷克斯洛伐克而未来得及正式提交给这次哲学大会。于是，这篇关于存在论的最重要论文后来（1971年）又选入以匈牙利文出版的文集《我通向马克思的道路》一书中。

1976年在布达佩斯以匈牙利文分三卷出版了这部著作的全部手稿。德国卢西特汉特出版社于1971年得到了卢卡奇生前正式委托的这部著作的全部手稿，于1984年和1986年以《卢卡奇著作集》的第13卷和

---

① 杜章智编《卢卡奇自传》，社会科学文献出版社，1986，第393~394页。

第 14 卷的形式出版了这部著作。这部著作的中译本，先由华夏出版社于 1992 年以《关于社会存在的本体论导论》这一书名只出版了绪论部分，后由重庆出版社于 1993 年分为上下两卷出版了这部巨著（计 128 万余字）。

《存在论》一书主要包括三大部分内容：其一，绪论部分，这是对全书主要思想的概括，即关于社会存在的存在论的基本原则；其二，历史批判概论，阐明历史上尤其是新实证主义和生存主义关于存在论的观点，尼古拉·哈特曼向真存在论的突进、黑格尔的真假存在论和马克思的存在论的基本原则；其三，理论部分，即若干最重要的综合问题——社会存在的诸多特殊范畴：劳动、再生产、观念的东西与意识形态的东西和异化。

需要特别指出的是，卢卡奇最为关注、重点探讨和阐明的是社会存在，突出强调的是社会存在的决定作用和经济基础，从而体现了马克思唯物史观的基本精神。

第二节 马克思社会存在论的本质和特性

卢卡奇深信，马克思哲学首先是存在论，其次才是认识论。他认为："存在论是马克思主义的真正哲学基础。"而且他还深切感到，他正在接近正确的道路，即"马克思主义是历史存在论"。[①]

在《存在论》这部巨著中，卢卡奇"试图概括社会存在的基本联系。他所进行的大量工作，主要用来恢复马克思的存在论和客观辩证法，在唯物主义存在论的基础上创立一个概念体系，用以深刻分析现代资本主义和社会主义的社会与精神的运动规律以及我们时代的存在和意识"。

在卢卡奇看来，马克思总是用统一的历史辩证的方法去认识存在的本质。因此，卢卡奇特别强调不可把各大存在类型相互分离开来。"如果人们静止地、孤立地研究个别的存在方式，并把在这方面所揭示的范畴关系抽象地加以绝对化，以便把获得的联系'运用'到另一类存在上，那么马克思的伟大思想就要由此受到歪曲。这样就会产生根本错误的观

[①] 杜章智编《卢卡奇自传》，社会科学文献出版社，1986，第 42、45 页。

念,好像这种历史的辩证的真理仅仅对于社会存在才有效,而不是——和这里所指出的那样,经过细节的必要修正——对于所有的存在都有效。"这里的错误观念是指他的早期著作《历史与阶级意识》(1923年)和萨特目前对待辩证法的态度。"只有关于任何一种存在范畴具体的历史性思想,才能在这里指出达到正确的、同时统一的和在历史严格加以区别的考查方式这样一条道路。"

为了阐明马克思的存在论的基本思想和方法论原则,卢卡奇多次引用和强调马克思所说的社会科学要时刻把握住"范畴表现"①、"定在"②、"生存条件"③。在卢卡奇看来,马克思在这里之所以使用"定在""生存条件"这两个概念,不是为了说明一般的抽象的存在,而是为了阐明特定的、实在的处在运动和发展中的具体存在,特别是社会存在。而这也正是卢卡奇《存在论》一书的真实意图和主要思想。

与近现代西方资产阶级哲学中(部分也在马克思主义者中间)广为流行的认识论的、唯科学主义的观点相反,卢卡奇赋予存在以头等重要的意义,主张"返回到物",返回到存在范畴,尝试做出独立的哲学思考,力求找到一些范畴,以便以新的观点描述物理过程和社会过程的起源。

一 三大存在统一体——社会存在的基础和前提

卢卡奇独具特色的考查,"首先想确定社会存在的本质和特性。然而要想能够哪怕只是近于明智地表述这一问题,那就不应忽视一般的存在问题,更确切地说,不应忽视无机自然、有机自然和社会这三大存在类型之间的关联和差别。若是没有把握住这种关联及其活力,那就不能正确地表述任何真正的社会存在的存在论问题,更不要说根据这种存在相应地解决这类问题了"。所以,卢卡奇确认,无机自然、有机自然和社会这三大存在类型的共在(包括它们之间的相互作用和基本差别),是"各种社会存在的基础,假使不承认这种多样化的基础乃是基本事实,那么人就不可能在这样的基础上开展对于世界的认识,也不可能去认识

---

① 《马克思恩格斯全集》第3卷,人民出版社,2002,第62页。
② 《马克思恩格斯选集》第3卷,人民出版社,2012,第420页。
③ 《马克思恩格斯选集》第3卷,人民出版社,2012,第845页。

自我"。①

卢卡奇在自传对话录中曾简要地谈到社会存在的形成过程。他指出："遵照马克思的思想，我把存在论设想为建立在历史基础上的真正的哲学。从历史上说，不可怀疑，先有无机物存在，从中产生出有机物，也就是植物和动物形式的存在。从这种状态，经过无数次过渡，以后产生出我们称之为人类社会存在的东西。"

为了阐明社会存在的基础，卢卡奇首先从分析人开始：人直接和归根到底无法扬弃地从属于生物学的存在领域，人的生存、形成过程以及他的生命进程和终结，都广泛地和决定性地以生物学的存在形式为基础。此外，就人的一切内部的和外部的生命表现而言，人的受生物学规定的存在方式归根结底是无法扬弃地同无机界的共生为前提的，而且作为社会存在，若是没有同无机界之间的不间断的相互关系，这些存在方式就无法存在，就不能在人的内部和外部得到发展。

然而，卢卡奇更进一步认识到，人从属于自然，更从属于社会。马克思曾经反复谈到人成为人的过程将导致自然界限的退缩，从而极其清楚地承认了人同时从属于两者的存在是一种过程。我们也必须看到：马克思所说的是自然界限的退缩，而不是自然界限的消失，而且他从来也没有说过人类会完全扬弃这些界限。此外，这里所涉及的绝对不是人的存在的二元性。直接地说，人绝对不是一面是人类的、社会的存在物，另一面又是自然的成员；人的人性化、社会化，绝对不意味着他的存在分裂为精神（灵魂）和肉体这两个部分。事实表明，在人类发展进程中，就连人的那些总是以自然为基础的存在功能，也在日益社会化。这里凸显一个总体看法：卢卡奇把人视为一个精神和肉体的统一体，一个既不能完全摆脱其自然基础又越来越具有社会性的存在物。

但是，仅仅这样认识，卢卡奇也许觉得还不够，一是因为马克思恩格斯在《德意志意识形态》中提出了"自然界的优先地位"②的思想，所以他也从中认识到确认这一点的重要意义；二是因为他一再被指责为散布唯心主义观点，所以他在《存在论》这部重要著作中特别注意纠正

---

① 〔匈〕卢卡奇：《关于社会存在的本体论》（上卷），白锡堃等译，重庆出版社，1993，第3页。
② 《马克思恩格斯文集》第1卷，人民出版社，2009，第529页。

第十二章 《关于社会存在的存在论》

这一点。鉴于理论本身和以往的教训,卢卡奇屡次十分明确地肯定无机自然存在的先在性和前提地位:"在地球上,先从无机界中发展出来有机界,后来又从有机界中发展出社会存在。"他又说,无机界不以任何生物的或者社会的存在为前提,它可以完全独立地存在;反之,生物存在则以无机界的一种特殊性质为前提,而且如果没有与无机界连续不断的相互作用,它就一刻也不能再产生出自己的存在。同样,社会存在以有机界和无机界为前提,没有这两者作为基础,它就不可能发展出自己的、与这两者不同的范畴。①

正是从上述客观事实出发,卢卡奇进一步把无机自然存在作为存在论的前提。他说:"社会存在的存在论以一般的存在论为前提。""一般的存在论中所认识的东西,无非就是任何一般存在的一般存在基础,作为任何一种存在物的基础。作为任何一种存在的基础,一般的存在论或更具体地说是无机自然的存在论之所以是一般的,是因为不可能有哪一种存在物不是以某种方式以无机自然为其存在基础的。"在赞扬启蒙运动时,卢卡奇也明确认为其背后有这样一个伟大的思想:"社会存在的存在论只能建立在自然存在论的基础之上。"② 在《自传提纲》中他重申这一点:"所谓自然辩证法不应再像《历史与阶级意识》中表达的看法那样,被认为是和社会辩证法平行的,而应被看作是它的前史。"③ 由上文表述可以看出,卢卡奇既明确肯定了自然的先在性和自然辩证法的前提地位,又十分重视三大存在类型关联和统一的总体过程,还认为必须始终坚持这样一点,即认识三大存在类型的每一特定特性以及它们之间的具体关联和相互作用,这是"为我们的世界图景奠定正确存在论基础的前提"。这种看法是全面的、卓越的,也是明确的。

不过,卢卡奇在批判海德格尔时有一种提法似乎值得仔细深入探讨。他说:"社会与自然之间的物质转换实际上是社会存在的一个重要存在。但是自然总是——独立于这种社会作用的——自在存在者,并必然是独

---

① 〔匈〕卢卡奇:《关于社会存在的本体论》(下卷),白锡堃等译,重庆出版社,1993,175~176页。
② 〔匈〕卢卡奇:《关于社会存在的本体论》(上卷),白锡堃等译,重庆出版社,1993,第372、536页。
③ 参见杜章智编《卢卡奇自传》,社会科学文献出版社,1986,第42页。

立的存在论研究的对象。"① 问题在于，既然卢卡奇所说的"社会与自然之间的物质转换"中的自然是现实存在的自然，即"人化的自然"，那么就不应说这种自然总是"独立于社会作用的"，是"自在存在者，并必然是独立的存在论研究的对象"。这与马克思虽然也确认自然界的优先地位，即先在性，但更强调"现实的自然界"（"人化的自然"）是"工业和社会状况的产物，是历史的产物，是世世代代活动的结果"②，强调"人和自然的统一性"的观点，似乎有一定的差距，反而与马克思所批判的人与自然互不相干的观点似乎很接近。因此，有的学者尖锐地指出，传统的自然哲学或形而上学也会接受卢卡奇这种抽象的表述，这种批评是有一定道理的。不过，这种批评不应忽视上述卢卡奇那段话之后的一句话，即"只有当它（自然）是一个社会操作的客体时它才失去这种独立性"。显然，这句话包含"人化的自然"就是人（社会）和自然相互密切联系着的一个统一体的观点。这一点与马克思关于"人和自然的统一性"之说相接近，但远不如马克思对这一点强调得那么明确、准确。

然而，我们也应该看到，卢卡奇明确指出了在对待自然辩证法问题上的两种错误倾向。一是自然辩证法被理解为自然和社会的诸多充满矛盾的存在论发展状况的统一的、自身同质的体系（这在恩格斯以后的"正统"马克思主义当中的情况曾大体如此），而另一些人在有理由反对上述机械地把自然和社会中的诸多存在范畴、存在规律等同质化时，又大多在认识论上回到唯心主义二元论中去，如萨特就是如此。所以，卢卡奇认为，阐明马克思主义的存在论必须本着马克思的精神，在承认每一存在的确定的和可以证明的统一原则的同时，还必须正确地理解各种个别存在领域之间的往往是深刻的差别。只有这样，自然辩证法才不会再显得是把自然和社会一律等同化（这种等同化常常以不同的方式歪曲这种存在），而是表现为用范畴加以把握的社会存在的史前史。在正确地制定和运用这种"自然辩证法"时，连续性和非连续性、最终的统一与具体的对立之间的辩证关系，就会在一种真正的（因为是历史的）也考

---

① 〔匈〕卢卡奇：《关于社会存在的本体论》（上卷），白锡堃等译，重庆出版社，1993，第429页。
② 《马克思恩格斯文集》第1卷，人民出版社，2009，第528页。

虑到发展过程的不平衡性的意义上在存在论中占据统治地位。[1]

二 合类性、个性的发展和语言的作用

卢卡奇提出并详细阐明了人的合类性（Gattungsmässigkeit）和个性（Individualität）及其关系问题，以便给社会存在奠定存在论的基础。这个问题当时在马克思主义者中很少有人论及，这是卢卡奇特有的一大贡献，就是在今天，也很少有人对此做出更进一步具体而精辟的阐明。

卢卡奇认为："合类性是每一存在物的一种基本客观属性。"而且，与以往大多数马克思哲学研究者的传统观点不同，卢卡奇非同寻常地确认合类性在青年马克思思想中占据着"核心地位"，即十分重视人类在自然界中对无声的合类性的克服。据此卢卡奇认为，在人类的发展进程中，合类性问题一直处于"历史考察的核心地位"。[2] 合类性本身就是不与个性相分离的普遍生存形式。

与从前的认识论对个别与一般做相互推导的做法相反，在卢卡奇看来，马克思把类和个例之间不可分割的统一看做一种必须无条件加以承认的基本存在事实，并在实践和理论中运用它，在无机自然这个存在领域里只能谈论可以客观地确认的（无声的）合类性。但是，在有机界，每个有机体都是一个受自身内力推动的整体，生生灭灭是其存在方式的基本规定。从这个意义上可以说，同无机自然相比，有机体的形成是一个彻底的变化。不过，只是到了比较高级的阶段，当有机体的再生产过程以它在自己周围世界里的独立活动性为前提时，才在周围世界的物理和化学过程中产生了生物。

卢卡奇最为关注的是人及其社会性的形成。在他看来，超越生物生命领域时的首要问题是积极适应周围世界的进化。他强调："有机体对其周围世界的消极适应转变为积极适应，曾经是完成飞跃所依赖的存在基础，这样，社会性才能作为新的合类性形式而产生，并且在逐渐的过程

---

[1] 〔匈〕卢卡奇：《关于社会存在的本体论》（上卷），白锡堃等译，重庆出版社，1993，第172~173页。
[2] 〔匈〕卢卡奇：《关于社会存在的本体论》（上卷），白锡堃等译，重庆出版社，1993，第42、99页。

中克服自己直接存在的纯生物学特征。"① 人"愈来愈多地受社会存在规定性的制约，而与此同时，那些生物学的存在规定则只是因此而发生了质的变化，但是永远不会被彻底扬弃"。在全面把握人及其社会性形成过程的同时，卢卡奇还发现："在这里，对周围世界的积极的适应方式（就趋势而言，这就是对周围世界的改造，使之在这种相互关系当中，逐渐适应人类创造出来的新的再生产条件）乃是关键之点。从这类积极适应的事实中，我们可以得出一系列规定性，他们构成了人的本来的存在，使得人从属于一种不同的类。"这就是人类的形成。

与此同时，又出现了"极其重要的发展趋势：单一性逐渐转变成个性。单一性和普遍性一样，也是每一种存在的若干基本范畴之一。任何一种存在物都只能既作为它那个类（普遍性）的个例，同时又作为单一的对象性（单一性）而存在"。在有机体在尚未上升为主客体关系时，"单一性就始终只能是个纯自然事实"。"纯自然的单一性真正地发展成为总是社会性的、绝不是单纯以自然为基础的个性，这乃是一个极其复杂的过程。""到了比较高级的发展阶段，人自己固然也或多或少有意要成为个性，而且这种意图还常常能够成为目的论设定的内容，但这并没有扬弃"上述过程中也有"无目的论特征这一基本事实"。而劳动以及从劳动当中直接形成的所有实践形式，从一开始就对劳动着的、从事着实践活动的人产生复杂的反作用，使人的活动变成日益广泛的、分得越来越细致的和更加有意识的活动，从而使主客体日益强烈地、深刻地成为在人类生活中占主导地位的范畴。这样，由于实践的结果，得到日益全面发展的个人就成了社会、社会同自然界的物质交换以及社会为了自我维持而建立的种种机构等的对立面。所以，合类性的客观体现不仅日益得到发展并在许多方面变得日益多样化，而且这种体现还对从事实践活动的个人提出日益增多、日益细致的要求。正是在主客体双方、在主体性和客观性之间相互作用的过程中，才产生了特定的存在基础，使人的原来的、在许多方面还是纯自然的单一性，能够逐渐获得某种（社会的、只有在社会性之中才能存在的）个性特征。这里的关键是这样一个

---

① 〔匈〕卢卡奇：《关于社会存在的本体论》（上卷），白锡堃等译，重庆出版社，1993，第47页。

问题：对于实践中的人来说，他不仅要使具体的对象变成客体，从而使自己作为实践主体而与之对立，还要通过从这种社会实践中生产的全部社会性形成本身，最终形成自己的作为——马克思曾经强调的——"一切社会关系的总和"①的合类性。②

卢卡奇又进一步阐明了人类向高级阶段发展的最终力量和现实基础：在人类基本存在形式彻底变革的过程中，"人类不仅仅保持自己之为人类，而且还使自己向更高的阶段发展。在这里，推动人类向更高阶段发展的最终力量仍然是经济力量，是社会存在的社会再生产方式的力量"。人的真正的、不再无声的合类性发展过程"无法扬弃的基础始终是经济的发展"，而"人类史前史的终结也要以先产生某种现实的经济基础为前提"。"经济发展过程的进行，却只有通过人的目的论设定才能实现。这样，经济就既成了实践着的人的创造者同时又成了他的产物。因此，马克思关于人类——尽管不是在自己选择的条件下——自己创造着自己的历史的论断就自然地产生了这样的结论：如果人们不是有意识地通过实践对自己的合类性中所包含的问题表明自己的态度，那么这种合类性就不能得到发展。而自然界限的退缩乃是这个发展过程的一个非常重要的因素。"

卢卡奇还看到，在原始阶段，人类的再生产方式尽管还同有机界的再生产方式有诸多相似之处，但是在这样的情况下，"即便是最原始的积极适应方式，也会给人类再生产强加上许多在质的方面是崭新的因素"。这种崭新的东西恰恰在于，由于人类或多或少有意识地适应着自己的周围世界，所以人类就逐渐脱离了具有纯生物学性质的自发的适应方式。发生这一变化的基础恰恰就是"人对自己周围世界的积极适应"，它包含着某种程度的有意识的活动。在社会性的积极的"适应方式中，人类和个例之间的新型的实际关系会以新的形式表现出来"。而人类这种新的社会性的"再生产形式的表现方式、器官，就是人们作为个性而存在的方式"。随着新的再生产形式的出现，"社会性的东西对纯自然的东西的

---

① 《马克思恩格斯文集》第1卷，人民出版社，2009，第505页。
② 〔匈〕卢卡奇：《关于社会存在的本体论》（上卷），白锡堃等译，重庆出版，社1993，第48~50页。

统治在日益增长，但这是一个漫长的不平衡的、充满矛盾的过程"。①

对于个性与社会性的关系以及个性如何在多元化（多样化）中表现出来，卢卡奇做出了具体阐明。在他看来，生产力的发展、分工的发展使生产力日益具有社会性，也使人们的实践活动方式在社会中自发地产生分化和多元化。从社会这个方面来看，一个社会越是发达，它就越是要求每个社会成员做出较多的个人抉择。在所有生活领域里，甚至在彼此相近的生活领域里，社会对其成员提出的要求常常都会表现出巨大的差别。因此，整个社会的内部分化促使或者迫使每个成员做出的那些可选抉择具有近乎无限的多样性，这就是我们一般地所说的把个人培养成个性的那种东西的社会基础。这里首先要看到，今天，个性即个人对日常生活所提出的可选抉择做出反应，则标志着整个社会的几乎每个人的特征，而且它在客观上是社会持续了数千年之久朝着某种日趋全面的社会性发展的产物，当然，它也是人类的个例的再生产过程中的产物。其次也要看到，若是尽可能多方面地和客观地理解人是如何形成个性的，我们就必须理解个人在生活中所做的这样一种努力，即把在内容和形式上都极不同质的所有个别抉择当成自己的个性的充满活力的因素而在自身中统一起来。而在人类再生产过程中，个性则是社会历史事件的直接"要素"，也是"一个具体的人的一定的可选抉择"。② 当然，个性也可以这样来表现自己：在每个社会为了实现自己作为某一合类性阶段而必须进行的斗争中，个性既可以以过去的名义也可以以未来的名义表明自己对现存社会的赞成或反对的态度。

但是，有一点首先是清楚的："人的个性无论如何也不是人的原来的、天生的属性，而是人类社会生活的社会化这一漫长过程的结果，是个人在社会中发展的一个因素。"③ 因此，卢卡奇强调："必须把受社会历史制约的人的个性的形成置于我们这里的分析的中心位置。"在他看来，人的每一个行动以及实现自己的思想或感情的每一个尝试，都只能

---

① 〔匈〕卢卡奇：《关于社会存在的本体论》（上卷），白锡堃等译，重庆出版社，1993，第57、63、88~89页。
② 〔匈〕卢卡奇：《关于社会存在的本体论》（下卷），白锡堃等译，重庆出版社，1993，第282页。
③ 〔匈〕卢卡奇：《关于社会存在的本体论》（上卷），白锡堃等译，重庆出版社，1993，第73页。

从人的集体出发并汇总到这个集体中去。所以，马克思说："人是最名副其实的政治动物，不仅是一种合群的动物，而且是只有在社会中才能独立的动物。"① 因此，人的个别抉择所具有的真正个性内涵，必须恰恰总是以一定社会中所存在的问题为准。

卢卡奇不仅非常重视在人的个性形成过程中那些偶然的社会因素，而且把经济基础与个性之间的社会联系当成社会和个人的生活形式而放到考察的核心位置。卢卡奇辩证地指明，经济发展的必然，使得个人面临着自己的合类生存的偶然性这个问题："个人作出可以切实实现的回答的客观回旋余地虽然是由经济严格规定的，但这还是不能扬弃——人们在这个回旋余地之内作出的——个别回答的偶然性。经济发展能够把这种偶然性变成每一个个人的实践的客观基础，然而要想用人们在生活中自己设定的合类性的新内容去充实并且进而扬弃这种偶然性，却只有通过人们自己的实践、思想和行动去完成。"通过对人的合类性及其个性发展的深入考察，卢卡奇得出这样的结论："真正的人的合类性只能在于个人要把自己发展成个性，在于要把自己的个性再提高成合类性视为这种发展的特殊任务，并且以此作为衡量自己的个性发展水平的尺度。一个人，他应该有意识地把类与个例的这种统一当作自己的实现个性的需要的基准，只有这样的人，才能真正和完全地克服无声的合类性的最后残余，才能作为完美的个性而成为真正的人类历史的积极主体。"②

后来，卢卡奇又再次强调，人向类存在迈进是当代重大问题的答案。个性是个人与社会的愈益纯粹的社会关系的结果。实际实现自己的类存在就是个性的真正展开。在卢卡奇看来，这其中包含着马克思主义最深刻的真理，就是"人的人化，是在每个人的生活中以千万种不同方式实现的历史过程的内容。所以，每个人——不管是否意识到——都是总过程的一个积极因素，他本人也是这个过程的产物。在个人生活中向类存在迈进，是不可分割的两条真正发展道路的真正一致"。③

卢卡奇既强调具有社会性的合类性，又充分肯定个性的形成及发展

---

① 《马克思恩格斯选集》第 2 卷，人民出版社，2012，第 684 页。
② 〔匈〕卢卡奇：《关于社会存在的本体论》（上卷），白锡堃等译，重庆出版社，1993，第 91、84 页。
③ 杜章智编《卢卡奇自传》，社会科学文献出版社，1986，第 49 页。

前景，作为人的合类性发展的必要因素，其具体表述也许有值得研究之处，但就其思想实质来说，卢卡奇的论证和发挥是符合马克思思想的创新发挥，也是卢卡奇的一个独特贡献。

作为人的合类性发展的必要因素，语言问题自然也进入卢卡奇的视野。这尤其是卢卡奇研讨社会存在的独特之处。

卢卡奇说，语言是人类个体之间"进行交往的形式"。语言虽然是从较高级动物的信号交往形式中发展而来的，但其形成过程具有"一种飞跃特征"，表现出质的区别，是对动物信号交往形式的超越。① 更重要的是，在社会再生产中，语言还是"社会存在连续性的器官和媒介"。这是个"综合问题的中心"，"非常重要"。②

卢卡奇的独特之处在于指明语言的多样性和统一性及其与人类发展过程最终统一性的契合。在他看来，一个明显的事实是，"诸多语言本身具有似乎无法估量的多样性，它们彼此还具有从词意到语言结构等等的诸多质的差异"。但是，"所有这些差异都具有一种已经在实践中经受了考验的统一性；这些语言毫无例外都是可以转换的，也就是可翻译的。诸多语言的可翻译性，是对它们的质的和量的、内部的和外部的多样性的补充"。然而，对于具有诸多差异的语言进行翻译，这要以它们在最终具有共同含义方面的一些基本因素为前提。而这些因素的核心则是："各种语言的所有字词都是为了表达对象的合类性而设定的；只有各种语言在句子结构、词的组合等等方面的细微差别，才能在一定情况下使一切语言都具有的这种一般的合类性进一步变为特殊性或者个别性。"正因为如此，这种基本的普遍性，也直接是诸多重大差别的基础。这种普遍性还在所有语言中以这样的方式表现出来，即这些语言的内在结构始终在表现着以劳动为基础、由于劳动而发生分化的人类生活的某种一般类型："如果我们把语言看作是社会存在的重要因素，那么主体及其行动、这些行动的时空差异、主体与客体以及主体与其他主体之间的关系，就构成了各种语言结构的基础。"这种结构在不同的语言中有不同的具体表现方

---

① 〔匈〕卢卡奇：《关于社会存在的本体论》（上卷），白锡堃等译，重庆出版社，1993，第51页。
② 〔匈〕卢卡奇：《关于社会存在的本体论》（下卷），白锡堃等译，重庆出版社，1993，第200页。

式，这是一定的语言的特殊性质及其历史的一个重要因素。这样就产生了彼此有重大的、质的区别的种种语言，这些区别在人类发展中曾经起着重要的作用，人类发展可能永远不会清除这些差别，然而从在这里起决定性作用的普遍的类发展的观点看，这些语言却是作为这个不可逆过程的客观统一性的一些因素而发挥作用的。"当代语言的多样性就是一个漫长的一体化过程的结果，这个过程将许多地区的语言、方言等等逐渐综合为民族语言，这些事实更增强了我们所揭示的这个过程的现实性。""语言是人们在日常的社会存在中进行社会交往、共同生活和共同活动的不可缺少的媒介，然而，正是这种最终的统一性，才是新的、不再是无声的类过程本身具有最终统一性的一个标志。"① 从语言的产生和发展的复杂过程中，卢卡奇不仅认识到相互异质的诸多生活领域的共同作用构成了"语言的存在和变化的现实基础"，而且提出"语言乃是一个真正的充满活力的社会整体"② 的论断。卢卡奇对马克思关于语言的观点发挥是独特的、卓越的。

卢卡奇还看到，意识对理解语言是必不可少的，只是由于人们发现和创造出在劳动和使用劳动产品过程中迄今所未认识的东西，于是在人们的意识中就产生了许多新的、多种多样的内容，它们命令式地要求人们进行某种交往。由于人们在协作中创造了语言，他们也就创造了人类在新的合类性水平上进行交往的媒介。人的意识的直接兴趣是由单个对象决定并以它们为准的；但语言却不同：在语言中，从一开始就有一种以主体的合规律性、以语言所表示的对象的客观性为准的客观意向在起作用。任何最简单、最平凡的语词所表达的总是对象的普遍性、类、属，而不是个例，而只有复杂的句法才能用语言再现感官所指的东西。

关键在于确认，语言是对于一种社会需要的满足。语言不仅能把人们对整个社会再生产过程的活跃的、不断进步的悟性改造成为人与人之间的活的关系的载体，而且能囊括人的全部生命表现并赋予它们

---

① 〔匈〕卢卡奇：《关于社会存在的本体论》（上卷），白锡堃等译，重庆出版社，1993，第222页。
② 参见〔匈〕卢卡奇《关于社会存在的存在论》（下卷），白锡堃等译，重庆出版社，1993，第211~215页。

以某种可传达的形态,也就是说,语言就像它所反映并使人们可以就其进行交往的社会现实本身一样,也构成了一个完整的、包罗万象的、固定而又总是活跃的整体,只是由于这样的缘故,语言才能够满足上述社会需要。

由于在社会存在的再生产过程中,语言具有一种奠定基础和积极促进的作用,所以就其本质而言,可以说"语言乃是纯粹的社会存在表现形式",从中又可以得出结论:人类所获得的成果在口头语言中的固定化,只有通过书面语言中的固定化才能继续发展。正是由于有了语言,人类才达到了一个新的阶段,才普遍地从质的方面克服了类发展的无声性。所以,"语言始终既是人类在自我实现方面所获得的一定实际成果的反映,同时又是这些成果的表现"。[1]

卢卡奇关于语言的全部思路表明:"语言作为社会存在这个大整体内部的整体,它首先具有一种普遍性,这种普遍性在下述事实中表现出来,就是对于社会存在中的任何一个领域、任何一个整体来说,语言都必然是赖以保持的连续性、保持和超越过去的器官和媒介。"[2] 这只是作为社会整体的语言独有的特殊性质。其次(与语言的普遍性密切相关),"语言既是社会与自然界进行物质交换的中介,也是纯属社会内部的人际交往的中介"。最后,"语言的再生产过程主要具有自发性",是在日常生活中自发地自我更新的,而且这种更新是由日常生活中的种种现实需求所控制的。"与其他社会整体相反,语言的再生产不需要任何特殊的人类群体来承担;承担语言再生产的乃是整个社会,其中的每一个成员——无论是否愿意或者知道——都在以自己的生活行为影响着语言的命运。"而语言在一系列社会整体使社会存在构成一个整体并使它具有进行运转和再生产的能力中所具有的普遍性和自发性,则"为我们分析那些在质的方面不同的、甚至往往是对立的整体提供了一个有益的指南"。[3]

卢卡奇关于语言所做的全面而具体的阐发,可以看做他从社会存在

---

[1] 〔匈〕卢卡奇:《关于社会存在的本体论》(下卷),白锡堃等译,重庆出版社,1993,第213~214页。

[2] 〔匈〕卢卡奇:《关于社会存在的本体论》(下卷),白锡堃等译,重庆出版社,1993,第219页。

[3] 〔匈〕卢卡奇:《关于社会存在的本体论》(下卷),白锡堃等译,重庆出版社,1993,第220页。

方面创立马克思主义语言观的一种积极尝试。在 21 世纪 60 年代能够这样做,而且做得这样出色,实属难能可贵。与西方的语言分析相比,卢卡奇对语言的解说和阐发,也体现了一种新的马克思主义语言观。

三 历史性——诸存在的本质特点

历史性是卢卡奇确认的各存在类型的一个本质特点,从而处于他考察存在的核心地位。他明确指出:"只有把存在的基本属性始终理解为一个从本质上说是历史的发展过程的诸多方面——并且——根据处在一定存在形式之中的特定的历史特征——把这些属性置于批判的考察的核心地位,才能做到回归存在本身。"按照马克思的观点,存在的历史性构成了"正确理解所有问题的存在论出发点"。马克思的伟大之处正在于,他明确而深刻地阐述了"作为过程的存在所具有的各种重要规定性","历史性构成了每一存在的基本特征"。[①] 然而,卢卡奇认为,马克思当时不可能知道,只有后来的科学才能证明,不可逆转的(历史的)过程是每一存在的运动形式、本质。

在卢卡奇看来,正因为存在是一个历史过程,所以,其主要形式和阶段以及它们之间的联系,只能在其整体中加以考虑,它们的范畴也只能在其具体的、一般的历史性中加以考察。而"存在乃是由诸多过程性整体的无限的相互关系组成的,这些整体之间各自具有不同的性质,它们在局部和——相对——整体上都形成一些不可逆转的具体的过程"。从存在论上来说,每一存在形式都是从世界历史的不可逆转的过程中产生出来的。这样,人类知识已经发展到能够理解青年马克思的下述伟大思想:把历史理解为每一存在的基本原则,也就是从每一存在的形成过程的"从何处来",从它的当前的存在是"什么"和"怎么样",从它继续发展的趋势即未来前景,来从思维上把握每一存在。[②]

因此,马克思主义者今天的任务只能是使马克思的真正的方法、真正的存在论获得新生,特别是要借助它们,不仅做到能够对自马克思逝

[①] 〔匈〕卢卡奇:《关于社会存在的本体论》(上卷),白锡堃等译,重庆出版社,1993,第 37、101、112 页。

[②] 〔匈〕卢卡奇:《关于社会存在的本体论》(上卷),白锡堃等译,重庆出版社,1993,第 182~183、127 页。

世以来的社会发展进行科学的和忠于历史的分析,而且要做到根据马克思的精神,把全部理解和表述为一个就其基础而言是历史的(不可逆转的)过程。要想不迷信于任何超验和空想,而要从思维上表现人成为人、人类形成的历史过程,这在理论上是唯一可行的途径。所以,马克思主义的存在论就必须本着马克思的精神,"坚持把历史性当作认识每一存在的基础"。马克思主义比任何其他理论都强调把存在的历史特征放到方法论及其运用的中心地位上,因此它能够在不平衡的发展中发现社会历史进程的典型形式。这种不平衡的发展是任何一个运动过程的根本标志。所以,卢卡奇反对那种把经济的无限支配力量作为一种单向的静态的绝对必然性强加给马克思,因为马克思总是在阶级斗争中看到经济、政治、社会等方面发展的各种可能性和不同途径。"极为相似的事情,但在不同的历史环境中出现就引起了完全不同的结果。"有鉴于此,马克思反对某些人把他对资本主义原始积累的历史解释说成一条绝对必然的规律,反对把他关于西欧资本主义起源的历史概述彻底变成一般发展道路的历史背景理论,似乎"一切民族,不管他们所处的历史环境如何,都注定要走这条道路"。对此马克思认为,这样做"会给我过多的荣誉,同时也会给我过多的侮辱"。[1] 因此卢卡奇认为,马克思存在论思想的实质在于,"将全部存在,包括自然界与社会,理解为一个历史过程,一种这样确定的历史性构成每一存在的本质"。而"只有依靠马克思新的、存在论的方法,才可能把存在的全部过程理解为历史"。[2]

关于存在的历史性,卢卡奇还进一步阐述道,当我们把社会存在方式的历史理解为一种不可逆的过程时,所有那些被人们习惯上称为自然辩证法的东西,就表现为这种不可逆的过程的史前史。而史前史仅仅意味着一种较为复杂的存在形式只能从一种较为简单的存在形式发展而来,而且只能以此为基础。由此可以说:"历史性是每个存在的基础,也是任何关于存在的正确意识的基础,这是马克思的一个原则上有所创新并富

---

[1] 《马克思恩格斯文集》第 3 卷,人民出版社,2009,第 466 页。
[2] 〔匈〕卢卡奇:《关于社会存在的本体论》(上卷),白锡堃等译,重庆出版社,1993,第 268 页。

从存在的历史性的观点出发，卢卡奇确认有一个最终统一的过程，这个过程不断为人类克服自身史前史的障碍、为人类真正历史的开始创造着条件。"正是在这种意义上，存在过程即历史在马克思的世界图景中居于主导地位。从这种观点出发，自然过程——它存在于社会存在之前，而且正是它的真正形成才创造出社会存在出现的前提——必然被看做一种存在过程，如果把所有起作用的偶然因素都算在内，那么，正是这一过程的历史进展，使得社会存在的形成成为可能。因此，根本没有一种把我们的历史看做其简单应用的普遍的辩证法学说。因此，各种得到不同发展的存在形式，绝不是从一种一般的、抽象的范畴体系中推导出来的，也不是被理解为这种范畴体系在'特殊领域'的应用，相反，它们是依照自身规律演变的存在过程，在特定的发展阶段上，这种存在过程能够使更为复杂的存在形式的产生成为可能。"② 依据上述思想，卢卡奇高度评价列宁总是遵循马克思主义关于社会历史发展的主导倾向的基本学说，不断要求把"具体问题具体分析"作为应用普遍规律的手段，从而敏锐地看清了历史发展能够随着实践空间的变化，使它的客体也或多或少地发生历史变化。

卢卡奇关于存在具有历史性的观点清楚地表明，他不是研究"纯粹的存在"，而是研究历史社会存在的具体发展阶段以及它们的范畴联系和特点，研究具有历史过程总体且又是现实的那种日常存在。

第三节 社会存在的特殊范畴

在"系统"篇中，卢卡奇从存在上阐明了若干最重要的综合问题，即社会存在的特殊范畴，如劳动、再生产、观念的东西与意识形态和异化等。这些范畴是社会存在特有的现实基础，因而也是卢卡奇关于社会存在的存在论最基本、最重要的内容。卢卡奇这种划分也许并不完全妥

---

① 〔匈〕卢卡奇：《关于社会存在的本体论》（上卷），白锡堃等译，重庆出版社，1993，第282页。
② 〔匈〕卢卡奇：《关于社会存在的本体论》（上卷），白锡堃等译，重庆出版社，1993，第361~362页。

当，因此可能会引起一些争论，然而我们将会看到他对这些重要范畴的理解和阐发，在很大程度上符合马克思的观点，确有一些深邃的道理和闪光之处。

一　劳动及社会实践的决定作用

1. 实践在社会存在中的核心地位

实践是指人特有的能动地改造客观世界的物质生活，因而也是人类基本的社会存在方式。正因为这样，实践成为以往许多大哲学家研讨的对象，实践的观点更成为马克思主义哲学首要的和基本的观点。依据马克思的实践观，卢卡奇早在1923年出版的《历史与阶级意识》一书中就已经把实践视为该书的核心概念，主观上是想强调革命实践这一概念。然而，由于卢卡奇否认工业是一种实践，又把实践的基本形态劳动遗忘了，因而实践概念"变得狭隘，遭到了某种程度的歪曲"。正如卢卡奇1967年所承认的那样，由于不以劳动为基础和出发点，因而他实际上得到的是一种"抽象的、唯心主义的实践概念"。

为了同20世纪20年代初对实践范围的不正确理解划清界限，卢卡奇从20年代中期起就开始修正自己的观点，可以说从30年代起，他就已经达到对实践的唯物主义解释，并把它理解为"一种广博的实践"。在《社会存在存在论导论》一书的序言中他更明确地指出，无机自然、有机自然和社会这三大存在类型共生的"存在状况"，构成了"任何人类实践"的"基础"，而劳动则"成了人类每一社会实践的存在论基础"。①

依据马克思的观点，卢卡奇首先指出："实践，首先是社会同自然进行物质交换的实践"，并证明其是"检验真理的标准"。然而，若要在一定的条件下正确运用这一观点，那就绝对不应忽视历史相对性这个因素。正因为人类社会发展也是一个不可逆转的过程，所以这种标准也只能要求一种过程的一般有效性，只能要求当时，即在目前情况下的真理。

所以，卢卡奇有分寸地确认，实践本身能直接提供关于社会存在本

---

① 〔匈〕卢卡奇：《关于社会存在的本体论》（上卷），白锡堃等译，重庆出版社，1993，第11页。

第十二章 《关于社会存在的存在论》

质的最重要的、直接的启示;而从存在论的立场来看,科学往往而且大抵是以某种常常仍未被意识到的社会实践为基础的。

马克思批评费尔巴哈"没有把人的活动本身理解为对象性的活动",因而"不了解'革命的'、'实践-批判的'活动的意义"。① 马克思的出发点是,社会存在作为人类对其周围世界的积极适应,主要以实践为基础。因此,只有根据这种实践的真实的存在性质对它的前提、本质、结果等进行存在论的考察,才能理解这种存在的全部现实的重要标志。"正是实践在社会存在中所占的存在论上的核心地位,成了考察从有机界存在领域里对周围世界的纯消极适应方式到社会存在这一形成过程的钥匙。"在劳动实践中,由于目的性设定而形成的人的主体化,必然在此引起质的改变。"因此,人就其作为人来说,不是某种固定不变的东西,也不是由外在原因的反应所片面决定的东西,在很大程度上,人是他自己活动的产物。"②

卢卡奇还进一步指出,马克思学说的独特之处在于,他把实践在人的生活中所占的存在论优先地位归因于它的真实的存在论基础,即"归因于社会存在,并在这个基础上论证这种优先地位"。③ 这样,卢卡奇就把实践提到社会存在论的高度上来,并视之为马克思主义哲学的核心概念。

一旦按照马克思所说的那样正确地把握了实践及其全部的存在论前提和后果,那么就会表明"实践乃是人作为人而存在的客观存在核心,乃是人作为人和社会存在物而存在的存在核心",而"只有从这个核心出发,才能相应地理解具有过程存在性的所有其他范畴"。这里问题的核心之点在于,"根据马克思的观点,我们只有在实践中才能证明我们的思想的正确性;就其本质及其自发的影响而言,实践乃是人们进行自我教育的决定性因素;人们被迫从思想上予以把握的所有冲突,总是首先在一定的生产实践的基础上产生并汇总到这种实践中去"。④ 卢卡奇比较早

---

① 《马克思恩格斯文集》第 1 卷,人民出版社,2009,第 499 页。
② 〔匈〕卢卡奇:《关于社会存在的本体论》(上卷),白锡堃等译,重庆出版社,1993,第 40、207 页。
③ 〔匈〕卢卡奇:《关于社会存在的本体论》(下卷),白锡堃等译,重庆出版社,1993,第 287 页。
④ 〔匈〕卢卡奇:《关于社会存在的本体论》(上卷),白锡堃等译,重庆出版社,1993,第 41 页。

地认识到，正是通过马克思对费尔巴哈的批判，实践才获得了特定的内容，并使这种新存在形式具有崭新的特征。这样，作为人类的存在方式，实践就具有了"广博的"新内容。

卢卡奇进一步确认，当马克思把实践看做每种社会存在及其变化的现实基础时，他从每个人类社会的存在基础上得出下列结论："社会生活在本质上是实践的。"① 马克思也没有忘记，实践不仅是这种存在每次运动的动力，也是从思想上正确理解存在的钥匙："凡是把理论诱入神秘主义的神秘东西，都能在人的实践中以及对这种实践的理解中得到合理的解决。"②

此外，卢卡奇还具体地谈到实践的巨大作用。首先，正是实践把人的日常生活与对实践的自觉准备和贯彻联系起来，从实践中不仅产生了语言，还逐渐产生了科学。同样还是实践，它进一步推动并控制着它从哲学方面趋向存在的范畴特性的不可避免的针对性。这样，科学和哲学在认识对象方面愈不相同，愈加互相批判，相互对立，但它们最终的认识目标又是共同的：在越来越高、越来越社会化的社会性意义上阐明实践的途径，也就是说，使人的活动越来越明确地以总体的范畴特性和存在总体的范畴特性为目标。由此，卢卡奇认识到："马克思在方法论方面的伟大贡献在于：通过追溯哲学和科学在存在和范畴、实践和认识之间的必然运动着的紧密联系，通过追溯它们的共同的、一般的历史性基础，从而把客观上不可缺少的，但迄今尚未实现的哲学与科学之间的合作关系，即这种力量的总体，提到每个实践以及伴随并促进实践的认识的方法论的中心地位。"因此，在一般的历史性基础上，在实践的基础上，"科学与哲学之间的对立就被扬弃了"。③

一旦存在的"不可逆过程性被人类自觉地当作实践的基础，当作由实践而来的关于存在知识的基础，那么，在社会发展进程中出现的科学与哲学之间的万里长城就会被拆除。当然，这并不是要取消它们的区别"。不过，认识这一点，要以熟悉人的活动特征为前提。正如马克思所

---

① 《马克思恩格斯文集》第1卷，人民出版社，2009，第505页。
② 《马克思恩格斯文集》第1卷，人民出版社，2009，第505~506页。
③ 〔匈〕卢卡奇：《关于社会存在的本体论》（上卷），白锡堃等译，重庆出版社，1993，第286~287页。

说:"他们没有意识到这一点,但是他们这样做了。"① 与此相适应,虽然在具体现实目标的规定和实施方面,人的实践是一种自觉的实践,譬如当石器时代的人要制造一把斧子时,他肯定意识到斧子的作用,可能的形式,还意识到可以手持的斧柄,等等,这正是从生物决定的存在领域向社会存在领域的飞跃。但是,绝不能因此就认为,实践时所不可缺少的这种意识已为这个发展阶段的人都同样意识到。更重要的是要看到,劳动经验绝大多数来自直接经验;认识同实践有着不可分割的联系,从而也使实践成为社会存在本身的重要因素:"社会实践既是每一真正有效的认识活动的实际前提,又是社会存在本身的主要因素,还是促进社会存在内在和外在的自我发展及其持续过程的重要因素,认识与实践的不可分割性,因这种社会实践而更加明显和纯粹地趋于社会化,并受到特殊社会力量的推动。上述这些观点充分展现了马克思的历史存在观。"②

卢卡奇既确认三大存在共存是实践的基础,也看到实践与人的意识密切相连。所以,社会存在的客观发展必然把问题的深入研讨引导到意识同社会实践是有不可分割的联系问题上来。卢卡奇不仅首先看到,"人的任何思维归根到底都是从实践出发的,都是为了指导、修改、巩固……实践而产生的",而且认为,"意识与实践在起源和作用方面不可分割的联系是关于社会存在的最重要和最根本的客观存在性之一"。因此,卢卡奇不同意将客观现实和思想认识的总体分开来加以把握,而认为这二者是具有历史本质的最终统一过程中不可分割的因素。为此,卢卡奇引用了马克思关于思想与实践关系的重要论断,即"人应该在实践中证明自己思维的真理性,即自己思维的现实性和力量"③,批判了对实践加以蔑视的观点,并得出结论说:"人只有在自身的实践中才能正确认识自己,而且只有通过实践才能真正促进实践的发展。"关于实践,卢卡奇概括地总结出以下两点:"①实践作为人而存在的存在基础,作为人的存在的一切方面的基础,它早在人类最原始的阶段就在必然地造成人类

---

① 《马克思恩格斯选集》第 2 卷,人民出版社,2012,第 125 页。
② 〔匈〕卢卡奇:《关于社会存在的本体论》(上卷),白锡堃等译,重庆出版社,1993,第 287、358 页。
③ 《马克思恩格斯文集》第 1 卷,人民出版社,2009,第 500 页。

对于自己的无声的类属性的扬弃,以此作为使自己变成人类的基础;②人类精神生活的复杂的和从表面上看似乎远离现实的表现,乃是人类第一实践即劳动在存在中引起的那个过程中的一些必要的因素。"① 除了上述两点之外,从卢卡奇在《存在论》一书中关于实践问题所阐明的主要思想来看,有必要再加上以下两点:第一,依据马克思关于"哲学家们只是用不同的方式**解释**世界,而问题在于**改变世界**"② 这一名言,卢卡奇认为,理解实践在客观和主观方面所起的作用,是认识社会存在论特性的第二个根本前提(自然存在论是第一个前提)。在社会存在这个现实领域中,在使对象性得到保持和继续运动方面,在使对象性得到再生产和向更高的水平发展方面,实践都起着必不可少的作用。正是由于实践在社会存在的结构和活力中具有这种独特的功能,所以"实践在主观方面,在认识论方面,也是用以衡量每一正确认识的决定性的标准"。而人如果想真正认识自己,就必须把自己还原为通过自身实践对这些特性的检验。所以,"人只有在自身的实践中才能正确认识自己,而且只有通过实践才能真正促进实践的发展"。第二,在马克思主义方法论结构中科学与哲学所具有的不可分割性也绝对要求这样做。由此产生了卢卡奇的一个独特见解:"只有把作为存在的思想反映的哲学和科学联合起来,才能为实践提供现实的理论基础。"③

2. 劳动——社会实践的"根基"

深化和追溯实践的根本所在,必定要探究劳动问题,卢卡奇深信:"我们有理由把劳动看成是每一社会实践、每一积极的社会行为的模式。"在卢卡奇看来,就社会本质而言,理论和实践必然是同一社会存在整体的两个要素,所以人们只有从它们的这种相互关系出发,才能恰当地理解它。"正是从这个意义上说,劳动才能令人一目了然地充当每一社会实践的模式。"不过,卢卡奇又认为,社会实践是比劳动更为宽广的概念。劳动是社会存在整体的"基本的因而也是最简单和最明确的形式",

---

① 〔匈〕卢卡奇:《关于社会存在的本体论》(上卷),白锡堃等译,重庆出版社,1993,第 366~368、43 页。
② 《马克思恩格斯选集》第 1 卷,人民出版社,2012,第 140 页。
③ 〔匈〕卢卡奇:《关于社会存在的本体论》(上卷),白锡堃等译,重庆出版社,1993,第 373~374、368、295 页。

这一整体的"充满活力的总和构成了社会实践的特征","劳动本身这种基本的实践形式以物质的形式实现了社会与自然之间的物质交换的全新关系"。① 这正是卢卡奇在实践问题之后特别深入研讨劳动问题的根本原因。所以，他在《存在论》一书中，就把劳动作为比实践具有更根本意义的问题突出加以阐述。

卢卡奇在《维也纳论文（关于人类思维和活动的存在论基础）》一文中就已经指出，有机界的再生产过程必定在达到一定的发展程度时，作为新一类存在的能动和建设的根基之劳动才可能出现。劳动不仅成为使社会存在的特殊性得到表达的手段，而且从存在论上来说，它将成为新的一类实在的模式。

在卢卡奇看来，劳动是存在的基础，是马克思主义的基本范畴。因此，劳动就成为《存在论》一书的首要问题。不仅在绪论和其他各章中，而且专辟一章详细阐发劳动这一关键范畴。

卢卡奇首先确认劳动是"社会存在的基本事实"，是人类区别于动物的根本标志，是社会存在的基本运动形式，也是社会存在的存在论的出发点和"人类每一社会实践的存在论基础"。因为，在卢卡奇看来，依据马克思的思想，劳动是"一种有意识地进行的目的论设定"。所以，它能造成许多对象性的存在，从而劳动"奠定着人的各种（其中也包括最初级的）社会化的基础"。② 卢卡奇甚至强调："对于社会存在的特性来说，劳动有一种根本的，为一切规定奠定基础的重要意义。任何现象都以劳动及其一切存在论的结果为前提。"因此，应该"把劳动当作社会存在的存在论基础加以考察"。③

卢卡奇进一步分析了人类劳动的本质，指出："首先，劳动是在人的生存斗争中产生的；其次，所有的劳动发展阶段都是人自身活动的产物。"他又说："劳动在本质上是人（社会）与自然之间的相互关系，而且这里的自然既包括无机界（工具、原料、劳动对象等等）也包括有机

---

① 〔匈〕卢卡奇:《关于社会存在的本体论》（下卷），白锡堃等译，重庆出版社，1993，第50、59页。
② 〔匈〕卢卡奇:《关于社会存在的本体论》（上卷），白锡堃等译，重庆出版社，1993，第11页。
③ 〔匈〕卢卡奇:《关于社会存在的本体论》（下卷），白锡堃等译，重庆出版社，1993，第140页。

界,当然,到了一定的发展高度,这种相互关系同样能以上述顺序表现出来,尤其能够标志出发生在劳动着的人的身上的、从纯生物性的存在到社会性的存在的过渡。"① 所以,马克思说:"因此,劳动作为使用价值的创造者,作为有用劳动,是不以一切社会形式为转移的人类生存条件,是人和自然之间的物质变换即人类生活得以实现的永恒的自然必然性。"② 由此,卢卡奇指出,劳动造成了双重的转变:一方面,劳动的人自身由于他的劳动而转变了;他作用于其所处的自然,也改变着他自身的自然。所以,卢卡奇还确认,恩格斯发现劳动是使人成为人的决定性动力,而把劳动置于人的形成过程的中心,这是恩格斯的功绩。另一方面,自然对象和自然力量也被转化为劳动工具、劳动对象、原料等,利用一些物质的机械的、物理的、化学的性质,以便使另一些物质有益于人之目的。因此,卢卡奇特别强调劳动所显示的两个方面:"一方面,由于劳动要运用自然法则,所以劳动的进行毫无例外地绝对依赖自然法则;另一方面,劳动本身同时又在产生着某种对自然界来说是具有新质的东西。"③

而新质的东西是什么呢? 这正是卢卡奇更进一步深入研究劳动范畴所要解决的问题,也就是以下几种因素。

(1) 目的设定和意识因素。创造性地发挥马克思关于劳动是有意识地进行的目的论设定的思想,是卢卡奇的一大创新之处。为此,他多次引用马克思的一段名言:"最蹩脚的建筑师从一开始就比最灵巧的蜜蜂高明的地方,是他在用蜂蜡建筑蜂房以前,已经在自己的头脑中把它建成了。劳动过程结束时得到的结果,在这个过程开始时就已经在劳动者的表象中存在着,即已经观念地存在着。他不仅使自然物发生形式变化,同时他还在自然物中实现自己的目的,这个目的是他所知道的,是作为规律决定着他的活动的方式和方法的,他必须使他的意志服从这个目的。"④ 由此出发,卢卡奇断言,设定目的是从事劳动的前提,有目的的

---

① 〔匈〕卢卡奇:《关于社会存在的本体论》(下卷),白锡堃等译,重庆出版社,1993,第3~4页。
② 《马克思恩格斯文集》第5卷,人民出版社,2009,第58页。
③ 〔匈〕卢卡奇:《关于社会存在的本体论》(下卷),白锡堃等译,重庆出版社,1993,第415页。
④ 《马克思恩格斯文集》第5卷,人民出版社,2009,第208页。

劳动是社会存在最重要的新范畴。因此,卢卡奇十分重视目的设定这一意识因素的重大作用。在他看来,这是人通过劳动变成人的开始阶段。在此阶段上,就有目的设定这一意识因素的积极参与。当石器时代的人想制造一把斧子的时候,他必定意识到了斧子的作用和可能形式等。因此,有目的设定的劳动是人类意识活动的起源。社会存在不同于和高出于无机物和有机物存在的特殊之处,就是意识活动在人们目的性选择决定中常常表现为他们自己积极性的源泉。这是社会存在的特有现象,是社会存在的一种客观的、不可忽视的因素。卢卡奇一直肯定马克思主义关于社会存在决定社会意识的基本观点,但他又认为意识不能被视为仅仅是某种第二性的被动的条件。它和物质不可分割地结合在一起,始终参与社会形成的过程,因而是人类劳动活动的特殊因素,是社会存在中人的主动性形成和发展的一个组成部分,并为存在所制约。卢卡奇强调,可以将马克思关于社会存在存在论的伟大成就之一概括为:"思想是随着作为特殊生命的人的形成而形成的,是随着作为人的本质上全新的类属性的特殊基础和结果的社会的形成而形成的。"①

卢卡奇之所以确认,从马克思的思想中可以引出劳动是存在论中的核心范畴,劳动"成了每一社会实践的模式"这样的结论,是因为劳动是人类所特有的有意识地实现自己的目的和意志的创造性活动。于是,卢卡奇特别强调目的论在劳动中(而且仅仅在劳动中)对社会存在的形成所造成的重大意义。所以,他进一步指出,劳动就是"对于目的论设定的实现"。"除了劳动(人类实践)之外,马克思否认有任何目的论存在。""对马克思来说,劳动并不是一般意义上的目的论的诸多表现形式之一,而是唯一可以从存在论上证明目的论设定乃是物质现实的一个现实要素的场合。""我们所知道的最高级的存在形式即社会存在,只是由于目的论的东西在它内部现实地发挥作用,才能作为独特的存在结构而从它的实存赖以为基础的那种有机生命的存在阶段中形成出来,成为一种新的独立的存在类型。"② 正是劳动及其实践造成了一种特殊的新型的

---

① 〔匈〕卢卡奇:《关于社会存在的本体论》(上卷),白锡堃等译,重庆出版社,1993,第343页。
② 〔匈〕卢卡奇:《关于社会存在的本体论》(下卷),白锡堃等译,重庆出版社,1993,第7~8、12~13页。

更为复杂和更具整体性的存在阶段，即社会存在。正因为如此，卢卡奇明确断言，马克思的天才正表现在，他通过对作为目的性活动的劳动进行分析，正确认识到社会存在这个新的存在方式的基本范畴。如果人们看不到在劳动过程中，在劳动的准备和结果之中，已包含着后来被充分发展了社会存在这个最重要、最高级的范畴的萌芽，那么他们就无法从存在方面理解人的发展。

依据马克思和恩格斯的思想，卢卡奇还进一步看到，只有在劳动中，在目的和手段的设定中，意识才随着目的论设定而过渡到一个更高级的阶段，就是不仅要适应环境，而且要在自然本身中造成无法想象的变化。正是由于形成了改造、创新、塑造自然的原则，所以从存在论来看，为此提供动力和方向的意识才能不失一种伴随现象。这个结论表明了辩证唯物主义是有别于机械唯物主义的。因为机械唯物主义只承认处在自己的规律之中的自然才是客观事实。[①]

卢卡奇从各个方面描述了人类意识的新性质，指出这种意识已不再是生物学意义上的伴随现象，而是"构成新产生的社会存在的一个根本的、能动的要素"。

在谈到意识的具体存在方式和表达形式时，卢卡奇提出"两种自身互相异质的活动"的不可分割的共体性，从它们的新的存在论的联系性来说，这两种活动组成了本来存在着的劳动整体，而且"构成每一社会实践甚至整个社会存在的存在论基础"。这里所说的这"两种异质的活动，一方面是对相关的现实的尽可能确切的反映；另一方面则是以这种反映为依据设定一些因果系列"。对于实现目的论设定来说，这些因果系列是必不可少的。"对这种现象的初步描述显示出，对现实的这两种互相异质的考察方式，无论是从它们各自来看还是从它们的不可避免的联系来看，都构成了社会存在的存在论特性的基础。"[②] 在这里，在唯物主义基础上对意识目的论设定的发挥，充分显示了卢卡奇对马克思关于意识能动方面的深入理解和进一步发展。

---

① 〔匈〕卢卡奇：《关于社会存在的本体论》（下卷），白锡堃等译，重庆出版社，1993，第27页。
② 〔匈〕卢卡奇：《关于社会存在的本体论》（下卷），白锡堃等译，重庆出版社，1993，第28页。

(2) 可选择。可选择性特征是卢卡奇阐明的劳动过程中任何一种设定所具有的重要特征，而且这一特征首先在设定劳动目的时表现出来。如果原始人从一大堆石头中挑出一块适合其目的的石头，而将其他石头置于一边，那么这显然就是一种选择。然而，这一被作为工具的石头是通过一种意识活动而挑选出来的，这种意识活动已不再具有生物学的性质了。从表面看，选择一块石头是一个极为简单和单一的活动；但就其内在结构来说，这却是最为复杂的和充满矛盾的。因为这涉及两种彼此异质相关的选择：第一，对于所设定的目的来说，选择这块石头是否正确？第二，所设定的目的是否正确，也就是说，对于所设定的目的来说，石头究竟是否是真正恰当的工具？上述两种选择只能从一个反映现实的系统中产生出来。

而在稍微发展了的阶段上，选择更明确地显示了自己的真实本质：它不是一个一次性的选择活动，而是一个过程，一个随时不断做出新的选择的链条。只要对随便一个——无论多么低级的——劳动过程稍做粗浅的反思，人们就必定会看到，这个过程绝不只是机械地实施目的的设定。在劳动中，不仅目的本身是在目的论的基础上被设定的，而且实现该目的的因果链条也必须转化为一种被设定的因果性。在具体的劳动过程中，选择不断地重复着：在磨、切石头的过程中，人必须（在正确地反映现实的基础上）正确地想出每一个单个的动作，必须让每一个这样的动作都正确地以所设定的目的为准，必须用手正确地完成每一个这样的动作。所以，选择也是一种意识行为。而且，即使在一定的劳动过程业已完成之后，选择仍然以检验、控制、修正等形式继续执行职能，而且这些预防性的设定必然会不断地增加在设定和实现目的过程中的选择。因此，劳动的发展使人的实践、人对环境及自身的行为所具有的那种选择特征，越来越以可选择为基础。

不仅如此，为实现目的设定而做出的决定所具有的选择特征还会变得更加复杂，但这只会更加强烈地突出它作为从可能性到现实性的飞跃所具有的意义。对原始人来说，只有直接的可用性才构成选择的对象；而在生产即经济的社会的发展中却不然，在这里，选择具有了一种日益复杂的、日益精致的形态。单是技术的发展就产生了这样的结果，即模型的设计必然是一系列选择的结果。

一方面，卢卡奇确认："设定劳动目的所包含的诸多精神因素，归根到底会在决定选择时起到某种主要作用，但是，如果我们把这看作是在劳动领域中促使从可能到现实的飞跃的唯一动力，那将意味着把经济理性偶像化。"① 另一方面，他也注意到，任何一种选择（或任何一连串选择）都是在各种途径之间所做的具体的选择，而这些途径所通向的目标（说到底就是对于一定的需要的满足）不是由做出决定的主体，而是由他生活和活动于其中的那个社会存在造成的。

正是因为劳动具有根本性的意义，而且在劳动中"只是由于主体的目的论设定，才有可能进行实践"，所以卢卡奇必然进一步强调："选择乃是导致从可能性到现实性的转变的决定性的新范畴。"而选择的基本的存在论内涵则是"在选择当中，充当跨界性因素的乃是它的居主导地位的认识论特征"。最后，卢卡奇得出结论："为了确定和实现劳动目的而进行的具体选择，归根结底总是以在正确和谬误之间作出选择为内容。这构成了选择的存在论实质，构成了它在一定情况下把亚里士多德的潜能转化为某种具体现实的力量。"②

（3）"应该"观念与价值。卢卡奇发现，主体的决定性行为是他的目的论设定及其实现，而对这种行为起决定性作用的因素就包含由"应该"观念决定的实践。西方权威看法称，所谓"应该"就是由内在意志对欲求的规定，即由超验伦理规范、绝对命令对愿望的规定。在现代伦理学意义上，"应该"意味着意志对导致伦理行为的价值实现的内在要求。卢卡奇未对"应该"观念下什么定义，但他认为，任何一种以一定目的为意图的行为必然是"应该"观念的表达，因为为了实现一定的目的而采取的每个步骤都取决于这一点，就是这个因素具有促进目的实现的作用。

卢卡奇研讨的重点是"应该"观念在社会存在中的作用和存在论特征。为此，他首先指出，唯心主义杜撰的是一种毫无根基的"应该"观念，并让其与纯粹的自然存在相对立；庸俗唯物主义简单地否认"应

---

① 〔匈〕卢卡奇：《关于社会存在的本体论》（下卷），白锡堃等译，重庆出版社，1993，第41页。
② 〔匈〕卢卡奇：《关于社会存在的本体论》（下卷），白锡堃等译，重庆出版社，1993，第44~46页。

该"观念在社会存在中的作用,而康德则使"应该"观念偶像化。卢卡奇不仅看到这一观念,在康德和恩格尔那里的狭隘性和局限性,而且充分肯定恩格尔完全正确地认识到,"应该"观念几乎是人类存在的一个基本的、最初的和原始的范畴,黑格尔也预感到"应该"观念"对于整个人类生存领域具有一种规定意义"。更有价值的是,黑格尔把"应该"这个概念的有效性明确地限定在人类社会这个领域,并且否认自然界中存在任何"应该"观念。

在卢卡奇看来,"应该"观念决定着劳动主体在劳动中的行为,而主体的属性(如观念、能力、技巧、勤奋、忍耐力等)从外延和内涵方面对劳动过程中的进程产生着决定性的影响。"应该"观念在"劳动过程中能够唤起和促进人的种种属性,它们以后将对更为发展了的实践形式起决定作用"。但是,卢卡奇更看重"应该"观念在劳动中对主体所起的影响和改变作用及其产生的结果,即"决定劳动成败的首要因素乃是劳动者的实际行为"。① 因为这种实际行为中就有"应该"观念在起作用。劳动过程中的"应该"观念包含了各种各样的可能性,既有客观的可能性,也有主观的可能性。

卢卡奇进一步指出,同"应该"观念这个问题不可分割地联系在一起的还有价值问题。因为,"应该"观念作为规定着主体在劳动过程中的实践因素,它之所以能够起这种特殊的作用,就在于主体这样实现的目的对人是有价值的;同样,价值如果不能在劳动着的人的心目中把应该实现这个目的意识定为实践指南,那么这种价值就不能在这个劳动过程中得到实现。卢卡奇强调,"应该"观念和价值这两者"密切地共属一体","因为它们乃是同一个社会存在整体的两个因素。但是,价值主要是影响目的设定的,并且是判断所实现的产物的原则;而'应该'观念则更多的是提供对过程本身的调节,所以这两者作为社会存在的范畴,必然有许多不同的性质,当然,这些差别非但不会扬弃它们的共体性,反而会使之变得更为具体"。②

---

① 〔匈〕卢卡奇:《关于社会存在的本体论》(下卷),白锡堃等译,重庆出版社,1993,第 76~77 页。
② 〔匈〕卢卡奇:《关于社会存在的本体论》(下卷),白锡堃等译,重庆出版社,1993,第 78~79 页。

然而，当价值把一定的劳动的最终产品评定为有价值的或无价值的时候，立即就会出现下述问题：这种评定是一种客观的，抑或仅仅是一种主观的评定呢？价值是仅仅在主体的评价行为中才得到——正确或不正确地——承认的物的客观属性，抑或价值是直接作为这种评价行为的结果而产生的呢？

对此，卢卡奇认为，从自然给定的对象属性中，肯定不能直接得出价值。马克思则从人们开始进行的经济交往当中，从交换价值的产生当中，确认了价值的非自然本质。当然，卢卡奇所考察的还只是一种比较基本的价值表现形式即使用价值，在这种价值里面，还有一种和自然存在的无法扬弃的联系。它之所以成为使用价值，只是因为它对人的生活有用。但是，依据马克思的观点，就从纯自然存在向社会存在的过渡而言，某物虽有使用价值，却不是劳动的产物，如空气、天然草地、野生林等。不过，就一般的考察而言，可以把使用价值、财物看成具体的劳动产物。这样就可以得出结论："我们可以把使用价值看作是一种客观的社会对象性形式。"这种对象性形式的社会性就基于劳动之中：绝大多数使用价值都是通过劳动，通过改变自然对象以及改变自然对象的条件、效果等实现的。通过劳动使某物具有使用价值，是评价的客观基础。这是卢卡奇强调的重点。不过，我们也要注意到，在今天，随着旅馆、疗养院等设施的出现，甚至连空气也具有了交换价值。

不过，卢卡奇还看到，那些比较复杂的、更为精神化的价值，或多或少总是和那些物质的世俗的价值处在尖锐的对立之中。而"现实的、越来越社会化的经济过程经简单的劳动，比使用价值的直接生产要复杂得多。但是这绝对没有排除这里产生的价值的客观性"。①

（4）劳动与自由。在"劳动中的主客体关系及其结果"一节中，卢卡奇较多地关注了劳动与自由的关系问题。在他看来，劳动是人成为人的基础，这一问题成为考察自由问题的出发点，而探讨自由问题特别困难的地方就在于自由是诸多最多样化的、最多方面的、最令人眼花缭乱的社会发展现象之一。

---

① 〔匈〕卢卡奇：《关于社会存在的本体论》（下卷），白锡堃等译，重庆出版社，1993，第86页。

第十二章 《关于社会存在的存在论》

卢卡奇指出:"每一个个别的变得相对独立的领域,都在产生着自己的自由形式,并随着社会历史的发展,相关领域的这种自由形式也在同时发生诸多重要变化。和政治、道德、伦理等领域的自由相比,司法意义上的自由意味着某种根本不同的东西。因此,只有在伦理学中,才能对自由问题进行相应的考察。作这样的区分在理论上是格外重要的。"[①]

与众不同的是,卢卡奇认为,要澄清劳动中的自由在存在论上的形成过程,就得"从劳动中的目的设定所具有的选择特征出发"。这就是说,只有在这种选择中,对自然界来说是完全陌生的自由现象,才第一次以一种明确规定的形态表现出来:意识以选择的方式决定了它要设定何种目的,以及怎样把实现目的所需的因果系列变成被设定的因果系列,这样就产生了一个充满活力的现实整体,而在自然界中却找不到任何与之类似的现实整体。因此,只有这样,我们才能从它的存在论形成过程中来揭示自由现象。通过初步考察,卢卡奇认为,自由这样一种意识行为,作为其结果,产生了一种新的被它设定的存在。

在卢卡奇看来,他的自由观与唯心论自由观大相径庭。首先(如果把自由当成现实的加以研究),"自由的基础在于对诸多不同的具体可能性所做的具体抉择之中",其次,"自由——归根结底——乃是一种改造现实的愿望"。不过,作为在社会中生活与行动的人的一种规定性,自由从来不能完全没有被规定性,而且"自然的统治这个因素必定始终是决定性的因素"。与此同时,主体对客观世界的认识越多越恰当,他获得的自由也就越大。

卢卡奇最终强调的是,劳动对于人的现实自由具有决定性的意义:"假设人没有在劳动中并且通过劳动而使自己成为一种社会的类存在物,假使自由并不是人自己的活动的结果,不是他自己克服自己的纯生物的结果,那就不可能有任何现实的自由。在最初的劳动中所获得的自由,必然还是一种低级的、有限的自由,但这丝毫也没有改变这样的事实,即最具精神性质的和最高级的自由必须像在最初的劳动中获得的自由那样,也用同样的方法去获得,而且,无论这种自由达到怎样高级的悟性

[①] 〔匈〕卢卡奇:《关于社会存在的本体论》(下卷),白锡堃等译,重庆出版社,1993,第115页。

阶段,它的结果总归有着同样的内容:合类的个体对自己的纯自然的局部的个性的控制。从这样意义上说,我们相信,劳动确实可以被理解为每一种自由的模式。"①

二 观念的东西与意识形态

卢卡奇专辟一章来论述观念的东西与意识形态问题,说明其作为社会存在的组成部分是必不可少的。

1. 观念的东西

马克思关于"劳动过程结束时得到的结果,在这个过程开始时就已经在劳动者的表象中存在着,即已经观念地存在着"②的论断,又成为卢卡奇阐明观念的东西的依据。他对此指出,在劳动中,"根据意识而产生的目的论设定(即一种观念因素)在存在论上必定先于物质的实现"。在现实中,上述情况是在一种无法分割的整体范围内发生的:"从存在论上看,目的论设定和物质实现并非是两种独立的活动。"这两种活动只是在思维上能加以隔离,事实上,"其中任何一种活动的存在可能性,在存在论上必然地系于另一种活动的存在"。③ 例如,商品交换就是通过实际的目的论活动把某种观念的东西变成实在的东西。

卢卡奇又进一步指出,社会与自然的物质交换以及社会化过程,使观念的东西之间的关系变得越来越有活力,越来越有辩证性。所以,无论在目的设定本身之中还是在它所着意的对象之中,都包含作为动机和客体的观念的东西,而且同最初的劳动目的论设定相比,观念的东西的作用随着社会历史的发展在逐步提高。社会整体的各个要素规定着每个目的论设定的活力,而这些目的论设定的总和则促成社会的再生产。然而,观念的东西作为表象整体则"对目的论设定起着规定作用"。④ 由此,观念东西的巨大作用凸显了出来。

---

① 〔匈〕卢卡奇:《关于社会存在的本体论》(下卷),白锡堃等译,重庆出版社,1993,第116、120、138页。
② 《马克思恩格斯文集》第5卷,人民出版社,2009,第208页。
③ 〔匈〕卢卡奇:《关于社会存在的本体论》(下卷),白锡堃等译,重庆出版社,1993,第361~362页。
④ 〔匈〕卢卡奇:《关于社会存在的本体论》(下卷),白锡堃等译,重庆出版社,1993,第366、370页。

在这里卢卡奇提出一个重要问题：观念因素是什么呢？他认为，作为社会存在的运动着的、创造着新事物的力量，"观念因素就是指导着物质劳动运动的意图"。在社会同自然界物质交换中，这种运动完成对自然的改造，更确切地说，就是实现上述现实的可能性。在现实范围内，观念因素就是"一切能够在社会中产生并在社会中存在的东西的无法替代的前提"。例如，在经济领域里发生的一切都"以观念因素为前提"。因为"社会的特殊之处恰恰在于，社会存在中的物质的相互作用到处都是由目的论设定引起的，而这种设定又只能作为实现某种观念的设定的目标的努力才能发挥效力"。观念因素之所以能够承担目的论设定中的这种作用，不仅是因为它把所设定的目标本身大大具体化了，而且因为劳动者在能够以实在的物质活动把实现目标所有现实途径变成物质实践行动之前，这些途径就已经通过思维而在观念因素中确定下来了。

但是，观念因素必须认识物质现实的规律，承认这些规律是起绝对的统治作用的，发现它们当中的比例关系、配合关系等，然后借助这些关系，从这些规律性影响中，创造出在物质的方面与这些规律自在地发挥作用时所产生的那些东西不同的事物，只有这样，观念因素才能掌握物质现实的规律。所以，卢卡奇强调："观念因素固然不能影响物质存在物的威力的本质，但却大大扩展和改变了物质存在物的现象世界。"[①]

由此卢卡奇进一步看到，人虽然不能摆脱自身生命所受的生物学上的制约，但他能塑造自己新的社会存在形式。这里的关键是社会化的人的能动性，他以越来越大的规模自己创造并继续发展他与周围世界的相互作用关系的条件。由此可以看出，主体具有一种改造客观世界的积极主动作用。这正是卢卡奇理论上的杰出之处。

卢卡奇敏锐地觉察出各种不同的人在具体的自然世界中会有不同的感知、映象（观念）和选择，而且这种感知、映象和选择会不断完善、准确和精致。正因为这样，他才高扬辩证的反映论，并将其与机械的反映论区别开来。他说："辩证的反映学说乃是一种关于反映的形式过程和完成过程的存在论。它揭示了一种活力，这种活力在客观的相互作用关

[①] 〔匈〕卢卡奇：《关于社会存在的本体论》（下卷），白锡堃等译，重庆出版社，1993，第 419～420 页。

系中发挥着影响；也正是由于这种活力，主体才从在外延和内涵方面都是无穷尽的众多因素中认清并且发动那些促使愈来愈有意识的目的论设定得以实现的因素。""这样我们就从实践上和理论上驳倒了机械反映观，但这丝毫也没有伤害关于目的论设定依赖现实的自在存在这种普遍的唯物主义观点。"卢卡奇对活力未做出进一步说明，但他具体指明了这两种观点的区别："机械反映论以人借助感官照相式地相应确定自己周围世界这种谜一般的能力为前提；而马克思的辩证反映论，则无非是人对于在劳动和准备劳动的时候每次都必然要发生的那种过程的再现和理解。辩证反映论包含了使得劳动和准备劳动的过程变得对于人之成为人具有命运般的重要性的全部矛盾。"这可以看做卢卡奇对马克思主义反映论的新阐释和重大发展。

不过，卢卡奇也反复指出，物质的东西所享有的优先地位，首先影响到目的论设定的这样两种可能性，即目的论设定既可能成功也可能失败。"目的论设定获得成功的第一个前提，就在于主体的感知、由感知而产生的考察以及对这两者进行整理的意识，是否作为一个统一的理论和实践行为而真正符合客体的自在存在。"①

关于观念的东西，卢卡奇进一步阐发了三个新的观点。①主体在有意识地把握客体时，"映像的独立化乃是前提"。而这种独立化正好是为了达到对客体的深刻认识。映象与概念同义。所以，"只有让这类概括现实事物和现实过程的概念变得愈来愈多、愈来愈可靠和愈来愈准确，形成可供目的论设定支配的概念宝库，使得人能够把现实事物和现实过程当作劳动手段等东西加以把握、使用和完善，这样，人才能进行、发展和完善劳动"。例如，"客体的对象化"和"主体的外化"就是两个重要概念，而且是"基本的社会存在因素"，这两者作为一个整体过程构成"人类实践和理论的基础"。② ②强调科学进步的作用。科学进步从经济关系中产生，反过来，它又"以提供答案的方式来满足经济关系的需要"，科学成果则满足着一定社会历史阶段中现实存在的"日常生活需

---

① 〔匈〕卢卡奇：《关于社会存在的本体论》（下卷），白锡堃等译，重庆出版社，1993，第 429~430 页。
② 〔匈〕卢卡奇：《关于社会存在的本体论》（下卷），白锡堃等译，重庆出版社，1993，第 432 页。

要"，并对人们的"日常思维施加影响"，从而在20世纪产生出一种新的哲学——"日常生活存在论"。① 譬如，正像马克思所说，达尔文的进化论不仅"提供了自然史的基础"，而且目的论现在也"被驳倒了"。这就是一个很好的例证。③提出对马克思主义的新理解，断言"只是由于有了马克思主义，才有可能从存在论上对日常生活及其对科学认识和人的意识的影响进行批判"。但是，要按照马克思主义的方法进行这样的批判，"不应像斯大林和日丹诺夫时期所宣称的那样，单单把马克思主义局限为同资产阶级哲学的某些形而上学的和唯心主义的倾向作彻底的决裂，而是应该像列宁所说的那样，把马克思主义归结为'吸收和改造了两千多年来人类思想和文化发展中一切有价值的东西'"。② 这一论断将有助于深刻认识观念的东西，也会大大减轻"从存在上揭示和理解意识形态问题的难度"。

由上述卢卡奇依据马克思对意识所做的新阐述可以看出，卢卡奇对意识又做出了新的系统阐发，这可以视为卢卡奇对马克思主义发展的一个重要贡献。有学者认为，卢卡奇这部著作在马克思主义发展史上是一个失败的尝试，大概是因为未能全面准确把握该书的缘故。但是，卢卡奇对意识能动性的系统阐明和强调，无疑是其最大的亮点之一。

2. 意识形态问题

鉴于广泛流行的许多偏见，干扰并阻碍人们理解马克思对客观正确的思想与意识形态之间关系问题的解答，卢卡奇认为，进一步概括地考察意识形态问题，尤其是意识形态与科学的关系，还有科学思想的客观性问题，是十分必要的。

首先，卢卡奇指出，直接以社会和自然界之间的物质交换为准的目的论设定，同那些以改变他人意识为直接意图的目的论设定既有"重大差别"，又有"共性"。而这一认识对于考察经济基础与意识形态上层建筑的关系来说，具有"关键意义"。③

---

① 〔匈〕卢卡奇：《关于社会存在的本体论》（下卷），白锡堃等译，重庆出版社，1993，第471~473、480页。

② 〔匈〕卢卡奇：《关于社会存在的本体论》（下卷），白锡堃等译，重庆出版社，1993，第486页。

③ 〔匈〕卢卡奇：《关于社会存在的本体论》（下卷），白锡堃等译，重庆出版社，1993，第412页。

其次，卢卡奇进一步确认："马克思把意识形态规定为认识并抵制经济—社会存在所造成的冲突的工具。"不过，他同时具体地阐述说，马克思主义者正确地把意识形态理解为在经济基础上必然形成的思想上层建筑，但这并不意味着，只要某种思想仅仅是某个个人的思维产物或思维表现，就可以被视为意识形态。某种综合的思想即使在社会上得到比较广泛的传播，它甚至也不能直接变为意识形态。"某种思想或思想整体若要变成意识形态，它必须执行某种规定得非常确切的社会职能。"① 马克思曾把社会职能区分为二："一种是人们借以意识到这个冲突并力求把它克服的那些法律的、政治的、宗教的、艺术的或哲学的，简言之，意识形态的形式。"② 由此出发，卢卡奇有理由"把意识形态看作也是人们借以意识到日常生活中充满的诸多问题并力求把它们克服的手段"。或者说，"意识形态首先是人们对现实进行思想加工的形式，它用来让人们意识到自己的社会实践并使这种实践富有行动能力"。③ 就此而言，人们对自己的社会经济环境的每一种反应，在一定情况下都有可能成为意识形态。与意识形态在社会冲突过程中执行的职能密不可分，意识形态也是"一种社会斗争手段"。某个阶级把自己的特殊利益说成普遍利益，并以这种普遍性来进行辩护，从而就染上了某种意识形态色彩，但这并不能说明其正确与否。

关于衡量意识形态的历史作用和意义的标准，卢卡奇认为这种标准并不在于意识形态的内容在科学上正确与否，不在于它是否忠实地反映了现实，而在于意识形态对被生产力的发展提到议事日程上来的那些趋势发生影响的方式和方向。而衡量政治和意识形态领域的实践的第一个直接的标准，就是确定究竟如何才能用政治手段克服现实的，归根到底是由经济原因造成的冲突的标准。但是，有时在直接政治实践中，纯粹蛊惑性的意识形态也能够具有非常强大的直接的实际突破力，从而使这种意识形态变成克服危机的"恰当手段"。希特勒攫取政权就是一例。

---

① 〔匈〕卢卡奇：《关于社会存在的本体论》（下卷），白锡堃等译，重庆出版社，1993，第487页。
② 《马克思恩格斯文集》第2卷，人民出版社，2009，第592页。
③ 〔匈〕卢卡奇：《关于社会存在的本体论》（下卷），白锡堃等译，重庆出版社，1993，第48页。

卢卡奇在意识形态理论方面的彻底性在于，他进一步认识到，要使主观历史因素发展成为克服社会冲突的力量，即变为意识形态实践，那就必须做到两件事情：第一，对现有社会状况的直接不满和反抗，必须提高到对这些状况的整体的理论否定的水平；第二，论证这种否定不应仅仅是对现存一切的纯粹的批判，而且必须把从中获得的认识落实到实践中去，也就是说，必须把理论认识上升为有战斗力的意识形态实践。正如马克思所说："理论一经掌握群众，也会变成物质力量。"① 所以，卢卡奇一方面肯定历史中的主观因素归根到底是"经济发展过程的产物"，另一方面认识到"主观因素（因而还有意识形态）起着伟大的积极的历史作用"。②

卢卡奇十分关注这种作用，认为它虽然不能对经济本身以及社会结构产生直接的现实影响，因而从这种意义上说，它不是最纯粹的意识形态形式，然而，它在现实地解决经济和社会生活所提出的问题方面，能起无法替代的作用。在卢卡奇看来，人类的本质和命运、人类从何处来和到何处去，始终是哲学所研究的——当然是始终随着时代历史而变化的——核心问题。真正的哲学家是要把科学成果加以系统化，以此作为尽可能相应地把握人类从何处来和到何处去问题的手段。所以，任何一个称得上哲学家的哲学家都要坚决地以自己的思想介入他那个时期的具有决定意义的冲突之中，制定克服这些冲突的原则，而且为克服这些冲突指出明确的方向。例如，伽利略的科学研究所具有的意识形态意义，在从封建主义向资本主义过渡的危机时代就起过重要作用。当然，这绝对不是要把伟大的哲学家都当成政治活动家，尽管与学术教科书中所显示的情况相比，他们植根于自己时代的伟大问题之中的根基要深刻得多，而且这种根基对他们的哲学内容也具有更大的决定意义。这里的关键之点，就是要看那些以激昂的或者温和的表达方式规定着意识形态实践的设定，它们的意图究竟指向哪里。而在政治实践中，其目标必定始终是非常明确而具体地变革社会。

若要真正令人信服地阐明意识形态与科学之间的这种关系，那当然

---

① 《马克思恩格斯文集》第 1 卷，人民出版社，2009，第 11 页。
② 〔匈〕卢卡奇：《关于社会存在的本体论》（下卷），白锡堃等译，重庆出版社，1993，第 562 页。

只有对所有的社会科学进行细致的分析才能做到。科学可以执行无法扬弃的意识形态职能，这一点使科学本身在社会存在论上强烈地接近意识形态。理论以及对事实的确认等，也都能作为意识形态执行职能。

卢卡奇既看到科学与意识形态的区别，又看到二者的联系。所以，他批评了马克斯·维贝尔把科学和意识形态这二者形而上学地僵化地对立起来的做法。在维贝尔看来，马克思主义者必须一劳永逸地选择好，是把自己的学说当做科学还是当做意识形态。对此，卢卡奇认为，这是一种建立在形而上学基础上的认识论。在他看来，科学和意识形态这两个整体的区别取决于它们在社会存在中的职能，而同科学性和非科学性这个问题无关。正因为这样，卢卡奇不赞成所谓非意识形态化的时髦口号，认为现实地实行非意识形态化将使非意识形态化理论成为一种自我欺骗。就其社会自我规定性而言，非意识形态化同样是一种意识形态，不过是一种有着独特性质的意识形态。

马克思主义与意识形态的关系问题是卢卡奇研究意识形态问题的重点。在他看来，马克思主义是意识形态，又是科学。因为他认为，马克思主义从一开始就把自己理解为用以克服它那个时代的冲突，首先在克服资产阶级和无产阶级之间的核心冲突的工具和手段。所以，马克思主义从来没有掩饰过自己作为意识形态而形成的过程和所执行的职能；在它的经典作家们那里常常可以发现一些提法，说它是无产阶级的意识形态。此外，马克思主义在自己的全部理论的、历史的和历史批判的阐述中，又总是要求自己具有科学性。马克思针对种种错误观点所进行的多次论战清楚地表明了其科学性质。而列宁公开的、站在党的立场上对许多重大事件的表态，也没有扬弃或损害客观性，在他那里，意识形态与科学的统一与分离表现得一清二楚。

卢卡奇进一步指出，真正的马克思主义的特殊性就在于，马克思主义实现了科学和哲学之间的新的和独特的联系，其原则就是哲学和科学彼此从存在论上相互进行检验和批判。然而，卢卡奇更为重视的是马克思和恩格斯把科学置于中心地位的做法。恩格斯指出："社会主义自从成为科学以来，就要求人们把它当做科学来对待。"[①] 而在恩格斯说这句话

---

① 《马克思恩格斯文集》第 2 卷，人民出版社，2009，第 219 页。

之前，马克思已经提出要以实践和意识形态来实现这个从其思想本质中产生出来的科学要求。这种科学的必要性就表现为革命要进行自我批判的迫切愿望。列宁也曾做过这种自我批判，并获得了新的面貌，而他在为实行新经济政策所进行的诸多理论阐述中，这种批判更得到了第一次最伟大的体现：这时，通过自我批判的方式，无产阶级革命把整个"战时共产主义"时期当成对通往社会主义建设的真正道路的——由客观形势强行造成的——背离而加以抛弃了。列宁在就工会问题而进行的论战（1921年）中所采取的立场，也具有类似的特征；而他在生病的年代里所写的笔记，则显示出他为了在党的机构日益增长的官僚化问题上进行新的自我批判所做的思想准备。[①] 卢卡奇把自我批判精神作为马克思主义科学性的显著特征加以强调，其阐发显示了卢卡奇依据实践经验和教训对马克思主义实质理解的深度和杰出之处，其理论意义和现实意义一目了然。

与对马克思主义的绝对化的教条理解相反，卢卡奇认为，马克思主义作为克服社会冲突的科学手段所具有的独特地位，仅仅是"一种现实可能性"。若是设想只要从形式上遵照马克思学说的词句，就能自然而然地实现这种可能性；若是认为单凭个别的人或机构的决议，就能替代这种科学性的要求，那么这本身就是一种——毫无根据的——贬义的意识形态，而实践这种意识形态将使马克思主义落到令人轻蔑耻笑的地步。在这一点上，卢卡奇既批判了第二国际的理论，也批判了斯大林的方法，即他总是从纯策略考虑出发，却把对一定的历史形势的理论分析只用于宣传自己所决定的手段。而在今天所实行的马克思主义中，策略一直对理论具有优先性。人们在批判"个人崇拜"时，仍然害怕本着马克思和恩格斯的精神，对斯大林的错误进行彻底的清算，对无产阶级革命进行自我批判。这样一种局面给马克思主义造成了严重后果。而马克思的学说却与此完全不同，它是"哲学与科学的新型的综合"。因此，马克思学说的革新必须同对当前形势的理论认识有机地联系起来。必须补上这一课，借以成功地"发挥马克思主义在克服社会冲突中的特殊作用"。

[①] 〔匈〕卢卡奇：《关于社会存在的本体论》（下卷），白锡堃等译，重庆出版社，1993，第609~610页。

为此,《存在论》一书的唯一关键之点在于揭示这样两层道理:"在人类关于世界的思维发展中,马克思的方法占有特殊的地位;因此,马克思的方法包含着这样一种可能性,就是他可以作为意识形态而参与克服社会冲突的斗争,它既能从思想上为解决这些冲突提供客观的科学基础,又能从思想上为自在的人类转变为自为的人类,指明合乎人性的,合乎人类的发展前景。"[1]

第四节 异化新论

卢卡奇曾经于1923年研究过物化—异化问题。当卢卡奇1930年来到莫斯科并开始在马克思恩格斯研究院工作时,他有机会深入钻研尚未发表的马克思的《1844年经济学哲学手稿》,依据马克思的思想改正了原有的对物化的错误提法,在《青年黑格尔》一书中又进一步发挥了马克思的异化理论。

出于现实的需要以及对异化的深入研究,卢卡奇在《存在论》这本书中又再次专门用一章来全面系统地研究了异化问题。

一 异化的一般存在论特征

卢卡奇首先指出,与把异化现象理解得太泛和太窄不同,他把异化仅仅当成一种社会历史现象来加以考察,它在存在发展到一定高度时才出现,尔后便在历史上获得总是不同的、日益确切的形式。[2]

在卢卡奇看来,异化归根到底是一种社会现象,它最终也只有在社会发展过程中才能被克服。在这一漫长的历史进程中,社会再生产过程中的矛盾性"通过异化内部矛盾的展开,不断地消灭着异化的个别形式。但是在迄今为止的历史进程中,发展只能如此转变、消除或消灭个别的异化形式,即以一种异化形式……代替另一种异化方式,而后面的新产

---

[1] 〔匈〕卢卡奇:《关于社会存在的本体论》(下卷),白锡堃等译,重庆出版社,1993,第612~613页。

[2] 〔匈〕卢卡奇:《关于社会存在的本体论》(下卷),白锡堃等译,重庆出版社,1993,第614页。

生的异化还会被更高发展的异化所代替"。①

卢卡奇特别强调:"异化永远不是一种孤立地存在的社会现象,因而也永远不是一种孤立地仅仅从思想方面就可以对其加以分析研究的社会现象";它"永远不能够脱离于生产力的发展阶段以及生产关系的发展水平"。由此出发,卢卡奇又进一步确认了一个在存在论上具有决定性的重要意义的事实:"首先,不可能存在着任何作为一般的或者超历史的、人类学的范畴的异化;其次,异化始终具有社会历史性;最后,在每一种社会形态和每一个时期中,发挥作用的各种现实社会力量会重新引起异化。""如果从经济上扬弃了一种使人异化的社会形态,那么这又会引起新的、能够克服这种扬弃的异化形式,而且事实证明,在这类新的异化形式面前,以往行之有效的反异化手段是无能为力的。"②

在卢卡奇看来,依据马克思的理论,对异化的本质可以总结出以下几点:第一,"每一种异化都是一种以社会经济为基础的现象"。第二,这一基础上的"每一种异化又首先是一种意识形态现象",这种现象的结果从许多方面牢牢地包围着每个当事者的个人生活,主体对这些异化结果的扬弃,只有作为当事者的个人行为才能切实得到实现。这就是说,个人虽然有能力从理论上看穿异化的本质,但是他在自己的生活方式上依然停留在异化之中,在一定情况下甚至会遭受更为深重的异化。"当事者个人只有在实践中作出正确设定,从而用事实和实践来改变自己对于社会现实的反应方式,改变自己对于自己的生活方式以及对于他人的态度,才能克服主观方面的各种异化因素。"第三,"社会存在中只有具体的异化。异化是一种科学抽象,当然,对理论来说它也是一种必不可少的理性抽象"。很清楚的一点是,"在同一时期发挥作用的所有异化形式,归根到底都以同一种社会经济结构为基础。这样,既可以(不是必须)通过向新的社会形态的过渡,也可以通过进入同一社会形态的具有不同结构的新时期,从客观上克服异化。只要是旨在现实地变革或者至少是彻底地改革某一社会状态,那么针对这一社会状态所进行的每一种彻底的、革命的批判,都会具有这样一些倾向,就是把各种不同的异化

---

① 〔匈〕卢卡奇:《社会存在本体论导论》,沈耕等译,华夏出版社,1989,第204页。
② 〔匈〕卢卡奇:《关于社会存在的本体论》(下卷),白锡堃等译,白锡堃等译,重庆出版社,1993,第643~644页。

方式都归结到它们共同的社会根源上去，以便将它们连同这种根源一并加以铲除"。①

二 异化的产生、发展及其表现形式

卢卡奇首先看到，随着经济的发展，交换价值的新的"幽灵般的"对象形式变本加厉地制造着越来越严重、越来越广泛的物化，在资本主义社会，这种物化达到了最高阶段，从而直接转变成为异化和自我异化。例如，对工人来说，他自己的劳动力竟然变成了商品，变成了交换价值，他被迫在市场上出卖自己的劳动力，就像人们出卖任何一种商品一样。从买卖奴隶这种"会说话的工具"开始，便出现了这样一条必然之路。对此，卢卡奇历史地、辩证地强调："一方面，这条道路带来了经济和社会的明显进步；另一方面，在经济形式发生变化的情况下，它同时又加剧了物化和异化的发展，并且在整个社会上造成自我物化和自我异化。这时，一切过程都在非常严重地物化着。货币在日常生活中、在一般经济实践中以及在马克思的经济学理论中所起的作用，就充分说明了这一点。而物化在商品流通的社会历史条件下不可避免地要导致人的自我异化，导致人的生活过程的异化。"也就是说，"物化具有一种直接向异化过渡的内在趋势"。②

卢卡奇多次引用马克思在《神圣家族》一书中关于对立的阶级对异化有不同反应的观点："有产阶级和无产阶级同样表现了人的自我异化。但是，有产阶级在这种自我异化中感到幸福，感到自己被确证，它认为异化是它自己的力量所在，并在异化中获得人的生存的外观。而无产阶级在异化中则感到自己是被消灭的，并在其中看到自己的无力和非人的生存的现实。"③ 卢卡奇由此进一步阐述说，异化作为社会—历史现象不仅表明了马克思所强调的那种在异化的受益者和异化的牺牲者的反应中的对立性，而且在不同的社会结构中，表明了其存在论上的重要性：这

---

① 〔匈〕卢卡奇：《关于社会存在的本体论》（下卷），白锡堃等译，重庆出版社，1993，第674~675页。
② 〔匈〕卢卡奇：《关于社会存在的本体论》（下卷），白锡堃等译，重庆出版社，1993，第715~716、720页。
③ 《马克思恩格斯文集》第1卷，人民出版社，2009，第261页。

种结构作为对剩余劳动的占有和使用的不同方式的结果，必定显示出从政治—社会实践到意识形态的主观和客观上极为不同的现象形式。这种现象形式尤其表现为人类社会中尖锐的对立："对于剩余劳动的占有者来说，从真正的人的类属性中发生的异化'当然'是他们生活方式的基础，对于剩余劳动的生产者来说则相反——这种生产者常常构成了绝大多数——这种异化是或多或少，在一定程度上对他们的人的存在以及他们现实的作为类的人的从属性的剥夺。"①

卢卡奇重点研究和阐明了资本主义社会的异化及其特点。他强调，资本主义的特性必定导致伴随着它本身的人的"全面异化"。所以，异化不仅具有纯粹社会的特征，而且资本主义的经济越纯粹发展，异化也必定不断增强。而站在对立面上反对异化的斗争也必定经历本质的变化，它的内容和形式都受资本主义经济发展的制约。但是，这种发展包含着剥削形式，并且由此在普遍的人的异化中促成足够的要求，"使得在被剥削者一方引起或多或少自觉的革命的反抗力量"。所以，19世纪的工人运动只有从延长劳动时间、非人的低微的劳动工资所造成的状况出发进行彻底革命才能找到出路。

卢卡奇特别重视今昔情况的变化所造成的新问题及解决这些问题的新办法。他明确指出，100多年前马克思曾根据赤贫和过重的劳动这两种现象揭示了异化问题。然而，在今天，至少在文明国家，这两种现实已经从日常生活中消失了。今天，新的异化排挤了旧的异化，后者可以明显感知的残酷性虽已黯然失色，但是取而代之的是被人们"自愿认可的"新的残酷性。从一定程度上可以说，今天的经济发展是从人的背后并在人不知不觉的情况下，把令人直接感到不舒适的状况当成"礼物"强加于人的。由于复杂的原因，人们通常不会产生对这种新状态的自觉性。在政治和社会生活领域，占统治地位的是顺应时势主义，就连那些"反对派"也从来不想放弃随大流的正确性；说到科学和哲学，它们把主要精力集中用来驱除人们头脑中关于存在的思想，从而让物化和异化作为唯一控制思想的因素而发挥影响；至于在艺术领域，异化或者被颂扬为理想状态，或者被沮丧而悲观地判定为"人类条件"，但总归是被

---

① 〔匈〕卢卡奇：《社会存在本体论导论》，沈耕等译，华夏出版社，1989，第197、203页。

描绘为人类无法超越的自然状态。因此,包括那些反潮流的批判家在内,社会上形成了一个似乎无法克服的完整的思想感情系统,它把存在合类性(连同所属的全部物化和异化)状态,表现为只有靠人的内心修养才能变得更加完美的人类终极状态。卢卡奇不仅看到今天资本主义社会中异化的新形式,而且看到它的本质及其影响作用。他断言,凡是最主要的异化,总是和当时的剥削关系密切联系着。19世纪时,工人把12小时工作日当成人的普遍命运;今天,工人把变成大资本主义企业的消费和服务组织对自己的控制当成终于实现的人类解放福利状态。这两种异化方式尽管在表现形式上如此相异,但它们却完全符合大资本家当时所确定的社会经济目标。异化已越来越顽强地掌握了工人们的全部内心生活。鉴于这种严重情况,卢卡奇强调:"唤起、促进乃至尽可能地组织工人阶级的主观因素,把异化当作为异化来加以揭露并且有意识地加以反对,便构成了革命准备工作的一个重要因素。"①

至于社会主义社会中是否还有异化现象的问题,卢卡奇提醒我们:"斯大林式的意识形态已经使马克思主义本身发生了物化。既然根据马克思的观点,作为过去的残余,过渡时期可能出现各种形式的异化,那么很清楚,在这个时期,物化也掺杂到理论和实践中去了,那些本来已经注定要消亡的异化趋势又会死灰复燃,并且在量的方面变得更广泛了,在质的方面变得更深刻了。"②

针对斯大林时期的粗暴控制,卢卡奇认为,在社会主义社会中可以发现两类互不相同的异化:"一类是由于实行粗暴的控制而在社会主义社会自身的基础上形成的异化;另一类则是作为具有一定发达程度的工业社会的一般生产力水平对于人们的影响,在人们反对这种影响的趋势尚不够强大的情况下,以某种必然性而产生出来的异化。"③

社会主义社会同资本主义社会的经济基础和思想基础固然是截然相反的,但是在斯大林时期的那种社会主义中,"也会以新的形式产生和保

---

① 〔匈〕卢卡奇:《关于社会存在的本体论》(下卷),白锡堃等译,重庆出版社,1993,第666页。
② 〔匈〕卢卡奇:《关于社会存在的本体论》(下卷),白锡堃等译,重庆出版社,1993,第737页。
③ 〔匈〕卢卡奇:《关于社会存在的本体论》(下卷),白锡堃等译,重庆出版社,1993,第855~856页。

持物化和异化。至于各种'保守的'趋势，它们必定会有意或无意地保持甚至强化现有的物化和异化，并且呼唤出新的物化和异化"。①

三 异化的扬弃

在异化能否扬弃或消除的问题上，卢卡奇大致上也遵循了马克思的思想观点。卢卡奇在批判地分析意识形态时就看到"必然生产和捍卫着异化的那种类属性处于对立的状态，因为它的中心问题恰恰是对异化本身的克服"。在卢卡奇看来，马克思反对任何乌托邦主义，其立论根据是，作为异化着的和异化了的人世生活的社会新出路，作为人类史前史的结束，只有建立在相应的经济高度发展的基础上才可能实现。②

马克思的新学说"首先把人理解为自身的创造者，并且，它本身又是以一个长期的历史发展为前提；其次，人类最终能够在精神和实践两个方面克服认识的实际作用的现实错误的困境这种状况，也就是说，在一个具体社会中，无论人是作为具体个性的自身的最终生产者，还是成了与自己（不论是物质的还是精神的）相异化的力量的产物，这种状况最终都会被克服"。③

依据马克思关于异化的思想，以及以往的实际经验和现实情况，卢卡奇进一步提出了自己的论点。

（1）由于资产阶级意识形态"企图利用各种复杂的办法来保护资本主义的新的异化方式"，所以，重要的是再次明确指出："如果不推翻或者至少是彻底改造资本主义经济形态，那就不能从客观上扬弃它所产生的异化。"④

（2）"在现代条件下尚不能解决异化问题，而只能提出解决这一问题的最一般的具体措施，如果我们把正确的社会行为的经济根源的必然性视为一种正确实践的必不可少的前提，那我们指的主要是这种实践的

---

① 〔匈〕卢卡奇：《关于社会存在的本体论》（下卷），白锡堃等译，重庆出版社，1993，第807页。
② 〔匈〕卢卡奇：《社会存在本体论导论》，沈耕等译，华夏出版社，1989，第208、214页。
③ 〔匈〕卢卡奇：《关于社会存在的本体论》（下卷），白锡堃等译，重庆出版社，1993，第307页。
④ 〔匈〕卢卡奇：《关于社会存在的本体论》（下卷），白锡堃等译，重庆出版社，1993，第835页。

严格经济联系,以及从这一联系中产生的人类正确反映外界的手段。"卢卡奇重视的是:"在下列要求上也同样表现出了社会发展的进步:只要社会的纯粹占优势的社会性还没有形成,那么,创立新结构的变化依然能够发生,只是没有对自己行为的理论认识罢了。"①

（3）个人"必须为赞成还是反对自己的异化而作出抉择","保持认识和抉择这两者在日常生活实践中的统一性,这永远是力求挣脱异化枷锁的各种意识形态斗争的存在基础"。② 马克思对宗教异化的消除问题做出过精辟论述,认为只有当实际日常生活的关系,在人们面前表现为人与人之间和人与自然之间极为明白而合理的关系的时候,现实世界的宗教反映才会消失。"但是,这需要有一定的社会物质基础或一系列物质生存条件,而这些条件本身又是长期的、痛苦的发展史的自然产物。"③ 卢卡奇对此认为,马克思在这里说的是我们通常称为日常生活的"实际日常生活",这一点是无论怎样强调也不会显得过分的;这里马克思把"长期的、痛苦的历史发展"视为得以扬弃异化的当然前提,这同样是无论怎样强调也不会显得过分的。所以,只有在共产主义社会,才能现实地扬弃或克服这些异化形式。而当前,"只有那些追求社会主义的努力,才能够具有现实有效地克服异化的能力"。与此同时,卢卡奇又强调:"要扬弃异化就要对之有正确的认识。而要用马克思主义来分析和恰当地把握异化现象,那就必须意识到:一方面,异化固然是一定的社会经济形态的客观经济法则的产物,只有靠社会力量的客观的——自发的或者自觉的——积极活动才能消灭之;但是另一方面,个人努力扬弃自己个性异化的斗争,绝对不会必然地永远仅仅是没有任何社会意义的个人活动,恰恰相反,在一定的情况下,这种个人斗争对整个社会的运动的影响能够获得相当大的客观重要性。"④

为了具体地扬弃异化,卢卡奇特别重视社会革命和社会实践的作用。他认为,只有那种切实而彻底地改变人们社会生活的现实基础的社会革

---

① 〔匈〕卢卡奇:《社会存在本体论导论》,沈耕等译,华夏出版社,1989,第277页。
② 〔匈〕卢卡奇:《关于社会存在的本体论》（下卷）,白锡堃等译,重庆出版社,1993,第806页。
③ 《马克思恩格斯文集》第5卷,人民出版社,2009,第97页。
④ 〔匈〕卢卡奇:《关于社会存在的本体论》（下卷）,白锡堃等译,重庆出版社,1993,第806~807、843页。

命，才能现实地解决人的宗教异化问题以及人的一切形式的世俗生活问题："只有当现实的个人把抽象的公民复归于自身，并且作为个人，在自己的经验生活、自己的个体劳动、自己的个体关系中间，成为类存在物的时候，只有当人认识到自身'固有的力量'是社会力量，并把这种力量组织起来因而不再把社会力量以政治力量的形式同自身分离的时候，只有到了那个时候，人的解放才能完成。"① 卢卡奇认为，马克思的这些论述不仅展现了扬弃宗教异化的宏伟的世界历史前景，也绘出了一幅由社会造成的各种异化的重要的全图。卢卡奇不仅看到马克思在《1844年经济学哲学手稿》中阐明的资本主义社会中的异化是一种包罗万象的、使资产阶级和无产阶级同样身受其害的现象（当然在两个敌对阶级身上引起的是截然相反的反应），而且看到社会异化是在经济基础上产生的并且具有经济性质，这种异化是现实存在的严酷的、强大的生活力量，而绝不像费尔巴哈所想的那样，仅仅是意识形态对人的世界图景的扭曲。

卢卡奇强调："凡是至关重要的异化，都是现实的社会经济过程中的现实的生活状况和结果。所以，真正地克服和扬弃这种异化，不可能仅仅是理论性的克服和扬弃，不管这种理论性具有多么高超的程度。现实的社会情况总归都是人的有意识的和有意愿的实践的结果，不管这种实践的意识性和意愿性达到怎样的程度。因此，如果要想真正地扬弃这种现实，那么这种扬弃就必须超越纯理论认识的范围，它必须本身就成为实践，并且本身就成为某一社会实践的对象。"②

不仅如此，卢卡奇对今天反抗异化的真实情况也有清醒而深沉的信心。他一方面看到，"今天，物化和异化或许比以往任何时候都具有更大的现实力量"，另一方面他又坚定地认为，"物化和异化在意识形态上又从来没有像今天这样空洞和难以令人鼓舞"。因此，"从前景来看，真正地、从意识形态上严肃认真地克服物化和异化的途径，今天比以往任何时候都更加通畅"。"就社会这个方面而言，漫长的、充满矛盾和挫折的解放过程的前景已经客观地具备了。"所以，"如果看不到这种前景，那就是一种盲目性"。不过，卢卡奇同时认为："如果希图通过一些即兴表

---

① 《马克思恩格斯文集》第1卷，人民出版社，2009，第46页。
② 〔匈〕卢卡奇：《关于社会存在的本体论》（下卷），白锡堃等译，重庆出版社，1993，第689页。

演便能马上实现这种前景,那又是一种十足的幻想。"他在另一处地方再次指出:"过去人们一直是孤立地、因而大抵注定是沉默地反抗异化,可是现在,这种反抗已经能够开始造成声势了。我们应该把这种开始当作新的发展可能性的开端而加以欢迎:不过我们同时又必须客观地指出,人们对异化所进行的个人的、纯理论性的、政治和社会性的反抗,还远远不能综合成为将在实践中发挥作用的主观因素。"① 虽然哲学思考不可能确定自觉反抗异化的实践运动在何时何地发生和预言它的进程,但可以发现这样一点,即对于资本主义控制的任何真正的背离以及朝着克服这种控制的方向发生的任何真正的转折,都包含要在思想和实践上正视现实本身,即正视作为一切思想和行动的基础(这种基础能够导致主体做出目的论设定)的社会存在这个根本。这样在社会上产生并且不断激化的社会存在本身与统治阶级控制这种存在的企图和方法这两者之间的对峙,预计将构成未来的思想斗争的最深刻的内涵,也将构成或多或少地被人们意识到的政治和社会斗争的核心。卢卡奇坚定地相信:"如果马克思主义能够在当前的控制所处的危机当中真正确定自己的地位,同时努力为社会和个人指出摆脱控制的真正出路,它就一定能够现实地完成它的上述使命。"卢卡奇在此书快要结束的地方,引用了马克思的话作为纲领性的见解:"意识的改革只在于使世界认清本身的意识,使它从对于自身的迷梦中惊醒过来,向它说明它自己的行动。"② 卢卡奇最后指明:"我这部著作的用意,就在于努力提供一些可能具有指导性的启示,促使人们能够掌握马克思所指的这种说明的方法"。③

卢卡奇在《存在论》这部大部头著作(作为独立一卷的导论中译文为35万字,正文上下两卷中译文共128万多字)中特别用最多的篇幅阐明"异化"问题,这表明了卢卡奇的真正意图和关注的重点。《存在论》这部著作是卢卡奇在其79~85岁高龄期间完成的一部巨著。这部著作倾注了其晚年的大部分精力和心血。正如他自己所说的:"在我年逾八旬

---

① 〔匈〕卢卡奇:《关于社会存在的本体论》(下卷),白锡堃等译,重庆出版社,1993,第810、906页。
② 《马克思恩格斯文集》第10卷,人民出版社,2009,第9页。
③ 〔匈〕卢卡奇:《关于社会存在的本体论》(下卷),白锡堃等译,重庆出版社,1993,第907页。

时,我要开始我的最重要的著作写作。"这部按中文计算有160多万字的著作,本身就是马克思主义研究史上难能可贵的新探索,在国际共产主义运动和马克思主义发展史上,是一个重要事件。

卢卡奇不会不知道恩格斯的这一论断,但屡屡遭受批判的他心里一直都很清楚,从斯大林时代开始对学术观点讨论的严厉控制和迫害,使他深切感到在某些问题上不能讲真话,或在做些许伪装以适应官方的某种需要,因此在该书中他对自然辩证法或自然的优先地位问题上有较多的强调和阐述,无疑有某种迎合苏联学界的一贯正统观点的表达。

《存在论》一书中的个别观点和表述也许有一些不妥以及值得商榷之处,但从整体来看,无论是在西方还是在东方,它都是20世纪一部有重大创新的伟大著作,对社会存在问题、实践(特别是劳动)问题,都有对马克思社会存在决定作用思想的新颖发挥,尤其是在意识能动性和异化问题上,如强调"意识在社会存在连续性中的积极作用是一种质上更重要的作用"和"语言具有一种奠定基础和积极促进的作用",提出"辩证的反映论"并使之与机械反映论区别开来,这些想法在当时严酷的情势下是很少有人论及或不敢论及的重大问题。这是马克思恩格斯以后卢卡奇依据马克思思想所达到的新水平,甚至可以说卢卡奇是从马克思思想来系统阐明异化问题的第一人。

但是,在关于异化的起源和本质问题以及对此问题深刻而准确的阐明上,卢卡奇仍有远不及马克思或谈得不够明确或未谈论到的地方。例如,马克思1840年在其博士论文中、1843年在《黑格尔法哲学批判》和《〈黑格尔法哲学批判〉导言》中以及恩格斯1844年在《英国状况——十八世纪》中都明确谈到过异化问题。

众所周知,马克思在其早期名著《1844年经济学哲学手稿》里更集中地对异化,特别是对异化了的劳动做出了最系统、深刻而全面精辟的理论阐明。马克思首先明确指出:"在现存资本主义生产方式下,资本家对工人的剥削是怎样进行的。自从政治经济学提出了劳动是一切财富和一切价值的源泉这个原理以后,就不可避免地产生了一个问题:雇佣工人拿到的不是他的劳动所生产的价值总额,而必须把其中的一部分交给资本家。"[①]

---

① 《马克思恩格斯选集》第3卷,人民出版社,2012,第724~725页。

马克思最重要的意图在于指明，劳动者的劳动和劳动产品属于"一个异己的、敌对的、强有力的、不依赖于他的对象的关系"。于是，工人和其他劳动者自己的劳动就是"替他人服务的、受他人支配的、处于他人的强迫和压制之下的活动"。① 马克思这里所说的"另一个人"和"他人"，显然就是少数有特权和富有的统治者、剥削者和资本家等。马克思同时指明，他的任务就是"从私有财产对真正人的和社会的财产的关系来规定作为异化劳动的结果的私有财产的普遍本质"。② 所以，马克思概括地说："私有财产一方面是外化劳动的产物"，反过来，"异化劳动是私有财产的直接原因"。③ 这是马克思的独创性思想，是人类历史上划时代的一大贡献。不幸的是，以往的学者（包括对异化问题研究颇多的卢卡奇）虽然大多都高度评价这部手稿，但对于马克思通过异化劳动来揭示私有制的普遍本质——剥削这一点都没有给予重视，甚至未提及。更令人难以理解的是，从斯大林时代以来，有不少人，甚至是所谓的马克思主义学者或理论家，竟然认为《1844年经济学哲学手稿》中关于异化的论述是马克思青年时代的不成熟的思想，成熟的马克思就不再谈论异化问题了。这不仅不符合事实，而且是否认马克思通过异化劳动来揭露私有制之所以为私有制只是由于其剥削这一本质特点决定的重大发现。

众所周知，马克思恩格斯在《德意志意识形态》一书中不仅较多地谈论异化问题，特别是要比所有人（即使连最早、最杰出地阐明异化问题的卢卡奇也包括在内）都更为客观地深刻指明，由于分工所造成的"社会活动的这种固定化，我们本身的产物聚合为一种统治我们、不受我们控制、使我们的愿望不能实现并使我们的打算落空的物质力量，这是迄今为止历史发展中的主要因素之一"。④ 马克思恩格斯还进一步谈到了异化的消灭的两个条件"都是以生产力的巨大增长和高度发展为前提的"。⑤ 否则"那就只会有贫穷、极端贫困的普遍化；而在极端贫困的情况下，必须重新开始争取必需品的斗争，全部陈腐污浊的东西又要死灰

---

① 《马克思恩格斯选集》第1卷，人民出版社，2012，第59页。
② 《马克思恩格斯选集》第1卷，人民出版社，2012，第62页。
③ 《马克思恩格斯选集》第1卷，人民出版社，2012，第60~61页。
④ 《马克思恩格斯选集》第1卷，人民出版社，2012，第165页。
⑤ 《马克思恩格斯选集》第1卷，人民出版社，2012，第166页。

复燃"。① 在1848年《共产党宣言》以后的《政治经济学批判（1857 – 1858年草稿）》中，马克思恩格斯仍然较多地谈到在资本主义生产条件下，"人的内在本质的这种充分发挥，表现为完全的空虚化；这种普遍的对象化过程，表现为全面的异化"。② 尤其特别清楚的是，只要是有中等文化程度的人，就会懂得马克思在"劳动条件同劳动相异化"这一标题下，明确而精辟地强调和阐明的非常重要的问题："关键不在于对象化，而在于异化，外化，外在化，在于不归工人所有，而归人格化的生产条件即资本所有，归巨大的对象［化］的权力所有，这种对象［化］的权力把社会劳动本身当做自身的一个要素而置于同自己相对立的地位。"③ 在1861~1863年的《经济学手稿》中马克思又指出，在资本主义私有制下，工人"丧失了实现他劳动能力的物的条件，相反地，这些条件，作为财富世界，作为物质财富世界，隶属于他人的意志，在流通中作为商品所有者的财产，作为别人的财产，异化地与劳动能力所有者相对立"。"要使劳动成为雇佣劳动，要使工人作为非所有者进行劳动，不是出卖商品，而是出卖对他自身的劳动能力的支配权，即要使他按照劳动能力能够出卖的唯一方式来出卖劳动能力本身，实现他的劳动的那些条件就必须作为异化的条件，异己的权力，受别人的意志支配的条件，即别人的财产同他相对立。""因此，工人通过这个过程不会致富，他所创造的财富是一种同他相异化并统治他的权力。"④ 在1863~1864年的《资本论》第1卷中，马克思说："资本家对工人的统治，就是物对人的统治……产品对生产者的统治……历史地看，这种颠倒是靠牺牲多数来强制地创造财富本身，即创造无情的社会劳动生产力的必经之点，只有这种无情的社会劳动生产力才能构成自由人类社会的物质基础。这种对立的形式是必须经过的，正像人起初必须以宗教的形式把自己的精神力量作为独立的力量来与自己相对立完全一样。这是人本身的劳动的异化过程。"⑤ 1867年，马克思在其主要著作《资本论》第1卷中又再次指出："资本

---

① 《马克思恩格斯文集》第1卷，人民出版社，2009，第538页。
② 《马克思恩格斯文集》第8卷，人民出版社，2009，第137~138页。
③ 《马克思恩格斯文集》第8卷，人民出版社，2009，第207页。
④ 《马克思恩格斯全集》第47卷，人民出版社，1979，第36、123、194页。
⑤ 《马克思恩格斯文集》第8卷，人民出版社，2009，第469页。

主义生产使劳动条件和劳动产品具有的与工人相独立的性质,随着机器的发展而发展成为完全的对立。"① 而且"个人劳动必然只有通过自身的转让(异化)才表现为抽象一般的、社会的劳动"。② 1872~1875年马克思在亲自修订的《资本论》第1卷法文版片段中指出:"产品和生产者的分离,拥有实现劳动所必需的一切东西的人和只有自己的劳动力的人的分离,这是资本主义生产的起点。"工人的"劳动还在过程开始以前就已经异化,成为资本家的财产,并入了资本"。③ 在马克思于1866年即已完成、恩格斯对此又做了加工的《资本论》第3卷,即全集第25卷中,马克思又在多处进一步指出:"当资本关系使工人处于和他自己劳动的实现条件完全无关、相外化和相异化的状况的时候,它实际上就把内在联系隐藏在这种状况中了。""我们以前已经说过,工人实际上把他的劳动的社会性质,把他的劳动和别人的劳动为一个共同目的的结合,看成是一种和自己相异化的权力;实现这种结合的条件,是和他相异化的财产。""几乎用不着说,当一个生产部门的劳动生产率表现为另一个生产部门的生产资料变得便宜和得到改良,从而提高了利润率时,社会劳动的这种普遍联系,就表现为某种和工人完全相异化的东西。"④ 在更往后的地方他又明确说道:"如果说资本起初在流通的表面上表现为资本拜物教,表现为创造价值的价值,那末,现在它又在生息资本的形式上,取得了它最异化最特别的形式。"⑤ 这是马克思在资本主义进一步发展中敏锐看到的新的异化形式。马克思必定考虑到理解资本主义剥削形式变化的种种难点,所以才指出:"在资本—利润(或者,更好的形式是资本—利息),土地—地租,劳动—工资中,在这个表示价值和一般财富的各个组成部分同财富的各种源泉的联系的经济三位一体中,资本主义生产方式的神秘化,社会关系的物化,物质生产关系和它的历史社会规定性直接融合在一起的现象已经完成:这是一个着了魔的、颠倒的、倒立着的世界。"在接下去的地方他又谈到"生产关系的物化"。⑥ 这表明,

---

① 《马克思恩格斯文集》第5卷,人民出版社,2009,第497页。
② 《马克思恩格斯全集》第34卷,人民出版社,2008,第572页。
③ 《马克思恩格斯全集》第43卷,人民出版社,2016,第604~605页。
④ 《马克思恩格斯全集》第25卷,人民出版社,1974,第100~101页。
⑤ 《马克思恩格斯全集》第25卷,人民出版社,1974,第937页。
⑥ 《马克思恩格斯全集》第25卷,人民出版社,1974,第938~939页。

物化现象掩盖着变化了的异化的新的迷人形式也没有逃过马克思的敏锐眼光。马克思,还有恩格斯关于"异化"及其以不断变换的新形式,扬弃以至于最终消除的精辟阐明,其深度和精辟,也包括其难度,都是卢卡奇和其他人所难以达到的,尽管卢卡奇依据马克思的思想在许多点对此问题有系统发挥,且有突出贡献。

根据我国某些学者编辑的作品可以统计出,马克思《1844年经济学哲学手稿》论述异化问题的有57页,除此之外其他论著还有64页。《1844年经济学哲学手稿》中有70处集中谈论异化,其后在各种论著中有85处阐明异化问题,且从上述所引用的地方可以看出多处都有对异化问题十分精辟的阐明。但是,某些西方学者如美国学者D. 贝尔置白纸黑字的大量事实于不顾,认为"马克思早就否定了……异化概念",所以,"作为一种理论上的探索,它是虚假的"。① 令人难以理解的是,苏联绝大多数学者对马克思后期的异化思想也不同程度予以回避、掩盖甚至否定,如苏联科学院院士奥伊泽尔曼竟然也认为马克思在早期著作以后异化概念"却很少使用"。② 其实,关于马克思的异化思想,西方和苏联的某些学者的偏颇之处就在于,从相反的方向上把马克思早期与后期的思想绝对地对立起来。从上面所引用的马克思恩格斯的整个思想的全貌来看,应该是一个比较清楚的问题了,即异化问题至少一直是马克思所重视的重要问题之一。现实也充分证明马克思关于异化的思想观点是正确的。

其实,早在卢卡奇以前,曾经是法共党员、被认为在法国传播马克思主义和批判资产阶级方面起过积极作用的哲学家H. 列斐弗尔1957年就在《日常生活批判》一书中强调:"政治上异化(连同着政治迷信;正是这种迷信把凌驾于社会生活的一种生活归之于国家)在某种意义上是最严重的异化。"在向社会主义的过渡时期中,"异化的各种形式(例如法权,当然还有劳动分工)"还残存着。③

---

① 陆梅林、程代熙编选《异化问题》(下册),文化艺术出版社,1986,第4页;《马克思主义文艺理论研究》编辑部编《马克思主义文艺理论研究》第2卷,文化艺术出版社,1989,第10~28页。
② 陆梅林、程代熙编选《异化问题》(下册),文化艺术出版社,1986,第156页。
③ 陆梅林、程代熙编选《异化问题》(下册),文化艺术出版社,1986,第229页。

未被苏联所控制的南斯拉夫哲学家 P. 弗兰尼茨基早在 1961 年的《马克思主义史》中就指出，社会主义的革命变革的含义正在于克服、消除所有的异化形式，而社会主义必定是一个消灭人的异化的过程。他在《社会主义和异化问题》一文中又进一步指出，社会主义还没有废除商品生产，因而既没有废除市场、货币，也没有消除所有这些必不可免地出现于人类现有经济发展水平及文化发展水平的拜物教现象。所以，一些异化形式仍然存在，这就是：政府、阶级、政党、民族、官吏、宗教、商品生产、市场等。他得出结论："异化不是资产阶级社会提出解决的问题，因为那个社会本身可以作为异化社会而存在。异化之所以成为社会主义提出解决的中心问题，是因为社会主义只能在克服和消除异化的条件下存在和发展。"这里似乎包含一个重要思想，若是企图无视或者有意掩盖一些严重的异化现象，只能是适得其反，必遭致严重的后果。20 世纪六七十年代，卢卡奇和波兰著名哲学家沙夫都是较早承认社会主义条件下仍有某些异化现象的代表人物。在当时是社会主义国家的匈牙利，最尖锐提出异化问题的是卢卡奇的学生赫勒，她的结论是："旨在扬弃异化的主导思想，必然会面临远比扬弃拜物教的方案更为巨大的困难。"[①]

值得注意的是，卢卡奇的学生们一致指出，不同意卢卡奇关于异化是"一个仅仅适用于单个人的范畴，即是一个人格的而非历史的理论范畴"。其次，卢卡奇也"只字不提马克思和恩格斯合著的《德意志意识形态》中关于异化是以往历史的主要因素的思想"，即"社会活动的这种固定化，我们本身的产物聚合为一种统治我们、不受我们控制、使我们的愿望不能实现并使我们的打算落空的物质力量，这是迄今为止历史发展中的主要因素之一"[②]。最后，卢卡奇没有分析劳动分工与异化产生的关系，结果把反对异化的斗争实质上变成了个体同他自己的异化的斗争，甚至认为个人可以独立于他的具体社会处境消除他的异化。他的学生们对他的这些责难颇有可取之处，值得认真对待并加以深入研究。

值得重视的是匈牙利的学者们对卢卡奇《存在论》这部著作的整体

[①] 陆梅林、程代熙编选《异化问题》（下册），文化艺术出版社，1986，第 400~401 页。
[②] 《马克思恩格斯文集》第 1 卷，人民出版社，2009，第 537 页。

性评价观点。卢卡奇的学生们强调"价值在我们的视角中具有的核心角色",因为在他们看来"价值是一个非常普遍的范畴,它处于社会的起源和本质之中。对这个范畴的进一步讨论,是卢卡奇的《存在论》和我们的共同观点中对观念的对象化的不同解释具体化了"。

卢卡奇的弟子们原本希望《存在论》能够彻底突破苏联传统马克思主义的框架,能够在"历史主义和普遍性的层次上,在实践的居中性和哲学的普遍性之间实现一种综合",但卢卡奇虽然迈向了这个方向,但在许多点上并没有达到他们所期望的目的,即对马克思主义哲学进行全新的构思。把卢卡奇视为"师友"的学生们都非常尊敬他,但出于对真理的热爱和共同对马克思主义复兴的热望,他们对这部著作采取了"超乎寻常的批判态度"。他们在"最基本问题"上提出了与卢卡奇不同的五个主要观点:①"否认自然界具有辩证法的可能性,并质疑这些的任务在于对自然界进行综合性的描述",当然,这并不意味着在客观上否认自然的自身——存在;这仅仅意味着,作为哲学主题的自然存在于自然和社会的积极的物质的和精神的关系之中,即作为一个决定性的社会问题而存在。②"对认识论中的反映论的拒斥。""我们试图扩展并转换这个概念,例如在美学中,我们尝试用模拟概念自我替代。"③"对于社会主义以及以社会主义为目标的实践来说,对历史进步观念的强调是一个不可或缺的原则——这个原则按照今天的历史状况为过去赋予秩序和'意义'。"④"与此相关,我们仅在如下意义上解释历史决定论:对于投身于既定环境的人来说,存在着仅仅受制于这些环境的运动,即或宽或窄地发展和变化的可能性的圈子,而这些可能性的实现与否依赖于有意识、无意识地整合人类行为的整体性。我们反对在非自然主义概念中的'独立于'人的活动及其效用的'社会—历史法则'。"⑤"价值在我们的视角中具有的核心角色"。在卢卡奇那里没有真正连贯的价值概念,对此赫勒最清楚地说:"价值是一个非常普遍的范畴,它处于社会的起源和本质之中。"①

在勃列日涅夫时代的严峻情势下,在民主德国,著名哲学家 A. 科辛

---

① 〔匈〕阿格妮丝·赫勒主编《卢卡奇再评价》,衣俊卿等译,黑龙江大学出版社,2011,第 169、175~177 页。

1969 年在《马克思列宁主义世界观和哲学基本问题》一文中就提出了用"辩证的、历史的唯物主义"来代替苏联的"辩证唯物主义和历史唯物主义"这一表述形式。而可贵的是,在同一时期,卢卡奇在《存在论》中用马克思的辩证方法,重点对社会存在、实践(特别是劳动)、意识以及异化问题做出了新的阐明。这与马克思在《资本论》中突出强调的"辩证方法"和恩格斯在生命最后时光的 1895 年 3 月针对某些人对马克思思想的教条主义理解所指明的"马克思主义的整个世界观不是教义,而是方法。它提供的不是现成的教条,而是进一步研究的出发点和供这种研究使用的方法"是非常接近的。所以,卢卡奇从早期的名著《历史与阶级意识》开始一直到晚年及在《关于社会存在的存在论》这本著作中都强调马克思方法的重大意义,尽管卢卡奇远没有达到马克思和恩格斯那样精湛的水平,该书仍可以看做卢卡奇依据唯物史观和唯物辩证法对马克思主义理论精髓的一种新探索和新表述。

第十三章　临终遗言："真正的马克思主义是唯一出路"

1970年，卢卡奇从医生那里知道自己得了癌症，生命剩下的时间已经不多。他已不能做符合他自己要求的高水平的理论工作。1971年3月，他的学生们建议他写自传。因为他的妻子在1963年逝世前曾敦促他写这样一本书，所以他的脑子里本来早就有了写自传的念头。由于得了不治之症而感到这一任务越来越迫切，于是他才开始写作。在短时间内他用笔记形式完成了一个57页的德文打字稿。这份手稿带有明显的提纲性质。写完这个提纲之后，卢卡奇显然已没有精力去充实它。由于他的健康状况继续恶化，不要说到书刊和记忆中去搜索材料，就是把现成的材料记到纸上去他也感到为难了。但是，这时他的精神状态还好，于是他的学生维泽尔·伊丽莎白和沃尔西·伊什特万就征得他的同意，以他写的《经历过的思想》为基础请他谈他的生平活动。他们按照自传提纲的时间顺序，就某些需要解释或补充的说法向他提出问题。这种谈话从1971年3月进行到5月，统统用磁带记录下来，最终得到一份几百页长的匈牙利文记录。经过维泽尔和沃尔西两人的精心整理，就得出了后来读者看到的《自传对话录》以及T.平库斯记录并编辑的《卢卡奇谈话录》。

卢卡奇在这两篇谈话录里极其坦率地、直言不讳地谈到了他的生平活动以及与之有关的许多事情，这对于我们了解卢卡奇和他的时代的重大事件具有极其宝贵的价值和重要的意义。这是卢卡奇在健康状况极坏的情况下用非凡的毅力为我们留下的两份非常珍贵的文献。

一　提出人民民主和社会主义民主问题

依据列宁关于"真正民主"[①]的思想，结合匈牙利以及其他带有

[①]《列宁全集》第12卷，人民出版社，2017，第255页。

浓厚封建专制残余因而相对落后国家的实际国情，卢卡奇强调："只有马克思才肯定了作为社会主义斗争的一个阶段的民主革命斗争的重要意义"。①

所以，第二次世界大战后卢卡奇"赞同""民主化倾向"，"尽管在它的道路上有各种障碍和险阻"，卢卡奇仍把它看做"可能的基础；因此不是反对而是改革。但是改革有真正解决基本民主问题的任务"。因此，"到处都是这同一个问题：是过渡到真正的、社会主义的民主（日常生活的民主）呢，还是停留在持久的危机上"。② 这里问题的关键是当时苏联至今没有解决民主的改革这一重大问题。卢卡奇所希望实行的民主是马克思意义上的真正的、实际上的人民当家作主，而不是形式上的、字面上的、口头上的民主。所以，卢卡奇主张回到基本点上："问题是要为争取一个事实上的民主而不是纸上的民主而斗争。可以说，今天纸上的民主全世界都有，即使在斯大林时代，秘密选举之类的事也得在纸上有所保障。今天，真正的口号必须是：把行政到处存在的纸上的民主转化为事实民主。这样，事情才算真正完成。"③

所以，卢卡奇认为："许多人用一般民主，更确切地说即资产阶级民主来反对斯大林主义，是不正确的。""社会主义发展（由巴黎公社开始，由两次俄国革命继续下来）的本质则叫作工人委员会。用理论来表达，我可以说，这是日常生活的民主。民主自治向日常生活最基本的层次发展，直至全体人民对所有重要的公共问题作出决定。我们今天正处在这种发展的最开头。"④

关于人民民主与社会主义民主问题，卢卡奇说："按照我的观点——这个观点可以上溯到布鲁姆提纲——人民民主是社会主义的一种形式，社会主义是从民主中产生出来的。按照反对的观点，人民民主从一开始就是一种专政，从一开始就是那种在铁托事件以后发展成的斯大林主义的形式。"人民民主"可以"完全依靠自己内部的力量发展成为社会主

---

① 〔匈〕平库斯编《卢卡奇谈话录》，龙育群、陈刚译，湖南文艺出版社，1991，第53页。
② 参见杜章智编《卢卡奇自传》，社会科学文献出版社，1986，第48页。
③ 〔匈〕平库斯编《卢卡奇谈话录》，龙育群、陈刚译，湖南文艺出版社，1991，第99页。
④ 杜章智编《卢卡奇自传》，社会科学文献出版社，1986，第279～280页。

义民主。"我是一种特殊的激进匈牙利共产党人,就是说我在共产主义内部鼓吹民主。"①

在斯大林时代以后,人们总是提出"怎么办"的问题,卢卡奇的回答是:"这个问题只能用实行社会主义民主来解决。新的经济发展和从非民主的斯大林主义制度向社会主义民主过渡的问题是一揽子的问题。一个不解决,另一个也不能解决。"卢卡奇肯定地说:"社会主义民主的问题是一个很现实的问题,它还没有得到解决。"卢卡奇批评"赫鲁晓夫说苏联的生活水平赶上美国的生活水平时,社会主义将在全世界范围内获胜,这是绝对错误的"。"社会主义民主的职能正是教育社会主义社会的成员适应社会主义。这种职能完全是史无前例的,资产阶级民主中根本没有与它类似的东西。很清楚,今天所需要的是复活苏维埃(委员会)这种工人阶级民主制度,在1871年的巴黎公社、1905年的俄国革命和1917年的十月革命中都产生的这种民主制度。"②

二 回到马克思主义的真正方法上来

针对斯大林对马克思主义的某些背离,卢卡奇特别强调:"我们应该正确地理解马克思主义,我们应该回到它的真正方法上来,我们应该设法借助这种方法弄懂在马克思逝世后的时代的历史。"因为这还有待于从马克思主义的理论立场出发去做出努力。马克思主义者的最大疏忽,是在列宁那本1914年写的关于帝国主义的书之后,没有做出对资本主义的任何真正的经济分析,也没有做出对社会主义发展的真正历史分析。因此,卢卡奇"给马克思主义者提出的任务是:应该对我们能够从西方哲学中学到的东西进行批判的考察。毫无疑问,在自然科学的许多领域中他们取得了巨大的成就,我们肯定能够从那里学到东西。但是,对社会科学领域和真正哲学方面的书刊我们必须进行批判的研究"。卢卡奇明确地说:"通过恢复马克思的真正方法对西方思潮进行真正的批判。"卢卡奇强调:"对马克思来说,他的整个辩证方法展现出一种伟大的世界历史前景,并且他力图以各种方式为这种前

---

① 杜章智编《卢卡奇自传》,社会科学文献出版社,1986,第180页。
② 杜章智编《卢卡奇自传》,社会科学文献出版社,1986,第285~286、291~292页。

景奠定经济的和政治的基础。这种前景为马克思的活动提供最好的动力。他用它去分析一切领域和一切形势中的战略地位,并在战略地位的范围内分析策略行动。"①

三 阐明马克思的社会存在的存在论

在哲学上,20世纪60年代卢卡奇主观上就是"企图写出马克思主义存在论的原则"。他认为:"人向类存在迈进是当代重大问题的答案(个性是个人与社会的愈益纯粹的社会关系的结果)。"对此,卢卡奇断言:"这里包含着马克思主义的最深刻的真理:人的人化,是在每个人的生活中以千万种不同方式实现的历史过程的内容。所以,每一个个人——不管是否意识到这一点——都是总过程的一个积极因素,他本人也是这个过程的产物。在个人生活中向类存在迈进,是不可分割的两条真正发展道路的真正一致。"②

卢卡奇在最后一部著作《关于社会存在的存在论》中认为:"遵照马克思的思想,我把存在论设想为建立在历史基础上的真正的哲学。从历史上说,不可怀疑,先有无机物存在,从这当中产生出有机物存在,也就是植物和动物形式的存在。""从这种生物状况,经过无数的过渡,以后产生出我们称之为人类社会存在的东西,它的本质就是人的有目的论的设定,也就是劳动。这是最有决定性的新范畴,因为它把一切都包括在内。""有意识的设定意味着,目的先于结果。这是整个人类社会的基础。价值和无价值之间的对立,创造的东西和发生的东西之间的对立,实际上构成整个人类的生活。"关于马克思的存在论,卢卡奇指出:"马克思确认,历史性是一切社会存在的根本范畴,而一切存在都是社会存在。我认为这是马克思理论的最重要部分。马克思说,只有一种唯一的科学,即历史科学,他甚至补充说:'非对象性的存在物是非存在物。'这就是说,一种没有范畴特性的事物不能存在。所以,存在意味着,某物以一定形式的对象性存在,这就是说一定形式的对象性构成有关存在物所属的那种范畴。就是这一点使存在论与以前旧哲学清楚地区别开

---

① 杜章智编《卢卡奇自传》,社会科学文献出版社,1986,第275~277页。
② 杜章智编《卢卡奇自传》,社会科学文献出版社,1986,第49页。

来。"卢卡奇希望《关于社会存在的存在论》表明他所说的"那种日常生活的社会主义的存在论基础"。①

四 始终不渝坚持紧迫改革的思想家

关于改革，卢卡奇在苏共二十大以后就认为，"说全部问题能够归结为个人迷信问题"是不对的。最重要的问题是"需要进行改革"。他也不否认，他曾经在开始时"相信"纳吉·伊姆雷会实行这种改革，但后来他发现"必须放弃这种幻想"。他明确表示，由于"到处都遇到坚决与旧制度决裂还是只对它进行改革的问题"，所以卢卡奇"很坦率地说，我是站在改革一边"。卢卡奇一直赞成列宁的新经济政策，"因为它必然意味着党的民主化和马克思主义的革新"。但是，他直言不讳地说，直到20世纪60年代后期匈牙利"实行经济改革的时候，我一直在公众场合扮演一种反面的角色。我是一座修正主义的纪念碑，在整个时期，这个角色不是没有一定的爆炸性的"。②

关于1956年匈牙利事件中纳吉·伊姆雷的问题，卢卡奇坦言："我绝不想说，纳吉·伊姆雷是一个反革命或是资本主义的拥护者。我不想说这种东西。我只是说，他没有纲领。他一天这样说，过一天又那样说。"所以，卢卡奇坚定地说："我总是极力抵制政府方面的暴力，谁也不能认为我赞同处决纳吉·伊姆雷。"③

五 真正的马克思主义是唯一出路

卢卡奇强调："**真正的马克思主义是唯一出路。**"这一结论应该看做他最主要的临终遗言。

卢卡奇在自传中带有结论性的说法是："两大体系都有危机。**真正的马克思主义是唯一的出路。**所以，在社会主义国家中，马克思主义意识形态必须提供对现存事物的批判，帮助促进正在变得越来越紧迫的改革。"这里的"真正的马克思主义"就意味着"回到马克思的方法上来"。这是卢卡奇一直到生命的终结都具有的坚定信念。这也是卢卡奇从

---

① 杜章智编《卢卡奇自传》，社会科学文献出版社，1986，第294~295页。
② 杜章智编《卢卡奇自传》，社会科学文献出版社，1986，第188、193~194页。
③ 杜章智编《卢卡奇自传》，社会科学文献出版社，1986，第188、195页。

20世纪20年代一直到逝世一再强调的最重要的理论问题。而且直至逝世前不久,卢卡奇仍然坚定地认为:"目前最重要的事情是,在理论上彻底地弄清楚马克思主义在今天意味着什么以及马克思主义能做到什么。"① 在他去世后,在苏联解体后的2012年,德国著名马克思学者伊林·费彻尔(Iring Fetscher),也是德国社会民主党最后一位严谨的传统意义上的党内思想家,通过对马克思著作特别是对《资本论》的研究,清楚地看到马克思所揭示的资本主义的严重问题。所以,他坚信"原来马克思是正确的"。② 对卢卡奇和费彻尔的这类相似的真知灼见,才是最值得我们认真、仔细、深入研究的最重大的理论问题。

针对赫鲁晓夫时期提出"20年内建成共产主义"、勃列日涅夫在1967年确认在苏联"建成的发达社会主义"这些很不切合实际的论断和幻想,卢卡奇晚年常向他的弟子说:"我们生活在一个空想社会主义的时代,一切都应该重新开始。"③ 卢卡奇这种想法似乎有些过分或偏颇,但在一定程度上也是一针见血地击中了某些时期严重问题的要害。在勃列日涅夫时代,即使是对他的学生们说出这样的肺腑之言,也需要坚强的勇气和果敢的批判精神。马克思的科学社会主义早已经产生,远不是傅立叶和欧文的时代,虽然社会主义是在比较落后的国家里建设的,但经过人民民主阶段逐步过渡到社会主义是完全可能的。列宁的"新经济政策"时期、新中国成立初期以及改革开放后农村实行的土地承包责任制的大获成功,都是最好的证明。

六 卢卡奇的自我评价

卢卡奇对自己的明确评价是,他"只是个思想家"而已。卢卡奇严格地把自己看做历史和他的生活所在社会的产物。他认为,作为一个哲学家应该勇于追求、大胆地探索和坚持真理,但在发现自己错了的时候,也要坦诚地承认错误,认真地吸取教训。他心悦诚服地接受列宁对他在

---

① 〔匈〕平库斯编《卢卡奇谈话录》,龙育群、陈刚译,湖南文艺出版社,1991,第56页。
② 参见金寿铁《与马克思一道走新路——记德国著名马克思学家伊林·费彻尔》,《世界哲学》2012年第3期。
③ 〔匈〕阿格妮丝·赫勒主编《卢卡奇再评价》,衣俊卿等译,黑龙江大学出版社,2011,第246页。

参加议会问题上的"左得很，坏得很"的批判，就是一个典型的例证。当发现自己的理论已不符合实际情况时，他会毫不惋惜地把它抛弃。他喜欢引用歌德关于"不是死就是变"的名言，相信人的一生就是一连串的变化。他从一个富家子弟，经过作为资产阶级的浪漫反对派，受过西方著名学者席美尔和韦伯的教育和指导，最终却走上马克思和社会主义的道路。这中间要经过多么激烈的思想斗争啊！即使在成为马克思主义者以后，他仍然能够实事求是地看待自己，不论是处于顺境还是处于逆境，他都严于剖析自己。从《我走向马克思的道路》（1933年），《我在斯大林时期》（1957年），一直到《我向马克思的发展（1918－1930）》（1967年），都是卢卡奇自我批评的名篇，也是对当时某些人及其错误的客观、严肃、精辟的分析和批判。当然，卢卡奇也不隐讳，他曾经由于生死抉择或形势所逼而被迫做过不少"违心的自我批评"，无疑，其中有时也有许多复杂的因素，如自己的亲身经历和感受与别人不同，或者受苏联斯大林时代所谓某些正统思想的影响等。他最后写作其重要著作《社会主义民主化》和《关于社会存在的存在论》至去世，这一时期正是勃列日涅夫继续在国内推行和强化斯大林社会主义模式，对外入侵捷克斯洛伐克和在中苏边境挑起战事之时，在这种非常时期，卢卡奇难道能完全说出自己的真话吗？卢卡奇也必须考虑各种可能意想不到的严重后果。也正是因为此种非正常情况，他的论著中的言词也不得不有所顾忌，正像在斯大林时代所写的某些论著不得不先引用些斯大林语录，然后才能说自己的真话一样，在勃列日涅夫时代，他仍然会感到有必要在某些地方，尤其是在开始之处，在一定程度上附和苏联理论界的正统说法。这对任何人来说都是不言自明的缘由。这无疑也成为研究卢卡奇思想的难点之一。卢卡奇说得好："客观性在于正确的时间性。"每个人的思想、言词和记忆，都"要用事实来检验"。[①]

卢卡奇说过："应该由历史来决定是否可以谈一个人的生平著作。"[②]伟大的思想家和理论家总是如此谦虚，尽管卢卡奇到逝世时还未看到官方即他所在的党对自己做出客观、公正的评价，但历史和实践都没有亏

[①] 杜章智编《卢卡奇自传》，社会科学文献出版社，1986，第11页。
[②] 杜章智编《卢卡奇自传》，社会科学文献出版社，1986，第177页。

待他。经得起时间考验的人才是真正的思想家和理论家。但是，关于卢卡奇的争论远没有结束。2018年匈牙利掌权的右翼势力决定将卢卡奇的雕像从原址移除并关闭卢卡奇档案馆引发国际性的广泛抗议，就是最好的证明。

第十四章　卢卡奇在人类文化思想史上的地位

第一节　从屡遭批判到受到高度评价

卢卡奇在青年时代的前马克思主义阶段曾经以《心灵与形式》（1911年）一书而"扬名天下"，被誉为知名的学者和知识分子。1923年他在较深入研究马克思和恩格斯著作的基础上写作和出版了论文集《历史与阶级意识》这一名著。该书虽然仍残留有革命理想主义成分和某些观点上的错误，但从整体来看，该书是卢卡奇走向马克思主义的里程碑，集中反映了当时西欧共产党人更多依照马克思和恩格斯观点深入解读和阐明马克思思想的代表作，因而促使一部分知识分子走向马克思主义。但是，由于其中的一些看法与当时苏共某些领导人的看法相左而被视为"修正主义"，因而也引发了长达几十年的激烈争论。

当时联共（布）的某些领导人，如布哈林和加米涅夫因不同意卢卡奇的观点而分别给卢卡奇扣上"修正主义"和"改良主义"或"老黑格尔主义"的帽子，对该书予以全面否定，从而引发了数十年的争论。苏联以及东欧某些官方学者一直认为，该书是"修正主义的"或带引号的"西方马克思主义"，还有个别人把该书视为"对马克思列宁主义哲学基础的挑战"。而另外一些学者则把该书视为西方马克思主义的名著，或基本上是马克思主义的。1929年，作为匈共领导人之一的卢卡奇受委托为匈共起草《关于匈牙利政治经济形势和匈牙利共产党的任务的纲领》（著名的《布鲁姆纲领》），他根据当时革命形势明显衰退和匈牙利社会的实际情况，提出了党的战略目标不是无产阶级专政，而是实现工农民主专政，这与苏联有所不同。这是卢卡奇试图把列宁关于两个革命阶段的理论具体运用于匈牙利的国情而提出的现实主义战略，却遭到某些联共（布）领导人及其代理人的毫无道理的彻底否定和严厉批判。卢卡奇也因此被撤职而退出政治舞台。多年后,《布鲁姆纲领》才得以恢复名誉和受到肯定,其历史作用是不言自明的。

20世纪50年代,特别是在1956年匈牙利事件前后,卢卡奇进一步肯定第二次世界大战后"在欧洲产生了人民民主国家;特别也产生了光辉的中国革命"。他在一系列文章中又多次强调和阐明"新民主主义"和"直接民主"问题。因此,50年代末60年代初卢卡奇遭到更大规模的批判,至1971年去世前,他一直被视为"修正主义"的代表人物。

卢卡奇无愧为马列主义思想和理论的著名代表,他在此事件之后已经70多岁的高龄时,仍坚定不移地写作《审美特性》,并在联邦德国卢西特汉特出版社出版。这部著作获得了东西方学者的一致肯定和赞美。徐恒醇在出版这部著作的译者序中指出:"《审美特性》是卢卡奇五十年来从事美学研究的一个总结。他终于从马克思主义的立场和观点对艺术作品与艺术体验、形式与心灵的联系作出了新的探索。"因此,这部著作"不失为具有深刻洞察力和创见的马克思主义美学专论"。[1] 因为此书,卢卡奇赢得了著名美学家的世界盛誉。

《民主化的今天和明天》是卢卡奇一生中最重要的政治理论著作,也是把社会主义与民主化紧密结合起来阐发马克思民主思想的第一部理论专著。从思想内容或精神实质而言,这部著作的基本观点大体上是与马克思的人民民主思想,尤其是列宁关于"没有民主,就没有社会主义"的论断基本一致的。这部著作2013年从英文版译为《民主化的进程》的书名在中国出版时,佟德志教授曾在该书前面的"导论"中以"经济发展与民主化的进程——卢卡奇社会主义民主复合性理论分析"为题重点评介了这部著作。他肯定这部著作是"卢卡奇民主理论的代表作",卢卡奇"在批判斯大林主义的基础上,指出了社会主义民主的重要性,并对马克思主义的革新等问题做出了这样的论述"。因此,"在社会主义经济发展与民主关系的问题、党内民主与人民民主关系的问题等诸多问题上,卢卡奇的论述对于当代中国的民主政治建设都有着重要的启发"。[2]

---

[1] 〔匈〕卢卡奇:《审美特性》,徐恒醇译,中国社会科学出版社,1986,第4、17页。
[2] 〔匈〕卢卡奇:《民主化的进程》,寇鸿顺译,广东人民出版社,2013,第6~7页。

卢卡奇在其79岁高龄时力图为《伦理学》奠定一个坚实的哲学理论基础，开始撰写《关于社会存在的存在论》这一他自认为"最重要著作"的艰难工作。因为他认为，只有"复活马克思主义存在论"才是唯一的出路。所以，阐发马克思的社会存在的存在论就成为全书的基本内容，成为其理论构思的基点。而社会存在就成为全书研究和阐明的重点。因此，这部著作无疑是卢卡奇一生哲学研究、探索和阐发马克思主义哲学的独创性总结。所以，20世纪80年代，匈牙利学者F. L. 伦德威在公开发表的文章中认为这部著作是卢卡奇不断地为马克思的真正观点而"斗争的主要成果"。另一位匈牙利学者M. 阿尔马希肯定卢卡奇在完成"最准确、最完整地再现马克思的存在论观点"这一基本任务中获得了重要成果，从而大大拓宽了马克思主义哲学的范畴体系，如对"类概念""目的设定"的研究都具有开创性。"这些创新将促进卢卡奇所期待的马克思主义进一步创造性发展。"[①]

但是，与苏联的做法不同，早在卢卡奇遭到大规模批判时期，南斯拉夫"实践派"著名学者普·弗兰尼茨基1961年就称赞卢卡奇是"一个创造性的马克思主义者"，"国际范围内最出色的马克思主义文学家和理论家"。[②] "辩证唯物主义派"的著名代表布·彼特洛维奇也认为，卢卡奇在列宁逝世后，对马克思主义进一步创造性的发展做出了最大的贡献。

20世纪60年代联邦德国一位评论家在出版的《卢卡奇文学论文集》中《马克思主义与文学——关于卢卡奇著作的批判性导言》一文中写道："迄今为止，几乎没有一个当代马克思主义思想家在西方和东方引起如此热烈的肯定和否定。许多世纪以来，欧洲知识界那么多与自己世纪同年龄的人中，影响像卢卡奇如此恒久的，为数不多。事实上，不论过去和现在他的影响都既深且广。在德国、法国、意大利甚至部分地在英国和美国，都讨论着卢卡奇的哲学和美学著作。"自《历史与阶级意识》一书出版以来，卢卡奇无疑一直把马克思的"辩证法"作为"认识社会和历史的唯一正确方法"，他要在"创始者的意义上"把它们加以发展、

[①] M. 阿尔马希：《评卢卡奇的〈关于社会存在的本体论〉》，《哲学译丛》1986年第5期。
[②] 〔南斯拉夫〕普·弗兰尼茨基：《马克思主义史》（下卷），徐致敬等译校，三联书店，1963，第362~365页。

延续和深化。这一点也延伸到他的文学史和美学著作中。

波兰哲学家 K. 奥霍斯基 20 世纪 70 年代就认为:"在过去五十年的马克思主义思想史上,匈牙利思想家卢卡奇·捷尔吉占有一席特殊的地位。""他对马克思主义思想和人类文化作出了重大贡献。"民主德国哲学研究所所长 M. 布尔把卢卡奇看成"二十世纪最著名最有影响的思想家之一","他完满的道德是不容争议的;同样,他的思想的完美性也是不容争议的"。

匈牙利 1975 年纪念卢卡奇诞辰 90 周年时就正式肯定卢卡奇是匈牙利在国际上享有很大声誉的哲学家、美学家、文学史家和文艺理论家。匈牙利学者 I. 赫尔曼认为,卢卡奇是"代表着马克思主义一个特定阶段的"的"匈牙利马克思主义哲学家、美学家和文学理论家"。1983 年为纪念卢卡奇诞辰一百周年,匈牙利社会主义工人党中央委员会文化政策工作部根据政治局的决定对卢卡奇做出了全面评价,其中写道:卢卡奇是 20 世纪影响最大的思想家之一。"他的毕生理论工作,为 20 世纪理论的发展做出了重大贡献。在他的马克思主义的哲学著作中,他特别注重分析马克思、恩格斯和列宁的哲学遗产、辩证法、认识论和历史唯物主义的现实问题、德国古典哲学史和批判现代资产阶级的哲学。""在他的毕生事业中,艺术哲学以及美学理论和美学史占有突出的位置。""发现艺术特性,创立现实理论和社会主义现实主义理论,是他在美学方面所取得的最重要成果。""他的艺术理论,为本世纪的欧洲文化做出了卓越贡献。"这个关于卢卡奇的全面评价最后得出的结论是:"卢卡奇是 20 世纪的一位伟人,马列主义思想的卓越代表。"他"不断同自己的失误进行斗争,为着马列主义思想的本质而斗争"。①

只是在卢卡奇逝世之后,苏联《哲学问题》杂志编辑部才开始在悼念的文章中称卢卡奇是"杰出的学者和思想家",肯定他"对世界哲学文化的发展做出了出色的贡献"。② 而苏联科学院院士、著名哲学家 Т. И. 奥伊则尔曼按照苏联的传统观点在 20 世纪 80 年代也不得不把卢卡奇视为"本世纪中叶马克思主义思想的著名代表"。

---

① 《匈牙利纪念卢卡奇·捷尔吉一百周年诞辰提纲》,(匈牙利)《社会评论》1983 年第 8~9 期。

② 《纪念卢卡奇·捷尔吉》,(苏联)《哲学问题》1971 年第 11 期。

卢卡奇是20世纪最伟大的马克思主义理论家和思想家之一。由于他对马克思、恩格斯和列宁思想的独立思考和创造性阐发而独树一帜，成为马克思和恩格斯以后系统阐明并根据现实情况具体阐发马克思主义的思想家。他在哲学基本理论、文学评论、美学以及政治理论方面都有丰富而系统的论述和突出的贡献。自然，这其中也必定会有或多或少的不当说法或错误，他的许多观点仍有进一步深入探讨的必要，并接受时间的考验。

第二节 广泛而深远的影响

卢卡奇的思想真正发生重大影响，是始于1923年出版的论文集《历史与阶级意识——关于马克思主义辩证法的研究》一书。第一次世界大战造成的灾祸和俄国十月革命胜利，激励和引发了人们对资本主义的批判和对社会主义的追求，渴望从马克思主义思想中寻找出路。而卢卡奇的《历史与阶级意识》正好是适合他们需要的一本书。他这本书阐明了"寻找一种充满自信的、行动的无产阶级"的历史使命以及充满黑格尔辩证法精神的唯物主义历史观的新思想，从而产生了巨大的吸引力。这本书即使在今天来看，仍然是引用马克思、恩格斯和列宁的言论颇多并按照其思想解释和阐发马克思主义有代表性的名著之一。法兰克福社会研究所所长霍克海默尔明确表示吸取了卢卡奇的"哲学因素"。[①] 他甚至认为："通过对人类生存条件更有益的建构来改善物质生存"是"现今世界的第一要务"。在法兰克福学派重要代表人物阿多诺的良师益友西格弗里德·克拉考尔眼中，卢卡奇在《小说理论》中发现了最重要的东西：使"希望之路"继续燃烧，对"已消失的意义"重生希望。阿多诺在给克拉考的信中曾谈到他到维也纳拜见流亡中的卢卡奇时所留下的强烈和深刻的印象。阿多诺承认，他在卢卡奇那里发现了一种思考历史的哲学方式，从而成为20世纪20年代晚期阿多诺关于音乐及其进步的哲学的灵感之源。属于法兰克福学派的本雅明也强调，在写作《论悲苦

[①] 〔德〕罗尔夫·魏格豪斯：《法兰克福学派：历史、理论及政治影响》，孟登迎等译，上海人民出版社，1986年，第52页。

剧》期间，他思考的种种问题使卢卡奇的《历史与阶级意识》对他来说成了一本非常重要的，甚至是专为他"而写的书"。①

魏格豪斯肯定地指出，卢卡奇《历史与阶级意识》一书在发表的随后几年中，"对许多青年知识分子来说，成了能够继续留在那时已经布尔什维克化了的共产党内，或者首先是加入共产党，至少是同情共产主义事业的一种理由"。一位名叫威利·施莱勒维茨的博士记得，当时对他来说有两位哲学家是最重要的：卢卡奇和海德格尔。他们两人都把异化摆在了哲学讨论的中心位置；都严肃地将哲学看做为了起到作用因而正在终结旧有形式的某种具有新形式的事物，看做实现新的、真实的生活的关键要素。②

几乎就在同一时期，受卢卡奇早期思想影响最大的一个也许就是路西安·哥德曼（Lucien Goldmann，1917~1970年）了。哥德曼20岁时就去了当时卢卡奇流亡所在的维也纳，致力于研究卢卡奇的早期著作，尤其是《历史与阶级意识》的思想，从中吸取灵感。他把卢卡奇的思想与康德、马克思等人的思想综合起来，从哲学上重点研究了作为有限的个人如何面对现实世界与理想世界的分裂。他受卢卡奇《心灵与形式》一书的启发，试图找到一种能够缝合"本真生活"和现实生活裂痕的方法，对某种特定历史阶段中人类生存的价值做出深层反思。他甚至用"打赌"的方式去表明共产主义能实现"本真生活"之人类社会的可能性。因此，一种"悲剧"与"希望"的辩证思想就构成了他的整个思想的核心。他相信将事实知识和价值判断完全分离开来的价值中立的虚无主义态度，这种态度在一定条件下就会导致最大的悲剧，而悲剧最终又走向反面达到希望。

卢卡奇对东欧其他国家很多学者的影响更是巨大的，尤其是南斯拉夫的"实践派"的一些著名代表人物、波兰的著名马克思主义学者沙夫、民主德国哲学研究所所长M.布尔等，都不同程度地接受和吸收了卢卡奇的重要思想，如关于唯物辩证法、实践、异化、人道主义的观点。

---

① 〔德〕罗尔夫·魏格豪斯：《法兰克福学派：历史、理论及政治影响》，孟登迎等译，上海人民出版社，1986，第66、96~97、105、114页。

② 〔德〕罗尔夫·魏格豪斯：《法兰克福学派：历史、理论及政治影响》，孟登迎等译，上海人民出版社，1986，第103页。

民主德国哲学研究所所长 M. 布尔把卢卡奇看成"20 世纪最著名最有影响的思想家之一"。卢卡奇对东欧国家许多学者和青年知识分子的影响是非常巨大的。在东欧剧变、苏联解体后，德国国际卢卡奇学会的成立与活跃，就是一个突出的例证。

布达佩斯学派更是在卢卡奇的思想影响下于 20 世纪 50 年代开始形成和发展起来的。因其活动中心在布达佩斯而得名。据卢卡奇自己说，他认识最早和最看重的学生是赫勒·阿格妮丝、费赫尔·费伦茨和其他几个人。马尔库什不是卢卡奇的学生。马尔库什从莫斯科回来的时候 70% 的思想已经成熟。瓦伊达实际上是赫勒的学生，他到卢卡奇那里去时已经多少成熟了。只有赫勒和费赫尔真正从一开始就是卢卡奇的学生。在音乐美学家中也有卢卡奇的学生，如佐尔塔伊·德内什，此外还有 A. 黑格杜斯等。

卢卡奇依据马克思和列宁原本的思想，在哲学上发表与苏联马克思主义"正统"不同的见解，表示对纳吉进行改革的支持，但在许多政治问题上又与他保持距离。1956 年苏共二十大后，在苏联反对个人崇拜的影响下，卢卡奇及其学生赫勒等开始积极批判斯大林的教条主义和宗派主义，反对照搬苏联的农业集体化，批判"教条主义"和"唯意志论"，主张吸收西方资产阶级哲学的有益成果，"改革"和"复兴"马克思主义。他们的文章和演说在群众中造成了重大影响，并形成了"布达佩斯学派"。

1961 年苏共二十二大后，改革和思想自由的思潮重新兴起。卢卡奇重返哲学论坛，提出了"关于社会存在的存在论"概念，进一步把自己的思想系统化。他的学生和追随者纷纷以"社会存在的存在论者"自称，著书立说，在官方政治路线之外正式形成了一个批判所谓苏联正统马克思主义和苏联社会主义模式的学派。

卢卡奇的弟子们发自内心地承认这部著作对他们的巨大影响。与早期共产国际领导人和后来大多数苏联哲学家对《历史与阶级意识》往往持完全否定态度相反，卢卡奇的几位最著名的门生、布达佩斯学派的核心成员赫勒、费赫尔、马尔库什和瓦伊达在四人合写的《关于卢卡奇〈存在论〉的笔记》中明确指出："从我们这些生涯的童年时代起，我们就追寻一种'实践哲学'。在此无须详述这种努力与师从《历史与阶级意识》一书作者这一事实之间的关系,我们从未像卢卡奇那样拒斥这部代表作。"但是,从总体来说,他们的成长和发展,其主导思想要归功于卢卡奇的影响,致使他们"坚守马克思主义哲学在原则上对普遍性的诉求",同时肯定"卢卡奇在马克思主义哲学最近一个发展阶段中具有的代表性的地位"。①

布达佩斯学派的理论侧重点在于反对斯大林的理论和实践错误,以及匈牙利照搬苏联社会主义模式的教条主义做法,因而其论述具有鲜明的论战色彩。他们的口号是"回到马克思的马克思主义去""改革马克思主义""复兴马克思主义"等。他们所理解的马克思主义是社会历史理论的马克思主义。而社会主义社会则是马克思主义的主要研究对象。20世纪70年代中期以后,迁居西方的一些成员继续发表论文和著作,对国际和匈牙利国内依然有很大影响。

阿格妮丝·赫勒是卢卡奇最杰出的学生。20世纪50年代,她的男友通过鼓励她去旁听马克思主义哲学家卢卡奇的讲演,从而促使她对哲学和文化产生兴趣。从那时起,虽然她还不能理解那些关于马克思主义的哲学理论,但她立即受到其影响并对如何生活于现代世界的问题给予极大关注,特别是在经历了第二次世界大战和"大屠杀"以后如何面对现实生活的问题。面对犹太复国主义和马克思主义的抉择,阿格妮丝选择了马克思主义,她没有尝试寻求移民以色列。在卢卡奇的教导和影响下,她成为一位有显著成就和突出贡献的著名学者。她是布达佩斯学派最主要的代表人物,被公认为该学派的发言人,也是东欧新马克思主义的重要代表人物。

卢卡奇1971年逝世时的悲伤、无奈和冷漠气氛,从其朋友发表的难以言说的悼词中已显露无遗。不过其中也难掩卢卡奇思想的魅力。但是,卢卡奇生前所在的党的主要领导人当时对卢卡奇的光辉思想和重要地位几乎没有说过一句肯定的话。那几十年间苏联某些领导人及匈牙利社会主义工人党把卢卡奇的思想称为"修正主义"予以完全否定,而在卢卡奇逝世十多年后匈牙利社会主义工人党又把他视为"马列主义思想的卓

---

① 〔匈〕阿格妮丝·赫勒主编《卢卡奇再评价》,衣俊卿等译,黑龙江大学出版社,2011,第170~171页。

越代表",实在很难理解和想象这样完全相反的两种评价竟然发生在同一个人身上。

对卢卡奇是非功过的评价还远没有结束。随着东欧剧变,卢卡奇所在的党逐渐溃败,成了零散的小派别,比卢卡奇在1956年匈牙利事件前后所想象的结局都弱小得多。卢卡奇在匈牙利宣称要"与自由民主决裂"的右翼领导人那里几乎成为一个奇特的反面人物而被彻底否定。随着反共主义在匈牙利蔓延开来,2010年以来,卢卡奇档案馆就面临被关闭的危险。值得注意的是,2018年匈牙利和德国的一些学者发表了国际性的抗议信,谴责关闭该档案馆,但该档案馆最终还是被关闭了。此前,当卢卡奇档案馆遭到严重损害,特别是卢卡奇的遗作手稿将被从该档案馆运走时,弗朗西斯科·加西亚·齐科特(Francisco Garcia Chicote)博士写了一封得到国际卢卡奇协会支持的抗议信,征集了各国著名人士9000多人的抗议信签名,以推动在布达佩斯的责任人改变其做法。中国改革开放以来,发表了近千篇关于卢卡奇的论文以及数十部关于他的专著,热烈讨论和积极评价卢卡奇的思想,如北京大学教授张翼星2001年出版了《为卢卡奇申辩——卢卡奇哲学思想若干问题辨析》一书,就是卢卡奇思想魅力的证明。国际卢卡奇协会的成立及其有成效的活动更是卢卡奇思想有深远影响力和在国际学界占有重要地位的标志。该协会主席吕迪格·丹耐曼(Rüediger Dannemann)2018年在记者访谈时针对关闭卢卡奇档案馆一事指出:"卢卡奇不仅仅在欧洲被看作是伟大的思想家。"丹耐曼认为,我们可以在卢卡奇那里确认有不同的作用路线。《心灵与形式》和《小说理论》对阿多诺产生了很强的影响。然后自然就是被称为"西方马克思主义"的奠基文本,即《历史与阶级意识》这部著作,它确实发挥了一种极大的作用。第二次世界大战后,如弗里茨·拉达茨所说,卢卡奇曾经是像"东方的阿多诺"那样的人物。他曾经被视为现实社会主义领域中美学上的思想家。此后自然还有其晚期著作《审美特性》和《关于社会存在的存在论》,他于1960年曾尝试一种"马克思主义的复兴"。丹耐曼强调,我们不可忘记卢卡奇也是一位伟大的马克思主义事业的名人。即使非马克思主义者也一再对他表达出他们的敬重,他的国际声望是如此之大,以至于让这位在政治上如此让人喜欢的哲学家消失,是不恰当的。丹耐曼强调从2010年开始的对卢卡奇档案毁坏的国际抗议必须继续进行下去。一位名叫丹尼尔·维格蒂（Daniel Vigtti）的学者指出，2017年在布达佩斯举行了一次研究卢卡奇的会议，这次会议也表达了对关闭卢卡奇档案馆的一种形式的抗议。听众由马克思主义者和非马克思主义者组成。使他们结合起来的东西，就是拒绝在维克多·奥班（Viktor Orban）的匈牙利实行独裁的结构。卢卡奇在这方面仍起到了吸引作用。然而，当关闭卢卡奇档案馆已众所周知时，人们从国际抗议中觉察到此事并不是如此容易。因此，此事也就拖了很长时间。为此，卢卡奇档案馆做了重要的工作。首先是照管卢卡奇的遗物。其中，有直至今天都没有充分展示过的通信，有著名的陀思妥耶夫斯基的笔记，最初的历史哲学草稿，这些都预示着卢卡奇从美学家向马克思主义者的逐步发展。非常有趣的还有民主化的文字，其中他在1968年"布拉格之春"环境中阐明了民主与社会主义的关系，并坚持认为，没有民主的社会主义虽然是不可想象的，然而西方的民主形式是不完备的。许多人试图拯救卢卡奇档案馆，强烈支持这一点。但是，在匈牙利缺少一个强大的以社会主义—马克思主义为宗旨的左派。不过，在德国政治领域，不少人却对这个话题有大得多的兴趣。一位叫迪特尔·德姆（Dieter Dehm）的学者推动了一个事态报告，目的就是掌握卢卡奇档案。在过去几年里，人们注意到，我们经历了一场卢卡奇的回归，一种形式的复兴。其原因，在维格里提（Viglietti）看来，卢卡奇的现实性表现在三个方面。一是深入研究新的权利。我们在他那里找到对法西斯主义及其前史的很多透彻分析。二是在此期间广泛流传着一种感觉：法西斯主义政治体系少有民主，因而必须为此找到一种抉择，卢卡奇为这种感觉提供了一种哲学基础。三是卢卡奇强调，马克思主义属于当代智力遗产的核心部分。

尽管对卢卡奇思想的评价一直有不同的声音和激烈争论，但从整体和趋势来看，他仍在马克思主义发展史上，特别是把马克思主义创造性地运用于哲学、美学、文学评论等领域所写的鸿篇巨作以及首倡社会主义改革和社会主义民主方面起到了杰出作用，从而占据了开创者的地位，他在中国学术界也得到了高度评价，在国际学术界仍继续得到重视，他将在人类思想、理论和文化的长河中留下深深的印记和持久的影响。

附录一 在格奥尔格·卢卡奇墓前的悼词

提波尔·德瑞（Tibor Déry）

我以格奥尔格·卢卡奇家庭成员及朋友的名义来讲话。所以，如果我关于许多事情的告别词比它应该促成的震撼和悲痛不够充分，那么我怀着悲痛的心情——像你们，我的朋友们一样悲痛——请你们原谅。因为我——一定像大家一样——以你们名义来讲话，有这样一种感受，即卢卡奇的死亡虽然像每一个死亡一样都是不可避免的，但这一死亡造成了重大损失：它结束了一个罕有的自然现象。

在我们的地球上，人的伟大是以多样性的形态表现出来的。但是，在格奥尔格·卢卡奇身上浮现出一种不同寻常的伟大思想家的伟大之处。像农民在我们日常现实的土地上亲手播种自己培育出的种子那样，伟大思想家也在这样的土地上亲手播下他的精神成就；正是伟大思想家的那些工作日，形成着历史的耕耘基础。因此，他的生活完全像他是共产主义者一样：他曾想看到他的思想变成了现实。他曾经是他的哲学的临时工，曾经是一位"实行的"哲学家。

朋友们，在这里，我用我的声音，用爱和悲痛的声音来讲话。现在不应该由我们来尝试——难以实施的使命——评述格奥尔格·卢卡奇的伟大生活和伟大工作，以及他的成就和难以避免的挫折。这似乎是充满敬畏地令人感兴趣的世界的事业，是他的思想的追随者和反对者的事业。但是，朋友们谈论着他的爱，这种爱使这一告别是如此悲痛。我们自问，除了一种伟大精神在起着作用，是什么样的人性内容指引了这种精神，使他正好接受了这一特殊使命呢？是什么东西让我们对他的工作和他的个性同样有好感呢？我想用一句话来概括：他热爱他人。这种热爱归根结底都是以对人的信任为前提的。格奥尔格·卢卡奇在其一生中经受住了多次考验；在斯大林－拉克西时代一再被开除党籍，被迫沉默，阻止他为社会主义服务；为了克服他在"实行的"哲学家道路上的障碍，他不得不进行无休止的斗争——但是没有什么东西动摇过他对他人的信任，他试图通过必要的、不知疲倦的思想工作来表明这种信任的正确性。

他的信念也经受住了他个人不幸遭遇的考验。我想说的是，也有他生活所在的时代的不幸，还有人类的不幸。在我们这个动荡的时代里，这位娇小瘦弱的男子形象，在最近几年里已经变得如此易于悬而未决和容易被识破，对此我激动地怀着钦佩的心情，对这位男子形象信誓旦旦地说，他的信念仅仅更多地把老态龙钟和此后的闪光意识保持在柔弱的平衡中。而衰弱多病身体的种种变化还从未损毁过他的思想世界的美好条理。在逝世前六个月时，他还保持着明智和谦虚的微笑。根据他自己的请求，他被告知，他的疾病是致命的。而在我们最后的交谈中，就在他去世前不久，他还始终用他天生教师的一如既往的热情讲授，嘴里一直抽着香烟，从未改变的还有在他消瘦的脸上带有害羞的微笑，似乎不断显现出某种歉意，但他比听取他的意见的学生更明白某些事情。显而易见的是，他严格按照苏格拉底的无拘无束的做法，平静地面对他的死亡。

格奥尔格·卢卡奇相信有一个幸福的未来。或者我们说的是一个比较幸福的未来。他是宽宏大量的，这不仅表现在他的思想上，也表现在他的生活中。他理解造成的某些牺牲，对此他不再谈论。他具有非凡的天赋，这也意味着他的思想比当时社会曾经提供给他的权力更有价值。在同人们的交往中他是谦虚的，而在思想的交流中他是严谨无情的。这一点正好说明他的个人形象的巨大魅力和吸引力：他具有从不使人疲倦且温和的说服力；他也并不软弱，并具极坚强的信念。人们知道应该遵循什么。人们可以依靠他来磨练自己的人格。虽然他不惧怕即使接待他的最谦逊的反对者，但即使他的矛盾之处也是一种声望的证明。他与他的思想是如此一致，以至于直到最后他都感到未能受到伤害。

在一位朋友的墓地上，人们尝试把所有的疑问和同情概括为一个终结的问题：他的生活曾经是怎么样的？对这一问题给出一种令人满意的回答是很困难的。即使对于最敏锐的眼光来说，另一种疑问也是看不透的。即使我也满怀疑惑，但仍希望我们的衡量工具没有欺骗我们，对安慰的利己追求也没有把我们引入歧途，所以我尝试相信我们伟大的朋友格奥尔格·卢卡奇过了一种幸福的生活。他自始至终都能够在他自己选择的道路上工作，直至最后的时刻他都能够遵循自己选择的纪律的各种规则，在一个自己选择的社会制度中来进行。因此，他可以在坚定的信念中结束他的总结：他光荣地经受住了他赋予自己的责任的考验。

这一想法也许对我们大家来说都是一种巨大的安慰，我们现在不得不把他的孤独思想换成使他的精神起到活生生的作用。

（1971年6月4日卢卡奇逝世）

（原载联邦德国文学杂志"Text + Kritik"，第39～40期，Georg Lukács专辑，1974年）

附录二　匈牙利纪念卢卡奇一百周年诞辰提纲

——匈牙利社会主义工人党中央委员会文化政策工作部决议[*]

一

卢卡奇（1885~1971年）是20世纪影响最大的哲学家之一。

卢卡奇是作为资产阶级理论家开始自己的哲学生涯的。在长期的思想发展过程中，他接近了马克思列宁主义。1918年以后，他的生活道路（包括所有斗争，乃至冲突）是同工人运动、共产党和建立社会主义社会的斗争密切联系在一起的。他成长为思想家的道路证明，在我们这个时代要取得具有划时代意义的哲学成就，对马列主义、工人运动和伟大社会主义革命及其开创的社会主义变革的世界历史意义的认识，起着重要作用。

作为匈牙利进步知识界的积极战士，封建匈牙利的不可调和的批评家，卢卡奇对社会生活和政治产生影响始自20世纪初。他在第一次世界大战中坚持反对军国主义的立场，1918年加入匈牙利共产党，不久即成为匈共领导人之一。在苏维埃共和国时期，作为人民委员，他积极从事政治宣传工作。共和国失败后，他在秘密斗争和流亡中担任过各种领导职务，同反革命制度进行斗争。20世纪30年代初，他在德国共产党内以反法西斯主义的精神从事文化和文学的政治组织和理论工作，为争取人民阵线政策的胜利而斗争。在苏联，他作为联共（布）党员所从事的公开的和政治性的活动的中心是继续发展、传播和普及马列主义理论。匈牙利解放后，卢卡奇投身于匈牙利的创建、巩固和其后的社会主义改

---

[*] 这个文件是匈牙利社会主义工人党中央委员会文化政策工作部根据该党政治局的决定拟定的。——编者注

革,是国际和平运动的创始人之一,进行过广泛的文化政治和思想工作。直至逝世为止,他都是匈牙利和国际工人运动中的一名积极战士。

卢卡奇的毕生理论工作,为 20 世纪理论的发展做出了重大贡献。在他的马克思主义的哲学著作中,他特别注重分析马克思、恩格斯和列宁的哲学遗产、辩证法、认识论和历史唯物主义的现实问题、德国古典哲学史和批判现代资产阶级的哲学。

在他毕生的事业中,艺术哲学以及美学理论和美学史占据着突出的位置。早在青年时期,当时还不是马克思主义者的卢卡奇,已在许多著作中开始研究艺术理论、艺术作品、戏剧、诗歌和小说。发现艺术反映的特性,创立现实主义和社会主义现实主义理论,是他在美学方面所取得的最重要成果。无论对艺术和文学政策,还是对教育政策,卢卡奇的美学著作中都有重要论述。他的艺术理论,为 20 世纪的欧洲文化做出了卓越贡献。他对德国、法国、英国和俄国以及苏联文学史的专论和研究(尽管存在争议),赢得了广泛的国际承认,仍具有现实意义。

卢卡奇的生活道路和毕生事业同匈牙利 20 世纪的历史不可分割地联系在一起,是这个时期匈牙利文化发展的有机组成部分。匈牙利的历史转折直接激励着他,使他走上了革命、革命工人运动和马克思主义的道路。卢卡奇的科学哲学活动汇入匈牙利 20 世纪文化的主流,而这个主流是以安德烈·奥迪、贝拉·巴尔托克、阿提拉·约瑟夫和吉乌拉·戴柯维特[①]等人的名字为标志的。

同时,与同代人一样,卢卡奇的活动和功绩远远超越了本民族的界限。半个多世纪以来,卢卡奇积极参加国际阶级斗争。他是一位卓越的马克思主义思想家,最深刻地体验了他那个时代世界历史的冲突和基本矛盾,毕生忠实于共产党。卢卡奇始终坚持和平事业,反对战争、军国主义和后来的法西斯主义,坚持反对形形色色阻碍各国人民觉醒和自觉地创造历史的反理性思想。为争取各国人民和民族的解放和自我解放,为国际声援,反对压迫和任何形式的民族主义仇恨,反对任何形式的种

[①] 奥迪(Andre Ady, 1879~1919 年),匈牙利诗人;巴尔托克(Bela Bartok, 1881~1945 年),匈牙利作曲家和钢琴家;约瑟夫(Attila Jozsef, 1905~1937 年),匈牙利诗人,工人家庭出身并投身于工人运动,后自杀身亡;戴柯维特(Gyula Derkovits, 1894~1934 年),匈牙利画家。

族和宗教歧视，他进行了不懈的斗争。他以自己的著作和思想，投身于争取建立一个无阶级社会这场具有世界历史意义和世界历史规模的斗争。他深信社会主义的优越性，驳斥一切对资产阶级民主的幻想。

卢卡奇在世时，他的事业、著作和政治态度已经引起过不少争论。政治和理论上的敌人痛恨他；即使在革命运动内部，他的观点也常常受到尖锐的批评。现在，他的哲学遗产仍然处在世界范围思想斗争的前沿。这是因为，卢卡奇的毕生事业的中心问题同当代的基本问题和矛盾密切相关，他所提出的以及在著作中所涉及的大部分问题仍然具有现实意义。但是，对卢卡奇的不同评价，主要还在于对他的著作了解不够，进行的科学分析和整理不够。

可以预见，全世界将纪念卢卡奇一百周年诞辰。因此，为了迎接这一事件，匈牙利社会主义工人党中央委员会文化政策工作部就评价和整理这位理论家的生活道路和哲学生涯拟定了提纲。当然，文化政策工作部的目的不是对卢卡奇一生中有争议的问题做出结论。相反，它想以此推动对卢卡奇哲学遗产的更有计划和有效的研究。

在评价卢卡奇一生的时候，人们应该考虑到内在的发展，以及他那坦率的探讨愿望和对自己思想道路的批判态度。所以，对于每部著作和观点中的策略、战略和政治思想动机之间的联系，理所当然应该加以综合分析。卢卡奇从不认为自己一贯正确，他需要反面的意见和争论。他所理解的马克思主义是一种活跃的理论和方法，需要创造性地加以应用。只有这样，它才能够提供回答现实问题的钥匙。卢卡奇的一生，包括所有重大的、决定性的变化，构成一个统一的有机整体，其内部逻辑的主线是马列主义活动的充分发挥。

卢卡奇是同匈牙利大批青年知识分子一起走上自己的道路的。在20世纪第一个十年里，他们在当时欧洲文化进步倾向价值观的基础上，坚决抵制奥匈帝国统治阶级的官方文化和精神世界以及匈牙利精神生活的瘫痪落后和地方主义，其中不少人接触到了马克思主义。卢卡奇在政治立场上发生突变，主要由于当时发生的具有决定意义的历史事件：帝国主义的世界战争和俄国无产阶级革命的胜利。除此之外，在这一过程中，安德烈·奥迪的抒情诗起着关键作用，影响着卢卡奇的一生。

1918年以前，卢卡奇的马克思主义前期活动，是以"浪漫的反资本主义"这一概念为标志的。早在学生时期，他就曾读过马克思的一些著作，如《资本论》，但没有理解马克思主义的实质。第一次世界大战爆发后，他日益坚决地努力克服资产阶级立场，同情工人运动和倾向社会主义学说。格奥尔格·索列尔[①]、罗莎·卢森堡和埃尔文·萨博[②]的观点对他产生过强烈影响。

青年卢卡奇的哲学美学发展，是不断追求一种能够回答当代重大问题和矛盾的世界观。这种以"进步理想主义"为动机的努力，受到过各种理想主义思潮的影响，这些思潮在20世纪初曾强烈地感染过欧洲的进步知识界。可是，与此同时，在他早期的批判文章、散文、文学史和美学著作中，艺术哲学问题已经同社会和历史问题密切联系在一起了。

卢卡奇不仅反对帝国主义世界战争，批判当时公开的社会民主主义的沙文主义思想和"祖国"立场，而且在道德方面也拒绝资产阶级的生活方式，拒绝"敌视人和思想极其空虚"的世界，虽然他认为，在很长时间里，要现实地克服它仅仅是一个伦理学任务。总之，在他还没有发现现实的社会力量，并且未能积极地投身到这种力量中去之前，卢卡奇对资产阶级制度和文化的批判还带有悲观和理想主义的色彩。最后，在十月革命胜利了的无产阶级中，在由共产党所领导的工人阶级中，终于找到了这种力量。

二

1918年12月，卢卡奇加入了当时成立的匈牙利共产党。他在晚年写道："毫无疑问，我发展成为一名共产党人，是一生中的最大转折。"

接着不久，他积极参与了党的宣传工作。1919年2月，被选为中央委员。匈牙利苏维埃共和国宣告成立后，他当选为文化教育人民委员。反革命入侵时，卢卡奇奔赴前线，担任匈牙利红军第五师政治委员。作为文化政治家，他从人民的利益出发，并在人民的积极配合下，致力于教育政策的民主改革，维护匈牙利和其他国家进步艺术的价值，并且鼓

[①] 索列尔（Georges Sorel, 1847～1922年），法国政论家、哲学社会科学家，曾同时支持列宁和墨索里尼，后成为法西斯主义的鼓吹者。
[②] 萨博（Ervin Szabo, 1877～1918年），匈牙利政治家和马克思主义理论家、翻译家。

励加以革新。他本着这种精神,在无产阶级专政的文化工作中,给予重要的资产阶级人道主义艺术家和社会主义的艺术家派别以同样的位置。当然,他那时在理论上对资产阶级与无产阶级文化之间联系的理解,还是相当抽象的。

苏维埃共和国失败后,卢卡奇遵照党的指示留在国内,领导党的重要组建工作。他转入地下,不久被迫流亡国外。在流亡到维也纳的前几年,他仍然不愿意承认欧洲的革命高潮已经过去。像工人运动的很多其他领导人一样,卢卡奇也认为,通过"直接的行动"可以重新掀起世界革命浪潮。1920年,这种错误也受到列宁的批评。

可是,对于匈牙利工人运动的形势,对加强党的可能性、党的任务和所要采取的策略,卢卡奇的估计还是现实的。后来,在回忆这段历史时,他认为自己的政治立场是矛盾的,在国际工人运动的问题上存在宗派主义,同时也曾批评过匈共的宗派活动。

20世纪20年代,他积极参加领导党的国内外工作、宣传工作和干部的培养。1928~1929年,在准备召开匈共第二次代表大会期间,卢卡奇对党的任务进行了深刻分析,并借用他从事地下工作时的化名,提出了著名的《布鲁姆提纲》。该文件在谈到党的战略时指出,目标不是无产阶级专政,而是实现工农民主专政。几年以后,该文件所阐述的具有历史远见的立场在人民阵线政策中得到了贯彻。同时,该文件也被打上了当时宗派主义的烙印。由于遭到批评(这些批评反映了党内的派别斗争和日益增长的教条主义),卢卡奇撤销了提纲草案,并进行了自我批评。对他来说,提纲被否定,自己当然要退出匈牙利党的政治工作。

在维也纳流亡的十年,是卢卡奇马克思主义发展中的重要阶段。作为思想家,他的发展中心是对马克思和列宁的遗产、十月革命和匈牙利无产阶级专政的经验进行理论加工。卢卡奇这一时期最重要的且迄今争议最多的一部哲学著作为《历史与阶级意识》。他对马克思主义的方法、资本主义的异化关系、资产阶级的思维方式和无产阶级的阶级意识的解释,以一种新的方式充实了辩证法和许多概念,迄今为止仍然有效。卢卡奇强调马克思主义方法的一贯的历史性,马克思主义思想和革命批评的普遍性和严密的统一性。

对于"帝国主义时代的马克思主义"——列宁的著作,他也突出这些同样的特点。在1924年的一部著作和以后的许多文章中，卢卡奇认为列宁的意义主要在于，作为理论家和革命家，列宁关于把无产阶级革命的理论与实践统一起来，即使日常的策略性决断也能始终从战略目标和理论出发，从而开创了马克思主义历史的新时代。

与此同时，在20世纪20年代中期的著作中，卢卡奇仍然错误地认为，无产阶级的阶级意识具有创造历史和现实的"救世"力量。他的革命主观主义、救世主式的倾向和对客观的自然辩证法的否认，一方面形成了对他思想的合理批评（在这一借口下，也有不少教条主义的指责）；另一方面，后来也成了修正主义、假激进派和左派思潮的发源地。后来，卢卡奇曾多次明确地修正过自己当时的观点，坚持反对试图将《历史与阶级意识》解释成同"苏联的马克思主义"相对立的所谓"西方马克思主义"的里程碑，反对将他的错误说成功绩。

三

对卢卡奇来说，1930～1945年这15年是其马列主义理论创作深化和其活动充分发挥的时期。

1930～1931年，作为莫斯科马克思、恩格斯、列宁学院的成员，他研究过许多极其重要的马克思手稿。1931～1933年，他在德国做党的工作，积极参与无产阶级革命作家联盟的活动。在认识德国古典哲学和文化遗产以及艺术价值对社会主义艺术的意义方面，在创建反法西斯主义联盟方面，卢卡奇都起过重要作用。

法西斯主义在德国上台后，卢卡奇继续在苏联活动，除进行学术研究外，他作为《文学批判》和《国际文学》的工作人员，也参加文学和思想生活。共产国际第七次大会后以及后来在第二次世界大战期间，他有可能直接从事政治工作（先是在国际工人运动范围内，然后在匈牙利工人运动中）。

在伟大的卫国战争期间，他对法西斯主义斗争做过积极贡献，有力地揭露了法西斯主义的意识形态，并积极参加苏联政治宣传机构的工作。作为战斗的人道主义者、反法西斯主义战士和马克思主义者，他为争取人民阵线政策和胜利进行过斗争。

卢卡奇以一个"从事写作的共产党人"的责任感,承认苏联在社会和文化发展中所取得的成就。在"文雅之士"和"人民性代表"之间展开的讨论中,他出于同样的责任感,主张对于匈牙利进行民主改革所不可缺少的反法西斯主义的团结,主张进步力量结成统一战线。

对当时出版的青年马克思主义的著作和列宁哲学遗著的了解,大大推进了卢卡奇学术研究工作的开展。所有这一切,有助于他克服《历史与阶级意识》中所代表观点的局限性。从那时起,他在哲学研究中更加一贯地运用马克思主义和列宁的理论和方法。

这一时期,卢卡奇主要致力于分析资本主义社会的腐朽没落的资本主义的意识形态和艺术。他在同当时资产阶级流派进行斗争的过程中证明,在帝国主义时代,马克思主义和工人运动有能力维护进步的革命的资产阶级的古典思想遗产,如哲学领域的辩证法成果。同时,为捍卫马克思主义,卢卡奇不仅同帝国主义时代的各种反动流派,也同歪曲、庸俗和教条主义的解释进行过斗争。

在莫斯科流亡时期,为创立马克思主义的美学及其原则和范畴的历史应用,卢卡奇开展了广泛的研究工作。他的美学著作的中心是现实主义理论,其哲学基础是马克思和列宁的反映论。他把反映论应用于美学的同时,创造了"艺术真理""强化整体性""艺术领域的特殊性""典型化"等概念。卢卡奇的艺术反映理论,同时批判庸俗机械的反映和对现实进行主观主义的歪曲,承认艺术在内容上的客观党性。在马克思、恩格斯和列宁的理论基础上,他同时批判资产阶级的"纯艺术"观点和把艺术作品仅仅看做理论和政治提纲和日常工作的传声筒的"倾向艺术"实践。

20世纪30年代,卢卡奇完全抛弃了青年时代在美学、戏剧和小说理论方面所代表的方法基础。马克思历史哲学和列宁关于艺术的论述的应用,使他能够以新的方法分析歌德与托尔斯泰、巴尔扎克与托马斯·曼、高尔基与肖洛霍夫的艺术以及历史小说的特点。

他的美学、文学史以及批判活动的基本目的在于,寻求古典文化、人道主义和理性主义遗产、民主传统、现实主义艺术和反法西斯主义人民阵线政策之间的密切联系。在20世纪30年代尖锐的文学理论讨论中,卢卡奇的某些论断(后来他自己也做过修正)之所以片面,其中尤其低估了某些社会主义先锋派和现代资产阶级艺术的意义，原因就在这里。

卢卡奇在苏联发表的哲学著作中，最重要的要算是《青年黑格尔》。他在这部著作里认为，这位德国古典哲学中最伟大人物的早期著作是马克思主义的一个源泉，并对黑格尔的辩证法提出了详尽的、有科学根据的、马克思主义的评价。这部著作阐明（远远超越《历史与阶级意识》的水平），最抽象的哲学范畴和思想是从经济和社会之间的客观关系中产生的。

这一时期，卢卡奇哲学活动的另一重要领域是论述资产阶级哲学的危机，历史地分析和批判德国法西斯主义意识形态。几乎可以肯定，他所揭示和分析的19世纪和20世纪哲学流派以及现代反理性主义本质的许多基本特点（反科学性、反历史的神话、宗教无神论、间接的诡辩论、对绝望和无出路的真心与不真心的证实、绝望的生活哲学）仍然有效。

四

第二次世界大战的结束和战胜法西斯主义，在世界历史上开始了一个新时代，卢卡奇的生活道路也开始了一个新阶段。1945年，他回到业已解放的匈牙利。作为党的著名意识形态专家，卢卡奇最直接地参加了清除匈牙利社会中历史所造成的落后，争取文化民主和争取知识分子的斗争，以及关于政治和艺术的讨论，为党的阵地和马列主义在科学文化领域的阵地的建设做出了重大贡献。他从一开始就积极参加国际和平运动，在世界和平理事会工作中发挥了卓越的作用。

1945~1948年，在关于匈牙利社会发展的基本问题上，卢卡奇按照那时党的立场，反对资产阶级的（或者像他当时经常表述的那样：表面的）民主，主张坚持人民阵线政策和进行革命的变革，通过一切民主力量的团结，清除过去统治阶级的物质特权、精神垄断以及反动派和法西斯主义的残余，挫败右的复辟企图，建立直接代表劳动人民的机构，建设具有平民内容的民主。在文章和报告中，卢卡奇毫不怀疑，这一过渡形式的阶级内容（将来要导致过渡到社会主义）是工农政权。

1949年讨论卢卡奇著作的背景是，向无产阶级专政过渡的问题以及在这当中所出现的曲解和在冷战气氛中不断扩大的宗派主义的思想文化政治的后果。他的现实主义理论、关于社会主义现实主义和党性的论点所遭到的猛烈抨击，实质上是教条主义的攻击。历史上尚没有做出结论而多数讨论者不了解过去，也影响了这场论战。卢卡奇的观点被认为是一种向《布鲁姆提纲》倒退的右的倾向。在政治攻击面前，卢卡奇被迫做了自我批评，并且被暂时排斥于公众生活之外。

具有历史意义的苏共二十大，也为卢卡奇创造了新的有利条件。他把从二十大决议中得出思想结论并加以理解，作为自己的主要任务，他总结了匈牙利劳动党领导人所犯的严重错误和在建设社会主义中所出现的曲解的教训，反对继续20世纪50年代的政治实践，并且不断地片面地主张非一贯性。他一方面完全正确地强调同错误坚决地进行决裂，要求民主化，另一方面对世界政治力量对比产生的危险缺乏实事求是的估计。当时，卢卡奇也反对资产阶级民主主义这一选择，但在寻求摆脱危机的出路时却没有现实地估计到日益威胁社会主义的右的危险。

1956年10月25～30日，卢卡奇作为国民教育部长，参与政府和匈牙利劳动党中央领导机构，11月初进入匈牙利社会主义工人党首届临时政治局。在1956年以前和反革命时期，卢卡奇都没有参与伊姆雷·纳吉集团。他在反革命时期所发表的声明中，一方面坚持反对宗派主义的歪曲，另一方面也反对民族主义的努力。即使在当时，他仍然认为匈牙利社会主义前途的保证在于同苏联结盟，不同意旨在使国家脱离华沙条约的种种企图。同时，他却低估了修正主义和反革命的危险。

在镇压反革命时期，卢卡奇犯了政治错误，从而使他同党的直接组织联系中断了将近十年。1957年，卢卡奇退休。在随后的十年里，他主要从事自己的科研工作。

对卢卡奇在民族历史的危机时期所犯下的错误，在匈牙利社会主义工人党20世纪50年代末60年代初的决议中已进行过多次批判。这些决议同时也反映了巩固阶段的内部斗争。对卢卡奇政治错误的批判和谴责，有时也扩大到他整个马克思主义的一生，认为他的政治态度同所谓错误的理论观点有直接的联系。因此，对他在理论上所做的努力和某些政治著作的评价往往是片面的。

这些不公正的批判，并没有帮助卢卡奇真正认识自己的错误和失误，而是延缓了他回到（如他自己所说）"马克思主义的故乡"，回到工人运动中来。由于认识到匈牙利社会主义工人党政策的正确性，对马克思主义和工人运动的无限忠诚以及理论、政治、道义上的深刻联系，卢卡奇对自己进行了批判性的审查。他出于自己的信念，承认在当时思想斗争中的最大危险是修正主义，但从教条主义立场出发却不能成功地同它进行斗争。

对于享有国际威望的科学家——卢卡奇同党的冲突，资产阶级宣传机器也在大力加以利用。即使在巩固时期，卢卡奇仍然承认社会主义，虽然资产阶级企图占有他的观点。他的某些提法虽然值得商榷和容易被人利用，但是决定性的是他对马克思主义信念的承认，卢卡奇认为，"对现实社会主义的客观社会主义特点的怀疑"是资产阶级的诬蔑。

中国社会主义的发展和中国共产党的马列主义政策，对卢卡奇的政治思想产生了强烈影响。通过与过去不同的实事求是的批评和维护社会主义事业的对话，促进了卢卡奇同党的关系的处理。所有这一切，使卢卡奇接受了党的政治路线。同时从1967年起，他又可以作为匈牙利社会主义工人党的党员继续工作，以前的党籍也得到了承认。从这时起，共产主义运动的老战士、经验丰富而享有盛誉的思想家卢卡奇同党的关系，充满着信任和在基本原则问题上的一致。

在准备和推行经济体制改革的过程中，卢卡奇强调匈牙利社会主义工人党对认识改革的必要性和领导改革所起的重要作用。在他一生的最后几年里，卢卡奇特别强调继续发展社会主义民主的必要性，因为他认为这是继续改革以及进行马克思主义革新的保证。在当时的政治表态中，他始终强调苏联为拯救人类和维护和平所建立的不朽历史功勋，以及它对人类和社会主义前途的意义。

同时，他在评价某些政治事件和历史进程时，也有许多值得商榷和错误的观点。即使在他的晚年，资产阶级宣传机器仍企图利用卢卡奇的某些言论，用于反对苏联和社会主义（卢卡奇本人也曾指出过，发表他的言论未经他本人审阅并受到了歪曲）。这些企图，往往在共产党人和马克思主义者中间引起对卢卡奇的怀疑，成为片面评价的根源，妨碍和拖延了对卢卡奇研究成果和价值的认识和利用。对这些干扰因素的产生，卢卡奇的不少学生也是负有责任的。正是在那些年里，他们逐渐陷入了同马克思主义、共产主义运动，甚至同卢卡奇的思想世界的矛盾。

在其马克思主义发展的最后阶段,卢卡奇总结了已在苏联开始、尔后在匈牙利继续进行的研究成果,以其巨著丰富了哲学和美学。这些著作证明（尽管其中还存在某些值得商榷的结论）,卢卡奇力求在马列主义基础上综观当代重大问题,并从理论上加以综合分析,是卓有成效的。

20世纪50年代,卢卡奇继续进行早已开始的对资产阶级哲学和法西斯主义意识形态的批判工作,并且还补充了对战后有影响的反理性主义流派的分析。这一工作的成果就是完成了《理性的毁灭》一书。这部著作不仅是卢卡奇同法西斯主义进行斗争的哲学总结,也是同冷战时期资产阶级哲学流派所进行的广泛思想斗争。同当时的倾向的批评家相反,卢卡奇在著作中把唯物主义与唯心主义的斗争并不局限于理性主义与反理性主义的矛盾,而是以马克思主义唯物主义的方法,分析在社会历史发展过程中错误意识和敌视人的意识形态是如何产生的,在一定社会条件下是怎样变成破坏社会的物质力量的。从哲学思想的消极倾向中得出社会历史教训,是有现实意义的;在保守思想、右倾思想重新抬头和企图复活冷战的时期,具有更加特殊的现实意义。

在他一生的最后十年里,卢卡奇对自己20世纪30年代美学和艺术理论的研究,做了实质性的发展、扩展和概括。这一科学研究的高峰是60年代初出版的总结性著作《审美特性》。对日常生活与艺术以及美学与科学的反映形式之间的关系,这部著作进行了辩证唯物主义的分析和系统的理论探讨。

这一巨著是将马列主义应用到美学领域的无与伦比的尝试。如同对卢卡奇关于美学客观性与主观性的关系、艺术作品的结构、各种艺术的感受及其特点的观点,需要进一步深入分析和评价一样,对他重新解释的许多范畴,如种类的适中性、个性、模仿、疏导与特殊,也需要如此。这部著作的最大功绩在于,它把艺术描述为人类的一种感性意识,是人类争取自我解放和消灭阶级统治斗争的党性组成部分;按每个时代的标准不同而不同,但艺术同社会之间关系的中心是现实主义。

在最后一部未完成的巨著《关于社会存在的存在论》中,卢卡奇试图概括社会存在的基本联系。他所进行的大量工作,主要用来恢复马克思的存在论和客观辩证法,在唯物主义存在论的基础上创立一个概念体系,用以深刻分析现代资本主义和社会主义的社会与精神的运动规律以及我们时代的存在和意识。卢卡奇指出，存在是一个历史过程，其主要形式和阶段以及它们之间的联系，只能在其整体中加以考虑，它们的范畴也只能在其具体的、一般的历史性中加以考虑。

卢卡奇自从成为共产党人和马克思主义者以来，直至生命的终结，始终不渝地捍卫和继续发展马列主义的经典遗产，巩固和改革其辩证唯物主义的历史基础。虽然过去和现在还有人在怀疑他是不是马克思主义者，为证明这一点，有时甚至试图用一个卢卡奇反对另一个卢卡奇，但这一事实并不能改变卢卡奇一生的创作和活动中的上述决定性倾向。

对卢卡奇及其观点不断以各种形式进行讨论和思想争论，在他生前是如此，在他去世之后仍然没有停止，表明了卢卡奇著作的意义。对他的观点的评价和讨论，过去和现在都受到他本人曾积极参加的政治斗争的很大影响。在他生前所发动的三次"卢卡奇辩论"，今天业已成了历史。它反映了各个时期工人运动、社会主义和马列主义理论的历史地位、发展和内部矛盾，以及观点的对立。

目前，社会主义社会和国际工人运动的发展条件日益允许和要求对卢卡奇的活动及其理论与实践遗产，进行客观的马克思主义的分析和评价。

作为他的继承人，今天的马克思主义者所担负的任务是分析卢卡奇在寻求马克思、列宁的道路上所出现的矛盾，捍卫他那活跃的、充满创造力的哲学遗产，反对资产阶级、修正主义和教条主义的占有与排斥——它们的共同点在于把卢卡奇同马列主义割裂开来，否认他同共产主义运动的联系。

卢卡奇是20世纪的一位伟人，马列主义思想的卓越代表。他寻求社会客观规律、个人的历史作用、历史发展的必然过程和个人革命行动之间的辩证统一，寻求在历史中自我实现的可能性和所要争取的选择。他的一生证明，他认识到了我们这个孕育着危机的世纪中最广泛的矛盾和阶级斗争的规律，并且决心终生采取革命行动。他是作为哲学家成为共产党人的，而作为共产党人他又成长为一位社会科学家、思想家，不断同自己的失误进行斗争，为着马列主义思想的本质斗争。

卢卡奇在理论领域做出了不朽的贡献。作为马克思主义的思想家，他研究过历史的发展和当代的重大问题。他经历过并且深刻地分析了我们这个时代许多根本问题,不懈地研究和寻求解决这些问题的途径和手段。向整个进步人类揭示继承他的遗产和价值,是我们的光荣义务。

[原载(匈牙利)《社会评论》1983年第8~9期]

附录三　G.M. 塔马什：从未结束的卢卡奇争论

2017年1月25日，布达佩斯市议会决定将卢卡奇的雕像从位于市十三区的公园移除。G.M. 塔马什是匈牙利马克思主义哲学家和公共知识分子，他是维也纳人文科学研究所的访问学者。下面是G.M. 塔马什对此事件的评论。

1914年之前，卢卡奇的早期作品被匈牙利文学界所深感厌恶。他的作品被认为过于"德意志化"——那意味着，作品过于哲学化，而缺乏足够的印象主义和实证主义。当然，那仅仅是开始，从那时起，终其一生，卢卡奇始终被右翼不停地攻评。在左翼圈子内，卢卡奇亦未得到善待。当他最重要的一本书，《历史与阶级意识》出版时，遭到第二和第三国际的猛烈抨击，直到20世纪60年代该书方才再版。当时卢卡奇被下达最后通牒：如果他还想留在党内，就必须否定该书的内容，并且进行自我批评，而他最后也这样做了。

在20世纪30年代，卢卡奇在苏联遭到了猛烈的批判。他从维也纳搬到了莫斯科不久后，便被流放至塔什干，并被禁止发声。但是在1945年，匈牙利共产党仍需要他，或者更确切地说是他的名声。他不情愿地回到了匈牙利，后来民主德国也是一个定居选择。在1947～1948年匈牙利统一，共产党专政建立后，"卢卡奇争论"被正式郑重提出：他被攻击为"右倾路线分子""布尔乔亚"，一个不尊重苏联"社会主义现实主义"之人（说实话，他确实这样）。他被再次禁止发声，并被禁止教学，或用匈牙利语出版，但是他的一些作品被偷运进了联邦德国，并在那儿被印刷出来。

1956年，卢卡奇成为纳吉革命政府的一员。这也是他被苏军逮捕并被短暂递解到罗马尼亚的原因。当他返回匈牙利时，他已经被共产党开除，列入黑名单并且强制退休。他必须再一次将他的文章偷运到国外。在匈牙利和民主德国，都举行了对卢卡奇的批判活动。他被定性为"修正主义分子"和"反革命"。大量的文章开始对其挞伐，这些文字还被翻译成多种语言。

1968年，卢卡奇支持捷克斯洛伐克的改革和抗议苏联出兵，并支持西方的青年运动。他抗议苏联对布拉格的占领，这导致了他被共产党又一次剥夺权利。虽然后来在匈牙利改革过程中，他的党籍暗地里被恢复，在某种程度上得到平反，但是这一切来得太迟了，因为卢卡奇在1971年去世。他的学生也被宣传部门批判谴责，并且被列入黑名单；他们失去了工作，作品也被禁止出版。

在今日的匈牙利，卢卡奇却落得"人民的敌人"的身后骂名——因为他被判定：为匈共卡达尔（Kádár）政权效劳的党领导人之一、党的宠臣和宣传喉舌（但同一个政权却一直想令他闭嘴）。

在1956年的社会主义革命中，卢卡奇是一个真正的共产主义者。但是他一生中最重要的革命是在1917年。在布尔什维克革命之前，卢卡奇是一个悲观的保守主义者。他与许多同时代的德国和奥地利作家一样，从右翼方面憎恶布尔乔亚。但是在1917年，他不再缄默，并抛弃了对传统的一切幻想。对于他和许多他的同辈们来说，革命带来了拯救：通过宣扬对剥削、阶级分化、脑体差别、恶法、财产、家庭、教会、监狱种种的终结，革命拯救了他们的心灵。从另一方面来说，革命也象征着国家的终结。

革命也意味着乌托邦的终结。在1919年（匈牙利社会主义革命之年）卢卡奇所写的文章①："无产阶级的阶级斗争既是革命自身的目标，亦同时是它的实现。"因此，人类社会的驱动力是历史，而非乌托邦。因为无产阶级革命的目的并不在世界之外，而内蕴其中。不能否认这种历史观带有宗教寓意，因为在一些卢卡奇后来的声明中亦有所呼应。例如，尽管卢卡奇对共产党失望，但是他仍然坚持留在党内——因为教会之外无救赎。正是他和其他共产党员的良心，而非那些党领导人一时的政治和意识形态宣传，让党保持了正当性。

在他的主要著作之一的《青年黑格尔》（1948年第一版）中，卢卡奇讲了一个大思想者批判基督教"实证性"的故事，黑格尔反对基督教

---

① 指的是卢卡奇早期的文章《策略与伦理》。

会视宗教仅仅为传统和制度价值网络。具有讽刺意味的是，为了将法国革命的成果从革命浪漫主义和狂热中解救出来，这位思想者成了传统秩序、实证性的最重要的捍卫者。我认为这个故事，正是卢卡奇思想自传的隐喻。言外之意，他也承认无力改变。

西方人现在只知道反对共产主义的自由主义，这是由反法西斯的流亡人士如卡尔·波普（Karl Popper）、汉纳·阿伦特（Hannah Arendt）和迈克尔·波兰尼（Michael Polanyi）以及前左翼人士如乔治·奥威尔（George Orwell）、伊尼亚齐奥·西洛内（Ignazio Silone）和阿瑟·库斯勒（Arthur Koestler）所开创的传统。在1968年之后，这种反共思潮逐渐由中东欧以及苏联的持不同政见者和地下人权组织所接续。但是，在西方鲜为人知的是另一种"白卫军"式的反共思潮，在第一次世界大战和第二次世界大战期间，这种思想在欧洲大陆广为流传，在今日的中东欧，包括匈牙利，又有复燃之势。"白卫军"视社会主义和共产主义为下层的崛起。对于这些反共分子来说，共产主义不是意味着太少而是太多的自由，而平等思想是一种反自然的罪恶。

然而，当一个人在公园中，感觉竖立有争议思想家的雕像是为了鸽子（栖息）的时候，他必须认识到：正是这些反共分子准备毁掉卢卡奇的雕像。他们亦将会拆散卢卡奇的档案馆（由匈牙利科学院所拥有和管理，他们胆怯地一事无成），丢弃到布达佩斯肮脏的旮旯里。

而且，卢卡奇是犹太人，当局不会公开地宣传他们的反犹主义，但是移走雕像这一事件是反犹主义活动的一部分。

作为现在人类史上伟大革命的见证者和哲学家，卢卡奇的存在绝不见容与维克多（Viktor）政权。他的"国家合作系统"宁愿膜拜足球和杜松子酒。

（原载《洛杉矶书评》）

附录四　中国已出版和发表的卢卡奇论著目录

〔匈〕卢卡奇：《左拉与现实主义》，孟十还译，《译文》1935年第2期。

〔匈〕卢卡奇：《论新写实主义》，王春江译，《文艺月报》1940年1月5日。

〔匈〕卢卡奇：《论文学上人物底智慧风貌》，周行译，《文艺杂志》1944年第3期。

〔匈〕卢卡奇：《青年黑格尔》，王玖兴译，商务印书馆，1963。

〔匈〕卢卡契：《卢卡契文学论文论》第1~2册，中国社会科学出版社，1980、1981。

〔匈〕卢卡奇：《资产阶级美学中关于和谐人的理想》，章国锋译，中国文联出版公司，1985。

〔匈〕卢卡契：《卢卡契文学论文选》第1卷，范大灿编选，人民文学出版社，1986。

〔匈〕卢卡奇：《历史与阶级意识》，张西平译，重庆出版社，1989。

〔匈〕卢卡奇：《理性的毁灭》，王玖兴译，山东人民出版社，1988。

〔匈〕卢卡奇：《社会存在本体论导论》，沈耕、毛怡红译，华夏出版社，1989。

〔匈〕平库斯编《卢卡奇谈话录》，龙育群、陈刚译，湖南文艺出版社，1991。

《列宁》，张翼星译，（台北）远流事业股份有限公司，1991。

〔匈〕卢卡奇：《关于社会存在的本体论》（上、下卷），重庆出版社，1993。

〔匈〕卢卡奇：《卢卡奇早期文选》，张亮、吴勇立译，南京大学出版社，2004。

〔匈〕卢卡奇：《小说理论》，燕宏远、李怀涛译，商务印书馆，2012。

〔匈〕卢卡奇:《民主化的进程》,寇鸿顺译,广东人民出版社,2013。

〔匈〕卢卡奇:《审美特性》(上、下册),徐恒醇译,社会科学文献出版社,2015。

附录五　中国已发表和出版的关于卢卡奇的主要论著目录[*]

毕治国：《"新马克思主义"者——卢卡奇》，《学习与探索》1980年第 1 期。

舒谦如：《格奥尔格·卢卡奇》，《国外社会科学》1980 年第 2 期。

程代熙：《卢卡奇文学思想点滴——读〈卢卡奇文学论文集（一）〉》，《读书》1981 年第 2 期。

范大灿：《关于卢卡奇文艺思想的几个问题》，《世界文学》1981 年第 3 期。

范大灿：《卢卡奇对马克思恩格斯文艺思想的论述》，载《马克思主义文艺理论研究》第 1 卷，文化艺术出版社，1982。

徐崇温：《卢卡奇》，载《"西方马克思主义"》，天津人民出版社，1982。

杜章智：《关于卢卡奇和他的〈历史与阶级意识〉》，《马列主义研究资料》1983 年第 1 号。

燕宏远：《卢卡奇》，人民出版社，1983。

汪建：《三十年代卢卡奇与布莱希特的"现实主义论战"述评》，《外国文学动态》1983 年第 8 期。

曹天予、林春：《卢卡奇的思想和活动》，《马克思主义研究》1984 年第 3 期。

秦泽：《卢卡奇及其〈历史与阶级意识〉》，《红旗》1984 年第 10 期。

张伯霖等编译《关于卢卡奇哲学、美学思想论文选译》，中国社会科学出版社，1985。

王齐建：《马克思主义美学史上的一次重要论战》，《文艺研究》1985 年第 1 期。

---

[*] 据初步统计，1979 年以来国内发表或出版的关于卢卡奇的论著有 1100 多篇（部）。

范大灿：《文学是历史的一部分——对卢卡奇文学史观的评述》，《文艺研究》1985年第1期。

李稳山：《匈牙利发表文件重评卢卡奇》，《国际共运史研究资料》1985年第2期。

杜章智：《卢卡奇谈马克思主义的革新》，《国外社会科学》1986年第1期。

叶挺芳：《从两种不同的审美观看布莱希特与卢卡奇之争》，《外国美学》1986年第3期。

龚坤余：《国际卢卡奇会议在匈召开》，《国际论坛》1987年第1期。

陈伯善：《卢卡奇：一个有争议的马克思主义理论家》，《社会科学》1987年第11期。

徐崇温：《关于"西方马克思主义"研究中的若干问题》，《马克思主义研究》1987年第1期。

王逸舟：《卢卡奇政治理论简介》，《经济社会体制比较》1987年第1期。

郝立新：《一次失败的"马克思还原"——评卢卡奇的"新马克思主义"观点》，《贵州大学学报》（社会科学版）1987年第3期。

薛民：《G. 卢卡奇研究》，《哲学动态》1987年第4期。

张凤阳：《马克思主义辩证法的再探讨——卢卡奇〈历史与阶级意识〉一书述评》，《国外社会科学》1987年第11期。

杜章智：《"西方马克思主义"是一个含糊的、可疑的概念》，《马克思主义研究》1988年第1期。

徐崇温：《"西方马克思主义"问题种种》，《现代哲学》1988年第1期。

赵桂琴：《卢卡奇物化思想述评》，《辽宁大学学报》（哲学社会科学版）1988年第1期。

张本：《认真研究当代西方马克思主义》，《现代哲学》1988年第2期。

姜其煌：《卢卡奇论列宁》，《国外社会科学》1988年第2期。

童国木：《评卢卡奇和萨特的总体性理论》，《中州学刊》1988年第3期。

董建方：《一篇被遗忘的卢卡奇访谈录》，《国际论坛》1988年第4期。

徐荣庆：《苏联哲学界对卢卡奇的研究》，《北京师范大学学报》1988年第3期。

程伟礼：《一个对僵化精神进行游击斗争的思想家——读〈卢卡奇自传〉》，《探索与争鸣》1988年第3期。

周穗明：《卢卡奇的人与自然关系理论述评》，《福建论坛》（文史哲版）1988年第3期。

张翼星：《卢卡奇、葛兰西与一般"西方马克思主义"者的区别》，《马克思主义研究》1988年第4期。

杜章智：《佩里·安德森的"西方马克思主义"概念及其他》，《人民日报》1988年5月27日。

徐崇温：《实事求是地对待"西方马克思主义"》，《人民日报》1988年9月9日。

张西平：《卢卡奇论马克思主义哲学的本质》，《哲学动态》1988年第12期。

张西平：《历史概念的二重奏——卢卡奇〈历史与阶级意识〉研究》，《哲学研究》1988年第12期。

赵桂琴：《卢卡奇的物化理论》，《马列主义研究资料》1989年第1期。

王吉胜、童国木：《评徐崇温同志的"西方马克思主义"概念》，《马列主义研究资料》1989年第1期。

杜章智等：《如何看待卢卡奇》，《人民日报》1989年1月27日。

周穗明：《卢卡奇关于总体性的概念》，《马列主义研究资料》1989年第3期。

张西平：《论卢卡奇的"历史"概念》，《中国社会科学院研究生院学报》1989年第1期。

曾庆文：《试论卢卡奇的总体性原则》，《现代哲学》1989年第1期。

宫敬才：《正统马克思主义的真髓——卢卡奇〈什么是正统的马克思主义？〉述评》，《中州学刊》1989年第1期。

张西平：《要客观地认识卢卡奇和西方马克思主义的关系——兼与杜章智等同志商榷》，《马克思主义研究》1989年第2期。

翁绍军：《主客体在历史中的同一——卢卡奇哲学思想初探》，《学术月刊》1989年第2期。

宫敬才:《卢卡奇晚年对斯大林主义模式的批判》,《马列主义研究资料》1989年第2期。

杜章智、周穗明、翁寒松:《卢卡奇——真正的马克思主义者》,《马列主义研究资料》1989年第2期。

刘玉昕:《"西方马克思主义"研究中的几个方法问题》,《内蒙古社会科学》1989年第3期。

蒋斌:《总体性·辩证法·历史观——评卢卡奇对马克思主义哲学体系的重构》,《广东社会科学》1989年第3期。

徐崇温:《不要把唯心实践观说成实践唯物主义——评杜章智、翁寒松等同志的青年卢卡奇观》,《马克思主义研究》1989年第3期。

宫敬才:《"社会主义是从民主中产生出来的"——卢卡奇晚年对社会主义民主战略地位的论述》,《兰州学刊》1989年第3期。

范大灿:《两种不同的战略方向——卢卡奇与布莱希特的一个原则分歧》,《外国文学评论》1989年第3期。

范大灿:《两种对立的现实主义观——评卢卡奇与布莱希特的分歧与争论》,《文艺报》1989年8月19日。

高捍东:《〈历史与阶级意识〉中卢卡奇的马克思主义继承发展观基本思想述评》,《湘潭大学学报》(社会科学版)1989年第4期。

翁绍军:《主体·劳动·人的自由——卢卡奇哲学主题述评》,《毛泽东邓小平理论研究》1989年第4期。

余其铨、初秀英:《卢卡奇〈历史与阶级意识〉一书的辩证法思想述评》,《北京社会科学》1989年第4期。

宫敬才:《卢卡奇晚年对马克思主义命运的关注和展望》,《河北学刊》1989年第4期。

燕宏远:《关于卢卡奇的争论和评价问题》,《国外社会科学动态》1989年第7~8期。

周穗明、翁寒松:《要注重卢卡奇思想的精神实质——实践唯物主义》,《国外社会科学动态》1989年第7期。

陈学明:《卢卡奇的社会存在本体论》,《湖北社会科学》1989年第7期。

宫敬才：《近年来我国的卢卡奇研究》，《哲学动态》1989 年第 9 期。

张西平：《卢卡奇〈社会存在的本体论〉简述》，《现代哲学》1990 年第 1 期。

张翼星：《卢卡奇对列宁主义的理解——读卢卡奇的〈列宁〉一书》，《中州学刊》1990 年第 2 期。

贺兴安：《作为评论家卢卡奇的得与失》，《江淮论坛》1990 年第 2 期。

宫敬才：《哲学与时代的内在关联——卢卡奇〈理性的毁灭〉中的哲学（史）方法论思想》，《哲学研究》1990 年第 3 期。

章国锋：《卢卡奇美学思想的哲学前提和方法论基础》，《外国文学评论》1990 年第 3 期。

袁志英：《布莱希特与卢卡奇论争的由来》，《外国文学评论》1990 年第 3 期。

乔亨利：《如何理解社会存在和自然存在——兼评卢卡奇的社会存在本体论》，《中州学刊》1990 年第 4 期。

张西平：《卢卡奇论康德哲学》，《现代哲学》1990 年第 4 期。

刘秀兰：《卢卡奇与反映论》，《社会科学天地》1990 年第 4 期。

杜章智：《卢卡奇的〈历史与阶级意识〉》，《中州学刊》1990 年第 5 期。

乔亨利：《卢卡奇的社会存在本体论》，《学术月刊》1990 年第 5 期。

黄力之：《卢卡奇对非理性主义文学思潮的批判》，《求索》1990 年第 5 期。

张西平：《卢卡奇的〈历史与阶级意识〉与黑格尔哲学》，《学术月刊》1990 年第 6 期。

张西平：《要把握好〈历史与阶级意识〉的两重性》，《中州学刊》1990 年第 6 期。

周穗明：《卢卡奇对马克思主义哲学的理解》，《福建论坛》（文史哲版）1990 年第 6 期。

张翼星：《卢卡奇哲学思想研究分歧之我见》，《晋阳学刊》1990 年第 5 期。

刘象愚：《卢卡奇早期的美学思想》，《北京师范大学学报》1991 年第 1 期。

张翼星、杨生平：《试论卢卡奇的总体性思想，《江淮论坛》1991 年第 2 期。

姚剑波：《卢卡奇的总体性理论》，《学术月刊》1991 年第 3 期。

张翼星：《卢卡奇是怎样对待斯大林问题的》，《现代哲学》1991 年第 4 期。

高清海、刘少杰：《评〈卢卡奇自传〉》，《哲学动态》1991 年第 5 期。

张翼星：《卢卡奇开创了把马克思主义黑格尔化的先例吗？》《广东社会科学》1991 年第 3 期。

宫敬才：《卢卡奇论社会存在的特点及本质》，《河北学刊》1991 年第 5 期。

黄力之：《审美直觉的辩证理解——评卢卡奇的"直接性理论》，《求索》1991 年第 5 期。

蒋逸民：《评以自然存在为基础的社会存在本体论——卢卡奇晚年的哲学探索和贡献》，《南京社会科学》1991 年第 6 期。

宫敬才：《反映、选择与模仿——卢卡奇〈审美特性〉一书中的认识论思想》，《中州学刊》1991 年第 6 期。

潘征：《论卢卡奇哲学思想中的几个"热点"》，《中共福建省委党校学报》1991 年第 9 期。

刘昌之：《卢卡奇及其文哲思想》，（台北）联经出版事业公司，1991。

燕宏远：《卢卡奇·捷尔吉》，《著名马克思主义哲学家评传》，山东人民出版社，1991。

袁峰：《试论卢卡奇〈历史与阶级意识〉中的总体性范畴》，《西北大学学报》（哲学社会科学版）1992 年第 1 期。

陈祥明：《现实主义美学的新方向——卢卡奇美学思想评析》，《南京社会科学》1992 年第 1 期。

王有亮：《卢卡奇关于世界观与创作方法关系的理论》，《四川大学学报》（哲社版）1992 年第 2 期。

徐崇温：《透视"青年卢卡奇热"》，《中国社会科学院研究生院学报》1992 年第 3 期。

陈振明：《卢卡奇的"批判的科学哲学"理论——〈历史与阶级意

识〉的一个论题》,《科学技术与辩证法》1992年第4期。

赵桂琴:《论卢卡奇物化理论的历史地位》,《辽宁大学学报》(哲学社会科学版)1992年第5期。

陈振明:《青年卢卡奇的阶级意识理论——评〈历史与阶级意识〉的中心论题》,《社会主义研究》1992年第5期。

张翼星:《马克思主义辩证法探索的不同脉络——〈哲学笔记〉和〈历史与阶级意识〉之比较》,《江淮论坛》1992年第6期。

丁文祥:《何为卢卡奇的"真言"?——评〈历史与阶级意识〉的两种中译本》,《中国图书评论》1992年第6期。

赵桂琴、都本伟:《论卢卡奇的总体性范畴》,《中国人民大学学报》1992年第6期。

邵宏武:《主体性与客观性关系上的困惑——卢卡奇主客体理论述评》,《广东社会科学》1992年第6期。

刘怀玉:《从理性的背叛者到理性的捍卫者——论卢卡奇哲学思想的一次重要转折》,《中州学刊》1992年第6期。

黄力之:《要善于进行意识形态分析——卢卡奇研究杂记》,《文艺报》1992年12月12日。

宫敬才:《卢卡奇的哲学思想》,(台北)唐山出版社,1993。

黄力之:《马克思主义文艺学的现代启示——论卢卡奇现象》,《理论与创作》1993年第1期。

陈振明:《评青年卢卡奇的"新马克思主义"辩证法理论》,《中共福建省委党校学报》1993年第1期。

黄力之:《卢卡奇文艺思想的属性判断问题》,《求索》1993年第2期。

赵桂琴:《卢卡奇物化理论与马克思〈资本论〉中异化思想之比较》,《辽宁教育学院学报》1993年第3期。

杨建梓:《评卢卡奇的〈历史与阶级意识〉》,《山西大学师范学院学报》(综合版)1993年第4期。

陈振明:《青年卢卡奇对马克思主义哲学的解释和重建——〈历史与阶级意识〉新评》,《中国人民大学学报》1993年第5期。

周穗明:《卢卡奇和他的〈社会存在的本体论〉》,《人文杂志》1993

年第 5 期。

陈振明：《青年卢卡奇的"物化"理论评析》，《学术论坛》1993 年第 5 期。

杨魁森：《商品经济与人的物化问题——卢卡奇〈历史与阶级意识〉读后感》，《哲学研究》1993 年第 10 期。

黄力之：《信仰与超越：卢卡奇文艺美学思想论稿》，湖南文艺出版社，1993。

宫敬才：《卢卡奇的哲学思想》，（台北）唐山出版社，1993。

赵桂琴：《马克思与卢卡奇的异化理论之比较》，《辽宁大学学报》（哲学社会科学版）1994 年第 1 期。

范大灿：《异化、对象化、人道主义——卢卡奇的异化论》，《外国文学评论》1994 年第 1 期。

何林：《浅析卢卡奇的认识论思想——从认识论角度评〈审美特性〉》，《辽宁大学学报》（哲学社会科学版）1994 年第 2 期。

范文：《"西方马克思主义"性质评析》，《范文陕西师大学报》（哲学社会科学版）1994 年第 4 期。

张翼星：《卢卡奇对当代马克思主义哲学的贡献》，《安徽大学学报》1994 年第 1 期。

朱晓鹏：《探寻思想变革的生长点——简论卢卡奇对青年黑格尔思想的研究》，《河北大学学报》（哲学社会科学版）1994 年第 3 期。

张康之：《卢卡奇的"时间性"概念》，《求索》1994 年第 3 期。

张翼星：《资本主义社会特征的深刻揭露——卢卡奇的物化概念评析》，《学术界》1994 年第 5 期。

孙嘉明：《重塑社会主义观念形态：社会学的思考——兼评卢卡奇的〈历史与阶级意识〉》，《学海》1995 年第 1 期。

黄力之：《资本主义文化批判与现代主义——卢卡奇与法兰克福学派的研究》，《外国文学评论》1995 年第 1 期。

石婷婷：《论马克思的辩证方法论与卢卡奇"总体性"方法的关联》，《浙江社会科学》1995 年第 2 期。

张康之：《历史的总体与结构的总体——卢卡奇、阿尔都塞总体范畴比较》，《北京社会科学》1995 年第 3 期。

蒋逸民：《卢卡奇晚年对斯大林时期经济理论和政策的反思》，《南京社会科学》1995年第3期。

赵桂琴：《评卢卡奇的总体性范畴》，《辽宁大学学报》（哲学社会科学版）1995年第5期。

张康之：《卢卡奇的总体范畴与20世纪科学思维的契合》，《山东社会科学》1995年第6期。

吴齐林：《毛泽东、卢卡奇、葛兰西：哲学思想比较》，《南京大学学报》（哲学社会科学版）1996年第2期。

王雄：《卢卡奇与形式美学》，《文学评论》1996年第2期。

张立波：《论西方马克思主义的实践理论》，《北京社会科学》1996年第2期。

刘秀兰：《列宁对卢卡奇〈议会制问题〉的批评》，《延安大学学报》1996年第3期。

陈振明：《工具理性批判——从韦伯、卢卡奇到法兰克福学派》，《求是学刊》1996年第4期。

蒋逸民：《卢卡奇晚年对早期思想的超越》，《江苏社会科学》1996年第4期。

张康之：《卢卡奇论理论与实践的统一》，《马克思主义研究》1996年第5期。

张春姣：《卢卡奇"物化理论"与马克思"异化劳动理论"之比较》，《社会科学战线》1996年第5期。

苏平富：《卢卡奇的主观辩证法思想》，《江西社会科学》1996年第6期。

苏平富：《卢卡奇历史本体论思想评析》，《广东社会科学》1996年第6期。

马驰：《卢卡奇是"西方马克思主义"的鼻祖吗？》，《学术月刊》1996年第8期。

马驰：《艺术不是纯粹的意识形态形式——卢卡奇对艺术与意识形态关系的论述》，《河北师范大学学报》（哲学社会科学版）1997年第1期。

王雄：《召唤伟大的叙事时代——论青年卢卡奇的〈小说理论〉》，《外国文学评论》1997年第1期。

张康之：《总体范畴在历史理解中的作用——卢卡奇的历史观述评》，《中国人民大学学报》1997年第1期。

刘卓红：《转向历史唯物主义——论卢卡奇劳动、实践概念的发展思路》，《哲学研究》1997年第2期。

陈惠龙：《试论〈历史与阶级意识〉的辩证法思想》，《江西社会科学》1997年第4期。

翁寒松：《关于卢卡奇的自然-历史观问题》，《学术研究》1997年第3期。

张西平：《历史哲学的重建——卢卡奇与当代西方社会思潮》，三联书店，1997。

刘秀兰：《卢卡奇坎坷政治生涯中的执着追求精神》，《西北大学学报》（哲学社会科学版）1997年第4期。

车玉玲：《关于历史进程中主体作用的探索——论青年卢卡奇的马克思主义观》，《求是学刊》1997年第5期。

唐正东：《卢卡奇和阿尔都塞对马克思哲学观的解读：深刻性与肤浅性的并存》，《南京社会科学》1997年第8期。

张西平：《工业文明中人的困境——卢卡奇浪漫主义哲学述评》，《中国社会科学》1998年第1期。

陈波：《论卢卡奇对马克思主义哲学基础的重建》，《毛泽东思想研究》1998年第1期。

刘道明：《卢卡奇的〈历史与阶级意识〉》，《毛泽东思想研究》，1998年第1期。

周穗明：《"新马克思主义"的先驱——卢卡奇等人的理论贡献》，《学术研究》1998年第1期。

李蓉：《卢卡奇主客体的历史辩证法思想》，《毛泽东思想研究》1998年第1期。

张翼星：《卢卡奇晚年论马克思主义的革新和社会主义的民主化》，《马克思主义与现实》1998年第2期。宫敬才：《日常生活：美学的本体论基础——卢卡奇美学思想研究》，《求是学刊》1998年第2期。

马驰：《卢卡奇、胡风、冯雪峰现实主义理论的比较研究》，《马克思主义美学研究》1998年第1期。

石敏敏：《总体性的辩证法和实践的逻辑——论卢卡奇的〈历史与阶级意识〉》，《甘肃社会科学》1999年第1期。

孙伯鍨：《关于总体性的方法论问题：评卢卡奇（早期）对马克思历史辩证法的理解》，《江苏社会科学》1998年第4期。

王雨辰：《总体性·物化·阶级意识——青年卢卡奇的理论主题及其当代影响》，《江汉论坛》1998年第6期。

邱亿通：《马克思主义哲学多样化的探索——读刘卓红〈回归与重构———卢卡奇哲学思想体系的研究〉》，《学术研究》1999年第2期。

张康之：《卢卡奇的总体范畴》，《马克思主义研究》1999年第2期。

苏平富、苏晓云：《卢卡奇的阶级意识理论》，《江西社会科学》1999年第3期。

刘秀兰：《卢卡奇关于社会存在本体论的突破性研究成果》，《西北大学学报》（哲学社会科学版）1999年第3期。

李庆钧：《物化、辩证法与阶级意识——卢卡奇社会批判理论的基本构架及其影响》，《求是学刊》1999年第5期。

王雨辰：《关于卢卡奇思想研究和争论中的若干理论问题之我见》，《社会科学动态》1999年第9期。

张一兵：《深度解读：西方马克思主义与卢卡奇》，《哲学动态》1999年第8期。

孙伯鍨：《卢卡奇与马克思》，南京大学出版社，1999。

郝丽：《青年卢卡奇物化观述评》，《理论学刊》2000年第2期。

张一兵：《青年卢卡奇的历史唯物主义观念》，《南京社会科学》2000年第2期。

唐正东：《青年卢卡奇的历史概念》，《南京社会科学》2000年第2期。

刘秀兰：《卢卡奇第1'信号系统与审美心理机制》，《人文杂志》2000年第2期。

吴小宁：《舛误与僭越：青年卢卡奇的阶级意识剖论——历史唯物主义规律观评述》，《马克思主义研究》2000年第3期。

仰海峰：《青年卢卡奇：历史认识论中的直观、反思与总体意识》，《南京社会科学》2000年第2期。

胡大平：《青年卢卡奇：批判的历史认识论与主体性》，《南京社会科学》2000年第2期。

张溟久:《青年卢卡奇的文学社会学批判》,《南京社会科学》2000年第2期。

张一兵:《自然与社会的双向中介:关系本体论之证伪——〈马克思的自然概念〉的深度解读》,《学习与探索》2000年第3期。

古亦思:《读〈卢卡奇与马克思〉》,《马克思主义研究》2000年第4期。

王雨辰:《卢卡奇对马克思主义哲学本体论的探索与重构——兼论卢卡奇思想的理论主题及其当代影响》,《青海社会科学》2000年第4期。

刘均:《"历史的总体"和"个体的总体"》,《广西社会科学》2000年第5期。

戴阿宝:《卢卡奇美学思想初探》,《马克思主义美学研究》2000年第1期。

张一兵:《革命的辩证法与批判的历史唯物主义——解读青年卢卡奇的〈历史与阶级意识〉》,《理论探讨》2000年第2期。

张一兵:《阶级意识:客观可能性与辩证的中介——读青年卢卡奇的〈历史与阶级意识〉》,《山东社会科学》2000年第2期。

张荣:《关于卢卡奇对马克思异化理论阐释的理解》,《安徽大学学报》2000年第3期。

李富君:《总体性的辩证法——卢卡奇辩证法新解》,《河南社会科学》2000年第3期。

陈智:《卢卡奇思想评析》,《内蒙古大学学报》(人文社会科学版)2000年第6期。

张亮:《通向〈历史与阶级意识〉的道路——黑格尔对早期卢卡奇思想发展的逻辑影响》,《求是学刊》2000年第6期。

张一兵:《市场交换中的关系物化与工具理性的伪物性化——评青年卢卡奇〈历史与阶级意识〉》,《哲学研究》2000年第8期。

刘秀兰:《卢卡奇新论——20世纪世界思想和理论斗争漩涡中的乔治·卢卡奇研究》,西北大学出版社,2000。

刘昌元:《论卢卡奇对现代主义的批评》,《马克思主义美学研究》2001年第Z1期。

张翼星：《为卢卡奇申辩——卢卡奇哲学思想若干问题辨析》，云南人民出版社，2001。

俞吾金：《存在、自然存在和社会存在——海德格尔、卢卡奇和马克思本体论思想的比较研究》，《中国社会科学》2001年第2期。

刘卓红：《论现代哲学本体论范式的转换——兼谈卢卡奇社会存在本体论的理论价值》，《学术研究》2001年第3期。

刘卓红：《历史唯物主义视域的认识与规定——论卢卡奇的劳动概念》，《广东社会科学》2001年第3期。

唐正东：《在马克思哲学的解读中忽略了李嘉图意味着什么——以卢卡奇对马克思哲学的解读为例》，《哲学研究》2001年第5期。

杨思基、王昭风：《卢卡奇"人本学马克思主义"与阿尔都塞"科学的马克思主义"之比较》，《山东社会科学》2002年第1期。

王雨辰：《卢卡奇的"社会存在本体论"及其对早年思想的超越》，《武汉理工大学学报》（社会科学版）2002年第2期。

王雨辰：《青年卢卡奇的文化哲学初探》，《武汉大学学报》（人文科学版）2002年第3期。

杨乐强：《反思批判与价值彰显——卢卡奇的"西方马克思主义"理论主题及其价值向度》，《武汉大学学报》（人文科学版）2002年第3期。

张娣英、苏平富：《卢卡奇〈历史与阶级意识〉中的主体性思想》，《广西社会科学》2002年第5期。

吴晓明：《卢卡奇与现代性批判——〈历史与阶级意识〉的分析定向及存在论基础》，《天津社会科学》2002年第5期。

陈爱华：《试析卢卡奇物化概念的伦理内涵》，《东南大学学报》（哲学社会科学版）2002年第6期。

黄力之：《走向马克思主义哲学功能的全面化——论卢卡奇对马克思主义本体论的建构》，《哲学研究》2002年第11期。

袁一达：《卢卡奇晚年三大理论创新》，北京大学出版社，2002。

俞吾金、陈学明：《国外马克思主义哲学流派新编》，复旦大学出版社，2002。

张亮：《国内卢卡奇研究七十年——一个批判的回顾》，《现代哲学》

2003年第4期。

苏晓云：《卢卡奇早期的物化异化观及其当代启示》，《求索》2003年第4期。

周凡：《重审卢卡奇的物化理论》，《社会科学家》2003年第2期。

吴晓明：《卢卡奇的存在论视域及其批判——〈历史与阶级意识〉的黑格尔主义定向》，《云南大学学报》（社会科学版）2003年第1期。

李庆钧：《合类性与自由渴望——晚年卢卡奇论社会与人的发展》，《扬州大学学报》（人文社会科学版）2003年第1期。

杨建梓：《"回到马克思"与"发展马克思"——卢卡奇回归马克思的历程》，《中共山西省委党校学报》2003年第2期。

刘卓红：《论卢卡奇社会存在整体性思想的新意》，《现代哲学》2003年第3期。

李庆钧：《物化：从卢卡奇到哈贝马斯》，《苏州大学学报》2003年第4期。

仰海峰：《重思马克思与黑格尔的关系——列宁与卢卡奇的两种阅读方式比较》，《北京大学学报》（哲学社会科学版）2003年第4期。

杨耕：《超越与回归：斯大林与卢卡奇本体论思想的比较研究》，《哲学研究》2003年第12期。

杨伍栓：《对卢卡奇总体性理论的再认识》，《高校理论战线》2003年第9期。

杨耕：《关于马克思实践本体论的再思考》，《学术月刊》2004年第1期。

段忠桥：《真是"按照西方学术界的习惯用法"吗？——质疑徐崇温同志的"西方马克思主义"概念》，《现代哲学》2004年第1期。

张娣英：《卢卡奇早晚期主体性思想比较》，《湘潭大学学报》（哲学社会科学版）2004年第2期。

杨建梓、曾华锋：《对马克思本体论的厘定》，《中共山西省委党校学报》2004年第3期。

罗骞：《内在于历史的具体的总体性——〈历史与阶级意识〉对马克思哲学本真性的阐发》，《当代国外马克思主义评论》2004年第Z1期。

王雨辰：《略论青年卢卡奇的马克思主义哲学观》，《马克思主义哲学研究》2004年第Z1期。

肖新发：《论卢卡奇的"总体观—方法论"》，《马克思主义哲学研究》2004年第Z1期。

熊文：《作为方法论杠杆的中介——浅析卢卡奇〈物化与无产阶级意识〉的中介范畴》，《马克思主义哲学研究》2004年第Z1期。

皮家胜：《卢卡奇关于人类共同价值目标及其产生与实现思想探析》，《马克思主义哲学研究》2004年第Z1期。

汪行福：《意识形态和政治的可能性——从卢卡奇到拉克劳和莫菲》，《江西社会科学》2004年第3期。

张翼星：《卢卡奇晚年关于社会主义民主的探索》，《求是学刊》2004年第5期。

杨伍栓：《卢卡奇的物化思想与马克思的异化思想辨析》，《中共浙江省委党校学报》2004年第6期。

李俊文：《卢卡奇关于社会存在模式的劳动思想论析》，《学术交流》2005年第1期。

张亮：《让卢卡奇从晚年自传的阴影中走出来：一种方法论反思》，《学术研究》2005年第3期。

杨国斌：《卢卡奇：从自然辩证法到历史辩证法》，《河南师范大学学报》（哲学社会科学版）2005年第3期。

王玉平、钟扬：《卢卡奇物化理论的逻辑特征》，《河北大学学报》（哲学社会科学版）2005年第3期。

张双利：《对资本主义危机的末世论洞见——论卢卡奇有关现代性的思想》，《马克思主义与现实》2005年第4期。

吴晓明：《卢卡奇的总体范畴及其存在论上的黑格尔主义方向》，《云南大学学报》（社会科学版）2005年第6期。

杨曦：《青年卢卡奇对马克思主义本质的理解》，《河南大学学报》（社会科学版）2006年第2期。

陈立、孔明安：《卢卡奇与马克思哲学存在论》，《马克思主义研究》2006年第3期。

陈学明：《论罗莎·卢森堡的总体性方法的当代价值——兼评卢卡奇对罗莎·卢森堡的研究》，《马克思主义与现实》2006年第4期。

寇鸿顺：《论卢卡奇对马克思总体性哲学的反思与建构》，《郑州大学学报》（哲学社会科学版）2006 年第 5 期。

刘明文：《青年卢卡奇的辩证法：重建本体论的尝试》，《内蒙古社会科学》（汉文版）2006 年第 5 期。

吴友军：《论卢卡奇社会历史辩证法的总体性理论之困境》，《哲学动态》2006 年第 6 期。

罗红梅：《卢卡奇论理论和实践的结合》，《马克思主义哲学研究》2006 年第 Z1 期。

刘清玉、史巍：《论卢卡奇物化理论的现代性批判价值》，《学术交流》2006 年第 12 期。

胡绪明、陈学明：《卢卡奇对现代性批判的基本路向及价值》，《理论探索》2007 年第 1 期。

胡绪明、韩秋红：《评卢卡奇的现代性批判之维》，《南京社会科学》2007 年第 2 期。

李俊文：《卢卡奇的社会存在本体论思想及其当代意义》，《马克思主义与现实》2007 年第 2 期。

李辉：《卢卡奇的物化理论——兼论其对消费文化的影响》，《山东师范大学学报》（人文社会科学版）2007 年第 2 期。

刘卓红：《卢卡奇的社会存在本体论与马克思哲学》，《马克思主义研究》2007 年第 2 期。

陈玉霞：《论卢卡奇对资本主义社会工业文化的批判》，《黑龙江社会科学》2007 年第 2 期。

张亮：《以青年马克思为参照系透视〈精神现象学〉——卢卡奇〈青年黑格尔〉解读》，《现代哲学》2007 年第 3 期。

李俊文：《卢卡奇对马克思哲学本体论的建构》，《世界哲学》2007 年第 4 期。

邹之坤：《青年卢卡奇"历史辩证法"的浪漫主义因素》，《科学社会主义》2007 年第 5 期。

乔瑞金、崔丽华：《卢卡奇的整体性思想探析》，《理论探索》2007 年第 5 期。

俞吾金：《在重新理解马克思哲学的途中——卢卡奇、德拉－沃尔佩、科莱蒂和阿尔都塞的理论贡献》,《上海交通大学学报》(哲学社会科学版) 2007 年第 5 期。

王南湜:《卢卡奇与马克思哲学阐释中的黑格尔主义传统》,《学习与探索》 2007 年第 6 期。

萧笙:《从"自然历史过程"到"社会存在本体论"——〈历史唯物主义新形态的探索——卢卡奇社会存在本体论研究〉评介》,《教学与研究》 2007 年第 10 期。

李俊文:《卢卡奇的再生产理论及当代价值》,《哲学动态》 2007 年第 7 期。

傅其林:《论布达佩斯学派对卢卡奇总体性美学范式的批判》,《马克思主义美学研究》 2008 年第 1 期。

王虎学、王翠英:《"异化"与"物化":人的存在境遇之思——在青年马克思与卢卡奇的视野中》,《甘肃理论学刊》 2008 年第 2 期。

王俊卿:《论卢卡奇的物化理论,张卓》,《山东理工大学学报》(社会科学版) 2008 年第 2 期。

高继海:《心灵与形式的统———论卢卡奇的早期文艺思想》,《河南大学学报》(社会科学版) 2008 年第 3 期。

冯宪光:《论卢卡奇的文学人民性思想》,《文艺理论与批评》 2008 年第 4 期。

姜佑福:《卢卡奇晚年重建马克思主义存在论的努力与局限》,《河北学刊》 2008 年第 5 期。

马拥军:《从唯心主义总体性到唯物主义总体性——兼评卢卡奇对〈历史与阶级意识〉的自我批评》,《哲学研究》 2008 年第 8 期。

苏平富:《卢卡奇的"物化意识"批判理论》,《求索》 2008 年第 10 期。

史少博:《卢卡奇〈历史与阶级意识〉对自然辩证法的错误理解》,《学术论坛》 2008 年第 7 期。

张秀琴:《早期西方马克思主义意识形态论研究——以卢卡奇、葛兰西和柯尔施为例》,《山东社会科学》 2008 年第 12 期。

马拥军:《从唯心主义总体性到唯物主义总体性——兼评卢卡奇对〈历史与阶级意识〉的自我批评》,《哲学研究》 2008 年第 8 期。

周志山：《卢卡奇"物化"理论与马克思的社会关系批判论》，《浙江师范大学学报》（社会科学版）2009年第2期。

陈吉学、孙其昂：《自然的退却与辩证法的主体化——对〈历史与阶级意识〉一书的解读》，《求索》2009年第4期。

王雨辰：《加强经典西方马克思主义研究：观念与方法》，《河北学刊》2009年第4期。

傅其林：《布达佩斯学派的后马克思主义之路》，《中外文化与文论》2009年第2期。

阳桂红、刘大欣：《关于马克思异化思想和卢卡奇物化理论的比较》，《湖南大学学报》（社会科学版）2009年第3期。

张亮：《国内卢卡奇研究的两种模式及其超越》，《河北学刊》2009年第4期。

仰海峰：《晚年卢卡奇对社会存在本体论的新探索》，《北京大学学报》（哲学社会科学版）2009年第5期。

张闯：《卢卡奇的现代性批判——基于物化理论》，《武汉大学学报》（人文科学版）2009年第6期。

刘长庚：《卢卡奇："西马"理论奠基人还是真正的马克思主义者》，《前沿》2010年第9期。

佟轶材：《卢卡奇现代性批判的形而上追求》，《社会科学战线》2009年第9期。

李俊文：《卢卡奇的理性历程及启示》，《学术交流》2009年第10期。

黄力之：《卢卡奇社会存在本体论思想的美学意义》，《文艺理论与批评》2010年第1期。

史巍、韩秋红：《马克思现代性批判的双重维度》，《马克思主义研究》2010年第1期。

李怀涛：《物化批判：卢卡奇对马克思拜物教批判的解读》，《广西社会科学》2010年第12期。

孙伯鍨：《卢卡奇与马克思》，江苏人民出版社，2010。

郑飞：《探寻马克思与韦伯综合的可能性视域——青年卢卡奇"物化"理论的重新定位》，《吉林大学社会科学学报》2011年第2期。

杜红艳：《走向日常生活的人道化——论卢卡奇与赫勒的日常生活批

判理论》,《学术交流》2011 年第 3 期。

聂文军:《卢卡奇的物化思想及其伦理意蕴》,《湖南师范大学社会科学学报》2011 年第 3 期。

余晓菊、郭志伟:《卢卡奇的幽灵:物化理论的当代启示——对富士康跳楼事件的哲学反思》,《湖南师范大学社会科学学报》2011 年第 4 期。

刘琳:《卢卡奇对〈资本论〉及手稿的伦理学解读——以卢卡奇〈关于社会存在的本体论〉为分析资源》,《道德与文明》2011 年第 4 期。

刘璐璐:《试论卢卡奇的历史概念》,《学术交流》2011 年第 5 期。

王天保:《从〈叙述与描写〉看卢卡奇对自然主义的批判》,《郑州大学学报》(哲学社会科学版)2011 年第 5 期。

衣俊卿:《一位伟大思者孤绝心灵的文化守望——布达佩斯学派成员视野中的卢卡奇》,《求是学刊》2011 年第 5 期。

张一兵:《再论西方马克思主义文本研究中的伪同一性问题》,《徐州师范大学学报》(哲学社会科学版)2011 年第 6 期。

王静:《卢卡奇艺术反拜物教化的理论诉求》,《学术交流》2011 年第 7 期。

刘丽红、邹之坤:《卢卡奇"历史辩证法"评析》,《社会科学战线》2011 年第 11 期。

王静:《卢卡奇艺术反拜物教化的理论诉求》,《学术交流》2011 年第 7 期。

丁国旗:《开启马克思主义美学研究的新维度——对卢卡奇〈历史与阶级意识〉的解读与评价》,《湖北大学学报》(哲学社会科学版)2012 年第 1 期。

高海青:《社会合理性批判的历史逻辑:从物化批判到技术批判》,《自然辩证法研究》2012 年第 3 期。

罗雄飞:《关于马克思〈1844 年经济学哲学手稿〉的缺页问题猜想——兼论马克思理论的当代化》,《政治经济学评论》2012 年第 3 期。

张双利:《资本主义宗教与历史唯物主义——论马克思主义拜物教批判思想在 20 世纪的复兴》,《世界哲学》2012 年第 6 期。

李佃来:《总体性视阈中的马克思主义政治哲学》,《武汉大学学报》

（人文科学版）2012 年第 6 期。

罗纲：《社会关系的无意识与不作为——卢卡奇对 Verdinglichung 与 Versachlichung 的区分》，《哲学动态》2012 年第 10 期。

何怀远：《探寻"真正的历史唯物主义"——早期西方马克思主义者的历史唯物主义观研究》，《学习与探索》2012 年第 12 期。

李俊文：《解读卢卡奇的理性精神》，《哲学动态》2012 年第 12 期。

欧阳谦：《卢卡奇与"文化主义"》，《哲学动态》2012 年第 12 期。

欧阳谦：《卢卡奇的总体性思想辨析》，《教学与研究》2012 年第 4 期。

寇瑶：《卢卡奇的总体性辩证法探析》，《求索》2012 年第 12 期。

王南湜：《我们心中的纠结：走近还是超离卢卡奇》，《哲学动态》2012 年第 12 期。

王波：《超越物化：我国农民工市民化的必然向度——基于卢卡奇物化理论》，《学理论》2012 年第 19 期。

周立斌：《卢卡奇的物化理论及其演变》，中国社会科学出版社，2012。

范畅：《从实证主义批判到科学二元论——卢卡奇自然辩证法思想新探》，《马克思主义哲学研究》2012 年第 Z1 期。

王天保：《从〈悲剧的形而上学〉看卢卡奇的悲剧理论》，《文艺理论与批评》2013 年第 1 期。

张夺：《卢卡奇无产阶级政党理论探析》，《理论月刊》2013 年第 2 期。

葛伟阳、俞良早：《卢卡奇物化理论及其当代价值——纪念〈历史与阶级意识〉出版 90 周年》，《长江论坛》2013 年第 2 期。

李晓峰：《卢卡奇和法兰克福学派的异化理论——从物化到技术理性异化》，《云南开放大学学报》2013 年第 2 期。

黄小寒：《非理性主义批判——读卢卡奇〈理性的毁灭〉有感》，《高校理论战线》2013 年第 3 期。

包红梅：《卢卡奇哲学思想的时代意义——基于〈历史与阶级意识〉的再认识》，《内蒙古社会科学》（汉文版）2013 年第 3 期。

张双利：《重解历史的必然性——论齐泽克对〈历史与阶级意识〉的重新解读》，《哲学研究》2013 年第 3 期。

单传友：《当代激进政治哲学视域中的〈历史与阶级意识〉》，《安徽师范大学学报》（人文社会科学版）2013 年第 4 期。

齐艳红：《"重构历史唯物主义"的三种路径——历史主义、结构主义与分析马克思主义的方法论及其局限》，《中国人民大学学报》2013 年第 5 期。

宁德鹏：《论卢卡奇对康德哲学的批判与超越——以"自在之物"为视角》，《广西社会科学》2013 年第 4 期。

方珏：《时代危机的诊断与拯救——基于卢卡奇"哲学与科学的二重性"批判的视角》，《北京大学学报》（哲学社会科学版）2013 年第 5 期。

邹之坤、肖天使：《试论卢卡奇历史辩证法的存在论基础》，《吉林师范大学学报》（人文社会科学版）2013 年第 5 期。

张剑锋：《卢卡奇对恩格斯自然辩证法的"合法的偏见"——对〈历史与阶级意识〉"历史"原则的一种解读》，《学术交流》2013 年第 12 期。

李俊文：《理性的迷失与坚守——由卢卡奇〈理性的毁灭〉引发的思考》，《哲学动态》2013 年第 12 期。

陈学明、陈悦：《卢卡奇对商品形式占支配地位的社会中人的存在方式的批判》，《苏州大学学报》（哲学社会科学版）2014 年第 1 期。

孟偲：《寻求人类解放的新出路——卢卡奇〈民主化进程〉对社会主义民主化的探索》，《内蒙古大学学报》（哲学社会科学版）2014 年第 1 期。

韩立新：《异化、物象化、拜物教和物化》，《马克思主义与现实》2014 年第 2 期。

周爱民：《终结逻辑的重叙——从卢卡奇到阿多尔诺的辩证历程》，《安徽大学学报》（哲学社会科学版）2014 年第 2 期。

傅其林：《从存在向此在的嬗变——赫勒摆脱卢卡奇框架的新马克思主义美学》，《文艺理论研究》2014 年第 2 期。

刘卓红、卜妧娉：《马克思劳动目的论的另一种解读——卢卡奇〈社会存在本体论〉的一个重要观点》，《广东社会科学》2014 年第 3 期。

孟偲：《对卢卡奇晚年社会主义民主化思想的探讨》，《教学与研究》

2014 年第 3 期。

刘丽红、吴达春：《论卢卡奇历史辩证法的历史唯物主义功能》，《吉林师范大学学报》（人文社会科学版）2014 年第 3 期。

陈士部、于琨：《论卢卡奇〈审美特性〉的方法论意义》，《文艺理论与批评》2014 年第 3 期。

张明：《物化理论的逻辑错位与主体性的观念运演——青年卢卡奇阶级意识的理论实质与逻辑困境》，《东北大学学报》（社会科学版）2014 年第 5 期。

王浩斌、王巍：《实践范畴的审美性和历史性意蕴——卢卡奇行动概念的马克思主义哲学内涵解析》，《现代哲学》2014 年第 6 期。

钱星晨：《卢卡奇为什么批判资本主义自然科学》，《江苏省社会主义学院学报》2014 年第 6 期。

刘怀玉、章慕荣：《马克思主义认识论：从历史回顾到当代追问》，《学习与探索》2014 年第 6 期。

张一兵：《广松涉物象化范式之缘起——〈物象化的构图〉的构境论解读》，《学术月刊》2014 年第 7 期。

王菲菲、李广平：《论卢卡奇物化理论的文化哲学意义》，《社科纵横》2014 年第 10 期。

黄漫、刘同舫：《物化与总体性：卢卡奇延伸马克思解放思想的关键语》，《福建论坛》（人文社会科学版）2014 年第 10 期。

张一兵：《事物化与物化：从韦伯到青年卢卡奇》，《现代哲学》2015 年第 1 期。

唐晓燕：《卢卡奇〈历史与阶级意识〉中现代性批判思想的价值与局限》，《观察与思考》2015 年第 1 期。

郭钰：《论卢卡奇社会存在本体论的理论贡献》，《中共四川省委党校学报》2015 年第 2 期。

刘建卓：《卢卡奇辩证法的存在论阐释》，《北方论丛》2015 年第 6 期。

唐鸿、刘卓红：《卢卡奇"总体性"思想的双重向度及当代意蕴》，《华南师范大学学报》（社会科学版）2015 年第 6 期。

刘文旋：《论作为哲学的西方马克思主义》，《哲学研究》2015 年第

7 期。

张青卫、王帅：《试论青年卢卡奇辩证法"革命性"的三个环节》，《马克思主义与现实》2015 年第 5 期。

张秀琴：《直面"什么是真正的马克思主义"问题——西方马克思主义"形成期"主题辨析》，《学习与探索》2015 年第 11 期。

杨琴冬子：《论卢卡奇伦理政治民主观的四个维度》，《山西大学学报》（哲学社会科学版）2016 年第 1 期。

张秀琴：《卢卡奇对巴黎手稿的解读：1930－1970 年代》，《社会科学家》2016 年第 1 期。

巨慧慧：《卢卡奇在〈历史与阶级意识〉中对恩格斯的批判》，《学术交流》2016 年第 2 期。

王思楠、孙建茵：《论赫勒美学的伦理之维》，《黑龙江社会科学》2016 年第 2 期。

成林、谌中和：《现代性批判及其限度——对几种现代性批判思想的质疑》，《哲学动态》2016 年第 3 期。

邹之坤、李爽：《青年卢卡奇的历史唯物主义思想探究》，《吉林师范大学学报》（人文社会科学版）2016 年第 2 期。

田书为：《〈青年黑格尔〉中卢卡奇异化理论的再解读》，《理论界》2016 年第 4 期。

李昕桐：《卢卡奇现实性思想的现实意义》，《学术交流》2016 年第 7 期。

许静波：《卢卡奇的"惨败"与布达佩斯学派的理论转向》，《学术研究》2016 年第 8 期。

马迎辉：《青年卢卡奇与现象学——从物化意识开始》，《南京社会科学》2016 年第 9 期。

司强：《〈历史与阶级意识〉中的"自在之物"概念》，《现代哲学》2017 年第 4 期。

肖根牛：《论卢卡奇对资本主义合理化的批判——以物化现象与思想二律悖反的关系为线索》，《甘肃社会科学》2017 年第 5 期。

陈舒盈、段吉方：《批判与回归——论卢卡奇的"物化"理论及现代性审美救赎》，《湖北大学学报》（哲学社会科学版）2017 年第 9 期。

王广杰：《论卢卡奇的物化理论及其与马克思的物化理论的差异》，《理论界》2017年第11期。

张福公：《再探青年卢卡奇的历史概念及其逻辑演进——从〈什么是正统马克思主义？〉最初稿谈起》，《学术交流》2017年第11期。

王银辉：《卢卡奇文艺思想中的人民性理论转向》，《南华大学学报》（社会科学版）2017年第12期。

董济杰：《卢卡奇的总体性辩证法及其对西方马克思主义的影响》，《高校马克思主义理论研究》2018年第1期。

仰海峰：《国外马克思主义视域中的马克思主义（上）——以卢卡奇、柯尔施与葛兰西为例》，《国外社会科学》2018年第1期。

陆凯华：《从〈小说理论〉到〈历史与阶级意识〉——青年卢卡奇从悲剧问题走向马克思主义的思想历程》，《复旦学报》（社会科学版）2018年第1期。

张双利：《第二自然与自由——论卢卡奇对黑格尔第二自然概念的转化》，《复旦学报》（社会科学版）2018年第1期。

金惠敏：《未完成的审美现代性计划与无理论的哲学——以麦克卢汉、海德格尔以及卢卡奇和德里达为中心》，《哲学研究》2018年第2期。

赵斌：《西方马克思主义创始人思想的"是"与"非"》，《世界哲学》2018年第2期。

彭成广：《东欧新马克思主义文论在中国的接受与影响——以卢卡奇为考察中心》，《学术交流》2018年第3期。

王银辉：《道路与抉择：卢卡奇人民性转向探究》，《中国人民大学学报》2018年第4期。

刘卓红：《卢卡奇晚期异化观及其对历史唯物主义的回应》，《马克思主义理论学科研究》2018年第7期。

杜红艳：《卢卡奇与赫勒日常生活批判理论的契合与分野》，《学术交流》2018年第7期。

赵凯荣：《布达佩斯学派与卢卡奇哲学再评价》，《山东社会科学》2018年第8期。

索 引

A

阿多诺　46，48，110，439，443

阿尔都塞　110

阿格妮丝·赫勒　25，35，49，236，259，260，292，425，432，442

安娜·西格斯　71，148，166~168，207，209

艾伯特·卡罗奇　322

阿喀琉斯　18

B

巴尔　35，46，51，65，148，154，163，165，167~170，172，175，196，210，241，256，298

巴尔扎克　148，154，163，165，167~170，172，175，196，210，256

柏格森　107，273

拜物教　7，86~88，91，105，125，126，161，184，230，273，291，292，422，424

班杰明　110

暴力　39，56，63，64，75，241，353，355，431

悲观主义　45，46，196，246，356

悲剧　9，19，25~27，32~34，36，40，41，48，59，130，132~134，169，190，191，194，197，198，202，228，248，276，277，287，288，307，322，330，440

辩证法　4，9~12，28，36，54，62，63，76~84，86，87，94~97，100~103，105~107，110~112，114，117~119，122，124~129，133，134，136，148，158，164，177，181，197，212~214，216~221，227，230，231，233~236，244，245，260，262，264，269，275，288，289，296，317，338~342，361，370，372，373，375，376，386，387，419，425，426，437~440

辩证唯物主义　4，11，78，80，81，94，106，107，112，129，130，134，135，149，150，216，231，236，237，244，258，262，263，269，275，291，313，331，370，396，426，437

鲍多格　20

保尔·恩斯特　23，32

柏拉图主义　31，36

本真　32，33，36，66，250，440

表现主义　148，165，188

别林斯基　175，177，179，180，313

波培尔·列奥　30

伯奈德克　20

必要劳动　89，360，362

勃列日涅夫　7，9，347，364，366，425，432，433

波特莱尔　19

波佩尔·列奥　23

索 引

布哈林　5，9，107，108，110，123，124，126，142，143，162，296，355，357，435

布尔什维克　52，55，56，105，108，109，110，138，140，142，144，328，353，355，440

布莱希特　166～168，207，209

布林克曼　106

布洛赫　38，46，110，209

布鲁姆提纲　5，126，127，129，138，140～144，162，293，329，428

C

查尔斯·兰姆　18

超验　35，42，58，80，254，267，290，386，398

操控　347，350，351，359，362

产物　7，26，27，41，42，45，47，49，81，84，91，120，136，155，158，159，165，187，252，263，303，354，360，376，379～381，389，393，399，400，406，407，415，416，420，424，430，432

超感觉　31，88

策略　56～60，65，66，72～74，107，113，117，118，121，142，143，144，177，293，316，317，323，327，328，330～332，335，352，356～359，361，362，364，365，409，430

车尔尼雪夫斯基　175，177～180，313

沉思　2，3，29，211

存在论　7，12，13，38，81，128，237，239，248，249，252，330，333，337，339，340，350，359，369～377，383，385～389，392，393，395，396，398，

401～403，405，408，410～412，418，419，424～426，430，431，433，437，441，443

D

但丁　28，30，44，256

单一性　263，378

道德　26，31，37，47，56～59，133，159，163，166，167，169，170，172，186，187，189，194，198，199，203，204，206～209，216，222，224，225，227，231，237～239，247，256～258，275，277，304，308，401，438

德波林　107，108，325

典型　41，73，91，96，107，117，123，152，155，164，165，167，169，170，179，180，184～187，194，205，208，245，268，269，279，280，284，285，288，289，319～321，335，350，386，433

狄慈根　79

狄尔泰　21，23～25，47，213，214，235，245

定在　3，102，210，220，232，250，288，351，373，393，399

对象化　7，88，96，125，127，218，220，232，233，292，404，421，425

E

恩格斯　1，3，4～7，9～11，13～16，25，48，66，77～86，88～91，93～95，97，98，100～107，112，114～116，119，121，124～127，129，130，132～137，140，148～150，154～164，166，170，171，196，202，203，209，

211、213、214、216~220、232、235、
236、239、242、343、351、254~257、
262、278、285、286、290、291、293、
294、297、298、312~314、318、323、
327、329、334、336~341、346、356、
357、359、363、365、366、373、374、
376、379、381、386、389~392、394、
396、402、406、407、408、409、410、
412、416~424、426、435、438、439

F

范畴 6、33、34、61、81、83~86、88~
90、95、102、125、126、161、212、
228、229、249、250、254、260、261、
266、269、273、276、282~284、286~
289、292、331、342、360、372、373、
375、376、378、385、387、388~390、
393~396、398、399、411、424、425、
430、437

法捷耶夫 173、184、185

反映论 4、110、111、149、262、263、
271、291、403、404、419、425

法西斯主义 138、140、141、143~147、
165~167、168、170、202、204、205、
207、213、214、235、238、243、245~
247、251、298、299、304、306、310、
313、315~317、319、327~329、444

费希特 2、28、30、39、53、56、124、
133、197、211、212、214、215、230

菲伦济·贝尼 18

非理性主义 5、236、239、243~247、
249~251、335、336

弗洛伊德 38

福加拉西 52、53、106、107

浮士德 23、55、148、179、193、194、
197~199、228

复兴 2、6、21、26、30、37、41、78、
117、122、146、171、186、188、190、
194~196、201、203、206、213、226、
255、265、287、319、323、324、334、
337、338~344、364、365、367、425、
441~444

G

高尔基 5、20、28、163、165、167、
172~176、183~185、256、275、287、
288

改革 2、7、8、10、14、15、34、67、
71、99、111、120、139、140、177、
178、195、241、242、247、296、319、
322、327、335、340、341、343、345~
348、352、366、368、411、418、428、
431、432、441~444

歌德 5、19、23~26、44、148、149、
161、167、190、192~201、208、210、
215、217、228、230、245、256、262、
275、282~284、287、290、291、433

葛兰西 14、110~113

戈尔德曼 35~37、46

工团主义 53、54

规律 36、53、80、85、87~89、91、
92、95、101~103、106、107、114、
119、129、136、150~153、157、159、
173、193、217、228、234、256、261、
267、269、270、284、312、316、317、
325、343、348、359、372、376、383、
386、387、394、396、403

官僚主义 67、75、90、120、174、185、
188、310、328、345、354、359、363

索 引

H

海德格尔 33，35，36，237，245，248～253，375，440

海涅 5，190，195，196

哈布斯堡 16

汉斯·科赫 321

豪普特曼 19，20，23，148，190

赫伯尔 19，20，26

合类性 377～383，414

黑格尔 2，4，5，30，37，38，40～42，45，47，52，54～56，58，63，66，78～81，83，84，86，94，102，103，106，107，111，119，122，124～127，131，133～135，164，177，193，196，197，211～236，254，262，283，285，293，310，325，339，340，342，361，372，399，410，419，435，439

赫尔曼·伊斯特万 28，31，33，36，111

赫克贝利·芬 18

赫克托尔 18

荷马 40，41，44，166，288

和谐 34，41，66，198，199，307

和平主义 39，203

胡塞尔 30，237

黑贝尔 26，59，190，199

J

教条主义 74，77，78，108，119，120，122，138，144，149，241，303，316，318，319，322，323，327，328，331，332，334，337，338，426，441，442

价值 3，7，8，16，19，20，24，25，27，32～34，39，42，43，46～48，50，54，59，60，65，66，72，86，90，92，95，114，115，142，145，154，155，166，171，179，198，199，203，208，226，232，246，272，273，286，341，349，350，351，359，361，368，394，398，399，400，405，412，419，422，425，427，430，440

吉尔捷·阿尔贝特 17，18

阶级意识 1，4，9，13，15，36，58，62，76～106，108，109，111，112，120，121，124，125，127～129，236，244，254，255，338，373，375，388，415，426，435，437，439，440，441，443

净化 197，276，277，288，365

经济基础 97，102，124，134～137，156～159，161，178，258，264，290，311，348，349，360，372，379，381，405，406，414，417

经济决定论 58，84，105

精神 2，10，15～20，23，24，27，29，30，32，38，40，45～48，51，53～55，65，66，73，78～80，94，100，101，111，117，119，121，126，131，133，145～147，158，163，166，169～171，173，175，176，178，181，187，190，192～194，197，199～203，205，208，209，217，219，220，225，226，228，230～232，234，236，238，241，242，247，251，257，259，260，276，281，290，292，297～300，303～305，308，314，320，322，329，330，332，336，338，345～347，356，369，372，374，376，386，392，398，400，401，409，

415，421，425，427，432，436，439

经验批判主义 111，127，143，239

季米特洛夫 144，294，298，299

季诺维也夫 5，9，73~75，107，108，110，324

绝望 29，38~40，61，66，170，199，207，246，250，251

K

凯勒 19，148，199，200~202

卡斯纳 30，31，36

康德 2，13，21，24，30，31，35，37，38，53，56，66，103，131，198，211~216，221，222，224~226，230，249，259，325，399，440

凯尔 20，23，30，47，105，107

凯勒 19，148，199~202

卡斯纳 30，31，36

科尔施 106，107，109，110，113，141

科尔文 68，69

科帕尔 18

克尔凯郭尔 30，32~34，36，47，52，60，66

客观性 16，30，36，88，127，149，153~155，229，230，232，233，237，249，250，265，268，272，275，360，378，383，400，405，408，433

客体化 34，42，88，89，96

L

拉萨尔 119，121~126，130~133，162，259，360

浪漫主义 25，44，46，163，169，186，213，256

拉普 162，174，325

孪生兄弟 138，141，143，144，317

拉科西 319，321，322，329，347

拉伊科·拉斯洛 319

拉斯克 30，107

拉兹罗·鲁达斯 106

类存在 257，262，349，372，381，393，399，401，417，430

雷魏 106，107

联合体 227，291

李凯尔特 30，47，107

列宁 1~10，12~15，47，48，54，60，63，64，69，70，73~76，78，79，81，82，101，104，105，107，109~111，113，114，117~123，127~130，133~135，137，138，140~143，150，152，154，166，188，209，211，215，216，218~220，227，235，236，239，244，251，257，258，262，290，293，294~298，305，311~316，318，323~335，337~343，345~347，352~362，364~367，387，405，408，409，426，427，429，431，432，435~439，441

历史观 10，11，25，27，28，45，73，77，102，124，126，133，135，136，160，164，211，221，226，257，313，439

历史性 67，81，84，117，154，331，361，373，385~387，390，411，430

灵感 30，179，439，440

灵魂 12，31，55，74，78，89，90，191，192，204，288，315，374

历史唯物主义 4，10，11，29，53，70，76，78，81，87，93~97，101，102，105，106，112，119，123，124，134~

136，150，157～159，244，250，258，262，265，269，290，314，321，331，354，370，426，438

理想主义　31，108，168，191，362，435

理性　5，56，91，96，130，145，213，214，224～226，236，237，239，243～251，275，276，278，283，291，335，336，391，398，411

鲁达什　108

卢卡奇·捷尔吉　336，438

罗曼·罗兰　165，173

伦理学　41，47，52，53，56，57，59，169，197，202，261，275，285，290，293，337，369，370，398，401，437

逻辑学　79，217，219，337，340

罗莎·卢森堡　54，76，86，104，121，297，323

罗陀斯　98，366

路易·波拿巴　1，25，98

M

马尔库塞　110

马克·吐温　18

马克思　1～16，23，25～29，36，45～58，60～63，66，69～71，73～95，97～107，109～119，121～138，140，142～145，148～151，154～164，166，170～172，174，188，189，209～216，218～220，230～243，245，248，251，253～262，264，273，285，286，290～300，302，303，307，308，312～314，317，318，321～352，354，356～374，376，377，379，381～383，385～396，400，402，404～433，435～444

马克斯·维贝尔　38，39，408

马克思主义　1～6，8～10，12～16，23，25，27～29，45～48，50，52，53，55～58，60～62，69～71，73～84，86，87，94，95，99～101，104～107，109～119，121～123，127～138，142，144，145，148，149，151，154～162，166，170，171，174，188，189，209～212，214，216，219，234，236～243，248，253，254，256～262，264，291～300，302，303，307，308，312～314，318，321，322，324～344，346～348，352，356，358，359，361，362，364，365，367～370，372，373，376，377，381，385～389，392，393，395，404～406，408，409，414，416，418～420，423～427，429～433，435～444

矛盾　4，16，21，31，34，39，52，55～57，60，70，73，75，80，93，94，97，103，125，130，131，144，153，154，162，169，179，181，182，191，193，197，198，212，215，227～229，233，234，242，244，245，249，253，260，264，265，272，279，286，289，304，308，309，316～318，323，328，330，331，333，349，363，376，380，397，404，410，417

媒介　273，274，278，279，281，382～384

美学　1，3，5，6，8，9，15，20，21，23，27，28，30，35，37～41，46，52，60，71，127，129～135，148，154，157，176，179，180，182，190，191，193，202，209，228，234，236，254，255，257，259～262，269，270，275～277，

282，283，286，291，292，320，325，326，337，341，369，370，425，436～439，441，443，444

梅林　129，133，190，195，212，247，248，259，325，339，423，424

蒙太奇　165，168

民主　2，5，6～9，13，15，16，19，21，36，39，48，52，53，55，56，61，63，64，67～71，73，74，107，117，121，131，137～147，162，167，168，170，171，173，175～179，187，190，192，194，198～204，207，209，211，215，222，223，225，226，238，245～247，251，252，292～295，297～314，316，317，319～323，327～330，332～334，336，340，342，343，345～367，425，427～429，431～433，435，436，438，440，441，443，444

民主化　6，199，202，203，297，320，342，346～349，351，352，355，361～367，428，431，433，436，444

模仿　6，119，177，199，271～273，275～277，280，292，312，323

N

纳吉·伊雷姆　321，322

尼采　16，20，25，190，195，202，245～248

尼古拉·哈特曼　372

拟人化　6，263，265～269，272，283，284，287，288

诺尔道　19

O

偶然　19，33，85，91，153，229，312，351，361，381，387

P

帕尔米罗·陶里亚蒂　352

平库斯　6，12，18，308，342，343，427，428，432

蒲鲁东　125

普列汉诺夫　79，129，212，216，259，325，340

普洛提诺　30

普希金　121，176，177，180，194

Q

乔伊斯　165，167，168

乔托　28，30

启蒙运动　190，194～196，221～226，375

倾向　1，4，21，26～29，33，37，38，46，52，53，57，66，73，74，80，81，84，85，105，108，110，112，117～119，124，125，132，134，135，137，140，142，145，146，148，155，156，161，174，177，179，181，184，185，189～191，195～198，200，202，208，212，213，215，218，222～224，227，233，234，245，251，256，262，265～269，271，273，274，287，303，307，321，322，334，337，339，347，354，357，358，362，370，376，387，405，411，428

R

人民民主　2，6，13，147，293～295，297～300，303，304，306～308，311，313，314，316，317，319，320，322，329，330，366，367，427，428，

432，436

人民阵线　5，127，137，141，142，144～147，165，170，171，190，299，313，317，328

认识论　30，47，103，111，122，150，224，233，237，239，244，247，266，340，370，372，373，376，377，392，398，408，425，438

日丹诺夫　163，185，219，261，361，405

S

施蒂纳　28

商品　7，24，67，86～91，97，105，254，273，309，350，351，359，402，412，421，424

史文明　19

莎士比亚　1，18，19，26，41，154，160，161，164～166，201，256，284

萨特　35，110，237～242，318，373，376

山多尔·海威西　20

上层建筑　102，134，135，136，156～159，290，326，348，350，355，405，406

塞德列尔·伊尔玛　30

社会辩证法　103，128，375

社会主义　2，3，5～9，13～15，27～30，45，47，50，52～55，57～61，63，64，67，69，72，73，77，78，82，95，96，106，111，117，123，135，138，140，142，144，146，147，149，154，162，163，171～176，178，183～189，202，205，209，231，233，236～238，243，246～248，251，252，257，258，261，262，264，267，289，290，292，295，297～305，307，308，311～320，322～324，327，329，330，332～335，338～343，345～348，352～356，358～368，370，372，408，409，414，416，423～425，427～429，431～433，436，438，439，441～444

生存哲学　35，36，195，248

生活　3，7，12，13，17～21，23～37，40～44，47～49，54，55，57，64～68，71，75，80，84，91～94，96～98，101，108，110，120～122，126，128，136，144～147，150，152～158，163～165，167，174，178，179，181，182，184～191，194，195，198，199，201，203，205～207，209，215，221，223，224，227～229，232～234，241，246，250，253，255～258，261～264，266～271，273～281，284，285，287～290，293，298，300，302，304～307，310～312，314，317～320，322～324，327，329，333，334，338，342，346～355，362，363，365～367，370，378，380～384，388～390，392，394，398，400，401，404～407，411～417，423，428～432，440，442

社会学　23，24，26～28，37，38，52，54，57，107，134，318

审美　6，41，49，130，132，153，209，259～292，332，337，369，370，436，443

神秘主义　30，52，60，175，179，189，213，235，390

剩余劳动　360，362，413

剩余价值　25，86，350
时代精神　16，27，292
实践　2，7，11，13，15，37，56，57，
　　62，72，75，76，78，79，81～84，
　　91，93，96～101，103，104，106，
　　110，111，113，114，116～125，128，
　　129，133，135，138，142，146～148，
　　150，156，163，165，167，169，171，
　　177，222，224，225，229，233，254，
　　255，262，264，266，267，270，271，
　　274，275，278～280，284，287，288，
　　292，297，299，301，303，314，317，
　　322，323，330～333，339，340，342，
　　347，350～352，355～368，377～382，
　　387～393，395～399，403，404，406，
　　407，409，411～419，425，426，433，
　　437，440～442
史诗　39～46，154，160
思维　49，79，83～85，101，102，104，
　　136，214，218，227～230，233，244，
　　249，255，263，264，266，273，274，
　　281，291，325，371，385，386，391，
　　393，402，403，405，406，410
实验　67，103，104
实证主义　123，124，259，274，342，
　　370，372
属性　88，127，199，265，377，380，
　　385，392，395，399，400，413，415
塞万提斯　43，154，165，166
斯宾格勒　16
斯大林　2，5～9，48，105，107，108，
　　110，120，138，140，143，144，149，
　　185～189，219，234，241，251，259，
　　261，262，288，290，291，296～298，

307，313，315，317～343，347，348，
352，355～367，370，405，409，414，
419，420，428，429，433，436，441，
442
苏维埃　1，4，51，63～69，73，74，
138，236，289，295，297，299，313，
343，353，354，362，363，429
苏格拉底　34，36
宿命论　96，124，309
索尔仁尼琴　185～189
苏索　30
塑造　41，148，150，152，153，167，
172，181，184，186，200，201，207，
208，284，285，287～289，315，396，
403

T

泰罗制　89，90
陶冶　275，276，287～289
特殊性　6，120，151，152，159，160，
180，181，244，275，276，282～289，
366，375，382～384，393，408
统一战线　137，144，166，328
颓废　19，167，168，174，238，246，
248，274，312
托洛茨基　121，122，133，296，324，
325，338，354，357，358
托马斯·曼　5，35，38，46，71，126，
127，149，165，167，173，190，195，
202，204，208
托尔斯泰　1，5，19，44～47，121，
148，154，165，167，168，172，175，
176，180～183，202，210，256
陀思妥耶夫斯基　39，44，45，47，48，
51，52，60，66，176，179，210，256，

索 引 499

444

W

外化 7, 125, 161, 218, 220, 229~233, 272, 404, 420~422

危机 8, 16, 20, 27, 30~32, 34, 39, 45, 55, 66, 83, 96~98, 100, 123, 138, 169, 173, 177, 183, 184, 187, 202, 204, 206, 214, 227, 229, 240, 241, 244, 250, 251, 300, 304, 305, 318, 324, 343, 351, 352, 354, 365, 406, 407, 418, 428, 431

魏尔特哈穆 17

唯物辩证法 10, 11, 12, 76~81, 83, 84, 102, 105, 117~119, 260, 338, 342, 426, 440

唯物史观 7, 10, 11, 78, 80, 81, 94, 105, 131, 262, 372, 426

唯意志论 124, 245, 262, 331, 336, 441

文德尔班 30

文化 5, 16, 24, 25, 30, 32, 34, 35, 39, 41, 44, 48~50, 64~67, 70, 94, 97, 111~113, 130~134, 143, 145, 146, 148, 151, 154, 156, 160~162, 173, 174, 176, 185, 191, 193, 194, 197, 200, 204, 210, 226~228, 241, 246, 252, 258, 263, 287, 290, 293, 299~301, 304, 306~312, 316, 320, 323, 341, 346, 349, 361, 405, 421, 423, 424, 435, 438, 442, 444

物化 49, 76, 87~94, 97~99, 105, 161, 232, 254, 272~274, 410, 412~415, 417, 422, 423

无机界 374, 375, 393

乌托邦主义 70, 72, 75, 117, 196, 354, 415

物质 7, 27, 79~82, 85, 92, 94, 111, 127, 134, 146, 147, 149, 153, 157, 160, 163, 169, 170, 178, 201, 203, 204, 216, 257, 258, 263~265, 268, 269, 277, 297, 308, 309, 311, 345, 349, 351, 355, 363, 375, 376, 378, 384, 388, 393~395, 400, 402~405, 407, 415, 416, 420~422, 424, 425, 439

X

肖洛霍夫 173, 174, 176, 185, 289

席美尔 21, 23~29, 37, 38, 47, 48, 54, 250, 433

席勒 25, 26, 41, 45, 133, 167, 190, 192~194, 215, 228

小说 3, 18, 19, 38~50, 61, 65, 148, 151, 175, 177, 186~190, 199~201, 203~208, 237, 439, 443

戏剧 1, 3, 18~21, 23, 26~31, 41, 98, 131, 132, 190, 199, 207, 222, 237, 284

现实主义 5, 19, 35, 48, 86, 117, 140, 144, 148, 149, 162~177, 179~183, 185~191, 193, 194, 200, 201, 210, 256, 291, 304, 327, 435, 438

现象学 30, 40, 193, 197, 217, 218, 220, 228, 230, 231, 233, 236, 237, 248~250, 254

先验哲学 212

谢林 30, 197, 212, 214, 223, 226, 230, 233, 245

席勒 25, 26, 41, 45, 133, 167, 190,

192~194, 215, 228

心灵 3, 19, 29, 31~37, 40~43, 48, 61, 90, 91, 202, 209, 250, 259, 277, 290, 435, 436, 440, 443

形而上学 25, 32, 35, 36, 212, 214, 227, 376, 405, 408

新康德主义 30, 37, 212, 213

新民主主义 6, 13, 293, 294, 300~304, 308, 366, 436

心理学 24, 202, 278, 280, 281, 337

形式 3, 6, 7, 12, 16, 17, 20, 21, 23, 24, 27~29, 31~37, 39~45, 49, 54, 56, 61, 63, 65, 67, 75, 80, 82, 83, 85, 86, 88~95, 98, 102, 103, 107, 116, 119, 125, 128, 131~135, 139, 145, 147, 149, 150, 152~155, 157, 160, 161, 167, 173, 178~180, 183, 185, 193, 194, 199, 200, 202, 219, 221, 227, 228, 230, 232, 233, 237, 238, 240, 245~247, 250, 253, 259, 261, 263, 264, 266, 268~271, 274, 276, 277, 281, 283, 284, 288~290, 293, 295, 297, 299, 301, 304~314, 329, 331, 332, 334, 335, 348~352, 354, 356, 357, 359, 362, 363, 365, 371, 372, 374, 377~382, 384~387, 390~397, 399~401, 403, 406, 407, 409~414, 416, 417, 421~424, 426~428, 430, 435, 436, 440, 443, 444

新教伦理 38

希特勒 134, 144, 145, 192, 203~207, 234, 243, 245, 250~252, 299, 325, 406

休谟 103, 216

修正主义 2, 5, 8, 9, 13, 75, 107, 110, 140, 303, 320~322, 337, 347, 431, 435, 436, 442

Y

扬弃 2, 33, 47, 62, 87, 91, 97, 99, 153, 164, 172, 197, 218, 220, 228, 229, 231, 233, 246, 254, 257, 264, 272, 276, 288, 289, 354, 363, 364, 374, 378, 379, 381, 390, 392, 399, 400, 408, 411, 415~417, 423, 424

易卜生 1, 19, 20, 26, 66

异化 6, 7, 15, 24, 25, 29, 41, 48, 49, 87, 88, 91~93, 96, 105, 125, 127, 161, 229, 231~233, 254, 257, 264, 340, 347, 351, 363, 372, 387, 410~424, 426, 440

伊利亚特 18, 194

雅诺斯·阿拉尼 19

雅斯贝尔斯 35, 250, 251

要素 10, 43, 85, 99, 129, 151, 197, 201, 269, 270, 276, 278, 285, 289, 380, 392, 395, 396, 402, 421, 440

艺术反映 150~153, 156, 261, 277

庸俗唯物主义 81, 82, 84, 85, 123, 124, 216, 398

约凯 19

伊凡·杰尼索维奇 186, 187

异化 6, 7, 15, 24, 25, 29, 41, 48, 49, 87, 88, 91~93, 96, 105, 125, 127, 161, 229, 231~233, 254, 257, 264, 340, 347, 351, 363, 372, 387, 410~424, 426, 440

意义 2, 3, 6, 8~10, 13, 14, 16, 17,

索 引

20，24，27，29，30，32～35，37，40～45，47，49，52～54，57，59～61，63，69，73，76，78，80～83，85～88，93，94，97～104，111，113～115，117，118，121，123，124，128，131，132，135，137，139，141～143，146，148，154，155，160，165，171，172，174，176，177～184，189～193，197，200，205～208，212，213，219～221，223，224，226，228，230，233，239，241，243，246～248，250～253，260，262～264，267，268，270，273，278，280，282，286，287，289，290，297，306～308，310，317，318，320，326，327，330，331，333，335，336，340，342，343，345，346，350，352～354，357，360，361，364，365，368，373，374，377，387，389，390，392，393，395～399，401，402，405～407，409，411，416，423，425～428，432，437，439

艺术　5，6，19，20，23，24，26～34，36，37，39～41，45～47，51，52，64～67，80，121，122，127，129～137，148～162，164～170，174～176，178～185，189，193～197，201～203，210，256，257，259～261，263～265，267～278，280，281，283～292，312，326，337，341，342，363，406，413，423，424，436，438

意识　1，4，7，9，10，13，15～18，20，30，33，34，36，39，47，53～55，57，58，62，67，69，74，76，77～109，111，112，118，120，121，124，125，127～129，132～136，139，141，148～151，153，157～161，167，171，178，184，189，190，199，205，206，209，215，219，220，225，232，234，236，238，241，244，245，248，250，252，254，255，261，262，264～266，268～272，277，279，281，288，290，291，297，300，306，307，317，318，321，322，328，333，338，339，344，346～349，356，360，362，364，365，370～375，378，379，381，383，386～389，391，393～397，399，401，402，404～411，413～420，424～426，430，431，435，437，439，440～443

异己的　34，231，232，360，420，421

印象主义　26

因素　7，21，27，45，55，61，62，69，76，80，82～84，87，94，95，97，100～102，109，115，119，120，122～124，131，136，138，147，150，151，153，155，157，171，172，179，192，196，198，199，225，233，235，268，269，272，284，298，300，303，305，317，319，329～331，333，342，348，349，355～358，361，379～383，387～389，391，392，394，395，398，399，401～404，407，411，413，414，418，420，424，430，433，439

庸俗化　53，62，84，118，134，135，137，158，160，361

有机界　375，377，379，389，393

幼稚病　73，74，100，226，333，353

语言　2，68，108，156，253，277～282，326，377，382～385，390，419

Z

战略　68，113，127，138～142，317，328，330，356，357，359，430，435

战时共产主义　14，105，360，409

直观　37，89，94，104，216，245，249，265，282，284

智慧　33，241，242，261，351

知性　86，212，238，244

中介　27，150，156，229，269，282，283，286，288，292，322，325，360，384

主客体　83，102，107，378，400

资本主义　3，16，21，22，27，29，34，38，40～43，45，47～50，55，57，60～62，64，66，67，69，72，84～93，95～99，105，117，118，120，125，137，139，144，161，163，169，170，181～184，196～198，211，217，218，221，230～238，240，242，244，245，246，250，254～257，264，265，267，274，297，299，301，302，305，306，308，309，311～313，315～318，320，323，333，334，338，341，342，344，345，350～353，358～360，362～364，366，367，372，386，407，412～415，417～419，421，422，429，431，432，439

资产阶级　11，15，22，23，26，35，47，52，55，57，61，63，64，67，69，72，73，77，84，86，87，90～92，94，95，97～101，106，111，112，123，125，126，131，132，134，136，139，140，144，145，147，154，162，163，167，173～175，177，178，181，183，195，202，203，211，212，215，216，220，224，227～229，233～246，248，250，254，255，257，294～296，301～303，305，306，316～318，320～322，329，331，336，344，347～353，355，359，362，366，373，405，408，415，417，423，424，428，429，433，438，441

自然辩证法　4，102，103，127，128，375，376，386，419

自然界　34，83，102，103，105，106，118，230，242，254，265，268，269，277，342，374，376～379，384，386，394，399，401，403，405，425

自然主义　26，27，102，165，183，186，205，425

总体　39～43，49，60，62，63，76，81，83～87，92，93，96，104，121，123，150，152，177，255，292，327，340，342，355，359，374，375，387，390，391，442

宗教　17，64，80，131，137，158，182，209，222～227，235，238，256，261，265，271，288，290，291，300，406，416，417，421，424

宗派主义　65，72，73，75，141～143，174，310，316，318，322，323，334，441

左拉　66，242，344

后　记

　　《沉思与批判——卢卡奇走向马克思的道路》一书是我近30年以来出于兴趣和全面评价卢卡奇思想的学术追求而特别关注、注重收集卢卡奇原始文本及其相关资料，并设计、写作、反复修改，进行辛勤研究和不断完善的结晶。

　　20世纪60年代，当我开始接触到卢卡奇被当做批判用的原始资料和相关文献时，就觉得他的某些观点并非完全错误，其中有些看法好像颇有道理。而苏联和东欧国家某些学者批判卢卡奇的文章的一些结论似乎有失偏颇，所谓"修正主义"的帽子对他来说显得有点大了。这种疑惑正是引起我对此进行深入思考的重要原因。

　　1980年，中国社会科学出版社出版的两本《卢卡契文学论文集》的前言和内容使我对卢卡奇的看法有了重大变化，卢卡奇文学评论的新观点颇有创见，且又符合马克思主义的精神。但是，我国某学者片面认定卢卡奇《历史与阶级意识》"构成对马克思列宁主义哲学基础的挑战"。这促使我更加关注卢卡奇的第一手文献。20世纪80年代末，我参与了翻译卢卡奇名著《历史与阶级意识》，这对我是一个巨大的思想震撼，感受到卢卡奇的某些杰出思想正是出自马克思，并且其对恩格斯和列宁也有很高的评价，深感过去在对卢卡奇的原著并不了解的情况下就乱扣帽子而做出全盘否定的判定着实不公，尽管他也有不少明显错误或不当的表述。这种情况更激起了我实事求是评价卢卡奇的深入思考和兴趣。

　　国内关于卢卡奇的几次热烈争论，使卢卡奇论争所涉及的许多重大马克思主义理论问题突出出来。这正是我就卢卡奇走向马克思主义的艰难历程中的重大贡献及其某些局限性撰写一部专著的根本动机。由于卢卡奇论争涉及其早期的思想观点，我又下决心翻译了卢卡奇更早时期的名著《小说理论》（商务印书馆，2012年）。

　　从2010年起，我就开始撰写本书，几易其稿，查阅卢卡奇的大量原始文献，参阅了国内外有关卢卡奇的许多论著，至2014年大体完成了这部著作的大部分初稿。2016年成功申报"国家社科基金后期资助项目",对我下更大功夫完成该书起到了更大的激励作用。

从卢卡奇的大量丰富的相关材料中逐渐显露出一个鲜明的主题和主线,即卢卡奇走向马克思复杂而曲折的艰难历程。而他走向马克思的道路的突出特点和优长之处正在于沉思与批判,故而才有了《沉思与批判——卢卡奇走向马克思的道路》这一书名。

在反复修改这一书稿期间,曾得到国际卢卡奇协会主席鲁迪格·丹耐曼(Rüdiger Dannemann)博士,卢卡奇最杰出的学生、匈牙利著名学者阿格妮丝·赫勒(Agnes Heller)教授,德国学者康士坦丁·伯恩斯(Konstantin Bährens)博士和卢卡奇档案馆原工作人员米克洛斯·迈斯泰尔哈齐(Miklos Mesterhazi)博士的鼓励、帮助和支持,他们为我提供了一些重要的信息和资料。国内许多卢卡奇研究专家和学者的论著给予了我极为有益的启示。复旦大学张国良博士帮助我收集了大量相关文献,并参与写作了第七章、第十三章和第十四章,还校对了部分文本。中国人民解放军63660部队的朱政宇干事帮助我查阅和收集了不少与卢卡奇相关的资料,为完善本书做了必要的工作,社会科学文献出版社曹义恒等对本书稿提出了宝贵的修改意见,在此一并致以衷心的感谢。鉴于卢卡奇思想发展中的曲折变化涉及许多重大事件和极为复杂的问题,而且至今我们所能掌握的原始资料还远不是全部,因此对卢卡奇整个思想的评论仍然是很初步的,其中必定会有一些错误或不当之处,恳请学界同人及读者批评指正。

燕宏远
2019年6月20日

图书在版编目（CIP）数据

沉思与批判：卢卡奇走向马克思的道路／燕宏远著. -- 北京：社会科学文献出版社，2020.4
国家社科基金后期资助项目
ISBN 978-7-5201-6075-9

Ⅰ.①沉… Ⅱ.①燕… Ⅲ.①卢卡齐（Lukacs, Gyorgg 1885-1971）-哲学思想-研究 Ⅳ.①B515

中国版本图书馆 CIP 数据核字（2020）第 026484 号

国家社科基金后期资助项目

沉思与批判

——卢卡奇走向马克思的道路

著　　者／燕宏远

出　版　人／谢寿光
组稿编辑／曹义恒
责任编辑／曹义恒
文稿编辑／刘　影　陈　静

出　　版／社会科学文献出版社·政法传媒分社（010）59367156
　　　　　地址：北京市北三环中路甲29号院华龙大厦　邮编：100029
　　　　　网址：www.ssap.com.cn
发　　行／市场营销中心（010）59367081　59367083
印　　装／三河市龙林印务有限公司
规　　格／开本：787mm×1092mm　1/16
　　　　　印张：32　字数：507千字
版　　次／2020年4月第1版　2020年4月第1次印刷
书　　号／ISBN 978-7-5201-6075-9
定　　价／198.00元

本书如有印装质量问题，请与读者服务中心（010-59367028）联系

版权所有 翻印必究